suhrkamp taschenbuch
wissenschaft 1375

Die Studien dieses Bandes konzentrieren sich auf sozialisationstheoretische und sozialpsychologische Fragestellungen, die in den sozialwissenschaftlichen Diskussionen zum Rechtsextremismus Jugendlicher der neunziger Jahre weitgehend ausgeblendet blieben. Auf unterschiedliche Weise sind die Aufsätze dem am Fachbereich Gesellschaftswissenschaften der Johann Wolfgang Goethe-Universität Frankfurt entwickelten Projekt einer hermeneutischen Sozialforschung verpflichtet, das wesentliche Ansprüche der Adornoschen Methodologie einzulösen versucht. Es geht darum, sich die »lebendige Erfahrung« der Sache durch eine »tastende Spurensuche« zu erschließen, die das Besondere exemplarischer Fallrekonstruktionen als Ausdruck eines gesellschaftlichen Allgemeinen begreift. Untersucht wird unter anderem die Eigenart der Großkundgebungen des Nationalsozialismus, dessen Inszenierungsmuster und Weltanschauung der aktuelle Rechtsextremismus wieder belebt; die zu Beginn der neunziger Jahre eskalierende Gewaltbereitschaft fremdenfeindlicher Jugendlicher; und schließlich – am Beispiel des Bonengel-Films *Beruf Neonazi* – die politische Agitation des Kaders einer rechtsextremistischen Organisation, der durch mediale Inszenierungen gewaltbereite Jugendliche zu politisieren versucht hat. Auf der Basis dieser Fallrekonstruktionen werden in der soziologischen Rechtsextremismusforschung verbreitete Irrtümer und Vorurteile einer eingehenden Kritik unterzogen. Zugleich stellen die aus der Perspektive der objektiven Hermeneutik, der psychoanalytischen Sozialforschung (einschließlich der Tiefenhermeneutik und der Ethnohermeneutik) sowie der Biographieforschung entwickelten Studien zur Sozialpsychologie des Rechtsextremismus Beiträge zu einem Vergleich der Methoden dar, die im Zuge des Frankfurter Projekts einer hermeneutischen Sozialforschung ausgearbeitet worden sind.

Sozialpsychologie des Rechtsextremismus

Herausgegeben von
Hans-Dieter König

Suhrkamp

Die Deutsche Bibliothek – CIP-Einheitsaufnahme
Sozialpsychologie des Rechtsextremismus /
hrsg. von Hans-Dieter König. –
1. Aufl. – Frankfurt am Main : Suhrkamp, 1998
(Suhrkamp-Taschenbuch Wissenschaft ; 1375)
ISBN 3-518-28975-6

suhrkamp taschenbuch wissenschaft 1375
Erste Auflage 1998
© Suhrkamp Verlag Frankfurt am Main 1998
Suhrkamp Taschenbuch Verlag
Alle Rechte vorbehalten, insbesondere das
des öffentlichen Vortrags, der Übertragung
durch Rundfunk und Fernsehen
sowie der Übersetzung, auch einzelner Teile.
Druck: Wagner GmbH, Nördlingen
Printed in Germany
Umschlag nach Entwürfen von
Willy Fleckhaus und Rolf Staudt

1 2 3 4 5 6 – 03 02 01 00 99 98

Inhalt

III. MEDIALE INSZENIERUNGEN EINES NEONAZIS

Einleitung

Die Bundesrepublik Deutschland hat mehrere Phasen rechtsextremer Mobilisierung erfahren (vgl. Klönne 1994, Schneider 1993). Nach der deutschen Wiedervereinigung nahm dieser Rechtsextremismus jedoch eine neue Qualität an[1]: Die Ausschreitungen gegen Ausländer und Asylbewerber in Hoyerswerda, wo Jugendliche mit Unterstützung der Nachbarn tagelang randalierten, bei ihren Straßenkämpfen mit Heimbewohnern, Polizisten und Autonomen Molotowcocktails, Eisenstangen und Stahlkugeln einsetzten und über dreißig Personen zum Teil schwer verletzten; die Hunderte von Gewalttätern, die unter dem Beifall der örtlichen Bevölkerung tage- und nächtelang das Asylbewerberheim in Rostock-Lichtenhagen mit Schottersteinen, Reizgas, Molotowcocktails und Feuerwerkskörpern angriffen und es schließlich in Brand setzten, so daß über hundert vietnamesische Gastarbeiter und ein Fernsehteam in Lebensgefahr gerieten; der von Neonazis verübte Brandanschlag in Mölln, bei dem drei Türkinnen getötet und neun weitere verletzt wurden; und das von Rechtsextremisten in einem Haus in Solingen gelegte Feuer, in dem fünf türkische Frauen und Mädchen starben, sind Ausdruck einer dramatischen Eskalation von Gewalt gegen Fremde zu Beginn der neunziger Jahre.

Willems u. a. (1993) gelangen aufgrund einer Auswertung von polizeilichen Ermittlungsakten fremdenfeindlicher Straftaten, die zwischen Januar 1991 und April 1992 registriert wurden, zu dem Ergebnis, daß 72 Prozent der Tatverdächtigen zwischen fünfzehn und zwanzig Jahre und insgesamt 90 Prozent unter fünfundzwanzig Jahre alt waren (vgl. S. 110). Wer aber angesichts dieser fremdenfeindlichen Ausschreitungen allein von einem neuen Jugendproblem spricht, übersieht, daß die Jugendlichen »Problemlagen der Gesellschaft [...] in der Regel auffälliger, ›dramatischer‹ und regressiver aus[agieren] als Erwachsene« (Wahl 1993, S. 24). Denn rechtsextremistische und fremdenfeindliche Ansichten kommen im allgemeinen bei Erwachsenen häufiger als bei Jugendlichen vor. Das Beispiel der in Hoyerswerda und Rostock den

---

[1] Vergleiche hierzu und zu den folgenden Ausführungen die von Königseder (1994) zusammengestellte Chronologie des Rechtsextremismus.

Randalierern applaudierenden Anwohner belegt, daß die Jugendlichen auf eine aggressive und hemmungslose Weise die Konflikte einer sozialen Welt ausgetragen haben, die von den Erwachsenen bestimmt wird (vgl. ebd., S. 61).

Die sozialwissenschaftlichen Diskussionen zum jugendlichen Rechtsextremismus der neunziger Jahre übergehen sozialpsychologische und sozialisationstheoretische Problemstellungen, zu deren Klärung dieser Sammelband einen Beitrag leisten soll. Dabei sind die vorliegenden Aufsätze auf unterschiedliche Weise an dem Ansatz einer hermeneutischen Sozialforschung orientiert, der Ansprüche der Adornoschen Methodologie einzulösen versucht. Denn Adorno hat an den empirisch-analytisch verfahrenden Sozialwissenschaften kritisiert, daß sie den Forschungsgegenstand »zu einem Agglomerat festzustellender und dann dem wissenschaftlichen Schematismus einzupassender Tatsachen« entqualifizieren, die unter vorweg konstruierte abstrakte Begriffe »subsumiert« werden (Adorno 1961, S. 227). Im Unterschied zu den quantitativ-statistisch ausgerichteten Sozialwissenschaften, die Erfahrung darauf einengen, was sich unter experimentellen Bedingungen objektiv messen läßt, geht es Adorno (1957) um den emphatischen Begriff einer »lebendigen Erfahrung« (S. 212), die durch eine »immanente Analyse« dessen zu erschließen sei, was die Sache von sich aus darstellt (ebd., S. 215). An die Stelle der auf deduktives Schließen setzenden Hypothesenbildung trete die »Deutung« gesellschaftlicher Phänomene (Adorno 1969, S. 315), die darauf zielt, das »Wesen« hinter der »Erscheinung« zu erfassen (ebd., S. 291). Denn es gehe darum, »an Zügen sozialer Gegebenheit der Totalität gewahr« zu werden (ebd., S. 315).

Zwar expliziert Adorno als Aufgabe der Soziologie die »Deutung« des »Gesellschaftlichen«, das sich nur so weit erkennen lasse, »wie es in Faktischem und Einzelnem ergriffen wird« (ebd.), freilich ist es Habermas (1967) (1969) vorbehalten geblieben, durch eine kritische Interpretation Gadamers die seinsgeschichtliche Verankerung der Hermeneutik zu überwinden und sie als sozialgeschichtlich zu begründende Methode der Sozialwissenschaften auf den Begriff zu bringen. Was Adorno in der amerikanischen Studie *The Authoritarian Personality* praktiziert und im Rahmen des Positivismusstreits als kritische Sozialforschung konzipiert hat, ist das Resultat einer in Auseinandersetzung mit geschichtsphilosophischen Fragestellungen entwickelten Methodologie, die an Trümmern und Splittern ansetzt, um in geschichtsphilosophischer Absicht das brüchige Ganze zu enträtseln, das die technologisch-industriellen Fortschritte des 20. Jahrhunderts so hervorgebracht hat wie die Weltkriege und Massenmorde an Millionen unschuldiger Menschen. Adornos im Rahmen einer geschichtsphilosophischen Deutung der Moderne methodologisch und methodisch entfaltete tastende Spurensuche, die das Besondere in seinen konkreten Konstellationen als Ausdruck eines gesellschaftlich Allgemeinen begreift, das irrational ist und doch rational sein könnte, stellt das Vorbild für die Projekte einer hermeneutischen Sozialforschung dar, die im Verlaufe der vergangenen zwanzig Jahre an der Abteilung Sozialisation/Sozialpsychologie des Fachbereichs Gesellschaftswissenschaften der Frankfurter Universität entwickelt worden sind. Folgendes Forschungsinteresse verbindet diese unterschiedlichen Rekonstruktionsmethodologien: Anders als die quantitativ-statistisch verfahrenden Sozialwissenschaften, die durch die Breite großflächig angelegter Erhebungen zu verallgemeinerungsfähigen Aussagen über das faktisch Gegebene kommen, sollen verallgemeinerungsfähige Aussagen durch exemplarische Fallrekonstruktionen erschlossen werden, die hinter der Oberfläche der Erscheinung verborgene Strukturzusammenhänge aufdecken, aufgrund deren vom Besonderen her abduktiv auf das Gesellschaftlich-Allgemeine zurückgeschlossen wird.

Mittlerweile kann man in der sozialpsychologischen Abteilung des Frankfurter Fachbereichs für Gesellschaftswissenschaften von drei Forschungsrichtungen hermeneutischer Sozialforschung sprechen:

– Die von Oevermann entwickelte objektive Hermeneutik verbindet die in der Tradition der deutschen Geisteswissenschaften ausgebildeten Methoden der hermeneutischen Untersuchung von Texten mit der Einsicht des französischen Strukturalismus in die Textförmigkeit sozialer Wirklichkeit in der Absicht, konkrete soziale Gebilde als Produkt eines Individuierungs- und Bildungsprozesses aufzufassen, der einzelfallrekonstruktiv zu analysieren und als Exempel einer allgemeinen Strukturierungsgesetzlichkeit aufzufassen ist.

– Die Beiträge von Bosse/King, Clemenz, Erdheim und König vertreten unterschiedliche Ansätze einer psychoanalytischen Hermeneutik, die vor dem Hintergrund einer sozialwissenschaftlichen

Neubestimmung der Psychoanalyse entwickelt worden sind, zu der die Kritik von Habermas (1968) am szientistischen Selbstmißverständnis der Psychoanalyse und seine Bestimmung der Methode als »Tiefenhermeneutik« so maßgeblich beigetragen haben wie das Projekt von Lorenzer (1970, 1974), die in der therapeutischen Praxis entwickelte Verfahrensweise des psychoanalytischen Interpretierens begrifflich zu fassen und die psychoanalytische Theoriebildung interaktionstheoretisch zu reformulieren. Dabei sind die Unterschiede so bedeutsam wie die Gemeinsamkeiten: Während die Arbeiten von Clemenz und König das Konzept einer psychoanalytischen Sozialforschung vertreten, wie es ursprünglich unter Horkheimers Leitung im Rahmen der Frankfurter Autoritarismusforschung entwickelt wurde, haben Bosse und Erdheim die Ethnopsychoanalyse als hermeneutische Sozialwissenschaft weiterentwickelt.

– Die Beiträge von Apitzsch, Inowlocki und Nölke entfalten einen weiteren Ansatz hermeneutischer Sozialforschung, der vor allem in Auseinandersetzung mit dem phänomenologischen Theorieansatz von Alfred Schütz und dem symbolischen Interaktionismus entwickelt worden ist. Es geht dabei um das seit einigen Jahren auch an der sozialpsychologischen Abteilung des Frankfurter Fachbereichs Gesellschaftswissenschaften vertretene Projekt der Biographieforschung, das wesentliche Impulse dem von Fritz Schütze entwickelten narrativen Interview und seiner Analyse von Verlaufskurven verdankt.

Über dem gemeinsamen Nenner, daß diese unterschiedlichen Forschungsansätze sich unter dem Begriff hermeneutischer Sozialforschung zusammenfassen lassen, sollte freilich nicht übersehen werden, daß selbst dort, wo explizit auf die Adornosche Methodologie Bezug genommen wird, dies wiederum in sehr unterschiedlicher Weise geschieht: Wenn es Oevermann (1983) darum geht, mit Hilfe der objektiven Hermeneutik latente Regelstrukturen zu rekonstruieren, dann folgt er auf eine besondere Weise Adornos (1957) Intention, die »gesellschaftliche Totalität und und ihre Bewegungsgesetze« aufzudecken (S. 196). Wenn König (1996) dagegen zu zeigen versucht, wie sich mit Hilfe der von Lorenzer (1986) entwickelten Tiefenhermeneutik soziale Handlungszusammenhänge als Niederschlag von bewußten und unbewußten Lebensentwürfen rekonstruieren lassen, die in konkreten sozialmoralischen Milieus und Institutionen im Einklang mit herrschenden

Wertvorstellungen sozial anerkannt und zugleich unterdrückt werden, dann geht es mit Adorno (1952) darum, durch die Untersuchung der »durch Leiden, Lebensnot an die Totalität« gebundenen Individuen (S. 35) Einsichten in die antagonistische Struktur einer Gesellschaft zu gewinnen, »deren systematische Einheit als Totalität mit Repression sich amalgamiert« (Adorno 1969, S. 308).

Mit welchen inhaltlichen Problemstellungen sich die Aufsätze des Sammelbandes auseinandersetzen, die zugleich Beiträge zur Beantwortung der Frage darstellen, wie sich die in Frankfurt praktizierten Methoden hermeneutischer Sozialforschung anwenden lassen, läßt sich stichwortartig folgendermaßen zusammenfassen:

Im ersten Teil des Sammelbandes geht es um die Sozialpsychologie des Nationalsozialismus, auf den sich der aktuelle Rechtsextremismus immer wieder bezieht. Mario Erdheim rekonstruiert in Anschluß an Freud den Antagonismus zwischen der Familie, dem Ort des Aufwachsens und der Tradition, und der auf dem Inzesttabu basierenden Kultur, dem sich in Auseinandersetzung mit dem Fremden entfaltenden Ort der Innovation und der Vernunft. Eben den Gegensatz zwischen Familie und Kultur verleugnen Institutionen, deren Effektivität darauf beruhe, daß sie sich wie eine Familie organisieren: Wie faschistische Institutionen eine infantile Bindung der Mitglieder unter einen politischen Führer erzwingen, der als jedermann liebender Vater idealisiert wurde, so richte sich in der Blutsgemeinschaft der arischen Rasse Haß und Destruktivität gegen die außerhalb dieser Familie stehenden Fremden. Himmlers esoterische Züge und die wie Gottesdienste zelebrierten Reichsparteitage der NSDAP dokumentieren Erdheim zufolge, daß der Faschismus wie die Esoterik einen Anachronismus darstellt. Denn gegen die sozialen Probleme der Moderne würden sich Esoterik und Faschismus im Rückgriff auf archaische Mythen und Rituale immunisieren.

Die sozialpsychologische Frage, wie Hitler die Deutschen zu faszinieren vermochte, untersucht König mit Hilfe der Tiefenhermeneutik am Beispiel exemplarischer Szenenfolgen des Riefenstahl-Films über den Reichsparteitag von 1934. Die szenische Rekonstruktion zeigt, wie durch das Aufgreifen von Naturbildern sowie durch die Nachahmung christlicher und schamanistischer Rituale unerfüllte Wünsche nach Größe und Macht aufgegriffen wurden, die darüber hinwegtäuschten, sich der NS-Bewegung bedingungslos unterwerfen zu müssen. Der Vergleich mit Adornos Analyse faschistischer Massenbildung verdeutlicht, daß die NS-Propaganda zu Beginn der 30er Jahre weniger durch die Indienstnahme einer um den Antisemitismus zentrierten Vorurteilspropaganda als vielmehr durch die Macht der Bilder wirksam war, die unterdrückte Träume und Sehnsüchte aufgriffen und mit der sozialrevolutionären Vision einer völkischen und sozialen Wiedergeburt verknüpften.

Die Aufsätze des zweiten Teils stellen Beiträge zum Verständnis des Rechtsextremismus der neunziger Jahre dar, der sich, wie Bergmann und Erb (1994) in der Einleitung zu dem von ihnen herausgegebenen Sammelband ausführen, im Zuge der Übernahme einer »internationalistischen, stark angelsächsisch geprägten Kulturform« modernisiert hat (S. 11). Denn seit den achtziger Jahren hat sich »eine rechte Jugendszene« entwickelt, die sich über lokale Treffpunkte, über Kleidung, Rockveranstaltungen und die Lektüre von Fanmagazinen als Subkultur organisiert. Die nach der Wiedervereinigung aufgetretenen Wellen fremdenfeindlicher Gewalt sind auf die Jugendlichen dieser rechten Szene zurückzuführen, die »durch Tabuverletzungen massenmediale Aufmerksamkeit« zu gewinnen versuchen (ebd., S. 9).

Ulrich Oevermann betrachtet als psychosoziale Ursachen für die ausländerfeindliche Gewaltkriminalität familiale Sozialisationsdefizite, das Ausfallen von peer-group-Vergemeinschaftungen, in denen der Umgang mit Aggression geübt wird, sowie das Versagen der Schule und der elektronischen Medien, die durch eine »Gesinnungsertüchtigung« infantilisieren. Anders als in den dreißiger Jahren, in denen der Aufstieg der NSDAP die Folge einer politischen Willensbildung unmündiger Bürger gewesen sei, handele es sich bei der fremdenfeindlichen Gewalt der neunziger Jahre lediglich um die Folgen einer schweren Adoleszenzkrise einer Minderheit von Heranwachsenden, deren Bedeutung durch die sich im Fernsehen inszenierenden Intellektuellen dämonisiert werde. Im entschiedenen Gegensatz zu der vom Herausgeber und anderen Autoren des Sammelbandes geteilten Einschätzung vertritt Oevermann die Auffassung, daß der aktuelle Rechtsextremismus maßlos überschätzt werde. Ganz im Sinne seiner strukturalen Soziologie ist Oevermann nämlich davon überzeugt, daß die Eigenlogik der politischen Institutionen eines demokratischen Staatswesen fortwährend unterschätzt würde, das ein Potential von zehn Prozent rechtsradikaler Protestwähler durchaus »vertragen« könne.

Manfred Clemenz meint hingegen, daß nationalistisch-fremden-feindliche Einstellungen nicht das Problem einer kleinen Minderheit seien, es in der Bundesrepublik vielmehr ein relativ großes rechtsextremistisches Protestpotential gebe, das noch durch die Jungwähler verstärkt werde. Clemenz unterzieht Heitmeyers Ansatz, jugendlichen Rechtsextremismus durch soziale Desintegration zu erklären, einer kritischen Prüfung. Wie dessen These, das soziale Milieu immunisiere gegen Rechtsextremismus, durch das Datenmaterial der Bielefelder Rechtsextremismusstudie falsifiziert werde, so bestätige es zugleich die von Heitmeyer ignorierte Bedeutung familialer Sozialisation für die Entstehung von Rechtsextremismus. Wie sehr auch die im Anschluß daran erörterte Autoritarismustheorie Adornos und die neueren Narzißmustheorien differieren, beide Theorieansätze stellen Clemenz zufolge heuristisch nützliche Modelle dar, die sich gegenseitig ergänzen und zu einer sozialpsychologischen Erklärung von Rechtsextremismus beitragen.

König setzt sich kritisch mit Willems u. a. auseinander, welche die fremdenfeindliche Gewalt von rechten Jugendlichen aus den Interaktionen und Interpretationen zu erklären versuchen, die sich zwischen verschiedenen sozialen Gruppen und Institutionen entfalten. Obwohl Willems u. a. bei der Untersuchung der in der rechten Subkultur emergierenden Gewalt emotionalen Prozessen Rechnung tragen, verkennen sie König zufolge, daß die Gewalttäter in der Adoleszenz eine schwere Identitätskrise durchlaufen, die sie aufgrund traumatischer Kindheitserfahrungen nur auf destruktive Weise lösen können, indem sie sich einer autoritären Jugendgruppe anschließen. Daß Willems u. a. die niedrigen Bildungsabschlüsse der Jugendlichen auf kognitive Defizite zurückführen, ist nach Auffassung von König ein Fehlschluß. Denn die Lernschwächen dieser oft recht intelligenten Jugendlichen seien auf emotionale Konflikte zurückzuführen, die sich nicht nur in den Auseinandersetzungen mit Eltern und Pädagogen, sondern auch im blinden Haß auf Fremde niederschlagen.

Während die ersten drei Beiträge des zweiten Teils das Problem des aktuellen Rechtsextremismus auf der Basis theoretischer Fragestellungen untersuchen, die durch skizzenhaft entworfene Fallrekonstruktionen erhellt werden, gehen die folgenden drei Aufsätze von hermeneutischen Fallrekonstruktionen aus, die zu bestimmten theoretischen Schlußfolgerungen führen:

Hans Bosse und Vera King untersuchen die Fremdenfeindlichkeit von Jugendlichen aus ethnohermeneutischer Perspektive. Sie gehen davon aus, daß sich Heranwachsende »in einer affektiven Nähe« zu Ausländern befinden, weil sie sich selbst als Fremde in einer noch unbekannten Welt fühlen, in die sie mit der Ablösung vom Elternhaus erst hineinwachsen. Inwieweit Jugendliche sich individuieren, hängt nach Bosse und King davon ab, ob die Institutionen zur beruflichen Qualifizierung »Spielräume« für emotionale Entwicklung zur Verfügung stellen. Bosse und King haben einen Workshop zum »Erleben von Fremdheit« mit spätadoleszenten Jugendlichen durchgeführt. Die Gruppendynamik wurde durch den Konflikt bestimmt, daß die StudentInnen das Gespräch immer wieder mit Eigenem »überschwemmten« und sich so der Möglichkeit beraubten, sich mit Fremden auseinanderzusetzen. Die Fallrekonstruktion zeigt, wie sehr auf Fremdenfeindlichkeit setzender Rechtsextremismus damit zusammenhängt, daß Heranwachsende sich das in der Adoleszenz auftauchende eigene Fremde nicht aneignen und es auf auszugrenzende Ausländer verschieben.

Nölke rekonstruiert die Biographie eines achtzehn Jahre alten Jugendlichen aus dem Westen der Bundesrepublik, der in einer gewalttätigen Familie aufwuchs und nach dem Scheitern in der Schule mit einem Skinhead eine Wehrsportgruppe »aufbaute«. Sodann umreißt er die Bildungsgeschichte eines sechzehn Jahre alten Jugendlichen aus dem Osten der Bundesrepublik, der sich von der Mutter nicht lösen kann und an die autoritäre Ordnung des Vaters gebunden bleibt. Wie sich für ihn die Wende zur »Konsumwende« reduziert, so hofft er durch das Absolvieren des Militärdienstes endlich zum Mann zu werden. Nach Auffassung von Nölke ist die Anfälligkeit für Rechtsextremismus in beiden Fällen nicht auf soziale Randständigkeit, sondern auf eine konfliktbelastete Adoleszenzkrise zurückzuführen, die aufgrund von familialen und schulischen Defiziterfahrungen nicht auf normale Weise gelöst werden kann.

König überprüft Heitmeyers These, daß Rechtsextremismus die Folge sozialer und ökonomischer Desintegrationsprozesse sei, anhand eines Fallbeispiels aus der Bielefelder Rechtsextremismusstudie. Die tiefenhermeneutische Sekundäranalyse widerlegt seines Erachtens die Einschätzung von Heitmeyer, daß es sich bei Charly um einen »stillgelegten Rechtsextremismus« handelt. Wie sehr sich im Verlaufe dieser jugendlichen Identitätssuche Neues generiere, lasse sich nicht allein daran ablesen, daß Charly sich aus eigener Kraft von seinem Elternhaus löse, in dem er unter einer depressiven Mutter und unter der Abwesenheit des Vaters gelitten habe, vielmehr entwickele er zusehends eine Arbeits-, Interaktions- und Reflexionsfähigkeit, aufgrund deren er Konflikte produktiv zu verarbeiten vermag. Heitmeyer halbiere die Sozialisationstheorie, weil er die für Rechtsextremismus anfällig machende Adoleszenzkrise lediglich als subjektive Reaktion auf objektive Verhältnisse wie Arbeitslosigkeit auffasse, jedoch übersehe, daß die subjektive Verarbeitung aktueller Konflikte auch von der im Verlaufe der Biographie entwickelten Kognition und Affektivität abhängt.

Im dritten Teil des Sammelbandes geht es um die Bedeutung der Kader neonazistischer Organisationen, die, wie Bergmann und Erb (1994) ausführen, »aufgrund ihrer langfristigen politischen Ziele ihre Mitglieder von der Teilnahme an Gewaltaktionen abzuhalten versuchten« (S. 10). Zugleich bemühten Neonazis sich allerdings darum, die durch fremdenfeindliche Ausschreitungen bestimmte Jugendszene zu politisieren. Die Neonazis versuchten diese Jugendgruppen für ihre Weltanschauung einzunehmen, indem sie als »Anbieter« auftraten, welche »die Szene mit Kleidung, Musik, Lesestoff und Veranstaltungen« versorgte (ebd., S. 8).

Wie Neonaziführer die Jugendlichen der rechten Subkultur umwarben, untersuchen die folgenden Aufsätze am Beispiel des Dokumentarfilms *Beruf Neonazi*[2]. Mit diesem Film wollte Winfried Bonengel über die aktuelle Neonaziszene aufklären, die über ein weltweit organisiertes Mediennetzwerk verfügt und auf einen neuen Führertypus setzt, für den Althans[3] aus München ein Beispiel sei. Dieser sei »in der Gestalt des modernen Yuppie« daher-

2 Der 1993 in den Programmkinos gezeigte Film kann als Videocassette unter anderem bei der Staatlichen Landesbildstelle Hessen in Frankfurt a. M. ausgeliehen werden.

3 Bela Ewald Althans wurde am 29. 8. 95 vom Berliner Landgericht »wegen Volksverhetzung, sowie Verunglimpfung des Staates und des Andenkens Verstorbener zu einer Freiheitsstrafe von dreieinhalb Jahren verurteilt« (FAZ, 30. 8. 95, S. 5). Das Gericht stützte sein Urteil auf Äußerungen des Angeklagten in dem Film *Beruf Neonazi* und bezog in die verhängte Freiheitsstrafe ein Urteil eines Münchener Landgerichts ein, »das Althans im Dezember 1994 wegen der Verbreitung von Video-

gekommen (Kölner Stadt-Anzeiger, 30. 11. 93), der durch seine Eloquenz und Intelligenz, durch seine sympathische und gepflegte äußere Erscheinung brillierte. Als der Zentralrat der Juden in Deutschland wegen der unwidersprochenen Verbreitung der Auschwitzlüge und der Verherrlichung des Nationalsozialismus Strafanzeige stellte, entfachte der Film, der durch die Förderungsmittel von vier Bundesländern finanziert worden war, eine heftige, quer durch alle Parteien verlaufende Kontroverse. Schließlich beschäftigte der Film die Gerichte. Während die Frankfurter Staatsanwaltschaft den Film verbot und Kopien beschlagnahmte, weil der Film »jegliche Kommentierung der Äußerungen des Neonazis Althans oder eine Distanzierung vermissen« lasse (FR, 8. 12. 93), stellte die Berliner Staatsanwaltschaft das Ermittlungsverfahren ein, weil es sich um »eine kritisch-realistische Darstellung aktueller neonazistischer Bestrebungen« handele, bei der die »Distanz zur gezeigten Hauptperson Althans [...] durch künstlerische Mittel, durch Darstellung von Gegenpositionen und auch äußerlich durch die Wahl des Titels deutlich« werde (FAZ, 24. 12. 93).

Heinz Steinert untersucht die Frage, ob Bonengel mit *Beruf Neonazi* dem Genre des Dokumentarfilms gerecht wird. Da Bonengel durch die Verwendung spielfilmartiger Momente eine spannende Handlung aufbaue, würden die Zuschauer in das Handlungsgeschehen, das der Film doch dokumentieren soll, hineingezogen und sich »unversehens als [...] Komplicen« von Althans wiederfinden. Bonengel versäume es, die Selbstinszenierungen von Althans durch die filmische Darstellung des Interaktionsbündnisses zwischen Filmemacher und Hauptdarsteller zu reflektieren. Infolgedessen sei der Film »in der Hand von Althans und nicht mehr in der des Regisseurs«. Weil Bonengel zu keinem eigenen Standpunkt gefunden habe und bloß mit filmischen Mitteln die Selbstdarstellung von Althans unterstütze, der nicht nur der Hauptakteur, sondern zugleich der einzige Kommentator des Handlungsgeschehens sei, hat der Filmemacher nach Auffassung von Steinert als Dokumentarist versagt.

Ursula Apitzsch untersucht am Beispiel von Althans, wie ein Rechtsextremist seine Biographie konstruiert. Seine biographische Konstruktion lebe von einer »Travestie des historischen Antifa-

filmen mit neonazistischem Inhalt Ende der achtziger Jahre zu einer Freiheitsstrafe von eineinhalb Jahren verurteilt hatte« (ebd.).

schismus«. Wie er durch ironische Kommentare kritisch gemeinte Kameraeinstellungen des Regisseurs dekonstruiere, so liefere er seine Eltern der Lächerlichkeit aus, indem er sie als bildungsbürgerlich geprägte Repräsentanten der achtundsechziger Generation vorführe, die ihm keine andere Wahl als das Aufbegehren im Zuge einer rechtsextremistischen Karriere gelassen hätten. Und in Auschwitz mache Althans Geschichte, indem er durch das Leugnen des Holocaust einen monströsen Tabubruch begeht. Da Bonengel dem Neonazi die Kommentierung des Films erlaube, gewinne der Film weder eine autonome ästhetische Form, die eine Bewertung des dokumentarischen Materials erlaube, noch leiste er eine wirkliche biographische Analyse. Denn Bonengel erschließe sich nicht den Zugang zur Alltagswelt eines Neonazis, sondern falle auf das von ihm geschaffene »Kunstprodukt« herein, das sich als eine Travestie moralischer Positionen erweise.

Lena Inowlocki untersucht den Film ihrem biographieanalytischen Ansatz entsprechend als ein Dokument, anhand dessen ablesbar sei, wie Althans Mitglied einer rechtsextremistischen Gruppenbildung werde. Wie Althans sich als Rechtsextremist empfehle, der durch seinen Treueschwur seine blinde Gefolgschaft seinem Ziehvater Zündel gegenüber zum Ausdruck bringe, so zeige eine andere Filmsequenz, daß sowohl die Mutter als auch der Vater eine Auseinandersetzung mit der geschichtlich bedeutsamen kollektiven Symbolik des Nationalsozialismus vermeiden, deren der Sohn sich bedient, um sich als ein Neonazi im Unterschied zu seinen bürgerlichen Eltern zu profilieren. Nach Auffassung von Inowlocki läßt sich Rechtsextremismus weder psychologisch auf eine Psychopathologie noch soziologisch auf die Folgen sozialer Desintegration zurückführen. Vielmehr ergebe sich Rechtsextremismus daraus, daß Jugendliche aufgrund bestimmter lebensgeschichtlicher Erfahrungen auf die kollektive Symbolik des Nationalsozialismus zurückgreifen und sich über die Identifikation mit der Großvätergeneration »in die Geschichte hineinreden«.

König rekonstruiert mit Hilfe der Tiefenhermeneutik die Auschwitzsequenz, die das heftig umstrittene Zentrum des Films darstellt. Er analysiert, wie Althans dort einen Touristen, einen überzeugten Neonazi, einen sachkundigen Experten und einen trotzigen Jugendlichen spielt. Wie Althans die Gedenkstätte zur Bühne für eine perverse Umwertung aller Werte stilisiere, die ihm das hemmungslose Ausleben narzißtischer und aggressiver Impulse erlaube, so fasziniere er Jugendliche, indem er durch seine proteushaften Verwandlungen in verschiedene Figuren aus dem Alltagsleben verschiedene Modi sozialer Anpassung aufgreift, die den Zuschauern aufgrund ihrer Sozialisation durch Arbeitswelt, Konsum- und Medienkultur vertraut seien. Da Althans als »Yuppie-Nazi« brilliere und Auschwitz bei Sommerwetter als einladendes Ausflugsziel erscheine, gelinge dem Rechtsextremisten ganz im Sinne eines postmodernen Lebensgefühls »ein fröhlicher Tanz auf dem Vulkan«. Zeitdiagnostisch brisant sei der Film auch, weil Althans in aller Öffentlichkeit für einen neuen Umgang mit Auschwitz einzunehmen versuche: Sich die kränkende Auseinandersetzung mit dem Holocaust einfach zu ersparen und das Monströse als »eine Sache« zu betrachten, »die man auf die leichte Schulter nehmen« könne.

Die Aufsätze dieses Sammelbandes gehen größtenteils auf Beiträge zu Tagungen zurück, die der Herausgeber zur Sozialpsychologie des aktuellen Rechtsextremismus veranstaltet hat: Einerseits eine im April 1995 auf dem 27. Soziologenkongreß in Halle organisierte Ad hoc-Gruppe, andererseits zwei im November 1995 und im Januar 1996 an der Frankfurter Universität veranstaltete Workshops. Ich danke den Autorinnen und Autoren für ihre Beiträge und dafür, daß sie mir durch ihre jeweils andere Sichtweise dazu verholfen haben, eigene Überlegungen zu präzisieren. Mein Dank gilt auch Heinz Steinert, der in Frankfurt beide Workshops moderiert hat, und Hans-Joachim Busch, der in Halle die Diskussionsleitung übernahm. Antje Eckart und Tino Loukas danke ich für ihre Hilfe beim Lektorieren der Texte. Ihnen und vor allem Oliver Aust danke ich für die große Mühe, die sie sich mit der computertechnischen Überarbeitung der Texte gemacht haben. Friedhelm Herborth, der die Arbeit als Lektor betreut hat, danke ich für sein Interesse und seine Hilfe. Zuletzt möchte ich den Freunden herzlich danken, die erste Fassungen meiner Manuskripte gelesen und mir bei der Entwicklung meiner Gedanken durch Anregungen und Kritik weitergeholfen haben: Jürgen Belgrad, Hans-Joachim Busch, Ulrich Link, Dirk Martin, Reinhold Niemann und Gunzelin Schmid Noerr.

Frankfurt a. M., im März 1997   Hans-Dieter König

Literatur

Adorno, T. W. (1952): Die revidierte Psychoanalyse. *GS Bd. 8*, 20-41.
- (1957): Soziologie und empirische Forschung, *GS Bd. 8*, 196-216.
- (1961): Über Statik und Dynamik als soziologische Kategorien. *GS Bd. 8*, 217-237.
- (1969): Einleitung zum ›Positivismusstreit in der deutschen Soziologie‹, *GS Bd. 8*, 280-353.
Bergmann, W., R. Erb (Hg.) (1994): *Neonazismus und rechte Subkultur*. Berlin.
Deutsches Jugendinstitut (Hg.) (1993): *Gewalt gegen Fremde. Rechtsradikale, Skinheads und Mitläufer*. München.
Habermas, J. (1967): *Zur Logik der Sozialwissenschaften*. Frankfurt a. M.
- (1968): *Erkenntnis und Interesse*. Frankfurt a. M. 1973.
- (1969): Analytische Wissenschaftstheorie und Dialektik. In: T. W. Adorno u. a.: *Der Positivismusstreit in der deutschen Soziologie*, 155-191.
Klönne, A. (1994): Jugend und Rechtsextremismus. In: W. Kowalsky, W. Schroeder, Hg., *Rechtsextremismus. Einführung und Forschungsbilanz*. Opladen, 129-142.
König, H. D. (1996): Methodologie und Methode der tiefenhermeneutischen Kultursoziologie in der Perspektive von Adornos Verständnis kritischer Sozialforschung. In: König, Hg., *Neue Versuche, Becketts Endspiel zu verstehen. Sozialwissenschaftliches Interpretieren nach Adorno*. Frankfurt a. M., 314-387.
Königseder, A. (1994): Zur Chronologie des Rechtsextremismus. Daten und Zahlen 1946-1993. In: W. Benz, Hg., *Rechtsextremismus in Deutschland. Voraussetzungen, Zusammenhänge, Wirkungen*. Frankfurt a. M., 246-315.
Lorenzer, A. (1970): *Sprachzerstörung und Rekonstruktion*. Frankfurt a. M.
- (1974): *Die Wahrheit der psychoanalytischen Erkenntnis. Ein historisch-materialistischer Entwurf*. Frankfurt a. M.
- (1986): Tiefenhermeneutische Kulturanalyse. In: König, Lorenzer u. a., *Kultur-Analysen*, Frankfurt a. M., 11-98.
Oevermann, U. (1983): Zur Sache. Die Bedeutung von Adornos methodologischem Selbstverständnis für die Begründung einer materialen soziologischen Strukturanalyse. In: L. v. Friedeburg, J. Habermas, Hg., *Adorno-Konferenz 1983*, Frankfurt a. M., 234-289.
Schneider, H. (1993): Jugendlicher Rechtsextremismus in Deutschland seit 1945: Organisationen und Dispositionen, Kontinuitäten und Diskontinuitäten. Ein Literaturbericht. In: Deutsches Jugendinstitut, Hg., 69-96.
Wahl, K. (1993): Fremdenfeindlichkeit, Rechtsextremismus, Gewalt. Eine Synopse wissenschaftlicher Untersuchungen und Erklärungsansätze. In: Deutsches Jugendinstitut, Hg., 11-67.
Willems, H., R. Eckert, S. Würtz, L. Steinmetz (1993): *Fremdenfeindliche Gewalt. Einstellungen, Täter, Konflikteskalation*. Opladen.

Mario Erdheim
Irrationalität und Rechtsextremismus

1. Zur Gegenwärtigkeit der Vergangenheit

Wer sich mit Irrationalität und Esoterik beschäftigt, befindet sich auf einem Weg in die Vergangenheit: Alchemie, Astrologie, Kabbala sowie weisse und schwarze Magie stammen aus vergangenen Zeiten und Kulturen, deren Weltsicht die Esoterik auf die Gegenwart zu übertragen versucht. Die Wiedervergegenwärtigung des Vergangenen taucht heute aber auch in einem anderen Zusammenhang auf. Wenn wir zurzeit mit einem Wiedererstarken von Rechtsextremismus und Faschismus konfrontiert sind, so müssen wir zur Kenntnis nehmen, dass offenbar auch Phänomene, die als geschichtliche Katastrophen galten, wiederaufleben und unsere Gegenwart bestimmen können. Ich bin der Frage nachgegangen, ob es eine innere Verbindung gibt zwischen den Hoffnungen, welche die Esoterik weckt, und den Hoffnungen, die der Faschismus anspricht. Als gemeinsamen Nenner dieser auf den ersten Blick so unterschiedlichen Phänomene möchte ich zunächst die von beiden angestrebte Reproduktion *vergangener* gesellschaftlicher Wirklichkeiten darstellen.

Dass die Vergangenheit nicht einfach vergangen ist, sondern Gegenwart sein kann, ist eine Grundthese der Psychoanalyse. Dieser These haftet aber auch etwas Paradoxes an: Wie kann Vergangenheit gegenwärtig sein? Wenn sie es ist, dann ist es doch keine Vergangenheit, sondern Gegenwart. Woran kann man erkennen, dass es sich um Vergangenes handelt, wenn etwas in der Gegenwart weiter wirkt?

Freuds bekannte Hypothese aus den 1895 erschienenen »Studien über Hysterie«, *der Hysterische leide grösstenteils an Reminiszenzen«* (a.a.O.: 86) verallgemeinerte er in seinem Aufsatz »Konstruktionen in der Analyse« von 1937 zur These, auch der Wahn sei ein Leiden an Reminiszenzen; im Wahn sei immer ein Kern *»historischer Wahrheit«* verborgen. Freud erklärte,

»dass der Wahn nicht nur Methode hat, wie schon der Dichter erkannte, sondern dass auch ein Stück h i s t o r i s c h e r W a h r h e i t in ihm enthalten ist, und es liegt uns nahe anzunehmen, dass der zwanghafte Glaube, den der Wahn findet, gerade aus solch infantiler Quelle seine Stärke bezieht. (...) Man würde die vergebliche Bemühung aufgeben, den Kranken von dem Irrsinn seines Wahns, von seinem Widerspruch zur Realität, zu überzeugen, und vielmehr in der Anerkennung des Wahrheitskerns einen gemeinsamen Boden finden, auf dem sich die therapeutische Arbeit entwickeln kann. Diese Arbeit bestünde darin, das Stück historischer Wahrheit von seinen Entstellungen und Anlehnungen an die reale Gegenwart zu befreien und es zurechtzurücken an die Stelle der Vergangenheit, der es zugehört« (a.a.O.: 55).

Für unser Thema sind diese Überlegungen deshalb relevant, weil sie einen Zusammenhang postulieren zwischen einem Geschehen in der Vergangenheit (der sogenannten historischen Wahrheit) und dem Glauben an etwas Irrationales und Irreales. Der gegenwärtige Wahn bezieht seine Kraft aus der Vergangenheit. Aufgabe des psychoanalytischen Prozesses ist es, die Vergangenheit von ihrem Schein von Gegenwart zu *befreien*, um sie dorthin zu versetzen, wo sie hingehört, nämlich in die Erinnerung. Erinnern wird damit zu einem wesentlichen Mittel, um den Wiederholungszwang zu brechen, welcher der Vergangenheit den Schein von Gegenwart und damit von Wirklichkeit vermittelt.

2. Zum Begriff der Anachronizität

Die zeitlichen Dimensionen von Beharrung und Bewegung werden in der Ethnologie meist mit den Begriffen Synchronizität und Diachronizität beschrieben. Synchronizität bezeichnet ein Verhältnis der Gleichzeitigkeit eines Phänomens mit anderen. Es handelt sich also um eine Betrachtungsweise, bei der die Zeitdimension keine Rolle spielt. Diese wird erst dann bestimmend, wenn wir die Diachronizität von Phänomenen und damit auch ihre geschichtliche Dimension untersuchen. Auf die Anachronizität stossen wir schliesslich, wenn wir die zeitliche Wertigkeit eines Phänomens zusammen mit seinem synchronen Verhältnis zu anderen Phänomenen berücksichtigen. Das Anachrone bezeichnet also eine Zeitdifferenz zwischen Phänomenen, die gleichzeitig existieren. Die Ethnologie des 19. Jahrhunderts konzentrierte sich in diesem Zusammenhang auf das Studium von »survivals«, von »Überbleibseln«, das heisst von Sitten und Gebräuchen, die der Zeit getrotzt und so überlebt hatten. Sie untersuchte in diesem Zusammenhang eigenartige Bräuche oder Feste, die sich am Rande der Gesellschaft erhalten hatten. Durch ihre Konzentrierung auf das skurrile Randständige entging der damaligen Ethnologie, dass es solche Überbleibsel auch im Zentrum der Gesellschaft, insbesondere im Zentrum der Macht gibt. Die Monarchie zum Beispiel, mit ihren merkwürdigen Zeremoniellen, oder die Armee waren Anachronismen, die an sich viel relevanter gewesen wären als die urtümlichen Hochzeitsrituale in abgelegenen Dörfern, für die sich die damaligen Ethnologen interessierten. Als Wilhelm II. in München das Technische Museum eröffnete, trug er – wie ein Gemälde zeigt, das heute noch die Eingangshalle ziert – einen Kürass und den Adlerhelm. Verglichen mit der Kleidung der bürgerlichen Honorationen, sah der Kaiser damals aus, wie wenn er sich aus einer Wagner-Oper ins Museum verirrt hätte. Die moderne Technik einerseits und das anachrone Erscheinungsbild der Herrschaft andererseits bildeten einen scharfen Kontrast, der eigentlich viele Fragen hätte aufwerfen können. War eine solche Herrschaft überhaupt fähig, mit den Möglichkeiten der modernen Technik umzugehen? Widerspiegelte die anachrone Erscheinung des Herrschers auch innere Anachronien? Eine Recherche, die kürzlich »Die Zeit« publizierte, lässt deutlich den Antisemitismus des Kaisers erkennen, der im Nationalsozialismus seine mörderische Fortsetzung fand.

3. Esoterisches im Faschismus

Hermann Rauschning schreibt in seinem Vorwort zu »Gespräche mit Hitler« (1940), der Nationalsozialismus habe auch eine Geheimlehre, und verwendet in diesem Zusammenhang den Begriff des »magischen Sozialismus« (a.a.O.: 208).

»Nacktkulturisten, Vegetarianer, Edengärtner, Impfgegner, Gottlose, Biosophen, Lebensreformer, die ihre Einfälle verabsolutieren und eine Religion aus ihrer Marotte zu machen versuchen, lassen heute ihre geheimen Wünsche in die vielen Gaszellen des Riesenluftballons der Partei einströmen. (...) Von seinen eigenen Leuten wird Hitler immer mehr zu dem grossen Magier gesteigert, dessen Bedeutung weit die eines grossen Staatsmannes

übersteigt. In den grossen Ekstasen seiner Reden oder auf den einsamen Gängen in den Bergen fühlt er sich als solcher«.

Und Hitler selbst erklärte:

»Mit unserer Bewegung ist erst das mittlere Zeitalter, das Mittelalter abgeschlossen. Wir beenden einen Irrweg der Menschheit. Die Tafeln vom Berge Sinai haben ihre Gültigkeit verloren. Das Gewissen ist eine jüdische Erfindung. (...) Eine neue Zeit der magischen Weltdeutung kommt herauf, der Deutung aus dem Willen und nicht dem Wissen« (a.a.O.: 208-210).

Bei Heinrich Himmler finden sich ähnliche anachrone und esoterisch anmutende Züge. Joachim Fest verweist in seinem Portät des SS-Führers auf *»das krude Gemisch von Rassetheorien, Runengläubigkeit und mancherlei Naturheillehren«*, das sich Himmler aus vielerlei Quellen zusammengebraut hatte (1963:158):

»Mit naiver Unangefochtenheit hielt Himmler sich für die Reinkarnation Heinrichs I., der gegen die Ungarn und Slawen zu Felde gezogen war: empfahl er auch Lauch und Mineralwasser als das beste Frühstück für seine SS; duldete an seinem Gästetisch, der sagenhaften Tafelrunde des König Artus folgend, nur zwölf Personen, oder wurde er gelegentlich im Kreise hoher SS-Führer angetroffen, die gleich ihm angestrengt vor sich hinstarrten, um durch Konzentrationsübungen eine im Nachbarraum anwesende Person zum Bekenntnis der Wahrheit zu zwingen« (ebenda).

Es handelte sich bei solchem Verhalten nicht etwa um persönliche Marotten, sondern um ein esoterisches Geschichtsbild, das zunehmend das politische Leben prägte. Gewaltig waren die Inszenierungen, die diesem Geschichtsbild den Schein von Wahrheit vermitteln sollten. Robert Ley, Reichsorganisationsleiter der NSDAP, beschrieb die Absicht der Inszenierung der Nürnberger Parteitage folgendermassen:

»Die Reichsparteitage der NSDAP sollen denen, die daran teilnehmen, darüber hinaus aber auch dem gesamten in Nürnberg nicht unmittelbar beteiligten Deutschland seelische Kräfte vermitteln, Hunderttausende bestätigen, dass zum Beispiel allein schon die Eindrücke des Fahneneinmarsches beim Kongress eine Kundgebung darstellt, die im deutschen Menschen unvergesslich nachklingt und Schwingungen erzeugt, denen sich alle Herzen und Seelen öffnen« (Gamm 1962: 53).

Eine Zeitung berichtete folgendermassen vom Ereignis:

»Als Adolf Hitler das Zeppelin-Feld betritt, flammen 150 Scheinwerfer der Luftwaffe auf, die um das gesamte Quadrat verteilt sind und die einen Baldachin von Licht aus der Nacht herausschneiden und über dem Feld

bauen. Einen Augenblick ist Totenstille. Zu gross noch ist die Überraschung.
Nie zuvor sah man Ähnliches. Wie ein gewaltiger gotischer Dom aus Licht
wirkt jetzt das weite Feld. Bläulich-violett strahlen die Scheinwerfer, zwi-
schen deren Lichtkegel das schwarze Tuch der Nacht sich hängt. 140 000 – so
viele mögen hier wohl beisammen sein – kommen nicht los von diesem
Anblick. Träumt man oder ist es Wirklichkeit? Ist denn so etwas überhaupt
denkbar? Ein Dom aus Licht? Nicht lange haben sie Zeit, sich solchen
Gedanken hinzugeben, denn schon harrt ihrer ein neuer Anblick, noch
schöner vielleicht und noch zwingender für die Menschen, die ihn erfühlen.
Dr. Ley meldet den »Fahneneinmarsch«. Man sieht noch nichts. Aber dann
tauchen sie auf aus der schwarzen Nacht – drüben an der Südseite. In sieben
Säulen ergiessen sie sich in die Räume zwischen den Formationen. Man sieht
nicht die Menschen, erkennt nicht die Träger, erblickt nur einen wallenden
roten breiten Strom, dessen Oberfläche golden und silbern glitzert und der
sich wie feurige Lava langsam nähert. Man spürt die Dynamik, die in
diesem langsamen Näherkommen liegt und erhält so einen kleinen Ein-
druck von dem Sinn dieser heiligen Symbole. 25 000 Fahnen, das sind 25 000
Ortsgruppen, Kreise und Betriebe überall im Reich, die sich um die Fahne
scharen. Jeder von diesen Tausenden von Bannerträgern ist bereit, jedes
dieser Tücher mit seinem Leben zu verteidigen. Keiner darunter, dem diese
Fahne nicht letzter Befehl und höchste Verpflichtung ist.
Der Aufmarsch ist beendet. Die 140 000 sind untergetaucht in diesem Meer
glitzernder Spitzen, die einem dichten Verhau ähneln, in das einzudringen
nur den Tod bringen kann.
Das Schwurlied steigt auf in den unendlichen Lichtkegel. – Die Ordens-
schüler singen es. Es ist wie eine grosse Andacht, zu der wir hier alle
zusammengekommen sind, um uns neue Kraft zu holen. Ja, das ist es,
eine Andachtsstunde der Bewegung wird hier abgehalten, wird von einem
Meer von Licht geschützt gegen die Dunkelheit dort draussen.
Die Arme heben sich zum Gruss, der in diesem Augenblick den Toten der
Bewegung und des Krieges gilt. Dann werden die Fahnen wieder aufge-
nommen.
Dr. Ley spricht. »Wir glauben an einen Herrgott, der uns lenkt und behütet
und der uns Sie, mein Führer, gesandt hat.« Das sind die letzten Worte des
Reichsorganisationsleiters, die von den 150 000 Besuchern durch minuten-
lang aufwallenden Beifall unterstrichen werden« (Niederelbisches Tag-
blatt, 12. September 1936, zit. aus Gamm 1962: 55-56).

Inszenierungen wie diese wurden, ähnlich wie die Rituale in traditionellen Kulturen, in einem festen Jahresrhythmus wiederholt:

»Die Feste des »Parteijahres« stehen zu den Festen des christlichen Kalen-
ders in einem ähnlichen Verhältnis wie diese einst zu den jahreszeitlichen
Festlichkeiten der Heidenzeit. (...) Höhepunkt des Jahres war der – an-
geblich nach dem altgermanischen »Thing« entworfene – alldeutsche Par-

teitag: ab 1926 die ganze erste Septemberwoche einnehmend, fand er von 1927 bis 1938 in Nürnberg statt; die durchschnittliche Teilnehmerzahl lag bei einer halben Million Menschen, der Rekord wurde 1938 mit 950 000 erreicht. Hier stand das Verhältnis zwischen Partei und Führer im Mittelpunkt (...). In jenem »über eine Woche lang dauernden Jubel-, Farben-, Licht-, Musik- und Festhymnus« dachte »niemand ... ideologisch, programmatisch oder objektiv-politisch«. (...) Jedes Jahr war irgendein »Heiliges Jahr«, und jedes Jahr stand dieser gigantische Aufmarsch (...) unter einem anderen Motto. (...) Der Aufmarsch von 1939, der »Parteitag des Friedens« heissen sollte, wurde abgesagt, und die Hunderte von Eisenbahnzügen, die man bereitgestellt hatte, wurden zur Mobilisierung der Truppen benutzt. (...)
Wie die Wallfahrtspredigten dazu dienen, die anwesenden Pilger zu geisseln und sie auf die geistige Wiedergeburt im Jenseits vorzubereiten, so unterstützen die Schlagworte und grossen Reden bei den Nürnberger Zeremonien den Chiliasmus der Partei«. (Stern 1978: 83-85).

Ernst Cassirer hat in seiner Auseinandersetzung mit den totalitären Strömungen der damaligen Zeit die Hypothese aufgestellt, dass sich der Rückgriff moderner Gesellschaften auf die Anachronizität von Ritus und Mythos aus der Ratlosigkeit und Ohnmacht angesichts der Unlösbarkeit der damaligen gesellschaftlichen Probleme ergeben habe:

»In den Zeiten der Inflation und der Arbeitslosigkeit war das ganze soziale und ökonomische System Deutschlands von vollständigem Zusammenbruch bedroht. Die normalen Hilfsquellen schienen erschöpft. Dies war der natürliche Boden, in welchem die politischen Mythen wachsen konnten und in welchem sie reiche Nahrung finden konnten« (1946: 361).

Cassirer berief sich bei diesen Überlegungen auf die Theorien des Ethnologen Bronislaw Malinowski, wonach in traditionellen Kulturen erst dann auf magische Praktiken zurückgegriffen werde, wenn der gesunde Menschenverstand und die gewöhnlichen menschlichen Kräfte nicht mehr weiterhelfen würden. Cassirer nahm an, dass moderne Gesellschaften ähnlich reagierten, dabei aber in schwere Widersprüche gerieten: Die kulturelle Evolution habe aus dem homo magus einen homo faber gemacht, aus dem Zeitalter der Magie sei der Mensch ins Zeitalter der Technik gelangt, und aus diesem Grunde hafte den modernen politischen Mythen *»etwas sehr Seltsames und Paradoxes«* (a.a.O. : 367) an:

»Der moderne Politiker muss in sich selbst zwei vollständig verschiedene und sogar unvereinbare Funktionen verbinden. Er muss gleichzeitig sowohl

*als homo magus als auch als homo faber handeln. Er ist der Priester einer
neuen vollständig irrationalen und mysteriösen Religion. Aber wenn er
diese Religion verteidigen und propagieren muss, geht er sehr methodisch
vor. Nichts bleibt dem Zufall überlassen; jeder Schritt ist wohlvorbereitet
und vorbedacht«* (ebenda).

Laut Cassirer kommt es bei der mythologischen Durchdringung
der Politik auch zu einem »*Wechsel in der Funktion der Sprache*«,
einem Bedeutungswandel, durch den

> *»jene Worte, die früher in beschreibendem, logischen oder semantischem
> Sinne gebraucht wurden, jetzt als magische Worte gebraucht werden, die
> bestimmt sind, gewisse Wirkungen hervorzubringen und gewisse Affekte
> aufzurühren. Unsere gewöhnlichen Worte sind mit Bedeutungen geladen;
> aber diese neugeformten Worte sind mit Gefühlen und heftigen Leiden-
> schaften geladen. (...) Aber der geschickte Gebrauch des magischen Wortes
> ist nicht alles. Wenn das Wort seine volle Wirkung tun soll, muss es durch die
> Einführung neuer Riten begleitet werden. Auch in dieser Hinsicht gingen
> die politischen Führer sehr gründlich, methodisch und erfolgreich vor. Jede
> politische Aktion hat ihr spezielles Ritual. Und da im totalitären Staat keine
> private Sphäre unabhängig vom politischen Leben besteht, wird das ganze
> Leben des Menschen plötzlich von einer Hochflut neuer Riten über-
> schwemmt. Sie sind so regelmässig, streng und unerbittlich wie jene Rituale,
> die wir in primitiven Gesellschaften finden. (...) Die Wirkung dieser Riten
> ist offenkundig. Nichts ist besser imstande, all unsere aktiven Kräfte in
> Schlaf zu lullen, unsere Urteilskraft und Fähigkeit kritischer Unterschei-
> dung, unser Gefühl der Persönlichkeit und individuellen Verantwortung
> hinwegzunehmen, als die ständige, uniforme und monotone Vollziehung
> der gleichen Riten«* (a.a.O.: 369-371).

Das Einhalten von Riten ist also gleichbedeutend mit einem Reflexionsstop. Mehr noch: Durch Riten kann das Individuum die
Verantwortung für sein Handeln auf eine grössere Gruppe übertragen. Wenn nun ein Verbrechen verübt wird, wird man es nicht
einem Individuum zur Last legen sondern der ganzen Gruppe. Das
bedeutet für die Einzelnen eine Entlastung von Schuld und Verantwortung. Deutlich wird hier, dass die ritualisierten, an Mythen
orientierten Massenveranstaltungen der Nationalsozialisten eine
wesentliche Voraussetzung für das Verüben ihrer späteren Greueltaten waren.

4. Unbewusstheit in den Institutionen

Wir sind von der Esoterik im Faschismus ausgegangen und haben uns vor allem mit dem Einsetzen von Mythen und Ritualen im politischen Leben des modernen Deutschlands beschäftigt. Eine Erklärung für dieses Phänomen entnahmen wir Cassirers Werk »Vom Mythus des Staates«: Anachronizität, in diesem Fall der Rückgriff auf Ordnungssysteme traditioneller Kulturen, entstehe dann, wenn eine Gesellschaft die Probleme, vor denen sie steht, nicht mehr lösen könne, erklärte Cassirer. Sie verfalle infolgedessen der Illusion und orientiere sich nicht mehr an der unerträglichen Realität, sondern an der magischen Allmacht der Gedanken. Gegen Erklärungen wie diese möchte ich nun einwenden, dass sie das Problem der Macht nur unzureichend berücksichtigen: Gesellschaftliche Probleme und Lösungsversuche sind nämlich nie wertneutral, sondern implizieren immer auch Machtverhältnisse. Oft ist es auch so, dass die Lösung von gesellschaftlichen Problemen Machtverschiebungen zur Folge haben müssten. Einer gewissen gesellschaftlichen Gruppe wird eine bestimmte Problemlösung Vorteile bringen, und einer anderen nicht. Will diese Gruppe aber an ihrer Machtposition nicht rütteln lassen, so wird sie die Lösung der entsprechenden Probleme hintertreiben müssen. Ich bin der Ansicht, dass Anachronizität immer dann entsteht, wenn es um die Produktion von Unbewusstheit geht. Was unbewusst gemacht werden muss, das sind die gesellschaftlichen Machtverhältnisse, die verändert werden müssten, um die anstehenden Probleme zu lösen.

Interessant ist übrigens auch, dass das Anachrone in der Regel nicht als antiquiert, sondern im Gegenteil oft als besonders modern und zeitgemäss empfunden wird. Das Esoterische, der anachrone Bezug auf Mythus und Ritus, vermittelt erstaunlicherweise meist den Schein einer Neuerkenntnis von Ewigkeit und Wahrheit. Dieser Schein ist nicht leicht herzustellen. Gegenüber jenen Thesen, die im Nationalsozialismus einen unkontrollierbaren Ausbruch dämonischer Kräfte und des Bösen schlechthin zu erkennen glauben, möchte ich betonen, dass der Nationalsozialismus ein hochorganisiertes Gebilde war, das alle Individuen lückenlos institutionell zu erfassen versuchte. Um den damaligen Rückgriff auf Mythus und Ritus besser zu begreifen, müssen wir daher auch das Funktionieren von Institutionen zu verstehen versuchen. Die Mythen von Blut und Boden, von der Überlegenheit der arischen Rasse oder vom Kriegertum sind ja nicht an und für sich einleuchtend, sondern müssen vielmehr erst einleuchtend gemacht werden. Dies war die Aufgabe der unzähligen Institutionen, angefangen bei den Blockwarten, über Hitler-Jugend, Sportverein, Kraft-durch-Freude, bis hin zur Partei, die den nationalsozialistischen Alltag regelten. Ich möchte diese Institutionen im folgenden mit Hilfe von Freuds Theorie analysieren.

Was an Freuds Auffassung der Institution bei vielen Leuten Ärger und Ablehnung weckt, ist wohl seine These, dass die von Institutionen erfassten Individuen regredierten und in ihrem Denken und Handeln kritiklos, illusionär, kurz: bewusstloser würden. Dafür allerdings erwerben die Institutionen die Fähigkeit zur eigenen Zweckrationalität. Freud formulierte diese Umwandlung folgendermassen: es gehe darum, »*der Masse gerade jene Eigenschaften zu verschaffen, die für das Individuum charakteristisch waren, und die bei ihm durch die Massenbildung ausgelöscht wurden*« (1921: 94). Unter »Masse« verstand Freud hier sogenannte »stabile Massen«, als deren Prototyp er »Kirche« und »Militär« bezeichnete. Er postulierte einen Zusammenhang zwischen immer komplexer werdenden Institutionen einerseits und andererseits sich zunehmend entdifferenzierenden Individuen, die in diesen Institutionen tätig sind.

Freud erkannte also, dass es die Institutionen selbst sind, die das Individuum seiner Reflexionsfähigkeit berauben, um sich ihr eigenes Funktionieren zu sichern. Damit erhalten die Institutionen anachrone Züge. Der institutionell erzeugte Reflexionsstop entspricht nämlich nicht den Bedürfnissen einer modernen, sich rasch wandelnden Gesellschaft, die sogar eine erhöhte Reflexivität benötigen würde, um ihre Bewegungen steuern zu können. Die Institutionen wirken in diesem Zusammenhang eher kontraproduktiv. An die Stelle eines rationalen Urteils über Wert und Unwert von Aufgaben treten in der Institution normalerweise »Gefühlsbindungen«. Freud erwähnte hier in erster Linie die Identifizierung. Die in einer Institution tätigen Individuen identifizieren sich mit der Idee, welche die Institution verkörpert. Das Ich des erwachsenen Individuums wird dabei – ähnlich wie im Zustand der Hypnose – aufgezehrt. Die Vorstellung dessen, was die Institution sein solle, setzt sich an die Stelle des persönlichen Urteilsvermögens und lenkt von dort aus die Realitätswahrnehmung.

Gleichzeitig stellen sich bei den Angehörigen einer Institution die typischen Regressionserscheinungen ein: Schwund der bewussten Einzelpersönlichkeit, gleiche Ausrichtung der Gedanken und Gefühle und ein zunehmendes Vorherrschen der Affektivität.

Institutionen oder Gruppen, die auf diese Weise strukturiert sind, sind in der Regel fast immun gegen aufklärerische Impulse. Qualitative Veränderungen sind nur dann zu erwarten, wenn es möglich wäre, eine neue Art von Institution zu erfinden, deren Funktionieren nicht länger durch die Regression der Individuen und durch die Herstellung von Anachronizität und Unbewusstheit gewährleistet wäre.

Hier können wir nun wieder auf die eingangs erwähnte Frage von Freud nach der *historischen Wahrheit im Wahn* zurückkommen und nach der historischen Wahrheit in der Anachronizität von Institutionen fragen. In Bezug auf Kirche und Heer stellte Freud fest, für diese Institutionen sei es charakteristisch, dass sie durch die *»Vorspiegelung einer Illusion«* (1921: 102) funktionieren, nämlich dass ein Oberhaupt da sei, das alle gleichermassen liebe und für sie sorge; sei es nun Christus in der Kirche oder der Feldherr in der Armee. Diese Illusion reproduziere letztlich die Struktur der Familie – der Feldherr entspricht dem wohlmeinenden Vater, und in der Kirche sind alle *»Brüder in Christo«* (ebenda). Wir können somit sagen, dass die historische Wahrheit der anachronen Institution die Familie sei. Sobald sich eine Institution familiär zu strukturieren beginnt, wird ihre bewusst formulierte kulturelle Funktion (etwa Landesverteidigung, Wissensvermittlung oder Verwaltung) für das in ihr tätige Subjekt tendenziell unwichtig und kann deshalb in den Dienst undurchschaubarer Interessen gestellt werden: aus Landesverteidigung kann so die Eroberung und Unterwerfung fremder Gebiete werden, kritische Wissensvermittlung wird zu Auswendiglernen und Prestigestreben, und umsichtige Verwaltung entwickelt sich zu einer Verschleuderung der Güter.

Die familiäre, Unbewusstheit produzierende Anachronizität der Institution wird jedoch nur dann sichtbar, wenn wir vom Freudschen Konzept des Antagonismus zwischen Familie und Kultur ausgehen. Wer eine Kontinuität von Familie und Kultur postuliert, kann den anachronen, regressionsauslösenden Charakter der Institutionen nicht erkennen. Stattdessen erscheint das Familiäre dann als ein zu realisierendes Ideal der Institution, so wie es zum Beispiel Winnicott beschrieb:

»Das Leben der Gesellschaft ist wesentlich eine Erweiterung des Familien-
lebens. Wenn wir zuschauen, wie Erwachsene sich um kleine und ältere
Kinder kümmern, und wenn wir dann die politischen Einrichtungen der
Gesellschaft betrachten, so erkennen wir in ihnen die Verschiebungen der
Strukturen von Heim und Familie (...) Das Zuhause und die Familie sind
nach wie vor die Modelle, nach denen alle Arten gesellschaftlicher Ein-
richtungen geformt werden müssen, wenn sie funktionieren sollen« (1964:
227-228).

Freud vertrat demgegenüber die Ansicht, dass Familie und Kultur
zwei grundsätzlich verschiedene und miteinander nicht zu vereinbarende Systeme seien, und dass die Ablösung von der Familie und
die dadurch erreichbare persönliche Autonomie etwas sehr Erstre-
benswertes seien.
Der Ablösungsprozess des Individuums von seiner Herkunftsfamilie organisiert sich im konfliktreichen Spannungsfeld des Antagonismus zwischen Familie und Kultur. In dem Masse, als es dem
Subjekt gelingt, seinen Ablösungsprozess voranzutreiben, wird es
Familie und Kultur als zwei unterschiedliche, miteinander nicht zu
vereinbarende Systeme wahrnehmen und mit seiner Subjektivität
verknüpfen. Das heisst: der Antagonismus konstelliert sich und
eröffnet dem Subjekt neue kreative Perspektiven, die ihrerseits die
Ablösung vollziehen helfen. Es handelt sich hier um einen schwierigen und schmerzhaften Prozess, der die Adoleszenz prägt, und in
welchen die Institutionen oft negativ eingreifen. Statt die Ablösung zu fördern, behaften sie das Individuum nämlich weiterhin
auf seinen familiären Bedürfnissen und versuchen diese in ihren
Dienst zu stellen.
Anachrone Institutionen perpetuieren bei ihren Angehörigen die
Bindung an die Familie. Das Individuum kann sich von seiner
Herkunftsfamilie nicht ablösen und eigenständig werden, sondern
es verschiebt seine kindlichen Abhängigkeiten lediglich auf die
Institution. Die Institutionen, die eigentlich kulturelle Aufgaben
zu erfüllen hätten, geraten auf diese Weise (wie Familien) in ein
antagonistisches Verhältnis zur Kultur und stellen sich oft sogar in
den Dienst kulturfeindlicher, destruktiver Tendenzen. Bevor ich
auf dieses Problem wieder zurückkommen werde, möchte ich
zunächst das psychoanalytische Konzept des Antagonismus zwischen Familie und Kultur näher erläutern.

5. Der Antagonismus zwischen Familie und Kultur, seine Unbewusstmachung und die Anachronizität der Institutionen

Es entspricht einer alten Denktradition, über das Wesen der Kultur nachzudenken, indem man sie der Natur gegenüberstellt, und wir können diesen Kulturbegriff auch bei Freud finden. In seinem Buch »Totem und Tabu« entwarf Freud aber auch ein anderes Denkmodell, indem er die Kultur der Familie gegenüberstellte. Mit diesem Modell arbeitete auch die strukturale Ethnologie. Sie stellte den Antagonismus, den unauflösbaren Widerspruch zwischen Familie und Kultur, in den Mittelpunkt ihrer Kulturtheorie, um damit auch die Allgemeingültigkeit des Inzestverbotes zu erklären. Durch das Inzestverbot sprengt die Kultur die Familie. Sie zwingt die Familie, Angehörige freizugeben, um durch Ehebündnisse die gesellschaftliche Bewegung in Gang zu halten.

Der Einblick in fremde Kulturen ermöglichte es der Ethnologie, Familie und Kultur als zwei unterschiedliche und unvereinbare Systeme zu erkennen. Die Familie ist der Ort des Aufwachsens, der Tradition, der Intimität im Guten und im Bösen, der Pietät, der Verleugnung und Verfemung. Die Kultur hingegen ist der Ort der Innovation, der Revolution, der Öffentlichkeit und der Vernunft. Sie ist der Ort, wo in der Auseinandersetzung mit dem nichtfamiliären Fremden etwas Neues entstehen kann.

Als zentralen Konflikt erlebt das Individuum den Antagonismus zwischen Familie und Kultur während der Adoleszenz. Der Adoleszente muss einen Weg finden, seine Familie zu verlassen und die alten familiären Liebesobjekte zugunsten von neuen fremden aufzugeben. Adoleszent zu sein heisst, von der Ordnung der Familie zur Ordnung der Kultur überzugehen. Es geht darum, die Herkunftsfamilie mit ihren Mythen, Werten und Einstellungen zu relativieren, sie als einzig sinngebende Instanz zu überwinden und sich im fremden System der Kultur zu orientieren und neu zu definieren. In der Adoleszenz sollte das Indivuum auch lernen, den Antagonismus zwischen Familie und Kultur bewusstseinsfähig und damit lebbar zu machen, den unversöhnlichen Widerspruch zwischen den beiden Instanzen zu akzeptieren und zu ertragen. Der Antagonismus ist in dem Sinn historisch, als die kapitalistische Gesellschaft ihn besonders ausgeprägt zur Entfaltung gebracht hat. Zwei Prozesse griffen hier ineinander ein: die Beschleunigung des Kulturwandels führte zu einer Verlängerung der Adoleszenz (Erdheim 1991), und der Widerspruch zwischen Familie und Kultur verschärfte sich. Die europäische Gesellschaft förderte wie keine andere die Ablösung des Mannes von seiner Ursprungsfamilie und stellte den Kampf zwischen Vater und Sohn als unvermeidliche Konsequenz zivilisatorischen Fortschrittes dar. Bei der Frau hingegen – deren untergeordnete Stellung nicht verändert werden sollte – blieb die Bindung an die Ursprungsfamilie als Wert erhalten. In dieser Einfrierung des Antagonismus sehe ich einen der inneren Gründe für die tendenzielle Aussperrung der Frau aus Kunst und Wissenschaft.

Die dem Antagonismus innewohnenden Spannungen und Konflikte machen das Individuum anfällig für Familiensurrogate (wie zum Beispiel Männerbünde), aber auch für Idealisierungen und Vermeidungsstrategien (zum Beispiel in esoterischen Bewegungen). Das Individuum erlebt es als Entlastung, die Kultur zu familiarisieren und durch Verschiebung der Probleme oder Regression den Konflikten auszuweichen. Das Bedürfnis, den Antagonismus zwischen Familie und Kultur zu vermeiden, ist die subjektive Voraussetzung für die Anachronizität der Institutionen: das Zusammenbrechen der Spannung, welche Familie und Kultur auseinanderhalten sollte, schafft im Individuum die Illusion einer familiären Kultur.

Familiarisierung der Kultur

Ein Versuch, den Antagonismus zwischen Familie und Kultur zu vermeiden, besteht in der Strategie, den Bereich der Kultur mit familiären Kategorien zu durchziehen. Richard Sennet sprach in diesem Zusammenhang von der »Tyrannei der Intimität«: Die Welt der Familie verliert ihre Grenzen. Sie wird nicht mehr von der Kultur umgrenzt, und so kommt es auch zu einer Deformation der familiären Beziehungen. Die Idealisierung der Familie, die nun zur wichtigsten, wenn nicht einzigen Sinngebungsinstanz wird, ist ein Ausdruck dieser Deformation. Von den kulturellen Institutionen wird infolgedessen erwartet, dass sie Leistungen wie Liebe, Intimität und Wärme erbringen, die eigentlich in den Bereich der Familie gehören würden: Der Chef soll besorgt sein wie ein Vater, und der Kollege verfügbar wie eine Mutter. In diesem Szenario hat das Fremde nichts zu suchen, es erscheint lediglich als bedrohlicher Störfaktor, denn man sucht nur noch Verwandte und Gleichgesinnte. Die sozialen Beziehungen werden insofern regressiv, als sie auf die erste Phase des Inzestverbotes, in welcher Sexualität in Zärtlichkeit umgewandelt werden soll, fixiert werden.

Institutionen, die auf der bewussten oder unbewussten Ebene wie Familien strukturiert sind, geraten aber wie erwähnt in eine destruktive Tendenz gegenüber der Kultur und deren Bemühungen, immer mehr Menschen libidinös miteinander zu verbinden. Freud illustrierte dies am Beispiel der Kirche, die zwar auf Grund ihrer Familienstruktur und der dadurch erzeugten Regression *»rücksichtslose und feindselige Impulse gegen andere Personen«* einzudämmen vermag, die aber andererseits

»hart und lieblos gegen diejenigen sein (muss), die ihr nicht angehören. Im Grunde genommen ist ja jede Religion eine solche Religion der Liebe für alle, die sie umfasst, und jeder liegt Grausamkeit gegen die nicht Zugehörigen nahe. (…) Wenn diese Intoleranz sich heute nicht mehr so gewalttätig und grausam kundgibt wie in den früheren Jahrhunderten, so wird man daraus kaum auf eine Milderung in den Sitten der Menschen schliessen dürfen. Weit eher ist die Ursache davon in der unleugbaren Abschwächung der religiösen Gefühle und der von ihnen abhängigen libidinösen Bindungen zu suchen« (1921: 107-108).

Das gilt nicht nur für die Kirche. Die Übertragung von familiären Strukturen auf das Kulturelle zeigt sich beispielsweise auch im nationalsozialistischen Begriff der Volksgemeinschaft, und hier sehen wir auch sehr eindrücklich die Verbindung von Anachronizität mit Hass und Destruktivität gegen das Fremde. So schrieb zum Beispiel Ludwig Leonhardt 1934 in einem Text unter dem Motto *»Das Deutsche Volk ist eine Familie«*:

»In tiefer Erkenntnis der Quelle völkischer Erneuerung betrachtet der Nationalsozialismus die Familie als Grundlage des Staates. Um die Bedeutung dieses Satzes voll zu erkennen und zu würdigen zu können, müssen wir den Begriff ›Familie‹ näher erläutern. (…) Was wir sind, was wir leisten, ist nicht unser Verdienst, wir verdanken es letztlich unseren Eltern und Grosseltern, unserer ganzen Ahnenreihe, deren Erbgut wir in uns tragen. Das also, was durch sie an geistigen Gütern auf uns überkommen ist und was wir an unsere Kinder und Kindeskinder weitergeben sollen, das alles gehört zur Familie, deren Bedeutung für das Volksleben erst der neue Staat voll anzuerkennen bereit ist. (…) An dieser Zielsetzung erkennen wir, welch

ungeheure Verantwortung jeder von uns trägt. Denn wie wir kostbares Erbgut nicht untergehen lassen dürfen, wie wir es auch nicht durch eigene Schuld schädigen dürfen, so müssen wir danach streben, schlechtes und minderwertiges auszumerzen, zu verbessern oder zu vernichten« (zit. nach Mosse 1978: 61).

Die Verschiebung auf den Antagonismus der Geschlechter

Der Antagonismus zwischen Familie und Kultur kann auch verschleiert werden, indem er auf das Geschlechterverhältnis verschoben wird. Dann stehen nicht mehr Kultur und Familie, sondern die Geschlechter zueinander in einem antagonistischen Verhältnis, und es kommt zu der bekannten stereotypen Zuschreibung von Geschlechtsmerkmalen. Die Anachronizität, die Reproduktion vergangener gesellschaftlicher Wirklichkeiten, tritt hier besonders massiv in Erscheinung: die Rollenzuschreibungen erinnern nämlich an längst vergangene Gesellschaftsformationen. Die Frau wird der Familie zugeordnet, und der Mann der Kultur. Passivität und Masochismus der Frau stehen der Aktivität und dem Sadismus des Mannes gegenüber. Die Frau widmet sich der Hege und Pflege, und der Mann zieht in den Krieg. So wie die Mutterschaft als Vollendung des Frauseins gilt, wird das Militär zu einer Illusionsmaschine, die das Konstrukt der Männlichkeit produziert. Der französische Biologe René Quinton beschrieb dies aufgrund seiner Erfahrungen im Ersten Weltkrieg folgendermassen:

»Die Völker, die den Krieg lieben, sind männliche Völker. Man kann die Männer ausserhalb des Krieges und die Frauen ausserhalb der Mutterschaft nicht beurteilen. Der Krieg gibt den Männern die Erhabenheit, welche die Mutterschaft den Frauen verleiht. (...) Die Mutterschaft ist der natürliche Zustand des Weibes, der Krieg der natürliche Zustand des Mannes. (...) Der Pazifismus ist ein Überfall auf die Ehre. Der Mann hat nur eine erhabene Grösse, die, dass er zu sterben weiss. Der Pazifismus will sie ihm abstreiten« (1936: 31, 33, 35).

Frausein bedeutet also »gebären«, und Mannsein »sterben« bzw. »töten«. Der Kriegsrausch bringt die Männer in eine Regression hinein, welche das historische Bewusstsein zum Verschwinden bringt. Der Soldat, der nach Polen oder Frankreich, Japan oder China gebracht wurde, realisierte den Krieg nicht als historisches Faktum, sondern als eine Reihe von Ereignissen, die seine Männlichkeit bestätigten (d. h. Heldentaten), oder sie in Frage stellten (d. h. Niederlagen). In der Regression des Kriegsrausches, in der Kitsch und Tod miteinander legiert werden, waren die eigentlichen Kriegsziele, zum Beispiel Eroberungen, gar nicht mehr fassbar; und die ideologischen Kriegsziele, wie zum Beispiel »Freiheit« und »Kultur«, sind im Nachhinein kaum mehr zu verstehen.

Die Frau wird bei dieser Vermeidungsstrategie also der traditionsgebundenen Familie zugeordnet, und der Mann der regressionsauslösenden Institution des Militärs. Der Antagonismus zwischen Familie und Kultur, dessen Wahrnehmung zu einer Emanzipation und Reifung des Individuums führen würde, wird unsichtbar, indem er auf das Geschlechterverhältnis verschoben wird. Diese Verschiebung erhält ihre Plausibilität durch den Schein von Natur: Männlichkeit und Weiblichkeit bzw. die Eigenschaften, welche sie konstituieren, werden nämlich nicht zur kulturellen sondern zur biologischen Ordnung gerechnet. Indem die Geschlechterrollen in der Natur und nicht in der Geschichte verankert werden, wird ihre Veränderbarkeit unbewusst gemacht. Die Definitionen von Männlichkeit und Weiblichkeit, die immer kulturell sind und letztlich auch ein Machtverhältnis umschreiben, verlieren ihre Bewusstseinsfähigkeit und ihre Geschichtlichkeit und erscheinen wie der Krieg als anthropologische Konstanten.

6. Die Adoleszenz, das Anachrone und das Irrationale

Es scheint ein Zusammenhang zu bestehen zwischen bestimmten Adoleszenzverläufen, dem Vorhandensein anachroner Strukturen und dem Glauben an das Irrationale. Anachrone Strukturen heben den Antagonismus zwischen Familie und Kultur auf und es kommt zur Familiarisierung der Kultur. Mit dem Antagonismus verschwindet aber auch der Raum, in welchem sich die Adoleszenz entfalten kann. In der Regel regrediert das Individuum und ist somit auch unfähig, adäquat mit seinen Grössen- und Allmachtsphantasien umzugehen. Diese bilden dann den Kern irrationaler Ideologien.

Ausgehend von Victor Turners Thesen (1969) über Struktur und Anti-Struktur interpretierte ich die Geschichte der Adoleszenz als einen Prozess, der zu einer »Subjektivierung des Chaos« (Erdheim 1991) führte. Der Zivilisationsprozess mit der zunehmenden Beschleunigung des Kulturwandels schaffte die »heiligen Zeiten« und kultischen Feiern ab, die es erlaubten, die chaotischen Energien, welche die Erneuerung des sozialen Lebens ermöglichten, religiös zu fassen und zu schützen. Die Fastnacht, der Karneval und zuweilen auch gewisse Sport- und Popkonzertanlässe können heute als letzte Reste dieser chaotischen Feiern betrachtet werden. Wo aber blieb das Chaos, ohne das keine Ordnung mit ihren Symbolen lebensfähig bleibt? Meine These lautete, dass dieses Chaos aus der Gesellschaft in die Individuen versetzt wurde und dass wir es heute in der Adoleszenz wiedererkennen können. Mit der zunehmenden Beschleunigung des Kulturwandels kam es zu einer Dezentrierung, Entsakralisierung und Subjektivierung des Chaos. Das gemeinsam Verpflichtende der Feste trat allmählich zurück, und das Individuum musste nun selbst sehen, wie es mit dem Chaos, das in ihm selbst ist, zurechtkommt und im Übergang von der Familie zur Kultur eigene Symbolisierungsformen findet.

In dem Masse als die Initiation in den modernen Kulturen an Bedeutung verlor, kam es zu einer Verlängerung der Adoleszenz; es traten also zwei Prozesse in Interaktion. Mit der Auflösung der Initiationsrituale, die die chaotischen Antriebe des Menschen einst zu numinosen und heiligen Kräften gebündelt hatten, verlor das Chaos seinen sakralen Charakter und verwandelte sich im Feuer der verlängerten Adoleszenz in kreative und destruktive Energie.

Die Subjektivierung des Chaos und damit auch seine Entzauberung als Triebhaftigkeit überlässt die Symbolisierungen dem Individuum und den Motivationen, die es aufbringen kann. Das Individuum wird in dieser Situation zum Schauplatz von widersprüchlichen Werten und Symbolsystemen und verfügt immer weniger über ein in sich stimmiges Konzept. Die Werte werden zu revisionsfähigen Präferenzen und zunehmend argumentativen Rechtfertigungen unterstellt. Der Wertewandel und die Symbolproduktion vollziehen sich heute mit einer Geschwindigkeit, die dem Individuum das Einhalten von Lebensentwürfen und ein Voraussehen der Zukunft nachgerade verunmöglicht. Dieser Wandel lässt sich auch als »Enttraditionalisierung« und als langfristiger Prozess der Erweiterung individueller Entscheidungsfreiheiten beschreiben. Traditionelle Positionen werden dabei zunehmend begründungspflichtig. Tradierte religiöse, aber auch säkulare (wie zum Beispiel klassenspezifische) Weltbilder sind nicht mehr unangefochten und büssen immer mehr ihre sinngebende Kraft ein. Infolge der Verschärfung des Antagonismus zwischen Familie und Kultur werden die Jugendlichen in ihren verschiedenen Lebensbereichen mit äusserst unterschiedlichen Anforderungen, Erwartungen und Normen konfrontiert, denen sie gerecht werden sollten:

> »Während etwa in der Familie Wärme, Nähe, emotionale Rückendeckung etc. herrschen (sollen), begegnet der Jugendliche in der Schule ganz anderen universalistischen, unpersönlichen, emotional neutralen Beziehungsanforderungen« (Barz 1992: 28).

Die Adoleszenz ist eine verunsichernde Lebensphase der Widersprüche, erhöhten Spannungen und unvorhergesehenen Entwicklungen. Die Adoleszenten zeigen in dieser Phase der zeitlichen Beschleunigung und intensiven Gegenwärtigkeit oft eine spezielle Affinität zum Irrationalen und Anachronen der Esoterik oder auch des Faschismus. Die ewigen Harmonien, die grossen Vergangenheiten und Überväter verweisen gleichsam auf etwas jenseits der Gegenwart und versprechen eine neue Stabilität und »Ganzheitlichkeit«.

Aufgrund dieser Überlegungen möchte ich abschliessend zwei Hypothesen zum Verhältnis zwischen Adoleszenz, Esoterik und Irrationalismus aufstellen:

1. Die Adoleszenz ist in unserer Kultur weitgehend entritualisiert. Als Produkt der Dezentrierung des Chaos ist sie auch Voraussetzung für eine Privatisierung von Ordnung geworden. Das Individuum steht nämlich heute vor der Aufgabe, aus eigener Kraft das Chaos der Adoleszenz zu bewältigen und zu einer Ordnung zu finden. Hier setzt die Esoterik ein, indem sie den von dieser Aufgabe oft überforderten Adoleszenten Angebote macht, die sowohl privaten Charakter haben als auch dem Bedürfnis nach Gruppenzugehörigkeit Rechnung tragen. Die Ordnung, die einst von der Gesellschaft getragen in Ritual und Mythos ihren für alle verbindlichen religiösen Ausdruck fand, erscheint in der Esoterik gewissermassen in privatisierter Form: Jedes Individuum kann sich aus dem esoterischen Angebot die Mythen und Rituale zusammensuchen, die ihm passen (»everything goes«) und trotzdem überzeugt sein, dass es damit auf allgemeine Weisheiten gestossen sei.

Diese Tendenz ist in einen Entmodernisierungs- und Entrationalisierungsprozess eingebettet.

»Es entsteht – gegenläufig zur fortschreitenden Modernisierung – eine Entmodernisierungsbewegung, die von vollends modernisierten Lebensbedingungen aus entweder auf vormoderne Weltbilder, auf in der Moderne verschüttete und abgewehrte Wissensbestände und Erfahrungen zurückgreift oder aber im Sinne fundamentalistischer Strömungen die Auflösung tradierter Glaubensüberzeugungen durch einen hermetischen Dogmatismus, einen Kampf für die ›Reinheit der Lehre‹ zu verhindert trachtet. Neoreligiöse und okkulte Praktiken Jugendlicher sind als Ausdruck dieser widersprüchlichen Bewegung von Modernisierung und Entmodernisierung zu begreifen und müssen grundlegend vor dem Hintergrund der Relativierung des Religiösen verstanden werden« (Helsper 1992: 80).

2. Irrationale Haltungen können als Misslingen der Dezentrierung des Chaos interpretiert werden: In den »kalten« Kulturen schuf die Religion den Raum, in welchem das Es als das Heilige von Aussen erfahren werden konnte. Die Säkularisationsprozesse lösten diese sakralen Räume auf, und man könnte sagen, dass irrationale Ideologien, besonders solche mit esoterischen Grundüberzeugungen, heute versuchen, diese Räume wiederherzustellen. Das heisst wir können Irrationales und Esoterik als Versuch betrachten, das Es wieder – wie einst in den »kalten Kulturen« – nach Aussen zu verlagern und triebhafte und narzisstische Wünsche nicht mehr als eigene wahrzunehmen.

7. Ausblick

Wir sind von Freuds Überlegungen zur wahnhaften Gegenwärtigkeit der Vergangenheit ausgegangen, von seiner These, im Wahn verberge sich immer eine *»historische Wahrheit«*, die auch dessen Überzeugungskraft ausmache. Von der Ethnologie übernahmen wir den Begriff der Anachronizität und beschäftigten uns mit der Zeitdifferenz, die zwischen einem kulturellen Phänomen und seiner Symbolik vorhanden sein kann. Anachronizität entsteht dann, wenn die symbolische Bedeutung eines Phänomens aus einem ganz anderen historischen Kontext stammt als seine reale Funktion in der Gegenwart.

Ich versuchte diese Diskrepanz mit Hilfe zweier Konzepte zu erklären, nämlich erstens mit dem Konzept der Institution, wie es Freud in »Massenpsychologie und Ich-Analyse« (1921) entwickelte, und zweitens mit dem Konzept des Antagonismus zwischen

Familie und Kultur. Die Form von Anachronizität, welche die Individuen daran hindert, ein adäquates Verständnis der Gegenwart zu entwickeln, das sind die Institutionen, die diesen Antagonismus verleugnen und in ihrem Kern die Struktur der unbewussten Familie herstellen. In solchen Institutionen entsteht eine Diskrepanz zwischen Funktion und Symbolik, die das Erkennen und Verändern der Realität erschwert, wenn nicht gar verunmöglicht, und die Vergangenheit kann sich infolgedessen in der Gegenwart durchsetzen.

Esoterik und Faschismus sind Formen der Immunisierung gegenüber den realen Problemen einer Gesellschaft. Ihr »Kern historischer Wahrheit« ist einerseits die Wiederaufrichtung familiärer Strukturen im Bereich der Kultur, andererseits die archaischen Grössen- und Allmachtsphantasien, welche die regressionsauslösenden Institutionen beim Individuum hervorrufen. Beim Betrachten dieser Zusammenhänge stellt sich nun die Frage: Wären auch andere Formen von Institutionen denkbar? Institutionen, die nicht anachron wären, die das Individuum nicht in Regressionen versetzten und nicht auf die Illusion der Familie angewiesen wären? Die Erfindung von nicht regressiven Institutionen ist wahrscheinlich nur dann möglich, wenn es uns gelingt, eine neue Einstellung zur Arbeit kulturell durchzusetzen. In dem Masse, wie in einer Kultur das Verhältnis zur Arbeit korrumpiert und zersetzt wird – dazu gehören die Probleme der Arbeitslosigkeit ebenso wie die Sinnvernichtung durch Kriege –, wird das Individuum auch unfähig, mit seinen Allmachtsphantasien umzugehen. Arbeit ist eine der wenigen Möglichkeiten, die es gibt, Allmachtsphantasien mit der Realität zu konfrontieren, um beide, sowohl die Phantasien als auch die Realität, zu verändern. Verliert jedoch die Arbeit diese Funktion, so verbleiben die Allmachtsphantasien in einem primitiven, nicht an die Ich-Entwicklung gekoppelten Zustand. Das ungeheure narzisstische Energiepotential, das in diesen Phantasien gebunden ist, drängt auf Verwirklichung und kann durch Freizeitunterhaltung und Esoterik nur unzureichend befriedigt werden. Das Ausmass an Aggressivität, das in der Freizeit heute bewältigt werden sollte, ist ein Indikator, wie archaisch die Omnipotenzphantasien sich erhalten haben. Dies ist insbesondere deshalb bedenklich, weil diese Phantasien leicht aus Freizeitunterhaltung und Esoterik auf die Politik überspringen, um rassistische und faschistische Ziele zu beleben.

Literatur

Barz, H. (1992): Religion ohne Institution? Eine Bilanz der sozialwissenschaftlichen Jugendforschung. Leske + Budrich, Opladen.

Cassirer, E. (1949): Vom Mythus des Staates. Artemis-Verlag, Zürich.

Erdheim, M. (1991): Zur Entritualisierung der Adoleszenz bei beschleunigtem Kulturwandel. In: Klosinski G. (Hg.) Pubertätsriten. Äquivalente und Defizite in unserer Gesellschaft. Huber Verlag, Bern, Stuttgart, Toronto: 79-88.

Fest, J. C. (1963): Das Gesicht des Dritten Reiches. Piper, München.

Freud, S. (1895): Studien über Hysterie. In: Gesammelte Werke, Bd. 1: 75-312.

Freud, S. (1918): Aus der Geschichte einer infantilen Neurose. In: Gesammelte Werke, Bd. XII: 27-157.

Freud, S. (1921): Massenpsychologie und Ich-Analyse. In: Gesammelte Werke, Bd. XIII: 71-161.

Freud, S. (1937): Konstruktionen in der Analyse. In: Gesammelte Werke, Bd. 16: 41-56.

Freud, S. (1939): Der Mann Moses und die monotheistische Religion. In: Gesammelte Werke Bd. XVI: 100-246.

Gamm, H. J. (1962): Der braune Kult, Rütten & Loening Verlag, Hamburg.

Helsper, W. (1992): Okkultismus – die neue Jugendreligion? Leske + Budrich, Opladen.

Mosse, G. L. (1978): Der nationalsozialistische Alltag. Athenäum Verlag, Frankfurt a. M. 1993.

Quinton, R. (1936): Die Stimme des Krieges. Der Graue Verlag, Berlin, Zürich.

Rauschning, H. (1940): Gespräche mit Hitler, Europa Verlag, New York.

Röhl, J. C.G. (1994): Wilhelm II: »Das Beste wäre Gas!« In: »Die Zeit« Nr. 48, 25. November 1994.

Sennet, R. (1977): Verfall und Ende des öffentlichen Lebens. Die Tyrannei der Intimität. Fischer, Frankfurt a. M. 1983.

Stern, J. P. (1978): Hitler. Der Führer und das Volk, Hanser Verlag, München.

Taylor, E. B. (1871): Die Anfänge der Cultur. Untersuchungen über die Entwicklung der Mythologie, Philosophie, Religion, Kunst und Sitte. Leipzig 1873.

Turner, V. (1969): Das Ritual. Struktur und Anti-Struktur. Campus, Frankfurt a. M. 1989.

Winnicott, D. W. (1964): Kind, Familie und Umwelt. München, Ernst Reinhard 1969.

Hans-Dieter König
Hitler als charismatischer Massenführer
Tiefenhermeneutische Fallrekonstruktion zweier Filmsequenzen aus Leni Riefenstahls *Triumph des Willens* und ihre sozialisationstheoretische Relevanz[1]

1. Zum Hitler-Mythos, zum Film und zur Methode

Nach Auffassung von Broszat (1970) ist der Nationalsozialismus »nicht primär eine ideologische und programmatische, sondern eine charismatische Bewegung« gewesen, »deren Weltanschauung durch den Führer Hitler verkörpert wurde und ohne ihn alle Integrationskraft verloren hätte« (S. 399). Wie sehr auch die alten Kämpfer der NSDAP von der völkisch-antisemitischen Weltanschauung durchdrungen waren, durch Organisations- und Weltanschauungsfragen bedingte innerparteiliche Konflikte wurden stets durch die Berufung auf Hitler gelöst, der als »Vermittler der ›richtigen‹ Idee grundsätzlich« anerkannt wurde (ebd.). Die Einschätzung, bei Hitler habe es sich um einen »charismatischen Führer« gehandelt (von Kotze, Krausnick 1966, S. 41), bestätigt Kershaws (1980) empirische Studie zum »Hitlermythos«, der im Dritten Reich zum Dreh- und Angelpunkt der nationalsozialistischen Propaganda wurde (vgl. auch Kershaw 1991, S. 24 ff.): Daß mit Hitler zum ersten Mal in der Weimarer Republik ein Politiker ein Flugzeug benutzte, der auf »seinen vier Deutschlandflügen zwischen April und November 1932 [...] auf insgesamt 148 Massenkundgebungen« sprach, wobei er täglich drei Großveranstaltungen absolvierte und häufig vor 20 000 bis 30 000 Menschen sprach, brachte Hitler »das Image einer jugendlichen, dynamischen Persönlichkeit« ein, die im Unterschied zu den »alten Männern« der reaktionären Rechten die Begegnung mit dem Volk suchte und durch ihren missionarischen Eifer beeindruckte (Kershaw 1980, S. 41). Hitler wurde so populär, daß ihm viele Deutsche ihre Stimme gaben, obwohl sie der Partei skeptisch und abwartend

1 Dieser Beitrag wurde zuerst in der *Zeitschrift für Politische Psychologie*, Heft 1/1996, 7-42 veröffentlicht.

gegenüber standen. Wie die konservativen Eliten, die Hitler in ein Koalitionskabinett der Rechten als Reichskanzler einsetzten, hofften die Massen darauf, daß Hitler auf die radikalen Kräfte in der Partei mäßigend einwirken werde. Im Unterschied zur SA und zur Partei, an deren rabiatem Auftreten und Vorgehen man nach der Machtübernahme zusehends Anstoß nahm, wurde Hitler zusehends als über den Parteiangelegenheiten stehende Autorität geschätzt. Selbst die Massenverhaftungen von Kommunisten und Sozialdemokraten steigerten Hitlers Popularität, weil viele »einfache Leute« fanden, er habe damit entschlossen den Kampf gegen die als Feinde Deutschlands denunzierte Linke aufgenommen (vgl. ebd., S. 48 ff.). Auch die Exekution der SA-Führung brachte Hitler weitere Sympathie ein, weil sie als Zeichen dafür gedeutet wurde, daß Hitler entschlossen gegen die Willkür und Korruption in SA und NSDAP vorging (vgl. ebd., S. 73 ff.). Obgleich die Herrschaft der Partei vielfach Unbehagen erzeugte, weil die »Klagen über Korruption, anmaßendes Verhalten, persönliche Skandale« nicht abrissen, »blieb Hitlers Charisma von den Widrigkeiten des NS-Alltags weitgehend unangetastet« (ebd., S. 88 f.). Das geflügelte Wort »Wenn das der Führer wüßte« verdeutlicht, wie sich unter dem Einfluß des Hitler-Mythos die Überzeugung verbreitete, »daß der Führer sofort einschreiten würde, wenn er von Mißständen etwas erfahren würde« (ebd., S. 89).

Die Frage, warum die deutsche Bevölkerung für den Hitler-Mythos empfänglich war, ist ideologiekritisch eingehend untersucht worden. Der Ruf nach einem starken Führer war ein fester Bestandteil des von Sontheimer (1962) untersuchten antidemokratischen Denkens in der Weimarer Republik, das nach der Abdankung des Kaisers die Hoffnung darauf setzte, daß »das Frontsoldatentum« einem »großen Führer« den Weg bahnen werde, der die »führerlose Demokratie« hinter sich lassen und »Deutschland aus seiner Not reißen und es wieder empor zum Licht und zu neuer Größe führen wird« (S. 216 ff.). Wie Broszat (1970) bemerkt, lieferte die Hoffnung auf einen »charismatischen Volksführer und Erneuerer« die »Rolle, die Hitler nur aufzunehmen brauchte« (S. 401):

»Mit dem Bild der Entschlossenheit, das er darbot, wußte Hitler zu artikulieren und zu zelebrieren, was die Zuhörer halb unbewußt wünschten und fühlten. Er sprach aus, was sie insgeheim dachten und wollten, bekräftigte ihre noch unsicheren Sehnsüchte und Vorurteile, verschaffte ihnen dadurch eine tief befriedigende Selbstbestätigung, das Gefühl, einer neuen Wahrheit teilhaftig zu werden, weckte ihre ebenso selbstlose wie selbstvergessene Gefolgschafts- und Einsatzbereitschaft« (ebd.).

Diese Rolle eines »mitreißenden Führer-Rednertums« könne keine reife Persönlichkeit ausfüllen, sondern nur eine Person wie Hitler, die »so tief von der Krisen- und Panikstimmung ihrer Zeit und Gesellschaftsschicht gezeichnet war, daß sie ihren Ton instinktiv traf« (ebd., S. 401 f.):

»Hitlers plötzlicher Aufstieg aus geistiger und sozialer Mediokrität und Anonymität auf die Rampe des politischen Geschehens bestätigt, daß sein Führertum sich nur im Fluidum einer bestimmten Krisenatmosphäre und Kollektiv-Psychologie entfalten konnte. Die ungewöhnliche Leidenschaft, mit der Hitler der allgemeinen Pathologie verfiel, und die Unbedingtheit, mit der er sich darauf konzentrierte, sie zum Ausdruck zu bringen und in Aktion umzusetzen, ließen ihn zum ›Führer‹ werden. Auf dem Hintergrund der allgemeinen Exaltation vermochte er die eigene Neurose als allgemeine Wahrheit zu erleben und die kollektive Neurose zum Resonanzboden der eigenen Besessenheit zu machen. Hitlers Führertum stand mithin von vornherein im Schnittpunkt paradoxer Deutung: einerseits nur Exponent einer breiten nationalistischen Psychose, andererseits Integrationsfigur dieser ›Bewegung‹, die ohne solche Integration nicht zum politischen Durchbruch kommen konnte« (ebd., S. 402).

Wie man Broszats Ausführungen entnehmen kann, wird Hitler als ein charismatischer Volksführer verstanden, der sich in der sozialen und politischen Krisenlage der 30er Jahre zum Sprachrohr des »in Panik« geratenen Mittelstands machte (vgl. Geiger 1930). Zwar bringt Broszat Hitlers Massenwirksamkeit damit in Zusammenhang, daß er sich in der damaligen Krisenatmosphäre der »allgemeinen Pathologie« so zu bedienen verstand wie der »eigenen Neurose«. Aber diese Bestimmungen bleiben abstrakt und unklar. Wie Broszat nicht zwischen Neurose und Psychose unterscheidet, so übersieht er auch, daß psychische Erkrankungen sozial isolieren. Daher kann er die Frage nicht beantworten, wie Psychopathologie und Massenbildung zusammenhängen und eine fatale Form der Vergesellschaftung erzeugen.

Einen Schritt weiter führen die Überlegungen von Elias (1989 a), der Hitler ebenfalls als einen charismatischen Herrscher begreift. Seine Ausführungen schließen an Beobachtungen an, die er bei einer Massenkundgebung mit Hitler angestellt hat:

»Sein, solange er stumm war, nicht besonders anziehendes Gesicht belebte sich, sowie er vor einem großen Publikum zu reden begann. Ich selbst habe ihn einmal bei einer Rede in Frankfurt erlebt. Er erweckte den Eindruck, in persönlichem Kontakt mit dem Zuhörer zu stehen. Er faszinierte das Publikum« (S. 42).

Elias schildert noch eine weitere Szene aus dieser Massenveranstaltung:

»Ich selbst habe erlebt, wie er nach seinem Vortrag die Kinder zu sich rief und ihnen gleichsam segnend die Hand auf den Kopf legte. Sie standen unter seinem Schutz. Und das gleiche Gefühl erweckte er in seinen Anhängern. Er war, wie er selbst es einmal ausdrückte, der lebendige Gott. Ihm konnte man sich anvertrauen. Er traf immer die richtigen Entscheidungen, im Guten wie im Bösen« (ebd., S. 43).

Die erste Szene, in der Elias den Eindruck gewinnt, als ob Hitler »in persönlichem Kontakt mit dem Zuhörer« stehe, offenbart das Bemühen des nationalsozialistischen Agitators um die emotionale Bindung seines Publikums an seine Person, die erst den Glauben an sein Charisma erzeugt[2]. Und in der zweiten Szene, in der er die Kinder zu sich ruft und ihnen die Hand segnend auf den Kopf legt, präsentiert Hitler sich als ein charismatische Herrscher, der über die außeralltägliche Kraft verfügt, den Menschen das Heil zu bringen, sofern sie sich seiner Führung wie gläubig ergebene Kinder anvertrauen.

2 Die Einschätzung von Elias bestätigt Stern (1975), der die Auffassung vertritt, daß Hitler einen »Mythos« geschaffen habe, der sich auf die »Einführung eines Konzeptes der persönlichen Authentizität in die öffentliche Sphäre« und auf die »Proklamation dieses Konzeptes als Hauptwert und wesentlichste Rechtfertigung der Politik« zurückführen lasse (S. 22 f.). Nicht durch sein politisches Programm und durch das, was er inhaltlich zu sagen hatte, habe Hitler fasziniert, sondern dadurch, daß er »die Begriffe der Aufrichtigkeit, Redlichkeit« und der »lebendigen Erfahrung [...] aus dem privaten und poetischen Bereich in den Bereich der öffentlichen Angelegenheiten« übersetzt habe (ebd.). Seine Reden hätten den Eindruck vermittelt, »daß jede seiner Äußerungen Ausdruck der aufrichtigen Gefühle dieses Mannes« seien (ebd., S. 26). Hitler habe eine mythische Größe gewonnen, weil er in seinen Massenversammlungen die Politik zur Bühne für ein »authentisches inneres Erlebnis« gemacht habe, »Gefühle«, die im »Gegensatz zu den verwirrenden Abstraktionen von Wirtschaft und Politik« etwas waren, »das jedermann verstehen, beurteilen und teilen« konnte (ebd.).

Ähnlich wie Broszat ergänzt Elias seine Deutung durch den Gedanken, »daß der Ausdruck charismatischer Herrschaft« sich in diesem Fall »auf eine eigentümliche Form der psychosozialen Erkrankung« bezieht, »eine Erkrankung, zu deren Symptomen ein gewisser Schwund des Realitätssinns, eine Überschätzung der eigenen Potentiale, kurzum, eine Art von Größenwahn gehört« (ebd., S. 43). Aus diesem Grunde will Elias »Webers Theorie charismatischer Herrschaft mit LeBons Theorie der Veränderung« verbinden, »die sich im Verhalten von Menschen vollzieht, wenn sie als Mitglieder einer Masse agieren« (ebd., S. 44). Mit dieser Argumentation fällt Elias jedoch hinter Freuds (1921) Kritik an LeBon zurück: Wie überzeugend LeBon auch die Masse als entindividualisiert, vernunftlos, leicht beeinflußbar und gewalttätig charakterisiert, seine Erklärung des veränderten Verhaltens der Individuen in einer Masse durch eine »Massenseele« stellt, wie Freud zu Recht einwendet, keine Lösung der Frage, sondern selbst das Problem dar. Wenn Freud rekonstruiert, wie die Individuen libidinöse Bindungen an den Massenführer und zueinander eingehen, dann erfaßt er in psychoanalytischen Begriffen das soziologische Problem, unter welchen psychodynamischen Bedingungen sich Individuen in eine Masse verwandeln. Aber wie sehr man auch mit Adorno (1951) darin übereinstimmen kann, »daß Freud, obwohl ihn die politische Seite des Problems kaum interessierte, in rein psychologischen Kategorien das Heraufkommen und die Natur faschistischer Massenbewegungen klar voraussah« (S. 37), die theoretische Klärung des Problems läßt die Frage unbeantwortet, wie die Hitlerschen Masseninszenierungen konkret aussahen und in das Erleben der Versammelten so eingriffen, daß sie ihm Charisma zusprachen.

Wie man diese Fragestellung aus der Perspektive psychoanalytischer Sozialpsychologie empirisch untersuchen kann, soll am Beispiel zweier Szenensequenzen aus dem Riefenstahl-Film *Triumph des Willens* gezeigt werden. Dieser Film wurde ausgewählt, weil sein Gegenstand der Nürnberger Reichsparteitag von 1934 ist, der »vor allem eine Tribüne des Führer-Kults« wurde (Kershaw 1980, S. 64). Eben diesen Hitler-Mythos propagiert auch der Film, für den die Ufa mit den Worten warb, daß »das deutsche Volk [...] den Führer in diesem Filmwerk sehen und erleben« werde, »wie es bisher nur den Wenigsten vergönnt war« (zitiert nach Loiperdinger 1987, S. 69). Die Uraufführung des in Hitlers persönlichem

Auftrag gedrehten Films wurde im April 1935 in Berlin als Staatsakt in Anwesenheit des Führers, der Parteispitze und des diplomatischen Korps inszeniert (vgl. Loiperdinger 1987, S. 45 ff.). Gleichzeitig lief der Film in den Erstaufführungstheatern von 70 deutschen Städten an. Der Film, für den wie nie zuvor Werbung betrieben wurde, spielte Rekordergebnisse ein und wurde vom *Völkischen Beobachter* zum »Denkmal der Bewegung« stilisiert (ebd., S. 52). Wie Loiperdinger berichtet, wird Leni Riefenstahl in den hymnischen Besprechungen der nationalsozialistischen Presse und den Presseerklärungen des Ufa-Konzerns als die Regisseurin gefeiert, die das »Parteitagserlebnis« in ein »authentisches Filmerlebnis« übersetzt habe (ebd.). »Das ist es!« hieß es in einer Pressemitteilung der Ufa: »Der Zuschauer soll nicht nur sehen und hören, sondern er soll die innere Größe und Monumentalität des nationalsozialistischen Gedankens empfinden und erleben« (S. 53). Die Frage, »was jenes ›Erlebnis‹ nun eigentlich ausmacht, das in Nürnberg als ›Parteitagserlebnis‹ beschworen wird und nun in den Kinosälen wieder auferstehen soll« (ebd., S. 52 f.), läßt sich sozialpsychologisch durch die Rekonstruktion der Lebensentwürfe, der Wünsche, Ängste und Phantasien untersuchen, die der Film aufgreift und im Dienste der nationalsozialistischen Weltanschauung funktionalisiert.

Der Film wird mit Hilfe der von Lorenzer (1986) entwickelten Tiefenhermeneutik untersucht, die sich grundlegend von der traditionellen Anwendung der Psychoanalyse in den Sozialwissenschaften unterscheidet. Denn wo psychoanalytische Beiträge zum Nationalsozialismus darauf hinauslaufen, daß Hitlers Wille und Wirkung auf der Basis seiner ödipalen Konflikte oder seiner narzißtischen Störungen erklärt wird (vgl. König 1990, S. 146 ff.), da setzt sich der psychoanalytische Biographismus durch, der, wie Wehler (1971) kritisiert, »individuelle Motive« herausarbeite, wo es um »gesellschaftlich-politische Antriebskräfte« gehe, weil »nicht Hitlers individuelle Psychopathologie [...] das eigentliche Problem« sei, »sondern der Zustand einer Gesellschaft, die ihn aufsteigen und bis zum April 1945 herrschen ließ« (S. 20 f.). Wenn Historiker wie Wehler sich pauschal gegen die Anwendung der Psychoanalyse auf die Geschichte wenden, dann ist ihre Kritik insofern begründet, als sie sich gegen eine naive Form des Umgangs mit der Psychoanalyse richtet, die dadurch zustande kommt, daß das methodologische Problem des Einsatzes der Psychoanalyse auf dem Terrain der Kultur nicht reflektiert wird. Infolgedessen wird der Gegenstand abstrakt unter klinische Begriffe subsumiert. Die Folge ist eine Psychologisierung und Pathologisierung einer kultursoziologischen Fragestellung. Diese Sackgasse läßt sich vermeiden, wenn man nicht Theoriebruchstücke der Psychoanalyse überträgt, sondern sich an die Verfahrensweise des psychoanalytischen Interpretierens hält, die Lorenzer (1970, 1974) als szenisches Verstehen auf den Begriff gebracht hat. Mit der von ihm so bezeichneten Tiefenhermeneutik ist eben diese Methode gemeint, die sich dem kultursoziologischen Gegenstand anschmiegt und eine der Sache angemessene neue Begrifflichkeit entwickelt (vgl. König 1993 b, 1997).

Die tiefenhermeneutische Medienanalyse (vgl. König 1995 a, S. 88-92) geht von Gruppeninterpretationen aus (vgl. König 1993 b, S. 206 ff.), im Rahmen derer die SeminarteilnehmerInnen sich durch das Thematisieren ihrer Reaktionen, Einfälle und Verstehensansätze einen ersten Zugang zu den verborgenen Lebensentwürfen erschließen, die der Film aufgreift und öffentlich zur Debatte stellt.[3] Denn der Film stellt einen Mikrokosmos dar, in dem Lebensentwürfe im Einklang mit den in dieser sozialen Welt geltenden Regeln und Normen artikuliert und zugleich unterdrückt werden. Der manifeste Sinn des Films wird durch die Lebensentwürfe bestimmt, die sich aufgrund ihrer sozialen Akzeptanz im Handeln und Sprechen der Akteure durchsetzen; der latente Sinn wird hingegen durch die Lebensentwürfe bestimmt, die aufgrund ihrer sozialen Anstößigkeit verpönt sind, jedoch auf einer verborgenen Bedeutungsebene zur Geltung kommen. Während sich die sozial anerkannten Lebensentwürfe ohne Schwierigkeiten entziffern lassen, werden die sozial anstößigen Lebensentwürfe dadurch zugänglich, daß der Sozialforscher sich durch die im Film zutage tretenden Ungereimtheiten, Widersprüche und Brüche irritieren läßt. Irritationen eröffnen also den Zugang zu einer quer zum manifesten Sinn gelegenen zweiten Sinnebene.

3 Der vorliegende Beitrag ist auf der Grundlage von Gruppeninterpretationen entstanden, die in einem Seminar über den Reichsparteitagsfilm am Fachbereich Gesellschaftswissenschaften der Universität Frankfurt und in einem am Psychoanalytischen Seminar Zürich durchgeführten Workshop zustande gekommen sind. Ich möchte hiermit noch einmal allen Teilnehmerinnen und Teilnehmern dieser Gruppendiskussionen für ihre Mitarbeit danken.

Damit ist die Verfahrensweise der Tiefenhermeneutik, die ganz im Sinne Adornos (1969 a, 1969 b) über exemplarische Fallrekonstruktionen das Gesellschaftlich-Allgemeine erschließt (vgl. König 1993 a, König 1996), so weit umrissen, daß zur Rekonstruktion jener beiden Filmsequenzen übergegangen werden kann, anhand deren das Erlebnis, das der zweieinhalbstündige Film übermittelt, exemplarisch analysiert werden soll.

2. Das durch Hitlers Ankunft in Nürnberg bestimmte Szenarium

2.1. Zum Inhalt der Szenensequenz

Zunächst soll der Inhalt der ersten Filmsequenz vergegenwärtigt werden: Nachdem der den Film einleitende Vorspann darüber informiert hat, daß Hitler im September 1934 erneut nach Nürnberg geflogen ist, »um Heerschau abzuhalten über seine Getreuen« (Loiperdinger 1980, S. 6), durchqueren die sich auf die erste Szenensequenz einlassenden Kinozuschauer mit dem Flugzeug ein malerisches Wolkengebirge. Die Wolken lichten sich und geben den Blick auf die in den Dunst der Morgensonne getauchten Dächer, Kirchtürme und Burganlagen Nürnbergs frei. Hitlers Flugzeug überfliegt eine der Marschkolonnen, die von allen Himmelsrichtungen aus in das mit einer Unzahl von Hakenkreuzfahnen geschmückte Stadtzentrum ziehen. Sobald das Flugzeug landet, bricht die wartende Menschenmenge in einen Sturm der Begeisterung aus. Heilrufe ertönen, und die Arme der Versammelten fliegen zum Gruß hoch, als Hitler aus dem Flugzeug steigt. Während sich junge Frauen dem Führer lachend und neugierig entgegenstrecken, schüttelt dieser, der über die Begeisterung ein wenig verlegen und zugleich geschmeichelt ist, einem Uniformierten die Hand. Begleitet von lautstarken Heilchören, fährt Hitler an der Spitze einer langen Autokolonne durch die Stadt. Er steht im offenen Wagen und grüßt mit der rechten Hand das dichte Spalier der Zuschauer. Hitler fährt durch steinerne Tore, an Denkmalsfiguren und Renaissancehäusern vorbei, aus deren Fenstern Menschen mit weißen Tüchern winken. Die schwarzen Limousinen halten vor dem von SS-Männern bewachten Hotel »Deutscher Hof«. Hitler grüßt mit gestrecktem Arm, wechselt entspannt ein paar Worte mit den Uniformierten und verschwindet in seiner Unterkunft. Als die das Geschehen begeistert verfolgenden Frauen, Kinder und Jugendlichen den Ruf »Wir wollen unseren Führer sehen!« skandieren, geht das Hotelfenster auf, unter dem die Leuchtschrift »Heil Hitler« prangt. Sobald Hitler sich am Fenster zeigt, bricht die Menge erneut in Jubelgeschrei aus.

2.2. Die den Zugang zu den bewußten und unbewußten Lebensentwürfen erschließende szenische Interpretation

Die durch diese Bilderwelt geweckten bewußten und unbewußten Lebensentwürfe sollen nun anhand der szenischen Konstellationen dechiffriert werden, die von der Interpretationsgruppe als besonders eindrucksvoll erlebt wurden: Als den an den Film herangetragenen Erwartungen widersprechend wurde vor allem die erste Szenensequenz erlebt, die völlig quer zum Parteitagsgeschehen zu liegen scheint: Zu einer ruhigen und getragenen Melodie gleitet das Filmpublikum im Flugzeug über ein von der Sonne beschienenes Wolkengebirge. Ein dunkles Wolkenmassiv tritt ihm entgegen und zieht vorbei. Damit eröffnet sich der Ausblick auf ein lichtdurchflutetes Wolkenmeer, das sich endlos auszudehnen scheint. Schneeweiße Wolken türmen sich zu einem gewaltigen Gebirge auf. Wenn die Zuschauer sich auf diese Bilder emotional einlassen, dann tritt die vertraute Alltagswirklichkeit in den Hintergrund und sie fangen zu träumen an. Die Bilder wecken die Vorstellung, wie ein Vogel abheben und durch die Lüfte gleiten zu können. Das von Reinhard Mey in einem Lied beschriebene Gefühl erfaßt das Publikum, daß über den Wolken die Freiheit wohl grenzenlos sein muß. Dieses Hochgefühl gipfelt in der Empfindung, die Grenzen der eigenen Körperlichkeit hinter sich lassen und sich durch das Aufgehen in der Natur in kosmische Weiten ausdehnen zu können.

Dieser rauschartige Zustand, über den Wolken ein Gefühl einzigartiger Freiheit und Größe zu erleben, verbindet sich mit dem Gefühl, Hitler nahe zu sein, der ja – wie die Kinobesucher aus dem Vorspann wissen – mit dem Flugzeug auf dem Weg nach Nürnberg ist. Das Erstaunliche ist, daß Hitler in dem Cockpit, von dem aus man auf die Wolken schaut, nicht zu sehen ist. Da die Szene die Vorstellung auslöst, über den Wolken Hitler nahe zu sein, er jedoch unsichtbar bleibt, kann religiös empfindende Zuschauer das erhaben-schaurige Gefühl erfassen, in den Kontakt mit einer Gottheit zu treten. Denn in der mythischen Welt ist der Himmel von den Göttern bewohnt, die allgegenwärtig und zugleich für die Sterblichen unsichtbar sind. Darüber hinaus lädt Hitlers Unsichtbarkeit dazu ein, sich mit ihm verbunden zu fühlen und mit ihm gemeinsam den Anblick der Wolken zu genießen.

Spätestens dann, wenn Hitler in Nürnberg landet und das Lärmen der Menschenmenge eingeblendet wird, die ihm begeistert zujubelt, erwacht das Filmpublikum aus diesem Traum. Zwischen Hitler und die Kinobesucher treten die ihn begleitenden Parteigenossen und die ihm einen enthusiastischen Empfang bereitenden Zuschauer. Zudem wird das Gefühl, mit ihm eins zu sein, dadurch überlagert, daß Hitler sich als der »Führer« materialisiert, der aus dem Flugzeug aussteigt, kurz die ihn empfangenden Parteigenossen begrüßt und sogleich die Autofahrt durch Nürnberg antritt. Allerdings wird das durch die erste Szene geweckte Gefühl, sich mit Hitler auf eine ganz besondere Weise verbinden zu können, durch ein bestimmtes szenisches Arrangement wieder aufgegriffen: Wenn auf der Fahrt durch Nürnberg Nahaufnahmen von Hitler eingeblendet werden, wird er dem Kinopublikum zugleich dadurch entrückt, daß er nicht von vorn, sondern von hinten gezeigt wird. Zweifellos ist diese Szene auch Bestandteil des von Loiperdinger (1987) beschriebenen dramaturgischen Kunstgriffs, »Adolf Hitler wiederholt auf der Bühne des Parteitags auftreten und wieder von ihr abtreten zu lassen«, um durch »Verzögerung« im Publikum eine erwartungsvolle Spannung aufzubauen, die »die nationalsozialistische Publizistik mit dem Topos ›in freudiger Erwartung des Führers‹ umschreibt« (S. 71). Darüber hinaus offenbart diese szenische Konfiguration noch etwas anderes: Da diese Filmszene suggeriert, sich unmittelbar hinter Hitler zu befinden, kann man sich auch hier mit Hitler verbunden fühlen und das Geschehen mit seinen Augen betrachten. Weil das Kinopublikum aufgrund dieses Einsseins mit Hitler die ihm entgegengebrachten Ovationen mitgenießt, hat es in diesen Szenen ein Stück weit Anteil an seiner Macht und Größe.

Der durch diese szenische Konstellation erschlossene Zugang zu Hitler erscheint intim, weil den Filmzuschauern eine Botschaft übermittelt wird, die Außenstehenden nicht zugänglich ist. Denn da sie sich direkt hinter Hitler aufhalten, können sie Erscheinungen sehen, die Anderen verborgen bleiben. So bildet sich einmal aufgrund des Gegenlichts der Sonne ein »Lichtflor um die Silhouette von [Hitlers] Kopf und Schultern (Loiperdinger 1980, S. 13); und dreimal erscheint Hitlers zum Gruß erhobene Hand, die die Sonnenstrahlen reflektiert, durch Weichzeichner selbst als Lichtquelle (vgl. ebd., S. 14 f.). Diese Bilder bestätigen die frohe Botschaft, die bereits die erste Filmszene übermittelt hat: Daß Hitler eine strahlende Lichtgestalt ist, ein neuer Messias, der die Grüße der ihm zujubelnden Menge gelassen und ernst entgegennimmt, um sie mit der von einem Heiligenschein umgebenen Hand zu segnen.

Viel diskutiert wurde in der Interpretationsgruppe auch die Szene, in der Hitler seine Limousine halten läßt, um eine Mutter und ihr Kind zu begrüßen, die die Absperrungen offensichtlich durchbrochen haben: Ein etwa drei Jahre altes Kind, das auf dem Arm seiner Mutter sitzt, versucht Hitler einen Blumenkranz zu überreichen. Als das mißlingt und Hitler dem Kind die Hand schüttelt, reicht die Mutter dem Führer den Blumenkranz an. Das Lachen von drei zwischen sechs und zehn Jahre alten Mädchen, deren Portraitbilder nacheinander eingeblendet werden, bezeugt, wie begeistert die Kinder über dieses Ereignis sind. Die Szene endet damit, daß Hitler den Blumenkranz entgegennimmt, auch der Mutter die Hand schüttelt, und sich beide voneinander verabschieden, indem sie den Arm zum Gruß ausstrecken. Auch das Kleinkind hebt etwas unbeholfen den linken Arm zum Hitlergruß. Die Bedeutung dieser Szene wird dadurch unterstrichen, daß sie musikalisch durch das Erschallen einer Fanfare untermalt wird. Damit wird diese Szene zum feierlichen Ereignis stilisiert, zum Sinnbild der Verbundenheit des Führers mit einer deutschen Mutter. Was diese Mutter Hitler gibt, indem sie ihm bereitwillig ihr Kind zuführt und es – wie dessen Hitlergruß belegt – in seinem Geist erzieht, das gibt er ihr zurück, indem er sich ihrer annimmt und sich um das Kind kümmert. Nimmt man noch hinzu, wie sehr an dieser Begebenheit die drei lachenden Mädchen Anteil nehmen, dann wird deutlich, daß sich auch dieses Ereignis als Ausdruck von Hitlers Selbstinszenierung als ein neuer Messias verstehen läßt, der – wie es bereits Elias beschreibt – wie Jesus die Kindlein zu sich kommen läßt.

Merkwürdig ist schließlich, wie polarisiert sich das Geschlechterverhältnis in dieser Filmsequenz darstellt: Während die Frauen gemeinsam mit Kindern und Jugendlichen die Menge bilden, die dem Führer auf seiner Fahrt durch die Stadt begeistert zujubelt, sind die Männer ihnen dadurch entrückt, daß sie in Uniformen stecken und das reibungslose Funktionieren des Reichsparteitags organisieren. Wie die Szene zwischen Führer, Mutter und Kind dokumentiert, füllt Hitler die Lücke aus, die dadurch entsteht, daß es in der sozialen Welt dieses Films keine Ehemänner und Väter mehr gibt. Das Auftreten dieses Messias ist auch deshalb eindrucksvoll, weil er wie ein von langer Reise nach Hause zurückkehrender Führer wirkt, der als bewunderter Mann und guter Vater Frau und Kind begrüßt.

2.3. Zum Verhältnis des manifesten und latenten Sinns dieser Filmsequenz

Nunmehr soll der manifeste und der latente Sinn dieser Filmsequenz bestimmt werden: Auf der manifesten Bedeutungsebene des Films wird ein Mikrokosmos vorgeführt, in dem Hitler als ein neuer Messias erscheint, der vom Himmel herabsteigt, um sein Volk aufzusuchen. Dem Eindruck, daß mit Hitler ein von der gesamten Bevölkerung gefeierter Retter eingetroffen ist, dessen Gegenwart uneingeschränkt genossen wird, widersprechen jedoch eine Reihe szenischer Konstellationen, die einen Zugang zur latenten Bedeutungsebene erschließen:

– Wie beeindruckend auch die Begeisterung der Nürnberger Bürgerschaft für Hitler ist, die durch die Straßen marschierenden Kolonnen von Parteigenossen und die über den Straßen, an den Fassaden, auf den Dächern und selbst an Kirchturmspitzen flatternden Hakenkreuzfahnen sind zugleich Ausdruck eines aggressiv-militanten Einsatzes der Propagandamaschinerie der NSDAP, die die Stadt zur Hintergrundkulisse für eine gigantische Machtentfaltung macht.

– Wie plausibel es auch erscheint, daß die Partei viele Helfershelfer braucht, um den reibungslosen Verlauf aller Veranstaltungen zu gewährleisten, das durch die Uniformen beherrschte Stadtbild bedeutet zudem eine allgegenwärtige Überwachung der Bevölkerung durch SA und Partei. Das verdeutlicht vor allem jene in der Interpretationsgruppe ausführlich erörterte Szene gegen Ende der Filmsequenz, die durch die SS-Männer bestimmt wird, die vor

Hitlers Hotel Stellung bezogen haben. Sie tragen schwarze Uniformen mit schwarzen Stiefeln und schwarzem Koppelzeug. Sie verharren regungslos oder bewegen sich, wenn sie sich überhaupt einmal rühren, mechanisch wie Automaten. Da die Stahlhelme schwarze Schatten auf die Gesichter werfen, erscheinen die SS-Männer anonym und kalt. Da sie sich gegenseitig am Koppel anfassen, bilden sie eine geschlossene Mauer, die Hitler gegen die jubelnden Zuschauer abschirmt. Diese martialischen Männer wirken gefährlich und verbreiten Angst, weil man ihrer Emotionslosigkeit und Härte anmerkt, daß sie als gut gedrillte Kampfmaschinen jederzeit einsatzbereit sind.

– Als irritierend wurde in der Gruppeninterpretation auch erlebt, daß es in dieser Filmsequenz keine einzige Szene gibt, in der es zu einem Kontakt zwischen einem Mann und einer Frau kommt. Wie die Frauen ganz darin aufgehen, sich mit ihren Kindern dem Gefühl der Begeisterung für Hitler hinzugeben, so sind die Männer völlig durch die Aufgaben in Anspruch genommen, die ihnen der Führer und die Parteispitze auferlegt haben. Damit offenbart bereits dieses Szenarium, daß die durch die Nationalsozialisten in Gang gesetzte totale Mobilmachung persönliche Beziehungen zerstört und familiale Bindungen auflöst: Wie die Männer nur noch in der Arbeit für die Partei aufgehen sollen, wird von den Frauen erwartet, daß sie dem Führer Kinder schenken.

Damit wird faßbar, wie sich hier das Verhältnis zwischen manifestem und latentem Sinn herstellt: Während es auf der manifesten Bedeutungsebene um die Erlösung des deutschen Volkes durch den Führer geht, der auf die ergebene Gefolgschaft der Uniformierten so angewiesen ist, wie er den Frauen die fehlenden Männer durch die eigene Person ersetzt und zugleich ein guter Vater für die Kinder ist, geht es auf der latenten Bedeutungsebene um die bedingungslose Unterwerfung der Männer und Frauen. Gerade da, wo Männer und Frauen sich selbst aufgeben und sich in Funktionsträger des Parteiapparats verwandeln, wird ihnen zugleich die Illusion vermittelt, daß sie endlich aufatmen und all das empfinden und erleben können, was ihnen bisher verschlossen war: Das Gefühl von Freiheit und Größe, das die Wolkenbilder wecken und mit dem Führer in Verbindung bringen, der vom Himmel gekommen ist, um die Deutschen zu erlösen.

3. Die Szenerie der Hitlerschen Großkundgebung mit den Parteifunktionären

3.1. Zum Inhalt dieser Szenensequenz und zur Inanspruchnahme christlicher Inszenierungsmuster

Die Großkundgebung mit Hitler beginnt damit, daß über der Zeppelinwiese, wo sich die politischen Leiter zum Appell versammeln, der Himmel noch einmal im Licht der Sonne erstrahlt. Dann wird der Himmel durch eine düster wirkende Wolke verdunkelt, deren Umrisse durch die Sonnenstrahlen erhellt werden. Der Blick des Filmpublikums fällt auf den darunter befindlichen grauen Himmel, bis die Augen einen Halt an dem mächtigen Gitterwerk des Reichsadlers finden, der die Tribüne auf der Zeppelinwiese beherrscht. In der einbrechenden Dämmerung kommen auf die Kinobesucher langsam zwei gewaltige Kolonnen uniformierter Männer mit riesigen Hakenkreuzfahnen zu. Die unter dem Fahnenmeer verschwindenden und daher im weiteren Verlauf der Szenerie kaum noch sichtbaren Gestalten der politischen Leiter marschieren zu Zehntausenden in das Stadion ein. Sie werden von Hitler erwartet, der auf die ihm von unten entgegenstreckten Arme reagiert, indem er selbst den rechten Arm zum Gruß erhebt.

Erst als das Stadion vollständig in die Dunkelheit der Nacht getaucht ist, beginnt der auf der Tribüne durch Scheinwerferlicht angestrahlte Führer zu reden. Er spricht von den 200 000 Männern, die sich hier zu einem Generalappell versammelt haben und die nur »das Gebot ihres Herzens« und das »Gebot ihrer Treue« hergerufen habe (Loiperdinger 1980, S. 113). Es sei »die große Not unseres Volkes« gewesen, die die Versammelten »einst ergriffen« und »im Kampfe« zusammengeführt habe. Das könnten aber diejenigen, »die nicht die gleiche Not in ihrem Volk gelitten haben«, nicht verstehen. Diese könnten sich das »nicht anders denken als durch einen staatlichen Befehl« (ebd., S. 114). Gleich zu Anfang verdeutlicht Hitler, wie die Welt sich in Gut und Böse teilt: Wer der Partei angehört, habe sich hier aus freien Stücken versammelt, weil er wie seine Kameraden dazu beitragen wolle, Deutschland aus »großer Not« herauszuführen. Wer außerhalb der Partei stehe, nehme keinen Anteil am Leiden des Volkes und verstehe auch nicht, worüber Hitler sich mit seinen Zuhörern verständigt. Vielmehr hält er die Großkundgebung für eine autoritäre Veranstaltung:

»Sie irren sich: Nicht der Staat befiehlt uns, sondern wir befehlen dem Staate! Nicht der Staat hat uns geschaffen, sondern wir schaffen uns unseren Staat!« (ebd., S. 114 f.)

Nachdem Hitler die Partei als politischen Ausdruck einer aus dem Volk hervorgegangenen sozialen Bewegung in Szene gesetzt hat, in der alle freiwillig mitmachen, überrascht es um so mehr, daß er im weiteren Verlauf der Rede auf das Gegenteil zu sprechen kommt – die Notwendigkeit einer auf einen großen Befehl setzenden hierarchischen Ordnung:

»Es wird nicht so etwas aus dem Nichts, wenn diesem Werden nicht ein großer Befehl zugrunde liegt. Und den Befehl gab uns kein irdischer Vorgesetzter, den gab uns der Gott, der unser Volk geschaffen hat!« (ebd., S. 117)

Den Nationalsozialismus treibt also nicht einfach ein Parteianliegen an, vielmehr handeln der Führer und die Parteispitze auf einen göttlichen Befehl hin. Die zu Beginn der Massenkundgebung eingeblendeten Bilder, die vom Himmel, von der Sonne und der sie verdeckenden Wolke über dem Stadion erzählen, gewinnen damit nachträglich eine besondere Bedeutung: Hitler setzt wie zu Beginn des Films, wo er mit dem Flugzeug vom Himmel herabsteigt, auf das Charisma eines religiösen Führers, der im Namen des Allmächtigen spricht und den Eingebungen folgt, die er seiner besonderen Nähe zu Gott so verdankt, wie dieser vom Himmel aus die strahlende Sonne oder auch düstere Wolken schickt. Wenn die politischen Leiter gegen Ende der Ansprache Feuerstellen in Brand setzen und ihre Fackeln entzünden, um in einem prächtigen Fackelzug aus dem Stadion hinaus durch die Nacht zu marschieren, dann werden christliche Zeremonien aufgegriffen und dem Parteianliegen entsprechend funktionalisiert. Wie in katholischen Kirchen zu Ostern in der Mitternachtsmesse eine Kerze entzündet wird, mit der alle anderen Kerzen in Brand gesetzt werden, um die Wiederauferstehung Jesu zu feiern, so feiert Hitler mit den Parteifunktionären, die in der Nacht die Fackeln entzünden, die »deutsche Wiedergeburt« (ebd., S. 6). Und wie Pfingsten daran erinnert, wie der Heilige Geist über die Jünger kam und sie erleuchtete, auf daß sie auszogen, um den Menschen in aller Welt das Wort Jesu Christi zu predigen, so wird der mehrmals mit einem Lichtflor umgebene Hitler zu dem mit einem Heiligenschein umgebenen außergewöhnlicher Führer stilisiert, der die politischen

Leiter durch seine Rede erleuchtet, so daß sie als seine Fackelträger das Licht politischer Einsicht in die Welt hinaustragen.

Bereits diese erste Vergegenwärtigung der Hitlerrede verdeutlicht, daß es nicht um die diskursive Verständigung über ein Parteiprogramm geht, das die Zuhörer mit ihrer Vernunft prüfen können; vielmehr werden wie in einer Messe Bilder beschworen, Glaubensbekenntnisse verkündet und liturgische Formeln zelebriert, die sich lediglich an die Emotionen der Teilnehmer wenden.

3.2. Der auf die Macht des Adlers setzende Totemkult

Betrachtet man den bildhaft-präsentativen Gehalt dieser Inszenierung noch genauer, fällt Folgendes auf: Als Hitler von dem Gott spricht, »der unser Volk geschaffen hat«, wird der die Tribüne beherrschende Reichsadler eingeblendet. Was bedeutet es, daß der Ruf nach der Gottheit mit dem Bild des Adlers verknüpft wird? Der Sinn dieses szenischen Arrangements läßt sich mit Hilfe der Filmszenen erschließen, in denen der Reichsadler vorkommt:

1. Szene: Ganz zu Anfang des Films wird ein steinerner Reichsadler vor dem Hintergrund eines düsteren Wolkenhimmels eingeblendet. Der Adler hockt auf einer Mauer aus Steinquadern, »auf der in reliefartig herausgehobenen Frakturbuchstaben« der Filmtitel *Triumph des Willens* zu lesen ist (ebd., S. 5).

2. Szene: In der zu Beginn des Films eingeblendeten Szene mit der SS-Wache, die vor dem Hotel postiert ist, in dem Hitler übernachtet, wird ein SS-Mann gezeigt, dessen ins Koppel eingehakten Hände die Aufmerksamkeit auf die »auffallend große rechteckige Gürtelschnalle aus hell blinkendem Metall« lenken, »die als Relief mit einem Reichsadler verziert ist« (ebd., S. 22).

3. Szene: Der Einmarsch der politischen Leiter in das bereits von der Dunkelheit der Nacht erfaßte Stadion wird durch das Fahnenmeer bestimmt, das sich eine unsichtbare Treppe hinunter bewegt und auf den Reichsadler zuläuft, der das Licht der untergehenden Sonne reflektiert. Die Parteifunktionäre scheinen sich in den Schutz des Adlers zu begeben, der den Eindruck hinterläßt, als wolle er sie mit seinen weit ausgebreiteten Schwingen umarmen.

4. Szene: Die Parteigenossen tragen auf den Spitzen ihrer mehrmals ins Scheinwerferlicht getauchten Fahnenstangen nicht nur Hakenkreuze, sondern auch zum Abflug bereite Adler. So entsteht der Eindruck, daß sie durch die von ihnen gehaltenen kleinen Adler dem riesigen Reichsadler auf der Tribüne ihre Reverenz erweisen.

5. Szene: Hitlers Rede an seine Männer wirkt auch deshalb gewaltig, weil hinter ihm der pompöse Reichsadler steht. Der Eindruck entsteht, daß Hitler seine Energie dem Adler verdankt, der ihm seine Kräfte zu leihen scheint.

6. Szene: Mehrmals, vor allem gegen Ende der Veranstaltung, wird die Großkundgebung aus größerer Entfernung eingeblendet. Die alle anderen Requisiten weit überragende Kulisse, die durch den an fünf großen Masten aufgehängten Adler bestimmt wird, wirkt wie die Vorderfront eines griechischen Tempelaufbaus. Der Reichsadler, der aufgrund seiner außergewöhnlichen Größe zwischen Himmel und Erde zu vermitteln scheint, besetzt den Platz, den in antiken Tempeln die Gottheiten einnahmen.

An die Stelle einer christlichen Inszenierung, die den Führer als erleuchtet durch den Gott präsentiert, der allein über das Schicksal der Menschheit waltet, tritt damit ein Totemkult, der auf die Macht des Adlers setzt. Dessen Kräfte eignen sich die Nationalsozialisten an, um sich in ihn zu verwandeln. Der gesichtslose SS-Mann mit dem Stahlhelm, der den Reichsadler auf dem Koppel trägt, scheint einen gefährlichen Raubvogel nachzuahmen, der regungslos verharrt, bevor er zum Angriff übergeht. Die politischen Leiter, die den Adler auf ihren Fahnenspitzen tragen, huldigen dem mächtigen Reichsadler auf der Tribüne, durch den das Stadion zu einer Kultstätte für den einsamen Herrscher der Lüfte wird.

3.3. Hitlers Ansprache als Ausdruck einer schamanoiden Selbstinszenierung

Wenn man sich auf die Bedeutungsebene dieser Bilder und Szenen einläßt, wie ist dann die Rede zu verstehen, die Hitler vor den Parteigenossen hält? Wie bereits ausgeführt wurde, geht Hitler mit der Rede von der »großen Not unseres Volkes« von dem Übel aus, das es zu behandeln gilt. Wenn er erklärt, es sei Außenstehenden »rätselhaft und geheimnisvoll, was diese – Hunderttausende – denn – zusammenführt, was sie Not, Leid und Entbehrungen ertragen läßt« (ebd., S. 114), dann äußert er sich nicht nur abfällig über die Parteigegner, sondern läßt seine Zuhörer auch ahnen, daß er selbst einen »rätselhaft-geheimnisvollen« Weg einschlägt, um das Übel zu beseitigen. Was bedeutet es unter diesen Umständen, wenn er laut schreiend in den Ausruf ausbricht:

»Die Bewegung – sie lebt – und sie steht fel-sen-fest begründet. Und solange auch nur einer von uns atmen kann, wird er dieser Bewegung seine Kräfte leihen« (ebd., S. 115).

Wie unsinnig Hitlers Worte auch auf einer diskursiven Bedeutungsebene sind, auf der von ihm in Anspruch genommenen präsentativen Bedeutungsebene archaischer Bilder erscheint dieser Auftritt sinnvoll. Denn wenn er zunächst das Übel beschreibt und dann erregt die Bewegung beschwört, dann tritt er wie ein Schamane auf, der einen Kranken von seinem Leiden heilt, indem er sich in eine Raserei versetzt, in der er die guten Geister anruft, um mit ihrer Hilfe die bösen Geister niederzuringen. Und weil die Feinde so mächtig sind, ist es erforderlich, alle zur nationalsozialistischen Bewegung zählenden Kräfte des Guten zusammenzurufen:

»Dann wird zur Trommel die Trommel kommen, zur Fahne die Fahne, dann wird zur Gruppe die Gruppe stoßen, zum Gau der Gau, und dann wird endlich diese gewaltige Kolonne, die geeinte Nation nachfolgen [...]« (ebd.).

Zwar gelingt es Hitler, die Kräfte des Guten zu einer gewaltigen Streitmacht zu vereinen, jedoch sind bis zum Erreichen des Ziels noch viele Hürden zu nehmen:

»Es würde ein Frevel sein, wenn wir jemals sinken ließen, was mit so viel Arbeit, so viel Sorgen, so viel Opfern und so viel Not erkämpft und errungen werden mußte« (ebd.).

Wie der Schamane in der Ekstase den Kampf mit den bösen Geistern austrägt und sie besiegt, so dient auch Hitlers Geschrei dazu, die Beseitigung des Übels als einen Kampf mit dem Bösen darzustellen, dessen Niederlage mit der Beschwörung der wiederhergestellten sozialen Ordnung verknüpft wird, die zu erhalten alle Zuhörer verpflichtet werden:

»Denn unser Gelöbnis an diesem Abend: Zu jeder Stunde, an jedem Tag nur zu denken an Deutschland, an Volk und an Reich, an unsere deutsche Nation« (ebd., S. 118).

Und wenn Hitler sich auf dem Höhepunkt seiner Ansprache auf den Gott bezieht, der das deutsche Volk geschaffen hat, und dabei der mächtige Reichsadler eingeblendet wird, dann stellt er sich nicht nur in die kulturelle Tradition, die durch das Wappentier symbolisiert wird, das schon in Rom als Zeichen Jupiters Sinnbild kaiserlicher Macht war und im Mittelalter zum deutschen Reichswappen wurde. Vielmehr ruft Hitler dadurch, daß er auf eine geheimnisvolle Weise die Kräfte des Guten gegen das mächtige Böse beschwört, auch jene älteste kulturelle Symbolwelt an, die in schamanistischen Kulturen durch den Adler verkörpert wird. Denn wie Eliade (1951) berichtet, versucht der Schamane sich häufig einen magischen Körper in der Gestalt eines Vogels zu verschaffen, weil der Adler als Vater des Schamanen gilt und das Erscheinen eines Adlers daher als Zeichen schamanistischer Berufung betrachtet wird (S. 79 ff. und S. 157 ff.).

3.4. Der manifeste und latente Sinn der Hitlerschen Masseninszenierung

3.4.1. Der manifeste Sinn der Masseninszenierung

Auf der Grundlage dieser szenischen Interpretation lassen sich die Wünsche fassen, die auf der manifesten Bedeutungsebene dieser Filmsequenz inszeniert werden: Die Parteifunktionäre versammeln sich zu einer Massenkundgebung, bei der sie auf das Hereinbrechen der Nacht warten. Und wie einer Anfangsszene dieser Filmsequenz zu entnehmen ist – die Kamera blendet diese Szene dreimal ein (vgl. Loiperdinger 1980, S. 110 f.) –, bedeutet das, daß sie eine Treppe in das Stadion hinabsteigen, das schon die hereinbrechende Dunkelheit erfaßt hat. Warum haben SeminarteilnehmerInnen diese Szene des Hinabsteigens in das dunkle Stadion, über dem noch ein heller Nachmittagshimmel steht, als faszinierend empfunden? Das szenische Arrangement legt die Antwort nahe, daß die Marschierenden die Helligkeit des Tages, die unserem Wachbewußtsein entspricht, bereitwillig aufgeben und sich mit dem Abstieg in das Stadion dem dunklen Keller unbewußter Impulse überlassen, die normalerweise nur nachts im Zuge der Traumarbeit zugelassen werden. Zu untersuchen ist, wodurch in dieser Situation das Wiederauftauchen archaischer Affekte provoziert wird: Einmal durch die Militärmusik, die die Körper der Versammelten einem monotonen Rhythmus unterwirft; zudem dadurch, daß die Versammelten zum Bestandteil einer riesigen schwarzen Masse werden, über der sich nur noch das düstere Firmament wölbt; auch dadurch, daß die Versammelten sich in einer tempelartigen Kultstätte aufhalten, die von dem in hellem Licht erstrahlenden Reichsadler beherrscht wird; und schließlich durch Hitlers Auftritt, im Zuge dessen er die »große Not unseres Volkes« beklagt, mit seinen Händen wild gestikuliert und sie zu Fäusten ballt, um laut schreiend zu beschwören, daß sich allein mit Hilfe der Bewegung die Krankheit heilen lasse. Unter dem Eindruck der damit evozierten Bilder, magischen Formeln und Zeremonien überlassen die Versammelten sich atavistischen Affekten: Sich dadurch einzigartig und stark zu fühlen, daß sie sich selbst die Macht des Adlers, in dessen Namen Hitler spricht, aneignen und sich in ebensolche gewaltige Raubvögel verwandeln, die sich auf der Suche nach Beute in die grenzenlosen Weiten der zu bestehenden Gefahren aufschwingen.

3.4.2. Auf der Suche nach dem latenten Sinn der Masseninszenierung. Zugleich ein Beispiel für eine tiefenhermeneutische Gruppeninterpretation

Die Frage, welche Lebensentwürfe in dem Mikrokosmos, der in dieser Filmsequenz gestaltet wird, als sozial anstößig gelten und daher auf die latente Bedeutungsebene verbannt werden, soll anhand einer Gruppeninterpretation beantwortet werden, in der sich der Zugang zu der zweiten Sinnebene, die sich dem manifesten Sinn der Massenveranstaltung widersetzt, auf die folgende Weise erschloß: Auf die Frage, was den Anwesenden zu der vorgeführten Filmsequenz einfällt, antwortete ein Seminarteilnehmer, daß er die Großkundgebung irgendwie als beängstigend und unheimlich empfunden habe. Auf ihn habe das dunkle Stadion nicht wie eine Bühne für eine pseudoreligiöse Veranstaltung, sondern wie ein Schlachtfeld gewirkt; die Parteifunktionäre mit den Fahnen hätten ihn an römische Legionäre erinnert; bei den Standarten habe er an senkrecht in den Himmel gehaltene Lanzen gedacht; und die Art und Weise, mit der Hitler von seinem Podium aus den Aufmarsch der Parteigenossen betrachte, habe in ihm die Vorstellung geweckt, der Führer mustere vom Feldherrnhügel aus seine Truppen. Der Seminarleiter erwiderte, es werde also nicht nur eine pseudoreligiöse Veranstaltung, sondern auch ein pseudomilitärisches Ritual zelebriert; dann lasse sich der manifeste Sinn der Massenveranstaltung dadurch bestimmen, daß Hitler sich sowohl als ein neuer Messias als auch als ein mächtiger Feldherr in Szene setze. Der Seminarteilnehmer entgegnete, wie einleuchtend dieser Verstehenszugang auch sei, er treffe doch nicht das beklemmende Gefühl, das er beim Zuschauen empfunden habe. Auf die Frage, woran er denn festmache, daß er die Großkundgebung mit den politischen Leitern als bedrohlich erlebe, verwies der Seminarteilnehmer auf die Szene zu Beginn der Veranstaltung, in der zwei Kolonnen von Parteigenossen auf den Betrachter zukommen. Aufgrund der Kameraführung habe er die Phantasie entwickelt, wie ein kleines Kind auf einer Wiese zu stehen, auf das zwei gewaltige Heerhaufen zumarschieren. Wie man in dieser Szene und in folgenden Szenen immer wieder zu den Männern mit den Standarten und Fahnen aufschaue, so habe er mit der Angstvorstellung reagiert, schon im nächsten Augenblick unter die Stiefel der Marschierenden geraten zu können. Damit war es dem Seminarteilnehmer gelungen, sein Erleben der Filmsequenz an einer konkreten szenischen Konstellation so festmachen, daß sich ein Zugang zum latenten Sinn erschloß: Zum manifesten Sinn gehört zweifellos die Selbstinszenierung der Partei als einer militanten Bewegung, die »aus den Erlebnissen und Erfahrungen, die der kämpfende Soldat im Weltkrieg gemacht hatte, [...] die Grundlagen für einen neuen Staat und eine vollkommenere Ordnung menschlichen Zusammenlebens« gewinnen wollte (Sontheimer 1962, S. 93). Auf der latenten Bedeutungsebene geht es dagegen um die Drohung, daß derjenige, der sich den Nationalsozialisten entgegenstellt, einfach niedergetrampelt wird. Schüchtert der latente Sinn dieses Szenariums diejenigen ein, die in irgendeiner Weise an Kritik und Widerstand denken, so führt der manifeste Sinn vor, wie die Angst vor Vernichtung durch die NS-Bewegung überwunden werden kann. Die Lösung lautet, daß sich der Betrachter den sich im Stadion versammelnden Parteifunktionären nicht entgegenstellen darf, sondern sich ihnen anschließen muß. Reiht er sich in die aufmarschierenden Kolonnen ein, kann er zudem an der Macht der Nationalsozialisten teilhaben, die in der Filmsequenz so eindrucksvoll in Szene gesetzt wird. Die szenische Konfiguration, daß im weiteren Verlauf der Massenveranstaltung nur noch die Hakenkreuzfahnen zu sehen sind, nicht jedoch deren Träger, versinnbildlicht, wie die Parteifunktionäre in einer einzigartigen Masse aufgehen, die, so ein Seminarteilnehmer, wie eine Lavamasse den Hügel herabströmt, sich über die Senke des Stadions ausbreitet und die Tribüne mit Hitler umspült, die wie ein Felsen aus einer kochenden See herausragt. Die Bilder, auf denen die NS-Bewegung wie eine elementare Naturkraft wirkt, die im Bündnis mit den Unheil verkündenden Gewitterwolken diejenigen, die sich ihr entgegenstellen, niederwalzen wird, nehmen so dafür ein, was Hitler in seiner Rede propagiert: Daß er kein Verständnis für die Andersdenkenden hat, die in seiner Großkundgebung eine autoritäre Veranstaltung sehen.

Als befremdend wurde auch die Szene empfunden, in der die Kamera sich Hitler von hinten nähert und ihn aus einer solchen Entfernung zeigt, daß er angesichts der Menschenmassen vor ihm unscheinbar und verloren wirkt. Die Frage stellte sich, ob diese Kameraeinstellung nicht der Wirkung des Auftritts eines großen Volksführers abträglich sei. Dagegen wurde geltend gemacht, auf diese Weise werde doch die Botschaft übermittelt, daß Hitler ein einfacher Mann aus dem Volk sei, den sich jedermann zum Vorbild nehmen könne. Dieser Verstehenszugang steht im Einklang mit Adornos (1943) Beobachtung, ein Trick faschistischer Agitation bestehe darin, daß sich der Redner als »schwach und stark zugleich« darstellt:

»[...] schwach: insofern jeder Einzelne aus der Menge als fähig erachtet wird, mit dem Führer sich zu identifizieren, der ihm darum nicht allzu überlegen sein darf; stark: insofern er das machtvolle Kollektiv repräsentiert, das durch die Einigung der Angesprochenen zustande gekommen ist« (S. 375).

Wie einleuchtend es auch ist, daß in diesem Szenario die »Imago des großen kleinen Mannes« aufgebaut wird (ebd.), ungeklärt bleibt die szenische Konstellation, daß mit dem Erleben, Hitler wirke in dieser Situation klein, der Eindruck kontrastiert, sich als Zuschauer dieser Filmszene stark und überlegen zu fühlen. Zurückzuführen ist diese Empfindung darauf, daß man den Aufmarsch im Stadion aus der Vogelperspektive betrachtet, dann mit der Kamera vom Himmel herabschwebt und schließlich von hinten auf Hitler und auf die vor ihm versammelten Menschenmassen herabschaut. Gerade deshalb, weil man sich in dieser Szene in der überlegenen Position der das Ganze überschauenden Zu-

schauer befindet, wirkt Hitler um so unscheinbarer. Eine Seminarteilnehmerin bemerkte, die Szene mache auf sie den Eindruck,
das Kinopublikum solle sich des Führers annehmen. Diesen Verstehenszugang bestätigte ein Seminarteilnehmer durch den Einfall,
dann sei nachvollziehbar, weshalb Hitler den Zuschauern den
Rücken zukehrt: Die Bilder versetzen in die Sichtweise des das
Geschehen insgesamt überschauenden Filmpublikums, in dessen
Macht es liegt, sich für Hitler zu entscheiden und ihm den Rücken
zu stärken. Die Frage, ob dieser Deutungsversuch zum Verständnis des manifesten oder des latenten Sinns beiträgt, klärte sich im
Anschluß an den Einfall einer Seminarteilnehmerin: Wenn dieses
Szenarium dazu auffordert, Hitler als Führer zu bestätigen und ihn
in dieser Rolle zu unterstützen, dann werben diese Bilder für die
antiautoritäre Botschaft, die Hitler in seiner Rede übermittelt; daß
nicht der Staat den Nationalsozialisten befehle, sondern sie und die
sich auf das Geschehen einlassenden Zuschauer Anteil an einer
populistischen Bewegung haben, die dem Staat befehle und sich
ihren Führer selbst wähle. Somit verdeutlicht dieser Verstehenszugang, wie eine irritierende Filmszene auch zur Vertiefung der
auf der manifesten Bedeutungsebene arrangierten Lebensentwürfe
führen kann.

3.4.3. Zum Verhältnis von manifestem und latentem Sinn

Abschließend ist zu bestimmen, wie sich die Bedeutung dieser
Filmsequenz in der Spannung zwischen manifestem und latentem
Sinn entfaltet: Während auf der manifesten Bedeutungsebene vorgeführt wird, wie die Parteifunktionäre in einer großartigen Bewegung aufgehen, die wie eine Lavamasse einen Hügel herabströmt, um sich dann in die Senke des Stadions zu ergießen,
geht es auf der latenten Bedeutungsebene um die Drohung, daß
vernichtet wird, wer sich dieser Bewegung entgegenzustellen
wagt. Gerade da, wo in den Kinozuschauern die Angst geweckt
wird, unter den Stiefeln der uniformierten Männer zertreten zu
werden, wird ihnen zugleich suggeriert, daß unerfüllbare Wünsche
nach Freiheit und Größe in Erfüllung gehen können. Denn wer
sich dem Führer unterwirft und sich in die marschierenden Kolonnen einreiht, gelangt in den Genuß eines ozeanischen Gefühls

grenzenloser Verbundenheit mit der Welt, aufgrund dessen er sich einzigartig und allmächtig fühlen kann.

4. Theoretische Schlußfolgerungen: Zur Sozialpsychologie eines charismatischen Volksführers

Wie wurde also verfahren? Ohne theoretische Begriffe zu verwenden, wurde die szenische Struktur zweier Filmsequenzen vor dem Hintergrund der Wirkung des Films auf das Erleben einer Gruppe von RezipientInnen und ihrer Einfälle zu beiden Szenenfolgen rekonstruiert. Erst im Zuge der abschließenden Bestimmung des manifesten und latenten Sinns der Massenveranstaltung mit den politischen Leitern wurde auf theoretische Begriffe zurückgegriffen. So konnte eine lebendige Erfahrung der Sache selbst erschlossen werden, weil der Interpretationsprozeß nicht durch eine subsumtionslogische Verfahrensweise abgekürzt wurde. Zu beantworten bleibt die Frage, welche theoretischen Schlüsse sich aus der szenischen Fallrekonstruktion ziehen lassen:

4.1. Die Inszenierung eines charismatischen Volksführers

Die Analyse zeigt, daß man Hitler mit Max Weber (1922 b) als einen charismatischen Führer begreifen kann (vgl. König 1990). Bereits das durch die Wolkenbilder bestimmte Szenarium entführt die Zuschauer in eine außeralltägliche Welt, die atmosphärisch auf die Ankunft eines charismatischen Führers einstimmt, der, weil er mit dem Flugzeug vom Himmel herabsteigt, mit »übernatürlichen« oder »übermenschlichen« Qualitäten begnadet oder »gottgesandt« zu sein scheint (Weber 1922 b, S. 140). Sowohl das in strahlendes Sonnenlicht getauchte Wolkengebirge zu Beginn der ersten Filmsequenz als auch das die zweite Filmsequenz eröffnende Szenarium, das durch das kurze Aufleuchten der Sonne bestimmt wird, die sogleich hinter einer düsteren Wolke verschwindet, stellen bedeutsame Naturereignisse dar, die offenbaren, daß Hitler »in der Gnade des Himmels« steht (Weber 1922 a, S. 161). Wenn Hitler sich in der zweiten Szenenfolge darauf beruft, daß er die Befehle jenes Gottes entgegennehme, der dieses Volk geschaffen habe, dann setzt er sich erneut als ein neuer Messias in

Szene. Und wenn die Großkundgebung darüber hinaus zur Bühne für einen die Macht des Adlers zelebrierenden Totemkult wird und Hitler in eine Raserei gerät, in der er die »guten Geister« der Bewegung gegen die bösen Geister anruft, die sich gegen die Feinde des deutschen Volkes verschworen haben, dann bedient er sich auch des »Charismas eines Schamanen« (ebd.)[4]. Die Zehn- und Hunderttausende von Uniformierten, die das reibungslose Funktionieren des Parteitags ermöglichen und vor Hitler zum Appell antreten, bilden eine mächtige Gefolgschaft, die von seinen charismatischen Begabungen überzeugt und ihm rückhaltlos ergeben ist. Die in der Gruppe der InterpretInnen als auffällig bezeichnete szenische Konstellation, daß die auf den Führer wartende Masse nicht abwartet, bis sie Hitler sieht, sondern bereits in Jubelgeschrei ausbricht, als das Flugzeug noch auf der Landebahn ausrollt, dramatisiert, wie sehr auch das Volk dem Führer Charisma zuspricht. Die Begeisterungsstürme, die Heilrufe und die zum Hitlergruß in die Höhe fliegenden Arme, eine Bewegung, die immer wieder wie eine Welle durch die Menge geht, bestätigen den Eindruck, daß Hitler sein Charisma der »aus Begeisterung oder Not und Hoffnung geborenen gläubigen, ganz persönlichen Hingabe« der Masse verdankt (Weber 1922 b, S. 140). Mit der Spitze gegen diejenigen, die nicht verstehen, was die Begegnung zwischen dem Führer und seinen Männern bedeutet, stellt Hitler sich zudem dadurch als charismatischer Führer dar, daß er die Andersdenkenden als »Pflichtwidrige« behandelt (ebd.), von denen er Glaube und Anerkennung fordern kann. Denn charismatische Machtaus-

4 So führt die szenische Fallrekonstruktion am konkreten Material vor, wie zutreffend die Einschätzung von Elias (1989 b) ist, Hitler habe »eine sehr ähnliche Funktion« wie »ein Schamane in einfacheren Stammesgruppen« übernommen (S. 500): Da sich »besonders in kritischen Situationen [...] die Massen der Bevölkerung, selbst in den ›fortgeschrittensten‹ Nationen, von Gefahren bedroht« fühlen, »deren Eigenart sie kaum besser verstehen als einfachere Stammesgesellschaften die Gefahren von Überschwemmung und Gewitter, Dürre oder Krankheit«, hätten sie in Hitler einen »politischen Medizinmann« gesehen (ebd., S. 500 f.), »der einem die Last der Verantwortung von den Schultern nahm und sie sich selbst aufbürdete, der sich anheischig machte, alle nationalen Hoffnungen und Wünsche, alles Sehnen nach einem Ende der Demütigung Deutschlands, nach einer neuen Größe, einer neuen Macht wie mit Zauberhand zu erfüllen« (ebd., S. 499).

übung ist »durchaus autoritären, herrschaftlichen Charakters«
(Weber 1922 a, S. 161). Wenn auf Kirchturmspitzen Hakenkreuzfahnen flattern, wenn die Männer in der uniformierten Gefolgschaft des Führers so willig aufgehen, wie die Frauen ihm zujubeln
und ihm Kinder schenken wollen, wenn Hitler zudem in seiner
Rede betont, nicht der Staat befehle den Nationalsozialisten, sondern sie würden dem Staat befehlen, dann geben Bilder und Rede
der Partei den Anstrich einer modernen Massenbewegung (vgl.
Dahrendorf 1968), die den Kampf gegen die tradierten religiösen
und familiären Bindungen im Dienste der Gleichschaltung der
Menschen aufnimmt. Da in den Massenorganisationen der Partei
alle sozialen und regionalen Differenzen unter der Parole der
Volksgemeinschaft eingeschmolzen werden, erweist sich Hitler
auch dadurch als charismatischer Führer, daß er die sozialen Verhältnisse durch den Sturz der traditionalen Ordnung »revolutio-
niert« (vgl. Weber 1922 b, S. 141 f.).

4.2. Die Inszenierung narzißtischer Wünsche nach Größe, Macht und Einssein

Nachdem mit Weber vergegenwärtigt wurde, daß Hitler als charismatischer Führer in Szene gesetzt wird, an den die ihm ergebe-
nen Massen bedingungslos glauben, ist mit Freud zu fragen, wie
dieser Glaube an den Führer über die Mobilisierung der Emotionen der Massenindividuen hergestellt wird. Da charismatische
Herrschaft auf »affektueller Hingabe an die Person des Herrn
und ihrer Gnadengaben« beruht (Weber 1922 a, S. 159), läßt sich
die Frage, warum die Hitler zugesprochenen Qualitäten »als Charisma galten und wirkten« (ebd., S. 161), dadurch beantworten,
daß die durch die tiefenhermeneutische Inhalts- und Wirkungs-
analyse dechiffrierten Lebensentwürfe, an die Hitlers charismatische Masseninszenierungen anschließen, auf einen der Sache angemessenen psychoanalytischen Begriff gebracht werden.
Zu betrachten ist zunächst die erste Filmsequenz: Da die Wolkenbilder dazu einladen, sich der Phantasie des Fliegens und der
Vorstellung eines großartigen Naturerlebens zu überlassen, wird
hier der primärnarzißtische Wunsch aufgegriffen, die in der sozialen und politischen Krisenlage der 30er Jahre gemachten Erfahrungen der Ohnmacht und Angst durch ein einzigartiges Erleben

von Sicherheit und Macht zu überwinden, das durch die Verbindung des eigenen Selbst mit dem kosmischen Element der Luft möglich ist (vgl. Argelander 1971). Mit der grandiosen Vorstellung, sich in unendliche Weiten auszudehnen, taucht das Kinopublikum in eine phantastische Welt ein, die sich über die in der Realität geltenden Gesetze des Raumes, der Zeit und der Kausalität hinwegsetzt.

Wenn das Filmpublikum mit Hitlers Landung auf dem Flugplatz aus diesem Traum erwacht, dann tritt ihm mit dem vom Himmel herabgestiegenen Messias ein Führer entgegen, der das Abschiednehmen von dieser primärnarzißtischen Vorstellungswelt erleichtert. Denn die Bilder fordern dazu auf, auf ihn die durch die erste Szene geweckten Größen- und Allmachtsphantasien zu übertragen. Wenn der an der Spitze einer Autokolonne durch Nürnberg fahrende Führer, der die Ovationen der ihm wie begeisterte Kinder zujubelnden Bevölkerung ernst und gelassen entgegennimmt, als der in der Not erschienene Retter des Volkes idealisiert wird, dann wird er »wegen der Vollkommenheiten« geliebt, »die man fürs eigene Ich angestrebt hat und die man sich nun auf diesem Umweg zur Befriedigung seines Narzißmus verschaffen möchte« (Freud 1921, S. 105). Die szenische Konfiguration, daß das Filmpublikum hinter Hitler stehend miterleben kann, wie die Massen ihm zujubeln, verdeutlicht, wie die Kinozuschauer aufgrund einer narzißtischen Identifikation mit Hitler an dessen Größe und Einzigartigkeit partizipieren können.

Nachdem Hitler als die strahlende Lichtgestalt in Szene gesetzt worden ist, die an die Stelle des eigenen Ichideals rückt, wird er auch als der starke und männliche Führer in Szene gesetzt, der dadurch, daß er Opfer verlangt, an die ödipale Vaterbindung der Versammelten anknüpft. So stellen die regungslos vor dem Hotel verharrenden SS-Posten ein eindrucksvolles Monument für ergebene Söhne dar, die sich der väterlichen Autorität des Führers bedingungslos unterworfen haben und die dazu entschlossen sind, die gegen sie aufkommende Aggression gegen deren Feinde zu richten, sobald es befohlen wird. Eine ödipale Vaterfigur, die es zu bewundern und selbstlos zu lieben gilt, ist Hitler zudem für die ihm hingebungsvoll zujubelnden Frauen sowie für die Frau, die den Führer mit dem Blumenkranz ihr Kind schenkt.

Dem manifesten Sinn dieser Szenenfolge, daß der den eigenen Idealvorstellungen entsprechende Führer das Publikum aus dem

Traum von Größe und Macht weckt, den sie im Zusammenspiel mit Flugphantasien genossen haben, und ihnen sodann als ein strenger Vater entgegentritt, der das Triebverzicht verlangende Realitätsprinzip verkörpert, widersetzt sich der latente Sinn. Denn der Einsatz eines großen Organisations- und Parteiapparats macht Nürnberg zur Hintergrundkulisse für eine gigantische Machtentfaltung, die mit einer beängstigenden Gleichschaltung der in Uniformen steckenden Männer und den als begeisterte Zuschauerschaft vereinnahmten Frauen einhergeht. Weil über den latenten Sinn, daß die Nationalsozialisten Angst und Schrecken verbreiten, der manifeste Sinn hinwegtäuscht, daß die Deutschen unter Hitlers Führung erwachen und aus ihrer Not befreit werden, weichen die Einwände der Vernunft dem erhebenden Glauben an einen charismatischen Führer, dem man die eigene Unterwerfung und selbstlose Opfer schuldig ist.

In der zweiten Filmsequenz schließen sich die politischen Leiter zu einer Masse zusammen, die den Hügel herabströmt und das Stadion mit einem Fahnenmeer ausfüllt, in dem die Versammlungsteilnehmer untergehen. Die Szenerie versinnbildlicht, daß die Parteifunktionäre auf den archaischen Wunsch regredieren, mit der Gruppe als einer allmächtigen Mutter zu verschmelzen. Wie es Anzieu (1971) formuliert hat, wird die Gruppe der vor Hitler zum Appell angetretenen Männer damit »zu jenem sagenhaften Ort, an dem alle Wünsche sich erfüllen« (zit. nach Chasseguet-Smirgel 1975, S. 84). In der Rolle eines Schamanen, der sich der Macht des Adlers bedient, um den aus einem zerrissenen Volk stammenden Männern neue Kraft einzuhauchen, übernimmt Hitler eine mütterliche Rolle, der entsprechend er sich so besorgt um das in Not geratene Volk kümmert, wie er dessen Leiden heilt, indem er gleichsam zur »Hebamme« der nationalen Wiedergeburt wird. Wenn Hitler die Rede mit dem Aufruf zum Schwur beendet, »an jedem Tag« und »zu jeder Stunde« nur zu denken »an Deutschland, an Volk und an Reich, an unsere deutsche Nation«, dann findet er Worte für den Wunsch aller Versammlungsteilnehmer nach narzißtischer Verschmelzung mit der Nation. Der von diesem Geschehen mitgerissene Kinozuschauer wird so zum Zeugen eines eindrucksvollen Erlebnisses, das die bei der Großkundgebung versammelten Parteigenossen verbindet: das regressive Verlangen nach Verschmelzung und Einssein, dem entsprechend die Teilnehmer der Großkundgebung sich als Teil einer großartigen und allmächtigen Bewegung fühlen können, die sich unter dem Zeichen des Adlers die Welt unterwerfen wird.

Während manifest das Ausleben narzißtischer Größen- und Allmachtsphantasien ist, erweist sich als latent die Gewalt der Bewegung, die rücksichtslos Unterwerfung fordert. Die Szene, in der die versammelten Parteifunktionäre auf den Betrachter loszumarschieren scheinen, dramatisiert auf der Wirkungsebene der Bilder, daß jeder Widerstand zwecklos ist und das eigene Überleben von der Fähigkeit zur autoritätsgebundenen Identifikation mit den übermächtigen Aggressoren abhängt. Ganz in diesem Sinne stellt Hitlers Auftritt in der Szene, in der er sich auf einen göttlichen Befehl bezieht und dann der Reichsadler eingeblendet wird, die Neuauflage des ödipalen Vaters dar, der in aller Strenge die Ordnung des Gesetzes exekutiert, das durch das Wappentier des Dritten Reichs verbildlicht wird. Wie Hitler das idealisiert, was er durch die Großkundgebung in Gang setzt, offenbaren seine irritierenden Worte, daß die politischen Leiter nur dem »Gebot ihres Herzens« folgen. Mit dieser theatralischen Leerformel findet Hitler einen Ausdruck dafür, was auf der latenten Bedeutungsebene der Massenveranstaltung in Gang gesetzt wird: Während dem Herzen zu folgen heißt, im Einklang mit dem Unbewußten eigene Gefühle zu empfinden, geht es bei Geboten um Ansprüche des Überichs, die auf der Verinnerlichung sozialer Normen und Werte beruhen. Wenn Hitler meint, die Teilnehmer würden dem »Gebot ihres Herzens« folgen, dann begeistert er sich dafür, daß die Versammelten nicht ihrem eigenen Willen folgen, sondern es hinter dem Rücken ihres Ichs zu einem stabilen Kurzschluß zwischen den durch die Massenveranstaltung geweckten ödipalen Triebimpulsen und den Imperativen des Überichs kommt, die Hitler durch seine moralisierenden Appelle abruft.

Der Vergleich beider Filmsequenzen verdeutlicht das Gemeinsame: Ob im Zusammenspiel mit den Wolkenbildern primärnarzißtische Wünsche abgerufen oder in der Großkundgebung mit Hitler frühinfantile Verschmelzungssehnsüchte ausagiert werden, in beiden Fällen werden auf der manifesten Bedeutungsebene des Films unerfüllbare Lebensentwürfe aufgegriffen und als realisierbar präsentiert. Dieser Sachverhalt bestätigt Adornos (1951) Einschätzung, daß Hitlers Stärke auf seiner »Fähigkeit« beruhte, das, was in den Massenindividuen »latent ist, ohne ihre Hemmungen auszudrücken« (ebd.). Auf die latente Bedeutungsebene der über den Film inszenierten Parteitagszeremonien wird dagegen verbannt, was im Alltag manifest ist: Daß die Massenveranstaltungen mit den endlosen SA-Kolonnen und den martialisch wirkenden SA-Männern Angst erzeugen und sich die Stimme der Vernunft gegen dieses Spektakel und die unsinnige Hitlerrede regt, stellt die Parteitagsfeier in Frage und wird auf die latente Bedeutungsebene verbannt.

Auf diese Weise decken sich die Ergebnisse der Fallrekonstruktion mit den durch eine andere Fallrekonstruktion gewonnenen Einsichten, im Zuge deren untersucht wurde, wie Hitler Jugendliche anspricht. Im Zuge dieser szenischen Interpretation wurde nämlich deutlich, wie sich die Nationalsozialisten die Jugendlichen durch die Nachahmung archaischer Initiationsrituale autoritär unterwerfen. Während der manifeste Sinn der Hitlerkundgebung mit den Jugendlichen verheißt, daß sie durch ihn Freiheit und Unabhängigkeit erlangen und ganze Männer werden können, fordert der latente Sinn dazu auf, ihm »bis in den Tod hinein bedingungslos ergeben zu sein« (König 1995 b, S. 68).

Wie in der vorliegenden Fallrekonstruktion versöhnt auch dort mit dem latenten Sinn, sich Hitler rückhaltlos unterwerfen zu müssen, der manifeste Sinn, daß er ein einzigartiger Führer ist, der sich der Jugend so verständnisvoll und verantwortlich annimmt wie seines Volkes insgesamt[5]. So spiegelt das Außeralltägliche der Parteitagsfeiern wider, daß die sich in der Spannung zwischen manifestem und latentem Sinn entfaltende Doppelbödigkeit des Alltags auf den Kopf gestellt wird: In den Massenveranstaltungen werden die Lebensentwürfe manifest, die im Alltag als unerfüllbare Größenphantasien und unterdrückte Triebregungen latent bleiben; und die Lebensentwürfe, die im Alltagsleben manifest sind, weil sie die

5 Beide Fallrekonstruktionen bestätigen die in einer Vorstudie (vgl. König 1990) entwickelte These, daß es sinnvoll ist, die Eigenart der Hitlerschen Masseninszenierungen im Rückgriff auf Weber und Freud zu bestimmen. Freilich widerlegen sie auch den dort unternommenen Versuch einer ersten Bestimmung des manifesten und latenten Sinns von Hitlers Masseninszenierungen (vgl. ebd., 165 ff.). Denn was damals als latenter Sinn vermutet wurde, daß Hitler eine väterliche und mütterliche Position übernimmt, hat sich als die dunkelste Facette des manifesten Sinns erwiesen, der insgesamt über den latenten Sinn der Großkundgebungen hinwegtäuscht, die unter Androhung von Gewalt bedingungslosen Gehorsam verlangen.

diskursive Verständigung der Akteure ermöglichen und im Einklang mit den von ihnen geteilten Werten stehen, werden im Zuge des Parteitagsgeschehens auf die latente Bedeutungsebene verwiesen.

4.3. Die der Massenwirksamkeit von Hitlers charismatischen Inszenierungen zugrunde liegende soziale und historische Situation

Zu der Frage, wie die historische und soziale Situation beschaffen war, in der Hitlers charismatische Masseninszenierungen so erfolgreich waren, ist zweierlei zu sagen:

1. Wie sehr auch Webers Einschätzung zutrifft, daß die europäische Geschichte von der sich mit der Entwicklung von Wissenschaft und Technik durchsetzenden Rationalisierung aller Lebensbereiche abhängt, als die Kehrseite dieser Entzauberung der Welt läßt sich mit Horkheimer und Adorno (1947) die »unterirdische« Geschichte beschreiben, die »im Schicksal der durch Zivilisation verdrängten und entstellten menschlichen Instinkte und Leidenschaften« besteht (S. 263). Wie die gesamtgesellschaftliche Durchsetzung technologischer Rationalität und der naturwissenschaftlichen Deutung der Welt zu einer »Ausgrenzung der Sinnlichkeit« aus der auf instrumentelles Denken und strategisches Handeln reduzierten menschlichen Praxis geführt hat (Lorenzer 1981, S. 107), so sind die religiösen Mythen nicht nur als Deutungssysteme objektiver Weltzusammenhänge, sondern auch als Bedeutungsträger individueller Wünsche und kollektiver Träume entzaubert worden. Was aus der Welt diskursiver Welterkenntnis als die irrationale Welt der Phantasie und der Triebe ausgegrenzt wurde, verschmolz mit den Resten der mythischen Weltdeutung zu einem »irrationalen Bodensatz im Alltagsbewußtsein« (ebd., S. 133), der durch die Nationalsozialisten aufgegriffen wurde, die mit Hilfe moderner technischer Mittel Massenveranstaltungen organisierten, in denen die alten Mythen, Kulte und Symbole auf neue Weise zelebriert wurden.

Konkret heißt das, daß die Nationalsozialisten den politischen Stil eines neu erwachten nationalen Bewußtseins aufgegriffen haben, der, wie Mosse (1975) ausgeführt hat, seit den Anfängen des 19. Jahrhunderts von der antiparlamentarischen Bewegung im Ge-

genzug zu der auf die französische Revolution zurückgehenden Freiheitsbewegung entfaltet wurde. Während das Versagen der Weimarer Republik zu illustrieren schien, daß »eine parlamentarische Regierung nach dem Repräsentativsystem« dazu »geeignet« schien, »die Menschen und die Politik aufzusplittern« (ebd., S. 11 f.) und den Willen des Volkes in einen blutleeren »Rationalismus der Regierungsangelegenheiten« aufzulösen, sprach der Nationalsozialismus die Emotionen der Massen durch eine »Ästhetik der Politik« (ebd., S. 32) an, die den Willen des Volkes über die »aktive Teilnahme an der nationalen Mystik mittels Riten und Feiern« zu realisieren versprach (ebd., S. 11).

2. Zum ersten Mal anfällig wurden die Massen für Hitlers kultisch zelebrierte Großkundgebungen in der Unsicherheit und Angst erzeugenden sozialen und politischen Krisenlage zu Anfang der dreißiger Jahre. Dabei ist zu beachten, daß das Vertrauen in die rationale Herrschaft des Weimarer Parlamentarismus zusammengebrochen war, nachdem die grauenvolle Erfahrung des ersten Weltkriegs und der Schrecken über die militärische Niederlage den Glauben an die traditionale Herrschaft des gottgewollten Kaiserreichs erschüttert hatte. Wie sehr der erregten Stimmungslage der Massen das Auftreten eines die Nation erlösenden charismatischen Führer entgegenkam, der als mit »magisch« geltenden Qualitäten des »Übernatürlichen« und »Übermenschlichen« begnadet erschien (Weber 1922 b, S. 140), dokumentiert das Wiederaufflammen magischer Wünsche in der damaligen Krisenlage. Das Verlangen nach okkultistischen Trostangeboten war in den dreißiger Jahren so groß, daß es, wie Olden (1935) berichtet, allein in Berlin über 3000 »Heil- und Fernseher, Schriftdeuter, mediale Personen, Spiritisten, Kartenleger, Parapsychologen, Horoskopsteller« gab (S. 238):

»Es war die Zeit, in der ein Bericht der hamburgischen Landeskirche darüber klagte, der Hexenglauben breite sich von neuem aus. Alte Frauen, selbst wenn sie fleißig zur Kirche gingen, würden als Zauberinnen respektiert oder auch verfolgt. Bei Krankheiten von Mensch und Vieh würden sie oder Hexenmeister zum Besprechen und nicht Ärzte oder Tierärzte zu verständiger Behandlung hergeholt« (ebd.).

Diese magischen Wünsche, die von einer Vielzahl von Scharlatanen kommerziell ausgeschlachtet wurden, politisierte Hitler, indem er sich als ein charismatischer Volksführer in Szene setzte, der nicht nur als vom Himmel niedergefahrener neuer Messias auftrat, sondern auch einen die Massen faszinierenden Zauberer spielte.

Über dem Vergleich Hitlers mit einem Schamanen sollten freilich die Differenzen nicht übersehen werden: Eliades (1951) Ausführungen zeigen, daß in archaischen Kulturen ein Schamane über das Ritual der Ekstase das »geistige Gleichgewicht« der Gemeinschaft auf magisch-symbolische Weise wiederherstellt, das durch die den Dämonen zur Last gelegten Krankheiten und Unfälle gestört wird (S. 229). Hitler spielt dagegen in einer hochindustrialisierten Zivilisation einen Schamanen, um die versammelte Masse in einen Zustand emotionaler Erregung zu versetzen, in dem sie für eine politische Agitation empfänglich ist, die barbarische Ziele verfolgt. Während ein Schamane mit seinen magischen Praktiken die äußere Natur mimetisch nachahmt, um die durch einen Konflikt bedrohte Selbsterhaltung der Gruppe zu sichern, imitiert Hitler einen Schamanen. Horkheimer und Adorno (1947) haben deshalb von einer »Mimesis der Mimesis« gesprochen (S. 214): Hitler ballt die Fäuste, er schlägt mit der Hand um sich und stimmt ein moralentrüstetes Geschrei an, um an die Stelle politischer Maßnahmen, die gesellschaftliche Veränderungen einleiten könnten, die magische Beschwörung eines mächtigen Willens zu setzen, von dem die nationale Wiedergeburt abhänge. Die Tatsache, daß Hitler dem Film den Titel *Triumph des Willens* gegeben hat, offenbart, wie zentral für seine politische Agitation die im Kultus des Willens zum Ausdruck kommende magische Beschwörung von Wünschen war: Während es in der Weimarer Republik keinen »politischen Willen« gegeben habe, weil die »bisherige Partei[en]welt« die Nation in eine Unzahl einander widerstreitender Interessen »zertrümmert« habe (Domarus 1973, S. 85 f.), hänge der Wiederaufstieg Deutschlands davon ab, daß man der »Zersplitterung des deutschen Lebens in kleinste Gruppen [...] wieder einen großen geschlossenen Willen der Nation« entgegensetze (ebd., S. 181 f.).

4.4. Die Funktionalisierung bewußter und unbewußter Lebensentwürfe durch Führerkult und Weltanschauung

Zu erörtern ist schließlich das von Broszat und Elias nicht gelöste Problem, wie im Falle der Hitlerschen Masseninszenierungen Psychopathologie und objektive Verblendung zusammenhängen.

Zunächst ist zu fragen, wie in diesem Film unerfüllte Triebwünsche instrumentalisiert werden: Folgt man den Ergebnissen der Fallrekonstruktion, dann fasziniert Hitler, weil er über die autoritäre Unterwerfung der Masse hinwegtäuscht, indem er die Befriedigung narzißtischer Wünsche nach Größe, Macht und Einssein verheißt. Zugleich werden über die charismatischen Masseninszenierungen auch weltanschauliche Überzeugungen propagiert[6], für die viele Deutsche empfänglich waren. So entsprach der Hitlermythos einem nationalistischen Denken, für das ein starker Führer, der Deutschland aus seiner Krise retten könne, eine Alternative zum Parlamentarismus der Weimarer Republik darstellte. Hitlers Masseninszenierungen verknüpfen daher das Versprechen, grandiose Wünsche zu stillen, mit der völkisch-nationalen Antwort auf ein soziales und politisches Problem. Dieses Ineinandergreifen von phantastischen Wünschen und weltanschaulichen Versatzstücken wird dadurch kompliziert, daß Hitler seine Bedeutung als charismatischer Führer auch als Verkünder der Weltanschauung gewinnt. Wenn Hitler zum Beispiel in der Rede vor den politischen Leitern das »Gelöbnis« ablegt, »zu jeder

6 Der Begriff der Weltanschauung wird für die totalitäre Ideologie des Nationalsozialismus reserviert, um sie von den klassischen Ideologien vergangener Jahrhunderte zu unterscheiden. Während diese Manifestation eines »gesellschaftlich notwendigen falschen Bewußtseins« waren, das in seiner »Unwahrheit, als Ausdruck solcher Notwendigkeit [...] auch ein Stück Wahrheit« war (Adorno 1961, S. 161), an dem die Kritik sich abarbeiten konnte, zeichnen sich »totalitäre Ideologien« dadurch aus, daß »in solchem sogenannten ›Gedankengut‹ [...] kein objektiver Geist sich« widerspiegelt, »sondern es ist manipulativ ausgedacht, bloßes Herrschaftsmittel« (Adorno 1956, S. 169). Schnädelbach (1969) präzisiert diesen qualitativen Unterschied zwischen Ideologien und Weltanschauungen, die nach einer sozialpsychologischen Untersuchung verlangen, folgendermaßen: »Ohne Zweifel haben auch die klassischen Ideologien psychische Bedürfnisse befriedigt«, jedoch in einer »sublimeren« und »indirekteren« Weise, weil sie »Resultate rationaler Anstrengung« »psychisch gesunder Menschen« waren (S. 89 f.). Politische Wahnsysteme wie der Nationalsozialismus befriedigen hingegen die »elementaren psychischen Bedürfnisse« jener Individuen, die sich aufgrund der schwindendenden Fähigkeit, »die gesellschaftliche Totalität zu durchschauen«, als ohnmächtig und orientierunglos erleben und in historischen Krisensituationen zu »irrationalen Reaktionen« neigen (ebd., S. 90).

Stunde, an jedem Tag nur zu denken an Deutschland, an Volk und an Reich, an unsere deutsche Nation«, dann beschwört er damit einen »politischen Mythos«, dessen »magische Leuchtkraft« die »vielleicht wirksamste Antithese gegen den Staat von Weimar« darstellte (Sontheimer 1962, S. 222 f.). Denn der auf das Deutsche Reich des Mittelalters zurückgehende Reichsgedanke beschwört den Glauben an eine »weltgeschichtliche Sendung und Verantwortung des deutschen Volkes« (ebd., S. 236). Die Reichsidee zielte darauf ab, das zerrissene Europa unter Deutschlands Führung zu einen und zu befrieden, um auf diese Weise das Himmelreich auf Erden Wirklichkeit werden zu lassen. Wie analysiert wurde, beschwört Hitler mit dem Aufruf, immer nur an die Nation und das Reich zu denken, das Wiederauftauchen frühinfantiler Verschmelzungswünsche. Also wird auch über die weltanschauliche Indoktrination die Mobilisierung unerfüllter Wünsche mit der nationalistischen Antwort auf die soziale und politische Krisenlage verknüpft, die nicht durch sozialen Wandel, sondern durch die Schaffung eines Europa einigenden Reichs bewältigt werden soll.

Der Zusammenhang, wie durch die Massenveranstaltung mit Hitler und durch die Weltanschauung grandiose Wünsche instrumentalisiert werden, läßt sich daher sozialisationstheoretisch folgendermaßen beschreiben:

1. Die Parteitagsinszenierungen der NSDAP waren so erfolgreich, weil durch die Großveranstaltungen mit Zehn- und Hunderttausenden von Menschen die von Freud zur gleichen Zeit analysierte soziale Situation der Massenbildung hergestellt wurde: Die Versammelten wurden von archaischen Wünschen überwältigt, regredierten auf das magische Erleben von Kindern und begeisterten sich aufgrund ihrer libidinösen Bindung an Hitler für diesen charismatischen Führer, der – wie die Filmbilder zeigen – wechselweise die Rolle einer verständnisvoll-besorgten Mutter, eines rettenden guten Vaters oder eines ins Gewissen redenden strengen Vaters einnahm. Und weil die Versammlungsteilnehmer verband, daß Hitler an die Stelle ihres Ichideals und ihres Überichs trat, stellte die wechselseitige Identifikation das Gegenstück zur Liebe (Objektbeziehung) zum Führer dar.

2. Auf diese Weise bildeten die Massenveranstaltungen mit Hitler eine Sozialisationsagentur, in der die Versammlungsteilnehmer aufgrund ihrer Regression auf eine infantile Erlebnisweise für die weltanschaulichen Botschaften empfänglich waren, die der

Führer ihnen auf der präsentativen Bedeutungsebene sinnlich-bildhafter Inszenierungen und auf der diskursiven Bedeutungs-ebene sprachlicher Indoktrination übermittelte.

Dieser Zusammenhang soll noch einmal anhand zweier Szenen verdeutlicht werden: Da die auf die Ankunft des Führers war-tenden Frauen und Kinder das Erlebnis teilen, wie Hitler mit dem Flugzeug vom Himmel herabsteigt, fühlen sie sich als die Anhän-ger eines einzigartigen Führers, den sie als mit Charisma begnadet empfinden; weil sie in dieser Massensituation das narzißtische Hochgefühl verbindet, daß vor ihren Augen ein guter Vater zur Erde niederfährt, um sie von ihrem Leiden unter sozialen und politischen Mißständen zu erlösen, übernehmen sie auch die welt-anschauliche Botschaft, daß nur ein starker Führer Deutschland aus seiner Notlage herausführen kann. Und da die politischen Leiter in der nächtlichen Großkundgebung unter dem Einfluß Hitlers, der durch seine schamanoide Selbstinszenierung als eine gute Mutter, die der Nation zur Wiedergeburt verhilft, von archai-schen Verschmelzungssehnsüchten überwältigt werden, im Zuge derer die Gruppe der versammelten Männer zu einer Sicherheit und Wärme stiftenden Ersatzmutter wird, sind sie empfänglich für die von Hitler verkündete weltanschauliche Botschaft, daß sie für die Verwirklichung der Reichsidee kämpfen, der zufolge Deutsch-land »die Mutter der Völker« sei, »die unter tausend Schmerzen und Leiden immer neues Leben und neuen Segen in die Welt gesandt hat« (ebd., S. 227).

Wie der tiefenhermeneutischen Fallrekonstruktion entnommen werden kann, bildeten die nationalsozialistischen Großkundge-bungen mit Hitler eine Sozialisationsagentur, über die Individuen für eine irrationale Weltanschauung eingenommen wurden, die auf dreierlei Weise von ihrem Erleben Besitz ergriff:

1. Was der Einzelne als unerfüllbare Wünsche verwirft, verwandelt sich in der Massenveranstaltung mit Hitler in eine mit Händen greifbare Möglichkeit. Ganz in diesem Sinne spricht Freud (1921) davon, daß das Individuum in der Masse »unter Bedingungen« kommt, »die es ihm »gestatten, die Verdrängungen seiner unbe-wußten Triebregungen abzuwerfen« (S. 69). Die zuvor als phanta-stisch abgetanen Wünsche gelten als erfüllbar, weil sie im Zuge der weltanschaulichen Ausrichtung benannt und konkretisiert wer-den. Denn die Weltanschauung verheißt, daß mit dem Aufstieg Deutschlands zur führenden Macht in Europa jeder Deutsche die

Chance erhält, an der einzigartigen Größe und Macht des zu errichtenden Dritten Reiches teilzuhaben.

2. Während der sich seinen Träumen überlassende Einzelne von seinen Mitmenschen isoliert ist, bewirkt die weltanschauliche Indienstnahme des Verlangens nach Größe, Allmacht und Einssein, daß der Einzelne in das durch politische Agitation hergestellte Bewußtsein einer Masse eingebettet wird. Wie irrational seine Phantasien auch sind, er hält sie nunmehr für realistisch, weil sie unter Nationalsozialisten sozial akzeptiert sind.

3. Zwar handeln die Hitler zujubelnden Massenindividuen nicht aufgrund einer Einsicht in ihre Bedürfnisse und in ihre soziale und politische Lage. Dennoch sind sie zum Handeln entschlossen und tun bereitwillig, was der Führer verlangt. Denn wie irrational Hitlers Antworten auf die sozialen Fragen auch sind, die Massenindividuen sind davon »tief bewegt«, weil er durch seine politische Agitation zugleich ihre unerfüllten Träume und unterdrückten Triebimpulse anzusprechen vermag.

4.5. Die tiefenhermeneutische Fallrekonstruktion in der Perspektive von Adornos Analyse faschistischer Massenbildung

Welche Schlußfolgerungen lassen sich aus der vorliegenden Fallrekonstruktion im Vergleich mit Adornos Arbeit zur Sozialpsychologie nationalsozialistischer Massenbildung ziehen?

1. Adorno (1951) ist der Meinung, »daß der faschistische Führertyp eigentlich keine Vaterfigur [...] zu sein scheint« (S. 46). Vielmehr handele es sich bei faschistischen Massenführern wie Hitler um eine narzißtisch geliebte Person, die nichts anderes »als eine Vergrößerung der eigenen Persönlichkeit, eine kollektive Selbstprojektion« sei (ebd., S. 47). Nun wäre es methodisch unzulässig, von der Fallrekonstruktion her darauf zurückzuschließen, wie Hitler wirklich war. Jedoch lassen sich Aussagen darüber machen, wie der Film Hitler als Massenführer inszeniert. Die tiefenhermeneutische Medienanalyse zeigt, daß Hitler verschiedenste Erlebnisweisen der Masse aufgreift und instrumentalisiert, indem er nicht nur die Rolle einer eigene Idealvorstellungen verkörpernden Person übernimmt, sondern auch als autoritärer Vater auftritt oder die Rolle einer guten Mutter spielt, die sich der Leiden des Volkes annimmt und ihm zu einer Wiedergeburt verhilft; schließlich tritt

er auch als eine ödipale Vaterfigur auf, die ihren Zuhörern ins Gewissen redet und ihnen Opfer abverlangt.

2. Adornos Beiträge zur Autoritarismusforschung waren Bestandteil der von Horkheimer und Flowerman herausgegebenen »Studies in Prejudice«, die von der Untersuchung des Antisemitismus als dem irrationalen Kern der nationalsozialistischen Weltanschauung ausgingen. Dagegen spielt der Antisemitismus in den analysierten Filmsequenzen keine Rolle, weil *Triumph des Willens* Bestandteil einer Massenpropaganda war, die an die Stelle der alten Kernbestände der sozial-reaktionären Weltanschauung die sozialutopische Vision revolutionärer gesellschaftlicher Veränderungen rückte (vgl. Broszat 1970, S. 393 ff.). Denn aus dem »Ghetto der kleinen extremistischen Radikalpartei« vermochte sich die NSDAP zu Anfang der 30er Jahre nur dadurch zu befreien (Broszat 1983, S. 61), daß sie den radikal-völkischen Antisemitismus, mit dem Hitler in den 20er Jahren Parteimitglieder gewonnen hatte, durch die »Bekämpfung [...] des demokratischen Parteienstaates« und durch »die Parole sozialer und nationaler Wiedergeburt« ersetzte (Broszat 1970, S. 400). Wie die Analyse verdeutlicht, werden mit dieser sich im Film spiegelnden Modernisierung der politischen Agitation auch andere Wünsche aufgegriffen und instrumentalisiert. Daß in der antisemitischen Propaganda paranoide Ängste geweckt und politisiert werden (vgl. Horkheimer, Adorno 1947, S. 217 ff.), bedeutet, daß das weltanschauliche Angebot in Persönlichkeitsdefekte einhakt und die »objektive Verblendung« mit der »individuellen Pathologie« kurzgeschlossen wird (Lorenzer 1981, S. 122). In den untersuchten Filmsequenzen geht es hingegen nicht um die Instrumentalisierung einer Psychopathologie (wie auch von den Einschätzungen von Broszat und Elias her zu vermuten wäre), sondern um das Aufgreifen unerfüllter Lebensentwürfe, die in der erstrebten Volksgemeinschaft realisierbar erscheinen. Weniger auf die sich des Sprachmediums bedienende Vorurteilspropaganda setzt der Film als vielmehr auf das Bildmedium, über das noch nicht bewußt gewordene Lebensentwürfe aufgegriffen werden, ungestillte Träume, die mit der revolutionär wirkenden Vision nach »völkischer und sozialer Regeneration« verknüpft werden (Broszat 1970, S. 401).

3. Damit wird eine weitere Differenz zu Adornos Analyse deutlich: Da *Triumph des Willens* auf die Macht der Bilder setzt, ist dieser Film ein Beispiel für eine nationalsozialistische Propaganda,

in der der autoritäre Zugriff auf die Individuen durch das Versprechen der Befriedigung unerfüllter Wünsche überlagert wird. Die szenische Interpretation beider Filmsequenzen zeigt nämlich, daß über den latenten Sinn der Inszenierungen, der auf die masochistisch-autoritätsgeleitete Unterwerfung der Masse unter einen starken Führer hinausläuft, der manifeste Sinn hinwegtäuscht, der die Erfüllung narzißtischer Phantasien der Größe, Allmacht und des Einsseins mit der Welt verheißt. Die Massenwirksamkeit der NS-Propaganda ist also nicht allein auf die Indienstnahme autoritärer Verhaltensbereitschaften zurückzuführen, sondern beruht auch auf der Instrumentalisierung einer Vielzahl unerfüllter Wünsche, denen im Zusammenspiel mit der Vision von dem zu verwirklichenden Reich die Erfüllung versprochen wurde.

Zweifellos konfrontiert eine tiefenhermeneutische Fallrekonstruktion Sozialwissenschaftler mit Anforderungen, die ihnen nicht vertraut sind. Denn so selbstverständlich Sozialforscher dem Nationalsozialismus gegenüber eine distanziert-ideologiekritische Haltung einnehmen, so leicht wird (wie die in den Gruppeninterpretationen aufgetretenen Widerstände gezeigt haben) es als Zumutung empfunden, sich emotional auf faschistische Agitation einzulassen. Aber nur dann, wenn man sich der Wirkung der Hitlerschen Masseninszenierungen auf das eigene Erleben aussetzt, lassen sich die Wünsche dechiffrieren, die die politische Agitation nationalsozialistischer Führer weckt und im Dienste der weltanschaulichen Propaganda funktionalisiert. Die vorliegende Analyse zeigt, wie mit Hilfe der Tiefenhermeneutik über exemplarische Einzelfalluntersuchungen neue Einsichten in die Sozialisationsleistung kultureller Sinnangebote gewonnen werden können. Die beiden Szenensequenzen des Riefenstahl-Films illustrieren, wie über eine solche Fallrekonstruktion eine konkrete Antwort auf die sozialpsychologische Frage gegeben werden kann, warum Hitlers charismatische Masseninszenierungen faszinierten.

Literatur

Adorno, T. W. (1943): Die psychologische Technik in Martin Luther Thomas' Rundfunkreden. In: Adorno (1973): Studien zum autoritären Charakter. Frankfurt a. M., 360-483.

– (1951): Die Freudsche Theorie und die Struktur der faschistischen Propaganda. In: Adorno (1973), Kritik. Kleine Schriften zur Gesellschaft. Frankfurt a. M., 34-66.

– (1956): Ideologie. In: Soziologische Exkurse. Herausgegeben vom Institut für Sozialforschung, Frankfurt a. M., Köln, 162-181.

– (1961): Meinung, Wahn, Gesellschaft. In: Adorno, Eingriffe. Neun kritische Modelle, Frankfurt a. M. 1971, 147-172.

– (1969 a): Einleitung zum ›Positivismusstreit in der deutschen Soziologie‹. In: Adorno 1972, 280-353.

– (1969 b): Gesellschaftstheorie und empirische Forschung. In: Adorno 1972, 538-546.

– (1972): Soziologische Schriften I. Ges. Schriften Bd. 8. Frankfurt a. M. 1979.

Anzieu, D. (1966): L'illusion groupale. In: Nouvelle Revue de Psychanalyse 4, 73-93.

Argelander (1971): Ein Versuch zur Neuformulierung des primären Narzißmus. In: Psyche, 24. Jg., S. 358-373.

Binion, R. (1976): »... daß ihr mich gefunden habt«. Hitler und die Deutschen: eine Psychohistorie. Stuttgart 1978.

Broszat, (1970): Soziale Motivation und Führer-Bindung des Nationalsozialismus, Vierteljahreshefte für Zeitgeschichte, 18. Jg., 392-409.

– (1983): Zur Struktur der NS-Massenbewegung, Vierteljahreshefte für Zeitgeschichte, 31. Jg., 52-76.

Chasseguet-Smirgel, J. (1975): Das Ichideal. Psychoanalytischer Essay über die ›Krankheit der Idealität‹. Frankfurt a. M. 1981.

Dahrendorf, (1968): Gesellschaft und Demokratie in Deutschland. München.

Domarus, M. (1973): Hitler. Reden und Proklamationen 1932-1945. Band I. Triumph. Erster Halbband 1932-1934. Wiesbaden.

Eliade, M. (1951): Schamanismus und archaische Ekstasetechnik. Frankfurt a. M. 1975.

Elias, (1989 a): Der charismatische Herrscher. In: 100 Jahre Hitler, herausgegeben von R. Augstein (Spiegel-Spezial), 42-44.

– (1989 b): Studien über die Deutschen. Frankfurt a. M.

Freud, S. (1921): Massenpsychologie und Ich-Analyse, in: Freud, Studienausgabe Bd., 9, Frankfurt a. M. 1974, 61-134.

Fromm, E. (1973): Anatomie der menschlichen Destruktivität. Stuttgart 1974.

Geiger, T. (1930): Panik im Mittelstand, in: Die Arbeit, 7. Jg., 637 ff.

Horkheimer, M. (1947): Zur Kritik der instrumentellen Vernunft. Aus den Vorträgen und Aufzeichnungen seit Kriegsende. Frankfurt a. M. 1985.

Horkheimer, M., T. W. Adorno (1947): Dialektik der Aufklärung. Gesammelte Schriften Bd. 5, herausgegeben von G. Schmid Noerr. Frankfurt a. M. 1987, 11-290.

Kershaw, I. (1980): Der Hitler-Mythos. Volksmeinung und Propaganda im Dritten Reich. Stuttgart.

– (1991): Hitlers Macht. Das Profil der NS-Herrschaft. München 1992.

König, H. D. (1990): Hitlers charismatische Masseninszenierungen. Eine sozialpsychologische Interpretation im Anschluß an Max Weber und Sigmund Freud. In: KulturAnalysen. Zeitschrift für materialistische Sozialisationstheorie und Tiefenhermeneutik. Heft 2, 142-179.

– (1993 a): Adornos Methodologie in der Perspektive der Tiefenhermeneutik. In: H. Meulemann, A. Elting-Camus (Hg.): 26. Deutscher Soziologentag Düsseldorf. Tagungsbd. II. Opladen , 644-650.

– (1993 b): Die Methode der tiefenhermeneutischen Kultursoziologie. In: T. Jung, S. Müller-Doohm (Hg.): ›Wirklichkeit‹ im Deutungsprozeß. Verstehen und Methoden in den Kultur- und Sozialwissenschaften, Frankfurt a. M., 190-222.

– (1995 a): Auschwitz als Amusement. Tiefenhermeneutische Rekonstruktion der umstrittensten Szenensequenz des Bonengel-Films *Beruf Neonazi* und ihre sozialisationstheoretische Relevanz. In: Zeitschrift für Politische Psychologie, 3. Jg., Nr. 1+2, 87-118.

– (1995 b): Hitler und die Jugend. Tiefenhermeneutische Rekonstruktion dreier Szenensequenzen aus Leni Riefenstahls *Triumph des Willens*. In: H. D. König, Hg., Mediale Inszenierungen rechter Gewalt. Psychosozial, 18. Jg., Heft 61, 47-73.

– (1996): Methodologie und Methode der tiefenhermeneutischen Kulturforschung in der Perspektive von Adornos Verständnis kritischer Theorie. In: H. D. König, Hg., Neue Versuche, Becketts *Endspiel* zu verstehen. Sozialwissenschaftliches Interpretieren nach Adorno. Frankfurt a. M., 314-387.

– (1997): Tiefenhermeneutik als sozialwissenschaftliche Methode. In: R. Hitzler, A. Honer (Hg.): Sozialwissenschaftliche Hermeneutik. Leverkusen, 213-241.

Kotze, H. v., H. Krausnick (1966): »Es spricht der Führer«. Sieben exemplarische Hitler-Reden. Gütersloh.

Loiperdinger, (1980): ›Triumph des Willens‹. Einstellungsprotokoll, München.

– (1987): Rituale der Mobilmachung. Der Parteitagsfilm ›Triumph des Willens‹ von Leni Riefenstahl. Opladen.

Lorenzer, A. (1970): Sprachzerstörung und Rekonstruktion. Vorarbeiten zu einer Metatheorie der Psychoanalyse. Frankfurt a. M.

- (1974): Die Wahrheit der psychoanalytischen Erkenntnis. Ein historisch-materialistischer Entwurf. Frankfurt a. M.
- (1981): Das Konzil der Buchhalter. Die Zerstörung der Sinnlichkeit. Eine Religionskritik. Frankfurt a. M.
- (1986): Tiefenhermeneutische Kulturanalyse. In: König, Lorenzer u. a.: Kultur-Analysen. Frankfurt a. M., 11-98.

Mosse, G. L. (1975): Die Nationalisierung der Massen. Von den Befreiungskriegen bis zum Dritten Reich, Frankfurt a. M., Berlin, Wien 1976.

Olden, R. (1935): Hitler der Eroberer, Frankfurt a. M. 1984.

Schnädelbach, H. (1969): Was ist Ideologie? In: Argument Nr. 50, 10. Jg., 71-92.

Sontheimer, K. (1962): Antidemokratisches Denken in der Weimarer Republik. München 1978.

Stern, J. P. (1975): Der Führer und sein Volk. München 1981.

Stierlin, H. (1975): Adolf Hitler. Familienperspektiven. Frankfurt a. M.

Weber, M. (1922 a): Die drei reinen Typen der legitimen Herrschaft, in: Weber, Soziologie. Universalgeschichtliche Analysen. Politik. Stuttgart 1973.

- (1922 b): Wirtschaft und Gesellschaft. Tübingen 1980.

Wehler, H. U. (1971): Zum Verhältnis von Geschichtswissenschaft und Psychoanalyse. In: Wehler, Hg., Geschichte und Psychoanalyse, Frankfurt a. M., Berlin, Wien 1974, 7-26.

Ulrich Oevermann
Zur soziologischen Erklärung und öffentlichen Interpretation von Phänomenen der Gewalt und des Rechtsextremismus bei Jugendlichen
Zugleich eine Analyse des kulturnationalen Syndroms

1. Die Problemstellung

Die Gewaltkriminalität gegen »Ausländer«, hauptsächlich begangen von Jugendlichen unter 18 Jahren, hat die politische und gesellschaftliche öffentliche Diskussion in der Bundesrepublik und damit auch das politische Klima dieses Landes sowie dessen Fremdeinschätzung in den letzten Monaten[1] bestimmt und wesentlich geprägt. Schon seit Jahren wurde die »Ausländerfeindlichkeit« in der deutschen Bevölkerung beschworen. Nach der Wiedervereinigung, als zum einen die Gewaltkriminalität gegen Ausländer in Ostdeutschland schlagartig hinzukam und zum anderen die Wiedervereinigungs-Diskussion selbst beständig die Gefahr eines neuen deutschen Nationalismus heraufbeschwor, verdichtete sich die Thematik zur Befürchtung eines Wiederauflebens des Rassismus, des Antisemitismus, des Faschismus und des Rechtsextremismus. Seitdem beherrschen martialisch gekleidete und frisierte männliche Jugendliche, die sich bewußt mit Symbolen der Nazi-Zeit ausstatten und umgeben, das Bild des neuen wiedervereinigten Deutschland in der eigenen und der internationalen Öffentlichkeit.

Die Grundfrage, die mit diesen Phänomenen und mit ihrer öffentlichen und wissenschaftlichen Interpretation seitdem aufgeworfen worden ist, läßt sich wie folgt fassen: Handelt es sich bei diesen Phänomenen (1) primär um eine gefährliche, nennenswerte Wiederanknüpfung an die Nazi-Zeit und die Nazi-Herrschaft und um die Wiederbelebung entsprechender faschistischer, demokratie-

[1] Die erste Fassung dieses Aufsatzes wurde im September 1993 als Vortragsmanuskript geschrieben. Sie ist nur in bestimmten Teilen für den hiesigen Zweck überarbeitet worden. Die Zeitangaben zu aktuellen Anlässen sind nicht geändert worden.

feindlicher Gesinnungen in der neuen Generation, und zeigt sich darin überdies eine den Deutschen eigene spezifische Affinität zu rechtsradikalen, undemokratischen Einstellungen, oder (2) drückt sich in diesen Phänomenen primär etwas ganz anderes aus: nämlich eine spezifische, gewaltbereite psycho-soziale Ausformung der Adoleszenz-Krise, die sich der genannten politischen Symbole und Taten nur als »geeigneter«, weil besonders häßlicher und verwerflicher, deshalb besonders provokativer Ausdrucksmittel für eine als solche unpolitische Stellungnahme und Geisteshaltung bedient.

Sind also diese Phänomene als primär politische Willens- und Lebensäußerungen und als solche als Niederschläge einer bestimmten politischen Sozialisation und/oder als Ergebnisse eines strategischen, planenden Handelns zu verstehen oder ist in ihnen vielmehr eine in sich unpolitische, nur von der Symbolwahl her mittelbar politische Expressivität und Orientierungslosigkeit zu sehen. Zugespitzt: Sind diese Phänomene die bewußt gewollte Verwirklichung einer als solchen anerzogenen politischen Haltung oder sind sie Ausdruck einer allgemein defizitären sittlichen Charakterbildung – besteht also das Politische an diesen Phänomenen eher in einer ihnen inhaltlich programmatisch entsprechenden gezielten »politischen Bildung« und Indoktrination bzw. Prägung oder eher umgekehrt darin, daß die Erziehung zum mündigen Bürger bei diesen Jugendlichen ganz allgemein versagt hat, so daß entsprechende sittliche Bindungen fehlen, die solche Gewaltakte mit objektiv rechtsextremistischen Inhalten auch bei der adoleszenten Suche nach wirksamen Provokationen eigentlich ausschließen müßten. Diese Frage ist wegen ihrer Bedeutsamkeit für die »politische Kultur« in der Bundesrepublik zu klären.

II. Die Trennung zwischen den Ursachen der Phänomene und der Funktion ihrer Interpretation in der öffentlichen Meinung

Als erstes scheint mir für die Klärung wichtig zu sein, zwischen der nüchternen, unvoreingenommenen Untersuchung der Ursachen der jugendlichen Gewalttaten gegen Ausländer und der öffentlichen Reaktion darauf scharf zu trennen, denn die verschiedenen Interpretationen dieser Ursachen übernehmen jeweils eine spezifische Funktion. Eine wesentliche Tabuisierung besteht nämlich, zumal in den Massenmedien, darin, schon die Erwägung möglicher ursächlicher Faktoren von der Ebene der Analytik auf die Ebene der moralisch-praktischen Bewertung zu heben und so jeweils Hypothesen und Deutungen, die nicht ins Weltbild passen, für das die Interpretationen des in Rede stehenden Phänomens funktionalisiert und instrumentalisiert werden, als Ausdruck schlechter Gesinnung und als moralisch verwerflich zu verdächtigen – dieselbe Tendenz, die schon im »Historiker«-Streit vorherrschte und die speziell in Deutschland schon immer die wissenschaftliche und/oder unvoreingenommene Klärung von gesellschaftlichen Tendenzen behinderte.

Eine solche Vermischung mit schwerwiegenden Tabuisierungsfolgen wird beständig vorgenommen, wenn allein schon die Erwägung von allgemeinen Sozialisationsdefiziten bei gewalttätigen Skinheads als Ursachenkomplex unter das moralische Verdikt der Verharmlosung des Rechtsextremismus gestellt wird. Man kann diese jugendlichen Gewaltphänomene ebenso nüchtern zu verstehen und zu erklären versuchen wie die ungeheuerlichen Verbrechen des Nationalsozialismus, ohne deswegen die klare moralische, ethische und politische Verurteilung irgendwie zu trüben. Das eine hat mit dem anderen nichts zu tun. Ein einzelner Mord bleibt ein verdammenswerter Mord, vollkommen unabhängig davon, ob ich ihn mit anderen Fällen vergleichen kann oder nicht. Die im und seit dem Historikerstreit so peinlich wichtige, bigotte Kriteriumsdebatte darüber, ob und inwiefern es sich bei den Nazi-Verbrechen um einmalige, unvergleichbare oder mit anderen historischen Vorgängen vergleichbare Tatbestände handelt, der bigotte Streit also um die negative Einzigartigkeit der deutschen Kulturnation, ist erkenntnistheoretisch und für das rationale Denken eine einzige Katastrophe, weil jedes Urteil über die Vergleichbarkeit oder Unvergleichbarkeit eines konkreten Ereignisses schon immer den begrifflich-analytischen Vergleich mit anderen Ereignissen notwendig voraussetzt. Das gilt auch für die konkrete moralische Bewertung. Daß dennoch diese Debatte bis heute unseren Sprachgebrauch einschüchtert und einen so starken Konformitätsdruck ausüben kann, ist in sich Ausdruck einer verhängnisvollen Tendenz zur Mystifizierung und zur Tabuisierung, widerspruchsvoller Ansatz zur Trübung des Urteils im Namen der Aufklärung. – Zunächst also wende ich mich der

Frage nach den sozialen Ursachen der Gewaltkriminalität gegen Ausländer zu.

III. Die psycho-sozialen Ursachen der Gewaltkriminalität gegen Ausländer und des Rechtsextremismus bei Jugendlichen

These 1: Die Gewalt-Kriminalität gegen Ausländer ist in der übergroßen Mehrzahl nicht die Folge genuin politischer rechtsextremer Überzeugungen und Strategien, sondern Ausdruck von etwas ganz anderem.

1. Der wichtigste Grund für die Geltung dieser These ist das durchschnittliche Alter, also die Jugendlichkeit der Täter selbst. Zwischen 70% und 80% der bekannten Täter im Bereich der Gewaltkriminalität gegen Ausländer und der rechtsextremistischen Gewaltkriminalität sind 18 Jahre und jünger, sind also noch nicht wahlberechtigt und in einem Alter, in dem außerhalb des schulischen Unterrichts politische Aktivitäten nur eine geringe Rolle spielen und die Differenziertheit der politischen Stellungnahme und Meinungsbildung noch in der primären Entwicklung begriffen ist. Ein erheblicher Prozentsatz der Täter ist sogar jünger als 14 Jahre, also nicht einmal strafmündig und somit in einem Alter, in dem die Urteilsfähigkeit bezüglich abstrakter politischer und gesellschaftlicher Sachverhalte noch gar nicht ausgebildet ist.

Fragt man nach den einfachsten sozialen Merkmalen, die den gegenwärtigen Rechtsextremismus, vor allem aber auch die kriminellen Täter kennzeichnen, dann sind die Merkmale »adoleszent« und männlich, also ein enger Altersbereich von männlichen Jugendlichen, die bei weitem aussagekräftigsten und prognostisch die zentralen Variablen. Allein das verweist schon darauf, daß es sich hier um ein mit der Adoleszenzkrise verbundenes Problem handeln muß.

Demgegenüber ergibt sich ein vollständig anderes Bild, wenn man z. B. die soziale Zusammensetzung der Wähler- und Anhängerschaft der NSDAP von vor der »Machtergreifung« durch die Nazis sich anschaut. Wie die außerordentlich aufschlußreichen Wahluntersuchungen von Jürgen Falter[2] sehr deutlich gezeigt ha-

2 Jürgen Falter, Hitlers Wähler. München, 1991.

ben, gab es, entgegen verbreiteten anderslautenden Ansichten, nur ein wirklich stabiles prognostisches Merkmal, das in welchen gesellschaftlichen Kontexten auch immer deutlich und systematisch mit der Bereitschaft, NSDAP zu wählen, verbunden war: die protestantische Konfessionszugehörigkeit, aber eben nicht: soziale Schichtzugehörigkeit, Alter, Geschlecht, Ortsgrößenklasse, Region, Arbeitslosigkeit u. a. Die Bereitschaft, NSDAP zu wählen, war eben nicht primär ein adoleszentes, unpolitisches Phänomen, nicht einmal primär das Ergebnis einer »Denkzettel«-Entscheidung von Protestwählern, sondern primär die Folge einer ernst gemeinten Identifikation aus Gründen einer Unreife des politischen Denkens im Kontext der deutschen Sonderwegslogik. Die Demokratie befand sich damals in ganz Europa und in der ganzen westlichen Welt in einer schweren Krise, primär wohl bedingt durch soziale und ökonomische Krisen. Antisemitismus und inhumane Diskriminierung von Minderheiten waren überall in Europa verbreitet. Aber diese Krise wuchs sich in Deutschland zur faschistischen Katastrophe aus, weil hier das politische Denken aufgrund des Hinterherhinkens der Kulturnation im deutschen Sonderweg hinter der normalisierten politischen Nation sehr schnell sich auf die Abwege fundamentalistischer, ausschließlich an Gesinnung und nicht zugleich an Verantwortung orientierter »Alles oder Nichts«-Lösungen verführen ließ. – Allein dieser Vergleich sollte schon ausreichen, den notorisch wiederholten Kassandra-Ruf, es handele sich gegenwärtig um eine Wiederholung der Phänomene von vor 1933, zum Verstummen zu bringen. Die meisten Leute, die ihn erheben, wissen das letztlich auch, aber es ist offensichtlich zu verführerisch, sich mit der schein-kritischen Haltung des »Wehret den Anfängen« das gute Gefühl des Gesinnungstüchtigen zu verschaffen, als daß man Unvoreingenommenheit und Nüchternheit walten läßt.

2. Blickt man genauer und konkret in Intensiv-Interviews mit rechtsextremistischen Jugendlichen und starrt nicht nur auf die für diese Problemstellungen viel zu oberflächlichen Umfragedaten auf der Grundlage von Standard-Fragebogen, dann sieht man sofort die Vermutung bestätigt, daß die rechtsextremistischen Adoleszenten die hinter dem Rechtsextremismus stehenden ideologischen Positionen, wenn überhaupt, dann nur höchst fragmentiert und in sich widersprüchlich, vertreten können, daß sie also mehr auf provokatorische Wirkungen angelegte Markierungen

»hochhalten«, als sich für eine bestimmte Position wirklich einsetzen.

Dazu führe ich beispielhaft ein typisches Interview mit einem schon polizeibekannten, 21jährigen arbeitslosen Rechtsextremisten in (Ost-)Berlin an. Es wurde von einem meiner Diplomanden[3] 1994. bezeichnenderweise in einem Auto geführt, weil der Interviewte sich nicht in der Öffentlichkeit zusammen mit dem Soziologen zeigen wollte und zunächst das Interview aus Mißtrauen, der Soziologe sei in Wirklichkeit von der Polizei oder einer Behörde, verweigern wollte.

Nachdem er seine familiale Herkunft kurz einleitend umschrieben hat, kommt er sogleich auf seine rechtsextremistische Gesinnung zu sprechen, deretwegen ja das Interview geführt wurde:

»... mein Vater hat noch Arbeit, meine Mutter is ooch arbeitslos und ... so'n bißchen ... jemischte Stimmung zuhause ooch ... und meine Eltern ... sind nicht Berliner ... und meine Einstellung is ... national jesinnt sag ick mer mal so einfach ... mm ... aus dem Jrunde ... vor allem ... weil das Volk hier nach Strich und Faden belogen wird ...«

Das erste Motiv, das für »nationale Gesinnung« benannt wird, widerspricht überraschend einer logischerweise zu erwartenden Identifikation mit dem eigenen Staat. Statt die eigene Nation irrational zu überhöhen und sich irrational mit ihr zu identifizieren, geht hier die vorgegebene »nationale Gesinnung« aus einem Ressentiment gegen die Regierung und die Vertreter des Staates hervor, die das einfache Volk belogen haben. Der Jugendliche identifiziert sich stattdessen mit dem betrogenen Volk, hier konkret: der Bevölkerung der ehemaligen DDR, also denjenigen, die noch kurz vorher sich zwingen ließen, SED oder eine der Blockparteien zu wählen. Es wird also nicht, wie bei den von der NSDAP mobilisierten Ressentiments gegen die demokratische

3 Es handelt sich um ein Interview aus der von Stefan Heckel anläßlich seiner soziologischen Diplomarbeit erhobenen Datenbasis. Vgl. dazu S. Heckel, »Adoleszenzkrise und rechtsextremistische Einstellungen und Taten und deren Motivation unter den Krisenbedingungen der ›Wende‹ in der DDR«, Frankfurter Soziologische Diplomarbeit, 1994, und ebenso instruktiv S. Moritz, Jugend zwischen Sozialismus und Demokratie. Adoleszenzkrise und politische Sozialisation unter den Krisenbedingungen der »Wende« in der DDR 1989. Eine soziologische Untersuchung anhand von exemplarischen Fallanalysen, Frankfurter Soziologische Diplomarbeit, 1994.

Regierung einer ungeliebten Staatsform, diese Regierung als Verräter an einer starken Nation oder am Volk begriffen, sondern es wird umgekehrt das Volk als eine Minderheit der Entrechteten gesehen, die von einer starken Regierung verraten worden sind. Von Nationalstolz oder Nationalrausch ist also nichts zu verspüren, viel eher äußert sich spontan das aus Orientierungslosigkeit resultierende Ressentiment eines Jugendlichen, in dem der Verlust des alten kommunistischen Obrigkeitsstaates und die Verunsicherung durch das »neue System« eine widersprüchliche Mischung eingehen mit der Frustration dessen, der erst jetzt, nachdem er zum »Westen« nationalstaatlich gehört, zum armen, betrogenen »Ossi« subjektiv geworden ist. Natürlich sind die Gehalte solcher Ressentiments auswechselbar, aber sie haben nicht primär etwas mit nationalistischer oder gar rechtsextremistischer Gesinnung zu tun.

Der Jugendliche fährt an der Unterbrechungsstelle wie folgt fort:

»... und ick versuche da unter anderem ooch ... so ... also unsere Kameradschaft sag ick'mer mal so ..., man kennt sich von früher ... schon aus Sch ... aus Kindergartenzeiten sag ick mal, wir warn damals schon Freunde ... un ... naja, wir sin ooch Freunde geblieben.«

Den Halt, den der orientierungslose Jugendliche vermeintlich in der nationalen Gesinnung sucht, findet er in Wirklichkeit in der Beibehaltung oder Reaktivierung einer »peer group«-Vergemeinschaftung aus dem Wohnbezirk seiner Kindheit. Er betont sogar, daß diese Vergemeinschaftung bis in gemeinsame Kindergartenzeiten zurückreicht. Sie drapiert sich nun als Kameradschaft mit den Insignien einer »nationalen Gesinnung«, weil, so scheint es, andere Inhalte nicht oder nicht mehr zur Verfügung stehen. Daß für diesen immerhin schon 21jährigen jungen Mann die alte Jugendgemeinschaft noch so bedeutsam ist, erklärt sich weitgehend zum einen aus seiner Arbeitslosigkeit und zum anderen vermittelt darüber, daß er noch nicht verheiratet ist bzw. noch keine feste Freundin hat. Erklärungsbedürftig ist also weniger die Verankerung in der Gemeinschaftlichkeit einer »peer group«. Sie ist für das Adoleszenten-Moratorium nicht nur typisch, sondern geradezu konstitutiv. Erklärungsbedürftig ist vielmehr, warum sich mit dieser Vergemeinschaftung eine »nationale Gesinnung« als Inhalt verbindet. Der einzige Hinweis, den uns der Befragte dazu gibt, ist die Rede davon, daß das »Volk nach Strich und Faden belogen werde«. Da sicherlich auch dieser Jugendliche davon überzeugt sein wird, daß das alte SED-Regime der größere Lügner war, richtet sich sein Vorwurf gegen »die da oben« überhaupt, gegen die, die etwas zu sagen haben, während er sich zum entrechteten Volk zählt. Die nationale Gesinnung scheint also nichts anderes zu sein als Ausdruck von Trotz und Ressentiment. Politisch ist daran nicht positiv ein bestimmtes programmatisches Wollen, sondern negativ das Fehlen einer staatsbürgerlichen Verantwortlichkeit und Identifikation.

Aufschlußreich ist in dieser Richtung der Interpretation, welche Auskunft der Befragte auf die bald erfolgende Frage nach dem Inhalt des »Nationalen« gibt:

I: Du hast gesagt, Du bist national denkend. Was ist das für Dich, was bedeutet das für Dich?
J: Äähn ... national denkend bedeutet ... also ... so daw ... (bricht ab) ... um dat mal näher zu umschreiben ... is also ... national denken tu ich jetze nich wegn ... also ..., also ich tu national denken schon von von vorne weg ... det isses Erste ... bei mir ... det steht an erster Stelle und ... also ... mhm meine ... mein Jedankengut da ... det hab ick mer eben besorcht aus Büchern ... usf.

Das hilflose Stammeln, das am Ende doch zu nichts als einer bloßen Tautologie führt – »ich denke national, weil ich von vornherein national denke« –, ist nicht etwa auf mangelnde Denk- und Argumentationsfähigkeit zurückzuführen – der gesamte Verlauf des Interviews belegt, wo es um lebensnahe Fragen geht, das argumentative und sprachliche Geschick des Befragten. Es drückt nur aus, daß es sich bei der in Anspruch genommenen »nationalen Gesinnung« um eine völlig argumentations- und grundlose Position handelt, um etwas, dem krampfhaft die Funktion eines Mythos angesonnen wird: etwas, was von Anbeginn da war, dem aber jegliche mythische Herleitung fehlt.

Parolen aus Büchern mit entsprechender Gesinnung werden angelesen, können aber nicht einmal reproduziert werden, so wenig subjektive Evidenz und Bedeutsamkeit haben sie wirklich:

... aus Büchern ... aus der Jeschichte det deutschen Volkes ... von Anfang an ... also von den sechs Volksgruppen die d (bricht ab) ... beziehungsweise Ra (bricht ab) ... ja Völkern die et jab ... wo sich die deutsche Rasse sich denn, nich die deutsche Rasse, sondern die Deutschen sich denn jejründet habm ... also von janz Anfang an ... der Deutschen ... wie sich det so allet entwickelt ham bis in die heutije Zeit ...

Natürlich waren auch im Anschwellen der NSDAP-Wählerschaft Menschen mit einer vergleichbaren Orientierungs-, Rat- und Wurzellosigkeit und mit daraus resultierenden Ressentiments für vereinfachende, vorurteilsvolle und fundamentalisierende »Alles- oder Nichts«-Parolen besonders empfänglich und durch sie leichter verführbar. Und tatsächlich scheint die rechtsradikale und rechtsextremistische Mythenliteratur diesen Jugendlichen schon erreicht zu haben. Aber weiter als bis zu dieser Trivialität geht die Parallele zur Zeit unmittelbar vor 1933 eben nicht. Denn 1. handelt es sich bei diesem Syndrom von Ressentiments nach wie vor um die Position einer sehr kleinen Minderheit, die 2. auf das Jugendalter im wesentlichen beschränkt ist, und 3. ist ein in sich sowohl organisatorisch wie ideologisch zusammenhängendes rechtsextremistisches Lager, aus dem sich eine einen Massensog und Meinungsdominanz gewinnende amplifikationsfähige Bewegung ergeben könnte, die Menschen wie diesen Befragten dann tatsächlich als »Bewegungspersonal« ergreifen würden, an keiner Stelle sichtbar. Dagegen stehen im großen Unterschied zur Zeit vor 1933 die beiden großen Barrieren 4. der funktionierenden rechtsstaatlichen und politischen Institutionen und 5. eines stabilen demokratischen Bewußtseins bei der überwiegenden Mehrheit der Bevölkerung. Wenn auch vom Sonderwegs-Syndrom der Deutschen, das auch an der Entwicklung des Nationalsozialismus wesentlich beteiligt war, noch vieles übrig geblieben ist, vor allem strukturell, nicht so sehr inhaltlich, im Kulturnation-Komplex bei den Intellektuellen, so ist doch gleichzeitig 6. die Erfahrung und das Bewußtsein von dem verbrecherischen nationalsozialistischen Regime der Deutschen tief in den historischen Prozeß eingedrungen, der zur Stabilität dieser beiden Barrieren geführt hat. Daß diese Barrieren in den Lebenswelten der ehemaligen DDR nur erst schwach ausgebildet sein können, sollte als Normalität gelten können. Immerhin waren diejenigen, die bei eigener Urteilsfähigkeit noch eine praktische, allerdings von Krisen geschüttelte Demokratie erlebt hatten, 1989 bestenfalls nicht jünger als 75 Jahre, ein Grunddatum, das bei der realistischen Einschätzung der gegenwärtigen Situation in Deutschland permanent in Vergessenheit gerät.

Kurzum: Hilflos wie dieser Jugendliche argumentieren alle jugendlichen Rechtsextremisten, die wir in Interviews kennengelernt haben. Das müssen auch die Journalisten wissen, die mit solchen Jugendlichen reden. Die wenigen Ausnahmen von rhetorisch geschickten, zynischen, wie gegen das Gemeinwohl kriminell »spielenden« Provokateuren, die wir – etwa Kühnen oder Althans – in den Medien immer wieder vorgeführt bekommen, ändern daran grundsätzlich nichts. Im Gegenteil: sie bestätigen dieses Bild strukturell, weil ihre Herausgehobenheit gerade nicht darin besteht, daß sie argumentativ kohärente, von ihrem Begründungspotential her suggestive Ideologien zu entwickeln vermöchten, sondern weil sie das Fehlen einer wenigstens halbwegs den Ansprüchen rationaler Argumentation genügenden Ideologie durch bloßes rhetorisches Taschenspielertum überdecken und sichtbar gerade aus diesem leerlaufenden Zynismus ihre perverse Bewährungslust letztlich selbst-destruktiven Spielertums beziehen.

Im übrigen: Einer der Hauptfehler des ansonsten wohl, von den wenigen Ausschnitten her zu urteilen, die mir zu sehen im Fernsehen möglich war, als dokumentarische und nicht als identifikatorische Darstellung klar erkennbaren Films »Beruf: Neonazi«, über den es so viel tabuisierende sterile Aufgeregtheit gegeben hat, liegt m. E. darin, daß eben nicht, wie ganz anders in dem ebenfalls mit dem Tabu der Nicht-Vorführung belegten Film »Stau«, der durchschnittliche »Neo-Nazi«, sondern dieser herausgehobene Spezialfall des pervers-zynischen Argumentations-Attentäters einzig gezeigt wurde und es eben ein Dokumentarfilm über Althans und nicht über den Neonazi war.

Ohne detaillierte Interpretation zitiere ich noch einige Passagen aus dem besagten Interview, die 1. das starke Vergemeinschaftungsbedürfnis und 2. den geringen Differenzierungs- und Kohärenzgrad der politischen Argumentation belegen sollen. Es finden sich nämlich durchaus Einschätzungen und Argumente, die man auch bei parteipolitisch ganz anderen Bindungen antreffen kann, und sie sind eindeutig nicht zur strategischen Tarnung vorgebracht, sondern drücken authentisch die Meinung des Befragten aus. Sie sollen auch zeigen, daß man in standardisierten Befragungen nur höchst instabil die wirkliche Bewußtseinslage erfaßt. Aus den nachfolgenden Zitaten lassen sich Einzeläußerungen herauspicken, die sich zu einer Zuordnung unter Kategorien von »rechtsextremistisch« über »rechtsradikal« und »autoritär« bis hin zu »liberal« und »sozialdemokratisch« eignen. Von einer in sich stabilen rechtsextremistischen Position kann jedenfalls nicht die Rede sein.

J: »Ja, der Jugend werden ..., also die Jugend an sich ... hat momentan keine richtige Perspektive ..., die Zukunft steht ... total äh ... weiß keiner ... wat die Zukunft bringt, ... wir wissen wat die Verjangenheit jebracht hat ... positiv muß ick saren ... äh, in dem Sinne, daß wir jezze ein ... eine ... ein Volk, saren wer mal, wieder jeworden sin, negativ, daß dieset ... eine Volk ... durch ... unsre Politiker, durch die Medien wieder in zwei Völker jetrennt werden ... ät (bricht ab) ... äh ... diese geistigen Mauern ... sar ick mal ... wie ick meine ... Ossi und Wessi sin zwei ... zw (bricht ab) ... sind sind so ne Begriffe, die sich jeder ... usw.

... und ... um nomal zurückzukommen überhaup so uff Kindheit, Jugend ... ich muß sagen, diese Jesellschaft hier is total kinder- und jugendfeindlich ... man sieht det ... schon ... fängt ja da an, daß et keene Krippenplätze jibt, ... keene Kindergartenplätze ... usw.

I: zu den Ausländern, wie siehst Du das Problem mit den Ausländern?

J: Also zur heutijen Zeit, muß ick saren, is det ja eijentlich 'n janz schweret Problem ... In dem Fall seh ick det so ... erstma würd ick ... det'n bißchen doch differenzieren: Ausländer ... wie jesagt ... Asylanten, ... Ausländer, die hier jeboren sind, Ausländer, die vor 30 Jahren jekommen sind ... als Jastarbeiter ... wenn ick inne ... int Restaurant jehe, wat essen, bin ick Jast un muß irjentwann jehen ... und die hattn ihre Verträje jehabt und durften trotzdem hier bleiben ... weil det System det ehmt jefördert hat mit Finanzen ... usw.

... ähm die Asylanten, die hier sind ... jezze, die jezz in de Lajer sind alle wieder abschieben ..., nur Asylanten rin, ... wenn se wirklich politisch verfolcht sin, den Rest sofort abschiebn, sofort an der Stelle, uff der Stelle ... un ... ma ... mit finanzieller Unterstützung ... oder mit materieller Unterstützung natürlich ooch ... ähm die Länder unterstützen, daß die Leute ehmt wieder zurückkönnen, daß die dann och ne jesicherte Zukunft dort in dem Land habn, ne, det solln se ja habn, die solln ja hier nich ... jehn als Verkloppte, ... oder anjezündete Fackeln aj, also ... d .. dat is natürlich, wat ick völlich ablehne, weil damit ... äh erreicht man jar nischt ... usw.

I: Für Euch in der Gruppe ist ja Kameradschaft ein großer Wert (J: mhm). Was denkst Du dazu?

J: Ähm ... Kameradschaft is irjendwie det Grundprinzip ... ohne Kameradschaft kann man sowieso allet verjessn.

Es handelt sich hier um ein für Jugendliche, die als rechtsextremistisch gelten, typisches Interview. Ich habe nur solche Interviews gesehen. Wenn dieser Fall in eine Richtung abweicht, dann am ehesten in die einer differenzierteren und expliziteren Argumentation. In der Mehrheit der Fälle ist die Hilflosigkeit, die eigene Position politisch zu erläutern und zu begründen, eher noch größer.

Ich möchte nun kurz noch einige weitere Gründe dafür zusammenstellen, daß es sich in der Regel bei den als rechtsextremistisch eingestuften Jugendlichen nicht um eine genuin politisch begründete und entwickelte Haltung handelt und nicht einmal eine irgendwie in sich zusammenhängende Ideologie vorliegt, und daß von einer sich entwickelnden und amplifizierenden Bewegung, die einen Sog ausübt, keine Rede sein kann. Als erstes hatte ich das durchweg geringe Alter angeführt bzw., daß es sich um ein Adoleszenten-Syndrom handelt, als zweites, daß eine argumentativ ausgeführte Position nicht vorliegt.

3. Der Grad der Organisation, vor allem auch der politisch programmierten Organisation ist nach wie vor gering. Die viel beschworenen untergründigen Verbindungen bezeugen eher, daß unter den Organisierten immer wieder dieselben wenigen Drahtzieher und Organisatoren auftauchen, sie können aber nicht darüber hinwegtäuschen, daß von einer engen, vor allem einer wirksamen und fungiblen Vernetzung keine Rede sein kann, vielmehr herrscht nach wie vor kleinteilige Rivalität und individuelles Selbst-Inszenierungs-Bedürfnis vor. Demgegenüber zeichneten sich die Nazis vor 1933 gerade durch einen außerordentlich geschickten und wirksamen Organisationsaufbau und durch eine außerordentlich »clevere« massenpsychologische Inszenierungs-Kunst aus.

4. Die reinen Zahlenverhältnisse stehen nach wie vor in keinem Verhältnis zur öffentlichen Aufmerksamkeit. a) Die Berichte des Verfassungsschutzes und andere Quellen gehen von mittlerweile 40 000 bis 50 000 organisierten Rechtsextremisten und Rechtsradikalen aus, wobei das Kriterium für »organisiert« nicht besonders stabil ist, weil ja allein schon die Organisationen selbst manchmal gar nicht klar greifbar sind, sich auf örtlicher Ebene um einzelne Figuren schnell bilden und auch wieder auflösen. b) Dahinter stehen einige wenige Drahtzieher, die Schriften verfassen, Symbole und Identifikationszeichen herstellen und vertreiben, Gruppentreffen und -aufmärsche organisieren. Frey und Zündel sind als Verleger und Versender von Propaganda- und Hetzschriften wohl die bekanntesten Figuren. c) Bei Massenbefragungen schwanken die Ergebnisse bezüglich des Anteils von Rechtsradikalität erheblich: von 2% bis zu 15%. Diese Ergebnisse besagen nicht viel. Die Prozentzahlen sind außerordentlich stark abhängig von geringsten Nuancen bei der Frageformulierung. Man kann in der standardi-

sierten Befragung, wenn es nicht um interne Zusammenhänge zwischen Meßgrößen geht, sondern um die Festlegung von relativen Anteilen bezüglich einer gegebenen »Variablen« so ziemlich jedes gewünschte Ergebnis »herauskitzeln« und gegenwärtig ist die Kassandra-Strategie der dramatisierenden Ergebnisproduktion verbreiteter als die der Verharmlosung[4]. Auftraggeber solcher Studien sind vor allem die Medien, die Kirchen, die Parteien, die Ministerien. Lockt man durch eine vergleichsweise harmlose Fragestellung durchaus im Bereich der vernünftigen politischen Strittigkeit verbleibende Besorgnisse über einen möglicherweise zu starken Zustrom von Asylbewerbern hervor und bewertet dann solche Antworten als »ausländerfeindlich«, dann kann man leicht zu einem sehr düsteren Ergebnis bezüglich der Verbreitung von »Ausländerfeindlichkeit« gelangen. Die Kategorie »Ausländer« ist im Hinblick auf die Vielfalt von Personengruppen und Lebenslagen, die sich für den konkreten Befragten in seiner konkreten Erfahrungswelt damit verbinden können, so heterogen, daß Antworten auf standarisierte Fragen, in denen diese Kategorie benutzt wird, kaum mehr interpretierbar sind. Gemessen werden deshalb in der Regel nur Stereotype, aber nicht lebenspraktisch wirksame Einstellungen und Haltungen. – d) Aufschlußreich ist in diesem Zusammenhang die folgende regelmäßig festgestellte interne Korrelation, die gilt, was konkret auch immer unter »Ausländerfeindlichkeit« verstanden worden ist: Je weiter der Befragte von Ballungszentren oder größeren Ortschaften mit einem nennenswerten Anteil von im Sinne der Staatsbürgerschaft Nicht-Deutschen an der Wohnbevölkerung entfernt lebt, desto größer ist seine Neigung, »ausländerfeindliche« Antwortalternanten anzustreichen. Lebensnäher übersetzt heißt das: Je weniger man konkret in seinem eigenen Erfahrungsfeld mit nicht-deutschen Bürgern zu tun hat, desto skeptischer ist man. Das spricht stark dafür, daß es sich bei der sogenannten Ausländerfeindlichkeit um stereotype, erfahrungslose Meinungen handelt, die das praktisch folgenreiche konkrete Handeln nur wenig beeinflussen.

e) Schließlich wäre als Abbildungsebene eigener Art noch der Anteil der Wähler der Partei der Republikaner oder der DVU anzuführen. Immerhin haben die Republikaner in den letzten 5-6

4 Jene sichert Medienaufmerksamkeit, diese baut sie ab.

Jahren sehr häufig einen über 5% gehenden Anteil errungen. Um 1968 hatten wir bei Landtags- und Kommunalwahlen schon einmal einen relativ hohen NPD-Anteil vergleichbarer Größe, d. h. um die 7.5% herum. Damals ist dieser Anteil ähnlich bedrohlich interpretiert worden wie die gegenwärtigen Wahlergebnisse, er hat sich allerdings damals nicht stabilisieren können, während dieser Trend gegenwärtig stabiler zu sein scheint. Wie muß man dieses Ergebnis interpretieren? Zunächst: Nur ein geringer Anteil der Republikaner-Wähler vertritt offensiv das Programm dieser Partei. Wahrscheinlich sind mehr als drei Viertel dieser Wähler Protest- und Denkzettel-Wähler, die von den Parteien der »Mitte« unschwer wieder zurückgewonnen werden können[5].

Selbst wenn sich ein Anteil bis zu 10% stabilisieren sollte, was gegenwärtig für die Bundesrepublik eine viel zu pessimistische Prognose ist, so wäre das noch lange kein Tatbestand der Instabilität, sondern erst einmal nur ein Problem der »bürgerlichen« Parteien bezüglich ihrer Wahlchancen. Ein Anteil von 10% rechtsradikalen oder »poujadistischen« Ressentimentwählern, die sich durch potentiell inhumane Vorurteils-Parolen einfangen lassen, muß als »normal« gelten. Besorgniserregend ist dieser Anteil nur für denjenigen, der – in typisch deutscher Manier – von dem weltfremden pädagogisierenden Modell ausgeht, daß bis auf wenige pathologische Ausnahmen jeder Bürger durch erfolgreiche politische Bildung in Elternhaus und Schule auf das Niveau aufgeklärten rationalen Staatsbürgertums gehoben werden kann. Das ist in sich schon kontraproduktiv wegen der übertriebenen politischen Erziehung, die daraus abgeleitet werden müßte. Dieses Weltbild leidet aber auch darunter, daß es die Stabilität einer Republik bzw. eines demokratischen Gemeinwesens zu stark vom Bewußtseinsstand der Einzelnen und zu wenig von der Funktionsfähigkeit und der Legitimation der staatlichen Institutionen abhängig macht. Ein Potential von 10% durch Ressentiments und Vorurteile bestimmter rechtsradikaler Protestwähler kann jedes demokratische Staatswesen »vertragen«. Die Erfahrung lehrt, daß sich dieses Potential immer dann in der Hinwendung zu rechtsradikalen Parteien bis hin zu rechtsextremistischen Organi-

---

5 Unterdessen ist der Anteil der Republikaner bis auf einige inselartige regionale bzw. kommunale Sonderfälle auch tatsächlich, vergleichbar dem damaligen NPD-Strohfeuer, wieder zurückgegangen.

sationen mobilisieren läßt, wenn das klassische »bürgerliche« Parteienlager in sich zerstritten ist und keine hinreichende Sog- und Integrationskraft mehr aufbringt. Der »Front National« von Le Pen errang in Frankreich einen Anteil von weit über 10% der Wähler, seit das bürgerliche Lager bei Präsidentschaftswahlen in drei miteinander hadernde und nur bedingt koalitionsfähige Flügel gespalten war, die durch die Personen Giscard d'Estaing, Chirac und Barre symbolisiert waren. In der Weimarer Republik errangen die Nazis u. a. deshalb stetig steigende Wähleranteile, weil das bürgerliche Parteienlager nicht mehr zu einer stabilen integrierenden Koalitionsbildung in der Lage war. Es beschleunigte sich in einer von der Nazi-Propaganda geschickt geschürten »Bolschewismus-Angst« des Bildungs- und Besitzbürgertums die Tendenz, NSDAP zu wählen, selbst bei denen, die ansonsten über die Nazis die Nase rümpften, sie aber in ihrem klassisch unpolitischen Denken und politisch unreifen Handeln für die einzigen wirksamen Garanten gegen den Kommunismus hielten[6]. – In dieser Hinsicht wird vor allem die CDU, aber die politische Öffentlichkeit überhaupt, sich im Umgang mit den Republikanern und der DVU in Zukunft etwas einfallen lassen müssen. Die Strategie der bloßen moralischen Ächtung und der Nicht-Beachtung wird möglicherweise nicht ausreichen, ja sogar kontra-produktiv sein und durch eine Strategie der scharfen politischen Auseinandersetzung zu ersetzen sein, was die Anerkennung des gewählten Vertreters einer nicht-verbotenen Partei als praktisch, nicht gesinnungsethisch, ernst zu nehmenden Gegners grundsätzlich voraussetzt. Das gilt aber vor allem auch für die Medien-Vertreter.

6 Richard F. Hamilton hat noch vor Jürgen Falter auf einer anderen, städtevergleichenden Datenbasis – damals viel zu wenig in der öffentlichen Debatte in Deutschland bemerkt – sehr akribisch und detailliert nachgewiesen, daß mit Ausnahme von Frankfurt und Köln, sowie etwas abgeschwächt in München, in allen anderen größeren Städten, insbesondere eben auch im hanseatischen Hamburg und im angeblich weltstädtischen Berlin, durchgehend der Anteil der NSDAP-Wähler vor 1933 mit dem sozio-ökonomischen Status der Wohnbevölkerung der Stadtviertel ansteigt, daß also keineswegs das despossedierte Kleinbürgertum und die Arbeitslosen besonders anfällig waren. Hamiltons sehr instruktive Analyse bietet eine Fülle von detaillierten Hinweisen zur Erklärung dieser Korrelation. Richard F. Hamilton, Who Voted for Hitler? Princeton, N. J.: Princeton Univ. Press, 1982.

Diese Argumente und Beobachtungen sollten ausreichen, meine erste These, daß weder von einer genuin politischen Motivation der objektiv rechtsextremistischen Gewalt noch von einer gefährlichen rechtsextremistischen rassistischen Bewegung die Rede sein kann, als bestätigt gelten zu lassen.

These 2: Die rechtsextremistischen und rechtsradikalen Jugendlichen wählen die Nazi-Symbole und rassistischen Parolen und üben die Gewalttaten mit rechtsextremistischen Begründungen aus, weil diese ethisch und sittlich in der Bundesrepublik aufgrund der deutschen Geschichte in besonderem Maße widerwärtig und bösartig sind und einen außerordentlich hohen Provokationswert haben.

Was spricht für diese These außer der Widerlegung der konkurrierenden These einer genuin politischen Motivierung?

1. So gut wie jeder Schüler wußte, daß es nichts Einfacheres und Wirksameres gab, die Schule bzw. das pädagogische System als solches »aufzumischen«, als ein Hakenkreuz an die Wand der Toilette zu schmieren. Warum war das so? Weil die objektiv Bejahung bedeutende Benutzung von zentralen Nazi-Symbolen eine Provokation ersten Ranges war und mit allen Werten der Sittlichkeit brach. Weil in Deutschland diese Provokation besonders massiv und vor allem angesichts der öffentlichen Aufmerksamkeit, die das erregen mußte, auch im Ausland besonders wirksam war. Weil sich die Wirksamkeit der Pädagogik vor allem daran bemaß, wie gut sie die Aufgaben der moralischen Erziehung auf dem Gebiet der »Vergangenheitsbewältigung« erfüllte. Dazu kommt, daß das pädagogische System besonders die Adoleszenten in moralisch-ethischen Fragen zu Provokationen deshalb veranlaßt, weil dem pädagogischen Handeln strukturlogisch die Paradoxie innewohnt, auf der strukturellen Ebene der indoktrinierenden, asymmetrischen Lehrer-Schüler-Interaktion zu verleugnen, was inhaltlich von der programmatischen Zielsetzung her erreicht werden soll: die Konstitution des autonomen Subjekts und des mündigen Bürgers. Diese Strukturproblematik ist auf dem Gebiet der politischen Bildung und der moralischen Erziehung generell besonders brisant[7].

7 Es liegen hier auch die häufig mißachteten Grenzen der Curricularisierbarkeit moralischer und charakterlicher Bildung. Sie werden m. E. schon überschritten, wenn im Anschluß an Kohlberg im Konzept der »just

2. Zu demselben Syndrom gehört, daß diejenige Jugendkultur, die Provokation durch Häßlichkeit programmatisch auf ihre Fahnen geschrieben hatte: die Punk-Kultur, Teile der Rock-Kultur und Teile der Skinhead-Kultur auch außerhalb Deutschlands seit langem Nazi-Symbole zur Provokation einsetzt, großenteils ohne subjektiv zu wissen, was diese Symbole historisch bedeuteten. Im westlichen Ausland ist diese Symbolik partiell eine strukturale Entsprechung zu den ebenso stereotypen Nazifilm-Serien. Ich erinnere mich an ein Gespräch, das ich vor 10 Jahren mit einer Motorrad-Rockergruppe aus dem Ruhrgebiet hatte, die ihre Pfingstferien gemeinsam mit anderen Rockergruppen in der Nähe von Seligenstadt verbrachten. Sie hatten sich reichlich mit Nazisymbolen, vor allem SS-Runen und Hakenkreuzen drapiert, wußten aber über die historischen Hintergründe des Nationalsozialismus im einzelnen so gut wie gar nichts. Allerdings war ihnen sehr bewußt, daß es sich um eine äußerst wirksame Provokation handelte.

3. Ein instruktives Beispiel für diesen Mechanismus der Provokation konnte man im Fernsehen beobachten, als Rudolf Heß sich im Spandauer Gefängnis umgebracht hatte. Vor laufenden Fernsehkameras hatten sich entsprechend kostümiert maximal 50 Berliner Skinheads vor dem Spandauer Gefängnis aufgebaut. Offensichtlich war ihnen klar, daß sie mit dieser vergleichsweise wenig aufwendigen Aktion für eine Woche das Abendprogramm im öffentlich-rechtlichen Fernsehen in wesentlichen Teilen bestimmten. So

community« moralische Erziehung mit Bezug auf die Veränderung der »Schulatmosphäre« betrieben wird, erst recht, wenn im Sozialkunde-Unterricht die »Ausländerfeindlichkeit« thematisch wird. In jüngster Zeit bieten die Bemühungen um das Fach LER (Lebensgestaltung, Ethik, Religion) in Brandenburg, auch hierin Hort vom Illusionismus eines »dritten Weges« und der deutschen Sonderwegs-Logik, sprechende Belege für dieses Problem. Diese Grenzüberschreitung bedeutet aber leider nicht nur Nutzlosigkeit bezüglich der zugrundegelegten Zielsetzung, sondern darüber hinaus verhängnisvollerweise eine zusätzliche Akzentuierung der ohnehin schwierigen Problematik einer ständig drohenden Strukturverlogenheit pädagogischer Praxis. Vgl. dazu U. Oevermann, »Skizze einer revidierten Theorie professionalisierten Handelns«, in: A. Combe u. W. Helsper (Hrsg.), Pädagogische Professionalität. Untersuchungen zum Typus pädagogischen Handelns. Frankfurt a. M., 1996, S. 70-182.

war es dann auch. Das für nationalpädagogische Maßnahmen sich zuständig fühlende Moderatoren-Wesen lief auf vollen Touren.

4. Ein ähnlicher Vorgang war in den berüchtigten Gewalttätigkeiten gegen ein Heim von Asylbewerbern in Lichtenhagen bei Rostock zu beobachten. Auch hier war es für die Beteiligten wichtig, das Fernsehen auf seine Weise zu beteiligen und für sich zu instrumentalisieren. Journalisten berichteten – nicht in den Sendungen selbst, aber in Hintergrundsgesprächen – daß an den am Ort des Geschehens aufgestellten Imbiß-Buden das Hauptgespräch der Jugendlichen darum ging, wer in welchen Fernsehsendungen wann zu sehen war.

5. Daß rechtsextremistische Gewalttätigkeit nach der »Wende« in der ehemaligen DDR massiv auftreten würde, war vorherzusehen. Zum einen gab es Erscheinungsformen davon schon lange vor der Wende, vor allem im Umkreis von Fußball-Fans, sie waren z. T. ebenfalls Ausdruck der Provokation einer offiziellen Indoktrination und des offiziellen Antifaschismus. Sie traten in dem Maße auf, in dem das Herrschaftssystem in sich zusammenbrach. Nach der Wende, als man subjektiv durch den Wechsel des massenpsychologisch relevanten Vergleichssystem von Ost nach West erst richtig zum »Ossi« wurde, interpretierten die Jugendlichen, die politisch wenig urteilsfähig waren und bezüglich ihrer Lebensplanung verunsichert bzw. überfordert, die Wende als bloße Auswechslung der Obrigkeit. Der relevante Unterschied, der durch die Wende gesetzt wurde, bestand für sie darin, daß jetzt die Obrigkeit, die ja außerdem in Gestalt der sichtbaren Polizei und der Pädagogik personal weitgehend identisch geblieben war, leichter und wirksamer zu provozieren war, weil die Sanktionen weniger rigide erfolgten und die Aufmerksamkeit in den Medien nunmehr problemlos gesichert war und weil diese sichtbaren Vertreter der Obrigkeit dem Verdacht opportunistischer Verlogenheit wirksam ausgesetzt werden konnten. Hinzu kam, daß man sich durch den genannten Wechsel des Vergleichsbezuges nunmehr den Entrechteten zurechnete und dadurch subjektiv zur Provokation berechtigt fühlte, darin sogar plötzlich indirekt Bestätigung durch die Älteren erfahren konnte. Deshalb war es nicht verwunderlich, daß die Welle der rechtsextremistischen Gewalttätigkeiten zunächst auf dem Gebiet der ehemaligen DDR begann bzw. massiert auftrat. Das so zu benennen, ist allerdings inzwischen auch unter Tabu gestellt worden, es gilt als Verharmlosung. Diese Welle

schwappte dann nach Westdeutschland herüber, so daß inzwischen kaum mehr Ost-West-Unterschiede festzustellen sind. Die auf diesem Gebiet also schnell erfolgende Vereinheitlichung Deutschlands ist wahrscheinlich ganz entscheidend dem Multiplikatoren-Effekt durch die moralisierend grundierte Dauer-Aufmerksamkeit in den elektronischen Medien geschuldet. Jedenfalls ist hier festzuhalten, daß das gehäufte Auftreten dieser Phänomene in der ehemaligen DDR nicht für eine politisch motivierte Bewegung spricht, sondern für eine provokatorisch-trotzige Reaktion in der Adoleszenzkrise auf dem Hintergrund einer defizitären und/oder über-pädagogisierten politischen Sozialisation.

6. Es gibt nun ein durchgängiges Phänomen, daß sehr stark für die »Provokationsthese« spricht: Immer wieder ist davon berichtet worden, daß rechtsextremistische Jugendliche auch Behinderte, Alte und Obdachlose brutal angegriffen und verletzt haben. Im Rahmen einer genuinen politischen Motivation oder Programmatik macht das keinen Sinn, es sei denn, man griffe zu der ganz und gar unplausiblen Konstruktion, diesen Jugendlichen eine dem nationalsozialistischen Euthanasie-Terror vergleichbare Verfolgung »unwerten Lebens« zu unterstellen. Der Sinn solcher Abscheulichkeiten und dessen, was sie mit den Brutalitäten offen rechtsextremistischen Gehalts verbindet, liegt jedoch darin, daß diese Handlungen gemeinsam den besonders widerwärtigen Ausdruck einer Verhöhnung der normalen Sittlichkeit und der normalen ethisch-moralischen Bindungen darstellen. Das Gemeinsame solcher Handlungen besteht genau darin, daß sie die Sittlichkeitsverletzung alltäglicher Kriminalität (Diebstahl, Nötigung, Körperverletzung, Hausfriedensbruch, Rowdytum) überbieten um diese Monstrosität, der gegenüber das Barmherzigkeitsprinzip aufrechtzuerhalten offensichtlich selbst Pfarrern schwerfällt, wenn man ihren öffentlichen Reden dazu folgt.

Ich sehe die Motivation der Erscheinungen des jugendlichen Rechtsextremismus primär in dieser negativen Sinngebung, gepaart mit einer defizitären Gewissensbildung. Die neonazistischen Inhalte werden m. E. nicht um ihrer selbst oder um einer positiv bewerteten, in sich selbst als Sinngebung erfahrenen verführerischen Ideologie willen gewählt, sondern aufgrund ihrer provokatorischen, die Sittlichkeit monströs verletzenden Wirkung. Sie könnten durch beliebige andere Inhalte ersetzt werden, solange diese nur diese Funktion erfüllen.

Damit läßt sich auch eine ganz wesentliche Differenz zu den Phänomenen der Zeit vor 1933 – im Entstehen der nationalsozialistischen »Bewegung« – erfassen, eine Differenz, die m. E. bei der gegenwärtigen Interpretation dieser Phänomene viel zu wenig beachtet wird. In der nationalsozialistischen Bewegung vor 1933 gab es durchaus vergleichbare, sittlich monströse Elemente, aber es gab auf der Ebene der öffentlichen Geltung immer auch die zumindest untergründigen Verbindungen zu den ihrerseits subjektiv als idealistisch erfahrbaren Strömungen der Jugendbewegung und anderer zivilisationskritischer Bewegungen. Das darin liegende Potential sittlicher Verfehlung erschloß sich nur dem, der in der Lage war, politisch rational und zurechnungsfähig zu denken, und das hieß zunächst einmal vor allem: im Habitus einer alltäglichen bürgerlichen Zivilität und in den institutionellen Regeln wechselseitiger Anerkennung von differierenden Interessen zu denken. Wo das aber in sich schon, wie in der typisch deutschen Kritik an der westlichen kapitalistischen Zivilisation (man denke etwa an die frühen Schriften Thomas Manns), als niedrig und oberflächlich galt, wo also im Namen eines mystisch und fundamentalisierend idealisierten Menschentums Zivilisationskritik und politische Weltflucht betrieben wurde und als höchstwertig galt, da war der Blick auf die politischen Folgen und die darin schlummernden sittlichen Monstrositäten verstellt. Entscheidend aber ist, daß subjektiv aufgrund dieser Grundierung die Beteiligung an der nationalsozialistischen Bewegung immer auch als idealistisch gefordert und als »höherwertig« ausgegeben werden konnte und daß viele Verführte sich darauf beriefen und die von vornherein kriminell oder pathologisch Motivierten solche mystifizierenden Wertbezüge als Rationalisierungen benutzten und benutzen konnten.

Das ist im gegenwärtigen Rechtsextremismus ganz anders. Selbst dort, wo in dem Rückgriff auf nationalsozialistischen Rassismus der Versuch unternommen wird, vergleichbare Wertbezüge herzustellen, ist deutlich sichtbar, daß die Propagandisten davon selbst nicht wirklich überzeugt sind, daß sie vielmehr ein deutliches Bewußtsein von der sittlichen Monstrosität ihres Handelns haben und diese auch wollen. Wer heute die Auschwitz-Lüge verbreitet, weiß eben auch, daß er eine Lüge verbreitet, mehr noch, daß er eine im wörtlichen Sinne »ver-rückte« Behauptung aufstellt, der klinisch der Status einer psychischen Realitätsverleugnung wie der Behauptung gleichkommt, was evidentermaßen für jeden die Farbe »Rot« trägt, sei in Wirklichkeit »schwarz«. Das konnte man selbst in den wenigen im Fernsehen gezeigten Ausschnitten des Dokumentar-Films »Von Beruf: Neonazi« über Althans noch deutlich sehen.

Nun hat diese negative Sinngebung durch die Provokation monströser Verletzungen elementarer Sittlichkeit, die im Umgang mit Symbolen der Nazi-Herrschaft bei Adoleszenten schon seit längerem zu beobachten war, sich in dem Maße auch der Symbole von »Ausländerfeindlichkeit« bedient, in dem die angebliche Ausländerfeindlichkeit der Deutschen ein Standardthema der kulturindustriellen Gesinnungs-Image-Pflege wurde. Und seit einigen Jahren, gehäuft seit der Wiedervereinigung, ist dabei ein Grad der über die Provokation hinausgehenden Brutalisierung der Gewalttätigkeit zu beobachten, daß hier von einer auffallenden Enthemmung der Aggressionskontrolle und Freisetzung der Gewaltbereitschaft gesprochen werden muß.

These 3: Das Syndrom der Provokation durch monströse Verletzung elementarer Sittlichkeit paart sich mit einer deutlich angestiegenen Gewaltbereitschaft und Enthemmung primitiver Aggressions-Triebe. Bei der jetzigen Adoleszenten-Generation scheint eine besorgniserregende Lockerung allgemeiner elementarer sittlicher Bindungen und ein Verlust in der Kontrolle der Gewaltbereitschaft vorzuliegen. Das eigentliche Problem der rechtsextremistischen Gewaltwelle liegt weniger in dem Willen zur Provokation als in dieser Lockerung der Kontrolle der Gewaltbereitschaft.

Was in Mölln und Solingen passiert ist, hat ja weniger mit purer direkter Mordlust zu tun als damit, bei der Durchführung provokatorischer Akte den Tod von Mitmenschen einfach billigend in Kauf zu nehmen. Das »verharmlost« die Interpretation dieser Vorkommnisse keineswegs, im Gegenteil: es stellt in Rechnung, daß die fürchterlichen Folgen der jugendlichen Gewalt in Mölln oder in Solingen mehrere hundert Male, überall dort, wo »Mollies« in Häuser und Heime geworfen wurden, genau so hätten eintreten können, daß es dem Zufall, jedenfalls nicht der Aggressionskontrolle und den Intentionen der jugendlichen Täter zu verdanken ist, wenn diese Folgen ausblieben. Als die Lawine dieser Gewalttaten losbrach, war für deren Verlauf eben kennzeichnend, daß die dramatischen Auswirkungen etwa von Mölln sie nicht brechen konnten, sondern eher den Nachahmungseffekt noch zu erhöhen schienen.

Wenn diese These richtig ist, dann resultiert daraus ein eigenlogisches Erklärungsproblem. Wodurch ist die erhöhte Gewaltbereitschaft dieser Jugend-Generation bedingt?

These 4: Ich schlage drei verschiedene Parameter für diese Erklärung der erhöhten Gewaltbereitschaft vor:

a) allgemeine generationsspezifische sozialisatorische Defizite im Elternhaus und im Umfeld.

b) Folgewirkungen der fortschreitenden Säkularisierung und Enttraditionalisierung der Gesellschaft

c) Verschwinden von sozial integrierten Anlässen für »peergroup«-artige adoleszente Vergemeinschaftungen, in denen die Aggressions-Regulierung in der Adoleszenzkrise eingeübt werden kann.

Welches relative Gewicht diesen kumulativ wirkenden Parametern zukommt, vermag ich nicht einzuschätzen.

Ich werde diese drei verschiedenen Parameter im folgenden kurz erläutern.

Zu a): Die Vergesellschaftung und die Charakterformation des sich bildenden Subjekts vollziehen sich weniger durch direkte Unterweisung oder die Transmission von normativen Inhalten als durch die sukzessive Verinnerlichung von Strukturen der Kooperation, Problemlösung und der Affektkontrolle und -artikulation, die das Kind und der Jugendliche in seiner Lebenspraxis naturwüchsig antreffen und an denen sie naturwüchsig partizipieren. Wir drükken das umgangssprachlich manchmal darin aus, daß die Erwachsenen für die Heranwachsenden eine außerordentlich wichtige Vorbild-Funktion haben.

i) Mit dem Abstrakt-Werden des täglichen sozialen Lebens sind die Familien als die wesentlichen sozialisatorischen Agenturen der Gesellschaft auf der einen Seite quer durch alle sozialen Schichten immer fragmentierter, desintegrierter und unverbindlicher geworden. Man denke nur an die zunehmende Distanz zwischen dem Privatleben und dem Berufsleben. Sekundäre, den Familienzusammenhalt stützende Funktionen sind immer mehr entfallen. Dieser Zusammenhalt muß immer mehr aus der letztlich auf Affekten beruhenden Eigenlogik der innerfamilialen Sozialbeziehungen gespeist werden, was eine sehr fragile Basis abgibt. Wo 50 ha oder ein Geschäft oder Unternehmen zusammengehalten werden müssen, lassen sich Familienkrisen auch entlasteter bewältigen. Die hohen und immer weiter anwachsenden Scheidungsraten sind ja nicht nur ein – äußerer – Indikator für die Instabilität der Familie, sondern sie drücken gleichzeitig auch den gesteigerten Anspruch an das Gelingen und die Erfüllung des Lebens in einer familialen Gemeinschaft aus.

Auf der anderen Seite ist die Familie, nicht zuletzt unter starker Mitwirkung der Intellektuellen und der Sozialwissenschaften, in der Öffentlichkeit, seit 1968 gesteigert, für überkommen, obsolet und ausgedient, schlicht für tot und zum »auslaufenden Modell« erklärt worden. Und diese häufig sehr leichtfertig entwickelten Diagnosen konnten sich bis heute des Bonus eines kritischen Zeitgeistes sicher sein. Dadurch ist es im öffentlichen Diskurs zu einer gewissen Beweislast-Umkehrung gekommen. Rechtfertigen muß sich heute tendenziell derjenige, der sich am Modell der Kernfamilie als Normalität orientierend auch so lebt und so leben will.

ii) Neben der Wissens- und Normenvermittlung besteht eine wesentliche Funktion der Schule darin, vermittelt über die potentiell konfliktträchtige Lehrer-Schüler-Relation einen sozialen Ort für die Vergemeinschaftung von Heranwachsenden in der Phase zwischen der Ablösung von der Familie und der Übernahme einer verantwortlichen Erwachsenen-Rolle zur Verfügung zu stellen. Ein Lehrer kann noch so autoritär und pädagogisch mißraten sein, er erfüllt dann ungewollt immer noch die Funktion, die Jugendlichen seiner Klasse in der Ablehnung seiner Person und in der Auseinandersetzung zu einer handlungsfähigen Gemeinschaft zusammenzuschweißen.

Diese Funktion erfüllt die gegenwärtige Schule immer weniger, indem sie anspruchsvoll immer mehr die Schüler als Individuen bedient. Wo Lehrer der 68er Generation, von Schülern als »Müsli«-Lehrer verschrien, sich eher als Kumpane anbiedern als die strukturellen Generationskonflikte auszutragen, unterlaufen sie die Funktion der Schule als sozialen Systems. Unglaubwürdig wird die Schule immer dann, wenn sie dazu übergeht, etwa in Programmen des sozialen Lernens oder der moralischen Erziehung die gleichzeitige Befähigung zur verantwortlichen Wahrnehmung des Eigen-Interesses und zur Erfüllung von Gemeinwohlverpflichtungen, schlicht die Vermittlung von individueller Problemlösung und sozialer Kooperation zu curricularisieren, statt im täglichen Leben selbst glaubwürdig zu praktizieren. – Am Beispiel der »Ausländerfeindlichkeit« will ich exemplarisch erläutern, was hier gemeint ist: Es gibt kaum mehr Klassenverbände in Deutschland, in denen nicht ein nennenswerter Anteil von Schülern aus nicht-deutschen Familien sitzt. Wenn es also Phänomene der Ausländerfeindlichkeit hier gibt, dann ist es Aufgabe eines jeden Lehrers, unabhängig von seiner Fachzuständigkeit, solche Probleme an Ort und Stelle, wo sie auftreten, als Störungen einer menschenwürdigen Praxis zu behandeln. Dann ist die Schule in ihren moralischen Forderungen und als – immer auch – moralische Anstalt glaubwürdig. Sie ist das aber nicht bzw. sie wird sogar strukturell verlogen, wenn das Thema »Ausländerfeindlichkeit« mit dem Anspruch auf normative Erziehung etwa im Sozialkunde-Unterricht per Lehrplan, d. h. vollkommen unabhängig davon, was in der täglichen schulischen Praxis sich vollzieht, auf die Tagesordnung gesetzt ist, wenn also die Erziehung zum mündigen Bürger per Curriculum programmiert werden soll. Dies ist nicht nur ineffektiv, sondern gefährlich. Den Schülern wird nämlich indirekt dabei die Botschaft vermittelt, daß es nicht auf die gelebte Praxis, sondern auf die »gelaberte« Beherrschung der Gesinnung als Lebensstil ankommt.

iii) Dieser Effekt wird durch die elektronischen Medien erheblich verstärkt. Deren Wirkung besteht nicht so sehr in der Präsentation moralisch zweideutiger Inhalte, sondern vielmehr in der Struktur der selbst-inszenatorischen Kommunikation, zu der sie permanent Anlaß geben. Fernsehen findet in zunehmendem Maße nicht mehr als journalistische Service-Leistung zur Information, Bildung oder Unterhaltung eines für autonom gehaltenen Bürgers bzw. einer autonomen Öffentlichkeit statt, sondern als säkularisierte Gesinnungsertüchtigung und allgemeine Pädagogisierung mit der strukturellen Implikation der Bevormundung und Infantilisierung des Zuschauers. Eingebettet in diese Strukturlogik der Selbst-Inszenierung hat das Fernsehen mit seiner strukturellen Aufforderung zur steril aufgeregten Dauerproblematisierung aller Welt-Probleme jenseits der konkreten Lebenspraxis des Einzelnen und völlig unabhängig davon wahrscheinlich einen erheblichen Beitrag zum Mangel an Achtung vor institutionellen Regelungen, zur Lockerung eines praktisch folgenreichen Rechtsbewußtseins und zur Herstellung eines sozial unverbindlichen Durchblickertums geleistet[8].

8 Vgl. dazu U. Oevermann, »Der Strukturwandel der Öffentlichkeit durch die Selbstinszenierungslogik des Fernsehens«, in: Claudia Ho-

iv) Mit dem Abstrakt-Werden des säkularisierten gesellschaftlichen Lebens geht ein gesteigerter Druck auf Individuierung und Präsentation von Individualität einher. Beispielhaft kommt das in der ungebrochenen Attraktivität von Selbst-Verwirklichungs-Programmen und von Selbst-Verwirklichung als Wert zum Ausdruck. Die zeitgenössische Selbst-Verwirklichungs-Programmatik läßt sich – abgekürzt – in ihrer Problematik kennzeichnen als eine, in der der Bezug zu einer Sache austauschbar und beliebig geworden ist. Wo aber die Sache oder die Aufgabe, der man sich hinzugeben oder mit der ganzen Person zu widmen hat, ihren Eigenwert als das allgemeine Gegenüber des Subjekts verloren hat, wo sie austauschbar geworden ist, wo also das Selbst, das sich programmatisch verwirklichen will, selbst zur Sache geworden ist, dort ist die Selbst-Verwirklichung auf paradoxe Weise von vornherein zur Unmöglichkeit, zum narzißtischen Leerlauf implodiert und zur Unverbindlichkeit verkommen. Selbst-Verwirklichung vollzieht sich dialektisch in dem Maße, in dem die Hingabe an das Allgemeine einer Sache, die eben nicht das Selbst ist, sondern ihm gegenübersteht, zur bindenden Verpflichtung wird.

Wenn in einer Gesellschaft, man denke beispielhaft an die »lifestyle«-Kampagnen, in subtiler Form etwa bei der »American Express«-Reklame, Selbst-Verwirklichungs-Programme des eben umschriebenen Typs normative Leitwirkung erhalten, dann werden komplementär dazu die Bindungen einer sittlichen Verankerung in den Strukturen sozialer Kooperation geschwächt.

In diesem Zusammenhang eine ergänzende Bemerkung zur differentiellen Häufigkeit von Vorkommnissen rechtsextremistischer jugendlicher Gewalt in Ost- und in Westdeutschland: Der hier behandelte erste Parameter könnte einen Teil dieser Unterschiede erklären, wenn man die entwicklungspsychologisch sicherlich problematischen, in ihrer Tragweite noch gar nicht genügend berücksichtigten und erforschten Effekte der ganztägigen Unterbringung von Kleinkindern in den damaligen, von vornherein auf kollektive Erziehung getrimmten Kinderkrippen in Rechnung stellt. Die gewalttätige Jugendgeneration ist eine, auf die statistisch gesehen diese Art der Sozialisation in hohem Maße eingewirkt hat.

negger et al. (Hrsg.), Gesellschaften im Umbau. Identitäten, Konflikte, Differenzen. Hauptreferate des Kongresses der schweizerischen Sozialwissenschaften Bern 1995. Zürich. Seismo, 1996, S. 197-228.

Zu b): Es ist mit einem gewissen Recht häufiger betont worden, daß die polizeibekannten jugendlichen Rechtsextremisten nicht nur aus sozial schwachen Milieus, sondern auch aus sozio-ökonomisch relativ gut gestellten Familien kommen. Was unter dem ersten Parameter (zu a)) behandelt worden ist, entspricht diesem Hinweis. Er korreliert statistisch nur schwach mit dem sozioökonomischen Status der Familien.

Dennoch wird die soziale Herkunft nach dem sozio-ökonomischen Status in einer bestimmten Hinsicht nach wie vor einen Einfluß haben. Ich bediene mich hier des Schlagworts von der Zwei-Drittel-Gesellschaft. Wahrscheinlich ist es nicht so sehr die direkte Wirkung der gegenwärtig zunehmenden Armut des unteren Drittels, das aus der Leistungsgesellschaft herausfällt, die hier für die sozialisatorischen Defizite verantwortlich zu machen ist, sondern eher der folgende indirekte Effekt. In der weniger abstrakten, weniger säkularisierten, weniger urbanisierten Gesellschaft gab es bis vor kurzem doch immer noch gerade im unteren Statusbereich der Gesellschaft traditionalistische Sozialmilieus, fokussiert um Verwandtschaft, Nachbarschaft, »peer-group«, Vereinsleben und Arbeit, die einen erheblichen praktischen Beitrag zur Integration bzw. zur sozialen Absicherung von Folgen der Armut leisteten. Anders ausgedrückt: Die aus der Armut und der Begrenztheit individueller Durchsetzungsfähigkeit resultierenden Schwierigkeiten lassen sich in einbettenden traditionalistischen »communities« bis zu einem gewissen Grade auffangen und »normalisieren«. Vor allem: die Betroffenen brauchen sich subjektiv nicht als stigmatisiert zu fühlen, sie sind nicht »auffällig«.

Wenn nun solche naturwüchsigen Auffangnetze mit der Ent-Traditionalisierung der Gesellschaft ausfallen, und dieser Ausfall hat sich in den letzten 20 Jahren rapide beschleunigt, dann müssen im Falle von Armut, wie auch immer sie bedingt sein mag, an deren Stelle immer mehr die gesetzlich vorgeschriebenen, institutionalisierten öffentlichen Sozial- und Fürsorgeleistungen treten. Diese können aber von ihrem Charakter her die naturwüchsigen Integrationsleistungen traditionaler Sozialmilieus nicht wirklich ersetzen, so aufwendig sie auch ausgestattet sein mögen. Denn für sie ist konstitutiv, daß der zu betreuende Fall zuvor eben ein Fall geworden, »auffällig« geworden ist. Damit ist dann aber schon das Entscheidende der Ausgrenzung aus der Normalität passiert. Sie schreiben daher die Ausgrenzung, die sie materiell mildern sollen, auf einer anderen Ebene der sozialen Anerkennung und des Selbst-Respekts zugleich fest.

Es ist anzunehmen, daß dieser Mechanismus einen zunehmenden Prozentsatz der Gesellschaft erfaßt. Wenn wir nun von der Familie oder der Haushaltung als Falleinheit ausgehen, dann ist sofort ersichtlich, daß die Adoleszenten diejenige Unterkategorie von Familien-Mitgliedern sind, die von diesem Trend als erste erfaßt wird. Die Herkunftsfamilie selbst stabilisiert kaum mehr und außerfamiliale Auffangmilieus stehen nicht zur Verfügung. Diese Ankerlosigkeit führt dann direkt in die Stigmatisierung der Ausgrenzung.

Das Schlagwort von der Zwei-Drittel-Gesellschaft erhält seine Bedeutung m. E. erst, wenn man diese Folge der Ent-Traditionalisierung in Rechnung stellt. Das untere, ausgegrenzte Drittel der Gesellschaft ist vor allem dadurch gekennzeichnet, daß die darin befindlichen Familien und Individuen schneller aus der »Normalität« herausfallen als früher und schwerer in sie zurückzukehren. Davon sind die Jugendlichen in besonderem Maße erfaßt.

Zu c): Aggressivität und eine gewisse Neigung zur Gewaltanwendung ist für die Adoleszenz-Phase normal. Die Adoleszenz-Krise ist ja eine Phase, in der das Subjekt lernen muß, den unaufhebbaren Widerspruch zwischen der Verpflichtung zur eigenverantwortlichen rationalen Verfolgung des Eigen-Interesses einerseits und der rationalen Erfüllung der Bindung an das Gemeinwohl bzw. das Ideal der Kooperation und Gerechtigkeit andererseits zu beherrschen. Dazu muß einerseits das Ideal eines Identitätsentwurfs ausgebildet und andererseits die Befähigung zur Hingabe an die Solidargemeinschaft erworben worden sein. Bei der Bewältigung dieser schwierigen Aufgabe, die am Ende des langen Prozesses der Ablösung von der Herkunftsfamilie steht, ist also die Stabilisierung der Abgrenzung zwischen dem Selbst und der gesellschaftlichen Umgebung sowie der Gruppe zentral und für diese Stabilisierung ist wiederum die soziale Regulierung von Aggressivität ganz entscheidend. Sie wird und wurde wesentlich in den »peer groups«, den konkreten Gemeinschaften von gleichaltrigen und gleichgeschlechtlichen Adoleszenten eingeübt.

Ich will das an einem einfachen Beispiel der früheren Zeit erläutern: Wenn früher im Dorf C ein Vereinsfest stattfand, dann trafen sich dort die Jugendlichen aus dem Dorf A und dem Dorf B und hänselten sich. Wenn um 22 Uhr im Festzelt die 1,2 Promille-

Grenze bei mehreren Jugendlichen überschritten war, flog irgendwann der erste Bierseidel. Das war dann nur der Einsatz für die Massenprügelei zwischen den beiden »peer groups«. Sie prügelten sich, weil sie sich als einzigartig abgrenzen mußten und eifersüchtig über diese Grenzen wachten. Da beide demselben Strukturtypus der Gemeinschaft von »peer groups« angehörten, hatten beide dasselbe Strukturproblem und mußten sich gerade deshalb wechselseitig bekämpfen. Die Gemeinsamkeit in der Verschiedenheit wurde spätestens manifest, wenn am Ende dann doch jemand die Polizei rief. Sobald das Martinshorn zu hören war, rotteten sich die gerade noch »Krieg führenden« Gemeinschaften gegen die Polizei als die Vertreter der Gesellschaft zusammen. Ein strukturlogisch identisches Phänomen läßt sich noch heute bei den Fußballfans beobachten.

Nun sind aber die naturwüchsigen Gelegenheiten zur Bildung jugendlicher »peer groups« immer seltener geworden. Man nehme als Beispiel das Vereinsleben auf den Dörfern. Selbst hier haben sich z. B. die Sportvereine immer mehr von Gemeinschaften zu »Zwecken« der Geselligkeit zu Dienstleistungszentren für individuelle Fitness-Pflege verwandelt. Als die Deutschen in Rom ihre letzte Fußballweltmeisterschaft gewonnen hatten, versammelten sich in Frankfurts Innenstadt Tausende von Fahnen schwingenden jugendlichen Fußball-Fans mit »Deutschland«-Rufen. Da zu erwarten war, daß das vereinigte Feuilleton in diesen Zusammenrottungen wieder die notorischen nationalistischen Berauschungen kundig diagnostizierte, habe ich mir in dieser Nacht dieses Phänomen genauer angeschaut und mit den Jugendlichen in der Freßgaß und vor der Alten Oper Gespräche geführt. Von wirklichem Nationalismus konnte überhaupt keine Rede sein. Vielmehr wollten es die Deutschen endlich den gekonnt feiernden Italienern, den »Tifosi«, gleichtun. Aus ihnen sprach der Hunger nach einer Spaß und Aktion bietenden Vergemeinschaftung. Jeder Anlaß dazu war ihnen recht. Discos bieten dafür kaum einen Ersatz. Bezeichnenderweise ist für sie ja auch konstitutiv, daß darin wegen des Lärms nicht geredet werden kann.

In der ehemaligen DDR gab es so gut wie kein autonomes, örtliches Vereinsleben. Einzig die Jungen Pioniere und die FDJ waren der zulässige organisatorische Mantel für »peer groups« als konkreten lebendigen Gemeinschaften. Deshalb waren auch viele Jugendliche FDJ-Mitglieder, obwohl sie bewußt sich nicht mit dem System identifizierten. Dieser organisatorische Mantel ist nach der Wende urplötzlich weggefallen, gewissermaßen ersatzlos gestrichen, und nichts Vergleichbares hat sich bisher in nennenswerter Weise bilden können.

Zwischen-Résumée

Der idealtypische rechtsextremistische Täter läßt sich nach dieser »Theorie« nun wie folgt konstruieren. Es wäre ein männlicher Jugendlicher, dessen Herkunftsfamilie schwer gestört ist, z. B. durch Scheidung der Ehepartner bei jahrelang vorausgehender »Kriegführung« zwischen den Ehegatten oder aber, was noch schlimmer ist, eine äußerlich intakte Familie mit sinnentleertem täglichen Binnenleben; dessen Herkunftsfamilie des weiteren aus der Leistungsgesellschaft herausgefallen und sozial zum Pflegefall geworden ist, der also von seinem Zuhause her anker- und wurzellos geworden ist, und der schließlich in seiner lokalen Umgebung keinen Anschluß an eine intakte, einer gemeinsamen Sache sich widmenden jugendlichen »peer group« finden kann, sondern allenfalls sich mit anderen Jugendlichen in ähnlicher Lage negativ ausgegrenzt, also in negativ bestimmter Gemeinsamkeit zusammenfinden kann.

In dieser Situation ohne familiale Bindung, ohne schulische Anerkennung, ohne zukunftsfüllende Aussichten auf ein sinnvolles Leben wächst die Wahrscheinlichkeit, sich sozial in dem angewachsenen Defizit sozialer Anerkennung, diesem höchsten Gut würdigen Lebens, durch extreme Signale, eben die Topoi und Symbole einer monströsen Sittlichkeitsverletzung, eine Bedeutung, eine Macht zu verschaffen, und sei sie auch nur negativ.

IV. Die öffentliche Reaktion auf den jugendlichen Rechtsextremismus und die Funktion von dessen Interpretation in der Öffentlichkeit

Die öffentliche Reaktion auf das Phänomen ist von dessen Diagnose und Erklärung analytisch scharf zu trennen. Daß das nicht geschieht und die Öffentlichkeit sich eigentlich mehr mit ihrer

Reaktion als mit dem Phänomen als solchem beschäftigt, ist schon eine Seite des ganzen Problems.

These 1: Wenn meine Thesen zu Teil III richtig sind, dann ist die öffentliche Reaktion eine Über-Dramatisierung, weil sie a) etwas als genuin politisch motiviert sieht, was ganz anders bedingt ist und weil sie b) eine Analogie zu der Zeit von vor 1933 zieht, die von der Realität keinesfalls gedeckt ist.

These 2: Diese Über-Dramatisierung muß ihrerseits ein Motiv haben. Vordergründig könnte es in einem Syndrom »Gebranntes Kind« gesehen werden. Aber diese Interpretation folgt noch zu sehr dem Selbstverständnis der öffentlichen Reaktion. Eher entspricht diese Über-Dramatisierung der indirekten Abarbeitung eines Dauer-Schuldgefühls im Sinne einer vorauseilenden, quasi exorzistischen Schuld-Reaktion.

Diese Reaktion kann in ihrer politischen Problematik beispielhaft an der großen Berlin-Demonstration gegen Ausländerfeindlichkeit und auch an den Lichter-Ketten-Manifestationen studiert werden.

Warum war die große Demonstration in Berlin gegen Ausländerfeindlichkeit strukturell verlogen? Demonstration ist in der Demokratie das politische Sanktionsmittel einer Minderheit oder der Bevölkerung im Kampf gegen durch staatliche oder privatwirtschaftliche Macht verursachte Mißstände oder gegen die Mehrheitsposition in der Bevölkerung. Beide Bedingungen waren hier nicht erfüllt. Zum einen (1) wurde gegen die Untaten einer verschwindend kleinen Minderheit demonstriert, zum anderen (2) war die Demonstration vom Staat selbst initiiert und organisiert. Im Hinblick auf (1) lag also eine Über-Reaktion vor, wodurch die tatsächliche Bedeutung der rechtsextremistischen Minderheit dämonisiert und zum Teil erst hergestellt wurde. Kehrseitig dazu produzierten die Demonstranten so etwas wie Pseudo-Bekennermut, der faktisch Gesinnungs-Manifestation war. Im Hinblick auf (2) lag ein merkwürdiges Gebilde vor. Der Staat demonstrierte entweder gegen sich selbst oder gegen eine Mehrheitsposition in der Bevölkerung, beides gleichermaßen widersinnig.

Was war angesichts dieser inneren Verlogenheit der Demonstration das tatsächliche Motiv? Es bleiben nur die folgenden Teilmotive übrig: a) Es handelte sich um eine PR-Aktion zur Demonstration guter Gesinnung, vor allem auch mit Blick auf die Meinung des Auslandes. So motiviert demonstriert allerdings diese

Veranstaltung zugleich, daß die Zivilität in Deutschland nicht als Normalität unterstellt werden darf, sondern in einer PR-Aktion eigens inszeniert werden muß. Damit wird sie erst recht unglaubwürdig gemacht, und die Demonstration erzeugt im Sinne einer sich selbst erfüllenden Prophezeiung erst, wogegen sie demonstriert. b) Es handelte sich in Wirklichkeit um eine Pädagogisierungsmaßnahme bzw. Gesinnungspropaganda-Veranstaltung gegenüber der Bevölkerung, um so etwas wie Selbst-Agitation. Auch dann wäre die Mehrheit der Bevölkerung faktisch mit dem Handeln der rechtsextremistischen Minderheit in einen Topf geworfen worden. c) Es handelte sich um die Selbstbeweihräucherung einer Gesinnungselite, die manifestierte: Wir sind die Besseren, die Guten.

Die objektiven Konsequenzen einer solchen in sich schiefen Veranstaltung sind:

1. Es wird unterstellt, daß die rechtsextremistischen Untaten als normale Kriminalität von einem souveränen Staat nicht bewältigt werden können. Damit werden zugleich a) der Rechtsextremismus dämonisiert und b) die Souveränität des Rechtsstaates und die Zivilität des Volkssouveräns in Frage gestellt.

2. Der statistisch verschwindend kleinen Minderheit von rechtsextremistischen Tätern wird mit dieser Veranstaltung überhaupt erst eine Auftritts- und Bedeutungsbühne geschaffen, die sie ja dann auch – wirksam unterstützt durch linksradikale »Autonome« – mit ihren Störungen erfolgreich genutzt hat.

These 3: Mit dieser ungewollten Dämonisierung des Rechtsextremismus wird zugleich die Chance der eigenen Gesinnungsbewährung geschaffen. In Wirklichkeit dient die Dämonisierung der Pflege der eigenen Identität. In einer weiteren Drehung dieser Verlogenheitsspirale diente dem Fernsehen die Veranstaltung unter Einspannung der üblichen Medien-Intellektuellen zu einer Selbst-Inszenierung als nationalpädagogischer Gesinnungsanstalt.

These 4: Die objektive Schwächung der Souveränität des Staates durch die Sonderveranstaltung außeralltäglicher Gesinnungsdemonstration, gewissermaßen die kompulsive exorzistische Selbst-Agitation, steht im Einklang mit einer moralisch-fundamentalistischen Unterschätzung der Eigenlogik des Politischen und der Sphäre der politischen Institutionen. Dieser für die deutsche Geschichte bezeichnende moralisierende Fundamentalismus wird gesteigert im Kassandra-Syndrom des ständigen Herbeiredens einer neuen realen Faschismus-Gefahr. In Wirklichkeit ist dies das Manöver der Selbstinszenierung einer funktionslos gewordenen intellektuellen Elite.

These 5: Wenn ein zentrales Motiv im jugendlichen Rechtsextremismus die Provokation durch monströse Verletzung elementarer Sittlichkeit ist, dann käme alles darauf an, den Mechanismus dieser Provokation nicht noch durch die Herstellung einer Auftrittsbühne zu verstärken. Wirksam wäre hier vor allem, diese Form der Gewalt als normale Kriminalität zu behandeln und zu entdämonisieren, wobei die klare Etikettierung der gemeinen Verwerflichkeit dieser Handlungen die selbstverständliche Grundlage ist.

These 6: Statt neue Tabus im Gefolge der Dämonisierung zu schaffen, wäre die Vermeidung von Tabuisierung notwendig. Solche Tabuisierungen waren zu beobachten in der Asyldebatte, z. B. im Gefolge des Argumentes, die Debatte selbst habe die Rechtsextremisten ermuntert.

These 7: Dämonisierung und Tabuisierung werden verstärkt durch die besondere Aufmerksamkeit, die den Rechtsextremisten mit dem ständigen pädagogisierenden soupçon, sie seien nur die Spitze des Eisbergs einer latenten Faschismus-Bereitschaft der Deutschen überhaupt, zuteil wird. Damit wird den Rechtsextremisten die Bedeutsamkeit und Gefährdungsmacht zugeschrieben, die sie zu weiteren Auftritten anstachelt.

These 8: Das eigentliche Problem ist die mangelnde Gemeinwohlbindung in der säkularisierten Gesellschaft. Geht man davon aus, daß mit der Bildung des modernen Nationalstaats als Ergebnis der Französischen Revolution sich zugleich die bürgerliche Gesellschaft unwiderruflich säkularisiert und somit auch die politische Vergemeinschaftung an die Stelle der religiösen tritt und zur wichtigsten großrahmigen Vergemeinschaftungsform und Quelle der Gemeinwohlbindung wird, dann wird diese Problematik in Deutschland im Gefolge der Sonderwegs-Tradition verstärkt dadurch, daß Nationalismus und politischer Nationalstaat sowohl emphatisch wie kritisch notorisch ineinsgesetzt werden. Dadurch fällt die politische Vergemeinschaftung als säkulare Gemeinwohl-Bindung, deren alltägliche Ausformung z. B. schlicht in der Verpflichtung, Steuern zu zahlen, besteht, auf der symbolischen Ebene weitgehend aus. Die Frage ist aber, ob wir uns diese gedankliche Abwertung des politischen Nationalstaates in der Praxis leisten können. Es kann ja ein abstrakter Universalismus einer Weltethik nicht an dessen Stelle treten. Das ist allerdings die Illusion eines bestimmten Lagers unter den Intellektuellen.

These 9: Der Abwertung der Gemeinwohlbindung in der Staatsbürgerrolle des Nationalstaates korrespondiert kehrseitig die praktisch folgenlose Abstraktheit der Identifikation des Einzelnen mit einem Werte-Universalismus, der im kulturindustriellen Gesinnungskomplex zugleich die Form des arroganten Weltbürger-Universalimus im Verhältnis zum unter Faschismus-Verdacht gestellten Durchschnittsbürger annimmt. In der Heitmann-Kampagne war davon einiges zu beobachten.

v. Schlußbemerkung zum Syndrom der Sonderwegs-Logik und zum Verhältnis von Politik und Moral in der öffentlichen Debatte des jugendlichen Rechtsextremismus

a) Zur Moralisierung des Politischen

1. Während bei der Entstehung des Nationalsozialismus als Bewegung und bei der Etablierung des Nationalsozialismus als totalitären Regimes es sich primär gerade nicht um das Phänomen einer moralischen Entgleisung, sondern um die Folge einer politischen Unreife und eines politischen Analphabetismus der überwiegenden Mehrheit der deutsch-österreichischen Bevölkerung in einer historischen Entwicklungsphase handelte, in der jenes Minimum an politischer Rationalität und Urteilskraft der Subjekte eines demokratisch verfaßten Volkssouveräns und jenes Minimum an Loyalität und Vertrauen gegenüber der institutionellen Integrität jener demokratischen Verfaßtheit fehlte, das der moderne Nationalstaat in Begriffen der politischen Vergemeinschaftung benötigt, es sich also um ein Phänomen handelte, für das wesentlich die Logik des deutschen Sonderweges seit Beginn des 19. Jahrhunderts verantwortlich ist, besteht der heutige Rechtsradikalismus ganz anders und umgekehrt nicht primär in einem politischen Phänomen, sondern in einem Phänomen eines moralischen Defizits, das in der Adoleszenzkrise gehäuft sich manifestiert und das ich als »monströse Verletzung von Sittlichkeit« interpretiere.

2. Dennoch hängen beide Lesarten – auf der Ebene der Interpreta-

tion, zumal durch die Sozialwissenschaften, aber auch durch die Intellektuellen – miteinander zusammen: Aus der meines Erachtens gänzlich verfehlten Sichtweise heraus, die man heute als einen dominanten Interpretationsstrang des protestantischen Bildungsbürgertums im mittlerweile kulturindustriell verfaßten Komplex der Vergangenheitsbewältigung nach wie vor antrifft, erweist sich der Nationalsozialismus nachträglich primär als moralische Entgleisung und es wird eine entsprechende generationenspezifische Schuldzuweisung vorgenommen. Aus dieser nachträglichen, anachronistischen Interpretation heraus wird dann umgekehrt, da ja das als moralisches Defizit gedeutete Entstehen des Nationalsozialismus fraglos zu einem manifest perversen politischen System geführt hat, das heutige Phänomen des jugendlichen Rechtsradikalismus – in der Tat viel mehr ein moralisches als ein politisches Problem – mit überdramatisierender Tendenz, komplementär dazu als politische Gefahr ersten Ranges umgedeutet.

3. Ironischerweise wird aber in dieser Umkehrung die Sonderwegslogik objektiv folgerichtig fortgesetzt: Die in sich moralisierende Politisierung eines moralischen Problems bzw. eines Phänomens moralisch defizitärer Sozialisation führt zwangsläufig zu einer fundamentalisierenden Mißachtung der institutionellen Alltäglichkeit des Funktionierens des Nationalstaates. Was fraglos heute ein moralisches Phänomen ist, kann nur dadurch, daß die Entstehung des politischen Nationalsozialismus moralisierend auf ein moralisches Defizit verkürzt wird[9], mit den Anfängen der

9 Die immer wieder vorgebrachte massive Kritik am Ausspruch von der »Gnade der späten Geburt«, den Kohl im Zusammenhang einer Rede in Jerusalem an der Gedenkstätte von Yad Vashem machte, nährt sich von dieser Moralisierung. Sie sieht in Kohls Ausspruch eine unerträgliche Verharmlosung und Ent-Schuldung. In Wirklichkeit muß man aber Kohls Diktum gerade umgekehrt als gegen eine Verharmlosung durch bloße Moralisierung gerichtet lesen. Es warnt nämlich vor der moralischen Arroganz der Nachgeborenen, die, indem sie die Entstehung des Nationalsozialismus auf eine moralische Entgleisung reduzieren, zugleich von sich selbst annehmen, sie hätten sich in dieser historischen Situation moralisch bewährt und den Nationalsozialismus verhindert; zumindest aber den Nationalsozialismus für vermeidbar halten unter den Voraussetzungen einer moralischen Integrität, die sie selbst aufzubringen sich zubilligen, die aber den unter dem Nationalsozialismus erwachsen lebenden Generationen gefehlt habe. Kohl sprach von der Gnade der späten Geburt deshalb, weil durch sie die spätere Generation

NSDAP gleichgesetzt werden, so daß in der Folge mit dieser Gleichsetzung die heutige Dramatisierung des jugendlichen Rechtsradikalismus wie ein nachträglicher Widerstand einer in dieser Hinsicht nachgebesserten Generation gegen den Faschismus subjektiv erscheinen kann: »Wehret den Anfängen«. Daß dabei gerade umgekehrt objektiv eben nicht eine wirkliche Veränderung, sondern eine Fortsetzung der alten sonderwegsspezifischen Substitution von komplexerer politischer Rationalität durch weniger komplexe, bloß moralische Rationalität sich vollzieht, wird – ganz wesentlich mit Hilfe der nationalpädagogischen Wächteramtsfunktion, zu der sich die öffentlich-rechtlichen Medien permanent selbst ernennen – der Wahrnehmbarkeit »klammheimlich« entzogen.

4. Zunächst zur Sonderwegslogik: für sie gilt mir primär das Folgende und das hat mit dem Streit über die Frage eines deutschen Sonderwegs sachlich wenig zu tun, wie er unter Historikern geführt wurde.

b) Die deutsche Sonderwegslogik und die Bedeutung der Kulturnation

Der hier gemeinte Sonderweg reicht zwar in den ganz frühen Anfängen mindestens bis zu den Folgen des 30-jährigen Krieges in Mitteleuropa zurück: Sanktionierung extrem kleiner Territorialstaaten durch den Westfälischen Frieden von 1648; langfristige Beeinträchtigung der wirtschaftlichen und technologischen Entwicklung durch die Verheerungen des Krieges und dadurch Verzögerung des take-off des Wirtschaftswachstums ab 1750 im übrigen Westeuropa; herausragende Bedeutung religiöser, gesinnungsethischer Inhalte für die Legitimation politischer Herrschaft und

der auch moralisch korrumpierenden subjektiven und objektiven Verstrickung in die damalige historische Situation entging. Kohl brachte also zum Ausdruck, daß niemand nachträglich für sich garantieren kann, an eine vergleichbare historische Stelle gestellt sich in den politisch verursachten Konstellationen und Verstrickungen moralisch bewährt zu haben, und daß eine Reduktion des Nationalsozialismus auf ein moralisches Versagen die politischen Dimensionen dieser historischen Katastrophe objektiv verharmlost – und damit das historische Phänomen in seiner Totalität.

damit Verzögerung jenes Beitrages an Säkularisierung, der für die revolutionäre Entfaltung des Staates der bürgerlichen Gesellschaft von zentraler Bedeutung ist.

Aber sie, die Sonderwegslogik, konstelliert sich doch erst als Grundfigur der deutschen Geschichte, die bis heute nachwirkt, im ersten Jahrzehnt des 19. Jahrhunderts. Auf eine kurze Formel gebracht, ist sie die Resultante eines Ausbleibens der politischen und kulturellen Revolution nach dem Muster der großen Französischen, in der sich eine schon konstituierte bürgerliche Gesellschaft mit einer schon etablierten kapitalistischen Produktionsweise einen demokratisch verfaßten bürgerlichen Staat schafft, der als notwendig demokratisch verfaßter Nationalstaat in säkularisierter Legitimation politischer Herrschaft die Volkssouveränität etabliert und darin die Selbst-Regierung dieses Souveräns über sich selbst. Dies hatte eine primär politische, auf die europäischen Kriege zwischen verschiedenen Typen von Nationalstaaten vorverweisende, langjährige kriegerische Auseinandersetzung Frankreichs mit den umgebenden Staaten zur Folge, in der schließlich Napoleon als letzter Vertreter der aktuellen Frz. Revolution zugleich als Befreier (verkörpert in der Überbringung des Code civile und des Code Napoleon, also des bürgerlichen Rechts, sowie der Abschaffung der Feudalrechte) und als Fremdherrscher (verkörpert im Sieg von Jena und Auerstedt von 1806 über das im friderizianischen Mythos des militärischen Erfolges des Siebenjährigen Krieges sich selbst täuschende Heer von Preußen und in der daran sich anschließenden frz. Okkupation Preußens bis 1813) auftrat. Er wurde von einer eben nicht bürgerlichen, sondern adeligen Befreiungsbewegung als Fremdherrscher erfolgreich hinausgeworfen, bevor er als Befreier, d. h. in der Revolutionierung des absolutistischen Staates mit vorbürgerlichem Rechtssystem hineingelassen worden war. Die im Sinne der historischen Gesamtentwicklung dadurch ausbleibenden demokratisch-nationalstaatlichen institutionellen Reformen und Innovationen wurden in Gestalt der Stein-Hardenberg'schen partiell als eine gedämpfte Revolution von oben nachgeholt, ohne daß dabei ein bürgerlicher Nationalstaat wirklich sich kämpferisch entfaltet hätte.

Aus dieser Konstellation heraus entwickelte sich eine ins Biedermeier und in Nostalgie, Idyllen-Beschwörung und Innerlichkeitsschwärmerei permanent abgleitende Form der spezifisch deutschen, von der westeuropäischen vollkommen abweichenden Romantik[10], die – im Unterschied zu jener – eben nicht primär als Stufe im universalhistorischen Rationalisierungsprozeß, sondern als Stillstand zu gelten hat, von dem allenfalls einige freischwebende Intellektuelle sich avantgardistisch abheben, unter denen wiederum nur ganz wenige sich mit der internationalistischen Romantik der Engländer und Franzosen sich vergleichen lassen (etwa Goethe, Kleist, Heine, Caspar David Friedrich, die Gebrüder von Humboldt und natürlich vor allem die Komponisten der ersten Wiener Klassik als Sonderfall: Haydn, Mozart, Beethoven und Schubert). Es war die Geburtsstunde der Kulturnation, objektiv in Ermangelung einer politischen Nation und subjektiv in ihrer mystischen, geistigen Überhöhung über die schnöde politische Nation – so wie es für Leute vom Schlage der politischen Denkkraft eines Günter Grass und einer deutschen kulturnationalen Nebenregierung in Gestalt der ZEIT-Redaktion ja bis heute noch gilt. Das kollektive und zugleich avantgardistische Subjekt dieser Kulturnation waren natürlich die Dichter und Denker und so entstand mystifiziert das deutsche Volk als das der Dichter und Denker, mit dem unpolitischen, elitären, gesinnungshaften und sich selbst idealistisch verklärenden Bildungsbürgertum als gedachtem Zentrum, für das ein Parlament eine Schwatzbude war und das politische Geschäft ein schmutziges ist, weswegen der einzelne Wähler, als je gebildeter er gelten darf, um so politikverdrossener sich fühlen muß.

Es war dieser Sonderweg als Kulturnation, der die Deutschen dazu veranlaßte, ein zahnloses Parlament, ohne vollständiges Budget-Recht, ohne vollständige Kanzler- und Minister-Kontrolle, ohne die Souveränität zur Bildung von Untersuchungs-Ausschüssen und ohne voll entwickeltes universalistisches Wahlrecht bis 1918, also lange nach der Industrialisierung und der Manifestation der alles bestimmenden sozialen Frage, nicht nur zu ertragen, sondern als Begleiterscheinung einer tiefen Kultur, die sich vom rationalistisch schnöden Westen und dessen kapitalistisch verkommener Zivilisation positiv und mystifikatorisch abheben ließ, für normal zu halten, so daß die Demokratie der Weimarer Republik, subjektiv verstärkt durch die weiß Gott nicht fairen und nicht klugen Versailler Verträge, die jene imperialistischen Zivilisatio-

---

10 Die frühreife deutsche »Romantik« der »Sturm und Drang«-Periode berücksichtige ich hier als Sonderfall nicht.

nen der Kultur aufoktroyiert hatten, gerade vom Bürgertum, erst recht vom Bildungsbürgertum nicht wirklich durch eine habitusformierende Grundüberzeugung getragen war, sondern unter dem Vorbehalt einer banausenhaft proletarischen, mindestens aber kleinbürgerlich-sozialdemokratistischen, intellektuell und kulturell würdelosen kurzfristigen Anpassungs-Episode stand, in der ein deutsches Wesen, an dem erst die Welt gesinnungstüchtig und -ethisch genesen könnte, seine authentische Verkörperung jedenfalls nicht fand.

Nebenbei: Zur Ironie dieser Geschichte gehört es, daß tatsächlich dieser Sonderweg der deutschen Kulturnation in seiner Ambivalenz an einer Stelle – und ihrer Vereinseitigung auf das Dichten und Denken jenseits des politischen Handelns und jenseits der Praxis gemäß – ihren gültigen Ausdruck und universalhistorisch bedeutsamen Beitrag gefunden hat: In Gestalt der Humboldt'schen Universität mit ihrer Einheit von Forschung und Lehre, der Einheit von natur- und geisteswissenschaftlicher Forschung unter dem Dach der Philosophie in der damaligen Philosophischen Fakultät und ihrer Verpflichtung auf die Universalität und praxisenthobene Autonomie des erfahrungswissenschaftlichen Forschungshabitus; – eine Errungenschaft, für die die letzten Phasen der Zerstörung gerade jetzt eingeleitet werden. Aber natürlich war diese großartige Humboldt'sche Universität, in deren geistigen Universalismus die Teilhaberschaft ihres Begründers Wilhelm von Humboldt am Internationalismus der Romantik (v. Humboldt war in den Pariser Salons ebenso zu Hause wie in den Berliner und er gehörte zu den wenigen uneingeschränkten zeitgenössischen Bewunderern Goethes und Byrons in Deutschland) sich verkörperte, nicht eine Institution der politischen Rationalisierung und nicht primär ein Zentrum der Transformation gesellschaftlicher Praxis.

Versucht man sich global einen Überblick über die Entstehungsgründe der nationalsozialistischen Herrschaft zu verschaffen, dann muß für die Erklärung von deren entscheidender Voraussetzung, dem anscheinend unaufhaltsamen Anschwellen von NSDAP-Wählern zwischen 1928 und 1933 von 2,6% bis zu 43,9%, der aus der Sonderwegslogik resultierende politische, mit einem kulturellen Elitendünkel des Volks der Dichter und Denker verknüpfte Analphabetismus wesentlich herhalten. Denn der Anti-Semitismus der damaligen Zeit war keineswegs ein spezifisch deutsches, sondern ein allgemein europäisches Phänomen, auch

nicht die Krise der demokratischen Institutionen und des demokratischen Staates im Angesicht von Krisen der internationalen
wirtschaftlichen Entwicklung und der daraus resultierenden Ver-
teilungskonflikte. Spezifisch deutsch war vielmehr die auf die
Sonderwegslogik und ihren politischen Analphabetismus zurückgehende mangelnde politisch-rationale je individuelle Resistenz
der Wähler und mangelnde intellektuelle Resistenz der Professio-
nen in den Institutionen gegenüber der Verführbarkeit fundamentalistischer, idealistischer, irrationaler, ressentimentableitender,
den Täter zum Opfer umdefinierender, die Selbstverantwortlich-
keit abschattender Ideologien, Appelle und Empfindungen. In
dieser Hinsicht handelte es sich primär um ein politisches und
nicht um ein moralisches Problem.
Diese Sonderwegslogik ist institutionell gesehen erst zu ihrem
Ende gekommen mit der Wiederverevereinigung von 1989, gegen
die sich ja im Westen vor allem die Dichter und Denker, die
Intellektuellen, jenes Bildungsbürgertum also, das sich an den
schönen Reden von Richard von Weizsäcker, jener lichtvollen
Verkörperung der protestantisch-bildungsbürgerlichen Kulturnation, die in Gestalten wie Friedbert Pflüger, Peter Härtling, Günter
Grass, Marion v. Dönhoff, Horst Eberhard Richter, Walter Jens,
um nur einige zu nennen, weiterlebt, gar nicht satt hören konnte,
gewehrt haben, genau jenes Lager also, das von vornherein zum
9. November 1988 nicht Jenninger, sondern einen kulturnationalen Intellektuellen à la Walter Jens im Deutschen Bundestag hören
wollte, und jenes Lager auch, das mit der damals »schicken«
populistischen Forderung nach einer Direktwahl des Bundesprä-
sidenten der Post-Weizsäcker Ära nicht einmal mehr bemerkte, die
Verfassung der Rebublik in Richtung eines unseligen Paragraphen
48 der Weimarer Verfassung ins Ungleichgewicht zu bringen,
zumindest aber ein kulturnationales Wächteramt zu errichten,
das letztlich auch Jens Reich, der Kandidat der »Grünen«, meinte,
als er seine Kandidatur mit der Funktion des Bundespräsidenten-
Amtes als einer Art vierter Gewalt der Konzeptualisierung und des
Visionärstums begründete.
Es lohnt sich bei dieser Distanz des Bildungsbürgertums gegenüber der Wiedervereinigung einen Augenblick zu verweilen. Sie
kleidete sich z. B. in die Wortklauberei, Wieder-Vereinigung sei
von vornherein abzulehnen, weil damit doch das alte Bismarck-
Reich wiedererstünde, wenn schon, dann Vereinigung im Sinne

von Neu-Vereinigung. Es verbarg sich dahinter die Ablehnung des Nationalstaates überhaupt. Aber es war dies nicht, wie subjektiv geglaubt wurde, die diskursethische Überwindung des westeuropäischen Nationalstaates als Errungenschaft der Frz. Revolution, sondern es war kulturnational die alte Unvertrautheit der deutschen Sonderwegslogik mit dem wirklich politischen Nationalstaat, den ja die Deutschen, was diese Intellektuellen bis heute nicht zu sehen vermögen, vor 1989 gar nie gehabt haben (erst recht nicht in Gestalt des Bismarck-Reiches), sondern immer nur in von vornherein schon pervertierter Form eines repressiven, chauvinistischen Obrigkeitsstaates, der nach außen Macht- und Realpolitik betrieb und nach innen Gesinnungskontrolle und obrigkeitsstaatliche Repression. Günter Grass sprach nach 1989 ganz unverblümt und töricht vom Ideal der Kulturnation. Andere Intellektuelle meinten sie ungewollt, wenn sie an die Stelle des Nationalstaates die Intellektuellenkonstruktion der »Zivilgesellschaft« oder des »communitarianism« setzten, weil sie doch immerhin erkannt hatten, daß die abstrakte Diskursethik eine praktische Normenbindungskraft nicht entfalten konnte. Aber die einzig praktisch folgenreiche Bindungskraft auf der demokratisch-politischen Ebene, nämlich die politische Vergemeinschaftung in Form des modernen Nationalstaates, war für sie auch nicht akzeptabel, weil sie ja als Dichter und Denker bzw. als die bildungsbürgerliche Avantgarde der Kulturnation nichts anderes als sich selbst in ihrer scheinbaren intellektuellen Überlegenheit akzeptieren konnten.

Am deutlichsten aber zeigte sich die Fortsetzung der Sonderwegslogik im politisch abseitigen Bewußtsein gerade der Intellektuellen vor allem am Folgenden: 1989 tauchte plötzlich und unerwartet die zwingende Chance der Wiedervereinigung auf, die für den westlichen Teil des Nationalvolkes in deren provisorischer, auf den integralen Volkssouverän vorverweisenden Verfassung in der Präambel ohnehin bindend vorgeschrieben war. Gefragt war nur der östliche Teil. Dessen Antwort war mehrfach eindeutig. Und objektiv war diese Antwort auch historisch logisch zwingend, denn es gab tatsächlich eine klare, wenn auch moralisch negative Legitimation für die Vereinigung: die politische Verantwortung des Souveräns des Weimarer Nationalstaates für den Nationalsozialismus und seine Verbrechen. Diese Verantwortung kann, da eine Todesstrafe für einen Volkssouverän in sich unsinnig ist, nur durch politisches Handeln in der Zukunft abgegolten werden im allgemeinen Sinne einer Restitution des Rechts und das heißt in diesem speziellen Falle eben nicht, daß, wie es das Wort »Vergangenheitsbewältigung« impliziert, dieser Prozeß endlich im Sinne einer beendbaren Wiedergutmachung sein könnte, sondern nur in einer andauernden Vergegenwärtigung der nicht wiedergutzumachenden Verbrechen im je aktuellen, verantwortlichen politischen Handeln bestehen kann. Diese Verantwortlichkeit liegt strukturlogisch als gewissermaßen negative historische Legitimation der Wiedervereinigung zugrunde, und erst wenn sie als solche auch angenommen wird vom Volkssouverän, kann sich mit dieser Wiedervereinigung endlich ein souveräner deutscher Nationalstaat konstituieren, den es vorher als autonomes, souveränes Gebilde material nicht gegeben hat. Alles andere liefe auf eine künstliche Tilgung und Wegschiebung der Vergangenheit, auf eine Schlußstrich-Bewältigung dieser Vergangenheit hinaus.

Genau mit diesem negativen Legitimationszusammenhang des neuen Nationalstaates und dem sich daraus ergebenden strukturlogischen Zwang war das Intellektuellenlager, von dem zuvor schon die Rede war, nicht einverstanden. Sehr deutlich wurde das – wieder einmal – von Günter Grass geäußert in seiner formelhaften These von der Aufrechterhaltung von Zweistaatlichkeit und Spaltung als »Strafe für Auschwitz« – eine geradezu perverse Form der Koinzidenz von subjektiv-moralisierend-fundamentalistischem Schuldprangertum und objektiver Verharmlosung der historisch-politischen Kausalzusammenhänge. Habermas hat meiner These von der negativen Legitimation der Wiedervereinigung[11] in seinem ZEIT-Artikel über die Intellektuellen-Stammtisch-Parole vom DM-Nationalismus totale Schieflage bescheinigt, wahrscheinlich aus dem Blickwinkel der Grass'schen Deutung.

Im Hintergrund einer solchen Position steht die alte Sonderwegslogik und das daraus resultierende gebrochene Verhältnis zur politischen Praxis des demokratisch verfaßten Nationalstaates bei den deutschen Intellektuellen. Derselbe Hintergrund liegt auch dem Selbstverständnis der dominanten Einschätzung des

11 Vgl. U. Oevermann, »Zwei Staaten oder Einheit? Der ›dritte Weg‹ als Fortsetzung des deutschen Sonderweges«, in: Merkur 492 (Februar 1990), S. 91–106, wieder abgedruckt in K. H. Bohrer und K. Schee (Hrsg.), Die Botschaft des Merkur. Eine Anthologie aus fünfzig Jahren der Zeitschrift. Stuttgart: Klett-Cotta, 1997, S. 423–439.

aktuellen jugendlichen Rechtsradikalismus zugrunde. Merkwürdigerweise wird dabei die folgende Aporie gar nicht bemerkt: Wenn nämlich auf der einen Seite die innere historische Notwendigkeit der Wiedervereinigung gerade aus der politischen Verantwortung des deutschen Staatsvolkes heraus für die Verbrechen des nationalsozialistischen Regimes nicht akzeptiert wird, wie soll dann auf der anderen Seite eine politische Verantwortung der Nachkriegsgenerationen, insbesondere der heutigen Jugendlichen-Generation angesichts der vollendeten Wiedervereinigung mit der überfälligen Konstitution eines souveränen deutschen Nationalstaates überhaupt eingefordert werden? Es bleibt ja dann nur die Reduktion der politischen auf eine moralische Verantwortung und die liegt nun tatsächlich nicht mehr bei den Generationen, die lebensgeschichtlich mit der Epoche des Nationalsozialismus keine Berührung mehr hatten.

Genau diese Aporie einer bloß moralisch-fundamentalistischen Thematisierung der Vergangenheit und die fehlende Selbstverständlichkeit, mit der eine andauernde politische Verantwortung der deutschen Nation, mithin auch die Verantwortung gegenwärtiger und künftiger Generationen überhaupt erst zwingend und glaubwürdig wird, ist es ja, die letztlich jene Haltung einer monströsen Verletzung von Sittlichkeit als Ausdruck einer mißlungenen Adoleszenzkrisen-Bewältigung eine systematische Verbindung mit den rechtsradikalen Provokationen eingehen läßt. Nicht eine litaneihafte Reproduktion der moralisierenden Appelle an die Jugendlichen kann hier Änderung schaffen, nein, sie verschafft diesem Phänomen nur immer neue Nahrung, sondern nur eine Entschränkung jener Aporie. Das hieße: Die selbstverständliche Einbindung der gegenwärtigen und künftigen Jugendlichen-Generationen in die fortdauernde politische Verantwortlichkeit des Volkssouveräns des deutschen Nationalstaates für seine Geschichte. Und diese Einbindung ist nur glaubwürdig zu machen auf der Folie der selbstverständlichen Zugehörigkeit zu und Einbindung in die politische Vergemeinschaftung des Nationalstaates. Das hieße aber auch, die Verbrechen des Nationalsozialismus nicht auf ein moralisches Defizit genetisch zu verkürzen, sondern als Scheitern im Politischen anzuerkennen. Und das hieße kehrseitig dazu schließlich: die gegenwärtigen Erscheinungen jugendlichen Rechtsradikalismus nicht ideologiekritisch mehr oder weniger absichtsvoll als politische Bewegung mißzuverstehen (und mit den damit verbundenen Dämonisierungen immer neuen Anreiz für eine provokatorische Selbstdarstellung orientierungsloser Adoleszenten zu erzeugen), sondern primär als Ausdruck moralisch und ethisch defizitärer Adoleszenzkrisen-Bewältigung anzuerkennen.

Manfred Clemenz
Aspekte einer Theorie des aktuellen Rechtsradikalismus in Deutschland
Eine sozialpsychologische Kritik

1. Die quantitative Dimension des aktuellen Rechtsradikalismus

Die pogromartigen Ausschreitungen von Hoyerswerda und Rostock, die brennenden Asylantenheime und die Morde von Mölln
und Solingen sind Ausdruck eines rechtsradikalen Gewaltpoten-
tials, das sich in dieser brutalen Form in der Geschichte der Bundesrepublik Deutschland zuvor nicht gezeigt hatte. Unbekannt ist
bisher das genaue Ausmaß, in dem diese Feindschaft von der Bevölkerung getragen wird, weitgehend unbekannt sind auch die ge-
naueren Ursachen. Einige Ursachendimensionen werden derzeit in
der wissenschaftlichen und politischen Öffentlichkeit diskutiert:
- die aktuelle ökonomische Krise des deutschen Wirtschaftssy-
  stems
- eine Verschärfung von Konkurrenz-, Individualisierungs- und
  Desintegrationstendenzen
- der Zustrom von Asylbewerbern, der Ängste in der Bevölkerung weckte, von einem Teil der politischen Klasse zu einer
  asylbewerberfeindlichen Agitation benutzt wurde und bekanntlich zu einer entsprechenden Änderung des Asylartikels im
  Grundgesetz führte
- eine Renaissance des Nationalen, die sich in der Bundesrepublik
  etwa im sog. »Historikerstreit«, in der immer unverhohlener
  erhobenen Forderung nach Rückbesinnung auf eine »nationale
  Identität« und in einer Welle nationaler Begeisterung – verbunden mit Vorstellungen eines »Endes der Nachkriegszeit« – nach
  der deutschen Wiedervereinigung äußerte
- der Zusammenbruch der bipolaren Weltordnung mit dem dadurch entstandenen Bedürfnis nach neuen Freund-Feindgren-
  zen bzw. der Differenzierung von Eigen- und Fremdgruppe.
Darüber hinaus ist die Kombination aller genannten Dimensionen
denkbar.
Ich möchte zunächst einmal kurz darauf eingehen, welche der
bislang vorliegenden Interpretationen bzw. welche dabei herange-
zogenen theoretischen Konstrukte offensichtlich *falsch* sind:

1. Eindeutig in den Bereich des politischen Mythos gehört die Vorstellung einer spezifisch deutschen »nationalen Identität«, die die Deutschen gewissermaßen für Rechtsextremismus und Fremdenfeindlichkeit prädisponiert. Abgesehen davon, daß in Gesellschaften mit hochdifferenzierten und pluralisierten soziokulturellen Milieus nicht von einer homogenen nationalen Identität gesprochen werden kann, zeigt sich in praktisch allen hochindustrialisierten Industriegesellschaften, ähnlich aber auch in den meisten Ländern des ehemaligen »Ostblocks«, ein erhebliches rechtsextrem-nationalistisches Potential.

2. Die Argumentation, daß der Flüchtlingszustrom nach Deutschland die neue Welle an Fremdenhaß verursacht hat, wird schon dadurch widerlegt, daß die brutalsten Akte von Fremdenhaß nicht nur gegen *Asylbewerber* verübt wurden. Die aktuellen Untersuchungen über rechtsextrem-fremdenfeindliche Einstellungen (beide Einstellungen sind nicht zu trennen, sie bilden vielmehr ein *Syndrom*) zeigen, daß Fremdenfeindlichkeit mehr oder weniger undifferenziert gegenüber unterschiedlichen Gruppen von Fremden zum Ausdruck gebracht wird und z. B. auch sehr hoch mit antisemitischen Einstellungen korreliert. Darüber hinaus wird die weitergehende Interpretation, daß allgemein ein hoher Ausländeranteil für die Entstehung von Fremdenfeindlichkeit verantwortlich sei, durch das Beispiel der ehemaligen DDR in Frage gestellt, in dem ein sehr niedriger Ausländeranteil mit hoher, gewissermaßen DDR-autochtoner Fremdenfeindlichkeit korrelierte. Schließlich erinnert dieser Typ von Argumentation an das bekannte antisemitische Stereotyp, daß nicht der Antisemitismus, sondern die Juden das »Problem« seien (vgl. Adorno 1973). Insgesamt läßt sich von einer »Ethnisierung« politischer, sozialer und ökonomischer Konflikte durch Teile der Bevölkerung und der politischen Klasse sprechen. Dies bedeutet insbesondere, daß die globalen ökonomischen Ursachen der weltweiten Armutsmigration ausgeblendet und das Problem in einen Konflikt zwischen Eigen- und Fremdgruppe, also in ein ethnisches Problem transformiert wird.[1]

1 »Die Mehrzahl der politischen Meinungsführer hierzulande hat es zugelassen, geduldet oder sogar aus wahltaktischen Überlegungen heraus forciert, daß diese Zusammenhänge als Ursachen der weltweiten sozialen und regionalen Ungleichheit und der fremdenfeindlichen Protest-

3. Fast alle Repräsentanten der derzeitigen Regierungsparteien verkündeten nach den Morden von Mölln und Solingen, militante Fremdenfeindlichkeit sei lediglich das Problem einer kleinen Minderheit der Deutschen, wenn nicht sogar einiger weniger »asozialer Außenseiter«. In der Tendenz fand diese Interpretation auch Zustimmung bei den derzeitigen Oppositionsparteien. Die »Lichterketten« gegen Ausländerfeindlichkeit schienen eine willkommene Bestätigung dieser Sicht. Ich halte diese Interpretation für falsch, ja geradezu für gefährlich. Ich möchte kurz einige Daten anführen, die geeignet sind, diese »Außenseiter«-These zu relativieren.

Die Frage ist dabei zunächst, was unter »Außenseitern« zu verstehen ist. Eine Minderheit sind derzeit sicherlich noch die Mitglieder in einer rechtsextremistischen Organisation (ca. 40.000). Demgegenüber geht die mittlerweile mehr als 15 Jahre zurückliegende »Sinus-Studie« von ca. 13% der damaligen westdeutschen Bevölkerung mit einem geschlossenen »rechtsextremen Protestpotential« aus (Sinus-Studie 1981, S. 78). Derartige Zahlen sind mittlerweile mehrfach bestätigt worden. Bei den Jungwählern liegt dieser Anteil aller Wahrscheinlichkeit nach noch höher: neuere Untersuchungen gehen bei den bis zu 24jährigen von einem rechtsextremen Wählerpotential von ca. 25% aus (Jaschke 1993, S. 33). Würden nur diese 13% bei den nächsten Wahlen eine der rechtsextremen Parteien wählen, so würde dies bereits eine gravierende Veränderung der politischen Landschaft in Deutschland bedeuten. Leider sind rechtsextreme Einstellungen aber nicht auf diese 13% beschränkt. Einstellungen, die eindeutig in das rechtsextreme, ja faschistoide Denkmuster gehören, fanden z. T. hohe Zustimmung. So fand etwa die Aussage: »Nicht nur unsere Umwelt, sondern

stimmungen nicht in den Blick kommen und daß langfristige Veränderungen der Bevölkerungsstruktur und der Zwang zur multikulturellen Gesellschaft kaum diskutiert werden – kein Thema, Wahlen zu gewinnen. Statt dessen aber wird von Politikern im Spannungsbogen zwischen Duldung und aktivem Vorantreiben – in der Aufwertung der Asylproblematik zur Überlebensfrage des deutschen Volkes – und erst recht von der sich formierenden rechten Protestbewegung die als solche unaufhebbare ethnisch-kulturelle Ungleichheit entweder wider besseres Wissen oder in ideologischer Verblendung sowohl als Ursache für die Misere benannt wie auch zum Programm für die Zukunft erklärt ... Die Ethnisierung des Politischen geht an den tieferliegenden strukturellen Ursachen der sozialen Ungleichheit vorbei.« (Jaschke 1993, S. 35 f.)

auch unsere Rasse muß reinerhalten werden« bei 37% aller Befragten völlige oder teilweise Zustimmung. 28% stimmten völlig oder teilweise der Aussage zu: »Gäbe es bei uns wieder Arbeitslager, kämen Zucht und Ordnung wieder von alleine« (Sinus-Studie 1981).

In den Untersuchungen über rechtsextreme Einstellung bei Jugendlichen, die von Heitmeyer und seinen Mitarbeitern in den vergangenen 10 Jahren durchgeführt wurden, finden wir ähnliche Zahlen. Die wichtigsten Ergebnisse (sie wurden anhand eines Samples von 1.200 Jugendlichen erhoben): 51% der Jugendlichen stimmen der Parole »Deutschland den Deutschen« zu, 44% der Forderung »Ausländer raus«, 49% sind der Ansicht, angesichts der eigenen Arbeitslosigkeit sei Demokratie »nutzlos« (Heitmeyer u. a. 1987, S. 137).

Abschließend sei noch auf die jüngste Untersuchung von »Eurostat« (Statistisches Amt der EU) verwiesen. In einer EU-weiten Umfrage wurde festgestellt, daß ca. ein Drittel der EU-Bevölkerung sich als »ziemlich oder sehr rassistisch« bezeichnet (Frankfurter Rundschau, 20. 12. 1997). Wie immer derartige Erhebungen im einzelnen zu bewerten sind: sie machen von der Größendimension her deutlich, daß hier nicht von einem »Außenseiter«-Problem gesprochen werden kann.

Ich habe bisher quantitative Untersuchungen angeführt, um den zahlenmäßigen Umfang des rechtsradikalen Potentials in der deutschen Gesellschaft zu umreißen. Im folgenden möchte ich – zunächst am Beispiel einer Untersuchung von Heitmeyer (1992) – auf die Frage nach den *Ursachen* rechtsradikaler Einstellungen bei Jugendlichen eingehen. Allerdings möchte ich schon hier darauf hinweisen, daß mir die Analyse von Heitmeyer in sozialpsychologischer Hinsicht ergänzungs-, ja revisionsbedürftig erscheint.

2. Die Theorie »sozialer Desintegration« als Erklärungsversuch des aktuellen jugendlichen Rechtsradikalismus

In seiner ersten größeren Arbeit über rechtsradikale Jugendliche gelangte Heitmeyer (1987) zu einem Ergebnis, welches das methodische und theoretische Konzept, das er seiner Arbeit zugrunde gelegt hatte, in den entscheidenden Punkten in Frage stellte. Entgegen Annahmen seiner »Desintegrationsthese« (soziale Desintegration fördert Rechtsradikalismus) mußte er schließlich feststellen, daß gerade auch gut integrierte und selbstbewußte Jugendliche (jeweils gemäß ihrer Selbsteinschätzung) starke rechtsradikale Tendenzen aufwiesen. Eine genauere methodische Überprüfung von Konstrukten wie »Selbstbewußtsein« und »Integration« in verschiedenen sozialen Milieus unterblieb ebenso wie eine theoretische Revision des Desintegrationskonzepts.[2] So hätte man z. B. konstrukttheoretisch fragen können, ob es sich bei dem gemessenen Selbstbewußtsein der Probanden um eine Selbstpräsentation gegenüber vermutlich kritischen Interviewern handelt. Aus psychoanalytischer Perspektive hätte man fragen können, ob es sich dabei möglicherweise um ein narzißtisch aufgeblähtes »Größenselbst« bei gleichzeitig labiler Ich-Struktur handelt.

In seiner später vorgelegten Langzeituntersuchung zur »politischen Sozialisation männlicher Jugendlicher« versucht Heitmeyer (1992) nun eine Präzisierung bzw. Reformulierung seiner Desintegrationsthese. Er konstatiert in dieser Studie selbst die Problematik seiner früheren Untersuchung und damit die Notwendigkeit, das Desintegrationskonzept zu überprüfen:

»In den empirischen Ergebnissen der qualitativen Studie zeigte sich nun, daß die Jugendlichen, die (scheinbar) sozial und beruflich über den Einstieg in einen Ausbildungsplatz integriert waren, *überraschenderweise* (Hrv. d. Verf.) z. T. ausgeprägtere fremdenfeindliche Positionen vertraten als z. T. diejenigen aus anderen Konstellationen ... Schon dieser Befund ließ die Hypothese zu, daß die gängige Annahme, die ›formale‹ Integration in den Arbeitsbereich ... sei bereits hinreichend für eine genügend stabile Distanz gegenüber wirkungsmächtigen Deutungen von Problemen durch rechtsextreme Ansätze, fehlgeht« (S. 10).

Heitmeyer modifiziert seinen Ansatz nunmehr in der Weise, daß er versucht, die Becksche Individualisierungsthese (Beck 1986) auf das Phänomen des jugendlichen Rechtsradikalismus anzuwenden. Zu diesem Zweck wird der Rechtsradikalismus in zwei Faktoren (»Grundelemente«) aufgespalten: (1) die Ideologie der Ungleichheit und (2) Gewaltakzeptanz.

Die theoretische und empirische Aufgabe besteht für Heitmeyer

2 Dies gilt um so mehr, als Heitmeyer selbst als »irritierend« empfindet, daß selbst bei Jugendlichen, die »Selbstbewußtsein« mit »selbstkritischen Zügen« verbinden, mit 53 % eine Dominanz der Zustimmung zu »autoritär-nationalistischen« Perspektiven vorliegt.

nunmehr darin, nachzuweisen, daß mit Hilfe der Individualisierungsthese eine erhöhte Akzeptanz beider »Grundelemente« des
Rechtsradikalismus von seiten Jugendlicher erklärt werden kann.
Es ist nicht zu bestreiten, daß Heitmeyer im Verlauf seiner Arbeit
zu *plausiblen theoretischen Konstruktionen* gelangt ist. Die entscheidende Frage ist jedoch (wie bereits bei der ersten Untersuchung), ob es ihm gelungen ist, seine Konstruktionen durch das
von ihm vorgelegte empirische Material zu bestätigen und damit
eine überzeugende Erklärung des jugendlichen Rechtsradikalismus zu finden. Um diesen Punkt meiner Kritik vorwegzunehmen:
Ich bin der Ansicht, daß Heitmeyer dies im wesentlichen *nicht*
gelungen ist.
Ich möchte zunächst einmal in knappen Zügen die Heitmeyersche
Version der Individualisierungsthese skizzieren, die von ihm dann
abschließend als »Instrumentalisierungsthese« auf das Phänomen
Rechtsradikalismus angewendet wird (S. 590 ff.). Im Mittelpunkt
des Individualisierungsprozesses stehen für Heitmeyer (in Anlehnung an Beck) vier zentrale »sozialstrukturelle« Komplexe (ich
weiche dabei in der Klassifizierung geringfügig von Heitmeyer ab):
(1) Der Arbeitsmarkt fungiert als Motor der Individualisierung
    von Lebenslagen.
(2) Damit verbunden ist eine Ausweitung von »Konkurrenzbe-
    ziehungen« bzw. eine »Monetarisierung sozialer Beziehun-
    gen«.
(3) Universalistischen Lebensinhalten der Ausbildung stehen in-
    dividuell zu bewältigende Selektionsprozesse gegenüber.
(4) Als Konsequenz aller drei Aspekte geht die »Lebensbewälti-
    gung« durch stützende und stabilisierende »Milieus« (hier legt
    Heitmeyer besonders Wert auf die »Tiefenstruktur der sozia-
    len Klasse«) drastisch zurück.
Individualisierung und *Vereinzelung* sind somit die beiden Seiten
der Medaille des Individualisierungsprozesses. In diesem durch die
Zersetzung stabilisierender Milieus entstandenen Vakuum entsteht
einerseits der Wunsch nach »synthetischen Gemeinschaften«,
»Milieusurrogaten« (S. 23 f.), andererseits entwickelt sich *Selbst-
durchsetzung* und damit verbunden *Instrumentalisierung der Anderen* als »systemaffine Form der Identität« (S. 34). Bewältigungs-
probleme im Zusammenhang unsicher gewordener »beruflicher
Normalbiographien«, Ohnmachtsgefühle bei der Realisierung der
eigenen Lebensplanung und insbesondere die Verarbeitung der

Vereinzelungserfahrung können somit einerseits in Form von (relativ) unpolitischen »synthetischen Gemeinschaften« (Fan-Clubs, Cliquen, die bestimmten Modetrends folgen etc.), andererseits aber in Gestalt politischer Ideologien, Überzeugungen und Gruppierungen überwunden werden. Letztere versuchen – in ihrer rechtsradikalen Variante – Sicherheit und Orientierung durch Abwertung von Minderheiten (insbesondere von Ausländern) und durch das Zugehörigkeitsgefühl als »Deutscher« zu vermitteln:

> »Wenn selbstverständliche soziale Zugehörigkeit und Akzeptanz sozial aufgelöst sind, daß nur noch die Gewißheit übrigbleibt, Deutscher zu sein, bekommen Gewaltvarianten mit Hilfe der Ideologie der Ungleichheit eine Richtung« (S. 35).

Ähnlich können andere »Naturkategorien« wie Rasse, Hautfarbe oder Geschlecht aufgrund ihrer zeitlichen Konstanz, ihrer direkten Wahrnehmbarkeit und ihrer Widersprüchlichkeit zum Leistungsprinzip als Mittel einer (fiktiven) Überwindung der Vereinzelung eingesetzt werden. Zusammenfassend (S. 595 ff.) gelangt Heitmeyer am Schluß seiner Untersuchung zu den Thesen:

(1) *Instrumentalisierung* als »Mittel der Verfügung über andere« ist der Ausdruck »ambivalente(r) Individualisierungsbedingungen« in hochindustrialisierten Gesellschaften und zugleich Grundlage eines »materiellen Nationalismus«.

(2) *Subjektive Sinnhaftigkeit* kann durch Ideologien der Ungleichheit hergestellt werden; sie dienen zugleich als Legitimation von Gewalt.

Wesentlich wäre nunmehr, daß Heitmeyer seine theoretischen Konstrukte am Material überprüft oder aber Modifikationen aus dem Material heraus entwickelt. Dieser Anspruch wird von ihm selbst noch einmal im Hinblick auf die »Milieutheorie« explizit formuliert. Die »Kongruenz« bzw. »Nichtkongruenz« mit dem »Idealtyp einer milieuhaften Sozial-Einbindung bzw. die im Auflösungsprozeß sich herausbildende neue Figuration sozialer Bindung« sei nachzeichenbar, »wenn die klassischen Sozialisationsfelder – u. a. Familie, Schule und peers – unter dem qualitativen Aspekt ihrer tatsächlichen und potentiellen Milieu-Funktion betrachtet werden« (S. 26). An anderer Stelle wird auf die Resistenz »bestimmter« sozialmoralischer Milieus gegen »faschistische Orientierungsmuster« hingewiesen, wobei insbesondere die Bedeutung »proletarischer Milieus« erwähnt wird (S. 53).

In drei kurzen, exemplarischen Fallanalysen (»Leonhard«, »Otto« und »Sammy«, Fallbeispiele, die später noch einmal detailliert untersucht werden), wird dann die Bedeutung des »Milieus« bzw. der »Milieu-Erosion« als *entscheidende Variable* für »Distanz« bzw. »Akzeptanz« (im Hinblick auf eine nationalistisch-rechtsradikale Einstellung) diskutiert[3]. Dies klingt zunächst überzeugend, da »Leonhard«, vor dem Hintergrund seiner Familienverhältnisse und stabiler Gewerkschafts- und Parteibindung (SPD), wie Heitmeyer nahelegt, zugleich ein stabiles Distanzmuster aufweist. »Sammy« dagegen, der aus einer stabilen, CDU-orientierten Aufsteigerfamilie stammt, findet weder hier noch in seiner peer-group »traditionelle Werte der Arbeiterkultur«. Sein politisches Orientierungsmuster ist »ambivalent«. »Otto« findet schließlich weder in seiner Familie noch in seiner peer-group (einer militanten, rechtsradikalen Jugendgruppe) noch in irgendwelchen Werten der Arbeiterkultur Halt und Unterstützung. Seine politische Einstellung wird mit »Akzeptanz« rechtsradikaler bzw. nationalistischer Einstellungen charakterisiert.

Diese Übersichtlichkeit der Fälle und Argumentation wird freilich dann unscharf und unübersichtlich, wenn man sich die Gesamtheit der Fälle betrachtet. Bei den von Heitmeyer in Kurzanalysen dargestellten 31 Fällen (von denen 7 ausführlich analysiert werden) fällt folgendes auf:

1. Ein stabilisierendes, an »traditionellen Werten der Arbeiterkultur orientiertes Milieu« findet sich tatsächlich nur in *einem* Fall, nämlich dem von »Leonhard«. Dennoch bleiben von den 10 Jugendlichen, die ursprünglich ein Distanzmuster aufwiesen, immerhin 7 mehr oder weniger innerhalb dieses Musters, während drei sich zu Ambivalenzmustern hin entwickeln. Auch von den 14 Jugendlichen des Ambivalenzmusters verharren 9 innerhalb dieses Musters (oder zeigen gewisse *positive* Modifikationen). Ein durch die »traditionellen Werte der Arbeiterkultur« geprägtes Milieu kann, nach üblichen wissenschaftlichen Inferenzregeln, also *keinesfalls* die von Heitmeyer reklamierte Wirkung besitzen.

2. Die von Heitmeyer ebenfalls als potentiell immunisierend be-

---

3 Im Hinblick auf die Relevanz des Milieus sind diese Fallbeispiele Heitmeyers insofern aussagekräftig, als alle drei Jugendlichen sich in verhältnismäßig stabilen Arbeitsverhältnissen befinden, diese Variable somit konstant gehalten wird.

trachtete Unterstützung durch die peer-groups wird von ihm wenig oder gar nicht auf ihre politische Sozialisationsfunktion untersucht. Im Gegenteil: im Hinblick auf die emotional stabilisierende Wirkung der peer-groups wird von Heitmeyer nicht nach »normalen« und »rechtsradikalen« peer-groups unterschieden (wie das oben aufgeführte Beispiel »Otto« zeigt). Auch hier gilt das unter 1. Gesagte: eine peer-group, die durch eine traditionelle Arbeiterkultur geprägt ist, findet sich lediglich bei »Leonhard«.

3. Insbesondere bei den Kurzdarstellungen fällt auf, daß dem »Familien-Milieu« in der Regel nur einige knappe Bemerkungen gewidmet sind, während Arbeitsorientierungen und politische Orientierungen sehr ausführlich dargestellt sind. Auch bei den ausführlichen Analysen beschränkt sich Heitmeyer auf fragmentarische Selbsteinschätzungen seitens der Interviewten und knappe, z. T. kritische Kommentare durch den Verfasser. Eine strukturrekonstruktive Analyse des Sozialisationsverlaufs und des Familienmilieus, wie dies im Falle der »Arbeitsorientierung« und der »politischen Orientierung« zumindest versucht wurde, unterbleibt hier.

Dies hat gravierende Folgen für die Heitmeyersche Analyse. Da die Erklärungsrelevanz des »politischen« Milieu-Arguments innerhalb und außerhalb der Familie ausgesprochen schwach, um nicht zu sagen: negativ ist, müßte z. B. die Sozialisation in der Familie und ihre Bedeutung für die politische Sozialisation genauer untersucht werden. Richtet man den Blick auf diesen Zusammenhang, fallen zwei Aspekte besonders auf:

1. In allen Fällen, in denen Jugendliche bereits zu *Beginn* der Untersuchung (die Jugendlichen befanden sich zu diesem Zeitpunkt in der Regel am Anfang ihrer Lehre oder aber waren kurz nach ihrem Haupt- bzw. Realschulabschluß arbeitslos) explizit nationalistisch-rechtsradikale Einstellungen zeigten (= Akzeptanzmuster), hätte das Familienmilieu sorgfältig auf entsprechende Tendenzen bzw. Implikationen untersucht werden müssen. Dies unterblieb jedoch, was bedeutet, daß der Einfluß von autoritären, rassistischen, nationalistischen etc. Einstellungen innerhalb des Familienmilieus nicht untersucht wurde (ein derartiger Zusammenhang wird von Heitmeyer aber sehr wohl im Hinblick auf Erfahrungen innerhalb des Berufslebens untersucht).

2. Nimmt man die, wie bereits bemerkt, relativ spärlichen Bemerkungen Heitmeyers zum Familien-Milieu als Grundlage, so

springt *ein* spezifischer Zusammenhang geradezu ins Auge. Während bei den 10 Jugendlichen mit »Distanzmuster« lediglich drei aus »belastenden« bzw. »schwierigen« Familienverhältnissen stammen (interessanterweise gerade diejenigen Jugendlichen, die eine »diskontinuierliche, nichtqualifizierende Arbeitsbiographie« aufweisen), sind dies im Falle der 14 Jugendlichen mit einem »Ambivalenzmuster« bereits 8 (ein Fall ist aufgrund der vorliegenden Angaben nicht rekonstruierbar), also mehr als die Hälfte. Auch hier wiederum zeigt sich, daß der überwiegende Teil der Jugendlichen mit negativer Arbeitsbiographie aus derartigen Familien stammt. *Eklatant ist dieser Zusammenhang schließlich bei denjenigen Jugendlichen, die von Anfang an ein »Akzeptanzmuster« aufwiesen.* Von diesen 7 Jugendlichen stammen 6 aus außerordentlich schwierigen, z. T. völlig depravierten bzw. chaotischen Familienverhältnissen (ein Fall ist unklar).

Abgesehen von der fragwürdigen Relevanz der Milieu-These muß kritisiert werden, daß Heitmeyer die Zusammenhänge zwischen familialer Sozialisation und Akzeptanzmuster praktisch ignoriert. Dies ist um so erstaunlicher, als Heitmeyer seinen Ansatz mehrfach als »sozialisations-« bzw. »identitätstheoretischen« Ansatz bezeichnet. Man gewinnt somit den Eindruck, daß Heitmeyer in seiner Untersuchung auf der vergeblichen Suche nach einer gegen Rechtsradikalismus immunisierenden proletarischen Kultur ist und dabei sich geradezu aufdrängende Zusammenhänge außer acht läßt. Unabhängig davon muß die theoretische Konstruktion von Heitmeyer: traditionelles Arbeitermilieu schützt vor Nationalismus und Rechtsradikalismus, mit Skepsis betrachtet werden. Mit K. Brede (1995) bin ich der Ansicht, daß ein sozialpsychologisches Identitätskonzept Heitmeyer zu ganz anderen Ergebnissen geführt hätte. Weiterhin muß konstatiert werden, daß Heitmeyer offenbar der *latenten* These folgt, familiale Sozialisation spiele keine, bestenfalls eine untergeordnete Rolle bei der Entstehung von Rechtsradikalismus, Fremdenfeindlichkeit und Autoritarismus.

Das »Desintegrationskonzept« erfreut sich derzeit großer Beliebtheit. Beispielhaft sei auf die programmatische Einleitung von Otto/Merten (1993) zu dem Sammelband »Rechtsradikale Gewalt im vereinigten Deutschland« hingewiesen. Die Verkürzung und Vergröberung der Desintegrationstheorie ist bei Otto/Merten verbunden (a) mit der Suche nach »intervenierenden Variablen«, die das Erklärungsdefizit des Konzepts ausgleichen sollen, wobei die Autoren auf Probleme des Gruppenzusammenhangs der Jugendlichen, des lokalen Bezugs und schließlich des Einflusses von Alkohol stoßen, (b) mit dem Desiderat weiterer interdisziplinärer Forschung, worunter sie primär eine Theorie der *Jugendkultur* verstehen, (c) mit verbalen, inhaltlich nicht weiter begründeten Attacken gegen eine angeblich »individualisierende« psychologische und sozialpsychologische Forschung.

Besonders deutlich zeigt sich die Oberflächlichkeit des Konzepts, wenn Rechtsradikalismus und Fremdenfeindlichkeit der Jugendlichen in den *neuen* Bundesländern auf das »(explosive) Gemisch aus Desintegration, sozialer Marginalisierung und politisch-institutioneller Exklusion« (a.a.O., S. 24) zurückgeführt wird. Der gewissermaßen DDR-hausgemachte Aspekt zumindest von Autoritarismus und Fremdenfeindlichkeit bleibt ausgeklammert. So zeigt eine 1990 durchgeführte Untersuchung (Lederer/Schmidt 1995, S. 48) bereits zu diesem Zeitpunkt bei ostdeutschen Jugendlichen eine erheblich höhere Ausländerfeindlichkeit als bei westdeutschen. Ich möchte später, im Kontext eines Fallbeispiels, versuchen, den Blick auf diese Zusammenhänge zu richten.

3. Zurück zur »autoritären Persönlichkeit«?

Trotz aller Kritik an der Heitmeyerschen Analyse kann nicht bestritten werden, daß Heitmeyer *eine mögliche* Ursachendimension des aktuellen Rechtsradikalismus, insbesondere bei Jugendlichen, *modellhaft* beschrieben hat. Isolation und Selbstbezüglichkeit der Jugendlichen, Konkurrenzdenken und Monetarisierung der Beziehungen, also ein problematischer Verlauf des Individuationsprozesses, erhöhen den Bedarf nach Surrogatidentitäten, sei es als Mitglied von Fanclubs, als Konsumenten bestimmter Markenartikel oder aber als Mitglied einer »Volksgemeinschaft«, einer Identität als »Deutscher«. Letzteres impliziert eine mehr oder minder aggressive Abgrenzung gegenüber »Nichtdeutschen«, Fremden. Ebenso können sich Ohnmachtsgefühle oder kompensatorische Größenphantasien einstellen. Auf der Ebene eines *Persönlichkeitsmodells* hat Heitmeyer einen *instrumentalistisch* orientierten Jugendlichen beschrieben, der aufgrund dieses Instrumentalismus zugleich zur Anwendung von *Gewalt* tendiert.

Wie bereits betont, macht gerade die Heitmeyersche Analyse die von ihm vernachlässigte Dimension der familialen Sozialisation und damit verbunden der Persönlichkeitsentwicklung deutlich. Auch kann Heitmeyer nicht die *irrationale Dimension* der Ausgrenzung von Ausländern und der Bereitschaft zu brutaler Gewaltanwendung bei den untersuchten Jugendlichen erklären. Es fällt weiter auf, daß Heitmeyer die Forschungsperspektive, die mit dem Begriff der »Autoritären Persönlichkeit« verbunden ist, wie er in der Tradition der »Kritischen Theorie« seit den 30er Jahren entwickelt wurde, fast völlig vernachlässigt. Anders formuliert: Die auf diesen Gegenstandsbereich bezogenen Analysen einer psychoanalytisch reflektierten Sozialpsychologie werden von Heitmeyer ausgeklammert. Dies ist um so erstaunlicher, als das von Adorno und Horkheimer in den USA in den 40er Jahren begonnene »Antisemitismus-Projekt« (das auf der Zusammenarbeit des im Exil weitergeführten »Instituts für Sozialforschung«, des American Jewish Committee und mehrerer amerikanischer Universitäten beruhte) quantitativ und qualitativ eine der gründlichsten Untersuchungen zum Problemkreis ethnozentristischer, rechtsradikaler und faschistischer Einstellungsmuster darstellt. Bei allen, von Adorno z. T. später selbst konzedierten Mängeln (Adorno 1972, S. 542) handelt es sich noch immer um eine der am meisten diskutierten Untersuchungen dieser Art.

Ich möchte deshalb einige der Überlegungen vortragen, wie sie insbesondere von Adorno im Rahmen der von ihm und seinen Mitarbeitern veröffentlichten Studie »The Authoritarian Personality« (eine der fünf großen Veröffentlichungen aus dem »Antisemitismus-Projekt«) entwickelt wurden.

Die drei m. E. wichtigsten Variablen der autoritären Persönlichkeit, am prägnantesten im sog. »autoritären Syndrom« gebündelt, sind: (1) autoritäre Unterwürfigkeit, (2) autoritäre Aggressivität und (3) Machtdenken, die je nach politisch-ökonomischer Situation zu Ethnozentrismus, Rechtsradikalismus oder Faschismus prädisponieren (bzw. ein entsprechendes subjektives »Potential« darstellen). Sie werden von Adorno in erster Linie auf eine mißlungene Über-Ich- bzw. Gewissensbildung zurückgeführt. Die infantile Aggressivität gegenüber dem Vater wird nicht im Rahmen eines stabilen und zugleich flexiblen Über-Ichs gebunden, sie »flottiert« gewissermaßen frei und äußert sich einerseits in *masochistischer Unterwerfung* gegenüber äußeren mächtigen Autoritäten, andererseits in *sadistischer Aggressivität* gegenüber Schwa-chen:

»Die schwierigste Aufgabe des Individuums in seiner frühen Entwicklung, Haß in Liebe umzuwandeln, gelingt niemals vollständig. In der Psycho-dynamik des ›autoritären Charakters‹ wird die frühe Aggressivität zum Teil absorbiert und schlägt in Masochismus um, zum Teil bleibt sie als Sadismus zurück, der sich ein Ventil sucht in denjenigen, mit denen sich das Individuum nicht identifiziert: in der Fremdgruppe also« (Adorno 1973, S. 323).

Ähnlich wie Freud (1921) dies in »Massenpsychologie und Ich-Analyse« untersucht hat, benötigt die autoritäre Persönlichkeit damit ein »externalisiertes Über-Ich«, mit dem sie sich wiederum identifizieren kann. Während Freud diese Konstellation letztlich im Rahmen seiner »Urhorden«-Metaphorik auf die Unterwer-fungsbereitschaft gegenüber einem übermächtigen Urvater zu-rückführt, sucht Adorno die Ursachen in einer durch die gesell-schaftlichen Konstellationen erzeugten »kollektiven Ichschwä-che«, wobei er Psychoanalyse und kapitalismustheoretische Überlegungen miteinander verbindet. Der von Freud unterstellte Herrschaftsbegriff wird gewissermaßen soziologisch dechiffriert. Andererseits darf nicht übersehen werden, daß das Über-Ich nicht nur, wie Adorno betont, bei allen Vorurteilsvollen »veräußerlicht« ist (a.a.O., S. 328), sondern zugleich rigide und überstreng ist (a.a.O., S. 323). Es folgt einer einfachen »Schwarz-weiß«- bzw. »Unten-oben«-Moral und drückt sich in sadistischem externali-siertem Strafbedürfnis aus (das, wo Externalisierung nicht möglich ist, masochistisch gegen die eigene Person gerichtet werden kann). Wir würden heute von einem »primitiven« oder »archaischen« Über-Ich sprechen.
Ich möchte anhand von zwei Aspekten das Problem des unvoll-ständigen Über-Ichs, wie Adorno es sieht, noch etwas schärfer beleuchten. Es handelt sich um die Phänomene des »enteigneten Gewissens« bzw. um den »Usurpator-Komplex«. Adorno ist auf das ebenso bekannte wie erstaunliche Phänomen gestoßen, daß ein »phantastisches Mißverhältnis« zwischen der »jüdischen Schuld« und dem Urteil besteht, das der Antisemit dem Juden gegenüber verkündet. »Normalerweise würde es noch nicht einmal einem sehr aggressiven Menschen einfallen, schlechtes Benehmen oder selbst Betrug mit dem Tode zu bestrafen; wenn es sich aber um

Juden handelt, scheint sich der Übergang von Anklagen ... zur Erwägung schärfster Bestrafung ziemlich glatt zu vollziehen. Hier zeigt sich einer der bösartigsten Züge des potentiell faschistischen Charakters« (Adorno 1973, S. 143). Neben der narzißtischen – und damit auch aggressiv aufgeladenen – Betonung der Differenz zwischen Eigen- und Fremdgruppe (ein Aspekt, der ebenfalls von Freud in »Massenpsychologie und Ich-Analyse« hervorgehoben wurde), handelt es sich Adorno zufolge hier in erster Linie um das Phänomen einer ungebundenen und deshalb ungebremsten Aggressivität im Inneren des psychischen Apparats: »... hier enthüllt die ›Enteignung‹ des Über-Ichs durch den antisemitischen Moralismus, der nach Strafe verlangt, dessen volle Bedeutung. Sie räumt das letzte Hindernis auf dem Wege zum psychischen Totalitarismus beiseite ... Haß wird in nahezu automatisierter und zwanghafter Form produziert und gesteigert, vollkommen ichfremd und ohne Bezug zum empirischen Objekt« (a.a.O., S. 144). Auch Schuldgefühle des Antisemiten sind hier im Spiel, die als Vorstellung »ewig jüdischer Schuld« auf den Juden *projiziert* werden. Ist erst einmal die »Enteignung des Gewissens« gelungen, kann Haß und Verfolgung als Beweis dafür gelten, wie sehr der Antisemit und potentielle Faschist im Recht ist.

Es handelt sich somit um den Mechanismus, daß der Antisemit pseudomoralische Argumente für seine Anklage und Verfolgung der Juden findet. Damit wird das eigene Gewissen entlastet. Es entsteht die paradoxe Situation, daß der Antisemit unter Berufung auf »moralische Werte« Moral und Gewissen außer Kraft setzen kann. Die hier vorgetragenen Überlegungen hat Adorno im Rahmen des Komplexes Antisemitismus/Faschismus entwickelt. Das vorliegende empirische Material (u. a. auch das von Heitmeyer veröffentlichte) zeigt, daß diese Überlegungen auch auf den aktuellen rechtsextremen Fremdenhaß in Deutschland bezogen werden können. Auch hier zeigt sich das diagnostizierte irrationale Mißverhältnis zwischen »Schuld« und »Strafe« (häufig besteht die Schuld des »Fremden« in seiner schlichten physischen Präsenz in Deutschland).

Der zweite erstaunliche Aspekt im Denken der autoritären Persönlichkeit, auf den Adorno aufmerksam gemacht hat, ist der erwähnte »Usurpator-Komplex«. Er ist vielschichtig, ja, schillernd, und m. E. hat Adorno die Tragweite dieses Problems selbst noch nicht ausgeschöpft. Ich möchte die beiden wichtigsten Teilaspekte kurz darstellen. Adorno geht davon aus, daß die Widersprüche der bestehenden Gesellschaftsordnung das »Verlangen nach Gleichheit und Gerechtigkeit« zutiefst verletzen und Neid und Ressentiments provozieren. »Jeder betrachtet im Grunde seines Herzens jedes Vorrecht als ungesetzlich und jeder ist doch, um in der Welt, wie sie ist, voranzukommen, beständig gezwungen, sich dem System der Machtverhältnisse anzupassen, das unsere Welt in Wahrheit bestimmt. Dieser seit Jahrhunderten dauernde Prozeß hat sich nachhaltig auf die menschliche Charakterstruktur ausgewirkt; der heutige Mensch hat gelernt, Ressentiments gegen Privilegien zu unterdrücken, und eben das als legitim zu akzeptieren, was als illegitim verdächtigt wird« (a.a.O., S. 223). Es fällt auf, daß das hier angesprochene Motiv des Neids eine zentrale Rolle auch in Freuds »Massenpsychologie und Ich-Analyse« (1921) spielt. Nur durch die Ersetzung des eigenen Ich-Ideals durch den starken Führer, der angeblich alle gleich liebt, können die Menschen ihren tiefsitzenden Neidkomplex verarbeiten. »Aller Rassenhaß«, so notiert Adorno an anderer Stelle apodiktisch, ist »Neid« (a.a.O., S. 112).

Der zweite Teilaspekt des Usurpator-Komplexes ist, daß der Autoritäre überall im politischen System Gruppen von »Usurpatoren« sieht, die *illegitimerweise* die politische Macht an sich reißen. In der Studie von Adorno, bezogen auf die Verhältnisse in den USA der 40er Jahre, waren dies vor allem »Liberale«, Juden, Kommunisten etc. Das scheinbar Paradoxe an dieser Sicht ist, daß unter Roosevelt die »Liberalen« (qua Demokratische Partei) tatsächlich erhebliche *legitime* Macht hatten. Wie klärt sich nun dieser Widerspruch im Rahmen der Charakterstruktur des Autoritären auf? Adorno weist darauf hin, daß der Autoritäre ein deutliches Gespür für das »Unwahre« an der Idee der demokratischen Regierung »durch das Volk« hat, ebenso dafür, daß die eigentlich Mächtigen nicht die politischen Repräsentanten sind. Die »Erbitterung« der Autoritären richtet sich jedoch nicht gegen den Widerspruch von ökonomischer Macht und formaler politischer Gleichheit, sondern gegen die demokratische Staatsform selbst. »Anstatt zu versuchen, dieser Form den ihr angemessenen Inhalt zu geben, möchten sie sie zerstören und die direkte Herrschaft derjenigen herbeiführen, die sie ohnehin für die Mächtigeren halten« (S. 221).

50 Jahre nach Adornos Analysen könnte man diese Perspektive

fortsetzen und fragen, wie weit bestimmte Sozialisationsstrukturen in den hochentwickelten industriellen Gesellschaften (z. B. eine mißverstandene Laissez-faire-Erziehung, die nicht auf wirklichem Liberalismus, sondern auf narzißtischen Bedürfnissen der Eltern, Zeitmangel, Gleichgültigkeit oder einer Monetarisierung der Eltern-Kind-Beziehung beruhen) eine weitere Schwächung des Über-Ichs produziert. So ließe sich z. B. an die Dominanz archaischer Selbstobjekte denken (Größenselbst bzw. idealisierte Elternimago), die partiell an die Stelle des Über-Ichs treten. Dies ist eine Frage, auf die ich anschließend zurückkommen werde.

Auch die Theorie der »autoritären Persönlichkeit« weist systematische Mängel auf (auf Mängel des psychologischen Konstrukts der »autoritären Persönlichkeit« werde ich später eingehen). Generell ist zu berücksichtigen, daß für Adorno die soziologische Leitfigur für den ökonomisch unabhängigen, rationale Autorität verkörpernden und Identifizierung ermöglichenden Vater die Unternehmerfigur des 19. Jahrhunderts ist. Adorno folgt in dieser Sichtweise weitgehend Horkheimer, obwohl beide in der »Dialektik der Aufklärung« erhebliche Korrekturen an diesem Bild vornehmen (1944, z. B. S. 184). Diese Unternehmerfigur ist seit dem 19. Jahrhundert kontinuierlich im Schwinden begriffen, ohne daß es deshalb zu einem vergleichbaren *kontinuierlichen* Anstieg rechtsextremer oder antisemitischer Tendenzen kam. Sollte das von Adorno ebenfalls der autoritären Persönlichkeit zugeschriebene Denken in »Stereotypen« oder »tickets« strukturäquivalenter Ausdruck des autoritären Syndroms sein? Der Begriff der autoritären Persönlichkeit würde damit eine Erweiterung erfahren, die Adorno zumindest in dieser Arbeit (noch) nicht intendierte. Sollte weiterhin etwa die in den ökonomischen Konkurrenzkampf eingelassene Aggressivität das Äquivalent zu der von Adorno herausgearbeiteten autoritären Aggressivität sein? Ebenso problematisch ist die Unterstellung, der unabhängige Unternehmer würde, qua seiner ökonomischen Rolle, eher zu einer stabilen Gewissensbildung und Moral seiner Nachkommen beitragen als andere soziale Gruppen. Auf das Problem, daß die Bedeutung der Mutter zwar betont, ihre Rolle jedoch theoretisch marginalisiert wird, werde ich später noch eingehen. Die Frage müßte somit lauten, ob nicht das Bürgertum insgesamt mit der »Entdeckung der Kindheit« Erziehungspraktiken entwickelte, in denen sich Empathie und Zuwendung einerseits, autoritär-analer Drill und Rollenanpassung andererseits günstigstenfalls die Waage hielten. Dies würde im Hinblick auf die »autoritäre Persönlichkeit« zu einer Frage bzw. zu einer *ersten These* führen, ob nicht die Entwicklung der Persönlichkeit seit dem 19. Jahrhundert eher durch verschiedene *Ausprägungen von Autoritarismus* anstelle einer zunehmend autoritären Tendenz geprägt ist.

Schließlich sei darauf hingewiesen, daß Adorno und Horkheimer, mehr oder weniger parallel zu Adornos Arbeit an der »autoritären Persönlichkeit«, ein zeitdiagnostisches Persönlichkeitsmodell entworfen haben, das erheblich von Adornos gewissermaßen konventionellem Es/ Ich/ Über-Ich-Schema abweicht. In der »Dialektik der Aufklärung« charakterisieren sie dieses Schema als »inneren Kleinbetrieb«, der der liberalen Phase der kapitalistischen Entwicklung entspricht.

»In der Auseinandersetzung mit dem Über-Ich, der gesellschaftlichen Kontrollinstanz im Individuum, hält das Ich die Triebe in den Grenzen der Selbsterhaltung. Die Reibungsflächen sind groß, die faux frais solcher Triebökonomie beträchtlich.«

In der Ära der »großen Konzerne und Weltkriege« sei dieser gesellschaftliche Vermittlungsprozeß überflüssig und rückständig geworden.

»Was der einzelne jeweils tun soll, braucht er sich nicht erst noch in einer schmerzhaften inneren Dialektik von Gewissen, Selbsterhaltung und Trieben abzuringen. Für den Menschen als Erwerbstätigen wird durch die Hierarchie der Verbände bis hinauf zur nationalen Verwaltung entschieden, in der Privatsphäre durchs Schema der Massenkultur... Als Ich und Über-Ich fungieren die Gremien und Stars, und die Massen, selbst des Scheins der Persönlichkeit entäußert, formen sich viel reibungsloser nach den Losungen und Modellen, als je die Instinkte nach der inneren Zensur« (1944, S. 238 f.).

»Totale Identifikationen« mit den »Machtungeheuern« der modernen Staaten, Apathie der Massen und Liquidation des Individuums sind die Konsequenzen einer Dialektik der Aufklärung, die am Ende »objektiv in Wahnsinn« umschlägt.

Dies ist, gemäß der »Dialektik der Aufklärung« der Boden, auf dem der Faschismus entsteht – eine in der öffentlichen Diskussion wenig beachtete Perspektive, da hier nicht das vorfaschistische Deutschland, sondern gewissermaßen das »Mega-Subjekt« einer fehlgeleiteten Aufklärung ursächlich für die Genese des Faschismus ist.

Psychoanalytisch gesehen entwickeln Adorno und Horkheimer hier, parallel zur »autoritären Persönlichkeit«, Ansätze einer narzißmustheoretischen Perspektive. Trieb- und Gewissenskonflikte treten in den Hintergrund zugunsten einer kollektiven Regression auf ein prä-ödipales Niveau. Bereits in der 1955 verfaßten Arbeit »Zum Verhältnis von Soziologie und Psychologie« ist, jedenfalls für Adorno, eine eindeutig narzißmustheoretische Perspektive an die Stelle des Modells der »autoritären Persönlichkeit« getreten.[4] Der »sozialisierte Narzißmus« ist nunmehr für Adorno die sozialpsychologische Signatur des Zeitalters. Auf diesen Narzißmus, notiert Adorno, »deuten mit unwiderstehlicher Beweiskraft alle Befunde der Sozialpsychologie über die heute vorherrschenden Regressionen, in denen das Ich zugleich negiert und in falscher, irrationaler Weise verhärtet wird ... Die Einführung des Narzißmus rechnet zu seinen (Freuds, *M. C.*) großartigen Entdeckungen, ohne daß die Theorie bis heute sich ihr ganz gewachsen gezeigt hätte« (Adorno 1972, S. 72).

Es läßt sich darüber spekulieren, wie das Modell der »autoritären Persönlichkeit« ausgesehen hätte, wenn Adorno bereits Mitte der 40er Jahre seine Befunde innerhalb der Matrix des Narzißmus verortet hätte. Ich möchte hierzu eine *zweite These* formulieren: Adorno wäre vermutlich auf Phänomene wie die (abgespaltene) Aggression gegenüber der prä-ödipalen Mutter, die Nähe des archaischen »Über-Ichs« zu Selbstobjekten (Größenselbst, idealisierte Eltern-Imago) u. a. m. gestoßen. In jedem Fall würde es – aus heutiger Sicht – naheliegen, daß Konflikte, wie sie im Kontext der »autoritären Persönlichkeit« beschrieben wurden, mit präödipal-narzißtischen Konflikten gewissermaßen unterfüttert sind.

Daß es sich hier nicht einfach um eine Ausklammerung der Prä-Ödipalität handelt, sondern um das Fehlen eines differenzierten *Konzepts* von Prä-Ödipalität, sei es nun narzißtisch oder traditionell psychoanalytisch (d. h. bezogen etwa auf Probleme wie anale Kontrolle oder orale Gier), zeigt sich deutlich in dem von Else Frenkel-Brunswik (1950) verfaßten Teil II der »Autoritären Persönlichkeit«. Der Interview-Leitfaden berücksichtigt explizit die präödipale Entwicklung, aber eben nur innerhalb des Konstrukts »autoritäre Persönlichkeit«.

---

4 Dieser Wandel der Perspektive läßt sich schon in einer früheren Arbeit Adornos (1951) beobachten.

Ebenso stößt man bei Frenkel-Brunswik häufig auf Phänomene, die aus narzißmustheoretischer Sicht einer eingehenden Untersuchung bedürften, etwa im Kontext der »family pattern« oder der Aggressionsproblematik (z. B. auf der Ebene der Kategorisierung als »diffus-explosive« Aggression). Auch zeigt die Typologie der »autoritären Persönlichkeit« selbst zwei deutlich narzißtisch strukturierte Typen, den »Psychopathen« und den »Manipulativen«.[5] Die Charakterisierung der deutschen Faschisten als »konformierende Asoziale« (Horkheimer, Adorno 1944, S. 234) verweist ebenfalls darauf. Eine explizite Auseinandersetzung mit dem Phänomen des Narzißmus findet in der »Autoritären Persönlichkeit« nicht statt.

4. Neue theoretische Perspektiven – oder des Kaisers alte Kleider, neu interpretiert?

Diese Überlegungen werfen zwangsläufig einige Fragen auf, z. B. 1.) ob die »autoritäre Persönlichkeit« möglicherweise ein schlichter Konstruktfehler ist und besser durch das Konzept der »narzißtischen Persönlichkeit« ersetzt werden sollte und 2.) sich Sozialisationsstrukturen in der BRD seit 1945, insbesondere aber in der jüngsten Zeit so nachhaltig verändert haben, daß sie eine *neue Form* rechtsradikaler Bewegungen hervorgebracht haben und damit auch ein neues Erklärungsmodell erforderlich machen.

Eine Reihe psychoanalytisch orientierter Autoren (exemplarisch seien hier genannt: Bohleber 1992, Heim 1992, Overbeck 1994, Brede 1995) hat im Zusammenhang dieser Fragestellung in jüngster Zeit eine *narzißmustheoretische* Erklärung rechtsextremer Einstellungsmuster vorgeschlagen. Es handelt sich bei den erwähnten Arbeiten (noch) nicht um breit angelegte empirische Untersuchungen, vielmehr wird versucht, anhand von Fallbeispielen exemplarisch eine narzißmustheoretische Perspektive zu entwickeln. Aufschlußreich ist dabei m. E. der Beitrag von Bohleber. Anhand der Fallgeschichte eines Patienten zeigt Bohleber (1992),

---

5 Wenn Adorno bemerkt, daß der »psychologischen Erklärung« dieses Typus durch das Material »gewisse Grenzen« gesetzt seien, so ist dies nur vordergründig zutreffend. Es handelt sich um *Grenzen des Konzepts* und der dadurch bedingten Anlage der Untersuchung.

wie dieser seine Ausstoßungsängste, Kleinheits- und Schwächegefühle dadurch »bewältigt«, daß er sich zu einem Teil des idealisierten, kollektiven narzißtischen Objekts »Deutschland« macht. Bohleber fügt hinzu, daß dieser Typ von Nationalismus auf Verschmelzungswünschen mit der prä-ödipalen Mutter, einer Rückkehr in die omnipotente präambivalente Dualunion mit ihr beruht:

»Diese illusionär omnipotent narzißtische Dualunion bildet den Kern der Attraktion, die das Phantasma der Nation auf das Individuum ausüben kann ... Die Idealisierung bedingt andererseits die Abspaltung des »Bösen« und dessen Projektion auf die Feinde ... Diese Art präambivalenter, regressiv verschmelzender »organischer Gemeinschaft« sucht der Nationalist und Antisemit« (a.a.O., S. 139).

Die Vorstellungen von »Reinheit, Ganzheit, Unversehrtheit und ununterschiedenem Einssein«, die für Bohleber den psychodynamischen Kern von Nationalismus und Fremdenhaß ausmachen, führt Bohleber auf eine Abwehr des ödipalen Konflikts, letztlich auf ein Ausweichen vor diesem Konflikt zurück: »Diese sind deshalb so vorherrschend, weil sie der Abwehr von Phantasien und Ängsten über Versehrtheit, Beschädigung und Begrenztheit, Trennung und Ausstoßung dienen, die psychoanalytisch gesprochen in den Kontext von Kastrationsvorstellungen und Autonomiekonflikten gehören« (a.a.O., S. 143). Auch Heim hat auf die zentrale Bedeutung der Vorstellung der »Reinheit« (Reinheit der Rasse, des Blutes, der Gemeinschaft vs. dem »Dreck« der Ausländer) als präödipal-narzißtisches Strukturmoment im Denken der Rechtsradikalen hingewiesen. Als *Konsequenz* ergibt sich auf der Grundlage dieser beiden theoretischen Ansätze: Größenphantasien, Verschmelzungswünsche mit einem idealisierten Objekt, ein schwaches Über-Ich, ein labiles Ich und frei flottierende, weil nicht durch ein Über-Ich gebundene (narzißtische) Aggressivität bilden eine psychische Struktur, die für nationalistische und rassistische Vorstellungen mobilisiert werden kann.
Interessant am Beispiel und den Ausführungen von Bohleber ist weiterhin, daß er die Symptomatik seines Patienten nicht, wie es seit Lasch, Ziehe und anderen fast schon Mode geworden ist, auf narzißmustheoretische Zeitdiagnosen bezieht bzw. eine derartige Zeitdiagnose daraus ableitet. Allenfalls wird an der Fallgeschichte deutlich, daß die Eltern des Patienten nicht sehr empathisch waren,

die Mutter wird als »kalt« geschildert, d. h. es handelt sich um Konstellationen, die aus soziologischer Perspektive relativ unspezifisch sind. *Sozialpsychologisch* gesehen wird damit aber deutlich, daß die Reaktivierung ödipaler Ängste (Beschädigung, Begrenztheit, Ausstoßung etc.) in späteren Lebensphasen, z. B. durch berufliche Abstiegsprozesse, ein starkes Motiv für einen regressiv-narzißtischen Abwehrprozeß in Gestalt nationaler Omnipotenzvorstellungen und entsprechender Ausstoßung des »Fremden« sein kann.

Wenn es im Prinzip möglich ist, die Aspekte Nationalismus und Rassismus aus narzißmustheoretischer Perspektive zu analysieren, so wäre dies u. U. auch für andere Aspekte des rechtsradikalen Syndroms möglich. Ich möchte deshalb kurz Aspekte skizzieren, die bei allen individuellen Unterschieden als »harter Kern« des rechtsradikalen Syndroms gelten können.

1. *Glorifizierung der Ungleichheit* (z. B. zwischen Rassen, zwischen »Einheimischen« und »Fremden«, zwischen »Starken« und »Schwachen«)
2. *Glorifizierung von Gewalt und Stärke*, wobei Gewalt in der Regel gegenüber den Schwachen ausgeübt wird, ebenfalls eine Perspektive der Ungleichheit
3. *Führerprinzip*, Forderung nach »Zucht und Ordnung«, »hartem Durchgreifen« etc.
4. Orientierung an letztlich *antipluralistischen* Größen wie »Volk«, »Vaterland«, »Gemeinschaft« etc. Diese werden von Rechtsextremen nicht *universalistisch* (d. h. beruhend auf universalistischen Gleichheits- und Freiheitsrechten), sondern *pseudouniversalistisch* (d. h. *differentiell-identitär*) definiert, also in Abgrenzung gegenüber denjenigen, die nicht »dazu« gehören.

Während eine narzißmustheoretische Perspektive insbesondere für Punkt 1 und 4 anwendbar erscheint, scheint sie für die Punkte 2 und 3 nicht ohne weiteres zu greifen. Hier böte sich dann doch wieder das Modell der »autoritären Persönlichkeit« an, das die rigide Oben-unten-Differenzierung im Gegensatz zu der gleichsam horizontalen narzißtischen Verschmelzungsdimension thematisiert. Doch dieses Argument ist nicht unbedingt stichhaltig. Die Neigung zur Gewalt ließe sich auch als abgespaltene, aus dem idealisierten Kollektiv herausgehaltene narzißtische Aggressivität verstehen. Daß sie sich gegen Schwächere richtet, hätte dann die Bedeutung, daß diese als »Fremdkörper« in dem als »rein«, »stark«

etc. verstandenen Kollektiv gelten. Der »Führer« schließlich wäre die Verkörperung dieser Reinheit und Stärke des Kollektivs sowie die Projektion der eigenen Größenphantasien.

Ich möchte mit dieser modelltheoretischen Überlegung anregen, den Erklärungsversuch der »autoritären Persönlichkeit« noch einmal zu überdenken. Es geht dabei nicht nur darum, die von Adorno untersuchte Struktur inhaltlich äquivalent in eine andere Terminologie zu übersetzen, sondern um die weiterführende und brisantere Frage, ob das von Adorno zugrundegelegte und an Freuds »Massenpsychologie und Ich-Analyse« orientierte *Vergesellschaftungsmodell*, nämlich die Ersetzung des individuellen Über-Ichs durch einen Führer (die von Adorno betonte »Externalisierung« des Über-Ichs) zutreffend und ausreichend ist. Das konkurrierende Vergesellschaftungsmodell wäre eine regressiv-narzißtische Verschmelzung im und ins Kollektiv und entsprechende Verschmelzungs- und Größenphantasien im Hinblick auf einen Führer (vgl. hierzu auch Chasseguet-Smirgel 1975). Dieses Modell wäre wiederum theoretisch anschlußfähig an die in der »Dialektik der Aufklärung« und in den späteren sozialpsychologischen Arbeiten Adornos entwickelten Überlegungen. Eine Entscheidung zugunsten der einen oder anderen Alternative (oder eine Kombination beider) ließe sich nur anhand von differentialdiagnostisch sorgfältig analysiertem Material treffen. Ich werde auf dieses Problem später noch einmal zurückkommen.[6]

Während Bohlebers Ausführungen eher eine exemplarische Einzelfallrekonstruktion darstellen, sind die Überlegungen von Brede und Overbeck stärker zeitdiagnostisch ausgerichtet. Brede versucht die psychische Struktur des »neuen Autoritären« zu skizzieren, die sie durch Merkmale wie (1) Selbstreferentialität, (2) Ambiguität*in*toleranz, (3) Abwehr von Mißerfolgserfahrungen durch narzißtische Größenphantasien, (4) narzißtische Verschmelzungsphantasien mit Vorgesetzten etc. charakterisiert. Sozialpsychologisch interessant an diesen Überlegungen ist, daß diese

6 Wir stoßen hier auf ein Problem, an dem sich zeigen läßt, daß Fragen von zentraler soziologischer Bedeutung sich nicht ohne Berücksichtigung qualitativ-hermeneutischer Fallstudien klären lassen. Derartige Fallstudien sind gleichermaßen weit von quantitativer Einstellungsforschung wie von qualitativen Nacherzählungen oder Oberflächenbeschreibungen entfernt. Vielmehr geht es um Strukturrekonstruktionen, um sozialpsychologische Gesetzmäßigkeiten (vgl. hierzu Clemenz 1998).

Merkmale als psychische Korrelate des ökonomisch und technologisch induzierten *Modernisierungsprozesses* betrachtet werden können (z. B. aus der Perspektive von Beck und Heitmeyer). Immer stärker aus soziale Identität stiftenden traditionellen Milieus herausgelöst, werden die Subjekte gewissermaßen zu »Planungsbüros« ihrer selbst (Beck), Selbstreferentialität wird zur Notwendigkeit und zur ambivalenten Chance (Individuation und Isolation). Ebenso muß in den beruflichen Kontexten aggressiver Konkurrenz und Karriereorientierung Mißerfolg und Scheitern kaschiert bzw. kompensiert werden, und in anonymen, teilweise enthierarchisierten Arbeitszusammenhängen, die auf ein einfaches Unten-Oben zusammengeschrumpft sind, ist die narzißtische Verschmelzung mit den Vorgesetzten eine wie immer problematische Möglichkeit, die reduzierten Aufstiegschancen psychisch zu kompensieren. Auch Ambiguitätsintoleranz kann als Reaktion auf immer weniger durchschaubare Prozesse verstanden werden (etwa in Gestalt der bereits erwähnten »Ethnisierung« globaler Konflikte, z. B. Wanderungsbewegungen).

Brede deutet die Zusammenhänge nur an, wenn sie bemerkt, der »neue Autoritarismus (sei) nur schwer gegen Verhaltensstile abzugrenzen, die die Moderne vermutlich hervorgebracht hat« (1995, S. 1028). Ich halte eine derartige Abgrenzung, genauer: die Analyse des Zusammenhangs zwischen beiden Phänomenen für außerordentlich wichtig, weil sonst die Gefahr besteht, daß Phänomene, die durch den technischen und sozialen Wandel des Arbeitsprozesses (z. B. Enthierarchisierung und Isolierung durch den verstärkten Einsatz von Computern) zumindest mitbedingt sind, in individuelle Pathologie verwandelt werden.

Ein anderes Problem kann hier nur angedeutet werden: Bohleber und Heim haben auf die manifeste Aggression der von ihnen beschriebenen narzißtischen Persönlichkeiten (die ja mit Bredes »neuen Autoritären« in wesentlichen Punkten übereinstimmen) hingewiesen, insbesondere für den Fall, daß das narzißtische Größenselbst Kränkungen oder Bedrohungen erlebt. »Narzißtische Wut« ist sozusagen das Gütesiegel der narzißtischen Persönlichkeit. Die Aggressivität der »neuen Autoritären« soll dagegen eher latent bleiben. Die Klärung dieses Phänomens erschiene mir wichtig, um ggf. eine schärfere Differenzierung zwischen dem gewissermaßen »klassischen« narzißtischen und »neu-autoritären« Typus zu erzielen.

Die von Overbeck vorgeschlagene narzißmustheoretische Perspektive richtet sich demgegenüber klar auf den »destruktiven Narzißmus der jugendlichen Gewalttäter«. Sie versteht ihn als »gesellschaftliches Symptom der Krise des Ödipalen« bzw. einer »Banalisierung und Fäkalisierung des Väterlichen in seiner imaginativen und symbolischen Form«. Die »Verabreichung repressionsfreier Erziehung«, die »Etablierung eines in der Praxis regressiven Gleichheitsideals« und die »programmatische Verwerfung der Differenz« sind teils Ursachen, teils Ausdruck dieser Krise (Overbeck 1993, S. 10). Damit steht letztlich die antiautoritäre Bewegung auf dem Prüfstand. Daß ein Fallbeispiel aus der Schule für das »Versagen der Erziehung« (S. 12) gewählt wurde, verstärkt diesen Eindruck.

Ich möchte zu einer vorläufigen Schlußfolgerung kommen: alle bisher vorgetragenen Überlegungen verweisen auf ein grundsätzliches theoretisches Problem bei der Anwendung des Narzißmuskonzepts. Das Verhältnis bzw. die aktuelle Relevanz von »autoritärer« und »narzißtischer Persönlichkeit« ist nur scheinbar geklärt. Das läßt sich bereits an der von Overbeck angesprochenen Dimension des Erziehungstils, d. h. der Frage nach den Auswirkungen eines »laissez-faire« und eines »autoritären« Erziehungstils verdeutlichen. Beide Erziehungsstile erschweren stabile und zugleich flexible Normverinnerlichung, beide können somit eine Disposition zur Gewaltanwendung bewirken. Dem Resultat »rechtsgerichtete jugendliche Gewalt« sieht man es prima vista nicht an, ob es sich um eher autoritäre oder narzißtische Jugendliche handelt.

Diese zunächst noch phänomenologisch orientierte Frage zielt jedoch auf den Kern der Konzepte. Wie ich in meiner zweiten These zum Konzept der »autoritären Persönlichkeit« angedeutet habe, sind in ihm sogenannte »frühe« Konflikte und Störungen, also die Dimension der Prä-Ödipalität, *qua Konzept* weitgehend ausgeschlossen. Wir erfahren innerhalb dieses Konzepts also nicht, in welcher Weise der ödipale Konflikt mit früheren Konflikten, u. a. mit der narzißtischen Problematik verzahnt ist. Andererseits legt schon der Terminus »autoritäre *Persönlichkeit*« nahe, daß es sich nicht nur um eine klar abgegrenzte ödipale Problematik handelt. Es ist, anders formuliert, nicht recht plausibel, daß ein Individuum, das in einer frühen Entwicklungsphase Urvertrauen erworben und »gute Objekte« internalisiert hat, plötzlich in der ödipalen Phase zu dem von Adorno beschriebenen autoritären

Scheusal wird. Diese Fragestellung darf spiegelbildlich auf das Konzept der »narzißtischen Persönlichkeit« angewendet werden. Beim Vorliegen gravierender prä-ödipaler Konflikte ist es plausibel, daß das erwachsene Individuum dann Verhaltensweisen wie Machtdenken, Unterwürfigkeit, Schikanierung Schwächerer, Gewaltbereitschaft an den Tag legt (wie Brede sie ja in dem Typus der »neuen Autoritären« beschrieben hat, der tendenziell eher als »narzißtisch« zu kategorisieren wäre) .

Diese Überlegungen sollen nicht nahelegen, daß es keinen Unterschied zwischen beiden Konzepten gibt und alles eine Frage der Perspektive, des »Standpunkts« ist. Dagegen ließe sich zu Recht einwenden, daß in der Nacht eben alle Katzen grau sind. Mein Votum (ich werde dies im nächsten Abschnitt noch näher erläutern) ist vielmehr, daß »autoritäre« und »narzißtische Persönlichkeit« keine *disjunktiven* Konzepte sind, sondern daß es vielmehr zahlreiche Abstufungen und Zwischenstufen und damit gemeinsame »Schnittmengen« gibt, daß es mithin auf Schwerpunkte und dynamische Kräfteverhältnisse im Psychischen ankommt. Wird dies nicht berücksichtigt, werden als solche sinnvolle Modelle reifiziert, d. h. naiv als die »Wirklichkeit« unterstellt, dann würde der eingangs formulierte Verdacht zutreffen, daß in dieser Kontroverse lediglich des Kaisers alte Kleider als neue interpretiert werden.

5. Die Modellkontroverse: »Soziale Desintegration«, »Autoritarismus«, »Narzißmus«? Ein vorläufiges Résumée

Versuche, das Autoritarismus-Konzept zumindest in modifizierter Form wieder in die Diskussion zu bringen, hat Hopf (1987, 1993, 1994) unternommen. Hopfs (1987) Bezugnahme auf Adornos Konzept der »autoritären Persönlichkeit« ist zwiespältig: einerseits verteidigt sie das Konzept der »autoritären Persönlichkeit«, insbesondere dessen qualitative Teile, und kritisiert zugleich Untersuchungen, mit denen gesamtgesellschaftlich die schwindende Relevanz dieses Persönlichkeitstyps zugunsten eines narzißtischen Typs nachgewiesen werden soll. Andererseits weicht sie, soweit sich dies anhand der von ihr bisher vorgelegten Untersuchungen beurteilen läßt, stark von dem ursprünglichen Konzept der »autoritären Persönlichkeit« ab.

Auch Lederer/Schmidt (1995), die sich in ihren empirischen Untersuchungen an die F-Skala sowie an die Skalen von Altemeyer und McGranaham anlehnen, versuchen gerade die *zunehmende* Relevanz von Autoritarismus zumindest seit 1991 nachzuweisen. Eine Auseinandersetzung mit anderen Konzepten, z. B. dem des Narzißmus, findet nicht statt. Methodisch interessant an den Arbeiten von Lederer/ Schmidt ist dabei, daß sie eine offenbar valide und reliable *Kurzskala* (vier items) zur Messung autoritärer Einstellungen entwickelt haben.

Zunächst kritisiert Hopf das »patrizentrische Weltbild« der autoritären Persönlichkeit. Adorno, Frenkel-Brunswik u. a. »vernachlässigen die besondere Bedeutung der (frühen) Mutter-Kind-Beziehung und unterschiedlicher, jeweils spezifischer Beziehungskonstellationen zwischen primären Bezugspersonen und heranwachsenden Kindern« (Hopf 1993, S. 160). Allerdings läßt sich von einem »patrizentrischen Weltbild« allenfalls für die Datenauswertung und theoretische Konzeptualisierung durch Adorno sprechen. Für Frenkel-Brunswiks minuziöse Analyse der klinischen Interviews trifft dies in dieser Deutlichkeit nicht zu.

Weiterhin schränkt Hopf, im Rahmen des von ihr selbst durchgeführten Projekts, die theoretischen Variablen der autoritären Persönlichkeit offenbar auf zwei ein: moralische Autonomie/Heteronomie und Einstellung gegenüber Schwächeren/Stärkeren, d. h. Variablen wie Konventionalismus, Anti-Intrazeption, Aberglaube und Stereotypie, Machtdenken, Destruktivität, Projektivität, Sexualität etc. fallen heraus. Erstaunlich ist auch, angesichts der von Adorno erarbeiteten differenzierten Typologie, ihr Desiderat, dem »traditionellen Autoritarismus«-Konzept »unterschiedliche(n) Varianten autoritärer Orientierung« gegenüberzustellen. Schließlich arbeitet sie im quantitativen Teil ihrer Untersuchung mit den Autoritarismus- und Rechtsextremismusskalen von Österreich (1993), der sich bekanntlich dezidiert vom Konzept der autoritären Persönlichkeit absetzt.

Hopf versucht, drei theoretische Dimensionen miteinander in Beziehung zu bringen: autoritäre Einstellungen (wobei sie hier drei verschiedene Typen differenziert),[7] rechtsextreme Orientierungen und die Verarbeitung familialer Bindungserfahrungen. Bei

---

7 a) »Autoritäre im klassischen Sinne«, b) »Autoritäre, bei überwiegend autoritärer Dominanz«, c) »Zwischenvariante«.

der letzten Dimension orientiert sie sich an der »attachment«-Forschung, wie sie von Bowlby, Ainsworth, Main, Goldwyn u. a. entwickelt wurde. Hopf unterscheidet hier wieder drei Typen derartiger Verarbeitung von Bindungserfahrungen:

(1) »dismissing«, d. h. entwerten, wegschieben oder ausblenden,
(2) »entangled«, d. h. »passiv« oder »wütend« verstrickt,
(3) »sicher-autonom«.

Das Ergebnis der Untersuchung lautet zusammengefaßt: Es besteht einerseits ein *eindeutiger Zusammenhang zwischen Autoritarismus und Rechtsextremismus*. Da beide Konstrukte empirisch fast vollständig korrelieren, kann allerdings vermutet werden, daß es sich dabei letztlich um identische Konstrukte handelt. Andererseits besteht ein eindeutiger Zusammenhang (allerdings keine Deckungsgleichheit) zwischen den Verarbeitungsformen »dismissing« und »entangled« und Rechtsextremismus. Keiner der rechtsextremen Probanden wies die Verarbeitungsform »sicher-autonom« auf.

Abgesehen von der Tatsache, daß wir zumindest in dem vorgelegten Untersuchungsbericht wenig über die Bindungserfahrungen selbst, sondern nur über deren *Verarbeitungsmechanismen* erfahren, gilt für die Untersuchung von Hopf *prinzipiell* dasselbe, was bisher zum Konzept der autoritären Persönlichkeit gesagt wurde. Würde man die von Hopf eingeklagte Berücksichtigung früherer Beziehungserfahrungen ernst nehmen, käme man zwangsläufig in ein anderes theoretisches Terrain als das des klassischen »Autoritarismus«.

Ich möchte nunmehr aus der Diskussion der Konzepte »soziale Desintegration«, »Autoritarismus« und »Narzißmus« zwei Schlußfolgerungen ableiten:

1. Eine *Ursachen*diskussion im Sinne einer zumindest hypothetischen Erörterung der sozialisatorischen, sozialen, politischen etc. Ursache von Autoritarismus und Rechtsradikalismus auf der Basis empirischen Materials ist anhand der vorgestellten Untersuchungen, jedenfalls in der mir zugänglichen Form, kaum möglich. Dies zeigt sich bereits am Beispiel der »autoritären Persönlichkeit« an dem patrizentrischen und ödipalen bias der Untersuchung, der, wie gesagt, insbesondere von Adorno akzentuiert wurde. Damit könnte es sich bei dem Erklärungsansatz der autoritären Persönlichkeit, d. h. einer unzureichenden oder gescheiterten Lösung des ödipalen Konflikts und der besonderen Rolle, die dabei dem

ödipalen Vater zugeschrieben wird, insoweit um ein Artefakt handeln, als diese die *Folge* eines früheren und tieferliegenden Konflikts sein könnten. Die Rolle der (früheren oder späteren) Mutter-Kind-Beziehung und der familialen Gesamtkonstellation wird von Adorno allenfalls peripher berücksichtigt, von Frenkel-Brunswik fast ausschließlich aus der Perspektive des ödipalen Konflikts.

Ähnliches gilt für die Untersuchungen von Heitmeyer u. a. Hier ist die familiale Sozialisation *als solche* weitgehend ausgespart. Allenfalls aus Materialbruchstücken und aus Heitmeyers fehlerhaften Schlußfolgerungen können wir deren Bedeutung erschließen. Trotz aller Fragwürdigkeiten bei der Datenerhebung bietet zu diesem Punkt die – auf Polizeiakten gestützte – Untersuchung von Willems immerhin eine vage Perspektive. Willems (1993) unterscheidet vier Typen von jugendlichen Rechtsextremen: (1) der politisch motivierte Täter, (2) der Ausländerfeind, (3) der Schlägertyp und (4) der Mitläufer. Hier konnten bei den beiden mittleren Typen (die etwa 50-60% der Probanden umfassen) mehr oder wenig klar Probleme im Rahmen der biographischen Entwicklung (schulische und familiale Probleme) konstatiert werden.

Bei Brede handelt es sich, wie gesagt, um das Problem, wie ein potentiell pathologischer Persönlichkeitstyp (der »neue Autoritäre«, der wiederum von der »narzißtischen Persönlichkeit« schwer abzugrenzen ist) von Verhaltensstilen (Brede) abgegrenzt werden kann, die charakteristisch sind für die »Moderne«. Erst mit Klärung dieser Frage würde die Ursachendiskussion beginnen. Lediglich in der *Einzelfallstudie* von Bohleber stoßen wir auf die differentialdiagnostisch schlüssige Rekonstruktion eines Zusammenhangs zwischen dem Sozialisationsprozeß einer narzißtischen Persönlichkeitsstruktur und einer militant ethnozentristisch-nationalistischen Einstellung.

2. Die *Ursachendiskussion* verweist unmittelbar auf die *Theorie*diskussion. Hier ist zunächst generell zu berücksichtigen, daß eine Theorie des Rechtsradikalismus nicht rein psychologisch sein kann. Dies hatte bereits Adorno im Hinblick auf die autoritäre Persönlichkeit und ihre Erklärungskraft für die Entstehung des Faschismus angemerkt. In der bereits erwähnten Arbeit »Zum Verhältnis von Soziologie und Psychologie« (1955) geht Adorno noch einen Schritt weiter. Er stellt die Frage, ob nicht die Unter-

werfung unter die gesellschaftliche Rationalität und damit unter die gesellschaftlichen Institutionen (also eine genuine Dimension von »Autoritarismus«) die »psychologische Triebökonomie sprengt« (Adorno 1972, S. 48), also jenseits von Psychologie anzusiedeln ist. Aus anderer Perspektive, aber mit ähnlichen Intentionen wurde die Frage gestellt (z. B. unter Verweis auf die Experimente von Zimbardo und Milgram), ob das Konzept der autoritären Persönlichkeit überhaupt konkretes *Handeln* erklären könne.

Es muß an dieser Stelle also nachdrücklich betont werden, daß die hier vorgestellte Modellkontroverse lediglich *einen* Ausschnitt der theoretischen Diskussion betrifft. Aber selbst im Rahmen einer derartigen psychologischen oder sozialpsychologischen Modellkontroverse stoßen wir, wie bereits oben skizziert, sofort auf erhebliche konzeptionelle Probleme, wenn wir berücksichtigen, daß »autoritäre« oder »narzißtische« Persönlichkeiten Idealtypen sind, während die Grenzen und Übergänge in Wirklichkeit fließend sind. So zeigt etwa Kohut in seiner Arbeit über »Narzißmus«, daß die Modifikation der archaisch-narzißtischen Selbstobjekte (»Größen-Selbst« und »idealisierte Elternimago«) durch »umwandelnde Verinnerlichung«, d. h. die Entstehung realistischer Selbst- und Fremdbilder und damit verbunden eines realistischen Über-Ichs, im Prinzip ein lebenslanger Prozeß ist. Damit wird deutlich, daß narzißtische Störungen und Störungen der Über-Ich-Entwicklung nicht Alternativen, sondern zwei Seiten derselben Medaille sind.[8]

Darüber hinaus erscheint mir die Alternative: Trieb- und Strukturtheorie vs. Selbsttheorie nicht haltbar (wie auch Kohut selbst in

8 Breuer (1992) kritisiert m. E. zu Recht den häufig laxen Umgang mit dem Konzept des Narzißmus und weist auf die Notwendigkeit hin, die Problematik des »Größen-Selbst« und der »idealisierten Elternimago« analytisch zu differenzieren. Er führt darüber hinaus die wichtige Differenzierung zwischen »unmodifiziertem« und »transformiertem« Narzißmus ein (bei letzterem sind Ich und Über-Ich mit narzißtischer Libido besetzt). Nicht nachvollziehen kann ich allerdings seine These, daß die »Kombination, die einst den autoritären Charakter hervorbrachte«, verschwunden sei (a.a.O., S. 26), was er mit dem Verschwinden »rigider Sexualmoral« in Verbindung bringt. Auch Breuers Argumentation läuft somit darauf hinaus, daß wir uns der Mühe einer entsprechenden Differentialdiagnostik nicht mehr unterziehen müssen.

seinen früheren Schriften betont). Es handelt sich m. E. um zwei verschiedene, aber zusammengehörige Sichtweisen, wobei es *praktisch* dann um die Akzentuierung der jeweils anderen Seite geht. Dieser Zusammenhang wird auch in den erwähnten narzißmustheoretischen Arbeiten deutlich, so wenn z. B. davon gesprochen wird, daß der ödipale Konflikt durch Aktivierung des »Größen-Selbst« abgewehrt wird.

Um dies anhand des Fallbeispiels zu beleuchten, das ich anschließend vorstellen möchte: Es ist der Art und Weise, wie Herr D sich mit der Institution, in der er arbeitet, identifiziert, a priori nicht anzusehen, ob es sich hier z. B. um eine autoritäre Unterwerfung unter eine mächtige Institution handelt oder um eine selbstobjekthafte Verschmelzung, ein regressives Eintauchen in eine omnipotente Dualunion (»du bist vollkommen, aber ich bin ein Teil von dir«, vgl. Kohut 1973, S. 52). Dasselbe gilt für jeden anderen Aspekt, z. B. für die von Herrn D immer wieder geäußerte Aggressivität. Erst die Gesamtgestalt des Falles einschließlich ihrer (immer weitgehend hypothetischen) biographischen Genese vermögen hier Aufschluß zu geben, immer vorausgesetzt, daß die Erhebung der Daten nicht bereits durch das Forschungskonzept einseitig festgelegt ist.

Meine zweite, ebenfalls nicht sehr ermutigende Schlußfolgerung lautet somit, daß in den meisten vorliegenden Untersuchungen konzeptionelle Fragen dieser Art aufgrund fehlender Daten gar nicht entschieden werden können. Um dies noch einmal am Beispiel der autoritären Persönlichkeit (und hier insbesondere an der Auswertung der klinischen Interviews durch Frenkel-Brunswik) zu verdeutlichen: einerseits ist der Leitfaden der Interviews (trotz Berücksichtigung der prä-ödipalen Phase) eindeutig am Konzept der autoritären Persönlichkeit orientiert. Andererseits verzichtet Frenkel-Brunswik aufgrund ihrer Orientierung an *Gruppenmerkmalen* (der beiden Gruppen mit den höchsten und den niedrigsten Werten auf der F-Skala) auf *Fallstudien*, die eine Überprüfung des Konzepts ermöglichen würden. Durch ihre quasi-statistische Operationalisierung des Materials baut sie zusätzliche Hindernisse auf. Dies hat z. B. zur Folge, daß ein erheblicher Teil der theoretischen Arbeit auf die adäquate Codierung von items verlegt wird, während eine differentialdiagnostische Analyse bzw. eine Persönlichkeitsanalyse fehlt.

Von Bedeutung ist das Konzept der autoritären Persönlichkeit

m. E. heute deshalb *nicht*, weil es die Wirklichkeit der vierziger Jahre zutreffend wiedergibt, sondern weil es ein *partiell* schlüssiges, gleichwohl aber *verkürztes* Modell ist. Um ein verkürztes Modell handelt es sich insbesondere deshalb, weil versäumt wurde, die gemeinsamen Schnittmengen und Differenzen im Hinblick auf das benachbarte Modell der narzißtischen Persönlichkeit zu artikulieren (was, historisch gesehen, auch damit zusammenhängt, daß zur Zeit der Erarbeitung des Modells der autoritären Persönlichkeit, d. h. Ende der vierziger Jahre, die Theorie des Narzißmus noch vergleichsweise undifferenziert war). Damit entsteht das Problem bzw. die Gefahr, daß dieselben Daten lediglich terminologisch anders gefaßt werden, eine Diskussion der Ursachen mithin in terminologischen Nebel gehüllt wird. Dieselben Probleme ergeben sich gewissermaßen spiegelbildlich auch für das Modell der narzißtischen Persönlichkeit und, in modifizierter Form, für das Modell der instrumentellen Persönlichkeit (im Rahmen der Theorie »sozialer Desintegration«).

Bei den vorgestellten und kritisierten Modellen handelt es sich um »Wirklichkeitskonstruktionen«, nicht um Abbildungen der »Wirklichkeit« potentiell rechtsradikaler oder faschistischer (so die ursprüngliche Terminologie Adornos) Persönlichkeiten und ihrer Entstehung. Diese Feststellung ist identisch mit der Aussage, daß Theorien nicht an der »Wirklichkeit«, sondern im Kontext wissenschaftlicher Kommunikationsgemeinschaften überprüft werden. Das wird allein schon daran deutlich, daß es in den unterschiedlichen theoretischen und methodischen Zusammenhängen Sachverhalte gibt, die in jeweils anderen Zusammenhängen gar nicht auftauchen und logischerweise auch nicht auftauchen können.

Es wäre jedoch verfehlt, aus dieser Überlegung einen Theorie- oder Konstruktionsrelativismus abzuleiten (»alles ist richtig oder falsch, aber jeweils nur innerhalb einer bestimmten Theorie«). Gerade *weil* Wirklichkeitskonstruktionen auch die Konstitutionsebene ihrer Daten reflektieren, sind sie empirisch überprüfbar und kritisierbar. Sie sind empirisch überprüfbar, weil sie mit den aus ihrer Sicht zu erwartenden empirischen Daten übereinstimmen müssen (dies war im Falle der Heitmeyerschen Desintegrationsthese offensichtlich nicht der Fall). Dies wäre die Ebene der empirischen Falsifikation. Sie sind darüber hinaus kritisierbar, weil sie aufgrund ihrer eigenen methodologischen Voraussetzungen nicht naiv behaupten können, daß es bestimmte Sachverhalte gibt oder nicht gibt, sondern sich damit auseinandersetzen müssen, was Sachverhalte, die innerhalb eines anderen theoretischen Rahmens auftauchen, für sie selbst bedeuten.

So konnten wir anhand des Vergleichs des Konzepts der autoritären und der narzißtischen Persönlichkeit feststellen, daß unter Berücksichtigung der theoretischen Konstitutionsbedingungen, pointiert formuliert: einer selektiven theoretischen Akzentuierung bestimmter Aspekte vor dem Hintergrund bestimmter theoretischer Entwicklungen und »Schulen« innerhalb der Psychoanalyse, es sich letztlich um einen einheitlichen psychischen Gegenstandsbereich handelt: um den notwendigen Zusammenhang von prä-ödipalen und ödipalen Konflikten und entsprechenden Symptomatiken. Erst vor diesem Hintergrund eines einheitlichen Gegenstandsbereichs lassen sich dann Persönlichkeitsstrukturen herausarbeiten, in denen ein bestimmter Konflikt und eine bestimmte Symptomatik *vorherrscht*. Erst der systematische Bezug auf das methodologische Postulat der »Wirklichkeitskonstruktion«, das davon ausgeht, daß Sachverhalte nicht einfach vorhanden sind oder nicht, sondern theoretisch und methodisch konstituiert und konstruiert werden, macht es möglich, Theorien in sinnvoller Weise aufeinander zu beziehen und damit Leerstellen, Übereinstimmungen und Widersprüche zu erkennen.

6. Ein mehrdimensionales Erklärungsmodell

Nach dieser Kritik aus sozialpsychologischer Sicht möchte ich abschließend noch meine Überlegungen zum (aktuellen) Rechtsradikalismus formulieren, nicht in Gestalt einer ausgearbeiteten Theorie, sondern als eine *theoretische Perspektive*. Ich bin der Ansicht, daß der Rechtsradikalismus weder ausschließlich aus Persönlichkeitsstrukturen noch ausschließlich aus sozialen, ökonomischen oder politischen Strukturen erklärt werden kann (vgl. hierzu Clemenz 1976[2]). Die teilweise »grell irrationalen« Deutungs- und Handlungsmuster der Rechtsradikalen (wie dies bereits Adorno im Hinblick auf die »autoritäre Persönlichkeit« formuliert, Adorno 1973, S. 10), machen den Rechtsradikalismus zu einem *paradigmatischen Anwendungsfall einer genuinen, d. h. nicht reduktionistischen Sozialpsychologie*, die die Genese von

subjektiven Mustern aus der Vermittlung subjektiver und gesellschaftlicher Strukturen erklärt. Weder defizitäre Sozialisationsprozesse noch Ausgrenzungsprozesse oder Abstiegsängste in
Schule und Beruf, noch politische Transformationsprozesse
(z. B. Ethnisierung) *allein* können die Genese rechtsradikalen Verhaltens ausreichend erklären. Vielmehr bedarf es einer an der
Biographie orientierten *Rekonstruktion* des gesamten stufenför-
migen *Vermittlungsprozesses*. Da die aus defizitären Sozialisationsprozessen resultierenden bewußten und unbewußten Einstellungsmuster bzw. Abwehrprozesse (Autoritarismus, Narzißmus
etc.) einer rein soziologischen Hermeneutik nur zum Teil zugänglich sind, erweist sich der Rechtsradikalismus als prominenter
Forschungsgegenstand einer *psychoanalytischen* Sozialpsychologie. Damit dürfte deutlich werden, daß z. B. von Otto eine sachlich
unbegründete Polarisierung zwischen einer (notwendigen) Subkulturtheorie des Rechtsradikalismus und einer (aus seiner Sicht
eher marginalen) (Sozial-)Psychologie konstruiert wird. Zum einen argumentiert Sozialpsychologie definitionsgemäß nicht »in-
dividualistisch«, wie Merten und Otto vermuten (a.a.O. S. 28).
Zum anderen bedarf auch eine »Subkulturtheorie« der Klärung
der in der Tiefenstruktur des Subjekts verankerten bewußten und
unbewußten, rationalen und irrationalen Motive und Antriebe.
Generell gehe ich davon aus, daß dem »Syndrom« Rechtsradikalismus gesellschaftliche Erfahrungen von Ohnmacht, Neid, Benachteiligung, Angst vor sozialem Abstieg, Gewalt etc. zugrunde
liegen, die durch ähnliche *Sozialisationserfahrungen reaktiviert
werden*. Dieses explosive emotionale Gemisch wird auf Minori-
täten bzw. »out-groups« umgeleitet und kanalisiert, wobei politische Transformationsmechanismen eine wichtige Rolle spielen.
Das basale Orientierungsmuster ist seit dem Faschismus mehr
oder weniger dasselbe. Komplexität und Ambivalenz im menschlichen wie im gesellschaftlichen Bereich wird reduziert und in ein
rigides, hierarchisches und partikularistisches Muster von Eigen-
und Fremdgruppe, gewaltförmigen Problemlösungen und starren
Oben-Unten-Differenzierungen umcodiert. Es handelt sich also
gewissermaßen um Komplexitätsreduktion mittels eines rigiden
partikularistischen Musters.
Ich möchte deshalb für einen mehrstufigen Theorietyp votieren,
der versucht, dem komplexen Entstehungsmuster des *aktuellen*
Rechtsradikalismus zu entsprechen.

(1) Alle Befunde der Ethnologie und Psychoanalyse weisen darauf hin, daß *Scheu, Ängstlichkeit* bis hin zu *Feindseligkeit* gegenüber *Fremden*, zugleich aber auch *Faszination durch das Fremde* ein im Verlauf des Prozesses der Sozialisation und Identitätsentwicklung ubiquitär zu bewältigendes Problem darstellt. Die meisten Gesellschaften haben zu diesem Zweck Rituale der Gastfreundlichkeit und Formen der Aufnahme bzw. Abweisung von Fremden entwickelt (vgl. Erdheim 1992, Nicklas 1995). Der »Fremde« ist, soziologisch gesehen, diejenige Kategorie, mit der sichergestellt wird, daß der Fremde nicht automatisch zum »Feind« wird. Ontogenetisch gesehen muß spätestens gegen Ende des 1. Lebensjahres das Problem der Scheu und Ängstlichkeit gegenüber Fremden bewältigt werden. Entgegen den früheren Annahmen von Spitz haben Mahler u. a. (1982) darauf hingewiesen, daß nicht ausgeprägte »Angst vor Fremden« gegen Ende des 1. Lebensjahres die psychische Konstante ist, sondern Ängstlichkeit gepaart mit Neugier. Ist der Sozialisationsprozeß bis dahin positiv verlaufen, wird das Kind nicht automatisch starke Fremdenangst, sondern situationsspezifisch differenzierte Gefühlsäußerungen zeigen.

Auf die Universalität von *Neidgefühlen* im Verlauf der Ontogenese hat Freud (1921) in Massenpsychologie und Ich-Analyse hingewiesen: Neid gegenüber den Geschwistern, den (nicht zuletzt sexuellen) Privilegien der Eltern etc. Allein die Vorstellung eines göttlichen Wesens oder eines Führers, der alle gleichermaßen liebt, vermöge die ubiquitären Neidgefühle zu zähmen.

Ich halte beide Gefühlskomplexe, Ängstlichkeit *gegenüber* dem Fremden und Faszination *durch* das Fremde ebenso wie Neid (Gefühlskomplexe, deren Tiefenstruktur insbesondere die Psychoanalyse aufgedeckt hat) für die ubiquitären psychischen Konflikte, auf deren Basis jeweils kontextspezifisch Fremdenfeindlichkeit und Rassismus entstehen bzw. mobilisiert werden können. Diese Konflikte sind als solche nicht pathologisch: jeder von uns muß sich mit ihnen auseinandersetzen.

(2) Die moderne Industriegesellschaft forciert in bisher ungekanntem Maße Auf- und Abstiegsprozesse (»Fahrstuhlgesellschaft«), die auf Ausbildung, Leistung, sozialer Mobilität und aggressivem Konkurrenzverhalten beruhen. Traditionell identitätsstiftende Milieus (soziale Klasse, berufliche Tätigkeit, langfristige Zugehörigkeit zu einem bestimmten Beruf, Religion etc.) verlieren ihre Prägekraft zugunsten von beruflichem Erfolg bzw. Mißerfolg,

wechselnden beruflichen Identitäten und Betriebszugehörigkeiten, früher schulischer Selektion und Zuordnung zu Leistungskategorien etc. Soziale Milieus vermitteln zugleich immer weniger Solidarität und Zugehörigkeitsgefühl, es dominieren mehr und mehr Konkurrenz, Instrumentalität und Selbstreferentialität. Individuation wird (wie Beck und Heitmeyer ausführen) begleitet von Isolation. Damit entsteht Bedarf nach sozialen Surrogatidentitäten: Konsum, Hobby, aber auch nationale Identität. Wer im Konkurrenz- und Qualifikationskampf nicht mithalten kann, droht abzusteigen (»Modernisierungsverlierer«). Die Schere zwischen formalen Gleichheitsprinzipien (z. B. Chancengleichheit) und Ungleichheit durch drohenden oder faktischen Abstieg wird dadurch subjektiv bedrohlicher. Selbstreferentialität, Durchsetzungsvermögen und Partikularismus werden zu gesellschaftlich prämierten Merkmalen der Persönlichkeitsstruktur.

(3) Infolge der reduzierten identitätsbildenden Funktion traditioneller Milieus und außerfamilialer Institutionen entsteht ein Mißverhältnis zwischen der wachsenden Bedeutung gerade der Familie als identitätsbildender Institution und deren nachlassender Sozialisationskompetenz. Letzteres läßt sich an einer Reihe von Punkten festmachen:

- zunehmende berufliche Belastung der Eltern kann zu emotionaler Ausdünnung der familialen Interaktion führen. Emotionale Bedürfnisse werden dabei tendenziell materiell befriedigt (»Konsumismus«, »Monetarisierung«)
- zunehmende berufliche Belastung beider Eltern, aber auch wachsende Selbstverwirklichungsansprüche führen zu einer Zunahme getrennt lebender Eltern mit entsprechender »broken home«-Problematik
- Wertewandel und Pädagogisierung des Alltagslebens führt zu zunehmender Normunsicherheit der Eltern
- Fernsehen erhält die Funktion von Ersatzeltern: konsumistische Orientierung und Normalisierung von Gewalt sind potentielle Konsequenzen
- generell wird die an die Interaktion mit Eltern oder »peers« gebundene Verinnerlichung von Normen schwieriger; an ihre Stelle tritt tendenziell die Orientierung an sich ändernden externen Normen.

Ich möchte allerdings noch einmal darauf hinweisen, daß ich hier keine Aushöhlung der elterlichen Autorität bzw. der moralischen

Instanz der Eltern als Folge des Postulats repressionsfreier Erziehung sehe, sondern tendenziell das Eindringen außerfamilialer Zwänge bzw. konsumistischer Orientierungsmuster in die familiale Sphäre. Die Familie verliert gewissermaßen ihre Schutzfunktion gegenüber gesellschaftlichen Zwängen. Dies ist m. E. der soziologisch relevante Kern der bekannten These Horkheimers.

(4) Aufstieg und erfolgreiches Konkurrenzverhalten in einer modernen Berufswelt setzen ein hohes Maß an Planungsfähigkeit, Anpassungsfähigkeit und beruflicher bzw. emotionaler Flexibilität voraus. Dies erfordert wiederum ein gewisses Maß an emotionaler Stabilität. Insbesondere den narzißtisch geprägten Jugendlichen, die in einem Klima emotional ausgedünnter, möglicherweise chaotischer familialer Interaktion, charakterisiert durch Überforderung der Eltern, Konsumismus und Monetarisierung, aufwachsen, fehlt diese Stabilität und die entsprechenden sekundären Berufsqualifikationen. Ebenso ist eine gewisse emotionale Stabilität Voraussetzung, wenn subjektives Aggressionspotential zumindest so weit gebunden sein soll, daß es »funktional«, d. h. im Rahmen von Aufstieg und beruflicher Konkurrenz eingesetzt werden kann. Strukturlogisch bedeutet dies, daß familial vermittelte Muster und gesellschaftlich funktionale Muster in Widerspruch zueinander geraten. Die so sozialisierten Jugendlichen werden aufgrund dieser sozialen wie persönlichen Schwierigkeiten zu rigiden, komplexitätsreduzierenden Orientierungsmustern tendieren, die sie anfällig machen für rechtsradikale Interpretationen.

(5) Die meisten dieser Faktoren sind gesellschaftlich universell bzw. gelten für größere gesellschaftliche Gruppen, die nicht in toto rechtsradikal werden. Insoweit muß ein subjektiver Verarbeitungsprozeß berücksichtigt werden. Im Sinne der oben diskutierten Modellkontroverse ließe sich diese subjektive Verarbeitung modellübergreifend folgendermaßen formulieren: aus nicht bewältigten (d. h. letztlich: abgewehrten) lebensgeschichtlichen Konflikten resultieren *autoritäre Unterwürfigkeit* und *Aggression* bzw. *Verschmelzungs-* und *Idealisierungstendenzen* (im Hinblick auf Personen, Gruppen, symbolische Einheiten). Opfer der damit verbundenen Projektions- und Spaltungsmechanismen sind in der Regel diejenigen, die aufgrund von Rasse, ethnischer Zugehörigkeit oder anderen gesellschaftlichen Klassifikationen als »Feinde«, »Außenseiter«, »Fremde« oder auch nur einfach als Schwächere gelten.

(6) Von zentraler Bedeutung sind schließlich ideologische und politische Transformationsmechanismen. Erst wenn Gruppierungen innerhalb und außerhalb des parlamentarischen Systems vorhanden sind, die das vorhandene rechtsradikale Potential ausbeuten, wird es in nennenswertem Umfang zu manifesten rechtsradikalen Bewegungen kommen. Es dürfte deutlich geworden sein, daß sich ökonomische, politische und soziale Krisenzeiten für eine derartige Ausbeutung besonders eignen. Der oben geschilderte, politisch gesteuerte Prozeß der Ethnisierung sozialer und ökonomischer Probleme ist ein aktuelles Beispiel für derartige Transformationsprozesse.

7. Fallbeispiel Herr D: »Ich wollte leben. Wir wollten alle leben«.[9]

Herr D, zum Zeitpunkt des Interviews 39 Jahre alt, ist 1991 von S., einem kleinen Ort in der Nähe von Erfurt, mit seiner Familie nach A. in den westlichen Teil Deutschlands übergesiedelt. Er ist derzeit Gewerkschaftssekretär in einer der großen Gewerkschaftsorganisationen; seine Frau, die früher in einer kleinen ländlichen Poliklinik tätig war, übt auch im Westen ihren erlernten Beruf (Zahnarzthelferin) aus. Herr und Frau D haben 2 Töchter im Alter von 19 und 15 Jahren.

Herr D hat den Beruf eines »Schwermaschinenschlossers« erlernt. Nach seiner Ausbildung avancierte er rasch zum Gewerkschaftsvorsitzenden seines Betriebes, später wurde er stellvertretender

9 Dieses Fallbeispiel geht auf Material zurück, das im Rahmen des von mir seit 1991 an der J. W. Goethe-Universität Frankfurt durchgeführten Forschungsprojekts »Identität und Integration im wiedervereinigten Deutschland« erhoben wurde. Keinesfalls soll mit diesem Beispiel unterstellt werden, daß Rechtsradikalismus vorwiegend ein Problem der ehemaligen DDR ist. Mit diesem Fallbeispiel soll auch nicht für das eine oder andere Modell votiert, sondern die Probleme und Schwierigkeiten einer adäquaten Interpretation unter Berücksichtigung des methodologischen Problems der »Wirklichkeitskonstruktion« gezeigt werden. Allerdings möchte ich mit diesem Fallbeispiel auch zeigen, daß Ausländerfeindlichkeit (als zentrales Merkmal von Rechtsradikalismus) mit der Desintegrationsthese nicht adäquat verstanden werden kann.

Vorsitzender beim FDGB-Kreisverband. Während Herr D zu fast allen Themen, wie es zunächst scheint, offen und selbstkritisch spricht, bleibt seine Gewerkschaftskarriere eine Art Tabu, die auch der Interviewer nicht anzutasten wagt. Allenfalls in Floskeln wie »ich habe eine gewisse Entwicklung durchgemacht«, »ich bin zur Gewerkschaft gekommen« (S. 2), kommt seine nicht unbeachtliche Karriere zu einem höheren Funktionsträger des DDR-Systems zum Ausdruck. Genauer gesagt ist nicht die Karriere, sondern die Macht, die er in seiner Funktionärsposition ausübte, das Tabu, der blinde Fleck. Vieles von dem, was Herr D erzählt, wird erst dann wirklich verständlich, wenn man, was mit einiger Phantasie gelingen mag, diesen blinden Fleck ausfüllt. Obwohl Herr D – zumindest dem Interviewer gegenüber – keinen Hehl aus seiner weitgehenden Identifikation mit dem System der ehemaligen DDR macht (bei aller partiellen Kritik), wird er von der (West-) Gewerkschaft mit offenen Armen aufgenommen. Er ist einer der 12 Ost-Gewerkschafter, die in eine West-Dépendance der Gewerkschaft übernommen werden, gewissermaßen als Zeichen der deutsch-deutschen Vereinigung auf Gewerkschaftsebene. Selbstbewußt berichtet er, daß er offenbar alle »moralischen« und »politischen« Voraussetzungen für die neue Arbeit erfüllt.

Die Ausklammerung der Machtposition von Herrn D führt im Interview zu einer Reihe von Unklarheiten und schwer verständlichen Stellen, gewissermaßen Schieflagen des Interviews. Einerseits spricht er davon, wie er als Gewerkschafter unermüdlich Verbesserungsvorschläge gemacht habe, die weitgehend abgelehnt wurden, teilweise sogar zu Rügen geführt hätten. Andererseits berichtet er sehr plastisch und geradezu witzig, wie in der DDR die kollektive Betriebsleitung aussah: Parteisekretär, Betriebsdirektor und Gewerkschaftsleitung bildeten die »Dreieinigkeit« eines DDR-Betriebs. Obwohl er auch in der Ich-Form erzählt, wirkt sein Bericht eher wie die distanzierte Beschreibung eines typischen DDR-Strukturproblems.

»Also, wie die zusammengehalten haben, das war unvorstellbar. Und wenn der Betriebsdirektor nicht mein potentieller Gegner is ... wie kann ich dann mich mit ihm auseinandersetzen. Ich kann eben doch nur immer 'n stückweit gehn. Ich kann den kritisieren, aber von der Partei aus befohlen: immer wieder die Dreieinigkeit. Wenn ich dem eine anrate, und muß in der nächsten Stunde ne Liebeserklärung machen, na was denkt 'n der dann von mir. Der nimmt mich doch nicht mehr ernst, genauso wie ich ihn nich ernst genommen hab. Wir habn uns alle nicht sehr ernst genommen, im Endeffekt ...« (S. 68/ 2-14[10]).

Wie ist das zu verstehen? Hat er seine *eigenen* Vorschläge qua Gewerkschaftsleitung abgeschmettert? Wurden sie auf Kreisebene abgeschmettert? Auch hier galt erneut das offizielle Harmoniedekret der DDR, das Herr D m. E. zutreffend beschreibt.
Ich möchte die Interpretation dieser Stelle zunächst einmal offenlassen und auf eine weitere, auf den ersten Blick ebenfalls nicht ohne weiteres verständliche Passage verweisen. Es geht um eine Passage, in der Herr D ein stückweit seine Identifikation mit dem DDR-System durchblicken läßt, indem er betont, daß er in der DDR nicht unter »politischem Druck« gestanden habe. Er fährt dann fort:

»Also wir habn nich in politischem Druck gestanden. Und wir haben die Grenzen des Sozialismus ganz einfach akzeptieren müssen, weil sie da warn. Ich hatte keine Lust, mich mit den Leuten anzulegen, weil ich ganz einfach, ich wollte leben, wir wollten alle leben« (S. 30/31-36).

Wenn Herr D nicht unter politischem Druck stand, wieso mußte er sich dann zurücknehmen, um sich nicht »mit den Leuten« anzulegen? M. E. läßt sich dieser Widerspruch in zwei Schritten auflösen. Der Text wird verständlich, wenn man (1) beide Sätze als Kausalzusammenhang versteht: *Wenn* ich mich mit den Leuten nicht anlege, dann stehe ich auch nicht unter politischem Druck. Er wird (2) darüber hinaus verständlicher, wenn man die angesprochene Machtposition von Herrn D berücksichtigt: Warum sollte ich mich »mit den Leuten« anlegen? Ich war selber einer von ihnen, ein gehobener Funktionsträger des Systems. Erst wenn man die explizit nicht thematisierte Machtposition von Herrn D in die Interpretation des Interviews einfügt, erkennt man den vollen Umfang seiner Identifikation mit dem DDR-System. Weiterhin sieht man, daß Herrn D's Selbstpräsentation als kleiner Gewerkschafter, dessen Vorschläge knallhart abgeschmettert wurden, wenig plausibel erscheint.
Warum präsentiert sich Herr D auf derartig unstimmige Weise? Mein Deutungsversuch bezieht sich auf den Rahmen des Interviews, den ich als »hegemoniales Interview« bezeichnen möchte,

10 Angaben nach dem Schrägstrich beziehen sich immer auf die Zeilenangabe im Interviewtext.

d. h. auf die Interaktion Interviewer/ Interviewter. Der Interviewer erscheint aus der Sicht von Herrn D als Vertreter des Systems, das im Rahmen der Systemkonkurrenz siegreich war und nunmehr die Maßstäbe und Regeln diktiert, zugleich auch als Vertreter einer reputierten Institution, d. h. der Universität. Möglicherweise vermutet er beim Interviewer auch kritische Maßstäbe hinsichtlich Mittäter- und Mitläuferschaft. Herr D unterwirft sich gewissermaßen dem Interviewer, indem er seine Mittäterschaft herunterspielt, und nimmt darüber hinaus – um nicht ganz unglaubwürdig zu erscheinen – ein »allgemein menschliches« Motiv für sich in Anspruch: »Ich wollte leben. Wir alle wollten leben«.

Wie wir in zahlreichen anderen Interviews mit Bürger/innen der ehemaligen DDR feststellen, ist diese Form der Unterwerfung häufig verbunden mit geschickt verpackter Kritik, Bemühung um Selbstwertstabilisierung und gelegentlich Entwertung des Westens. Bei Herrn D tritt dieses Moment an einer Stelle als eine Art Auftrumpfen in Erscheinung, indem er dem Interviewer eine vergleichbare Anpassung an *sein* System, die BRD, zuschreibt:

> »Ich hab ganz gern in der DDR gelebt, ne. Und ich hab die Regierung akzeptiert, wie sie is. Ich hab mich über se geärgert, ich hab se gelobt. Genau wie alle anderen, genau wie ihr des hier hüben oder wir des jetzt auch so machen, ja« (S. 32/29-34).

Die wie immer relativen Differenzen zwischen BRD und DDR werden geleugnet. Herr D ist ein genauso normaler Bürger eines normalen Landes gewesen wie der Interviewer, wie alle anderen Bürger der BRD und der DDR. Alle haben sich angepaßt.

Ich würde die bisher interpretierten Aspekte, isoliert betrachtet, nicht als eindeutigen Hinweis auf eine autoritäre Persönlichkeit betrachten (etwa im Sinne der Variablen »autoritäre Unterwerfung«), wohl aber als ein Indiz in dieser Richtung. Auf ein gewichtigeres Argument werde ich später eingehen.

Ich möchte im folgenden eine zweite Spur verfolgen. Herr D wurde, wie gesagt, von der Gewerkschaftsorganisation mit offenen Armen aufgenommen und erhält von ihr gewissermaßen eine »Rundum«-Versorgung, wie er es möglicherweise von der DDR her gewohnt war: Als er im Westen Schwierigkeiten mit der Finanzierung eines Hauskaufs hat (die Banken akzeptieren 1991 sein Haus in der DDR noch nicht als Sicherheit), springt eine gewerkschaftsnahe Bank ein und übernimmt auch den Verkauf des Hauses

im Osten. Zuvor finanziert ihm die Gewerkschaft eine Dienst-
wohnung und einen Dienstwagen, sie vermittelt seiner Tochter
eine Ausbildungsstelle und übernimmt seinen Umzug in den Westen (»egal, was es kostet«). Dementsprechend singt er auch ein
Loblied auf seine Organisation: »Also ganz toll, muß ich sagen,
ganz toll« (S. 53/21 ff.). Eine Schlüsselrolle bei seinem Einstieg im
Westen spielt Herr E, sein unmittelbarer Vorgesetzter, der Leiter
seiner Dienststelle in A. Hier ist möglicherweise von Bedeutung,
daß die Eltern von Herrn E selbst 1951 aus der DDR nach A.
kamen und Herr E hier aufwuchs. Herr D ist ebenfalls voller Lob
für die Unterstützung durch Herrn E, es entwickelt sich eine
Freundschaft zwischen Herrn D und Herrn E (bzw. zwischen
den Familien), wobei Herrn D's soziale Kontakte sich im wesentlichen auf die Beziehung zur Familie E und einer weiteren, mit
Familie E befreundeten Familie beschränken. An diesem Punkt
schiene mir im Prinzip eine narzißmußtheoretische Interpretation
seines Verhältnisses zu seiner Organisation und seinem Chef möglich, eine regressive Dualunion unter dem Motto: »Ihr seid toll und
ich bin toll, weil ich ein Teil von euch bin«. Allerdings läßt Herrn
D's Beziehung zu Herrn E auch eine instrumentalistische Deutung
zu: sein »Chef« ist für ihn bedeutsam, weil er ihm den Einstieg im
Westen erleichtert.
Nicht mehr so ohne weiteres in diesen Rahmen paßt die Art und
Weise, wie Herr D seine neue Machtposition, die er im Westen
erneut als Gewerkschaftssekretär innehat, versteht. Hierzu gibt es
eine aufschlußreiche Interviewpassage, als es zu einem Disput
zwischen Herrn D und seiner Frau kommt (das Interview wurde
als Familieninterview durchgeführt). Hintergrund dieses Disputs
ist ein Konflikt seiner Frau mit *ihrer* Chefin (einer Zahnärztin), der
in der Erzählung von Herrn D großen Raum einnimmt. Genau-
genommen handelt es sich aus der Sicht von *Frau D* (die offenbar
ein recht gutes Verhältnis zu ihrer Chefin hat) gar nicht um einen
Konflikt, während *Herr D* versucht, die Angelegenheit zu einem
Konflikt hochzustilisieren. Die »Chefin« hat Frau D zu dem derzeit für Zahnarzthelferinnen üblichen Tarif eingestellt, obwohl
Frau D, da ihr Abschluß im Westen nicht anerkannt wird, darauf
keinen Anspruch hätte. Da nunmehr eine Tariferhöhung ansteht,
ist Herr D der Ansicht, daß auch diese seiner Frau zusteht. Offenbar hat es zu diesem Thema zwischen den Ehepartnern schon
häufiger Meinungsverschiedenheiten gegeben, so daß Frau D,

als Herr D das Thema wieder aufwirft, »genervt« reagiert (wie das Protokoll vermerkt) und betont: »Werner, das zahlt se doch nach« (nämlich wenn Frau D ihre derzeitige Weiterbildung als Zahnarzthelferin abgeschlossen hat).

Zuerst reagiert Herr D noch einigermaßen formal: »Da ich Gewerkschaftssekretär bin und jeden Tach sowas mache, habe ich meiner Frau gesagt, das kommt gar nicht in Frage. Das Gesetz liegt anders« (S. 50/3-5). Als seine Frau diese Intervention zurückweist, gerät Herr D immer mehr in Fahrt und äußert schließlich massive Drohungen gegenüber der »Chefin«: »Da hab ich zu ihr (d. h. zu seiner Frau) gesagt, wir könn' des Problem auch einfach lösen, indem ich zu meim' Partner in der ÖTV gehe, den scharf mache, daß der die Landesärztekammer anruft. Denn die Gewerkschaften ham hier was zu sachn, is ja nich so wie im Osten. Wenn der die Landesärztekammer anruft, sagt, paßt ma uff, hört mit Scheiß auf, kriegt die Chefin ein gewunken und nächsten Tag kriegste die Tariferhöhung« (51/37-52/6).

Bei oberflächlicher Betrachtung könnte man diese Stelle so verstehen, daß Herr D als Gewerkschafter *und* Ehemann versucht, eben die beste Bezahlung für seine Frau zu erreichen. Dem steht aber gegenüber, daß Herr D sowohl die »Kulanz« der Chefin außer acht läßt als auch von der »Genervtheit« seiner Frau – der offenbar die *Beziehung* zu ihrer Chefin wichtiger ist – völlig unbeeindruckt bleibt. Als Herr D weiterhin insistiert, bricht Frau D schließlich die Diskussion ab: »Ja, das ist hier nicht das Thema« (52/36). Frau D gibt ihrem Ehemann zu verstehen, daß sie sein wiederholtes Auftrumpfen, als Gewerkschafter *wie* als Ehemann, für deplaziert hält (der Interviewer protokolliert übrigens zu dieser Passage: der Ehemann ist sehr dominant, was sich auch darauf bezieht, daß Herr D immer wieder seine Frau unterbricht).

Nun könnte man diese Stelle auch so verstehen, daß Herr D die omnipotente und allseits versorgende Dualunion (Herr D – Gewerkschaft/Chef) in Frage gestellt sieht, gewissermaßen mit narzißtischer Wut reagiert und im Sinne eines Spaltungsmechanismus auf die *böse* »Chefin« losgeht. Das weitere Material deckt m. E. eine derartige Interpretation nicht ab. Kurz darauf finden wir eine Stelle, die noch deutlicher macht, daß es hier um Herrn D's Machtposition geht und wie er sie versteht (»die Gewerkschaften ham hier was zu sachen«). Als das Thema des Lehrgangs für Zahnarzthelferinnen noch einmal auf den Tisch kommt, sagt Herr D:

»Nach 4 Wochen haste deinen Zahnärztebrief, wenn de die Prüfung bestehst. Dafür werd ich mit sorgen. Wir sin ja verheiratet, das kann man irgendwie regeln. Und wenn dann das Geld nich rüberkommt, dann werd ich böse« (52/13-17). M. E. fällt Herr D sowohl hier als auch in der Passage mit der Chefin, die eine »gewunken« bekommt, in seine alte Funktionärsrolle zurück (Herrn D's Formulierungen sind gewissermaßen »O-Ton DDR«), wobei ich freilich nicht bestreiten will, daß es vergleichbare »Funktionäre« auch im Westen gibt.

Aufschlußreich ist auch eine weitere Passage, die sich diesmal auf einen institutions*internen* Vorgang bezieht. Im Verhältnis zum Jugendsekretär in seiner Abteilung (der im übrigen Bayer ist und bayerischen Dialekt spricht, ähnlich wie Herr D deutlich thüringischen Dialekt spricht), der erheblich jünger ist als er, setzt Herr D Macht, Wissen und Aggression hierarchie- und statusspezifisch differenziert ein.

»Mit dem ich mich manchmal anleg, der is Jugendsekretär, der is 23 Jahre… Ich nehm den garnich ernst auf der Strecke, weil ich mittlerweile auch überlegen bin in verschiedenen Dingen. Ich sach, weißt de was, du nervst mich. Bayern sind doch die letzten, die hier rumrennen, ne. Ostfriesenwitze werden doch bloß gemacht, um von Bayern abzulenken« (59/9-17).

Hier geht es also insgesamt darum, daß Herr D, wo immer sich die Gelegenheit bietet, Dominanz, Macht, Aggressivität, jeweils situationsspezifisch moduliert, einsetzt: gegenüber seiner Ehefrau, gegenüber der Chefin, gegenüber den Veranstaltern des Weiterbildungskurses, gegenüber dem Jugendsekretär. Hier sehe ich strukturlogisch keine narzißtische Struktur, sondern eine Variable der autoritären Persönlichkeit, nämlich *autoritäre Dominanz und Aggressivität* sowie *»Machtdenken«* und *»Kraftmeierei«*.

Ich möchte abschließend noch eine dritte Spur verfolgen. Trotz seiner Machtposition, seiner gesicherten finanziellen Situation (das Familieneinkommen in der DDR lag über 2.000,-) und seiner weitgehenden Identifikation mit dem DDR-System verlief das Leben für Herrn D keineswegs konfliktfrei. Im Gegenteil: sehr häufig finden wir Formulierungen, daß er sich »grämt«, »Frust« empfindet, eine »unheimliche Wut« hat. In den Erzählungen lassen sich drei klar identifizierte Gruppen finden, auf die sich Frust und Wut richten. *Erstens* die Gruppe der »Bonzen« und hohen Funktionäre, die er die »Herrschaften in Wandlitz« nennt. Nebenbei wird hier auch in diesem Zusammenhang Herrn D's eigenwillige Interpretation des ökonomischen Fiaskos der DDR deutlich:

»Aber wenn eben das Geld verbraucht worden is in Wandlitz oben bei den Herrschaften, wenn die jeden Monat n neuen Volvo kaufen mußten und mußten Mikroelektronik produzieren und finanzieren, kann die Gesellschaft nich funktionieren« (71/4-8).

Während die Herrschaften in Wandlitz im »Luxus« lebten, fehlte es dem Volk an »Bananen und Apfelsinen«. Es geht hier m. E. auch nicht um »Gerechtigkeit« (in diesem Falle müßte er auch seine eigene privilegierte Position einbeziehen), sondern darum, daß er auf ein potentielles Statussymbol verzichten muß.

Neid wird auch gegenüber einer *zweiten* Gruppe deutlich, auf die sich Herrn D's Wut richtet. Hier entwickelt Herr D geradezu eine neue Klassentheorie für die DDR. Während er sich zunächst noch hinter seinen Kindern versteckt, die immer »beleidicht« gewesen seien über den »Lumpenkram« aus Polen oder der »Tschechei«, legt er dann, als seine Frau auf »Westpakete« zu sprechen kommt, erst richtig los:

»Des hatt'n mer nich. Insofern war des für mich natürlich ein Nachteil. Ich war immer unheimlich wütend darüber und hab mich jahrzehntelang darüber geärgert über die zwei Kategorien von Menschen. Das warn die Westgeldbesitzer und die Westverwandte hatten und der Rest. Wenn die Leute was brauchten, die Westgeld hatten, ham sie Onkel oder Tante geschrieben, schickt mir ma'n 50-Mark-Schein oder schickt mir ma'n Westpaket« (31/24-34).

Zwar ist »Neid« nicht per se in der Kurzbeschreibung der Variablen der autoritären Persönlichkeit enthalten (Adorno 1973, S. 45), für die Autoren der autoritären Persönlichkeit ist jedoch evident, daß es sich hier um eine gewissermaßen ubiquitäre Dimension der autoritären Persönlichkeit handelt. »Aller Rassenhaß«, so betont Adorno, »ist letztlich Neid« (a.a.O., S. 112). Ebenso wie Aggression hängt auch Neid mit dem Konstrukt der autoritären Persönlichkeit zusammen: die Unterwerfung unter den ödipalen Vater bedingt immer auch Aggression und Neid, die nicht mehr im Über-Ich gebunden werden können. Dennoch ist an diesem Punkt Vorsicht angebracht. »Neid« ist auch eine prä-ödipale Kategorie. Wir stoßen hier an die Grenzen mehrerer Interpretationen, da wir über die Verarbeitung der prä-ödipalen Erfahrung von Herrn D nur wenig wissen.

Aggression und Neid werden in der Regel jedoch nicht an den

Vater adressiert, sondern abgelenkt, »*verschoben*«. Ähnlich richten sich bei Herrn D diese Gefühle nicht gegen die autoritären Machtstrukturen des Systems DDR, sondern gegen bestimmte, relativ periphere Symptome dieses Systems: gegen Luxus, Westpakete und Devisenbesitz. Herr D unterwirft sich in autoritärer Weise einem autoritären System. Ergänzend ließe sich sagen, daß die Vaterinstanz aufgespalten wird: in die »bösen Bonzen« und das »gute System«. Die Art der Unterwerfung unter ein kollektives, externes Über-Ich zeigt sich auch angesichts des drohenden Zerfalls der DDR. Als die Massenflucht beginnt, die Regierung das »Ruder« nicht »rumreißt«, hat das die »Leute verrückt gemacht, mich genauso« (S. 78/11-16), »da ham wer alle die Nerven verloren« (S. 80/17-18). Herr D beschreibt m. E. anschaulich eine Panikreaktion, die Freud bereits in »Massenpsychologie und Ich-Analyse« geschildert hat, für den Fall nämlich, daß die Autorität des Führers zu wanken beginnt.

Die *dritte* Gruppe, auf die sich Herrn D's Neid und Wut richtet, und zwar am unverhülltesten und zumindest verbal am gewalttätigsten, sind die ausländischen Arbeiter in der DDR (es handelt sich hier um eine vergleichsweise marginale Population von ca. 250.000).

Während eine Eingangsbemerkung zu diesem Thema zunächst nahelegt, er wolle dem Interviewer bzw. seinen Arbeitskollegen lediglich erklären, warum die Ausländer in der DDR so »verhaßt« gewesen seien, wird im weiteren klar, daß er damit auch seine eigene Meinung wiedergibt.

Ausländerfeindlichkeit kann in unterschiedlicher Form in Erscheinung treten und mit entsprechenden Argumenten legitimiert werden. In der Regel werden die folgenden Argumente vorgebracht:

1. das *ökonomische Argument*: Ausländer sind Konkurrenten um knappe Arbeitsplätze. Darüber hinaus werden sie u. U., wie die Asyldebatte gezeigt hat, als finanzielle Überforderung des sozialstaatlichen Versorgungssystems angesehen.

2. das *Argument der ökonomisch-sozialen Bevorzugung der Ausländer*: es wird unterstellt, daß Ausländer durch die entsprechenden staatlichen Stellen bevorzugt behandelt werden.

3. das Argument der *Gegengewalt*: Ausländer sind provokativ und aggressiv, Gegenmaßnahmen bis hin zur manifesten Gewalttätigkeit sind somit nur legitime Verteidigungsmaßnahmen.

4. das Argument der *moralisch-sozialen Überlegenheit*: Ausländer sind kriminell und betrügerisch (z. B. gegenüber der deutschen Sozialbürokratie), ihre sozialen Verhaltensweisen sind z. T. abstoßend.

5. das *differentiell-identitäre* Argument: es wird die Eigenständigkeit und Differenz der »deutschen Kultur« gegenüber anderen Kulturen betont, ohne daß diese Kulturen explizit abgewertet werden. Implizit ist dieser Aspekt jedoch häufig mit Argument 4 verbunden. Topoi wie »das Boot ist voll«, »Asylantenflut« etc. beziehen sich somit in der Regel auf eine Kombination mehrerer oder aller dieser fünf Argumente,[11] wobei das fünfte Argument noch mit dem Teilargument der »Überfremdung« verbunden werden kann.

Charakteristisch für Herrn D ist, daß für ihn insbesondere die Argumente 2-4, ansatzweise auch Argument 5 eine Rolle spielen. Argument 1 kann Herr D kaum in Anspruch nehmen angesichts der geringen Ausländerzahl in der DDR. Im Vordergrund steht für Herrn D Argument 2: Einerseits hätten die ausländischen Arbeiter das Privileg gehabt, z. T. in konvertibler Währung bezahlt zu werden, andererseits hätten sie nicht die Leistung der deutschen Arbeiter gebracht, obwohl sie gleich bezahlt wurden. »Der Ausländer« hätte nur 80% seiner, d. h. Herrn D's Leistung gebracht, wobei er paradoxerweise hinzufügt, *er* hätte ja 110% »seiner« Leistung gebracht. Während er sich zunächst noch hinter »dem DDR-Bürger« versteckt, der einen »permanenten Frust« auf die Ausländer gehabt hätte und dessen Meinung er reflektiere, wird er dann deutlicher:

»So, du als eingefleischter DDR-Bürger nach zwanzig Jahren, der ne Familie hat und alles mögliche, rennt mit 1000 DDR-Mark rum, grämt sich, weil er alles nich kriegt ... Und der Vietnamese, der zeicht dem nen Vogel, was will denn der, der lumpiche DDR-Bürger, der kann mich doch emal. Geht mit seim Dollar ... in dn Intershop, markiert den großen Max. Und der Frust sitzt tief drin« (115/22-31).

Die Ausländer seien »Tach und Nacht betreut« worden, für sie seien Kulturhäuser und Wohnungen gebaut worden, sie hätten Essen, Trinken und Kleidung frei gehabt (115/116). Fazit dieser

11 Diese Überlegungen zeigen, daß die These des »Wohlstandschauvinismus« zur Erklärung von Ethnozentrismus und Rassismus nur einen Teilaspekt bzw. tendenziell ein Oberflächenphänomen erklärt.

Rundumversorgung ist, daß die Ausländer in der DDR in »Saus und Braus« gelebt hätten (116/7), ein Argument, das er, wie wir gesehen haben, in ähnlicher Form für die »Bonzen« in Anspruch genommen hat.

»Und da hast du den Vietnamesen und wenn er dich noch so ankotzt, hast de den lieb zu haben und der dich. Aber der hat uns nich lieb gehabt. Die Vietnamesen haben uns beschissen nach vorne und nach hinten« (116/13-14).

Hier geht Herrn D's Argumentation von Ebene 2 auf die Ebene 4 über. Flankiert wird diese Aussage durch den Hinweis, daß viele Vietnamesen durch den Import von Elektronik-Geräten »Millionäre« geworden seien, sowie durch die Bemerkung (wobei er sich wieder hinter der angeblichen Mehrheitsmeinung der DDR-Bürger versteckt), die Ausländer seien »alles Ganoven und Spitzbuben« gewesen (119/28). Die Folge sei, wiederum nach DDR-Mehrheitsmeinung, gewesen: »verdammt raus mit den Ausländern, haut se auf die Schnauze« (119/26-27).

Es geht an dieser Stelle nicht um den – fragwürdigen – Realitätsgehalt dieser Äußerungen (immerhin ist nachträglich auf die Ghettoisierung der ausländischen Arbeiter in der DDR hingewiesen worden, in unseren Interviews ist darüber hinaus auch massive staatliche Diskriminierung der Ausländer deutlich geworden). Entscheidend ist wiederum, daß der »Frust« von Herrn D sich nicht auf das staatliche System, sondern auf die Ausländer richtet. Während die Ausländer hier (ähnlich wie die Westgeldbesitzer unter den DDR-Bürgern) eine *Sündenbockfunktion* erfüllen, auf die Neid und aus diesem Neid resultierende Wut vom System abgelenkt werden, geht die Etikettierung »Ganoven und Spitzbuben« über diese Sündenbockfunktion hinaus.

Wird durch das Argument des »Bescheißens« Ebene 3 zumindest angedeutet, so wird dies durch den Bezug von Herrn D auf andere Ausländergruppen (insbesondere auf Afrikaner) deutlicher. Hier hätten »bestimmte Großfamilien ihre Söhnchen in die DDR geschickt«, die z. T. Söhne hoher Würdenträger in diesen Ländern gewesen seien: »Die hatten ne ganz andere politische Einstellung und die haben uns auch bekämpft in der DDR«. Auch diese Behauptung bleibt ohne Begründung.

Schließlich gibt es im Kontext von Herrn D's Legitimation der gewaltsamen Ausgrenzung von Ausländern (»alles Ganoven und

Spitzbuben«, »haut se auf die Schnauze«, noch einen knappen Hinweis auf Ebene 5. Die »Ganoven und Spitzbuben« sollen »sich hinausschern, wo se herkomm, wir sin Deutsche« (119/ 28-29). Einerseits wird für diese Bemerkung das »Überlegenheitsargument« (Ebene 4) beansprucht. Andererseits verweist die fehlende Explikation des Begriffes »Deutscher« (Ebene 5) auf die kulturelle Differenz Deutsche-Ausländer, wobei letztere wieder dahin gehen sollen, wo sie hergekommen sind (eine mögliche Lesart dieser Stelle wäre noch, daß die *rassen*bezogene Andersartigkeit bzw. Überlegenheit unterstellt wird, wofür es jedoch im Kontext des Interviews keine Anhaltspunkte gibt)[12].

Herrn D's Ausländerfeindlichkeit ist somit auf zwei Ebenen zu verorten:

(1) Neid und Gefühle der Benachteiligung lösen bei Herrn D Frustration, Ärger und Wut aus. Da das gesellschaftliche System der DDR von Herrn D selbst unangetastet bleibt (»ich hab die Regierung akzeptiert, wie se is«), schaffte er sich verschiedene Gruppenfeindbilder. Diese Gruppen genießen Vorteile, die er selbst nicht hat bzw. bereichern sich z. T. in illegaler Weise auf seine Kosten. Bei den beiden ersten Gruppen stehen Herrn D's Gefühle von Neid und Benachteiligung im Vordergrund (»ich würde auch gerne ein anständiges Auto fahren«, wie z. B. Honekker), seine Wut folgt hier dem Sündenbock-Mechanismus. Bei der Gruppe der ausländischen Arbeiter steht der Abwehrmechanismus der *Projektion* im Vordergrund: deutlich wird eine projektive Verzerrung der sozialen Realität. Herrn D's Aggression, möglicherweise auch seine eigenen Wünsche, sich zu bereichern, werden auf die Gruppe der ausländischen Arbeiter projiziert (»alles Ganoven und Spitzbuben«, »die ham uns bekämpft in der DDR«).

(2) Eine nationalistische Identifikation, sei es in Gestalt der moralisch-sozialen Überlegenheit als Deutscher oder in Gestalt einer Verteidigung des »Deutschtums« gegenüber einer Bedrohung durch die Ausländer. Wir finden somit eine starke (im Sinne von Kelman/Katz/Vasilio 1969 »symbolische«) nationale Identifikation von Herrn D mit seinem »Deutschsein«. Bemerkenswert ist in diesem Zusammenhang ein weiterer Abwehrmechanismus (mög-

---

12 Im Gegensatz zu Heitmeyer (1992) unterscheiden wir nicht zwischen »Abwertungs-« und Ausgrenzungsargumenten, da alle Abwertungsargumente letztlich auch auf Ausgrenzung hinauslaufen.

licherweise im Sinne einer Rationalisierung) von Herrn D: er
versteht sich selbst nicht als »ausländerfeindlich« (120/1). Wenn
Herr D sich nicht als »ausländerfeindlich« versteht, so bedeutet
dies in seinem Selbstverständnis, daß er nicht offen rassische oder
ethnische Überlegenheit unterstellt, sondern seine Feindseligkeit
vielmehr als »wohlbegründet« ansieht. Die Aggression wird als
»ich-fremd« abgewehrt. An dieser Stelle kann dann »autoritärer
Moralismus« (Frenkel-Brunswik) in Erscheinung treten: die Ausländer müssen für ihre Vergehen bestraft werden (»haut se auf die
Schnauze«).

Zusammenfassend läßt sich Herrn D's Persönlichkeitsstruktur als
vorwiegend *autoritär* und *instrumentalistisch* geprägt charakterisieren – im Sinne autoritärer Unterwerfung *und* autoritärer Aggression[13]. Sein Autoritarismus zeigt sich allerdings in der Regel
nicht in offener Apologie des Bestehenden, sondern vermittelt und
gleichsam »gebrochen« durch Abwehrmechanismen. Da Herr D
keineswegs ohne moralische Maßstäbe ist, muß er die störenden
und negativen Aspekte der DDR-Realität, ebenso seine Ausländerfeindlichkeit emotional abwehren bzw. rationalisieren. Es ist
dabei aufschlußreich, daß Herr D ein Stück weit Einsicht in seine
autoritäre Struktur besitzt und dies mit dem politisch-gesellschaft-
lichen System in der DDR verknüpft: in Gestalt seiner Anpassungsbereitschaft und »Eingeschüchtertheit« durch das Schul- und
Bildungssystem der DDR: »Da wurde der Grundstein gelegt für
die Eingeschüchtertheit, *die wir heute haben* (Hrv. d. Verf.)« (102/
6-7). Abgesichert wird der Zustand seiner »Eingeschüchtertheit«
durch die mehrfach wiederholte Behauptung, es habe in der DDR
keine alternative oder oppositionelle »Meinungsbildung« gegeben,
sondern allenfalls »Getuschele« (111/16-19).

13 Die Charakterisierung erfolgt, wie erwähnt, mit der schwerwiegenden
Einschränkung, daß wir über die Verarbeitung der frühen, prä-ödipalen
Erfahrungen wenig wissen. Diese Einschätzung beruht jedoch nicht auf
der entsprechenden konzeptionellen Einschränkung, sondern darauf,
daß es im Interview nicht gelang, entsprechende Daten zu generieren.

Literatur:

Adorno, Th.W./Frenkel-Brunswik, E./Levinson, D.J./Sanford, R.N. (1950): The Authoritarian Personality. Studies in Prejudice. New York/London

– (1951): Freudian Theory and the Pattern of Fascist Propaganda. In: Adorno 1972, S. 408-433

– (1955): Zum Verhältnis von Soziologie und Psychologie. In: Adorno 1972, S. 42-85

– (1972): Soziologische Schriften 1. In: Gesammelte Schriften. Frankfurt am Main

Bohleber, W. (1992): Nationalismus, Fremdenhaß und Antisemitismus. In: Rohde-Dachser, Chr. (Hrsg.): Beschädigungen. Psychoanalytische Zeitdiagnosen. Göttingen

Brede, K. (1995): »Neuer« Autoritarismus und Rechtsradikalismus. Eine zeitdiagnostische Mutmaßung. In: Psyche 11/1995

Breuer, St. (1992): Sozialpsychologische Implikationen der Narzißmustheorie. In: Psyche 1/1992

Chasseguet-Smirgel, J. (1975): Das Ichideal. »Psychoanalytischer Essay über die Krankheit der Idealität«. Frankfurt a.M. 1981

Clemenz, M. (1976²): Gesellschaftliche Ursprünge des Faschismus. Frankfurt am Main

– (1998): Psychoanalytische Sozialpsychologie. Gießen (im Erscheinen)

Erdheim, M. (1992): Das Eigene und das Fremde. In: Psyche 8/1992

Freud, S. (1921): Massenpsychologie und Ich-Analyse (GW XIII)

Heim, R. (1992): Fremdenhaß und Reinheit. In: Psyche 8/1992

Heitmeyer, W. u. a. (1987): Rechtsextremistische Orientierung bei Jugendlichen, Weinheim/München

Heitmeyer, W. u.a. (1992): Die Bielefelder Rechtsextremismusstudie. Weinheim/München

Heitmeyer, W. u.a. (1995): Gewalt. Schattenseite der Individualisierung bei Jugendlichen aus verschiedenen Milieus. Weinheim/München

Hessische Stiftung für Friedens- und Konfliktforschung u.a. (1994): Rechtsextremismus und Fremdenfeindlichkeit in der demokratischen Gesellschaft (Tagungsbericht). Frankfurt am Main

Hopf, Chr. (1987): Zur Aktualität der Untersuchungen zur »autoritären Persönlichkeit«. In: Zeitschrift für Sozialforschung und Erziehungssoziologie 3/1987

– (1993) Autoritäres Verhalten. Ansätze zur Interpretation rechtsextremer Tendenzen. In: Otto, H.-K. & Merten, R. (Hrsg.): Rechtsradikale Gewalt im vereinigten Deutschland. Opladen, S. 157-165

– (1994) Rechtsextremismus und Beziehungserfahrungen. In: Hessische Stiftung für Friedens- und Konfliktforschung u. a.: Rechtsextremismus und Fremdenfeindlichkeit in der demokratischen Gesellschaft (Tagungsbericht). Frankfurt am Main

Horkheimer, M. & *Adorno, Th. W.* (1944): Dialektik der Aufklärung. Amsterdam

Jaschke H. G. (1993): Formiert sich eine neue soziale Bewegung von rechts? Institut für Sozialforschung, Mitteilungen 1993/2

Kelman, H. C./Katz, D./Vasilio, V. (1969): A Comparative Approach to the Study of Nationalism, Peace Research Society Papers. Ann Arbor

Kohut, H. (1973): Narzißmus. Frankfurt am Main

Lederer, G. & *Schmidt, P.* (Hrsg.) (1995): Autoritarismus und Gesellschaft. Trendanalysen und vergleichende Jugenduntersuchungen 1945-1993. Opladen

Mahler, M./Pine, F. u.a. (1982): Die psychische Geburt des Menschen: Symbiose und Individuation. Frankfurt am Main

Merten, R. & *Otto, H.-K.* (1993): Rechtsradikale Gewalt im vereinten Deutschland: Jugend im Kontext von Gewalt, Rassismus und Rechtsextremismus. In: Otto, H.-K. & Merten R. (Hrsg.): Rechtsradikale Gewalt im vereinten Deutschland. Opladen, S 13-33

Nicklas, H. (1994): Kulturelle Identität und Ausländerfeindlichkeit. In: Hessische Stiftung für Friedens- und Konfliktforschung u. a.: Rechtsextremismus und Fremdenfeindlichkeit in der demokratischen Gesellschaft (Tagungsbericht). Frankfurt am Main, S. 43-62

Österreich, D. (1993): Autoritäre Persönlichkeit und Gesellschaftsordnung. Weinheim/ München

Overbeck, A. (1994): Vom Verlust der väterlichen Dimension in der Erziehung. Unveröff. Vortrag 11. 2. 1994

Sinus-Studie(1981): »5 Millionen: Wir wollen wieder einen Führer haben«, Reinbek

Streeck-Fischer, A. (1992): Adoleszenz und Rechtsradikalismus. In: Psyche 8/1992.

Willems, H. (1993): Gewalt und Fremdenfeindlichkeit. Anmerkungen zum gegenwärtigen Gewaltdiskurs. In: Merten & Otto (Hrsg.). Opladen, S. 88-108

Hans-Dieter König
Die rechte Subkultur und die Motive jugendlicher Gewalttäter
Sozialpsychologische Kritik der Studie von Willems u. a. zur fremdenfeindlichen Gewalt

Die von Willems, Eckert, Würtz und Steinmetz (1993) veröffentlichte Studie zur fremdenfeindlichen Gewalt untersucht die Interaktionen, Kommunikationen und Interpretationen, die zu Beginn
der neunziger Jahre zu den Ausschreitungen gegen Ausländer und
Asylbewerber, zu den Überfällen und Brandanschlägen auf Wohn-
baracken und Häuser führten, aufgrund deren in Mölln drei Türkinnen und in Solingen fünf türkische Frauen und Mädchen getötet wurden. Die Studie der Trierer Forschergruppe wird in
diesem Beitrag auf der Grundlage der Lorenzerschen (1972,
1974) Sozialisationstheorie, welche die psychoanalytische Ent-
wicklungstheorie interaktionstheoretisch reformuliert, einer sozialpsychologischen Sekundäranalyse unterzogen: Im ersten Teil
des Beitrags wird zu zeigen versucht, daß der Forschungsansatz
von Willems u. a. zwar durch eine soziologische Rekonstruktion
der zwischen verschiedenen sozialen Gruppen und Institutionen
sich entfaltenden Interaktionsprozesse die Entstehung fremdenfeindlicher Gewalt erklärt, jedoch die Frage nach den Motiven der
Täter nur unzureichend beantwortet. Im zweiten Teil werden die
von den AutorInnen ausgeblendeten Ursachen für jugendlichen
Rechtsextremismus erörtert, indem in Anschluß an die Theorieentwürfe von Parsons, Horkheimer/Adorno und Erikson Thesen
zu einem individuations- und sozialisationstheoretischen Verständnis der fremdenfeindlichen Gewalt entwickelt werden, die
von männlichen Jugendlichen verübt wurde. Und im dritten Teil
wird ein sich aus dem Trierer Forschungsansatz ergebender Fehlschluß analysiert, der darin besteht, daß den jugendlichen Gewalttätern »kognitive Defizite« unterstellt werden, wo es in Wahrheit
um die Folgen unbewältigter emotionaler Konflikte geht, die auf
punktuelle Beschädigungen der Subjektivität infolge familialer
und schulischer Sozialisationsdefizite zurückzuführen sind.

1. Die fremdenfeindliche Gewalt einer rechten Subkultur zu Beginn der neunziger Jahre

Die Frage, wie die jugendliche Gewalt gegen Ausländer und Asylbewerber zustande kam, versuchen Willems u. a. (1993) durch die Untersuchung einer Serie von Interaktions- und Eskalationsprozessen zu beantworten, welche die Gewaltwellen von 1991 und 1992 erzeugten:

1. Die nach dem Zusammenbruch der Sowjetunion und der übrigen kommunistischen Regime in Osteuropa sprunghaft angestiegene Zahl der Einwanderung von Aussiedlern und Asylbewerbern wurde von staatlicher Seite ohne Rücksicht auf lokale Bedingungen und Aufnahmekapazitäten über ein bürokratisches Verfahren geregelt, das die Kommunen zunehmend überlastete.

2. Da die Nachbarn von Asylunterkünften mit den Folgen von »Entscheidungen« konfrontiert wurden, »an denen sie nicht beteiligt wurden und die schon aus diesen Gründen nur schwer zu akzeptieren« waren (Willems u. a. 1993, S. 216), und da die Anwohner sich zumindest von einer bestimmten Konzentration von Asylbewerbern in ihrer Nachbarschaft in ihrer gewohnten Lebensweise massiv gestört fühlten, kam es zu erheblichen Spannungen zwischen Asylbewerbern und der ansässigen Bevölkerung[1]. Der Protest und Widerstand gegen die Asylbewerberheime fand in Unterschriftensammlungen, Petitionen und formalen Beschwer-

---

1 Wie Willems u. a. (1993) berichten, war beispielsweise »der anhaltende Zustrom von Asylbewerbern in das seit langem überfüllte Wohnheim im Stadtteil Rostock-Lichtenhagen [...] für Asylbewerber und Anwohner gleichermaßen unzumutbar [...]. Die Asylbewerber, größtenteils Roma und Sinti aus Rumänien, mußten wegen der starken Überlastung der Unterkünfte auf dem Rasen vor dem Wohnheim und auf Balkonen Quartier beziehen. Die Anwohner in unmittelbarer Nachbarschaft fühlten sich durch das Ausmaß der Verschmutzung und durch das ›oft aufdringliche Verhalten‹ der Asylbewerber bis zum äußersten strapaziert. Im Vorfeld der gewalttätigen Krawalle in Rostock-Lichtenhagen kam es zu einer Unterschriftenaktion und zu zahlreichen Protestäußerungen der Anwohner aus der unmittelbaren Umgebung des Asylbewerberheimes, die sich auf diesem Weg Gehör verschaffen [...] wollten. [...] Die Anwohner fühlten sich mit ihren Problemen und Belastungen allein gelassen und machten auch die Erfahrungen, daß ihr friedfertiger Protest erfolglos blieb« (S. 219 f.).

den einen Ausdruck, die jedoch von der kommunalen Verwaltung in der Regel nicht ernst genommen oder als rassistisch stigmatisiert wurden.

3. Der auf Bundes- und Landesebene ausgetragene Streit zwischen den großen Parteien um die Asylpolitik eröffnete rechtsradikalen Parteien und Gruppen die Möglichkeit, durch ausländerfeindliche Forderungen und Gewaltaktionen, über die in den Medien ausführlich berichtet wurde, Einfluß auf die öffentliche Meinung zu nehmen. Aus wahltaktischen Gründen paßten die demokratischen Parteien ihre Programme an und nahmen »bis dahin tabuierte und marginalisierte politische Themen und Forderungen (Angst vor Überfremdung; Einwanderungsstopp; Veränderungen des Art. 16 des Grundgesetzes)« in ihre politische Agenda auf (Willems 1994, S. 218). Durch diese Reaktionen der großen Parteien wurden bestimmte Problemdefinitionen rechtsextremer Minderheiten »politisch hoffähig gemacht und ausländerfeindliche Einstellungen und Gewaltbereitschaften unfreiwillig [...] legitimiert« (ebd., S. 219).

4. Zwar gab es in Deutschland schon seit Jahren gewalttätige Jugendgruppen, Skinhead- und Faschogruppen sowie rechtsextremistische Organisationen, sie wurden jedoch in den 80er Jahren aufgrund ihrer »fremdenfeindlichen, nationalistischen und rechtsradikalen Einstellungen nicht ernst genommen und wegen ihrer Parolen gesellschaftlich ausgegrenzt und stigmatisiert« (Willems u. a. 1993, S. 225). Als im Zuge des Streits um die Asylpolitik fremdenfeindliche Meinungen auch von den demokratischen Parteien akzeptiert wurden, machte die bis dahin geächtete rechte Subkultur jedoch die Erfahrung, daß sie sich aufgrund der »klammheimlichen oder auch offenen Unterstützung durch Teile der Bevölkerung« fortan »als Vertreter ›allgemeiner‹ Interessen definieren konnte (ebd., S. 226). Das traf sowohl für die 40-50 gewalttätigen Jugendlichen zu, die in Hoyerswerda von zeitweise bis zu 1000 Schaulustigen angefeuert wurden und deren Attacken mit »frenetischem Beifall« quittiert wurden, als auch für die Hunderte von Gewalttätern, die in Rostock-Lichtenhagen von 1000-2000 Zuschauern geschützt wurden, welche die Randalierer »durch Parolen und Gesten in ihrem Tun bestärkten und zu mehr Gewalt aufforderten« (ebd., S. 225).

5. Aufgrund der organisatorischen, personellen und ausstattungstechnischen Defizite während der Umorganisation der Polizei in den neuen Bundesländern stand den gewalttätigen Gruppen eine in

ihrem Selbstverständnis und ihren Befugnissen verunsicherte Polizei gegenüber. Die Tatsache, daß die gewalttätigen Jugendlichen mit Erfolg gegen die Polizisten vorgingen und auch noch bewirkten, daß Asylbewerber unter Polizeischutz und unter dem Beifall der Anwohner in Bussen evakuiert wurden, führte »zu einem euphorisch erlebten Machtgewinn und einer berauschenden und stimulierenden Anarchie- bzw. Anomieerfahrung« (ebd., S. 230).

6. Die über spektakuläre Ereignisse und vor allem über politisch motivierte Gewalt flächendeckend informierenden Medien verschafften den jugendlichen Gewaltakteuren die erwünschte Aufmerksamkeit und demonstrierten Zuschauern und gewaltbereiten Gruppen aus anderen Städten, daß man durch Gewalt gegen Asylbewerber und Polizisten Städte wieder »ausländerfrei« machen kann, wie es im rechtsextremistischen Jargon heißt (ebd., S. 231). Die mediale Berichterstattung über die Ausschreitungen in Hoyerswerda und Rostock, aber auch über die Morde in Solingen (vgl. ebd., S. 235) hatten daher nicht nur eine abschreckende, sondern auch eine mobilisierende Wirkung. Denn Gewalt wurde unter diesen Umständen »für viele bis dahin Unbeteiligte [...] attraktiv, die weniger risikobereit sind« (Willems 1994, S. 220). Den Berichten der Medien über diese Ausschreitungen gegen Asylbewerber und Ausländer folgte jeweils eine sich über die gesamte Bundesrepublik ausbreitende »wellenartige Eskalation und Ausweitung von Gewaltaktionen«, die in allen diesen Fällen einige Wochen lang anhielt (Willems u. a. 1993, S. 231).

7. Im Zuge dieser Resonanzeffekte wurde die sich ursprünglich gegen Asylbewerber richtende Fremdenfeindlichkeit, die als ein Kampf gegen »Schein- oder Wirtschaftsflüchtlinge« gerechtfertigt wurde, verallgemeinert. In dem Maße, wie sich mit der Brutalisierung der fremdenfeindlichen Gewalttaten die Angriffe auch gegen Polen und Gastarbeiter, gegen Vietnamesen, Linke, Schwule und Behinderte richtete, distanzierten sich größere Anteile der Bevölkerung. Anders als nach dem Pogrom in Rostock-Lichtenhagen, für das einige Politiker noch öffentlich Verständnis bekundet hatten, wurden die Ereignisse von Mölln in der Öffentlichkeit einhellig verurteilt und schockierten einen Teil der gewaltbereiten Gruppen von Jugendlichen, denen dieser Anschlag »in jeder Hinsicht zu weit« ging (Willems 1994, S. 214).

8. Die Welle der Gewalt gegen Fremde ebbte erst ab, als die rechten Gewalttäter wieder isoliert wurden: Mit den gegen Ende 1992

organisierten Gegendemonstrationen und Lichterketten meldete sich die schweigende Mehrheit zu Wort, die den rechtsextremistischen Gruppen auf diese Weise signalisierte, »daß sie nach wie vor eine Minderheit sind« und »keineswegs von einem Großteil der Bevölkerung unterstützt werden« (ebd., S. 215). Dieser Trend wurde dadurch verstärkt, daß von staatlicher Seite her endlich entschieden interveniert wurde, Parteiverbote ausgesprochen und gegen rechtsextremistische Tatverdächtige mit Nachdruck ermittelt wurde, um ihnen das Handwerk zu legen.

Das Neue an den Gewaltwellen von 1991 und 1992 läßt sich nach Auffassung von Willems (1993) auf zweierlei Weise bestimmen: Einerseits stammen die Gewalttäter »aus eher unorganisierten, informellen Gruppen von gewaltaffinen und fremdenfeindlichen Jugendlichen«, die auch noch »Unterstützung weit über die rechtsextremistische und die gewalttätige Szene hinaus bei großen Teilen der Bevölkerung finden können« (S. 98). Andererseits geht die fremdenfeindliche Gewalt der neunziger Jahre »mit der Entwicklung eines neuen gesellschaftlichen und politischen Konfliktes« einher (ebd.), der »sich um die lokalen Spannungen und Konflikte zwischen Aussiedlern, Asylbewerbern, einheimischer Bevölkerung und Verwaltung« kristallisiert und damit »eine Reaktion auf den unerwartet starken Zustrom von Asylbewerbern nach 1990 und die dadurch ausgelösten Ängste, Konkurrenzerfahrungen und Konflikte und deren mangelnde Bewältigung« darstellt (Willems u. a. 1993, S. 254 f.).

Heitmeyers sozialstruktureller Argumentation, rechtsextremistische Orientierungen aus sozialen Desintegrationsprozessen zu erklären[2], halten die AutorInnen entgegen, daß Menschen »auf konflikthafte, widersprüchliche oder anomische Strukturen und Situationen nicht uniform, sondern unterschiedlich« reagieren, »je nach konkret verfügbaren Handlungsmöglichkeiten« (ebd., S. 250). Persönliche Desintegrationserfahrungen hätten Willems u. a. »nur für einen kleinen Teil der fremdenfeindlichen Gewalttäter« feststellen können (ebd.).

»Selbst wenn die Täter überdurchschnittlich oft arbeitslos sind, so ist die Gesamtgruppe der fremdenfeindlichen Straf- und Gewalttäter dennoch

2 Vergleiche zur sozialpsychologischen Kritik an Heitmeyers Rechtsextremismusstudie die Beiträge von Clemenz und König im zweiten Teil des Sammelbandes.

eher gekennzeichnet von Jugendlichen, die in der Regel sowohl über einen formalen Bildungsabschluß und Berufsqualifikationen als auch über feste Lehr- oder Arbeitsstellen verfügen« (ebd., S. 251).

Heitmeyers Individualisierungstheorie sei »zu abstrakt, um ganz spezifische Reaktionsweisen auf die so beschriebenen Strukturveränderungen erklären zu können« (ebd., S. 254). Zwar ließen sich aus den Individualisierungsprozessen »durchaus Orientierungsprobleme und Anomieerfahrungen« ableiten (ebd., S. 253).

»Dennoch führt dies nicht unmittelbar [...] zur Gewalttätigkeit. Es gibt eine Vielzahl von anderen Verarbeitungsformen, was schlichtweg daran zu erkennen ist, daß die gewalttätigen und die gewaltbereiten Jugendlichen nur eine Minderheit der Jugendlichen insgesamt darstellen, während die Individualisierungstendenz alle betrifft« (ebd.).

Nicht die Individualisierung sei der entscheidende sozialstrukturelle Faktor für fremdenfeindliche Gewalt, sondern »die Existenz eines ausdifferenzierten Systems jugendlicher Gruppen und Subkulturen, in denen sich Gewaltbereitschaften und Gewaltmotive immer neu erzeugen, bestätigen und verstärken« (ebd.).
Wenn aber die von Willems u. a. erhobenen Einwände verdeutlichen, daß Heitmeyers sozialstruktureller Erklärungsansatz zu allgemein und zu abstrakt ist, dann ist zu fragen, ob die Vertreter einer soziologischen Theorie jugendlicher Subkulturen ihrerseits eine befriedigendere Antwort gefunden haben:
Die qualitative Analyse von 53 Gerichtsakten, die Informationen über familiale Hintergründe, biographische Merkmale und schulische sowie berufliche Karrieren von insgesamt 148 Tätern geben, zeigt den AutorInnen zufolge, daß sich fremdenfeindliche Gewalt »typischerweise als eine kollektive Form des Handelns in Gruppen oder aus Gruppenkontexten heraus« entwickelt habe (ebd., S. 174): Sowohl in der Skinheadszene als auch in ganz alltäglichen Freundes- und Freizeitcliquen führten hoher Alkoholkonsum, die Stimulierung durch rechtsextremistische Musik, die sich um rassistische Inhalte zentriert und Vertreibungs- und Vernichtungsparolen ausgibt, das Rezipieren der in den Medien dargestellten spektakulären Angriffe auf Asylbewerberheime und der Austausch von Gerüchten über Übergriffe von Ausländern auf Freunde und Bekannte zum »Hochschaukeln« einer aggressiv-gewaltbereiten Stimmungslage (ebd., S. 190), unter deren Einfluß die Jugendlichen dagegen »etwas unternehmen« wollten (ebd., S. 189) und auf die

Idee kamen, es den Randalierern in Hoyerswerda und Rostock gleichzutun.

Der Tatsache entsprechend, daß die Jugendlichen in diesen fremdenfeindlichen und gewaltbereiten Gruppen unterschiedliche Rollen übernahmen, haben Willems u. a. vier Tätertypen identifiziert:

1. Da gibt es den »Mitläufer«, der »keine größeren privaten oder beruflichen Probleme« hat, weil er »aus einem intakten, häufig auch bürgerlichen Elternhaus« kommt, eine abgeschlossene Schulausbildung und eine entsprechende feste Arbeitsstelle hat (ebd., S. 200). Er läßt sich von den Draufgängern der Subkultur mitreißen, weil er seine Solidarität mit seinen Freunden beweisen und sie nicht im Stich lassen will. In den jugendlichen Skinhead- und Faschogruppen, in den Musik- und Freizeitcliquen stellt er eine Randfigur dar.

2. Bei dem »kriminellen Schlägertyp« handelt es sich hingegen in der Regel um einen etwas älteren Jugendlichen, der zumeist in »Problemfamilien« (Ein-Elternteil-Familie, Scheidungsfamilie, Alkoholmißbrauch der Eltern, Gewalt als Mittel der Erziehung) aufgewachsen ist, ein Schulabbrecher, der in der Regel arbeitslos ist und eine kriminelle Karriere hinter sich hat. Willems u. a. sind der Auffassung, daß sich allein bei diesem Typus von Heitmeyer beschriebene Desintegrationsphänomene wie »Schulabbruch, Arbeitslosigkeit, defizitäre Familienstrukturen, Beziehungslosigkeit« beobachten lassen (ebd., S. 250). Seine Mißerfolge versuche der Schlägertyp durch seine Fremdenfeindlichkeit und durch seine Gewaltbereitschaft zu verarbeiten, die sich nicht nur gegen Ausländer, sondern auch gegen Gruppenmitglieder richtet (ebd., S. 201 ff.).

3. Der »Ausländerfeind« weist ebenfalls familiale und schulische Defizite auf, seine Vorurteile gegen Ausländer und seine Gewalt gegen Fremde rechtfertigt er »über diffuse Gefühle der Benachteiligung, der Ungleichbehandlung der ›Deutschen‹ gegenüber ›den Ausländern‹ und insbesondere gegenüber Asylbewerbern«, durch die er sich »bedroht« fühlt (ebd., S. 204).

4. Allein der »rechtsextremistische oder rechtsradikale Täter« ist »ideologisch motiviert«, hat Kontakte zu rechtsextremistischen Parteien oder ist sogar Mitglied. Er versucht als Agitator aufzutreten, der in der jugendlichen Subkultur die Initiative übernimmt und als Führerfigur auftritt. Dieser gegen »Scheinasylanten« het-

zende Rechtsextremist verfügt in der Regel über »erfolgreiche Schulabschlüsse«, »eine erfolgreiche Berufsausbildung« sowie »eine feste Arbeitsstelle« (ebd., S. 207).

Wie schlüssig auch die Darstellung verschiedener Tätertypen ist, die sich in einer Gruppe zusammenfinden, in der sich dann unter bestimmten Umständen (Alkoholmißbrauch, rechte Musik, Medienrezeption, Gerüchte) eine Bereitschaft zum Gewalthandeln entfaltet, ungeklärt bleibt die Frage nach den Motiven, die Jugendliche in die gewaltaffinen peer-groups treibt und die sie durch die Gewaltaktionen zu befriedigen suchen. Willems u. a. (1993) geben die folgenden fünf Motive an:

a) Die »Suche nach Action« oder das Verlangen nach »gemeinsamen Abenteuern« als »Abwechselung« zum »eher monotonen« Alltag (ebd., S. 191).

b) Der Wunsch nach Anerkennung durch die Gruppe, aufgrund deren die Gewalttat zur »Mutprobe« wird, »die über Zugehörigkeit und Akzeptanz in der Gruppe entscheidet« (ebd., S. 192).

c) Die aufgrund ungelöster Probleme »in Familie, Schule oder Beruf« entstehenden »Ohnmachtserfahrungen« werden »kompensiert« durch »Aggression gegen noch Schwächere« (ebd., S. 193). Wie es die Vorurteilsforschung beschrieben habe, übernehmen die Fremden damit die Funktion von »Sündenböcken« (ebd.).

d) Eine »zentrale Motivation« sei schließlich »die diffuse emotionale Abneigung und die Fremdenfurcht« (ebd., S. 194), aufgrund deren die Ausländer »eine Sündenbockfunktion [...] für das eigene Versagen« übernehmen (ebd., S. 195).

e) Schließlich gebe es »eine dezidiert ideologische Motivation fremdenfeindlicher Gewalttaten«, die infolge »eines politisch verfestigten rechtsradikalen Gedankengutes« entstehe (ebd.).

Gegen die von Willems und seinen Mitarbeitern zusammengestellte Liste von Motivlagen lassen sich eine Reihe von Einwänden erheben:

1. Wenn die Autoren unter (d) und (e) auf Fremdenfeindlichkeit und Rechtsextremismus als Gründe für Gewalttaten gegen Fremde zu sprechen kommen, dann sprechen sie über persönliche Motive der Täter. Obwohl sie zeigen wollen, wie Interaktions- und Eskalationsprozesse fremdenfeindliche Gewalt erzeugen, setzen sie hier Fremdenfeindlichkeit und Rechtsextremismus als individuelle

Motive voraus. Damit erweist sich ihre Argumentation als zirkulär: Eben das, was aus sozialen Interaktionen der Gruppe erklärt werden soll, wird zugleich vorausgesetzt. Die Frage, wie die Motive der Täter aufgrund einer Faszination durch die Subkultur der Skinheads, Faschos oder anderer gewalttätiger und fremdenfeindlicher Gruppen entstehen, können die Autoren nicht beantworten.

Das bedeutet aber, daß die gegen Heitmeyer erhobenen Einwände auch für Willems und seine Mitarbeiter gelten: Wie die sozialstrukturelle These der ökonomischen und sozialen Desintegration zu allgemein ist, um Rechtsextremismus zu erklären, so ist auch die These, die fremdenfeindliche Gewalt erkläre sich aus der Subkultur gewaltaffiner Jugendgruppen, noch zu abstrakt. Hinreichend verstehen läßt sich die fremdenfeindliche Gewalt erst dann, wenn nicht nur der sozialstrukturelle Wandel und die Subkultur gewalttätiger Jugendlicher, sondern auch die sich im Verlaufe der Lebensgeschichte entfaltenden Prozesse der Individuation und Sozialisation soziologisch untersucht werden, aufgrund deren sie sich in Gruppen zusammenfinden, in denen sie ihre ungelösten Konflikte aggressiv agieren.

2. Willems u. a. beschreiben unter den Punkten (c) und (d) zwei Motivlagen, denen derselbe Modus der Konfliktverarbeitung zugrunde liegt: Beide Male geht es darum, daß Aggressionen im Zuge einer Vorurteilsbildung gegen Fremde verschoben und diese vermittels projektiver Abwehr schuldig gesprochen werden (Sündenbockfunktion). Unter (c) werden freilich auch zugrunde liegenden Leidenserfahrungen und ihre affektive Verarbeitung ansatzweise umschrieben: Das Scheitern in familialen, schulischen und beruflichen Sozialisationsprozessen erzeugt Gefühle von Ohnmacht – und von Willems u. a. übersehene Angstzustände –, heftige Emotionen, mit denen Aggressionen aufflammen, die auf eine vorurteilsgeleitete Weise gegen Fremde verschoben werden.

3. Wenn Willems u. a. unter (a) das dem Gewalthandeln zugrunde liegende Verlangen nach »Action« und »Abenteuern« als Versuch eines Ausbruchs aus einem monotonen Alltag zu begreifen versuchen, dann bleiben sie ganz an der Oberfläche eines Wunsches, der sich affektsoziologisch als die Folge bestimmter sozialer Interaktionen erklären läßt: Eben da, wo die Akteure aufgrund mißlungener familialer, schulischer und beruflicher Erfahrungen mit Gefühlen der Ohnmacht und Angst reagieren (siehe (c)), stürzt ihr

Selbstwertgefühl ab, und sie geraten in depressive Verstimmungen, deren sie sich durch die Wiederbelebung infantiler Phantasien der Größe und Allmacht zu erwehren suchen. Der Wunsch nach »action«, das Verlangen nach Abenteuern sind das Resultat einer narzißtischen Sehnsucht, derentsprechend man das eigene Leben bei gewalttätigen Auseinandersetzungen mit dem Feind in der zuversichtlichen Hoffnung wagt, sich als stärker als der Gegner (die Ausländer, die Polizei und die Justiz) zu erweisen. Sind Ausschreitungen gegen Ausländer und Asylbewerber wie in Hoyerswerda und Rostock-Lichtenhagen aber erfolgreich, dann wird das aufgrund des Leidens unter sozialen Zumutungen ange-schlagene Selbstwertgefühl so aufgewertet, wie es Willems u. a. mit den Worten, daß sie einen »euphorisch erlebten Machtgewinn« und eine »berauschende und stimulierende Anarchie- und An-omieerfahrung« genießen (S. 230), beschrieben haben.

Dieser Regression auf eine narzißtische Erlebnisweise entspricht die Qualität der von den wütenden Jugendlichen praktizierten Gewalt: Die Tatsache, daß es nicht ausreicht, die Ausländer und Asylbewerber zu beschimpfen, zu schikanieren und sich mit ihnen zu schlagen, sie die Fremden vielmehr erstechen, aus der Straßen-bahn werfen, mit dem Auto überfahren, mit Benzin übergießen und anzünden und ihre Wohnquartiere in Brand setzen müssen, offenbart eine grenzenlose Destruktivität: Die Fremden werden nicht mehr wie im Zuge einer ödipalen Auseinandersetzung als menschliche Gegner wahrgenommen und solange bekämpft, bis sie unterliegen; vielmehr werden sie einem narzißtischen Erleben entsprechend als das eigene Überleben bedrohende Objekte be-handelt, von denen die Welt gereinigt werden muß. So rächen sich die Gewaltakteure auf eine blindwütig-maßlose Weise an den Fremden für die Verletzungen des Selbstwertgefühls, die ihnen im Verlaufe ihres Heranwachsens zugefügt worden sind.

4. Unter (b) beschreiben Willems u. a., »daß die Geltung in der Gruppe, das ›Akzeptiertwerdenwollen‹ als vollwertiger Teil der Gruppe zentrale Handlungsmotivationen einzelner Jugendlicher darstellen können« (ebd., S. 192). Die fremdenfeindliche Gewalt werde sehr oft als eine »Mutprobe« aufgefaßt, die als Beweis dafür, kein »Feigling« zu sein, über die »Zugehörigkeit und Akzeptanz in der Gruppe« entscheide (ebd.). Die Tatsache, daß gewaltaffine Jugendgruppen männlich sind, erhellt, was es bedeutet, daß deren Mitglieder unter dem »Zwang« stehen, »sich als stark und zuver-

lässig zu beweisen« (ebd.). Mit den Tugenden »Verläßlichkeit, Treue, Standfestigkeit, Mut, Härte« geht es nämlich um Wertorientierungen, die »auf Männlichkeitsideale wie die des Kämpfers, Kriegers, des ›ganzen Kerls‹ ausgerichtet sind« (ebd., S. 192 f.). Mit der Erklärung, in der gewaltaffinen Jugendkultur verschaffe sich eine »über Härte, Kraft, Stärke und auch Gewaltbereitschaft« definierte Männlichkeit einen sozialen Ausdruck, die in der modernen Gesellschaft »kaum mehr nachgefragt« werde (ebd., S. 258), bleiben Willems u. a. an der Oberfläche des Problems. Denn den AutorInnen setzen sich über die Frage hinweg, wie die männliche Aggressivität der jugendlichen Gewalttäter aus der Sozialstruktur der modernen Industriegesellschaften zu erklären ist.

11. Die fremdenfeindliche Gewalt der rechten Jugendszene als Folge typischer Bildungs- und Vergesellschaftungsprozesse in modernen Industriegesellschaften

Da die von Willems u. a. aufgelisteten Motive für den Anschluß von Jugendlichen an gewaltaffine peer-groups unbefriedigend bleiben, sollen die das Erleben und Denken jugendlicher Rechtsextremisten bestimmenden Affekte und Triebimpulse exemplarisch anhand rechter Skinheads erörtert werden: Schon durch ihre äußere Erscheinung signalisieren Skins männliche Härte und Gewaltbereitschaft: Sie tragen kahlgeschorene Glatzen, damit sich der Gegner nicht an den Haaren festkrallen kann; enge hochgekrempelte Jeans, Springerstiefel mit Stahlkappen, Hosenträger über dem Hemd und Bomberjacken bilden die Uniform, die für den Kampf der Skins auf der Straße geeignet sind; und die Tätowierungen auf ihren Körpern signalisieren, daß Skinheads das Leben in ihrer Subkultur als einen »way of life« verstehen (Farin, Seidel-Pielen 1993, S. 187), durch den sie sich einerseits von anderen Jugendgruppen wie Punks und Mods, andererseits von den Erwachsenen unterscheiden, den Konsumbürgern und »Spießern« der Mittelschichten. Auch wenn es auf sie selbst nicht unbedingt zutrifft, betrachten sich die meisten Skins als Angehörige der Arbeiterklasse oder sehen sich doch dort historisch verwurzelt.[3]

3 Daß es dabei auch um das Rebellieren der Jugendlichen der Unterschicht

Unter Skinheads muß man zumindest drei Gruppierungen unterscheiden:

a) Die Skins, für die »way of life« vor allem darin besteht, »Musik, Parties, Alkohol« zu genießen (ebd., S. 187). Mit den Worten eines 19 Jahre alten Skins: »Gute Musik, stilvolle Kleidung (hart, aber smart), Fußballrandale, keiner politischen Richtung angehören, aber zu allem seine eigene Meinung haben« (ebd., S. 6).

b) Die fremdenfeindlichen Skinheads, die in der Öffentlichkeit durch ihre gewalttätigen Überfälle für Schlagzeilen gesorgt haben:

»Immer spielt die Verteidigung des eigenen bedrohten Territoriums eine wichtige Rolle: ein Jugendclub, eine Kneipe, die Stadt, die Nation. Die Vereinsfahne des lokalen Fußballvereins, die (Kriegs)Flaggen, Hakenkreuze etc. sind Erkennungszeichen für die Zusammengehörigkeit und zugleich Symbole, die verteidigt werden und um die gekämpft wird. Ihre Stärke und Gefährlichkeit erreichen die Skins durch ein extremes Gruppenbewußtsein. Die Gruppe als männliche Gemeinschaft der ›Kämpfer‹ stabilisiert sich durch das Ritual der immer wieder selben gemeinsam gegrölten Parolen, mit dem Sich-Mut-Ansaufen [...]. Im Schutz der überlegenen Gruppe werden einzelne, schwächere ›Gegner‹ überfallen, Brandsätze in Wohnungen geworfen. Bewaffnet mit Baseballschlägern und Messern bricht sich die Zerstörungswut der Skinheads eine Bahn. Mit diesem Stil der Gewalt und ihrer Symbolik des männlichen Kämpfers knüpfen sie an die Ästhetik und die Formen der ›street-culture‹ der Jugendgangs und der kriminellen Banden der Großstadt an« (Sander 1993, S. 162 f.).

Rechte Skins kooperieren häufig mit Neonazis und schließen sich auch deren politischen Organisationen an. Einige stößt freilich die Disziplin der Neonazis und die geschlossene rechtsextremistische

gegen die Jugendkultur der Mittelschichten geht, zeigt sich vor allem bei den englischen Skinheads der späten 60er Jahre, die den deutschen Skins als Vorbild dienten. Die englischen Skins, die den unteren Schichten der Arbeiterklasse entstammten, fühlten sich nämlich nach Einschätzung von Wirth (1989) auf doppelte Weise ausgeschlossen:

»Zum einen sahen sie sich als Angehörige des subproletarischen Teils der Arbeiterklasse im Zuge der wirtschaftlichen Rezession einer sozialen und wirtschaftlichen Deklassierung ausgesetzt. [...] Zum anderen fühlten sie sich ausgeschlossen von der gesellschaftlichen Aufbruchstimmung, die große Teile der Jugend aus den Mittel- und Oberschichten in den sechziger Jahren erfaßt hatte. Die Arbeiterjugendlichen aus den Slums der Industriestädte empfanden den antiautoritären Protest der Hippies und der Studenten als Zeichen von Unmännlichkeit, Verweichlichung und Schwäche« (S. 187).

Weltanschauung ab. Diejenigen, die noch »die Freiheit« haben, »die Szene nach ihren Bedürfnissen – fun und action zur Unterhaltung – aufzusuchen und auch wieder zu verlassen«, kehren daher in die subkulturelle Szene zurück (Erb 1994, S. 44).

c) Als Reaktion auf die Naziskins, die »das Image der Szene ruiniert haben und das Leben als Skinhead erschweren« (Farin, Seidel-Pielen 1993, S. 203), sind seit der Mitte der 80er Jahre eine Reihe antirassistischer Skin-Organisationen entstanden, die sich dagegen wehren, daß alle Skinheads als Rassisten identifiziert werden. Unter dem Namen »SHARP« (»Skinheads Against Racial Prejudice«) engagieren sich Skinheads gegen Rassisten und Faschisten (S. 118). Politisch links stehen die »Redskins«, Aktivisten der Szene, die freilich »quantitativ eine kleine Minderheit« darstellen (ebd., S. 136).

Die jugendliche Subkultur der Skinheads erweist sich also als durchaus heterogen. Sie wird noch dadurch kompliziert, daß sich die Szene unter dem Einfluß von Frauen ändert, die über das »ständige Koma-Saufen« und die »Randale rund um die Uhr« klagen und kreative Freizeitaktivitäten anregen (ebd., S. 190). Hinzu kommen schwule Skinheads, die freilich in das Bild vom »echten« Skinhead (»Saufen, Prügeln, Ficken«) nicht hineinpassen (ebd., S. 192). Im Zuge von Rechtsextremismusforschung geht es infolgedessen um eine bestimmte Szene dieser Jugendkultur, die rechten Skinheads, die »insgesamt mackerhafter« sind, »das Männlichkeitsideal der ›Kämpfer für Doitschland‹ ungebrochener« als ihre nicht-rassistischen Kameraden exekutieren (ebd., S. 190).

Versucht man zusammenzufassen, was rechte Skinheads auszeichnet, so fällt dreierlei auf:

1. Mit ihren nicht-rassistischen Altersgenossen verbindet rechte Skins, daß sie sich durch ihre Glatzen und Tätowierungen »radikal-häßlich« inszenieren (Sander 1993, S. 167). Die Worte eines 25 Jahre alten Skinheads, »das Gegenteil zu elitären oder ›individualistischen‹ Jugendlichen« (ebd., S. 8), offenbaren, daß Skins sich vor allem von den jugendlichen Subkulturen der Mittelschichten unterscheiden wollen. Die Bemerkung eines 26-jährigen Skins, es gehe um einen »Protest gegen die Gesellschaft« (ebd., S. 6) oder, so ein Gleichaltriger, um »eine Rebellion gegen Macht und angeblich Mächtige« (ebd., S. 10), verraten darüber hinaus, daß Skinheads sich durch ihre Subkultur auch von der älteren Generation unterscheiden wollen. Daher geht es auch darum, so ein 28 Jahre alter

Skinhead, »ein Leben außerhalb dieser vollgefressenen, verlogenen und geistig toten Gesellschaft« zu führen (ebd., S. 12).

2. Was rechte Skinheads von nicht-rassistischen Skins unterscheidet, ist zunächst ein mit der Gewalttätigkeit verbundener martialischer Männerkult, der zugleich Frauenfeindlichkeit bedeutet. Wie sich die Beziehung rechter Skinheads zu Frauen darstellt, zu denen sie im allgemeinen nur sporadische Kontakte haben und die sie auch verprügeln (vgl. Reimitz 1989, S. 185 f.), illustriert Wirth (1989) am Beispiel des 18 Jahre alten Max: Während sein Vater die Familie nach Maxens Geburt verlassen und nie Unterhalt gezahlt hat, hat die Mutter ihn des öfteren in eine Pflegefamilie abgegeben und immer wieder zurückgeholt. Auf die Frage, ob er mal verliebt war, berichtet er von der Beziehung zu einer zehn Jahre älteren Erzieherin, die er auch nachts anrufen könne. Über Frauen sagt Max dagegen, daß man sie »als Kaugummi, als Zigarettenpapier, als Klopapier« betrachten könne, »das man benutzt und dann wegschmeißt« (ebd., S. 191). Wirth kommentiert, daß Max »Frauen entweder als ›heilige Mutter‹ oder als ›verachtenswerte Hure‹« wahrnimmt (ebd., S. 193). Der Spaltung seines Frauenbildes entspreche seine Spaltung der Welt in die guten Deutschen, auf die er stolz ist, und in die Fremden, die für ihn das Böse verkörpern. Das gespaltene Frauenbild und den Fremdenhaß führt Wirth damit auf die defizitäre Mutter-Kind-Beziehung zurück:

»Indem er die Macht und den menschenverachtenden Terror idealisiert, versucht er die früher erlittenen Traumatisierungen umzukehren: Er will nun so stark und gefürchtet sein, wie er die einst von ihm gefürchtete ›böse‹ Mutter erlebt hat [...]« (ebd., S. 194).

3. Was rechte Skinheads zudem von nicht-rassistischen Skins unterscheidet, ist die mehr oder weniger vollständige Übernahme von Versatzstücken der rechtsextremistischen Weltanschauung. So meint ein 20 Jahre alter Skinhead, ihm gehe es darum, »Stolz auf meine Heimat und Rasse« zu zeigen (Farin, Seidel-Pielen 1993, S. 12). Und ein gleichaltriger Skin erklärt:

»Durch mein Aussehen und Auftreten zu zeigen, daß es in Deutschland noch Leute gibt, denen nicht egal ist, ob hierher immer mehr Ausländer kommen; zu zeigen, daß ich mit der Vergangenheitsbewältigung fertig geworden bin und daß ich mein Vaterland, wenn nötig mit Gewalt, immer und überall verteidigen werde« (ebd., S. 10).

Oder es heißt im Alter von 20 Jahren: »Für die Reinheit unserer

deutschen Nation zu kämpfen und notfalls auch zu sterben!«
(ebd., S. 12).
Zu fragen ist, ob sich das von Willems u. a. nur unzureichend gelöste
Problem der Motive der Täter, dessen Bedeutung in den von heftigen Emotionen getragenen Äußerungen zahlreicher Skinheads
anschaulich zutage tritt (Sich-Abgrenzen von anderen jugendlichen Subkulturen und Aufbegehren gegen die ältere Generation,
mit Männlichkeitskult und Frauenhaß verbundene Gewaltbereitschaft, nationalistische und fremdenfeindliche Weltanschauung),
nicht als Resultat typischer Bildungs- und Sozialisationsprozesse
in den fortgeschrittenen Industriegesellschaften erklären läßt.
Ohne damit hermeneutischen Fallrekonstruktionen vorgreifen
zu wollen, sollen doch zumindest in Anschluß an die für diese
Fragestellung maßgeblichen Theorieentwürfe von Parsons, Hork-
heimer/Adorno und Erikson drei Thesen formuliert werden:

II, 1. Zur aggressiven Männlichkeit von jugendlichen Gewalttätern in Anschluß an Parsons

Das Problem, wie die männliche Aggressivität aus der Sozialstruktur der modernen Industriegesellschaften der westlichen Welt
entsteht und durch soziale Systeme strukturiert wird, hat Parsons
(1947) auf der Basis der Unterscheidung von vier strukturfunk-
tionalen Bedingungszusammenhängen untersucht: (a) des Ver-
wandtschaftssystems, in dem sich die individuelle Persönlichkeit
entfaltet, (b) des Berufssystems, in dem der wichtigste Wettbewerb
um soziale Statuspositionen stattfindet, (c) des dynamischen Wandels, der die in der westlichen Welt tradierten Werte und Gefühle
auflöst, und (d) der institutionellen Strukturen, welche die Stabilität des Sozialsystems durch die Organisation der Aggressivität um
wenige strukturelle Spannungen sicherstellen (vgl. ebd., S. 229).
(a) Charakteristisch für das Verwandtschaftssystem der urbanen
Industriegesellschaften ist »die relativ isolierte Kleinfamilie«, deren Status und Einkommen den herrschenden Geschlechtsrollen-
stereotypen entsprechend vor allem von der Berufsarbeit des
Mannes und Vaters abhängen (ebd., S. 230). Da Wohnung und
Arbeitsplatz anders als in der bäuerlichen Welt räumlich getrennt
sind, ist der berufstätige Vater tagsüber abwesend. Da die Sorge für
Haushalt und Kinder traditionellerweise der Frau zufällt, bildet

die Mutter für die Kinder das wichtigste »affektive Objekt«, für dessen »emotionale Einstellungen« das Kind »ein hohes Maß an Empfindlichkeit« entwickelt (ebd., S. 231). Während den Kindern die Berufswelt des Vaters fremd bleibt, erleben sie das Kochen der Mutter, ihre Hausarbeit und ihre Sorge um ihre Familienangehörigen unmittelbar mit. Weil die Mutter nicht nur für das Mädchen, sondern auch den Jungen »das am leichtesten zugängliche und das bedeutsamste Vorbild« darstellt, neigt er »zunächst dazu, ebenfalls eine direkte weibliche Identifizierung vorzunehmen« (ebd., S. 232). Sobald der Junge sich seines männlichen Körpers bewußt wird und entdeckt, »daß die Frauen in bestimmten, wichtigen Aspekten als den Männern unterlegen betrachtet werden und daß es daher eine Schande für ihn wäre, wenn er so würde wie eine Frau« (ebd., S. 232), entwickelt er »eine Art ›zwanghafter Männlichkeit‹« (ebd.):

»Er will absolut nichts mit Mädchen zu tun haben. [...] Er interessiert sich für Sport, für körperliche Tüchtigkeit, für alle Dinge, in denen die Männer den Frauen gegenüber den primitivsten und offensichtlichsten Vorteil besitzen. Auch wird er allergisch gegen jeglichen Ausdruck zarter Gefühle; er muß ›hart‹ sein. Dieses universalistische Muster [...] ist so ausgeprägt [...], weil es einen Verteidigungsmechanismus gegen die weibliche Identifizierung darstellt« (ebd., S. 232 f.).

Zugleich ist die Mutter »Hauptträger der sozial bedeutsamen Disziplinierung«, die das Kind den geltenden Konventionen entsprechend zu »richtigem« Verhalten anhält (ebd., S. 233). Diese Tatsache wiegt um so schwerer, als die Erziehungsaufgabe der Mutter von anderen Frauen fortgesetzt wird, die auf die Jungen als Erzieherinnen im Kindergarten und als Lehrerinnen in der Grundschule pädagogisch einwirken.

»Es ist daher nicht überraschend, daß der Junge, wenn er sich im Namen der Männlichkeit gegen die Identifizierung mit der Mutter auflehnt, unbewußt Weiblichkeit und ›Bravheit‹ identifiziert, und daß es für ihn zum positiven Ziel wird, ein ›böser Junge‹ zu sein« (ebd., S. 233).

Dieser Prozeß männlicher Individuation und Sozialisation wird noch dadurch erschwert, daß die Mutter insgeheim einen »richtigen Jungen« haben will, daher häufig unbewußt das »böse« Verhalten des Sohnes bewundert und ihn dem Bruder vorzieht, der ein »Musterknabe« ist (ebd., S. 234).
Nach Auffassung von Parsons kollidiert die mit der männlichen

Identität der Jungen einhergehende »Betonung auf körperlicher Tüchtigkeit und einer gewissen Unverantwortlichkeit« freilich mit der funktional vorherrschenden männlichen Erwachsenenrolle, die auf dem »Gebrauch seiner geistigen Fähigkeiten, nicht seiner Muskelkraft« und auf der »Übernahme von Verantwortlichkeiten« beruhe (ebd.). Daher müsse »die große Mehrzahl der Jungen [...], um zu voller Reife zu gelangen, einen weiteren Übergang durchmachen« (ebd.):

»Das frühere ›Böse-Jungen‹-Muster gestattete zumindest einen direkten Ausdruck der Aggressivität in physischer Hinsicht, wenn sie auch nicht gegen die Mutter selbst gerichtet sein mochte. Dieser Ausdruck der Aggressivität wird durch die Disziplin der meisten männlichen Erwachsenenrollen jedoch scharf eingeschränkt; höchstens im Wettbewerb bietet sich – in sublimierter Form – noch eine gewisse Möglichkeit dazu. Es ist jedoch sehr wahrscheinlich, daß hier eine wichtige Quelle jener latenten Aggressivität liegt, die sich in Gruppenantagonismen und vor allem im Krieg mobilisieren läßt, weil er die physische Aggressivität als solche legitimiert« (ebd., S. 234).

Wie sehr es dem Mann in der westlichen Welt auch gelingt, im Alltag »nüchterne Verantwortlichkeit, sorgfältige Achtung vor den Rechten anderer und zarte Zuneigung zu Frauen« zu entwickeln, es bleibt »eine Tendenz« bestehen, »gegen die Routine-Aspekte der primär institutionalisierten männlichen Rolle zu revoltieren« (ebd., S. 238). Weil ihre männliche Identität eine Reaktionsbildung gegen die frühe weibliche Identifizierung mit der Mutter darstellt, bleiben Männer »seltsam empfänglich für die Anziehungskraft einer jugendlichen Form entschieden männlichen Verhaltens und entschieden männlicher Einstellung« (ebd.).[4]

4 Über der Tatsache, daß auf eine programmatische Arbeit von Parsons zurückgegriffen wird, um zu zeigen, wie die männliche Aggressivität aus der Sozialstruktur moderner Industriegesellschaften entsteht und durch soziale Systeme strukturiert wird, sollte freilich nicht übersehen werden, wie Chodorow (1978) die damit verbundene geschlechtsspezifische Problematik weiterentwickelt hat, deren eingehendere Erörterung freilich den Rahmen dieses Beitrags sprengen würde:
Chodorow vertritt die Auffassung, daß sich in den westlichen Industriegesellschaften die gesellschaftliche Produktionsweise in einer geschlechtsspezifischen Arbeitsteilung reproduziert, derentsprechend Frauen die Aufgabe der Mutterschaft und Männer die Aufgabe der Berufsarbeit übernehmen. Da Mädchen sich von Anfang an mit ihren

(b) Das wesentlichste Merkmal des Berufssystems bildet dagegen »der Primat des funktionalen Leistungserfolgs« (ebd., S. 241). Da jedes persönliche Gefühl »den Erfordernissen der fachlichen Aufgabe untergeordnet ist« (ebd., S. 241), bedeutet der Eintritt in die Arbeit »auch eine Unterwerfung unter strenge Disziplin« (ebd., S. 242 f.). Beruflicher Erfolg hängt davon ab, in dem in der Arbeitswelt geltenden »Selektionswettbewerb wiederholt ›gewonnen‹ [zu] haben« (ebd.). Zwar bietet »der weite Bereich konkurrierender Tätigkeiten« den Gewinnern »einige Möglichkeiten für die konstruktive Sublimierung der Aggressivität«, aber da in einem solchen auf die Leistung des Einzelnen setzenden System »die Zahl der zum ›Verlieren‹ Verurteilten wahrscheinlich sehr viel größer ist« (ebd., S. 242), ist die Tendenz sehr verbreitet, »sich unverdient zurückgesetzt oder ungerecht behandelt zu fühlen«. Unter dem Druck, »ein ›guter Verlierer‹ zu sein«, setzt sich ein »Zwang zur Verdrängung von Ressentiments und Ärger« durch (ebd., S. 243). Das Berufssystem eröffnet daher »nur wenige direkte Ausdrucksmöglichkeiten für die meisten Formen aggressiver Impulse« (ebd., S. 244).

Müttern identifizieren, entwickeln sie nach Chodorow eine sichere weibliche Identität, derentsprechend sie eine differenzierte Gefühlswelt und Beziehungsfähigkeit entfalten, die sie auf die spätere Rolle der Mütterlichkeit vorbereite. Freilich leiden Frauen aufgrund ihrer engen Mutterbindung unter Schwierigkeiten, sich abzugrenzen und sich zu individuieren. Selbst wenn sie berufstätig werden, übernehmen sie partikularistische Rollen, denen entsprechend sie auch als Sekretärin, Krankenschwester oder Lehrerin auf Menschen bezogene »Gefühlsarbeit« leisten (S. 231). Jungen seien sich dagegen ihrer Geschlechtsidentität unsicher, weil sie sich ganz so, wie es Parsons beschrieben hat, zunächst mit der Mutter identifizieren, eine weibliche Identifikation, die sie im Zuge der späteren Identifikation mit dem Vater verdrängen. Da sie sich im Zuge der Entwicklung einer männlichen Geschlechtsidentität von der Bindung an die Mutter befreien, entwickeln sie eine große Autonomie. Allerdings basiert ihre männliche Identität darauf, daß sie mit der Gefühlsbeziehung zur Mutter ihre Emotionen unterdrücken und sich für das von den verwirrenden Gefühlen weit entfernte abstrakte Lernen interessieren. So bereiten Chodorow zufolge familiale Sozialisationsprozesse Jungen darauf vor, als Handwerker, Facharbeiter oder Techniker universalistische Rollen zu übernehmen, die vertraglich geregelte und klar abgegrenzte Berufe in einer entfremdeten Arbeitswelt darstellen.

Verwandtschafts- und Berufssystem stellen »ein System sich gegenseitig verstärkender Kräfte« dar (ebd., S. 244): Wie beruflicher Erfolg »viel zur Verringerung des Bedürfnisses nach zwanghafter Männlichkeit beitragen kann« (ebd., S. 245), so verbindet sich berufliches Versagen mit dem »Gefühl, ungerecht behandelt worden zu sein« und verstärkt auf diese Weise eine männliche Aggressivität, mit der sich die Jungen gegen die Übermacht der Mütter und die weibliche Identifizierung mit ihnen zur Wehr setzen, die sie unter den familialen Sozialisationsbedingungen der in der modernen Industriegesellschaft vorherrschenden isolierten Kleinfamilie entwickeln.

(c) Das Berufssystem betrachtet Parsons als den wichtigsten institutionellen Niederschlag des von Max Weber untersuchten Rationalisierungsprozesses. Rationalisierung bedeutet einen durch den wissenschaftlich-technischen Fortschritt in Gang gesetzten sozialen Wandel, der sowohl das bestehende Symbolsystem als auch den sozio-kulturellen Handlungskontext auflöst, die den Menschen Sicherheit und eine stabile Verhaltensorientierung geben. Dieser soziale Wandel, auf den viele Individuen verunsichert und mit Angst reagieren, ist Parsons zufolge in hohem Maße für die Entwicklung von Aggressivität in der modernen Industriegesellschaft verantwortlich. Der Rationalisierungsprozeß polarisiere nämlich den soziokulturellen Unterschieden entsprechend, wie sie durch den Gegensatz von Stadt und Land, Kapital und Arbeit, Ober- und Unterschichten bedingt sind: Jene Bevölkerungssegmente, die sich durch den Prozeß dynamischen Wandels bedroht fühlen, entwickeln eine »fundamentalistische Reaktion« (ebd., S. 248), derentsprechend sie traditionelle Werte wie Familie, Religion, Klasseneinstellungen und Traditionen der Volkskultur zwanghaft übersteigern. Die fundamentalistische Reaktion wendet sich gegen die aufklärerischen Ideen der Wissenschaft, des Atheismus, des liberalen Rationalismus und gegen die Lockerung der traditionellen Geschlechtsmoral, für welche diejenigen eintreten, die wie die akademischen Berufe den emanzipierten Gruppen zuzurechnen sind, die vom sozialen Wandel profitieren. Empfindlich reagieren auf die fundamentalistischen Angriffe vor allem jene emanzipierten Gruppen, die aufgrund ihrer sozialen Randlage weniger gut institutionalisiert sind und ihre Unsicherheit durch ein »zwanghaft verzerrtes Muster extremer Emanzipierung« überdecken« (ebd., S. 247), dementsprechend »alle traditionellen Werte als

›dumm‹, reaktionär und unaufgeklärt« gebrandmarkt werden (ebd., S. 248). Die im Verwandtschaftssystem entstehende und durch das Berufssystem verstärkte Aggressivität kommt daher in den kulturellen Konflikten zwischen den emanzipierten Gruppen und den fundamentalistischen Gruppen zum Ausbruch, welche in den modernen Industriegesellschaften die sozialen Interessengegensätze überlagern.

(d) Daß die zunehmende Aggressivität in Gruppenkonflikten ausgetragen wird, heißt, daß die Individuen durch die Solidarität mit der Eigengruppe einen neurotische Ängste beschwichtigenden Halt gewinnen und negative Impulse auf eine Fremdgruppe übertragen. Wie sich die Eigengruppe der Fremdgruppe überlegen fühlt, so wird diese zugleich »einer unberechtigten Überlegenheitsanmaßung« beschuldigt (ebd., S. 250). Die Juden haben daher nach Auffassung von Parsons »einen nahezu idealen Sündenbock für die gesamte westliche Welt abgegeben« (ebd.). Das »ungeheure Aggressivitätsreservoir«, das sich in Gruppenfeindschaften zu entladen droht, dämmen in den modernen Industriegesellschaften freilich die Nationalstaaten ein. Sie verfügen über die Macht, um die Gegensätze zwischen fundamentalistischen und emanzipierten Gruppen durch eine Loyalität der Nation gegenüber zu neutralisieren, und stellen mit der »Feindschaft gegen den Fremden [...] ein Mittel zur Verfügung«, um eine »›Einigkeit‹ zu erzielen«, die notfalls durch Krieg gegen eine andere Nation hergestellt wird (ebd., S. 251).

In Anschluß an Parsons und Chodorow kann man daher die *erste These* formulieren, daß der Haß gewalttätiger Skinheads auf Frauen verrät, wie die gewaltaffine Subkultur der rechten Szene männliche Jugendlichen anzieht, weil sie durch die Entwicklung eines aggressiven Männlichkeitskults die Bindung an die Mutter zu überwinden suchen, die in der isolierten Kleinfamilie nach wie vor das primäre Liebesobjekt und die wichtigste Erziehungsperson darstellt. Je mehr diese Jugendlichen aufgrund des in Schule und Arbeitswelt herrschenden Leistungsprinzips unter Konkurrenzdruck geraten und sich in diesem System als Verlierer fühlen, um so aggressiver werden sie. Mit Parsons läßt sich zudem vermuten, daß die mit den tradierten Werten der Sauberkeit, Recht und Ordnung identifizierten Skins sich durch den Prozeß sozialen Wandels in besonderem Maße verunsichert und bedroht fühlen. Symptomatisch dafür ist, daß sie auf die durch die Frauenbewegung artikulierten Emanzipationsansprüche auf eine fundamentalistische Weise reagieren, indem sie dagegen die Ansprüche eines frauenfeindlichen Männlichkeitskults verteidigen. Die gewaltaffine Subkultur bietet daher fremdenfeindlichen Jugendlichen die Möglichkeit, sich durch die Verbindung mit den Gleichaltrigen stark und sicher zu fühlen und ihre aggressiven Triebregungen gegen Fremde zu entladen, deren Verfolgung die rassistische Weltanschauung rechtfertigt.

II, 2. Zum Autoritarismus jugendlicher Gewalttäter in Anschluß an Horkheimer und Adorno

Einen weiteren Beitrag zum sozialisationstheoretischen Verständnis der Aggressivität jugendlicher Gewalttäter stellen die Ergebnisse der von Horkheimer initiierten Vorurteilsforschung dar, im Zuge deren Adorno u. a. (1950) die für antidemokratische Propaganda anfällige autoritäre Persönlichkeit untersucht haben, die mit dem Übergang vom Liberalismus zum Monopolkapitalismus entstanden sei. Wie Horkheimer (1947/1949) ausführt, habe sich mit dem Sturz der feudalen Herrschaftsverhältnisse in Industrie und Handel ein Rationalisierungsprozeß durchgesetzt, in dessen Verlauf an die Stelle der persönlichen Abhängigkeitsverhältnisse von Leibeigenen der rationale Arbeitsvertrag zwischen »autonomen Wirtschaftssubjekten« getreten sei, die nun »für sich selbst zu sorgen« haben (S. 378). Die Familie sei dagegen »eine feudale Institution« geblieben (ebd., S. 377), in welcher der »von der Knechtschaft in fremden Häusern« befreite Mann nun »Herr in seinem eigenen« wurde (ebd., S. 378). Da noch die Kaufleute und Fabrikanten des 19. Jahrhunderts »vorausschauende Menschen« waren, die sich mit ihrem Unternehmen auf dem freien Markt dank der »Unabhängigkeit ihres Denkens« zu behaupten vermochten (Horkheimer 1947, S. 134), waren sie für Frau und Kinder eine Autorität (»auctoritas«), die aufgrund ihrer ökonomischen Stellung als eine »machtvolle Gestalt« und als ein »großzügiger Beschützer« der Familie geachtet wurde (Horkheimer 1947/1949, S. 384). Die Söhne dieser Kleinunternehmer konnten sich mit ihren Vätern identifizieren und auch deren moralische Prinzipien in der Absicht verinnerlichen, später einmal deren Nachfolger zu werden.

Mit dem Aufkommen der die Familienunternehmen vernichtenden Großindustrie sei an die Stelle selbständiger Kaufleute und
Fabrikanten das Millionenheer der Angestellten getreten, die als
austauschbare Rädchen in unüberschaubaren Großorganisationen
funktionieren. Was dem Vater zugemutet wird, der sich in der
Arbeitswelt der Rationalität einer Unternehmensführung unterwerfen muß, dafür entschädigt er sich durch das Ausnutzen der
ihm in der Familie zufallenden irrationalen Macht über Frau und
Kinder. Horkheimer ist der Auffassung, daß ein solcher unter
seiner ökonomischen Abhängigkeit leidender Vater für den
Sohn kein Vorbild mehr darstellt:

»Die sozial bedingte Schwäche des Vaters, die durch gelegentliche Ausbrüche von Männlichkeit nicht widerlegt wird, verwehrt dem Kind, sich
wahrhaft mit ihm zu identifizieren« (ebd., S. 384).

Zwar lernt der Sohn durch den gewalttätigen Vater, daß sich immer
nur der Stärkere durchsetzt, zugleich durchschaut er dessen Herrenlaunen als Ausdruck einer Schwäche, aufgrund deren er ihn
verachtet und in der »Schulklasse«, im »Team« im »Verein« oder
im »Staat« Ausschau hält »nach einem stärkeren, machtvolleren
Vater, nach einem Übervater, wie ihn die faschistische Vorstellungswelt anbietet« (ebd., S. 384 f.).
Der sich in den ökonomischen und sozialen Verhältnissen durchsetzende Rationalisierungsprozeß werde dadurch verschärft, daß
die berufstätige Frau »für ihre begrenzte Zulassung zur wirtschaftlichen Welt des Mannes mit der Übernahme der Verhaltensschemata einer restlos verdinglichten Gesellschaft« zahle (ebd., S. 386).
Wie abhängig auch die von der Arbeitswelt des Mannes abgeschnittene Frau war, sie »repräsentierte ein anderes Prinzip als
das der Realität« und konnte daher die »natürliche Verbündete«
des Kindes sein und mit ihm »utopischen Träumen nachhängen«
(ebd.). Die berufstätige Mutter höre dagegen auf, »ein beschwichtigender Mittler zwischen dem Kind und der harten Realität zu
sein, sie wird selbst noch deren Sprachrohr« (ebd.), weil sie die
Erziehung der Kinder »nahezu wissenschaftlich« plant, »von der
wohlausgewogenen Diät bis zum ebenso wohlausgewogenen Verhältnis von Lob und Tadel, wie die populärpsychologische Literatur es empfiehlt« (ebd., S. 385). Wo aber die Mutter nicht mehr
spontan »Fürsorge« zu leisten und »Wärme« zu geben vermag, da
werde die Mutterschaft zu einem »sachlich und pragmatisch«

ausgeübten »Beruf« (ebd., S. 385 f.). Unter diesen Umständen bleibe die »Liebesfähigkeit« des Kindes unentwickelt, es »unterdrückt das Kindliche in sich [...] und verhält sich wie ein berechnender kleiner Erwachsener ohne beständiges, unabhängiges Ich, aber mit einem ungeheuren Maß an Narzißmus« (ebd., S. 386). Und so gelangt Horkheimer zu dem Schluß:

»Seine Hartgesottenheit und gleichzeitige Unterwürfigkeit angesichts realer Macht prädisponiert es für totalitäre Lebensformen« (ebd.).

Zweifellos läßt sich die unter dem Eindruck der Katastrophenerfahrungen des 20. Jahrhunderts zustande gekommene geschichtsphilosophische Konstruktion, daß der durch unabhängige Kaufleute und Fabrikanten bestimmte Liberalismus ein »goldenes Zeitalter« gewesen sei und das Aufkommen der Großindustrie zwangsläufig mit dem Untergang des bürgerlichen Individuums verbunden sei, heute nicht mehr aufrechterhalten. Sinnvoller erscheint es dagegen, mit Parsons von einem durch den Rationalisierungsprozeß vorangetriebenen sozialen Wandel zu sprechen, der Chancen und Risiken enthält, die von emanzipierten Gruppen ganz anders interpretiert werden als von traditionsgeleiteten Gruppen. Vergegenwärtigt man sich aber, daß die Schilderungen von Horkheimer und Adorno das Erleben, Denken und Handeln von Individuen erhellen, die auf sozialen Wandel mit sozialen Ängsten reagieren, die sie im Zuge einer fundamentalistischen Reaktion oder durch das zwanghafte Betonen des gesellschaftlichen Fortschritts zu bekämpfen versuchen, dann wird deutlich, daß es um eine Analyse mißlingender Bildungs- und Sozialisationsprozesse geht, die in der durch das Aufkommen der Großindustrie bestimmten Moderne autoritär gelöst werden.
Die Tatsache, daß Horkheimer und Adorno sowohl einem Autoritätskonflikt mit dem Vater als auch einer frühen Störung der Mutter-Kind-Interaktion Rechnung tragen, ist deshalb wichtig, weil sie damit das autoritäre Syndrom auf zwei Strukturebenen untersuchen. Denn wenn in den 70er und 80er Jahren Autoren wie Ziehe (1975), Lasch (1979) und Horn (1987) in Anschluß an klinische Beobachtungen eines Symptomwandels vom Verschwinden des autoritären Typus und dem Aufkommen einer narzißtisch gestörten Persönlichkeit sprechen, dann übersehen sie, daß schon Adorno (1950) zwischen einer narzißtischen und einer ödipalen Version des autoritären Syndroms unterscheidet:

– Der »klassische autoritäre Typus«, der sich dem Vater masochistisch unterwirft und seine sich gegen ihn wendenden sadistischen Triebimpulse gegen einen Schwächeren so verschiebt, daß oft »der Jude zum Ersatz für den verhaßten Vater« wird (S. 322 f.), und der »Rebell«, der »zu irrationalem und blindem Haß gegen *jede* Autorität« neigt, weil der Haß auf den Vater die Oberhand über die Identifikation mit ihm gewonnen hat (ebd., S. 328), sind Beispiele für die ödipale Version des autoritären Syndroms.

– Der sich die Realität durch die Phantasiewelt ersetzende »Spinner« und der »manipulative Typus«, der seine Mitmenschen zum Objekt eines instrumentell-strategischen Umgangs mit der Welt macht, stellen dagegen Beispiele für die von den Kritikern des Autoritarismuskonzepts übersehene narzißtische Version der autoritätsgebundenen Persönlichkeit dar.

Zusammenfassend heißt das, daß Horkheimer und Adorno die für antidemokratische Propaganda anfällig machende »allgemeine Bereitschaft, jede beliebige Autorität zu akzeptieren, wenn sie nur stark genug ist« (ebd.), auf einen mit dem Aufkommen der Großindustrie einhergehenden Wandel der Familie zurückführen, unter dessen Einfluß auch die Mutter-Kind-Interaktion einem Rationalisierungsprozeß unterliegt und der durch die Übermacht der sozialen Verhältnisse verunsicherte Vater eine gereizt-aggressive Haltung einnimmt, die dazu zwingt, sich ihm bedingungslos zu unterwerfen und den gegen ihn aufflammenden Haß auf geeignete äußere Substitute zu verschieben.

Aufgrund ihrer klinischen Arbeit als Psychoanalytikerin gelangt Streek-Fischer (1992) dazu, folgende Motive für die Entwicklung zu einem rechtsextremen Skinhead anzunehmen:

(a) Das destruktive Verhalten dieser Skinheads sei auf kumulative Traumata zurückzuführen, die nicht nur die Folge des frühen Versagens der Mutter seien, sondern auch die Folge des Versagens weiterer Erziehungspersonen. Die häufig aggressiven, unruhigen oder vordergründig angepaßten Jugendlichen entwickeln aufgrund von Lernschwächen in der Schule oft das Gefühl, »mangelhaft ausgestattet zu sein« und fühlen sich als »Gescheiterte« (S. 751).

(b) Wie der frühe Dialog der Mutter mit dem nicht selten unerwünschten Kind, das oft Mißhandlung und Gewalt erlebt hat, gestört ist, so kommt der spätere Dialog mit dem schwachen oder abwesenden Vater häufig gar nicht erst zustande. Heftige

Streitereien mit den Eltern führen zur Ausstoßung des Jugendlichen, der unbewältigte familiale Konflikte nun auf der Straße
reinszeniert. Die traumatischen Erfahrungen von Gewalt reproduzieren solche Jugendliche nun in der Gewalttätigkeit, die sie als
Skinheads gegen sich und gegen andere richten.

(c) Die zur Familie abgebrochenen Beziehungen werden durch die
Bindung an die Gleichaltrigengruppe ersetzt, deren Anführer »El-
ternersatzfunktionen« übernehmen (ebd., S. 756). An die Stelle
von Ohnmacht und Leere treten in der Gruppe, die zum »Bürger-
schreck« wird, das Erleben von Macht und Größe.

(d) Wie die Jugendlichen sich durch Glatze, Bomberjacke und
Stiefel mit Fetischen ausstatten, um ihr labiles Selbst in der idealisierten Gruppe mit einem »Gemisch aus betonter Männlichkeit,
Härte und Brutalität« zu umgeben (ebd., S. 758), so werden Frauen
und Fremde zur Verkörperung eines teuflischen Bösen, das bekämpft und vernichtet werden muß.

(e) Wenn Jugendliche die Naziideologie übernehmen, dann versuchen sie häufig ihre Vaterlosigkeit zu bewältigen, indem sie sich
wie jener Skinhead, der sich den Großvater mit Nazivergangenheit
zum Vorbild nahm, mit einer mächtigen väterlichen Figur identifizieren, als deren Stellvertreter sie einem tiefen Gefühl, rettungslos
verloren zu sein, dadurch zu entgehen versuchen, daß sie die
Größenphantasie pflegen, das bedrohte Vaterland vor den Fremden retten zu wollen.

Wie nachvollziehbar die Argumentation von Streek-Fischer auch
ist, sie übersieht, daß nicht alle Jugendlichen, die unter kumula-
tiven Traumata und destruktiven Impulsen, unter den Folgen eines
abgebrochenen Dialogs mit den Eltern und der Erfahrung von
Ausgrenzung leiden, Skinheads werden und die Naziideologie
übernehmen. Ihr entgeht, daß der für Rechtsextremismus anfällige
Jugendliche die durch familiale und schulische Sozialisationsdefizite bedingten Störungen der Subjektivität auf eine ganz bestimmte Weise löst. Streek-Fischers Hinweis, daß das Besondere
der gewaltaffinen Gleichaltrigengruppe darin besteht, daß »die
Entwicklung von Eigenständigkeit [...] aufgegeben wird, weil
nur bei rückhaltloser Unterordnung der Schutz der Gruppe gewährt wird« (ebd., S. 757), kann man entnehmen, daß es nicht nur
um punktuelle Beschädigungen der Subjektivität, sondern auch
um deren autoritäre Verarbeitung geht. Diese Jugendlichen meistern nämlich die unbewältigten Erfahrungen von Ohnmacht und

Kränkung sowie die damit einhergehenden destruktiven Impulse im Rückgriff auf einen autoritären Modus gesellschaftlicher Anpassung. Denn sie unterwerfen sich den starken Anführern einer gewalttätigen Gleichaltrigengruppen und verschieben die durch sie provozierten destruktiven Triebregungen gegen die Feinde der rechten Subkultur.

Die *zweite These* lautet somit, daß in gestörten Familienverhältnissen aufgewachsene Jugendliche, die mütterliche Zuwendung und Anerkennung entbehrt haben und sich nicht mit dem schwachen oder abwesenden Vater identifizieren können, unter einer Störung der Selbstwertregulation und unter destruktiven Aggressionen leiden, aufgrund deren sie sich auch in der Schule in Konflikte verstricken bzw. aufgrund von Lernschwächen scheitern. Einen Ausweg aus der Erfahrung von Ohnmacht und Verzweiflung und ein Ventil für ihre aufgestauten aggressiven Impulse bietet ihnen die autoritäre Lösung der Persönlichkeitsdefekte, die etwa durch den Anschluß an eine gewalttätige Gruppe von Skinheads ermöglicht wird, die Überfälle auf Asylbwerber und Ausländer durch die neonazistische Weltanschauung legitimiert. Die Worte eines Skinheads, daß er »dem Zeitgeist« zu widersprechen versucht, indem er »sich zu einer Jugendkultur mit militärischem Äußeren kameradschaftlich« bekennt (Farin, Seidel-Pielen, 1993, S. 6), dokumentieren den autoritären Umgang mit punktuellen Beschädigungen der Subjektivität, die durch die Identifikation mit der Generation der Großeltern gemeistert wird, die sich noch auf den Schlachtfeldern der Weltkriege als soldatische Kämpfer bewährten.

11, 3. Zur adoleszenten Identitätskrise von Gewalttätern in Anschluß an Erikson

Die Frage, in welchem Alter es in den modernen Industriegesellschaften dazu kommt, daß der als schwach verachtete »Vater von einem Kollektiv ersetzt wird, von der Schulklasse, dem Team, dem Verein oder dem Staat« (Horkheimer 1947/1949, S. 385), läßt sich in Anschluß an die von Erikson entwickelte Theorie der Identitätsentwicklung folgendermaßen fassen: Wie es Erikson (1968) beschrieben hat, gewähren moderne Industriegesellschaften dem Heranwachsenden »ein psychosoziales Moratorium«, eine »Aufschubperiode«, die »jemandem zugebilligt wird, der noch nicht bereit ist, eine Verpflichtung zu übernehmen, oder die jemandem aufgezwungen wird, der sich selbst Zeit zubilligen sollte« (ebd., S. 151 f.). Der sich körperlich verändernde, von sexuellen und aggressiven Triebimpulsen sowie von Größenphantasien überflutete Jugendliche steht vor der Aufgabe, sich vom Elternhaus zu lösen und »durch freies Experimentieren mit Rollen einen passenden Platz in irgendeinem Ausschnitt seiner Gesellschaft« zu finden (ebd., S. 151). Eben weil Heranwachsende sich durch das experimentelle Prüfen kultureller und politischer Angebote mit der Gesellschaft auseinandersetzen, entwickeln sie erstmalig ein politisches Bewußtsein. Persönlichkeitstrukturell heißt das, daß die Identifikationen mit den Eltern teilweise verworfen und mit dem Aufgreifen sozialer und politischer Angebote teilweise in eine neue Gestalt der Identitätsbildung integriert werden. Das Gelingen dieser Identitätssuche hängt davon ab, ob der Heranwachsende durch eine seinen Interessen entsprechende Berufsausbildung und ihn erfüllende sexuelle und soziale Beziehungen eine Erwachsenenidentität gewinnt, die gesellschaftlich anerkannt wird (vgl. ebd., S. 154).

Wenn es Heranwachsende jedoch nicht schaffen, durch die emotionale Ablösung von der Familie ihre Liebesfähigkeit und durch die Aufgabe der Größenphantasien ihre Arbeitsfähigkeit zu entwickeln, geraten sie in eine von Erikson so bezeichnete »Identitätsverwirrung« (ebd., S. 127). Um sich »gegen ein Gefühl des Identitätsverlustes« zu verteidigen, schließen sie sich dann häufig zu »clanhaften« Gruppen von Gleichgesinnten zusammen, die äußerst »intolerant und grausam« andere ausschließen, die aufgrund von Hautfarbe, sozialem Milieu oder Lebensstil »anders« sind (ebd.). Da die Versuche des Jugendlichen scheitern, »eine fortschreitende Kontinuität zwischen dem [herzustellen], was er während der langen Jahre der Kindheit geworden ist, und dem, was er in der antizipierten Zukunft zu werden verspricht« (ebd., S. 82), reorganisiert er seine Erfahrungen von sich und der Welt auf einem primitiveren Organisationsniveau: Eine auf dem Vertrauen in das Selbst und die anderen beruhende »sichere Ganzheit des Erlebens und Urteilens« (ebd., S. 74), derentsprechend Spannungen und Konflikte integriert werden, weicht »Zuständen des ›totalen‹ Fühlens, Denkens und Handelns« (ebd.). Diese Regression des Ichs, das in der Krise »ein Gefühl der Sicherheit« durch den Rückgriff auf ein niedrigeres Organisationsniveau einer gleichförmigen »Totalität« zu gewinnen sucht, resultiert aus einem Erleben von lähmender Hilflosigkeit und Angst, das nun durch eine sich gegen alle Fremden wendende ohnmächtige Wut abgewehrt wird, die als »total böse« Objekte einer out-group jenseits der als »total gut« phantasierten in-group phantasiert werden (vgl. ebd., S. 76 f.).

Mit Eißler (1958) heißt das aber, daß rechtsextremistische Skinheads, die sich als soldatische Männer mit Glatzen, Springerstiefeln und Bomberjacken inszenieren, um das Vaterland gegen Asylbewerber und Ausländer zu verteidigen, die zweite Chance der Adoleszenz verpassen, die in der Enge der Familie gebildeten psychischen Strukturen zu verflüssigen und zu revidieren. Während andere Jugendliche sich die Geschichte aneignen, indem sie das Überlieferte in Frage stellen und nach Aufgaben und Rollen suchen, mit denen sie sich identifizieren können, halten gewalttätige Jugendliche an ihren in früher Kindheit entwickelten Größenphantasien und destruktiven Impulsen fest. In Anschluß an Erdheim (1984) kann man davon sprechen, daß rechtsextreme Jugendliche die Initiationspraktiken schriftloser Kulturen imitieren, weil sie die in der Adoleszenz verflüssigten Triebe einzufrieren versuchen. Die Tätowierungen offenbaren, daß die herrschenden Wertvorstellungen auch in der rechten Subkultur in die Körper der Mitglieder eingebrannt werden. Wie in schriftlosen Kulturen sollen Triebnatur und Geschichte auch bei rechtsextremistischen Jugendlichen der anachronistischen Vorstellung entsprechend eingefroren werden, in der Zukunft das Erbe der Großväter anzutreten, die schon in den Weltkriegen als soldatische Männer ihr Leben geopfert haben.

Dritte These: Mit Erikson kann man davon sprechen, daß es sich bei rechten Skinheads um Jugendliche handelt, denen in der Adoleszenz eine produktive Identitätsfindung mißlingt, weil sie aufgrund traumatischer Gewalterfahrungen an die Eltern gebunden bleiben, obwohl sie sich von ihnen mit aller Macht losreißen wollen. Weil sie nicht arbeiten und auch nicht lieben können, erliegen sie einer mit dem Erleben von Ohnmacht und Angst verbundenen Identitätsdiffusion, der sie durch die »totale Wahl einer negativen Identität« zu entgehen suchen (Erikson, 1968, S. 171): Sie stilisieren sich »radikal-häßlich« zu einer Gruppe brutaler Kämpfer (Sander 1993, S. 167), um vermittels der Identifikation mit den soldatischen Männern früherer Generationen die als schmerzhaft erfahrenen eigenen Gefühle so einzufrieren wie die als fremd erlebte Geschichte, die sie aufgrund ihrer Angst vor der Zukunft nicht ertragen können.

Zusammenfassend heißt das Folgendes: Ob man mit Parsons und Chodorow die geschlechtsspezifische Sozialisationsproblematik betrachtet, daß jugendliche Rechtsextremisten eine aggressive Männlichkeit entwickeln, um sich aus der Bindung an die Mütter zu befreien, die das Verwandtschaftssystem dominieren, und sich gegen die Emanzipationsansprüche der Frauenbewegung abzugrenzen; ob man mit Horkheimer und Adorno untersucht, wie Jugendliche punktuelle Beschädigungen ihrer Subjektivität zu meistern suchen, indem sie sich auf eine autoritätsgebundene Weise den starken Führern einer gewalttätigen Gleichaltrigengruppe unterwerfen und aufkommende Aggressionen gegen deren Feinde verschieben; oder ob man mit Erikson die Adoleszenzkrise der Rechtsextremisten betrachtet, die im Zuge einer Identitätsdiffusion ihre unterdrückten aggressiven Impulse agieren und sich in eine negative Identität flüchten, deutlich wird auf diese Weise, was der sich als soziologistisch erweisende Erklärungsansatz von Willems ausspart: Daß die aggressive Männlichkeit gewaltbereiter Jugendlicher auch das Resultat einer subjektiven Verarbeitung von Individuations- und Sozialisationsprozessen ist, die dadurch bestimmt werden, daß in der adoleszenten Identitätskrise die in der Mutter-Kind-Dyade und im ödipalen Dreieck mit dem Vater zustande gekommenen Triebschicksale und Identifizierungen wiederaufleben und auf eine negative Weise integriert werden.

III. Kognitive Defizite oder affektive Konflikte als Motive für die in der Gruppe begangenen Gewalttaten?

Willems und seine Mitarbeiter (1993) gelangen aufgrund ihrer Auswertung von Polizei- und Gerichtsakten zu dem Schluß, daß sich die jugendlichen Gewalttäter zwar »auch aus bürgerlichen Kreisen der Mittel- und Oberschicht« rekrutieren, es jedoch »eine Dominanz im Arbeiter- und Kleinbürgermilieu« gibt (S. 259). »Die klare Dominanz niedriger bis mittlerer Bildungsabschlüsse, sowie von einfachen Handwerker- und Facharbeiterberufen« betrachten die Autoren als Indikator für »einen eher niedrigen sozialen Status« ebd., S. 260):

»Von daher ist es durchaus plausibel anzunehmen, daß hier soziale Gruppen aktiv werden, die sich eher zu den Benachteiligten und Nichtbeachteten in der Gesellschaft zählen. Dies geht häufig einher mit dem Gefühl, selbst benachteiligt zu werden, während andere bevorzugt werden, und dem Bedürfnis, andere für die eigene Situation oder eigenes Versagen verantwortlich zu machen« (ebd.).

Diese Einschätzung bestätigt das hier dargelegte Sozialisationskonzept, dem zufolge die Gewaltbereitschaft von Jugendlichen darauf zurückzuführen ist, daß sie die in Krisenerfahrungen durchlittenen Erfahrungen von Ohnmacht und Angst auf eine autoritäre Weise bewältigen, das heißt sich Stärkeren unterwerfen und die gegen sie aufkommende Aggression auf die als schwach verachteten Asylbewerber und Aussiedler verschieben.
Aufgrund ihrer Bestimmung des sozialen Status der Gewalttäter gelangen Willems u. a. zu folgendem Schluß:

»Das durchweg niedrige bis mittlere Bildungsniveau weist freilich darauf hin, daß Fremdenfeindlichkeit und inbesondere die fremdenfeindliche Tat möglicherweise mit defizitären kognitiven Fähigkeiten korrelieren« (ebd., S. 260).

Mit der Erklärung, die niedrigen Bildungsabschlüsse rechtsextremistischer Gewalttäter würden kognitive Defizite offenbaren, setzen sich Willems u. a. über die affektiven Konflikte hinweg, die der Entwicklung fremdenfeindlicher Gewalt zugrunde liegen. Welche Bedeutung den Emotionen dabei zukommt, läßt sich anhand der von den AutorInnen auch untersuchten Frage erhellen, wie fremdenfeindliche Gewalt in jugendlichen Subkulturen emergiert:
(a) Wenn die AutorInnen davon sprechen, daß den Gewalttaten »ein hoher Alkoholkonsum« vorausgeht (S. 185), der »in der Regel zu einer Reduzierung der Urteilskraft, einer Entdifferenzierung der Wahrnehmungs- und Denkweisen (Schwarz-Weiß-Denken), sowie zu einer handlungsaktivierenden Dominanz spontaner Affekte und Stimmungen« führt (ebd.), dann beziehen sie sich von der kognitiven Seite her auf affektive Zustände der Jugendlichen, im Zuge deren sie auf eine frühinfantile Erlebnisweise regredieren, die als lustvoll erlebt wird, weil man sich mit dem Saufgelage triebhaft einer oralen Gier überlassen und dabei zugleich das Erlebnis genießen kann, in der Gruppe der Gleichaltrigen aufzugehen und sich mit ihnen auf diese Weise zu verbinden. Freuds

Bonmot, daß das Überich der in Alkohol lösliche Teil des Ichs darstellt, verweist auf einen weiteren Lustaspekt dieser oral-narzißtischen Regression: Weil durch das Trinken alle moralischen Hemmungen fallen, entwickeln die sich unterhaltenden Jugendlichen die ihr Selbstgefühl inflationär steigernde Vorstellung, gemeinsam so stark und mächtig zu sein, daß ihnen alle Grenzen setzenden Gesetze nichts mehr anhaben können.

(b) Stimulieren die Jugendlichen sich durch »Musik mit rechtsradikalen, rassistischen und gewaltaffinen Inhalten« (ebd., S. 185 f.), dann saugen sie mit den ihre Körper erfassenden Rhythmen das weltanschauliche Angebot auf, das die Sänger in die Mikrofone schreien – daß sie stolz darauf seien, Deutsche zu sein und daß für alle Übel nur die totzuschlagenden Ausländer verantwortlich seien. Die alle moralischen Dämme einreißenden Appelle der Liedersänger pulsieren durch die Körper und wühlen die Emotionen auf, um den durch das Saufen freigesetzten Wünschen ein konkretes Ziel zu geben: Wie die Jugendlichen dazu eingeladen werden, ihre Größenphantasien auf Deutschland zu richten und sich durch die Verbindung mit der geliebten Nation aufzuwerten, so wenden sich die Haßparolen an die durch die Regression auf eine oral-narzißtische Erlebnisweise hochgespülten aggressiv-sadistischen Triebimpulse, die auf eine perverse Weise gegen die Feinde der Nation gerichtet werden. Mit den Rhythmen der die Affekte anheizenden Musik nehmen die Jugendlichen damit die Botschaft auf, endlich den in den Songs idealisierten primitiven Triebimpulsen einen Ausbruch zu ermöglichen, die durch die traditionellen bürgerlichen Konventionen allzu lange schon unterdrückt worden sind.

(c) Wenn die Jugendlichen sich mit den »Brandanschlägen auf Asylbewerberheime in den Medien« und mit der »zum Teil öffentlichen Sympathiebekundung für die Täter und ihre Taten« beschäftigen (ebd., S. 186), dann sichern sie die durch Alkohol und Musik aufgewühlten destruktiven Triebregungen sowie die mit diesen Affekten kurzgeschlossene nationalistisch-rassistische Stimmungslage ab, indem sie sich über eine emotionalisierte Auseinandersetzung mit der aktuellen politischen Lage eine wahnhafte Weltauffassung bestätigen lassen. Die Tatsache, daß bei den Krawallen in Hoyerswerda und Rostock die Anwohner applaudiert und gewisse Politiker Verständnis für die fremdenfeindliche Gewalt gezeigt haben, bestärkt die Jugendlichen in der einem narzißtischen Hochgefühl entsprechenden ethnozentrischen Vorstellung, »daß sie mit ihren Einstellungen nicht alleine sind« (ebd.), sondern in ihren Körpern spüren, was das ganze Volk denkt und fühlt, aber nicht offen auszudrücken wagt.

(d) Indem die Gruppenteilnehmer »Gerüchte über Bedrohungen, Beeinträchtigungen und Übergriffe von Ausländern auf Freunde oder Bekannte« austauschen und Gerüchte über »eigene negative Erfahrungen« in Umlauf setzen (ebd., S. 188), steigern sie sich den wieder auflebenden primitiven Triebansprüchen und den ihnen entsprechenden weltanschaulichen Versatzstücken entsprechend in die Verfolgungsphantasie hinein, daß sie, ihre Bekannten und Freundinnen persönlich angegriffen und bedroht werden, eine düstere Stimmungslage, in welcher der Überlebenskampf es erfordert, sich zu wehren und zurückzuschlagen. Im Zuge dieser perversen Umwertung universaler Werte kommt das manichäische Gefühl auf, daß sie die Guten verkörpern, die das Anliegen ihres Volkes zu ihrer eigenen Aufgabe erklären, wohingegen die Fremden, die durch die Immigration die Grenzen des eigenen Landes überschritten haben, das Böse versinnbildlichen. Die Gruppe fühlt sich so dazu auserwählt, das zu tun, was sie mit rechter Rockmusik in ihre Körper aufgenommen hat, die eigene Mannhaftigkeit nämlich unter Beweis zu stellen, indem man das Anliegen des Volkes zur eigenen Sache erklärt und mit Steinen, Baseballschlägern und Molotowcocktails loszieht, um die Asylbewerber und Ausländer totzuschlagen oder sie mitsamt ihrer Wohnquartiere anzuzünden.

Wie die Analyse der Tätermotive zeigt damit auch die Untersuchung der in jugendlichen Subkulturen sich entwickelnden Gewalt die Bedeutung affektiver Prozesse für die Entwicklung von Ausschreitungen gegen Fremde. Zweifellos tragen Willems u. a. dieser Tatsache Rechnung:

»Die Taten resultieren insgesamt aus einem Gemisch von Emotionen und mehr oder minder diffusen Orientierungen und Vorurteilen. Verfestigte rassistische Ideologien und rechtsradikale Denkmuster sind gegenwärtig noch in der Minderheit. Gleichwohl könnte der Rechtsradikalismus grundsätzlich die Chance haben, diese diffusen Motivationen zu organisieren und zu instrumentalisieren« (ebd., S. 197).

Den AutorInnen zufolge geht es um die Gefahr, daß Neonazis ein Gemisch »diffuser Emotionen« und »diffuser Vorurteile« aufgreifen und politisch funktionalisieren könnten, das sich in der subkulturellen Praxis gewaltaffiner Jugendgruppen entfaltet.

Die Tatsache, daß fremdenfeindliche Gewalt nicht nur von politisch motivierten Gruppen und Skinheads, sondern häufig auch von unauffälligen Freundes- und Freizeitcliquen verübt wurde (ebd., S. 178), offenbart nach Willems und seinen Mitarbeitern, daß »nicht gemeinsame ideologische Überzeugungen und soziale Lagen [...] die Klammer zwischen den heterogenen Tätergruppen und Akteuren« bilden, »sondern eher diffuse Gefühle und Vorstellungen einer generellen Bedrohung und Benachteiligung ›der Deutschen‹ gegenüber ›den Ausländern‹, insbesondere gegenüber Aussiedlern und Asylbewerbern [...]« (ebd., S. 249).

Obwohl Willems u. a. auf einer die Ergebnisse des Datenmaterials theoretisch verallgemeinernden Argumentationsebene der besonderen Bedeutung von Affekten Rechnung tragen, werden sie ihnen in der konkreten Analyse nicht gerecht. Wie sehr die AutorInnen hinter ihre Einsicht in die Bedeutung affektiver Prozesse für das Entstehen fremdenfeindlicher Gewalt zurückfallen, zeigen die Schlußfolgerungen, die sie aus ihrer materialreichen Untersuchung ziehen: Da »die klare Dominanz niedriger bis mittlerer Bildungsabschlüsse [...] auf einen eher niedrigen sozialen Status« hindeute, vermuten sie als Ursache für Fremdenfeindlichkeit »defizitäre kognitive Fähigkeiten« (ebd., S. 260):

[...] gering ausgeprägte sozialkognitive Kompetenzen, fehlende Reflexions- und Selbstkritikfähigkeit, fehlende Empathiefähigkeit und Anfälligkeit für binäres, zweiwertiges (Schwarz-Weiß/Freund-Feind)Denken [...]« (ebd.).

Zwar deckt sich die Einschätzung von Willems u. a., daß bei jugendlichen Gewalttätern »niedrigere bis mittlerere Bildungsabschlüsse« vorherrschen, mit den klinischen Erfahrungen von Streeck-Fischer (1992). Im Unterschied zu Willems u. a. schließt sie jedoch nicht auf »defizitäre kognitive Fähigkeiten« zurück, sondern stellt etwas ganz anderes fest:

»Obwohl überdurchschnittlich begabt, war M. den normalen Anforderungen der Schule nicht gewachsen. Wegen seines aggressiv-unruhigen, provozierenden Verhaltens und einer schweren Aufmerksamkeitsstörung wurde er des Gymnasiums verwiesen und wechselte aus disziplinarischen Gründen innerhalb von zwei Jahren auf sechs verschiedene Schulen, um schließlich in der Hauptschule zu landen. Hier schloß er sich rechtsextremen Jugendlichen an.

Ähnliche Entwicklungsbedingungen finden sich bei D. Er wird als immer aufsässiges und unbeliebtes Kind erinnert, das viel geprügelt und zerstört habe. Trotz guter Intelligenz schaffte er entgegen den Erwartungen des Akademiker-Vaters nur die Realschule, wechselte danach mehrere Lehrstellen und schloß sich rechtsextremen Jugendlichen an« (S. 752).

Obgleich beide Schüler überdurchschnittlich begabt sind, scheiterten sie aufgrund ihres aggressiv-provozierenden Verhaltens in der Schule. Nicht wegen mangelnder Intelligenz, sondern wegen unbewältigter emotionaler Konflikte entwickelten diese Schüler »Lernschwächen« (ebd., S. 751): Wenn Jugendliche aufgrund gestörter Familienverhältnisse unbewältigte Konflikte in der Schule erneut in Szene setzen, dann interpretieren Lehrer deren aggressives Verhalten in der Regel als ein Problem der Schüler (vgl. Wellendorf 1973, S. 214). Obgleich Lehrer sich auf der manifesten Bedeutungsebene ihres Interagierens mit den Schülern von schulischen Normen der Gerechtigkeit und der Leistung leiten lassen, reagieren sie auf der latenten Bedeutungsebene häufig aggressiv auf die schwierigen Schüler, die sie wegen ihres Ungehorsams, ihrer Lautstärke und ihrer Unterrichtsstörungen durch schlechte Zensuren strafen. Weil diese Jugendlichen aufgrund ihres labilen Selbstwertgefühls, das durch das Versagen der Eltern verletzt und durch die Entwicklungsanforderungen der Adoleszenz erneut erschüttert worden ist, ein ausgeprägtes »Gespür für widersprüchliches [...] und unehrliches Verhalten von anderen« haben (Streeck-Fischer 1992, S. 752), durchschauen sie das doppelbödige Verhalten von Lehrern, die sie »unter Berufung auf ›Gerechtigkeit‹ und ›erforderliche Leistungen‹« etwa durch schlechte Zensuren strafen (Wellendorf 1973, S. 221).

Bestätigt sich im Zuge schulischen Versagens die bereits in der Familie gemachte Erfahrung, von den Lehrern genau so wie von den Eltern abgelehnt zu werden, so kann für die von einem Erleben von Ohnmacht, Angst und Scham eingeholten Jugendlichen die Entscheidung, sich den Skinheads anzuschließen, als Chance erlebt werden, ein neues Selbstwertgefühl durch die Verbindung mit einer von den Erwachsenen gefürchteten Gruppe von Gleichaltrigen zu entwickeln, in der man sich mächtig und einzigartig fühlen kann. Darüber hinaus können diese Jugendlichen sich als Skinheads an den Fremden dafür rächen, was ihnen Eltern und Lehrer im Verlaufe von Kindheit und Adoleszenz an Kränkungen zugefügt haben (vgl. Streeck-Fischer 1992, S. 752 f.).

Eine entscheidende Schwäche der von Willems u. a. entfalteten Argumentation besteht zweifellos darin, daß ihnen die Ergebnisse der psychoanalytischen Adoleszenzforschung fremd sind (vgl. Bohleber 1996): Wenn sie die »fehlende Reflexions- und Selbstkritikfähigkeit« dieser Jugendlichen beklagen, dann übersehen sie, daß das Durchlaufen des von Erikson beschriebenen Moratoriums ja gerade darin zum Ausdruck kommt, daß die Jugendlichen sich »nicht auf dem Weg der Selbstreflexion, sondern eher handelnd in Auseinandersetzung mit anderen« erfahren (Streeck-Fischer 1992, S. 760 f.). Und wenn Jugendliche anfällig »für binäres, zweiwertiges Denken« sind, dann geschieht auch das nicht aufgrund kognitiver Defizite, sondern weil sie unter dem Druck der adoleszenten Identitätsdiffusion auf eine infantile Form der Erlebnisorganisation regredieren, unter deren Einfluß diffuse Affekte und destruktive Triebregungen wiederaufleben und in der Gruppe der manichäischen Unterscheidung zwischen der »guten Gruppe« und der die Skinheads verachtenden »bösen Gesellschaft« entsprechend auf eine blind-bewußtlose Weise ausagiert werden (ebd., S. 757). Wenn Willems u. a. in einem diskriminierend-pathologisierenden Jargon von kognitiven Defiziten sprechen, abstrahieren sie daher von der Tatsache, daß diese Jugendlichen unbewältigte Konflikte ausagieren, die aufgrund gestörter familialer Lebenswelten entstanden sind und sich in schulischen Handlungskontexten wiederholt und chronifiziert haben. Damit setzen sich Willems u. a. darüber hinweg, daß das subjektive Leiden von Jugendlichen unter familialen und schulischen Konfliktlagen, in denen sich die Widersprüche moderner Industriegesellschaften reproduzieren, zur Folge hat, daß Interaktionen, Kommunikationen und Interpretationen partiell scheitern: Sind Jugendliche aufgrund der in der Kindheit erlittenen traumatischen Erfahrungen nicht dazu imstande, die Adoleszenzkrise auf der Grundlage der erworbenen kognitiven Kompetenzen produktiv zu lösen, dann stehen sie in der Gefahr, zu dekompensieren und unterdrückte Affekte und Triebimpulse auf eine blind-bewußtlose Weise zu agieren.

Welche Bedeutung der mit der Mobilisierung von Emotionen einhergehenden Indienstnahme punktueller Beschädigungen der Subjektivität zukommt, zeigt auch die Art und Weise, wie Kader neonazistischer Organisationen, die sich ausdrücklich von Gewaltanwendung distanzieren, an die Mitglieder der seit den 8oer

Jahre entstandenen rechten Jugendszene herantreten, die sich über Rockbands und Fanmagazine organisieren und durch Tabuverletzungen massenmediale Aufmerksamkeit gewinnen (vgl. Bergmann, Erb, 1994, S. 7 ff.). Neonaziführer wie beispielsweise der Münchner Rechtsextremist Althans[5] vertreten nämlich, wie schon die von Löwenthal und Adorno untersuchten faschistischen Agitatoren, kein argumentativ begründbares Parteiprogramm, sondern suchen eine »Stimmung irrationaler, affektiver Aggressivität« zu wecken (Adorno 1951, S. 34). Wenn Althans vor Jugendlichen in Cottbus eine Gemeinschaft »junger Kämpfer« beschwört, die sich in »Kameradschaft« zusammenfinden und »Opfer« bringen soll, um unser »Volk und Vaterland« zu befreien, dann versteht er wie die Agitatoren der ersten Jahrhunderthälfte »die seelischen Bedürfnisse und Wünsche der für seine Propaganda Anfälligen« aufzuspüren und das, was den Zuhörern »latent ist, ohne ihre Hemmungen auszudrücken« (ebd., S. 58). So vermag auch Althans zu begeistern, weil er wie die Altnazis »sein eigenes Unbewußtes nach außen« kehrt und auf diese Weise »die unbewußten Dispositionen seines Publikums richtig zu treffen« vermag (ebd., S. 59). In Anschluß an Lorenzer (1981) kann man davon sprechen, daß über die rechtsextreme Weltanschauung die falsche Antwort auf die Triebkonflikte (aggressive Impulse blind auszuagieren anstatt sie im Dienste der Selbstabgrenzung und der Entwicklung der Arbeitsfähigkeit zu sublimieren) über die Schablonen eines falschen Ichs (Entwicklung einer männlichen Identität durch die Nachahmung der soldatischen Männer früherer Generationen statt der Entwicklung der Arbeits-, Interaktions- und Reflexionsfähigkeit) mit der falschen Antwort auf die sozialen Fragen (Arbeitslosigkeit durch die Abschiebung von Asylbewerbern und Aussiedlern statt durch gesellschaftliche Veränderung zu lösen) kurzgeschlossen wird.

Eben weil die von Kadern neonazistischer Organisationen in Anspruch genommene Weltanschauung nur deshalb übernommen wird, weil die Gewaltbereitschaft der Mitglieder einer rechten Jugendszene auch das Resultat einer symptomatischen Verarbeitung unbewältigter lebensgeschichtlicher Erfahrungen ist, erweist sich eine Rechtsextremismusforschung als ungenügend,

5 Vergleiche zu Althans die im dritten Teil des Sammelbandes veröffentlichten Beiträge.

die sich wie die von Willems u. a. auf einen soziologischen Erklärungsansatz beschränkt. Die in der Perspektive psychoanalytischer Sozialisationstheorie entwickelte Kritik zeigt beispielhaft, wie die Rechtsextremismusforschung in der Perspektive einer soziologischen Sozialpsychologie zu erweitern ist: Die Makrosoziologie sozialstrukturellen Wandels (Parsons), welche die ambivalenten, sozial und personal desintegrativen Folgen des die Moderne bestimmenden Rationalisierungsprozesses zu erfassen vermag, bleibt als Erklärungsansatz zu abstrakt, um die konkreten Reaktionsweisen auf die Erfahrung sozialer Desintegration zu erklären (wie Heitmeyer sie in Anschluß an Becks Individualisierungstheorie formuliert). Ebenfalls bleibt die mikrosoziologische Ableitung des Rechtsextremismus aus der Interaktionsdynamik in der Subkultur der gewaltbereiten Jugendgruppen (wie sie in dem am symbolischen Interaktionismus orientierten Konzept von Willems u. a. vorliegt) noch zu allgemein. Beide Perspektiven bedürfen einer Ergänzung durch eine Soziologie der Bildungs- und Sozialisationsprozesse, welche die sich in der Kindheit, in der Adoleszenz und im Erwachsenenalter entfaltenden biographischen Erfahrungen in der Absicht rekonstruiert, nicht nur die zusehends erworbenen kognitiven Kompetenzen, sondern auch die sich entfaltende Struktur der Affekte und Triebwünsche zu erfassen, die sich im Zusammenspiel zwischen den Impulsen innerer Natur und den sozialen Forderungen einer gesellschaftlichen Praxis herstellt und im Zuge neuer Erfahrungen umgeschrieben wird. Das heißt aber, daß die Interaktionen, Kommunikationen und Interpretationen der Individuen sich intrapsychisch in einer Struktur der Persönlichkeit niederschlagen, deren sich in der Spannung zwischen Affektstruktur und Bewußtsein entfaltenden Wünsche und Intentionen sich auf eine symbolische und auf eine symptomatische Weise strukturieren: Während sie im ersten Fall Ausdruck gelungener Individuations- und Sozialisationsprozesse sind, sind sie im zweiten Fall das Resultat gescheiterter Bildungs- und Vergesellschaftungsprozesse.

Literatur

Adorno, T. W. (1950): *Studien zum autoritären Charakter*. Frankfurt a. M. 1973.

– (1951): Die Freudsche Theorie und die Struktur der faschistischen Propaganda. In: Adorno, *Kritik. Kleine Schriften zur Gesellschaft*. Frankfurt a. M. 1973.

Bergmann, W., R. Erb (Hg.) (1994): *Neonazismus und rechte Subkultur*. Berlin.

Bock, M., M. Reimitz, H.-E. Richter, W. Thiel, H.-J. Wirth (1989): *Zwischen Resignation und Protest. Jugendprotest in den achtziger Jahren*. Opladen.

Bohleber, W. (Hg.) (1996): *Adoleszenz und Identität*. Stuttgart.

Chodorow, N. (1978): *Das Erbe der Mütter. Psychoanalyse und Soziologie der Geschlechter*. München 1990.

Deutsches Jugendinstitut (Hg.) (1993): *Gewalt gegen Fremde. Rechisradikale, Skinheads und Mitläufer*. München.

Eißler, K. R. (1958): Bemerkungen zur Technik der psychoanalytischen Behandlung Pubertierender nebst einigen Überlegungen zum Problem der Perversion. In: *Psyche*, 20. Jg., 1966, 837-872.

Erb, R. (1994): Antisemitismus in der rechten Jugendszene. In: Bergmann, Erb, Hg., 31-76.

Erdheim, M. (1984): *Die gesellschaftliche Produktion von Unbewußtheit. Eine Einführung in den ethnopsychoanalytischen Prozeß*. Frankfurt a. M.

Erikson, E. H. (1968): *Jugend und Krise. Die Psychodynamik im sozialen Wandel*. München 1988.

Farin, K., E. Seidel-Pielen (1993): *Skinheads*. München.

Horkheimer, M. (1947): *Zur Kritik der instrumentellen Vernunft*. Frankfurt a. M. 1985.

Horkheimer, M. (1947/1949): Autorität und Familie in der Gegenwart. In: *Gesammelte Schriften Bd. 5*, Frankfurt a. M., 377-395.

Horn, K. (1972): Einleitung: Bemerkungen zur Situation des ›subjektiven Faktors‹ in der hochindustrialisierten Gesellschaft kapitalistischer Struktur. In: Horn, Hg., *Gruppendynamik und der ›subjektive Faktor‹. Repressive Entsublimierung oder politisierende Praxis*. Frankfurt a. M., 17-116.

Lasch, C. (1979): *Das Zeitalter des Narzißmus*. München 1982.

Lorenzer, A. (1972): *Zur Begründung einer materialistischen Sozialisationstheorie*. Frankfurt a. M.

– (1974): *Die Wahrheit der psychoanalytischen Erkenntnis. Ein historisch-materialistischer Entwurf*. Frankfurt a. M.

– (1981): *Das Konzil der Buchhalter. Die Zerstörung der Sinnlichkeit. Eine Religionskritik*. Frankfurt a. M.

Otto, H.-U., R. Merten (Hg.) (1993): *Rechtsradikale Gewalt im vereinig-ten Deutschland. Jugend im gesellschaftlichen Umbruch.* Opladen.

Parsons, T. (1947): Über wesentliche Ursachen und Formen der Aggres-sivität in der Sozialstruktur westlicher Industriegesellschaften. In: Par-sons: *Beiträge zur soziologischen Theorie.* Darmstadt, Neuwied 1973, 223-255.

Reimitz, M. (1989): Skinheads. In: Bock u. a., Hg., 183-186.

Sander, E. (1993): Skinheads – Gefangene des eigenen Mythos? In: Deut-sches Jugendinstitut, Hg., 161-172.

Streeck-Fischer, A. (1992): ›Geil auf Gewalt‹. Psychoanalytische Bemer-kungen zu Adoleszenz und Rechtsextremismus. In: *Psyche*, 46. Jg., 745-768.

Wellendorf, F. (1973): *Schulische Sozialisation und Identität. Zur Sozial-psychologie der Schule als Institution.* Weinheim, Basel 1979.

Willems, H., R. Eckert, S. Würtz, L. Steinmetz (1993): *Fremdenfeindliche Gewalt. Einstellungen, Täter, Konflikteskalation.* Opladen.

Willems, H. (1993): Gewalt und Fremdenfeindlichkeit. Anmerkungen zum gegenwärtigen Gewaltdiskurs. In: Otto, Merten, Hg., 88-108.

– (1994): Kollektive Gewalt gegen Fremde: historische Episode oder Ge-nese einer sozialen Bewegung von rechts? In: Bergmann, Erb, Hg., 209-226.

Wirth, H.-J. (1989): Sich fühlen wie der letzte Dreck. Zur Sozialpsycho-logie der Skinheads. In: Bock u. a., Hg., 187-202.

Ziehe, T. (1975): *Pubertät und Narzißmus. Sind Jugendliche entpolitisiert?* Frankfurt a. M., Köln.

Hans Bosse und Vera King
Die Angst vor dem Fremden und die Sehnsucht nach dem Fremden in der Adoleszenz

Fallstudie einer Gruppe von Spätadoleszenten, interpretiert
mit dem Ansatz psychoanalytisch-sozialwissenschaftlicher
Hermeneutik und der Ethnohermeneutik

Fremdheit und Adoleszenz

Die Ambivalenz gegenüber dem Fremden ist ein durchgängiges
Merkmal sowohl der individuellen psychischen Entwicklung als
auch von Gruppenprozessen. Das Bild des kulturell oder individuell *Fremden* ist immer auch vom inneren Bild des *Anderen*[1]
gespeist und kann sowohl Sehnsucht als auch Angst, Anziehung
oder Feindseligkeit hervorrufen. Dabei ist evident, daß gerade
Adoleszente, Jugendliche und junge Erwachsene, in besonderem
Maße mit Empfindungen gegenüber dem Fremden befaßt sind,
repräsentiert doch die Adoleszenz als Lebensphase selbst in hohem Maße den Verlust des Vertrauten und die potentielle Eroberung des Fremden[2], und das innere Bild des Anderen muß neu
integriert werden. Aus psychologischer Sicht sind Empfindungen
von Fremdsein und Entfremdung, von Sehnsüchten nach und
Ängsten vor dem Fremden genuine Bestandteile des adoleszenten
Veränderungsprozesses: Fremd in diesem Sinne ist die sich eröffnende Welt jenseits der kindlichen Bedeutungszusammenhänge
und der familialen Bezüge; fremd ist der sich verändernde Körper,
das neu wahrgenommene andere Geschlecht; fremd erscheinen
auch all die projektiv und externalisierend dem *Anderen* zuge-
schriebenen Qualitäten. Der adoleszente Entwicklungsprozeß
verlangt eine neue Balance zwischen Selbst und Anderen, neue
Einschließungen und Abgrenzungen – ein neues Gleichgewicht

1 Vgl. zum Bild des Anderen aus sozialphilosophischer Perspektive die
  intersubjektivitätstheoretische Analyse von Honneth, 1992; aus psychoanalytischer Perspektive vgl. Seidler (1995).
2 Vgl. z. B. Parin, 1985; Erdheim, 1988; Streeck-Fischer, 1993. Zur Bedeutung des Bilds vom Anderen bei der Aneignung der Geschlechtsidentität
  in der Adoleszenz vgl. Bosse, 1994; King, 1995a.

zwischen Selbst und Objekten, das zeitweilig oder andauernd auch mittels projektiver Mechanismen aufrechterhalten wird. Der Adoleszente entfremdet sich dem eigenen Kindsein und den Eltern. Die strukturelle, immanente Spannung zwischen dem Aufbruch zum Fremden und dessen Verarbeitung einerseits und einer teils regressiven, teils reflexiven Bindung an das Alte, Vergangene andererseits ist in diesem Sinne für den adoleszenten Entwicklungsprozeß gerade konstitutiv. In diesem Zwischenstadium von Nicht-Mehr und Noch-Nicht sind Adoleszente selbst immer auch Fremde in einer unbekannten Welt, dem Kindsein entwachsen und in die Welt der Erwachsenen nur partiell integriert. Entsprechend kann vermutet werden, daß »Fremde« im gesellschaftlichen und kulturellen Sinne, wie sie per definitionem beispielsweise »Ausländer« repräsentieren, in einer affektiven Nähe zum eigenen Fremdsein der Jugendlichen stehen. Mit diesen »Fremden« können sich Adoleszente in verschiedener Hinsicht identifizieren. Im Bild der kulturell »Fremden« können sie ihre eigenen Empfindungen von »Fremd-« und »Ausgeschlossen-sein« spiegeln, und sie können sich andererseits abzugrenzen versuchen. Mit welchen Bildern und Bedeutungsfacetten nun diese *Projektionsfläche »Ausländer«* als definitiv festgelegte »Fremde« aufgeladen wird, wie sich diese Projektionen mit realen Erfahrungen von Kulturdifferenz und kollektiven Wertvorstellungen oder Vorurteilen vermitteln, läßt sich innerhalb einer adoleszenzpsychologischen Fragestellung betrachten, die den Facetten des Fremdheits-Erlebens differenziert und *kontextspezifisch* nachgeht. Die verschiedenen Ausgestaltungen der Beziehung zum Fremden bei Jugendlichen sind aus dieser Perspektive als je kompromißhafte Konfliktlösungen zu verstehen, deren spezifische Bedeutung jeweils präzise auszuloten ist, um äußere und innere Bedingungen zu erschließen, aus denen heraus *politisch* relevante Fremdenfeindlichkeit sich entwickeln könnte. Gerade weil Adoleszente strukturell mit dem Thema der inneren und äußeren Fremdheit und dem Verhältnis zum inneren Anderen beschäftigt sind, müssen psychodynamische Prozesse der Abgrenzung und Ambivalenz gegenüber dem Fremden von einer auf Kulturdifferenz basierenden oder politisch aufgeladenen Fremdenfeindlichkeit und schließlich von Rechtsextremismus unterschieden werden. Dabei kann davon ausgegangen werden, daß Bedürfnisse nach Ausgrenzung in dem Maße entstehen und sich intensivieren, wie die im Verlauf der Adoleszenz zu entwickelnden inneren Abgrenzungen mißlingen. Unter Voraussetzung einer ungenügenden inneren Abgrenzungsfähigkeit entsteht in diesem Sinne eine latente Disposition zur Fremdenfeindlichkeit, eine latente Ausgrenzungsbereitschaft oder aber, in Reaktionsbildung, eine Disposition zu einer defensiven Xenophilie, die jedoch dem Abwehrcharakter entsprechende, strukturelle Instabilitäten aufweist. Um aus den dargestellten Dispositionen politische Haltungen entstehen zu lassen, müssen soziale Formierungen und gesellschaftliche Politisierungsprozesse hinzutreten. Ein weiterer, gleichsam noch davor liegender Faktor ist das Maß, in dem gesellschaftlich und institutionell Spielräume zur Verfügung stehen, um die Ambivalenz gegenüber dem Fremden und die adoleszente Abgrenzungs- und Individuierungsarbeit konstruktiv bewältigen zu können.

In unserer Fallstudie werden wir die Dialektik von Fremdheitssehnsucht und Fremdheitsfeindlichkeit anhand einer Gruppe »normaler«, sozial gut integrierter Spätadoleszenter mit hohem Ausbildungsniveau untersuchen, deren moralisch-intellektuelle und politische Ausrichtung einer Ausgrenzung von Fremden im Sinne etwa rechtsextremistischer Tendenzen eindeutig entgegensteht[3]. Die möglichen intrapsychischen Dimensionen der immer vorhandenen Ambivalenz gegenüber dem Fremden wird damit anhand einer Gruppierung auszudifferenzieren versucht, deren politische Ausrichtung sich durch Liberalität, differenzierte Kritikfähigkeit und Toleranzbereitschaft kennzeichnen läßt. Damit soll zugleich der Versuch unternommen werden, die Diskussion von Fremdenfeindlichkeit aus der Perspektive von Entwicklungsanforderungen in der Adoleszenz zu untersuchen und der Gefahr einer »Symptomorientierung« – der gesellschaftlichen Tendenz zur Konzentration auf die auffälligen Akteure wie jugendliche Rechtsextremisten – entgegenzuwirken. Zunächst jedoch noch einige Bemerkungen zur Diskussion der jugendlichen Fremdenfeindlichkeit.

3 Es handelt sich in der Fallstudie um studentische Teilnehmerinnen und Teilnehmer einer Einrichtung, für die wir zur Anonymisierung die Bezeichnung »Akademie für Familientherapie« gewählt haben.

Adoleszenz, Individualisierungsprozesse und Fremdenfeindlichkeit

Innerhalb der jugendsoziologischen Diskussion zur Fremdenfeindlichkeit wurde auf die sozial-strukturellen Veränderungen verwiesen, die die Adoleszenzverläufe prägen und den Anforderungen der Jugendphase eine neue Ausrichtung geben (vgl. z. B. Heitmeyer, 1987). Untersuchungen zur Veränderung der Jugendphase heben übergreifend eine »Entstandardisierung« der Adoleszenz hervor, sofern sich die zu bewältigenden Entwicklungsaufgaben in Hinblick auf Inhalt, Qualität und Abfolge zunehmend enttraditionalisieren und individualisieren. Damit geht einerseits ein Verlust an festgefügten Orientierungsmöglichkeiten einher, deutlich insbesondere auch in Bezug auf die Enttraditionalisierung von Männer- und Frauenrollen[4] und entsprechenden Lebensentwürfen, und andererseits eine Vergrößerung der individuellen Spielräume, eine »Biographisierung der Jugendphase« (Fuchs, 1983). Dabei werden die kulturellen und sozialstrukturellen Tendenzen zur Enttraditionalisierung, zu potentiellen Öffnungen und Diversifizierungen der biographischen Optionen in Hinblick auf Ausbildung, Beruf, Partnerschaft und Familiengründung auch theoretisch ambivalent bewertet. So sind zum einen die abstrakt postulierten Wahlmöglichkeiten wiederum deutlich eingeschränkt, etwa durch die vorgegebenen Regulationen des Arbeitsmarktes, und erweisen sich häufig konkret in erster Linie als Verschärfung von individuellen Risiken, wie insbesondere Beck (1986) anhand seiner Thesen zunehmender Individualisierung hervorgehoben hat. Zum andern bedeutet die Öffnung von Optionen Verunsicherung, Gemeinschafts- und Orientierungsverlust (Baethge, 1986), eine anwachsende Krisenanfälligkeit der Individuierung, insbesondere auch der Herausbildung einer erwachsenen Geschlechtsidentität. Um den unterschiedlichen Momenten, die in den überschüssigen Begriff der »Individualisierung« einfließen, Rechnung zu tragen, hat beispielsweise Honneth (1994) vorgeschlagen, den Begriff der *Individualisierung* für die sozialstrukturellen Veränderungen zu reservieren und die Zerstörung

---

4 Zur Diskussion der sogenannten »doppelten Individualisierung« von Mädchen vgl. Bilden und Diezinger, 1988; Diezinger, 1991; Flaake und King, 1992b, S. 14-19, King 1997.

von Gemeinschaftsbezügen im Sinne der *Privatisierung* davon ebenso zu unterscheiden wie Prozesse der *Autonomisierung*, die in erster Linie die Fähigkeit der einzelnen bezeichnet, mit Handlungsalternativen auf eine reflektierte, selbstbewußte Weise (S. 25) umzugehen. Anhand der differenzierenden Kategorie von »Autonomisierung« ist insofern ein Kriterium umrissen, das der gravierenden Spannung zwischen der sogenannten Pluralisierung der biographischen Optionen und den Begrenzungen der inneren Beweglichkeiten und Spielräume, wie sie sich aus der jeweiligen Konflikthaftigkeit der Lebensgeschichte und den jeweiligen Verarbeitungsformen ergeben, potentiell Rechnung trägt. Denn angesichts der verbreiteten abstrakten Vorstellung der umfassenden Freiheit der Möglichkeiten bleibt die konkrete Begrenztheit der psychischen Potentiale regelmäßig unterbelichtet – eine Spannung, die praktisch, aber auch theoretisch zu Verwirrungen führen muß. Die mit dem Begriff der Individualisierung immer wieder einhergehende Konfusion in bezug auf die damit angesprochene Analyseebene, die Honneth mit seinem Differenzierungsvorschlag zu überwinden sucht, verdeutlicht indirekt das Problem der vielfach anzutreffenden Unterkomplexität von Erklärungsmodellen, die Prozesse sozialer Formierung von Prozessen auf der Ebene psychischer Realität nicht ausreichend unterscheiden oder die die Konstitution innerer Realität begrifflich nicht ausreichend erfassen. Um etwa das Verhältnis von Freiheit und Begrenzung, das mit Modernisierungsprozessen jeweils einhergeht, differenzierter analysieren zu können, bedarf es eines theoretischen und methodischen Zugangs, der die Analyse äußerer Realität durch eine Analyse innerer Realität vermittelnd zu ergänzen sucht[5].

So sind Jugendliche in ihren Verarbeitungen der bedrohlichen und rasanten Veränderungen im adoleszenten Entwicklungsprozeß und in ihren daraus gespeisten Zukunftsentwürfen zugleich immer auch mit der teils bewußten, teils unbewußten Interpretation der eigenen Vergangenheit befaßt. Nicht allein die äußeren Bedingungen, wie zum Beispiel die Strukturen der staatlichen Ausbildungsorganisation oder des Arbeitsmarktes, bestimmen und prägen biografische Verläufe und Entscheidungsprozesse. Berufliche Optionen sind vielmehr immer auch Kompromißentscheidungen in bezug auf charakteristische Konfliktkonstellationen, wie sie den

5 Vgl. in diesem Sinne auch Lempa, 1995.

jeweiligen Lebenslauf, den familialen Hintergrund, die aktuelle Lebenssituation und deren psychische Verarbeitung kennzeichnen. Ausbildungs- und Berufsentscheidungen stehen in einem Spannungsfeld von regressiven Tendenzen und progressiven Verarbeitungskapazitäten, von Abwehrmechanismen und schöpferischen Kapazitäten. Ablösung in der Adoleszenz läßt sich eben nicht nur in Kategorien von Entscheidungen, Optionen und Zukunftsprojekten usw. begreifen. Ablösung im emphatischen Sinne umfaßt vielmehr das Maß der produktiven Verarbeitung der Lebensgeschichte innerhalb der Adoleszenzphase, die Vermittlung der Konfliktpotentiale mit schöpferischen Lösungsmöglichkeiten und die partielle Korrektur kindlicher Konstruktionen bei der Umgestaltung innerer und äußerer Realität. Sie impliziert insofern ein Moment von Selbstaufklärung und Reflexivität in Hinblick auf die eigene Geschichte. Ablösung im Sinne einer Autonomisierung unter Bedingungen einer individualisierten Moderne ist aus dieser Perspektive an Kompetenzen der Reflexivität geknüpft. Die Möglichkeiten, reflexive Kompetenzen zu entfalten, sind wiederum an die inneren und äußeren Entwicklungsspielräume gebunden. Damit sind Bedingungen der Möglichkeit von Ablösung formuliert, die Erikson (1959) mit dem Begriff des »psychosozialen Moratoriums« umschrieben hat. Erst unter den Bedingungen eines kulturell und institutionell ermöglichten Moratoriums kann Adoleszenz zur »zweiten Chance« (Erdheim, 1982) werden. Wie beispielsweise Baethge (1985) hervorgehoben hat, kann dem Konzept des »Moratoriums« allerdings unabhängig von dem Grad der gesellschaftlich-kulturellen Realisiertheit eine normative Funktion (S. 303) zugeschrieben werden. Es bezeichnet ein normatives Kriterium, mit dem die Faktizität von Entwicklungsspielräumen konfrontiert werden kann. Diese äußeren Spielräume sind Bestandteile der Institutionen, die in der Adoleszenz durchlaufen werden oder zur Verfügung stehen – im Zentrum stehen dabei die Institutionen der Ausbildung.

Exkurs zum Umgang von Institutionen mit adoleszentem
Sinnbedarf und adoleszenten Übertragungsbereitschaften

Institutionen sekundärer Sozialisation bilden Jugendliche in der
Phase des Übergangs zum Erwachsenenalter weiter. Ihre Zielset-
zungen und Aufgaben, ihre Traditionen und Strukturen enthalten
mehr oder weniger große Spielräume, die vorhandene Potentiale
individueller Autonomie in ihren Entwicklungsmöglichkeiten
eher behindern oder eher begünstigen. Institutionen zur beruflichen Qualifizierung stellen implizit oder explizit spezifische Muster erwachsener Identität bereit. Beim Durchlaufen dieser Institutionen werden implizit oder explizit zentrale Themen der Adoleszenz bearbeitet und vorläufige Selbstbilder als Erwachsener
entworfen. Diese zentralen Themen sind die Trennung und Ablösung von der Familie, die Identifizierung mit einer außerfami-
lialen Institution (z. B. als Akademiker, als Angehöriger einer
Berufsgruppe, einer gesellschaftlichen oder politischen Gruppierung), oder Aneignung der Geschlechtsidentität, wie sie sich jeweils mit dem Zukunftsentwurf der Erwachsenheit vermitteln. Im
Zuge der westlichen Rationalisierungs- und Säkularisierungspro-
zesse seit Beginn der Aufklärung haben Institutionen ihre traditionellen Aufgaben verloren, allgemeingültige und gesamtgesellschaftliche Sinnperspektiven zu vermitteln, und Institutionen ter-
tiärer Ausbildung haben zunehmend ihre formulierten Ziele auf
das der Professionalisierung von Auszubildenden eingeschränkt.
Jugendliche in der Ausbildungsphase tragen an die Institutionen
jedoch nicht nur Qualifikationserwartungen heran, sondern auch
Sinnbedarf. Institutionen müssen sich zu diesen Diskrepanzen
zwischen funktionalem Angebot und lebensweltlichen Erwartungen ins Verhältnis setzen und sind in dieser Hinsicht in unterschiedlicher Weise strukturiert[6]. Sie können in der komplexen

6 Die Teilnehmer der nachfolgend dargestellten Studie werden im therapeutischen Bereich ausgebildet. Bei Ausbildungsinstitutionen, die zu
  therapeutischen oder beratenden Berufen ausbilden, umfaßt das Pro-
  fessionalisierungsgebot selber in stärkerem oder schwächerem Umfang
  auch die zu erlernende Kunst des Umgangs mit den eigenen Persönlichkeitsstrukturen. Das eröffnet den Teilnehmern die Möglichkeit, neben
  der Aneignung professionaler Fertigkeiten und Haltungen innerhalb der
  Institution ihre adoleszenten Autonomisierungsprozesse zu thematisieren. Institutionell vorgegebene Selbstthematisierung ist jedoch nicht

Auseinandersetzung mit den verschiedenen Facetten der inneren und äußeren Realität eine entscheidende Vermittlungsrolle spielen und bilden, obwohl in ihnen vorrangig Wissen und der Umgang mit Wissen zur Verfügung gestellt wird, einen Rahmen, innerhalb dessen mit adoleszenten Entwürfen legitimerweise experimentiert werden kann. Potentiell können dabei konflikthafte Lösungen ausdifferenziert und partiell korrigiert werden. So bieten Lehrer oder Ausbilder beispielsweise neue Identifizierungsmöglichkeiten, aber auch Projektionsflächen aggressiver und libidinöser Übertragungen[7]. Die thematische Orientierung der Ausbildungssituation bietet die Möglichkeit, Distanz zu kindlichen Übertragungsbereitschaften zu erarbeiten. Aus dieser Perspektive hängen Entwicklungsmöglichkeiten davon ab, welche Spielräume für die adoleszenten Aufgaben und Herausforderungen *auch institutionell* zur Verfügung stehen.

In der folgenden Fallstudie wird nun die Frage untersucht, wie im Zuge der adoleszenten Individuierungsbestrebungen eine Institution von den Auszubildenden *erlebt* und *interpretiert* werden kann. Es soll herausgearbeitet werden, wie die institutionelle Realität im adoleszenten Entwicklungsprozeß *innerlich umgestaltet* und *verwendet* wird, und welche Schicksale dabei die Repräsentanzen des Fremden erfahren. Der Akzent liegt in diesem Sinne ausschließlich auf dem *inneren* Erleben der untersuchten Mitglieder einer Institution; nicht die Vermittlung dieser inneren Erlebnisform mit den äußeren Strukturen einer Institution und der Dynamik institutioneller Abläufe, wie sie eine institutionsanalytische Untersuchung kennzeichnen würde, ist Gegenstand der Untersuchung. Der Fokus liegt vielmehr auf der Analyse der Übertragungsbereitschaften der Untersuchten auf die Institution – unter dem Blickwinkel der unterschiedlichen Bedeutungen des Fremden.

automatisch mit einem Zuwachs an Autonomisierung gleichzusetzen und birgt auch eine Reihe von Risiken, wie die folgende Fallstudie deutlich macht.

7 Vgl. Fürstenau, 1964; Wellendorf, 1973; Erdheim, 1982; Bosse, 1985.

Die Fallstudie

Methodische Vorbemerkungen[8]

Wie läßt sich eine solche Fragestellung – das Erleben von Fremdheit bei Adoleszenten – methodisch und forschungspraktisch konzeptualisieren oder operationalisieren? Im Zentrum des methodischen Verständnisses unserer Fallstudie steht die Analyse forschungsbezogener Übertragungsprozesse, und es bedarf einer kurzen Explikation des dabei verwendeten Übertragungsbegriffs. Denn Übertragung meint dabei nicht etwa eine Einengung auf pathologisch verzerrte Interaktionsprozesse, wie sie mitunter aufgefaßt wird. Übertragung meint auch nicht eine Einengung auf die Wiederholung infantiler Muster, sondern bezeichnet in diesem Zusammenhang gleichsam die psychische Bewegung der Transposition der inneren Welt nach außen, die Interpretation der äußeren Realität nach Maßgabe der verinnerlichten Objektbeziehungen, wie es z. B. Kernberg (1988) formuliert hat. Diese verinnerlichten Erfahrungen lassen sich mehrschichtig verstehen. Sie beziehen sich sowohl auf kindliche Primärerfahrungen als auch auf spätere Entwicklungsprozesse. Von soziologischem Interesse ist u. a. die Frage, wie sich Erfahrungen der erwachsenen Realität, beispielsweise innerhalb von Institutionen, mit den verinnerlichten Objektbeziehungen vermitteln. Eine Zentrierung auf die *forschungsbezogenen* Übertragungsprozesse meint nun die Konzentration darauf, wie die Forschungssituation selbst nach Maßgabe des kulturellen, individuellen, intrapsychischen bewußten und unbewußten Hintergrunds ausgestaltet und transformiert wird (vgl. die Differenzierungen der unterschiedlichen Realitätsebenen in Bosse, 1991). Die Forschungssituation wird, um dieses bekannte Bild zu benutzen, zu einer Art Bühne, auf der die Erforschten ihre Dramen entfalten – Dramen, die unterschiedliche Schichtungen und Ebenen ihrer Realitätsverarbeitung betreffen[9]. In der psychoanalytisch-sozialwissenschaftlichen Hermeneutik verbinden sich insofern Erfahrungen der ethnopsychoanalytischen Forschung

8 Eine ausführlichere Diskussion der Verknüpfung von Methode und Gegenstand erfolgt im Anschluß an die Darstellung der Fallstudie und der Interpretation.
9 Vgl. Bosse, 1982, 1987, 1994, 1995a, 1996; King, 1991, 1995b.

mit einem radikalisierten Übertragungsbegriff im engeren Sinne.[10] Diese Erfahrung trifft sich mit dem psychoanalytischen Übertragungsverständnis, welches die Einsicht aufgenommen hat, daß alle Ausgestaltungen der psychoanalytischen Situation Ausdrucksformen einer bewußten oder unbewußten verinnerlichten Objektbeziehung und der dazugehörigen Affekte sind[11]. Damit bewegt sie sich zum dritten in einer Tradition der hermeneutischen Textinterpretation[12], in deren Zentrum eine systematische Form- und Inhaltsanalyse steht:

Psychoanalytisch-sozialwissenschaftliche Hermeneutik folgt insofern einer konsequenten interpretativen Durchdringung der Dialektik von *Form und Inhalt* des Übertragungsraumes »Forschungssituation« und ihres Niederschlags im Interviewtext. Dafür werden inhaltliche Äußerungen präzise verknüpft mit den unterschiedlichen *Form*charakteristika eines Gesprächs. Erst aus dieser konsequenten Vermittlung von Inhalts- und Formcharakteristika lassen sich symbolisierende Verdichtungen des Materials und seiner Strukturiertheit gewinnen und der Interviewtext präzise analysieren. Der *explizite* Einbezug und die Fokussierung der forschungsbezogenen Übertragungsprozesse ist in diesem Sinne als eine Zuspitzung der systematischen Form- und Inhaltsanalyse zu verstehen (vgl. auch King, 1995b).

Die Gruppe

Bei der Gruppe handelte es sich um Auszubildende einer *Akademie für Familientherapie* in Norddeutschland. Diese Bezeichnung kann als ein fiktiver anonymisierender Platzhalter für einen tertiären Ausbildungsgang mit der Eingangsvoraussetzung Fachhochschulreife im Bereich helfender, pädagogischer oder therapeutischer Tätigkeiten im weiteren Sinne verstanden werden. Es nahmen fünf Frauen und zwei Männer im Alter zwischen 19 und 25 Jahren teil. Über einen Aushang war ein *gruppenanalytisch*

10 Vgl. Devereux, 1973; Erdheim, 1988; Nadig, 1986; Rohr, 1991; Eggert-Schmid Noerr, 1987, 1991; Bosse, 1994.

11 Vgl. Kernberg, 1988; Deserno, 1990.

12 Vgl. zur Geschichte der hermeneutischen Textinterpretation Bonß, 1982; zur Hermeneutik in den Sozialwissenschaften aus unterschiedlichen Perspektiven z. B. Lorenzer, 1986; Oevermann, 1993.

orientierter Workshop zum »Erleben von Fremdheit« angeboten
worden, der sich über drei Sitzungen von je eineinhalb Stunden
erstreckte. Die erste Sitzung fand am Freitagnachmittag statt, die
zweite Samstagvormittag, die dritte Samstagnachmittag. Vor Beginn der ersten Sitzung erklärten wir den Teilnehmerinnen und
Teilnehmern, daß wir die Sitzungen gerne auf Tonband aufnehmen
wollten, um sie als Teil unserer Forschung auswerten zu können.
Die Gruppe war einverstanden und neugierig und lebhaft interessiert an Informationen über unsere wissenschaftliche Arbeit. Die
erste und dritte Sitzung wurde vom Forscher geleitet, die zweite
von der Forscherin. Die Teilnehmerinnen und Teilnehmer sind:
Lisa, Peter, Clara, Ulla, Verena, Johannes, Ute.

Die Schlüsselszene

Es sei zunächst – aus Darstellungsgründen – die Schlüsselszene
vorangestellt, die uns im Gang der Interpretation die zentrale
Frage mitgibt – gewissermaßen das Rätsel, das es zu lösen gilt.
Gegen Ende der *dritten und letzten* Sitzung dieser Forschungsgruppe entstand zum einzigen Mal großer Tumult: Es kam zu
einem Ausbruch scharfer und heftiger Aggression innerhalb der
Gruppe, die sich sonst eher reflexiv oder auch zurückhaltend bis
gehemmt zeigte. Eine der Teilnehmerinnen – Clara – hatte ihren
Ärger über sich selbst und die anderen artikuliert. Sie habe an
diesem Wochenende nicht über die Themen sprechen können, die
sie interessieren – zum Beispiel über ihr Praktikum, bei dem sie viel
mit Fremden, mit »*Ausländern*« arbeite. Die schwierigsten Fälle
seien die Ausländer.

Die Forscherin: In der *Akademie* sind keine Ausländer, oder wie?
(Jemand): Nee. Peter: Stimmt. (Jemand): Doch – aus Spanien. (Lachen)
(Jemand): Oder Italienerin oder so... Bei uns war mal einer. Peter: Das
stimmt. Zwei Türken. (Jemand): Am Anfang war bei uns ein Türke...
Peter: Der ist gleich abgesägt worden.
(Jemand, mit leichtem Lachen): Und die Italienerin ist bei uns auch abge-
sägt worden. Peter: Das stimmt eigentlich. (Lachen in der Gruppe)
Der Forscher: »Abgesägt«. Eine Frau: Ja, rausgeschmissen.
Peter: Die mußten beide gehen, die Italienerin und der Türke.
Mehrere Frauen (lachend, protestierend): Naja. Das finde ich jetzt weit
hergeholt. Peter: Das ist aber so.

Lisa (leicht lachend): Das klingt wie: »Ausländer raus«. So klingt das. Peter: Aber so ist es doch gewesen.

Lisa (scharf): Wenn einer die Prüfung nicht schafft, also bitte, das kann eine Italienerin, Spanierin oder Deutsche sein. Das ist doch wohl lächerlich.

Peter: A ja gut, aber das war schon der einzige Fall in der *Akademie*, daß so was passiert ist. (Einige Frauen protestieren) (Eine): Also, ich kann das echt kaum kaum fassen. Oder machst du grad einen Witz?!

Peter: Halbe, halbe. Also man überlegt sich wirklich so, das ist noch nie passiert an der *Akademie* . . .

(Heftigster Tumult in der Gruppe, eine Frau): Was, daß ein Ausländer . . . (Die Gruppe unterbricht und protestiert in großer Erregung.)

Johannnes: Also, ich würde jetzt nicht gerne über die *Akademie* reden.

Peter: Jetzt mal abgesehen davon, daß die Frau aus Italien gekommen ist, daß jemand so eigentlich so geschaßt wurde auf der *Akademie* . . .

Eine der Frauen: Das hat doch mit Nationalitäten nichts zu tun.

Peter: Nee, das hat damit eigentlich nichts zu tun, aber es ist mir halt eingefallen, und bei Edmund war es genauso.

Johannes (scharf): Also, ich würde gerne bei dem, was die Clara gesagt hat, weiter reden. Finde ich einfach interessanter. Ich weiß nicht, wie's euch geht.

Eine der Frauen: An was würdest du da gerne weiter reden?

Johannes (erregt, wütend, immer lauter werdend): Ich weiß es grad nicht, nicht. Ich weiß nur, daß es mich grad total genervt hat, über die *Akademie* zu reden, weil ich es grad interessant fand. Auch das mit den Ausländern. (Zu Clara) Du hast gesagt, daß uns das vielleicht nicht interessiert. Ich glaub schon, daß es mich interessiert.

Diese Szene legt zunächst einmal zwei verschiedene Interpretationsmöglichkeiten nahe: Zum ersten könnte vermutet werden, daß Peter in der Rolle des ›agent provocateur‹ innerhalb der Gruppe einen wunden Punkt aufdeckt, der von allen anderen geleugnet und schnell beiseite geschoben werden muß, nämlich die latente Ausländerfeindlichkeit, die die Gruppenteilnehmer möglicherweise mit der von Peter »beschuldigten« *Akademie* teilen. Eine andere – ergänzende oder alternative – Möglichkeit läge darin, daß Peter in einer Art masochistischer Trotzhaltung bemüht ist, die Gruppe zu provozieren, indem er mit »weit hergeholten« Thesen, von denen er annehmen kann, daß sie auf einhellige Ablehnung und moralische Empörung stoßen, die Aufmerksamkeit und Aggression der Gruppe auf sich zieht.

Betrachtete man ausschließlich diese Szene, ließe sich ihre Bedeutung nicht eindeutig erschließen. Auffällig ist jedoch schon an dieser Stelle, daß die Gruppe zunächst bereit scheint, die Vision, an der *Akademie* könnten Ausländer »abgesägt« werden, mit einer Art von unschuldiger Lust und Heiterkeit mitzutragen. Diese Lust und Heiterkeit verwandelt sich sodann schnell und deutlich in Unsicherheit, Empörung und schließlich heftigen Zorn, als Peter an seiner zunächst wie spielerisch eingebrachten Metapher »*die Akademie* sägt Ausländer ab« mit Nachdruck und Ernst festhält. Bei Betrachtung des Gesamtverlaufs wird sich hinzufügen lassen, daß die darauf sich entladende Wut den heftigsten und massivsten Ausbruch von Aggression und von Affekten überhaupt innerhalb der drei Sitzungen darstellt. Auffällig im weiteren Ablauf ist schließlich eine beharrliche Verweigerung der Gruppe gegenüber danach folgenden Versuchen der Leiter, den Konflikt selbst zu thematisieren. Auch dies sticht als einmalig hervor in einer Gruppe, die – in Selbsterfahrungshaltung institutionell geübt – sich gegenüber metareflexiven Anstößen seitens der beiden Forscher eher offen und kooperativ gezeigt hat. Was also bedeutet diese auch unter Einbezug der Gesprächsdynamik aller drei Sitzungen wie hermetisch in sich geschlossen wirkende Szene, die Szene eines unkontrollierten Affektausbruchs, der sich schnell wieder verschließt und unter Kontrolle gehalten wird?

Das erste Gruppengespräch: Die Sehnsucht nach dem Fremden in der Forschung: Hoffnung und Enttäuschung

Initialszene:
(Lachen)
(Stille, ca. 4 Minuten)
Forscher: Sie finden es schwierig ... (Lachen in der Gruppe) ... etwas zu sagen.
Eine der Frauen: Anzufangen ist schwierig. (Räuspern in der Gruppe. Stille)
Lisa: Im Schweigen sind wir leider auch manchmal schon ein bißchen zu erprobt.
Frauen: (Lachen)
Johannnes: »Erprobt«, hast Du gesagt?
Lisa: Ja.
Johannes: Ach so (lacht verhalten.)
Lisa: Also es ist nichts mehr so ganz Unbekanntes. Nee, ich habe mir gerade Gedanken darüber gemacht, welcher Art das Schweigen ist ... Ob ich es als unangenehm empfinde, wie ich es meistens ...

(Peter, Johannes und Lisa waren in einer Selbsterfahrungsgruppe meist schweigsam; andere bestätigen unangenehme Erfahrungen. Peter hatte sich vorgenommen, heute das Schweigen nicht zu beenden.)
Lisa: Also, ich hab irgendwie ein besseres Gefühl bei diesem Wochenende. Die Gruppe ist eben nicht, es ist nicht, also, wir sind alle Studenten von derselben *Akademie*, aber...
Gruppe (zustimmend)
Lisa: Es ist nicht so dieser Rahmen, den wir sonst da haben, und wo immer so dieser Druck so spürbar wurde: wir *müssen* jetzt etwas sagen. Und es wird so erwartet, und – wir müssen uns jetzt selbst erfahren, also – sondern wir sind hier irgendwie –
(Jemand): – freiwillig.
Lisa: freiwillig!
Gruppe: freiwillig! (Lautes Lachen, befreit).
Lisa: Das ist ein gutes Gefühl ...
(Jemand): ... ganz fremd.
Gruppe (abschließendes Lachen).

Gleich in den ersten Äußerungen, eingelassen in das für Selbsterfahrungsgeübte geläufige Thema des Schweigens und Anfangens, wird deutlich, welchen Wunsch die Gruppe mit diesem »workshop« und dem Thema Fremdheit verbindet: endlich etwas anderes, etwas frei Gewähltes und damit, wie gesagt wurde, etwas Fremdes zu erleben. Diese Sehnsucht, die Sehnsucht nach etwas Fremdem, hat die Teilnehmerinnen und Teilnehmer offenbar zum Mitmachen motiviert und wird gleich zu Beginn zum Ausdruck gebracht. Die fremden Forscher als Gruppenleiter und das Thema »Erleben von Fremdheit« werden als Garant von Differenz zu den bisherigen Erfahrungen phantasiert und interpretiert, die für die Gruppe mit der *Akademie* in Zusammenhang stehen. Damit wird sogleich eine gruppenspezifische *Übertragungsbereitschaft* sichtbar, die die weiteren Sitzungen prägt, ein drängender Wunsch nach Befreiung vom bisher erlebten Selbsterfahrungszwang: Die erste Sprecherin hat sofort »irgendwie ein besseres Gefühl bei diesem Wochenende«. Die genaue Bedeutung der von den Studenten in großer, vorsprachlich spürbarer Übereinstimmung verwendeten Konnotationen der Begriffe »*Akademie*« und »Selbsterfahrung« ist bis dahin noch ungeklärt. Die Formulierung, die Gruppe sei im Schweigen »erprobt«, verdeutlicht zunächst einen Überdruß an therapeutischen Situationen und drückt ironisierend den Distanzierungswunsch aus.

Nachdem damit in einer ersten Runde das Terrain abgesteckt und definiert erscheint – *diese Situation hier ist eine verheißungsvoll fremde Erfahrung* –, beginnt Lisa mit zwei Angeboten zum Thema Fremdheit. Eine Geschichte über ein Lokal, in das keine Ausländer hineingehen durften; und als zweites Gedanken darüber, wie sie sich selbst manchmal fremd vorkomme. Sie tritt mit dem Forscher in einen exklusiven Dialog über das »sich selbst fremd vorkommen« ein, der die Forscherin und die anderen Gruppenteilnehmer ausschließt. Dabei erscheinen Lisas Formulierungen, wie sie sich selbst fremd empfinde, für den Anfang forciert psychologisierend. Sie demonstrieren wiederum Selbsterfahrungsgeübtheit im Sinne des Wissens darum, welche Haltung gefragt und welche Ausdrucksweise der Beschreibung von Beziehungserfahrungen und Selbstreflexion angemessen ist. Nach dieser Sequenz kommt es nun zum ersten, unvermittelt erscheinenden Ausbruch von Aggression: Peter erklärt, daß er mit Frauen nichts anfangen könne. Daß er mit Männern besser zurecht komme. Er erzählt Episoden, wie er sich früher mit Freunden betrunken habe und lärmend herumgezogen sei, was er angenehm fand, aber inzwischen nicht mehr mache. Die Gruppe reagiert etwas erstaunt nachfragend, erinnert an gemeinsame Begegnungen, wie sich neulich X mit Y unterhalten habe, wie das gewesen sei usw. Erneut eine Situation des Ausschlusses, diesmal werden die Gruppenleiter ausgeschlossen und vermutlich einzelne Teilnehmer, die nicht dabei waren. Währenddessen überlegt die Forscherin, daß Peters unmutige Äußerung über Frauen sich unterschwellig auf sie beziehen muß – ob und wie sie es ansprechen könnte. Es erscheint ihr jedoch zu früh, und sie beschließt abzuwarten.

Ein Thema, das nun in der Folge in mehreren Variationen immer wieder auftaucht und die ganze Sitzung durchzieht, ist die Unzufriedenheit über die *Akademie*. Die Gruppe formuliert Enttäuschungen und das Gefühl, in der Ausbildung nichts Gutes zu bekommen. Ein Stichwort ist der »Bluff«, die Dozenten werden als inkompetent und lächerlich geschildert. Den Forschern fällt auf, in welchem Ausmaß die *Akademie* als geschlossenes System erscheint und hermetisch ausgemalt wird, als eine geschlossene familiäre Bezugswelt, in die die Gruppe vollkommen eingefangen ist. Es klingt, als spiele sich das ganze Leben und Erleben der

Studenten ausschließlich in der inneren und äußeren Bezugnahme auf die *Akademie* und ihre Mitglieder ab. Entsprechend bedrängend fühlen sich die uneingelösten Wünsche und Ärgernisse an. Auch die Forschungsgruppe wird unmittelbar zu einem Teil dieser Bezugswelt – zu einer Art »Klagemauer«. Unterschwellig ist damit auch die Frage aufgeworfen, inwiefern wir uns von den entwerteten Dozenten unterscheiden und ob die Klagen hier bei uns gut aufgehoben sind.

Am Ende bricht die Enttäuschung auf, daß es »wieder nur um die *Akademie*« gegangen sei. Der Forscher greift diesen Ärger in seiner abschließenden Intervention auf. Er spricht die Frustration der Studenten an, sich in der Bewegung weg von der Herkunftsfamilie schließlich in der *Akademie* in neuen familienartig erlebten Beengungen wiederzufinden. Auf der Suche nach dem Fremden haben die Studenten, so scheine es, wieder nur im schlechten Sinne Vertrautes gefunden und diese Erfahrung habe sich im Gespräch wiederholt. Damit ist zugleich am Ende der Sitzung der Raum dafür eröffnet, der Sehnsucht nach dem Fremden an unserem Forschungswochenende auch anders nachgehen zu können. Entsprechend äußert die Gruppe ihr Bedauern, daß die Zeit in dieser Sitzung schon um sei: Jetzt, wo es losgehen könnte mit neuen Themen und neuen Visionen, ist es erstmal zu spät.

Im Rückblick auf diese erste Sitzung fällt vor allem eine teilweise ermüdende Gehemmtheit auf. Auch die beiden Forscher hatten immer wieder den Eindruck, »etwas« sei noch »zu früh« oder potentiell zu überwältigend: So wurden Interventionen aus diesem Grund unterlassen, beispielsweise zu der im Gespräch umkreisten Furcht vor einer Wiederholung von *Enttäuschung über die Akademie* in der Forschungssituation. Auffällig andererseits die anfängliche eilige Herstellung einer exklusiven Dialogsituation zwischen dem Forscher und der weiblichen Wortführerin Lisa, das Thema des Ausschlusses, das sich in Inhalt und Form der anfänglichen Interaktionen zum Ausdruck brachte, und die, so die Vermutung, *eine noch unentwickelte Wunschphantasie in der Gruppe* repräsentierte: nämlich etwas für sich allein zu machen ohne die Gruppe, die Gruppe oder die peer-group auszuschließen – womöglich eine Paarsituation herzustellen, Rivalität und Verführung auszuprobieren und auszukosten. Insgesamt erscheint es, als sei diese Seite adoleszenter Wünsche immer wieder aufgeblitzt und wieder verschwunden. Aggressionen, Neugierde, sexuelle Neugierde, die selbstbewußte Ausdifferenzierung von Weiblichkeit und Männlichkeit, der Wunsch zu experimentieren, tauchten immer wieder kurz auf und versanken wieder in der sogartig wirkenden »*Akademie*«-Thematik. Der Bogen von der Anfangs- zur Schlußsequenz der ersten Sitzung repräsentiert dieses Schema von Aufblitzen und Verschwinden, von Thematisierung und Abwehr: Nach dem Schweigen, in dem die Gruppe geübt ist und das eine Art Eingeübtheit in Unterwerfungsrituale ausdrückt – das Einhalten von Selbsterfahrungsregeln, Schweigen aushalten, »geistreiches« Schweigen etc. –, kommt der forcierte Ausbruch in die Paarverführungssituation. Die Hast dieses Aufbruchs zeigt etwas Verschämtes an, die »Voreiligkeit« führt zu Schuldgefühlen und drängt sogleich nach Korrektur: das Alte, die peer-group, wird wieder hergestellt. So betont Peter, daß er mit Frauen, mit der Paarsituation, nichts anfangen kann, und führt lärmend die betrunkene gleichgeschlechtliche Junge-Männer-Gruppe ein. Am Ende dieser Sitzung die entsprechende Klage der Gruppe: Wieder nichts gewesen. Die (Gruppen-)Welt als »*Akademie*« und ewige Selbstzweifel und Ängstlichkeit fortsetzende »Therapie«. Das von Lisa anfangs angesprochene Sich-selbst-fremd-sein hat in diesem Sinne offenbar eine progressive und eine regressive Seite: Sie bezeichnet einerseits das Unerkannte in sich, das noch erschlossen werden kann, das sehnsüchtig erwartete Andere, das noch als fremd empfunden wird. Das Fremde-in-ihr steht damit für die adoleszente Individuierung, die noch nicht in einer als befriedigend empfundenen Weise vollzogen worden ist. Sie klebt gewissermaßen an der Verarbeitungsstrategie »*enttäuschende und festhaltende Akademie*« und in dem Festhalten an illusionären Wünschen, was die »*Akademie*« alles ermöglichen, erlauben und geben soll. Die »*Akademie*« soll anders sein, und da sie es nicht ist, so erscheint es den Teilnehmern und Teilnehmerinnen, können sie sich selbst auch nicht verändern. Damit ist die regressive Seite ihres Fremdheitsgefühls angesprochen: Sie eignen sich ihre Lebensentwürfe nicht an, ihre unausgeschöpften Möglichkeiten, und entfremden sich dabei von sich selbst.

Die Forscher vermuten insofern nach der ersten Sitzung, daß es in den nächsten beiden Sitzungen darauf ankommen wird, wie die Spannung zwischen Hemmung und dem Wunsch nach Hemmungslosigkeit thematisiert werden kann, um Vermittlungswege zu finden: Vermittlungen, die kein graues »*Akademie*einerlei«, nicht das Bild von Mittelmaß, Halbherzigkeit und Halbheit reproduzieren, aber auch keine zugespitzten Durchbrüche, die dann nicht durchgehalten und ausgefüllt werden können. Die Schwierigkeit, Wege zu finden, um realitätsbezogene Öffnungen zum »Fremden«, zu Aggression und Sexualität, auszuarbeiten, scheint in dieser Gruppe besonders ausgeprägt zu sein. Um das Verständnis dieser Frage zu vertiefen, scheint es notwendig, in der nächsten Sitzung besonders darauf zu achten, wie das gleichsam »fremd« repräsentierte Forschungsanliegen im Verhältnis zu den drangvollen »Therapie«- oder »Selbsterfahrungs«-Repräsentanzen von den Teilnehmerinnen und Teilnehmern interpretiert und erlebt wird. Dazu sollten verstärkt die Phantasien über die Forscher aufgegriffen werden.

Die zweite Sitzung: Vermittlungen

Im Verlauf des zweiten Gesprächs hatte die Gruppe ein Bild, einen Ausweg aus dem Dilemma zwischen einengender Hemmung und destruktiver Hemmungslosigkeit entwickeln können. Nachdem anfangs die adoleszenten Größenphantasien und brachialen Ausbruchsvorstellungen und die begleitenden Ängste dargestellt worden waren, konnte in der zweiten Hälfte der Sitzung eine vermittelnde Figur gefunden werden: daß man ins Wasser gehen, aber noch Boden unter den Füßen haben, langsam in die Tiefe gehen möchte; daß man spielen können möchte: »Rumplanschen« und »Spaß haben«. Dieses Bild konnte sich entfalten, nachdem genauer den einzelnen Bedeutungsfacetten, die das »Therapie«-Machen für diese Gruppe hatte, nachgegangen war. Dabei wurde klarer, daß es sich in der Vorstellung der Gruppe um eine »ernste Sache« handelte: mit außerordentlich rigiden Über-Ich-Forderungen verknüpft. Die Präzisierung entwickelte sich anhand der Gegenüberstellung unserer Forschungsinteressen und der Bilder von ihrer *Akademie*-»Selbsterfahrung« und »Therapie«, die auf unser Zusammentreffen übertragen wurden. Eine erleichternde Öffnung entstand an der Stelle, an der die Forscherin eine für diese Gruppe offenbar überraschende und ungewöhnliche Interpretation der von den Teilnehmern als selbstverständlich vorausgesetzten Grundregel – »Alles sagen *müssen*, was einem durch den Kopf geht« – anbot: Die Möglichkeit, die »Grundregel« nicht als Zwang, als »Muß« zu begreifen, sondern als »Erlaubnis«, als außergewöhnliche Möglichkeit, alles sagen zu *dürfen*, was sich in einem regt. In dieser Differenz zwischen »Müssen« und »Dürfen« lag gerade für diese Gruppe eine Differenz ums Ganze. Denn die als bedrängende Vorschrift empfundene Grundregel, »Alles-sagen-zu-müssen«, bezeichnete anscheinend für die Gruppenteilnehmer die rigide und repressive Spannung und die Last der Unterwerfung, mit der sie sich in ihrem Erleben quälen. Die Regel »Alles sagen müssen ...« verdoppelt und symbolisiert ihre Hemmung, abgrenzend »Nein« zu sagen (zum omnipräsent empfundenen Kontrollblick der Therapeuten in ihr Innenleben beispielsweise), und damit Autonomie und Individuierung zu erproben. Die veränderte Sicht auf die Grundregel war in diesem Sinne, wie eine Teilnehmerin sagte, »echt eine andere Perspektive« und schaffte eine neue Atmosphäre in der Gruppenkultur. Sie ermöglichte zum Beispiel, angstfreier und humorvoll die Phantasien auszuformulieren, die sich auf die Hierarchie zwischen den beiden Leitern bezogen. Zudem konnten die Forscher als »anderes Elternpaar« ausphantasiert werden, als Elternpaar, unter dessen Schutz man sich entwickeln könnte. Es tauchten auch zaghafte Anspielungen zu Phantasien über die beiden Forscher als »sexuelles Paar« auf, Phantasien, die gleichsam umkreist, dann schnell weggedrängt oder »verkindlicht« wurden. Beispielhaft erscheint eine Äußerung von Ute, sie habe sich Gedanken gemacht, was die Forscher am Abend wohl gemacht hätten. Jemand vermutete, wir seien zu Mc Donalds gegangen. Eine andere Teilnehmerin äußerte die Phantasie, wir hätten gemeinsam die Bänder angehört. Die ausgeprägte Neigung, auftauchende sexuelle Bilder zu verniedlichen oder wegzudrängen, zeigt sich auch in dem Bild vom »Rumplanschen« als weitestgehender Auflösung der hemmenden Vorstellungen. Diese Metapher erweckt die Vermutung, daß die Gruppe bei der inneren Vorbereitung auf den adoleszenten Aufbruch »klein« anfangen muß. Das »Rumplanschen« im nicht zu tiefen Wasser und der Wunsch, noch stehen zu können, rufen Bilder zur Wiederannäherungskrise hervor: Weggehen, aber sich langsam absichern, den Rückweg offenhalten ... An dieser Stelle scheint es eine Art Nachholbedürfnis zu geben. Ein anderes Bild, das geweckt wird, ist die Vorstellung von immer schon altklugen Kindern, die früh »parentifiziert« worden sind. Von Kindern, die »zu früh« in den Dienst einer »ernsten Sache« genommen wurden. Die es sich nicht erlauben durften, kindlich unvernünftig zu sein, »Spaß zu haben«, lebendig zu sein, sich etwas herauszunehmen. Diese Konstellation – so kann vermutet werden – bestand zumindest bei einigen schon vor der Adoleszenz, und durch das »Hinzukommen« der adoleszenten Triebhaftigkeit, der Sexualität und Aggression, wurde es endgültig »zu viel«. Die triebhaften Impulse wurden in einem strukturellen und unauflösbaren Sinne als »zu früh« und zu überwältigend erlebt, entsprechend der Struktur von Hemmungen, die wir in bezug auf mögliche Interventionen in der ersten Sitzung hatten. Die »*Akademie*«, so scheint es, bot später im Erleben der Studenten die kompromißhaften Auflösungen: Weggehen, dabei aber »in sich« gehen, Therapeuten in sich hineinschauen und das Innere kontrollieren lassen, sich im Schweigen und klugen Reden üben, Unterwerfung demonstrieren, ein guter Mensch werden, der anderen hilft ... Im ewigen Schimpfen über die Institution und die Dozenten – über die »dumme Familie« – findet die aggressive, vielleicht auch sexuell getönte Lust ein Ventil. Progressive Aspekte liegen in der ausgeprägten Ausdifferenzierung der selbstreflexiven Kompetenzen, die einen Teil der professionellen Qualifizierung der Teilnehmerinnen und Teilnehmer ausmacht. Diese Kompetenzen scheinen jedoch in einen Sog von Entwertungs- und Unterwerfungsneigungen eingebunden, so daß die Individuierungskapazitäten, die zu Beginn des ersten Gesprächs sich noch unbegriffen angedeutet haben, entsprechend gehemmt zur Geltung kommen.

Zur Dynamik des Verlaufs in der zweiten Sitzung

Lisa beginnt die Sitzung, indem sie ein Erlebnis bei einem Schulausflug schildert: Die Schulklasse machte eine Wanderung am Meer. Lisa hatte sich von der Gruppe abgesetzt und schaute von einer Felsenklippe in die Tiefe, phantasierte, sie könnte hinunterspringen. Eine Phantasie, die ihr zugleich nah, aber auch fremd vorkam. Johannes stellt ihr die Frage, ob sie sich damals vorstellte, fliegen zu können, oder ob sie sich vorstellte, in den Tod zu springen. Lisa: Beides. Peter fügt hinzu, wie er sich manchmal die Schreckensvision ausmalt, vom Fünf-Meter-Brett zu springen, und unten ist dann kein Wasser drin. Ulla fügt eine weitere Phantasie der Grenzüberschreitung und des Aufgebens jeglicher Kontrolle hinzu: Mit dem Motorrad ganz schnell aus der Kurve hinauszusausen ins Weite – einfach so. Der Freiheitsvision folgt jäh eine Schreckensvision: auf der Wiese zu zerschellen.

In der ersten Intervention faßt die Forscherin die Phantasien zusammen und formuliert die Spannung zwischen dem Wunsch, aus dem Alten auszubrechen, der Angst, dabei zugrunde zu gehen, und der traumhaft anmutenden Auflösung, fliegen zu können. Diese traumartige Vision erscheint wie ein erster Hinweis auf die Möglichkeit, die Lust nach Grenzüberschreitung in die Lebensrealität, insbesondere in die Sexualität zu integrieren – eine Vorstellung, die jedoch noch nicht benennbar und präzisierbar scheint. Die Gegenüberstellung von Größenphantasien und einengenden »Therapie«-Vorstellungen einerseits und der Rückbezug von Größen- und Kleinheitsphantasien auf unsere Forschungsgruppe mit der »Erlaubnis-Grundregel« andererseits bildet den roten Faden der Interventionen. Dabei wird immer wieder deutlich, daß die Gruppe sich erhofft hatte, über die Themenstellung »Erleben von Fremdheit« vom immergleichen *Akademie*-Thema wegzukommen. Der Forscher spricht die Gefährlichkeit an, die mit der Trennung vom *Akademie*-Thema verknüpft wird: Neue Themen und Wege könnten wie Höhen- oder Tiefflüge enden, bei denen man am Ende zerschellt. Die Forscherin weist darauf hin, daß die Gruppe sich offenbar gewünscht habe, daß wir über striktes Beharren auf dem »Thema« die Gruppe von der »*Akademie*« regelrecht wegzwingen könnten – uns damit als äußere Autoritäten den rigiden inneren Verboten entgegenstellen. Die Gruppe gelangt über diese Reflexionen und Bewegungen zu dem Bild des Rumplanschens. Und schließlich am Ende zu einer Formulierung der Spannung zwischen Größenphantasien, enttäuschender Realität und lustvoll oder produktiv ausgestaltbarer Realität anhand der Phantasien über das Leiterpaar: Peter berichtet, daß er sich vorgestellt habe, daß »Mrs. King« eine berühmte amerikanische Wissenschaftlerin sei, die von Herrn Bosse extra eingeflogen worden sei! Statt dessen war sie dann »ganz normal«. Die Forscherin daraufhin: Das war eine Enttäuschung.

Die Gruppe windet sich in vergnügtem und erleichtertem Gelächter. Lisa fügt hinzu, daß sie sich gewünscht hätte, daß wir keine »typische« Hierarchie haben: wieder die Frau in der untergeordneten Position. Ulla berichtet, daß sie, nachdem klar war, daß die Forscherin eine Mitarbeiterin des Forschers sei, befürchtet hatte, diese würde wie eine Sekretärin »mucksmäuschenstill« in der Ecke sitzen und mitstenografieren, mit dem Notizblock »auf dem Schoß«. Und daß sie so froh war, daß alles ganz anders lief. Die Gruppe ist sichtlich befriedigt und erleichtert, daß »alles ganz anders lief«, und auch darüber, daß die Befürchtungen und aggressiven Phantasien thematisiert werden konnten. In der abschließenden Intervention verbindet die Forscherin diese Gruppenerfahrung – daß trotz der Hierarchie kooperativ gearbeitet werden kann – mit dem Bild des Planschens als Vermittlung zwischen Größenphantasien und Untergangsangst. Die Gruppensitzung endet in allgemeinem Vergnügen.

Nach der Sitzung stellt sich im Verlauf der Rekapitulation alsbald eine Unwilligkeit ein, die sich auf die Kürze des Forschungswochenendes bezieht: Man müßte, so der Eindruck der Forscher, jetzt viel länger arbeiten. Wir phantasieren: Vielleicht eine Art Anschluß anbieten? Oder besser gleich aufhören? Aufhören, wenn es am schönsten ist ... In der letzten Sitzung wird es notwendig sein, die idealisierende Aufschwungsstimmung aus der Forschungssituation zu den Teilnehmern und ihren eigenständigen Fähigkeiten zurückzuführen. Es wird um die Frage gehen, wie das Neue, das sich jetzt mit der Forschung verbunden hat, ins Alltagsleben hineingenommen werden kann. Wird das Alte durch das Neue einfach entwertet, oder kann es sich verbinden? Wie kann die »fremde« Erfahrung aufgenommen und integriert werden? *Eine regressive Variante liegt offenbar in der Idealisierung des Fremden als Unerreichbarem und in der Entwertung des Vertrauten: Dafür steht die Metapher »Akademie«.* Eine kreativere Auflösung deutet sich in Peters Phantasie an: Über die Phantasie von der amerikanischen Wissenschaftlerin verbindet sich das Vertraute mit dem Fremden, wenngleich diese Phantasie noch an ihrer Übersteigerung krankt. Die *Kürze*, die wir bedauern, steht – so kann vermutet werden – für Fremdheit und für Bekanntes: *Einerseits die zu kurz gekommene Adoleszenz, andererseits die ewigen Therapien.*

So scheint sich im zweiten Gespräch ein reiferer Bewältigungsmodus zu entfalten im adoleszenten Prozeß des Umgangs mit dem äußeren und inneren Fremden. Zunächst werden Trennungsphantasien in ihren Lust- und Angstdimensionen geäußert – Bilder von Kraft, Omnipotenz und Tod: sich vom Felsen in die Lüfte schwingen, um dann abzustürzen, oder willentlich aus der Kurve steuern, um dann zu zerschellen. Diese Phantasien werden abgelöst durch

Bilder einer frei gewählten und mit den eigenen Kräften einlösbaren definitiven Adoleszenz: hier in der Gruppe im seichten Wasser planschen zu *dürfen*, als Sinnbild für eine Befreiung von den inneren und institutionell erlebten Abhängigkeiten und Zwängen, schon erwachsen und Therapeuten sein zu *müssen*, in der Selbsterfahrung alles sagen und frei assoziieren zu *müssen* usw. Die definitive Aneignung des Fremden wird im Bild vom Planschen durch das Eintauchen in das fremde Wasser zur Darstellung gebracht: das Wasser, das faszinierend ist, aber unheimlich und tödlich bedrohlich wird, wenn es zu tief wäre. Das Moment der Aneignung zeigt sich jedoch auch in der konstruktiven Ausgestaltung der Grundregel durch die Gruppe, nachdem sie von den Forschern als Erlaubnis-Grundregel »gedeutet« worden ist: die Gruppenteilnehmer erlauben es sich daraufhin, nach eigenem Belieben im Wasser zu planschen. Zugleich zeigt sich in dieser Ausgestaltung auch die defensive Seite der zaghaften adoleszenten Individuierung der Gruppenteilnehmer: Unter dem Schutz erlaubnisgebender Forscher, die damit Züge ideal phantasierter Eltern bekommen, trauen sich die Teilnehmerinnen und Teilnehmer, im Wasser zu spielen. Dabei wirkt das Bild, wie junge Erwachsene zu planschen beginnen, auch befremdend; es verdeutlicht die kindlich defensive Seite, die die adoleszenten Aneignungsversuche prägt. Das Planschen weckt kaum Vorstellungen der genitalen Reifung oder von der Erregung des adoleszenten Aufbruchs. Diese Erregungen bilden ein unterschwelliges Thema der dritten Sitzung.

Zum dritten Gespräch: Ausschluß und Einschluß des Fremden

Noch vor jeder Äußerung in der dritten Sitzung fällt beim Wiedertreffen nach der Mittagspause als erstes die erstaunliche Veränderung einer der Frauen auf. Clara steht nun vor allem für die Gruppenveränderung oder für den Veränderungswunsch. Sie hat sich auffällig schön gemacht in der Pause, wirkt strahlend und bunt wie eine junge Frau aus einem Gauguin-Gemälde. Sie erscheint als die veränderte, zur Frau gewordene Initiandin – *als Verkörperung der adoleszenten Metamorphose*. Eine Assoziation, die nahegelegt wird durch ihre Erzählung, sie habe in der Mittagspause Brennnesseln in ihrem Garten herausgerissen, was sie schon lange geplant hatte, jetzt aber endlich hatte machen wollen. Dabei habe sie sich Arme und Beine verbrannt. Ute dagegen repräsentiert in aller Deutlichkeit den Gruppenwiderstand: Sie reformuliert gewissermaßen die Antithese zu allen bislang erarbeiteten Einsichten und präsentiert sich als Kind, das auch Kind bleiben will, wie sie explizit sagt. Sie repräsentiert in der letzten Sitzung besonders deutlich die regressive *Vermeidung der Adoleszenz.* Peter formuliert erneut am schärfsten die *Aggression* und die anal-sadistischen Gelüste, nochmals kreuz und quer herumzuschmieren, sich zu beschweren und zu attackieren: Zum Beispiel findet er den Raum, in dem die Forschung stattfindet, »Scheiße«. Zugleich steht die Frage im Raum, ob es ein Drittes zwischen Idealisierung und Entwertung geben kann. Die bislang verhandelten Themen werden noch einmal aufgegriffen, ebenso die verschiedenen Affekte und die einzelnen psychischen Bewegungen der Progression und Regression erneut zur Darstellung gebracht. Ausgeschlossenes wird (wieder) hineingeholt: Das ausgeschlossene Ausländerthema aus der ersten Sitzung wird gleichsam zurückgeholt und – dieses Mal mit deutlicherer Aggressivität – ein weiteres Mal ausgeschlossen.

Zum Verlauf und zur Dynamik des Gesprächs

Peter äußert jedoch zunächst einmal, daß er den Raum, in dem die Forschung stattfand, »beschissen« fände: er hätte sich, dem Thema »Fremdheit« gemäß, ein exotischeres Ambiente gewünscht. Ute wiederum wendet sich unmittelbar gegen diese Enttäuschung. Sie unterstreicht ihre Gleichgültigkeit dem und allem gegenüber: Sie selbst wolle am liebsten immer Kind bleiben. Und die Gruppe sei ihr auch zuviel, sie brauche den Rückzug, werde alleine wegfahren. Ute betont ihre Autonomie, offensichtlich als Abwehr von Enttäuschungen und Verlassenheitsängsten, auch im Sinne einer Gegenbewegung zur spürbar gewordenen Progression in der Gruppe, die angesichts des Abschieds besonders beängstigend erscheint ...

Ute: Das einzige, wobei sie sich nicht fremd gefühlt habe, sei Lisas Bild vom Fliegen gewesen, begleitet von der Vorstellung, vom Felsen in die Tiefe zu stürzen. Der Forscher spricht den Stimmungswechsel seit dem Vormittag an – die Enttäuschung zum Ende des Workshops nach der Aufbruchstimmung am Morgen.

Offenbar sei es schwierig, ein Drittes zu finden zwischen dem Wunsch nach exotischen und grandiosen Bewegungen und dem »Scheißalltag«. Daraufhin die strahlende Clara: Ihr sei es furchtbar schlecht gegangen in der Mittagspause. Sie habe sich schrecklich gefühlt, weil sie sich überhaupt nicht habe einbringen können. Sie hätte sich gar nicht zur Gruppe zugehörig gefühlt, obwohl sie sich so viele Gedanken gemacht habe vor dem Workshop zum Thema Fremdheit. Da sei sie nach Hause gefahren und habe die Brennnesseln in ihrem Garten ausgerissen, so daß Arme und Beine gebrannt hätten. Danach hätte sie unbedingt ihre Eltern anrufen müssen, um ihnen zu sagen, daß es ihr schlecht gehe. Jetzt gehe es ihr besser in der Gruppe.

Angesichts ihrer aufgeblühten Schönheit gingen die Assoziationen der Forscherin zum Ausreißen der Brennnesseln in Richtung einer sexuellen Handlung – der Onanie oder eines Initiationsrituals – bei dem sie sich gleichsam rituell ihre Weiblichkeit aneignete. (So berichtet etwa Godelier, 1987, vom weiblichen Initiationsritual bei den Baruya im Hochland von Papua Neuguinea, bei dem die Initiandinnen, die zum ersten Mal ihre Regel bekommen haben, mit Brennnesseln geschlagen und abgerieben werden.) Aus dieser Perspektive läßt sich Claras Handlung als Darstellung dessen interpretieren, wie sie die Gruppensitzungen empfindet – als erregend und verführend. Zugleich möchte sie zuschlagen und dagegenhalten. Der Anruf bei den Eltern wirkt wie eine Gegenbewegung: Sie versichert sich und den Eltern, daß sie doch eigentlich noch ganz klein ist; daß es ihr schlecht geht und daß sie Trost braucht. Peter berichtet auf Claras Erzählung hin, daß »sie« (Peter, Lisa, die Jahrgangsgruppe) sich in der Mittagspause weiterhin köstlich amüsiert haben. Ein Teil der Adoleszentengruppe hat »weitergeplanscht«, während Clara sich mit ihren Bedrängnissen zurückgezogen hat: Sie hat sich zum Brennen gebracht, sich den Ängsten stärker ausgesetzt und ist dabei schöner geworden.

Clara beginnt, von ihrer Arbeit mit Ausländerkindern zu erzählen, die ohne Eltern sind ... Sie gerät dabei zunehmend wieder in die Rolle der »guten« Helferin, die sich um die Kinder von getrennten Eltern kümmert. Daraufhin entfaltet sich die eingangs ausgeführte Szene: Peter greift das Thema »Ausländer« auf. Er fände es interessant, daß die einzigen Abbrecher, die es an der *Akademie* gegeben hat, Ausländer gewesen seien. Es bricht allgemein die heftigste Aggression und Empörung aus: Das sei überhaupt nicht wahr ...

Johannes weist Peter zurecht, daß er Clara unterbrochen habe, die gerade so interessant erzählt. Ihn würde das viel mehr interessieren … Es war der erste und einzige richtige Streit in der Gruppe, das erste und einzige Mal, daß die beiden Männer aneinandergerieten. Clara erzählt weiter, der Forscher versucht, auf den Streit zurückzukommen, die Gruppe sperrt sich. Seitens der Forscher zunächst Erstaunen – wir verstehen die Bedeutung dieser Gruppeneruption mit anschließendem schnellem Verschließen nicht. Schließlich wendet sich die Gruppe der Frage der Rückkehr in die *Akademie* zu und der Möglichkeit der Selbstveränderung in der Institution. Dabei ein Ausbruch von Clara: In der *Akademie* werde man aufgefressen. Eine deutliche Abwehr der detaillierten Betrachtung durch totale Abwendung, an deren Rückseite sich die totale Identifizierung verbirgt. Ulla betont dagegen, daß es an der *Akademie* manchmal auch ziemlich aggressiv zugehe, sie benutzt Vergleiche mit dem Straßenverkehr, die von der Gruppe lebhaft aufgegriffen werden: Phantasien über Freihupen und Freiklingeln, lustvolle und zugleich besorgte Vorstellungen vom Zusammenknallen, Zusammenstoßen.

In seiner Abschlußdeutung greift der Forscher die unterschiedlichen Umgangsweisen mit der Realität am Beispiel der *Akademie* einerseits und der Gruppenerfahrung andererseits auf: Über den möglichen differenzierten Umgang mit Enttäuschungen, Wünschen und Ängsten auf der Suche nach dem Anderen, dem Fremden und der eigenen Veränderung. Wir streichen am Ende beide heraus, daß wir gerne mit der Gruppe gearbeitet haben. Die allgemeine Stimmung ist zum Sitzenbleiben, und wir bleiben auch sitzen. Offenbar fehlt noch etwas Wichtiges. Einige betonen, daß es ihnen gut gefallen habe, daß sie gerne wieder mit uns arbeiten würden. Lisa fragt, ob wir immer Spaß hätten an dieser Art von Arbeit. Aus dem Gefühl heraus, daß Lisa – mit Blick auf ihre therapeutische Ausbildung – prüfen möchte, ob es auch erlaubt ist, ungern zu arbeiten, wirft die Forscherin ein: Man darf auch mal keinen Spaß haben beim Arbeiten, eine Formulierung, die offensichtlich Erleichterung auslöst in der Gruppe.

Bei der Betrachtung dieser dritten Sitzung stellt sich die Frage, welche Bedeutung das Ausländerthema und der Streit in der Gruppe hatten. Auffällig ist an Claras Geschichte über Migranten- oder Flüchtlingskinder, über Kinder ohne Eltern oder Kinder mit getrennten Eltern, bei der das Thema der kindlichen Verlassenheit von ihr betont wurde, daß sie Familienentwürfe oder Beziehungs- konstellationen ohne Sexualität und damit ohne ödipalen Aus- schluß beschreibt. Diese Geschichten bewegen sich vermutlich in derselben Linie wie der rückversichernde Anruf bei den Eltern nach dem feurigen »Brennesselausreißen«. Demgegenüber hatte Peter den aktiven Ausschluß ausgemalt: Ausländer – so deutet er provozierend an, ohne es direkt auszusprechen – wurden aus der *Akademie* hinausgedrängt. Die Empörung richtet sich untergrün- dig – so vermuten wir – auf die Vorstellung, *selbst aktiv* – im sexuell-aggressiven Sinne – *andere auszuschließen.* Eine Vision, die dem zentralen Identitätskonzept dieser Gruppe, bei dem ag- gressiv-abgrenzende Strebungen durch eine forciert altruistische und verkindlichende Haltung abgewehrt werden müssen, diame- tral entgegensteht. Insofern macht Peter nun das, was Clara in der Mittagspause gemacht hat: Er wagt sich weit vor und holt sich gleichsam die Prügel. Die Gruppe wendet sich in geschlossener Empörung gegen ihn.
So können im Rückblick auf die thematischen und psychischen Bewegungen der drei Sitzungen bereits zwei Seiten des Fremden festgehalten werden. *Zum einen das Fremde außerhalb,* das Idea- lisierte, das immer außerhalb bleibt – außerhalb des Alltags und außerhalb der Institution (*Akademie*), aber auch außerhalb des Körpers. Die Sexualität bleibt fremd, sofern sie außen gehalten wird, außerhalb der Gruppensitzungen: In der Pause schnell nach Hause laufen und »Brennesseln ausreißen« – in der Gruppe die Helferinnenrolle. Ute betonte dabei explizit, was aus der Perspek- tive des kindlichen Beharrens nach Möglichkeit fremd bleiben soll: die Sexualität, das eigene Geschlecht. Sie sieht die Weiblichkeit nur bei den anderen, außerhalb ihres Körpers, und zieht sich auf die Position der Naivität als externalisierenden Abwehrmechanis- mus zurück. *Zum zweiten das Fremde in einem selbst*: zunächst die Anerkennung, daß es etwas Fremdes in einem selbst gibt (Lisa am Anfang), die Erarbeitung des erreichbaren Anderen als schritt-

weiser Aneignungsprozeß. Clara steht am stärksten für diese Veränderung, die jedoch auch immer wieder zurückgenommen wird. Bei Peter konturierte sich im Verlauf der Sitzungen die Aggression und die Lust am Experimentieren mit den Attacken. Wie ist der Ausschluß des Themas »Ausländer« nun im weiteren zu verstehen?

Die »Ausländer«-Thematik als Deckthema für das adoleszentödipale Schuldigwerden: Wer in der sexuellen Paarbildung den Dritten ausschließt, ist so böse wie derjenige, der Ausländer ausschließt

Im Vorfeld des Forschungswochenendes und auch während der Sitzungen hatten wir überwiegend den Eindruck, daß das Thema »Ausländer« für die Teilnehmerinnen und Teilnehmer keine Brisanz hat. Verknüpft man jedoch die Anfangsszene, in der im spontanen Paar-Dialog dieses Thema ausgeschlossen wurde, mit dem großen Streit in der dritten Sitzung, so deutet sich ein gruppenspezifischer Bedeutungsgehalt dieses Topos an: In diesem anfänglichen Paar-Dialog, so unsere Vermutung, inszeniert sich der latente verbotene Wunsch in der Gruppe, die andern im sexuellaggressiven Sinne auszuschließen, die ödipale Kampfsituation in ihrer adoleszenten Gestalt aufzunehmen. In dieser Szene fiel nun der »ödipale Ausschluß« – der anderen Gruppenmitglieder und der Leiterin – mit dem Ausschließen des Themas »Ausländer« zusammen. Eine Szene, die schnell Schrecken und Schuldgefühle auslöste und zurückgenommen werden mußte. Entsprechend deutet sich schon in diesen ersten Sequenzen an, daß sich hinter der Vorstellung »Ausländer ausschließen« – kompromißhaft, da unmittelbar mit einer tabuierten und moralisch verwerflichen Vorstellung verbunden – das aktive adoleszent-ödipale Ausschließen eines Dritten verbirgt. Ein Hintergrund, der die große Empörung speiste, die sich gegen Peters provozierende Andeutung richtet, in der *Akademie* könnten Ausländer ausgeschlossen werden. Offenbar liegt der Wunsch, aktiv sexuell-aggressiv und in diesem Sinne ausschließend zu sein, an der Rückseite der Metapher »*Akademie*« im verborgenen. Das permanente Sprechen über die »*Akademie*« ist ein ständiges Sprechen von diesem Wunsch weg. Das Schimpfen über die »*Akademie*« nährt sich untergründig von der Versagung dieses Wunsches. In Peters Vision von der »*Akademie*«, die Ausländer ausschließt, kommt der Wunsch in entstellter Form zum Vorschein. Der Gruppenabwehr entsprechend müssen die anderen über ihn herfallen. Die spezifische Verkleidung dieses Wunsches, im sexuellen Sinne rivalisieren und ausschließen zu können, die in der Figur des »Ausländer-Ausschließens« auftritt, verweist auf die massiven Schuldgefühle und Ängste, die an den Wunsch geheftet sind: potentiell auf der Seite des Bösen zu stehen und destruktiv zu sein. Oder auch: selbst zum ausgeschlossenen »Ausländer« zu werden. Dabei haben diese verschiedenen psychischen Konfigurationen mit realen Ausländern im engeren Sinne zunächst überhaupt nichts zu tun, lediglich mit moralischen Vorstellungen, die an diese Thematik gebunden sind und die als eine Art »Deckvorstellung« in die Abwehrphantasien eingebaut werden. Zugleich zeigt sich im empörten Herfallen über Peter die Stärke der Identifizierung mit der »*Akademie*«, die durch das Klagen und Schimpfen verdeckt wird. Die Stärke dieser Identifizierung entspricht der Intensität der Abwehr sexuell-aggressiver Impulse und adoleszenter Eroberungsvorstellungen. Insofern ist auch anzunehmen, daß der Ausschluß der »Ausländer-Thematik« zugleich die Seite der Identifizierung mit der »*Akademie*« draußen halten half. Wäre über dieses Thema ausführlicher gesprochen worden, so wäre diese Seite vermutlich deutlicher zum Vorschein gekommen – so wie durch den Streit in der dritten Sitzung. Clara hat in diesem Sinne in der dritten Sitzung in verschlüsselter Form die Sexualität und das »Ausländer-Thema« hineingetragen. Dies wurde von Peter spontan im Sinne seiner latenten Bedeutung umgewandelt, und er wurde dabei ganz schnell selbst zum verprügelten ausgeschlossenen Ausländer der Gruppe. Lisas Frage am Ende, ob wir denn immer Spaß an der Gruppenarbeit haben, könnte von derselben untergründigen Fragestellung getragen gewesen sein. Die verborgene Frage lautete in diesem Sinne, ob wir als (Forscher-)Paar denn auch genug aneinander hätten, ob wir immer eine Gruppe brauchen oder ob wir uns erlauben, die Gruppe aus unserem »Spaß« auszuschließen. Das hieße, daß ihre Frage den Veränderungswunsch anzeigt, den *Wunsch, sich mit uns als aktiv Ausschließenden identifizieren zu können.* Für diese Vermutung spricht auch, daß die Frage selbst »ausgeschlossen« war oder sich nur als »ausgeschlossene« zeigen durfte: Sie wurde nach dem Ende gestellt – außerhalb des Offiziellen und nicht auf Band aufgenommen. Die

Linie des Themas »Ausschluß«, die sich vom Beginn der Sitzungen bis zur letzten Szene variierend durchzieht, erhellt sich weiter aus der Analyse der Forschungsübertragungen.

Die Bedeutung des Fremden im Spannungsfeld von Größenphantasien und Realität: Methodische und inhaltliche Überlegungen

Eine zentrale Prämisse im methodischen Vorgehen liegt darin, *die Forschungssituation selbst in allen Einzelheiten als generellen Bezugspunkt der Teilnehmeräußerungen und der Interventionen und Interpretationen der Forscher zu begreifen.* Dabei kann die Forschungssituation aus zwei Perspektiven betrachtet werden: Zum einen als ein durch die äußere Realität vorstrukturierter Ort, der institutions-, organisations- und professionssoziologisch bestimmt und dessen praktische Ausgestaltung untersucht werden muß. Zum anderen ist die Forschungssituation ein Raum, der durch die innere Realität der Forschungsteilnehmer ausgestaltet wird. In diesem zweiten Sinn wird in der Forschungssituation die Übertragungsbereitschaft der Teilnehmer aktualisiert. So ist für die Teilnehmerinnen und Teilnehmer das »Fremde«, auf das sie sich beziehen und einlassen und mit dem sie in bestimmter Weise umgehen, zunächst einmal die Forschungssituation selbst. Ihre auf dieses Fremde gerichteten Phantasien bekommen über die konkrete Forschungssituation – als praktische Gestaltung institutioneller Bedingungen – spezifische Bahnungen und Ausrichtungen, sie werden jedoch zugleich gemäß ihrer inneren Realität bestimmt. Erst im Verständnis dieser Phantasien über die Forschungssituation eröffnet sich ein Verständnis zu ihrer inneren Realität. Beide Perspektiven seien hier kurz erläutert.

Die Forschungssituation bildet sich in der Verabredung zwischen Forschern und Teilnehmern und setzt sich in der Forschungspraxis fort. Sie konstituiert einen forschungslogisch »institutionalisierten Raum«, der durch grundlegende Strukturen wie Asymmetrie in den Positionen, Ungleichheiten in den Ressourcen (z. B. professionelle Forschungskompetenz bei den Forschern vs. laienhafte Forschungskompetenz der Teilnehmer) und durch typische Handlungsmuster (z. B. die Regeln der Gruppenleitung oder der Teilnahme an der Gruppe) bestimmt ist. Innerhalb des institutionell vorgegebenen Gefüges besteht zugleich Spielraum für eine Ausgestaltung der Strukturen (im vorliegenden Fall etwa wurde die die strukturelle Ungleichheit von Forscherin und Forscher in der Universitätshierarchie mit einer symmetrischen Leitung der Diskussionsgruppen konfrontiert). Sowohl die Struktur als auch ihre faktische Ausgestaltung in der Forschungssituation wirken dabei auf die Teilnehmerinnen und Teilnehmer als *Organisator* ihrer Erlebnisweisen und ihrer Interpretationen. Die Forschungssituation wird so zu einem Rahmen und Nährboden, einer »institutionellen Matrix« (Bosse 1991, 1994), eigener Wünsche, Phantasien und Tätigkeiten der Teilnehmer. Die Forschungssituation aktualisiert die Erfahrungen der Teilnehmer, die sie mit institutionellen, sozialen und persönlichen Beziehungen gemacht haben; genauer: sie aktualisiert deren innere Bilder von Beziehungen und mobilisiert spezifische Übertragungsbereitschaften. *Die Forschungssituation konstituiert in diesem Sinne einen spezifischen Übertragungsraum (King 1991), auf den sich die Phantasien der Teilnehmer und Teilnehmerinnen zwangsläufig richten.*

Aus der zweiten Perspektive betrachtet sind die in der Forschungssituation auftretenden Übertragungen Ausdruck innerer Realität der Teilnehmerinnen und Teilnehmer – gleichsam Transpositionen ihrer Realitätsverarbeitung aus unterschiedlichen Lebensbereichen. Diese Übertragungsbereitschaften resultieren sowohl aus der individuellen Lebensgeschichte als auch aus institutionellen Erfahrungen. Sie können Ausdruck der kulturellen Homogenität einer Gruppe sein, z. B. der Ähnlichkeit von Familienmilieus (die sog. »Herkunftsmatrix« der Studenten, die wir in dieser Studie nicht untersuchen konnten, vgl. Bosse, 1994), oder Ausdruck der Gemeinsamkeit der Ausbildungserfahrungen (in einer *Akademie*). Dies bedeutet, daß die Rahmenbedingungen der Forschungspraxis und die damit verbundenen Bedeutungen von den Forschern sowohl selbstanalytisch wie strukturanalytisch herausgearbeitet werden müssen. Erst indem sie von den Forschern untersucht und verstanden werden, kann von diesem Ausgangspunkt ein Zugang gefunden werden zu den latenten Bedeutungen der Äußerungen, Beziehungskonfigurationen und szenischen Abläufe in der Gruppe. Dafür müssen die Äußerungen der Teilnehmer immer zuerst als innere Bilder der Forschungssituation gelesen werden, als Ausgestaltung der inneren Realität in dieser Situation. Im vorliegenden Fall wurde vor allem die Bedeutung ihrer gemeinsamen *institutionellen* Biographie als »Nährboden« ihrer Übertragungen herausgearbeitet: Die Teilnehmerinnen und Teilnehmer hatten die *Akademie für Familientherapie* als Ort und Medium ihrer spät-adoleszenten Erfahrungen ausgewählt. Dabei zeigte sich anhand der Gruppengespräche, daß die institutionsspezifischen Übertragungen durch eine adoleszente Polarisierung von Forschung und Herkunft charakterisiert waren: Die adoleszente Idealisierung des Fremden verknüpfte sich mit der Forschung. Dieses repräsentierte das idealisierte ganz Andere, das immer draußen bleibt. Das Eigene, in diesem Fall repräsentiert durch die überdeterminierten *Metaphern* »Selbsterfahrung«, »Therapie« und schließlich die »Akademie«, die wie eine »dumme Familie« dargestellt wird, wurde entwertet. Gleichzeitig zeigte sich die Übertragungsdynamik in einer Art Verwandlung der Forschungssituation in eine »Akademie«-Situation. Die Forschung wurde gleichsam permanent überschwemmt mit *Akademie*-Erzählungen, und die Studenten hielten immer wieder erschrocken inne, im Entsetzen darüber, sich selbst um das Andere, Fremde zu bringen in der thematischen Fixierung.

Weitere Facetten der Forschungsübertragungen präzisierten sich in den Phantasien, die mit dem Forscherpaar verknüpft waren. Auch diese Phantasien waren im Feld von Idealisierung und Entwertung angelegt: Zunächst die Phantasie, der Forscher habe für die Gruppe eine berühmte Wissenschaftlerin aus Amerika eingeflogen; schließlich, in Kenntnisnahme der Hierarchie von Professor und Assistentin, die Befürchtung, die Frau könnte »mucksmäuschenstill« in der Ecke sitzen »mit einem Notizblock auf dem Schoß«. In der Reflexion dieser Phantasien und ihrer Konfrontation mit einer vermittelnden Realität lag ein zentrales Moment von Entspannung und selbstreflexiver Öffnung. Das Benennen der Enttäuschung, daß die Forscher nicht dem adoleszenten Bild des großartigen, exotischen, ganz anderen Paares entsprachen, sowie das Benennen der Erleichterung, daß auch innerhalb der Hierarchie kooperativ gearbeitet werden kann, markierte den weitestgehenden Veränderungspunkt in der Gruppe. Vermittelt über die Forschungs-Übertragungen und über die Polarisierung von idealisierter universitärer Forschung und der überwiegend entwerteten *Akademie* wurde deutlich, wie die Studenten ihre Ausbildung erleben und für sich interpretieren. Im *inneren Bild* der Gruppe scheinen die gewählte Ausbildung und Berufsperspektive deckungsgleich mit einem allzu vorsichtigen Aufbruch, mit einer gehemmten Individuierung, mit inneren Hemmungen und Verboten, sich weiter vorzuwagen. Das Festhalten der Größenphantasien steht im Dienste dieser Hemmungen: In einem inneren Entweder-oder-Szenario von grenzüberschreitender Großartigkeit einerseits oder Katastrophe andererseits, zwischen Fliegen-können oder Zu-Tode-kommen, wird das Greifbare und Mögliche ungreifbar und bleibt *fremd*, beispielsweise die eigene genitale Männlichkeit oder Weiblichkeit oder die genitale Paarbildung. So liegt an der Kehrseite des Festhaltens an Größenphantasien das Verbot, sich eine fremde Welt als realistisch begehbare und damit einer individuierenden Aneignung zugänglich auszugestalten. Die solcherart *fixierte Sehnsucht nach dem Fremden* steht damit selbst im Dienste der adoleszenten *Abwehr*, die das Mögliche fremd bleiben läßt. Daraus ergibt sich zugleich eine neue Formulierung des »Fremden«. Das »Fremde« bestand für die Gruppe gerade in der Konfrontation ihrer Übertragungsphantasien mit der Forschungssituation: die Konfrontation mit der Möglichkeit der produktiven Aneignung der Realität in ihren erfreulichen *und* enttäuschenden Facetten. Die entscheidende Arbeit lag im Versuch der vermittelnden Zusammenführung der Perspektiven und führte zu der spürbaren Erkenntnis-Möglichkeit und partiellen Erweiterung des Gruppendiskurses, daß *Akademie* nicht gleich »*Akademie*« sein muß – daß das Erleben institutioneller Realitäten umgestaltet werden kann. Die Forschungserkenntnis und die Veränderungen der Thematisierungsspielräume in der Gruppe, die Gruppenerkenntnis im Sinne der Öffnungen und partiellen Veränderungen in der Gruppenabwehr, sind insofern, wenn auch teilweise zeitlich verschoben, wechselseitig aneinander gebunden.

Abschließende Interpretation und Zusammenfassung – Gesamtverlauf und Schlüsselszene

Die zentrale Konfliktthematik, die die drei Sitzungen wie ein roter Faden durchzieht und die in unterschiedlichen Facetten am Thema »Fremdheit« aufgezäumt wird, ist die unangeeignete und verboten erscheinende Individuierung. Eine unausgeschöpfte Individuierung, in deren Kern im besonderen die Fähigkeit zum ödipalen Rivalisieren und zum Abgrenzen eines eigenen Raumes für sich und für eine die Gruppe ausschließende Paarbeziehung steht. Das Thema »Andere-Ausschließen-wollen«, das inhaltlich wie szenisch während der drei Sitzungen ständig neu gewendet wird, dieses *Thema des Ausschließen-Wollens, aber nicht-könnens*, steht insofern für die Entwicklungsanforderung der Individuierung in der adoleszenten Ablösung, der Selbstabgrenzung und der abgrenzenden Intimität in der Paarbeziehung. Der konflikthafte Wunsch nach der ausschließenden Paarsituation inszenierte sich gleich in der ersten Sitzung: Nachdem die Gruppe ihre Phantasie geäußert hatte, daß die Forschungssituation gegenüber dem bisher Vertrauten etwas Neues, Freieres und Fremdes sein solle, verwickelte Lisa den Forscher in einen exklusiven Paar-Dialog, dem zugleich etwas Überstürztes und Forciertes anhaftete. Schließlich gab es eine Rückwendung in das vertraute fortgesetzte Schimpfen über die *Akademie*. Bereits hier zeigt sich, wie die gruppenspezifische Konfliktthematik eingebettet ist in eine Reihe symptomatischer Abwehrbewegungen. Hervorstechend waren die Idealisierung des zwar ersehnten, aber stets unerreichbaren und exotisch bleibenden Fremden, das defensive Festkleben in der Position der Enttäuschung und die selbstquälerische Entwertung des Eigenen, für das die *Akademie* stand. Es wurde deutlich, daß an der Rückseite dieser Allmachtsphantasien das Verbot liegt, die adoleszenten Potentiale der inneren und äußeren Expansion zu realisieren. Schließlich äußerte sich das Individuierungsverbot im Festhalten am kindlichen »guten« Selbstbild des Stets-für-andere-Daseins und den damit verbundenen Unterwerfungsbereitschaften. Diese Abwehrbewegungen konnten teilweise *reflexiv* aufgenommen werden, was *partiell* den Spielraum vergrößerte und andere Thematisierungsformen ermöglichte. Beispielhaft dafür war das Bild des Planschens in der zweiten Sitzung als einlösbare Möglichkeit, angstfrei und spielerisch etwas für sich zu tun. Es zeigte sich in der Fähigkeit, gegenüber den zunächst idealisierten Forschern aggressive Phantasien der Enttäuschung zu äußern und auch mit einer partiell enttäuschenden Realität etwas anfangen zu können. Für die Veränderung stand insbesondere Clara, die in der Mittagspause Brennesseln herausgerissen hatte, bis sie, wie sie sagte, an Armen und Beinen brannte, und die als blühende strahlende Schönheit in die Gruppe zurückkam – wenngleich sie auch ihre blühende Veränderung hinter der Maske des Klagens und Kindseins-wollens weiter zu verschleiern suchte.

Die Intensität des gruppenspezifischen, man könnte auch sagen: adoleszenzspezifischen, Konflikts und der gruppenspezifischen Abwehr zeigte sich jedoch insbesondere in der darauf folgenden Szene, der *Schlüssel-Szene*, in der Peter die Gruppe mit der These provozierte, an der *Akademie* würden Ausländer abgesägt. Von der ersten Lektüre her boten sich zwei Vermutungen an: Einmal, daß Peter mit seinen die Gruppe provozierenden Äußerungen den wunden Punkt (einer möglichen) »Ausländerfeindlichkeit« in der *Akademie* oder in der an dieser Stelle mit der *Akademie* identifizierten Gruppe getroffen hat. Oder, als zweite Möglichkeit, daß Peter in einer masochistischen Trotzhaltung durch »weit hergeholte« Vorstellungen Aufmerksamkeit auf sich lenken und sich prügeln lassen wollte. Nach dem bisherigen Gang der Rekonstruktion läßt sich festhalten, daß Peter in der Tat einen wunden Punkt getroffen hat, einen Punkt, der jedoch mit ›Ausländern‹ in einem anhand dieses Gruppengesprächs konkretisierbaren Sinne *nichts zu tun hat*. Vielmehr hat er den zentralen kritischen Punkt der Gruppenabwehr angetastet: das Selbstbild des helfenden, im kindlichen Sinne »guten« Therapeuten, für den der Ausschluß von anderen geradezu das Undenkbare repräsentiert. Hinter diesem »guten Therapeuten«-Selbstbild verbirgt sich die defensive adoleszente Ablösungsbewegung, die mit Hemmungen in der Aneignung der aggressiven Momente der Genitalität verbunden ist, mit der Hemmung des ausschließenden Rivalisierens. Peter trifft diesen wunden Punkt, durchbricht aber damit nur scheinbar die Gruppenabwehr. Erst ganz am Ende der drei Sitzungen, in einer zeiträumlich »ausgeschlossenen« Situation, in der es keiner mehr hören kann – das Band ist abgeschaltet, die Sitzungen sind beendet –, gibt es eine Art von identifikatorischer Vereinigungsmöglichkeit zwischen Gruppe und Forschern, die das infantile »Gut«-sein-müssen überschreitet: Wir Forscher werden indirekt noch einmal aufgefordert zuzugeben, daß wir auch nicht immer Spaß haben, so zu arbeiten, was an dieser Stelle bedeutet, beim Arbeiten immer auch etwas für andere zu tun. Zusammenfassend läßt sich festhalten, wie das *Erleben* der Institution mit bestimmten psychischen Bewegungen und Dispositionen verschmolzen ist. Die vertraute »*Akademie*« stand als adoleszentes Bild für die Abwehr der Impulse aktiven Rivalisierens, für die Abwehr der sexuell-aggressiven Wünsche, die hinter dem Bild des Fremden sich verbergen. Die Repräsentanz »Ausländer« war vor allem assoziiert mit »Ausländer ausschließen« – die moralisch negierte Form des Wunsches nach rivalisierendem sexuellem Ausschließen und Triumphieren. Die Aneignung der Sexualität und das Rivalisieren sind in dieser spezifischen Gruppenabwehrlogik ebenso verboten, gefährlich und unmoralisch wie »Ausländer ausschließen«. Für diese eigentümliche Art von abwehrenden Verknüpfungen steht die innerhalb der Gruppe geteilte psychische Figur der »*Akademie*« als institutioneller Teil der Herkunftsmatrix und als Gruppenabwehrkonfiguration gleichermaßen. So stellt das Thema Ausländer-Ausschließen in diesem Zusammenhang eine Deckvorstellung dar, die in die Abwehr gleichsam eingebaut wird. Es zeigt jedoch auch die Versuchung, den *inneren* Konflikt im *Äußeren* zu agieren – die Verführung, die mit dem Thema Fremdenfeindlichkeit verbunden ist: Denn je unausgeschöpfter die eigenen Individuierungspotentiale sind, so kann geschlossen werden, um so größer die Verführung, das Fremde außerhalb der eigenen Person zu bekämpfen. *Die unvollständige Individuierung und die gehemmte Aneignung der erwachsenen Abgrenzungsfähigkeiten können in Richtung der Fremdenfeindlichkeit treiben, in der der uneingelöste Wunsch, andere auszuschließen, agiert wird.*

Schluß

Zum einen wurde anhand der Fallstudie die eingangs vermutete Notwendigkeit der Differenzierung des Individualisierungsbegriffs in Hinblick auf die Spannung von innerer und äußerer Realität zu exemplifizieren versucht. Von einem häufig verkürzt gebrauchten Begriff von *Individualisierung* muß die adoleszente *Individuierung* deutlich unterschieden werden: In Hinblick auf einen bewußtseinspsychologisch, dezisionistisch verengten Begriff von Individualisierung ist hervorzuheben, daß die äußere Freiheit der Möglichkeiten (Stichwort: Biographisierung und Entstandardisierung der Adoleszenz, Enttraditionalisierung usw.) »unterlegt« oder auch konterkariert wird durch unbewußte Bindungen und unbewußte Lebensentwürfe, beispielsweise im Sinne von kompromißhaften Lösungen in Hinblick auf die Ablösung von der Herkunftsfamilie, und die expansiven, etwa beruflichen Wünsche einerseits und die inneren Verbote und Hemmungen andererseits. Die Ambivalenz gegenüber dem Fremden wäre hier einzuordnen, wie sich anhand der Fallstudie plausibilisieren läßt.

Zum zweiten wurde die These entwickelt, daß das Ausmaß an verfügbarer Adoleszenz, an Individuierungsspielräumen, zugleich den Spielraum der Fremdheitsverarbeitung bestimmt: Je eingeengter die Adoleszenzspielräume, um so brüchiger die Fähigkeit zur integrativen Auseinandersetzung mit Fremdem.

Zum dritten wurde die Notwendigkeit hervorgehoben, der changierenden Bedeutung des »Fremden« gerecht zu werden: Fremdenfeindlichkeit kann in ihrer latenten psychischen Bedeutung unterschiedliche Inhalte haben. Die Fallstudie macht deutlich, daß der Umgang mit dem kulturell Fremden, im Sinne von »Ausländern«, vollkommen absorbiert sein kann von der unangeeigneten Auseinandersetzung mit dem eigenen Fremden – in unserem Fall von der konflikthaften Aneignung der ausschließenden Paarposition, oder der Fähigkeit des ödipalen Rivalisierens als Voraussetzung der erwachsenen genitalen Reife.

Schließlich wurde deutlich, wie sehr Adoleszente – *und dies sei insbesondere mit Blick auf kulturelle oder familiale Delegationen hervorgehoben* – geradezu prädestiniert sind für eine besondere Affinität zum Thema »Fremden-Feindlichkeit«. Diese Affinität erhält in Abhängigkeit von Herkunft, Problemlage oder biographischen Traumatisierungen unterschiedliche Ausrichtungen auf unterschiedlichen Entwicklungsniveaus und damit auch unterschiedlich destruktive oder konstruktive Qualitäten. Jugendlicher Rechtsextremismus, so kann vermutet werden, erscheint als eine Variante, in der die Betroffenen über minimale Potentiale der adoleszenten Fremdheits-Verarbeitung verfügen. Die Sehnsucht nach der Fremdheit wird dann ausschließlich als bedrohlich erlebt und in ihr Gegenteil verwandelt. Aus dieser Disposition kann die Bereitschaft, unintegrierte Abgrenzungsbedürfnisse im Sinne einer gewaltförmigen, im wörtlichen Sinne vernichtenden Verschmelzung mit dem »Fremden« zu agieren, leicht geweckt werden.

Literatur

Apitzsch, U., (Hg.) 1998: Migrations- und biografische Traditionsbildung. Jahrestagung der Sektion Biografieforschung in der Deutschen Gesellschaft für Soziologie im September 1994. Opladen (in Vorbereitung).

Baethge, M., 1985: Individualisierung als Hoffnung und als Verhängnis. Aporien und Paradoxien der Adoleszenz in spätbürgerlichen Gesellschaften oder: die Bedrohung von Subjektivität. In: Soziale Welt 36.

Beck, U., 1986: Risikogesellschaft. Auf dem Weg in eine andere Moderne. Frankfurt am Main.

Bilden, H. und A. Diezinger, 1988: Historische Konstitution und besondere Gestaltung weiblicher Jugend – Mädchen im Blick der Jugendforschung. In: Krüger, H.-H. (Hg.), 1988: Handbuch der Jugendforschung. Opladen.

Bohleber, W., 1995: Die Dynamik des Fremden. In: Psychoanalytische Beiträge zu Rechtsextremismus und Fremdenfeindlichkeit. Materialien aus dem Sigmund-Freud-Institut, Nr. 14, Münster.

Bonß, W., 1982: Die Einübung des Tatsachenblicks. Zur Struktur und Veränderung empirischer Sozialforschung. Frankfurt am Main.

Bosse, H., 1982: Defence Alliances. From Anxiety to Method in the Analytic Group. In: Group Analysis XV/1.

ders., 1984: Zur Ethnohermeneutik von Modernisierungskrisen und selbstbestimmten Bildungsprozessen. In: Schöfthaler, T. und Goldschmidt, D. (Hg.), Soziale Struktur und Vernunft. Frankfurt am Main.

ders., 1985a: Inszenierungen. Die Aneignung der fremden und die Behauptung der eigenen Kultur über ritualisierte Bildungsprozesse: In: Gerighausen, J. und P. Seel: Sprachpolitik als Bildungspolitik. Goethe-Institut München.

ders., 1985b: Jugend und Schule. Schritte zu einer Institutionsanalyse anhand einer Interpretation einer Schulfeier in Westafrika. In: Ch. Wulf (Hg.): Im Schatten des Fortschritts. Saarbrücken.

ders., 1987: Rituelle und strukturelle Gewalt im Forschungsprozeß. Ethnoanalytische Feldforschung mit Jugendlichen vom Sepik. In: Curare. Zeitschrift für Ethnomedizin. Nr. 1.

ders., 1991: Zugänge zur verborgenen Kultur der Jugendlichen. Ethnoanalyse in Papua Neuguinea und ethnohermeneutische Textinterpretation. In: Combe, A. und W. Helsper (Hg.), 1991, a.a.O.

ders., 1994: Der fremde Mann. Jugend, Männlichkeit, Macht. Eine Ethnoanalyse. Frankfurt am Main.

ders., 1995a: Herrenphantasien bei Helfern. Gesellschaftsrepräsentanzen und unbewußte Gesellschaftsphantasien bei Angehörigen beratender und therapeutischer Berufe im Spiegel einer gruppenanalytischen Team-Supervision. In: Arbeitsheft Gruppenanalyse 2/94. hg. v. Förderverein Gruppentherapie Münster e.V.

ders., 1995b: Nicht länger Daddy's Liebling. Schicksale schöpferischer Weiblichkeit in der Adoleszenz. In: Heinemann, E. und G. Krauss (Hg.): Beiträge zur Ethnopsychoanalyse 3. Nürnberg.

ders., 1996: Gruppenprozesse als biographische Arbeit. Zur Interdependenz individueller und kollektiver Sinnbildungsprozesse. Ethnohermeneutische Interpretation eines Gruppengesprächs mit jugendlichen Bildungsmigranten aus Papua Neuguinea über religiöse Erfahrung. In: Apitzsch, U. (Hg.), 1998, a.a.O.

Bosse, H. und W. Knauss, 1985: Separation and Violence in Adolescence: Some Results form Group-Analytic Talks with High School students in Papua New Guinea. Paper given at the Group Analytic Society Spring Scientific Meeting. London.

Brede, K., 1995: »Neuer« Autoritarismus und Rechtsextremismus. In: Psyche 11, 49. Jg.

Clemenz, M., 1995: Sozialpsychologie: Gegenstand, Methodologie, Methoden. Grundzüge und Probleme einer psychoanalytischen Sozialpsychologie. Frankfurt am Main.

Combe, A. und W. Helsper (Hg.), 1991: Hermeneutische Jugendforschung. Theoretische Konzepte und methodologische Ansätze. Opladen.

Deserno, H., 1994: Die Analyse und das Arbeitsbündnis. Eine Kritik des Arbeitsbündniskonzepts. Frankfurt am Main.

Diezinger, A., 1991: Individualisierungsprozesse in den Biographien junger Frauen: Exemplarische Fallanalysen zum Verhältnis von Anforderungen, Ansprüchen und Ressourcen. In: Combe, A. und W. Helsper (Hg.), a.a.O.

Eggert-Schmid Noerr, A., 1987: Das Refugium der Geschlechtsrollen. Interpretation des Protokolls einer Arbeitslosengruppe. In: Belgrad, J., u. a. (Hg.), 1987: Zur Idee einer psychoanalytischen Sozialforschung. Dimensionen szenischen Verstehens. Frankfurt am Main.

dies., 1991: Geschlechtsrollenbilder und Arbeitslosigkeit. Eine gruppenanalytische Studie. Mainz.

Erdheim, M., 1982: Die gesellschaftliche Produktion von Unbewußtheit. Frankfurt.

ders., 1988: Die Psychoanalyse und das Unbewußte in der Kultur. Frankfurt am Main.

Flaake, K. und V. King (Hg.), 1992a: Weibliche Adoleszenz. Zur Sozialisation junger Frauen. Frankfurt am Main.

dies., 1992b: Psychosexuelle Entwicklung, Lebenssituation und Lebensentwürfe junger Frauen. Zur weiblichen Adoleszenz in soziologischen und psychoanalytischen Theorien. In: dies. (Hg.), 1992a.

Fuchs, W., 1983: »Jugendliche Statuspassage oder individualisierte Jugendbiographie?« In: Soziale Welt.

Fürstenau, P., 1964: Zur Psychoanalyse der Schule als Institution. In: Das Argument, 29. 65-78.

Godelier, M., 1987: Die Produktion der großen Männer. Macht und männliche Vorherrschaft bei den Baruya in Neuguinea. Frankfurt am Main.

Heitmeyer, W., 1987: Rechtsextremistische Orientierungen bei Jugendlichen. Empirische Ergebnisse und Erklärungsmuster einer Untersuchung zur politischen Sozialisation. Weinheim.

ders., 1992: Die Bielefelder Rechtsextremismusstudie. Eine Langzeituntersuchung zur politischen Sozialisation männlicher Jugendlicher. Weinheim.

Honneth, A., 1992, Kampf um Anerkennung. Zur moralischen Grammatik sozialer Gefühle. Frankfurt am Main.

ders., 1994: Desintegration. Bruchstücke einer soziologischen Zeitdiagnose. Frankfurt am Main.

Kernberg, O., 1988: Innere Welt und äußere Realität. Anwendungen der Objektbeziehungstheorie. München.

King, V., 1991: Zur Frage von Macht und Moral im Selbstverständnis kritischer Sozialforschung. In: Heinemann, E. und G. Krauss (Hg.), 1992: Beiträge zur Ethnopsychoanalyse. Der Spiegel des Fremden. Erste Nürnberger Jahrestagung zur Ethnopsychoanalyse am 7. und 8. Juni 1991. Nürnberg.

dies., 1992: Geburtswehen der Weiblichkeit – Verkehrte Entbindungen. Zur Konflikthaftigkeit der psychischen Aneignung der Innergenitalität in der Adoleszenz. In: Flaake, K. und V. King (Hg.), 1992.

dies., 1995a: Die Urszene der Psychoanalyse. Adoleszenz und Geschlechterspannung im Fall Dora. Stuttgart.

dies.,1995b: Zwischen Wirklichkeit und Wahrheit. Zur psychoanalytisch-sozialwissenschaftlichen Hermeneutik. Vortrag über Psychoanalyse und Sozialforschung am 1. 12. 1995 in der »Werkstatt für Gesellschafts- und Psychoanalyse« in Salzburg.

dies., 1996: Halbierte Schöpfungen. Die Hysterie und die Aneignung des genitalen Innenraums: Urszenenphantasien in der Adoleszenz. In: Seidler, G. (Hg.): Hysterie heute. Metamorphosen eines Paradiesvogels, Stuttgart.

dies., 1997: Weibliche Adoleszenz im Wandel. Innere und äußere Räume im jugendlichen Schöpfungsprozeß. In: Krebs, H.; Eggert-Schmid Noerr, A.; Messer, H.; Freudenberger, H., (Hg.): Lebensphase Adoleszenz. Mainz.

König, H.-D., 1993: Die Methode der tiefenhermeneutischen Kultursoziologie. In: Jung, Th. und S. Müller-Doohm (Hg.), 1993: ›Wirklichkeit‹ im Deutungsprozeß. Verstehen und Methoden in den Kultur- und Sozialwissenschaften. Frankfurt am Main.

Krüger, H.-H., 1988: Handbuch der Jugendforschung. Opladen.

Leithäuser, Th. und B. Volmerg, 1988: Psychoanalyse in der Sozialforschung. Eine Einführung. Opladen.

Lempa, G., 1995: Tiefenpsychologisch orientierte Interviews mit fremden-feindlichen Straftätern. Unveröff. Manuskript.

Lorenzer, A., 1986: Tiefenhermeneutische Kulturanalyse. In: König, H.-D. und A. Lorenzer (Hg.): Kultur-Analysen. Psychoanalytische Studien zur Kultur. Frankfurt am Main 1986.

Mentzos, S., 1976: Interpersonale und institutionalisierte Abwehr. Frankfurt am Main.

Nadig, M., 1986: Die verborgene Kultur der Frau. Ethnopsychoanalytische Gespräche mit Bäuerinnen in Mexiko. Frankfurt am Main.

Oevermann, U., 1993: Struktureigenschaften supervisorischer Praxis. Exemplarische Sequenzanalyse des Sitzungsprotokolls der Supervision eines psychoanalytisch orientierten Therapie-Teams im Methodenmodell der objektiven Hermeneutik. In: Bardé, B. und D. Mattke (Hg.): Therapeutische Teams. Theorie – Empirie – Klinik. Göttingen, 1993.

Overbeck, A., 1995: Der Triangulierungsprozeß als Grundlage von Symbolbildung und Erkenntnis – diskutiert am Beispiel eines psychoanalytisch-hermeneutisch ausgewerteten Supervisionsprotokolls. In: Schneider, G. und G. Seidler (Hg.): Internalisierung und Strukturbildung. Theoretische Perspektiven und klinische Anwendungen in Psychoanalyse und Psychotherapie. Opladen.

Parin, P., 1985: The Mark of Oppression. Ethnopsychoanalytische Studien über Juden und Homosexuelle. In: Psyche, 39.

Rohr, E., 1991: Die Zerstörung kultureller Symbolgefüge. Schriften zu Lateinamerika. Bd. 4. München.

Rosenmayr, L., 1985: Wege zum Ich vor bedrohter Zukunft. Jugend im Spiegel multidisziplinärer Forschung und Theorie. In: Soziale Welt 36.

Streeck-Fischer, A., 1993: Beschädigte Identität und Fremdenfeindlichkeit. Über jugendliche rechtsextreme Skinheads und ihr mißglückter Umgang mit dem Fremden. In: Rohner, R., Köpp, W., (Hg.): Das Fremde in uns, die Fremden bei uns. Ausländer in Psychotherapie und Beratung. Heidelberg.

dies., 1992: Geil auf Gewalt. Psychoanalytische Bemerkungen zu Adoleszenz und Rechtsextremismus. In: Psyche 46.

Wellendorf, F., 1973: Schulische Sozialisation und Identität. Weinheim.

Eberhard Nölke
Marginalisierung und Rechtsextremismus
Exemplarische Rekonstruktion der Biographie- und Bildungsverläufe von Jugendlichen aus dem Umfeld der rechten Szene

1. Einleitung

Obwohl kein einheitlicher Begriff des Rechtsradikalismus existiert, fehlt es nicht an Versuchen, grundlegende Elemente des Rechtsextremismus zu definieren. Als zentrale Bestandteile eines rechtsradikalen Syndroms wird meist ein übersteigerter völkischer Nationalismus, die Ideologie einer Ungleichwertigkeit der Menschen sowie die Präferenz einer auf Zentralismus und Führerprinzip beruhenden Staatsordnung angesehen. Die Grenze zwischen Rechtsextremismus und Rechtsradikalismus wird für viele Autoren durch die Gewaltbereitschaft bestimmt.

»Von rechtsextremistischen Orientierungsmustern ist also vorrangig dann zu sprechen, wenn beide Grundelemente zusammenfließen, wenn also die strukturell gewaltorientierte Ideologie der Ungleichheit verbunden wird zumindest mit der Akzeptanz von Gewalt als Handlungsform«.[1]

Die gegenwärtigen Diagnosen zu den Entstehungsbedingungen und Hintergründen eines zunehmenden Rechtsextremismus unter Jugendlichen verweisen auf eine Vielzahl von Einflußgrößen und zeichnen ein widersprüchliches Bild. So wird aus sozialisationstheoretischer Sicht für die Entstehung und das Wirksamwerden rechtsradikaler Orientierungen Jugendlicher vor allem das Modell einer widersprüchlichen Modernisierung herangezogen. Gemäß dieser These erzeugen die umfassenden gesellschaftlichen Rationalisierungs- und Individualisierungsprozesse ein individuelles, kollektives und institutionelles Konflikt- und Widerspruchspotential, das den sinnstiftenden Bezug auf bislang gültige, tradierte Muster der Lebensführung erschwert oder gar unmöglich macht und den einzelnen ein hohes Maß an selbst zu verantwortender biographischer Planung auferlegt. Inwieweit die Freisetzung aus

---

1 Heitmeyer 1995, S. 16.

tradierten Bezugssystemen, die abnehmende Orientierungsverbindlichkeit und wachsende Bedeutung biographischer Orientierungsleistungen ein Anfälligkeitspotential für Rechtsradikalismus darstellt, kann nicht ohne Bezugnahme auf die biographischen Prozesse sowie die in den unterschiedlichen sozialen Milieus, Familien, Bildungs- und Erziehungseinrichtungen bestehenden typischen Strukturen, Zwänge und Handlungsressourcen entschieden werden. Dies gilt in besonderem Maße für die Sozialisationsprozesse von Jugendlichen in den neuen Bundesländern. Im Zuge der Vereinigung wurden gerade der offen zur Schau gestellte Rechtsradikalismus unter Jugendlichen und deren ausländerfeindliche Aktionen zum erklärungsbedürftigen Faktum.

Die Anschläge rechtsradikaler Jugendlicher auf Ausländer und Asylbewerber, aber auch die massenmedial gestützten Konstruktionen eines politischen Bedeutungshintergrundes für diese Taten, gaben den Anstoß zu wissenschaftlichen Untersuchungen über Ausmaß und Ursachen rechtsextremistischer Einstellungen von Jugendlichen in den alten und insbesondere in den neuen Bundesländern.[2]

Anhand zweier biographischer Interviews[3] mit Jugendlichen, die der rechten Jugendszene nahestehen bzw. angehören, sollen exemplarisch die kollektiven und individuellen Besonderheiten im Zusammenhang ihrer biographischen Entwicklung erörtert werden. Während die rechtsextremistische Orientierung im ersten Fallbeispiel, der Biographie von Michael, einem Jugendlichen aus Südhessen, Ausdruck eines weit zurückreichenden und anhaltenden familiären und schulischen Marginalisierungsprozesses darstellt, läßt sich aus der Lebensgeschichte von Erich, einem Jugendlichen aus der Skinhead-Szene in den neuen Bundesländern, kein unmittelbar schulischer, ausbildungsmäßiger oder sozialer Abstiegssprozeß konstatieren. Vielmehr wird deutlich, daß sich die bereits zu DDR-Zeiten latent wirksamen rechtsextremen Attitüden im Zuge der »Wende« eruptiv entfalteten.

In den hier vorgestellten Analysen wurde Biographie unter Be-

2 Vgl. Madloch 1993, Neubacher 1994.
3 Die Interviews wurden im Rahmen eines Projektes während meiner Gastdozentur an der Martin-Luther-Universität Halle-Wittenberg von einigen Studentinnen/Studenten und mir geführt An dieser Stelle danke ich allen Studentinnen und Studenten, die an der Erhebung, Verschriftlichung und Interpretation der Materialien mitgewirkt haben.

rücksichtigung ihrer einzelfallspezifischen Komplexität so erfaßt, daß das Wechselspiel von milieuspezifischen Strukturen, familiären Sozialisationsprozessen, Bildungs- sowie öffentlichen Erziehungsmaßnahmen prozessual in den Blick geriet.

Die Untersuchungen basieren auf dem methodischen Verfahren der Biographieanalyse von Schütze und der »strukturalen oder objektiven Hermeneutik« nach Oevermann. Das tiefenhermeneutische Verfahren Lorenzers wurde in einigen Fällen im Sinne einer experimentellen Triangulierung erprobt (vgl. Ehlert, M./Müller, H./Nölke, E., 1991).

11. »Ich hab' mich so durchgekämpft« – Fallstudie Michael

Der 18-jährige Michael verbüßt zum Zeitpunkt des Interviews eine Jugendstrafe. Gemeinsam mit seinen »Kumpels« war er wegen wiederholter Körperverletzungen und gemeinschaftlichen Diebstählen angeklagt und schließlich zu 18 Monaten Haft verurteilt worden.

M.: ... ja Kindheit . vier Jungen . zwei Mädchen . aufgewachsen bin ich in Offenbach . war eigentlich ne ganz gute Kindheit so . also die ersten zwei Jahre gings ... und mein Vater . so wo ich kleiner war hab' ich mich mit meinem . was man halt so verstehen sagen kann so . ganz gut . hat sich ziemlich mit mir beschäftigt . dann wo ich laufen gelernt hab' . dann schon nicht mehr so . hat' eigentlich nie so ... wo ich dann angefangen hab' meine Um . meine Umgebung wahrzunehmen halt . hat' ich eigentlich nie 'n richtiges Verhältnis zu meinem Vater . daß ich mal hingehen konnte und konnt sagen . hier ich hab' in der Schule so und so Probleme oder so .

Bereits die ersten Äußerungen zur eigenen Kindheit und Familienkonstellation lassen in ihrer chaotisch anmutenden, mehrfach gebrochenen Darstellung auch zahlreiche inhaltliche Inkonsistenzen und Brüche erkennen. Die detachierte Darstellungsform unterstellt eine gewisse Vertrautheit mit den sich aus der Geschwisteranzahl ergebenden Folgen. Nicht selten nehmen in kinderreichen Familien die älteren Geschwister wichtige Funktionen der Versorgung und Erziehung der jüngeren wahr. Der Erzähler verortet sich selbst nicht in der Geschwisterabfolge, ja seine Position in der Familie bleibt insgesamt merkwürdig unbestimmt. So erfahren wir nichts über die Mutter und seine Beziehung zu ihr. Dieses erklärungsbedürftige Faktum kann darauf hindeuten, daß die Mutter für ihn als Bezugsperson nicht oder nur in geringem Maße zur Verfügung gestanden hat oder läßt auf eine Ausblendungstendenz schließen. Schon die zu Beginn erfolgende positive Gesamtbilanzierung (»war eigentlich 'ne ganz gute Kindheit«) zeigt in ihrer Relativierung (eigentlich) eine irritierende Widersprüchlichkeit. Der bewertende Kommentar (»also die ersten zwei Jahre gings«) läßt offen, ob damit ein positiver oder negativer Bezug hergestellt wird und kann insoweit als mißlungener Versuch verstanden werden, einen Zeitabschnitt der Kindheit zu qualifizieren, der aus eigener Erfahrung nicht unmittelbar rekonstruierbar ist. Weil diese weit zurückreichende Einschätzung nicht aus eigener Wahrnehmung rekonstruiert werden kann, ist es wahrscheinlich, daß diese Darstellung aus zweiter Hand stammt. Es könnte sich auch um eine imaginäre Kontrastvorstellung handeln, um die an späterer Stelle geschilderte »schlechte« und von gewaltsamen Auseinandersetzungen geprägte Beziehung zum Vater nicht als von Beginn an biographisch durchgängiges Beziehungsmuster akzeptieren zu müssen. Seit er begonnen habe, seine Umgebung wahrzunehmen und aktiv zu erkunden, habe sich das Verhältnis zum Vater verschlechtert. Damit wird ein Entwicklungszeitraum angedeutet, in dem nicht nur das Streben nach Eigenständigkeit an Bedeutung gewinnt, sondern sich auch die affektive und symbolische Neugestaltung sowie differenzierende Verinnerlichung der durch die ödipale Triade gestifteten Beziehungen vollzieht. Die Anerkennung und Förderung seiner kindlichen Entwicklungspotentiale war demnach durch die Eltern nicht oder nur rudimentär gewährleistet und es stellte sich keine vertrauensvolle Beziehung zum Vater ein. Somit fällt der Vater als positive Identifikationsfigur aus und steht dem Sohn für Hilfestellungen bei der Bewältigung psychischer und sozialer Probleme nicht oder nur eingeschränkt zur Verfügung. In vernachlässigender und gewaltsamer Weise wird ihm vielmehr bereits früh ein Handlungsentwurf aufgenötigt, der zu nachhaltigen Blockaden und Beeinträchtigungen beim lebensgeschichtlichen Erwerb von Autonomie und Individualität führt und die für die Konstituierung moralischer Orientierung notwendige vertrauensvolle Gegenseitigkeitsrelation untergräbt. Auf Nachfragen des Interviewers hin erzählt Michael ergänzend, daß es in der Familie oft zu Streitereien und gewalttätigen Auseinandersetzungen kam, insbesondere zwischen den Eltern sowie seinen beiden älteren Brüdern und dem alkoholisierten Vater.

Die biographische Erzählung über die Kindheit wird hier auch zur retrospektiven Annäherung an traumatisierende Erfahrungen und gerät zum Versuch, das Geschehene auszublenden oder zu neutralisieren. Diese Ausblendungen, Neutralisierungen und Verweigerungen von Betroffenheit – auch gegenüber dem Leid anderer – sind als biographisch sedimentierte Abwehrformationen zu verstehen. Sie richten sich gegen ein Erinnern der moralische Gefühle und Anerkennungserwartungen verletzenden Wirklichkeit und die Mißachtung der personalen Integrität in der Familie. Hier stellt sich die Frage, wie solche Erfahrungen außerhalb der Familie in Szene gesetzt und aufgegriffen werden.

M.: kam ich in die Schule ... das war von Anfang an ... erst war ich in der Fels-Schule das war nen halbes Jahr und da is die umgebaut worden ... da bin ich da raus ... bin in die Fricke-Schule und bin von der ersten Klasse rückversetzt worden in die Vorklasse ... das (lacht) hat mir eigentlich viel Spaß gemacht ... ah puh ... dann kam ich in die erste Klasse ... vor schon von vorneweg ne beschissene Klassenlehrerin ... dann hatt ich Probleme mit meinem Auge ... hab ich heut noch ... bin operiert worden ... ich hätt immer in den vorderen Reihen sitzen müssen ... und die hat ich halt in die letzte Reihe gesetzt ... und ... dann hab ich angefangen meinen Trotzkopf aufzusetzen ... und hab dann auch im Unterricht nich mehr mitgemacht bei ihr ... nur noch das was mir Spaß gemacht hat ...

Unklar bleibt, warum Michael bereits nach einem halben Jahr seines Schulbesuchs von der ersten Klasse in die Vorklasse zurückversetzt wird. Die Tatsache, daß die Fels-Schule nach einem halben Jahr umgebaut wurde, erklärt nur den räumlichen Wechsel von einem Schulgebäude in ein anderes, nicht aber die Rückstufung in die Vorklasse. Möglich wäre, daß der Orts- oder Raumwechsel zu Anpassungsschwierigkeiten führte. Eine Rückstufung erfolgt in der Regel, wenn attestiert wird, daß die Schulreife noch nicht erreicht ist. Dies könnte für den Erzähler auch nachträglich noch ein erklärungsbedürftiges und stigmatisierendes Ereignis darstellen. Kongruent ist dies zur relativierenden Aussage, daß es ihm »eigentlich« viel Spaß gemacht habe, in die Vorklasse zurückzukehren. Daß die Einschränkung seines Sehvermögens beim Wiedereintritt in die erste Klasse nicht berücksichtigt wurde, macht abermals deutlich, daß man ihn nicht ausreichend wahrnahm. Die Versetzung in die hinteren Reihen der Klasse könnte auch bereits eine Reaktion auf seine Schwierigkeiten darstellen, sich dem schulischen Reglement anzupassen und die Autorität der

Lehrerin anzuerkennen und gewinnt somit für ihn den Charakter einer ausgrenzenden Disziplinierung, auf die er mit Verweigerung und Aggression reagiert.

Über die weitere Beziehung zu seiner Klassenlehrerin berichtet er:

M.: naja wir haben uns gesucht und gefunden ... sie hatte mich von Anfang an auf 'm Kieker ich dann auch ... ne Geschichte mit ihrem Auto ... da war ich irgendwie einen Tag krank ... sie hat gemeint ich hätte die Schule geschwänzt und da waren auf einmal ihre Reifen platt wie sie nach Hause fahren wollt ... naja da hat sie gemeint ich wär das gewesen ... ich war 's aber nich ... das war 'n Kumpel in meinem Auftrag (Lachen) ... naja und da hat sie halt gemeint ich wär das gewesen ... da hat ich sie halt total auf 'm Kieker und es hat ihr auch nich gepaßt daß ich in der Schule wenn Pause war kamen so kleinere Leute zu mir und wenn die so von älteren Schülern ange (unverständlich) so ... bin ich hingegangen und hab denen paar auf die Ohren gehauen oder so ... das hat ihr dann halt nich gepaßt ... und ich hatt dann keinen Bock mehr bei ihr Unterricht zu machen ... hab ich den Unterricht total boykottiert ... wolln ma so sagen ... bin rausgegangen ... hab ihr 'n Schlüssel geklaut und wenn die anderen alle in der Pause waren ... Tür zugeschlossen ... Fenster waren so zum zuschließen ... naja ... hab ich halt nen Feuerlöscher von draußen geholt ... hab 'n reingesteckt ... Schlüssel rum ... Pscht (imitiert das Geräusch; lachen) ... naja während der Schule während 'm Unterricht hab ich dagesessen und in der Zeitung rumgeblättert ne ... Füße auf 'm Tisch gehabt ... rumgerülpst ... rumgefurzt ... ach die hast 's dann schon ziemlich schwer gehabt die Frau ... die hat mich nur versetzt damit se mich wieder loshat ... naja dann durft ich dann vier Tests machen ... Idiotentests ... und die hab ... ich dann mit sehr gut abgeschnitten ... und 's war total lächerlich die Tests ... und die Leute haben sich immer gefragt warum ich da überhaupt hinkomme ne ... also doof war ich zu dem Zeitpunkt nich ... bin ich heut auch nich (Lachen) ne ... aber ... hat mich halt immer wieder hingeschickt und da bin ich dann versetzt worden in der Erhardt-Schule und hatte halt noch viele Klassenkumpel vom ersten und vierten Schuljahr ... und da lief das ... in der Anfangszeit lief 's super ...

Hier beeinflussen die diffus wirksamen, zwischen erzwungener Kooperation und starken Ablehnungsgefühlen schwankenden gegenseitigen Verstrickungen nachhaltig den schulischen Bildungsprozeß, wie es der metaphorisch-ironische Vergleich vom Suchen und Finden nahelegt. Der Kampf gegen schulische Anforderungen und gegen die Disziplinierungsmaßnahmen seiner Klassenlehrerin werden zum zentralen Bestandteil seiner Schulbiographie. Wie sich in diesem Segmentabschnitt zeigt, kommt es in der Beziehung zwischen Michael und seiner Klassenlehrerin zu einer Reinszenierung des familialen Musters gewaltsamer Auseinandersetzungen. Grundschüler handeln den Lehrern gegenüber wie den Eltern und erst allmählich findet eine Ausdifferenzierung rollenförmiger und diffuser Handlungsanteile statt. Im vorliegenden Fall ist jedoch die geringe Anpassungsbereitschaft an das Reglement der Schule und gleichermaßen hohe Sensibilität für Prozesse vermeintlicher Benachteiligung oder Ausgrenzung auch Ausdruck eines labilen Selbstwertgefühls und geringen Vertrauens in die Welt. Die Schule wird zum Kampfplatz. Ihrer Ordnung vermag er sich nicht anzupassen, und er kann die Autorität der Lehrer nicht anerkennen. Er errichtet auf dem Schulhof selbst eine autoritäre Ordnung, ja er wird selbst zum Ordnungshüter, an den die kleineren Schüler sich bei Auseinandersetzungen mit den älteren Schülern wenden und mit dessen gewaltsamer Revanche sie rechnen können. Vor diesem Hintergrund gelingt es nicht, ein für schulische Lernprozesse notwendiges Arbeitsbündnis aufzubauen. Vielmehr wächst das Mißtrauen, in dessen Schatten schon geringfügige Mißtrauensbekundungen zu kriegerisch anmutenden Auseinandersetungen eskalieren. Dies wird anhand der Belegerzählung in diesem Datenausschnitt deutlich. Die Lehrerin habe ihm nicht geglaubt, daß er krank gewesen sei, sondern behauptet, er habe die Schule geschwänzt. Daß daraufhin »auf einmal ihre Reifen platt (waren, E. N.) wie sie nach Hause fahren wollte«, ist mehr als ein Racheakt für die erlittene Verletzung, der sich vor dem Hintergrund ohnmächtiger Wut und einer Kränkung des Selbstwertgefühls vollzieht. In projektiver Umkehr entlastet er sich, indem er der Lehrerin einseitig die Schuld zuweist und die eigenen Anteile am Konfliktgeschehen verleugnet. Somit sieht sich die geschädigte Lehrerin zu einer Beschuldigung ohne Beweise veranlaßt. Auf einer nunmehr erhöhten Eskalationsstufe wird eine szenische Konstellation von ihm reinszeniert, die jener analog ist, die bestand, als die Lehrerin behauptete, er habe die Schule geschwänzt. Zugleich besteht in der szenischen Wiederherstellung die Umkehrung darin, daß sich nunmehr die Lehrerin zu einer heftigen Reaktion veranlaßt sieht, die von seiten des Schülers vermeintlich provokativ initiiert wurde.[4] In dem Maße, wie die Lehrerin sich

---

4 Aus interaktionstheoretischer Perspektive ließe sich von einer indirekten »Handlungsanweisung« an die Lehrerin im Kontext einer komplementären Beziehung sprechen, die durch die Tat provoziert wird. Haley

derart in den Konflikt agierend verstricken läßt, sie keine therapeutischen Maßnahmen initiiert, sondern mit weitergehenden, der
bürokratischen Logik folgenden Sanktionen droht, chronifiziert
sich die schulische Konfliktsituation und forciert den schulischen
Abstiegsprozeß.
Zur Abklärung der Problematik wird Michael wiederholt zur
psychologischen Untersuchung geschickt, die er als »Idiotentests«
kennzeichnet. Sofern sich die Maßnahmen auf die Feststellung der
Intelligenz beschränken, stellen sie ein subsumtionslogisches,
technokratisches Verfahren dar, bei dem die latente emotionale
Konfliktstruktur nicht in den Blick gerät. In dem Maße, wie die
schulischen Sachwalter versuchen Kontrolle zu gewinnen, ihn gar
zu pathologisieren, steigt auch seine Verweigerungshaltung in der
Schule und seine ablehnende Haltung gegenüber den Lehrern.
Zugleich wird deutlich, daß er den Deutungen, er sei möglicherweise aufgrund mangelnder Intelligenz auf der Hauptschule gescheitert, frühzeitig entgegentritt. Nicht aus »Dummheit«, sondern allenfalls wegen »Faulheit« hat er die Regelschule nicht geschafft.

M.:... ja dann hat sie rumgebrüllt... hat versucht mich vor der Klasse
rundzumachen... und das hat se irgendwie nich geschafft... naja... da
war das Verhältnis total im Arsch... immer wenn wir bei ihr Unterricht
hatten... hab ich 'n Unterricht boykottiert... und das hat sich dann
rumgesprochen daß ich den Unterricht boykottiere... kam der Klassenlehrer zu mir hat mit mir gesprochen und da hat er gesacht wenn das so
weitergeht müssen wir dich leider von der Schule verweisen und so...
hatte er auch noch 'n Gespräch mit meiner Mutter... hat der Klassenlehrer
klipp und klar gesagt entweder nehmen sie ihren Sohn von der Schule oder
wir werden ihn nicht mehr weiter unterrichten... peng... mußte sie mich
ja von der Schule nehmen... hat sie mich von der Schule genommen...

Die Auseinandersetzung zwischen Michael und der Lehrerin erreicht eine weitere Eskalationsstufe als die Lehrerin versucht habe,
ihn vor den Mitschülern »rundzumachen«. Dies ist die Umschrei-

sieht eine komplementäre Beziehung dann vorliegen, »wenn jemand
einem anderen gestattet oder ihn zwingt, eine Beziehung auf bestimmte
Weise zu definieren, definiert er selbst auf höherer Ebene die Beziehung
als komplementär« (Haley 1978, S. 25). Damit wird gleichsam eine
»metakomplementäre« Beziehungsebene geschaffen (vgl. ebenda). Inwieweit es sich um eine latente oder unbewußte Inszenierung handelt,
darüber vermag die Kommunikationstheorie keine Angaben zu machen.

bung für einen öffentlichen Disziplinierungsversuch, bei dem mit Macht die Abhängigkeit, Unterlegenheit oder Gehorsamspflicht des Untergebenen wiederhergestellt werden soll. Der Ausdruck »jemanden rundmachen« verweist gleichermaßen auf den Aspekt der Ausübung einer potentiellen Disziplinargewalt in einer hierarchisch-formalisierten Beziehung, wie sie auch für das schulische Autoritätsverhältnis konstitutiv ist. Weil er die Autorität der Lehrerin nicht anerkennt, scheitert dieser Disziplinierungsversuch. Auch hier werden die eigenen Anteile am Zustandekommen des Konfliktes ausgeblendet und die Lehrerin für die Eskalation verantwortlich gemacht. Die Auseinandersetzung zwischen Michael und seiner Lehrerin wird schließlich durch den Rückgriff auf die letzten Machtmittel der Institution entschieden. Michael muß die Hauptschule verlassen und wird in eine Sonderschule für verhaltensauffällige Schüler verwiesen.

M.: ... dann bin ich in die Wichern-Schule gekommen ... Ganztagsschule für verhaltensgestörte (langsam, betont) Jugendliche ... das hat mir gar nicht gepaßt ... Schule ging zwar ... aber dann danach die Gruppe ... hab ich so 'n Wichser als Erzieher gekriegt ... so 'n Betreuer ... haben wir noch so zwei Stück dabeigehabt ... der Willi und der Jörg ... und das waren dieselben Fälle wie ich (leichtes kurzes Lachen) wir haben uns gesucht und gefunden gehabt ... ne ... haben uns super verstanden ... der wurde da total zur Sau gemacht ... der konnt sich überhaupt nich zur Wehr setzen ... haben wir gemacht was wir wollten ... in der Schule selbst gabs sonst keine größeren Probleme ...

Die Umschulung in eine Ganztagsschule für verhaltensauffällige Jugendliche schildert Michael mit einem ironischen Unterton. Die Rückstufung in eine Sonderschule stellt eine degradierende und biographisch bedeutsame Aussonderungsprozedur dar, auf die er mit Ironisierung, Auflehnung und Kampf reagiert. Mit der Zuweisung zu einer Ganztagsschule für verhaltensauffällige Jugendliche wird ihm unmißverständlich die Zugehörigkeit zu einer negativ kategoriengebundenen Typologie vor Augen geführt. Der Begriff der Verhaltensstörung kann unter dem Gesichtspunkt der Selektion auch als Delegationsmünze verstanden werden, mit deren Hilfe man sich schwieriger Schüler, die sich schlechter disziplinieren lassen oder deren Verhalten als fremd und unverständlich erscheint, zu entledigen trachtet. Die Übernahme einer derartigen Kategorisierung kann dabei, wie bei Michael, den Charakter einer konterkarierenden, das Stigma ironisierenden Selbst- und Fremdtypisierung annehmen. So kennzeichnet er sich und die anderen beiden Schüler, mit denen er gemeinsam das nachmittägliche sozialpädagogische Betreuungsprogramm unterläuft, als »genauso Fälle wie ich«. Mit Verweigerung, abwertenden Zuschreibungen und Angriffen reagiert er auf die Versuche des Erziehers, ihn und zwei andere Jugendliche im Rahmen einer sozialpädagogischen Maßnahme zu betreuen. Die in der Adoleszenz inflationär ansteigenden Größenphantasien und abgrenzenden Selbstbehauptungen der peers gegenüber den Anforderungen und Orientierungen der Erwachsenen finden bei den als unmännlich und schwächlich dargestellten Betreuern keine erkennbaren Grenzen. Diese lassen sich vielmehr auf eine »Kumpanei« mit den Jugendlichen ein (sie lassen sich duzen) und ermöglichen es, daß er seine Aggressionen und adoleszenten Größenphantasien nicht realitätsbezogen abbauen muß, sondern in der Gruppe der Gleichaltrigen nachdrücklich bestätigen kann.

Die zunehmende Entkoppelung von der Schule, der steigende Alkoholkonsum sowie die sich häufenden Diebstähle und gewaltsamen Auseinandersetzungen, in die Michael und sein älterer Bruder verstrickt sind, führen schließlich, nach zahlreichen vergeblichen Interventionen des Jugendamtes, zur Unterbringung in einem entfernt gelegenen Heim. Hier begegnet er einem gleichaltrigen Jugendlichen, den er aufgrund seines Aussehens als Skinhead als »Artgenosse« kennzeichnet. Nächtelang hätten sie über die Nazi-Zeit geredet und beabsichtigt, einen türkischen Jugendlichen aus dem Heim zu vertreiben. Zur gleichen Zeit entschließen sich beide zum Aufbau einer Wehrsportgruppe. Michael erzählt:

M.: war geil da oben in Gudensberg . hat ja keiner irgendwas gesagt . wenn . du was gemacht hast . haben wir ne HJ aufgebaut .
I.: was habt' ihr gebaut (?)
M.: 'ne kleine HJ ... der Tom und ich . war geil hier . im dicksten Winter haben wir dann dagestanden mit Turnhose . T-Shirt . ((Lachen)) ... haben wir so Geländelauf . haben wir so 'ne Geländebahn . haben wir uns vorher so'n Bunker gebaut . is aber dann eingestürzt weil 'n Traktor drübergefahren is . haben wir uns so 'ne Geländebahn gebaut . mit Stacheldrahtverschlag und Hürden und pi pa po ... war geil . haben wir das 'n paarmal durchgemacht . hinlegen . aufstehen . hinlegen . dann sind wir durch'n Bach gerobbt im dicksten Winter . auf einmal hat's blobb gemacht . war ich weg . war geil .

Vor diesem Segment hatte Michael erzählt, daß er mit seinem

Freund zuvor einen Film über die Sondereinheit GSG 9 im Fernsehen gesehen habe, der sie zur Idee des Aufbaus einer solchen »kleinen HJ« im Heim inspiriert habe. Bereits in dieser Anknüpfung und begrifflichen Engführung wird der autochthon anmutende Versuch einer Synthese von ›soldatischer Mannwerdung‹ durch Abhärtung und der Stärkung des labilen Selbstwertgefühls mittels kämpferischer Allmachtsphantasie im Kontext der öffentlichen Erziehungsmaßnahme deutlich. Michael und sein Freund stilisieren sich nicht nur als scheinbare Führer einer kleinen, elitären, kampfbereiten und schnellen Eingreiftruppe, sondern nehmen nun selbst gleichsam phantasmatisch eine zentrale öffentliche Erziehungsfunktion in der Gruppe der Gleichaltrigen wahr, die sich in Formen eines gemeinsamen Geländespiels zwischen Pfadfindertum, sportlichem Wettkampf, soldatischem Drill und Gehorsam bewegt. Es handelt sich nicht nur um eine selbstbestimmte und tabuverletzende Inszenierung gegen die toleranten oder gar als *laisser faire* eingeschätzten Erzieher im Heim, sondern ermöglicht auch die ›Reparatur‹ des verletzten Selbstwertes im Rahmen einer militäranalogen Gruppeninszenierung. Die selbstironische Modulation der Darstellung angesichts der Tatsache, daß der Traktor eines Bauern den sogenannten Bunker einer ›rechten Kampfgruppe‹ auf dem Feld so leicht zum Einsturz bringen konnte, stellt eine Distanzierung dar und immunisiert vorgreifend gegen eine mögliche Kritik.

Auf die Aktionen der Jugendlichen reagiert die Heimleitung mit verschärften Kontrollen und dem vergeblichen Verbot der Aktivitäten auf dem zum Heim gehörigen Gelände. Schließlich wird Michael in einer noch ausstehenden Gerichtsverhandlung zu einer Jugendstrafe verurteilt, die er zum Zeitpunkt des Interviews noch verbüßt.

Derartige, gegen die Anforderungen öffentlicher Erziehungsinstanzen gerichtete solidarische Gegenmilieus finden sich auch in den Darstellungen jener Jugendlichen in den neuen Bundesländern, die im Zuge der ›Wende‹ den sinnstiftenden Rückgriff auf bislang allgemeingültig verbürgte und erwartbare Sozialisationsmuster nicht mehr zu vollziehen vermochten. Wo der Rückgriff auf traditionelle Sinngebungsmuster nicht mehr gewährleistet ist und die lebenszyklische Chronologisierung erschwert, kommt es zu widersprüchlichen und unbeständigen lebensgeschichtlichen Formgebungsversuchen. Diese Prozesse durchdringen in besonderem Maße die Sozialisationsprozesse Jugendlicher in den neuen Bundesländern. Die Frage ist, ob das Konflikt- und Widerspruchspotential zwischen vermeintlich gestiegenen Bildungs- und Ausbildungsaspirationen bei gleichermaßen reduzierten Zugangschancen, nicht zu Formen anomischer Entstrukturierung führt, denen die Jugendlichen mit spezifischen Bewältigungsmustern begegnen.[5]

III. »Wer saufen kann, der kann auch arbeiten gehen am nächsten Tag« – Fallstudie Erich

Der sechzehnjährige Erich absolviert seit einem Jahr eine Lehre als Maurer. Er lebt mit seinem zwölfjährigen Bruder bei den Eltern in einer Kreisstadt in Sachsen-Anhalt. Nach dem Tod seines leiblichen Vaters – Erich war zu dieser Zeit zwei Jahre alt – heiratete die Mutter den jetzigen Stiefvater. Bis zur Wende waren beide Eltern in einem Betrieb der Elektroindustrie tätig. Der Stiefvater arbeitet inzwischen als selbständiger Elektriker, die Mutter ist in einer kirchlichen Einrichtung als Köchin tätig.

E.: naja pf . was weiß ich . ich wohn schon immer in Abergen . ganz normal Kindergarten gegangen . Schule gegangen .. is normal ... nich immer gut gewesen eigentlich in der Schule . ja nach der Wende 'n bißchen abgesackt .. also schulisch . denn so immer weiter so durchgeboxt durch die Schule . also jetzt so mit den Noten . ja dann zehnte Klasse gemacht . gut abgeschlossen irgendwo . ja dann Lehre angefangen da war ich grade in dem Jahr . ja bißchen Scheißlehre erwischt . ersten Ärger mit 'm Chef . ja .. ja so seit einundneunzig bin ich eigentlich . hat sich nicht viel verändert . ja außer daß man vielleicht so alles zu kaufen kriegt oder so . aber ansonsten eigentlich nicht . wüßte's nicht . also . is schon lange her . ich wüßte jetzt nicht was sich für mich verbessert hat oder so ... ich weiß es nicht .. würd jetzt mal sagen gut jetzt kriegt man alles jetzt . so von Klamotten her . aber . weiß nicht ...

In diesem Segment werden zunächst in lakonischer Form die kollektiv geteilten und lebenszyklisch erwartbaren Stationen der Bildungs- und Ausbildungsbiographie in der ehemaligen DDR benannt. Bereits hier läßt sich erkennen, daß das handelnde »Ich« weitestgehend hinter der Darstellung einer funktionalen Einbindung in bestehende Institutionen verschwindet. Wie sich

5 Zu den Bewältigungsformen struktureller Benachteiligung vgl. Nölke 1994, S. 30-40

268

aus den späteren Nachfragen ergibt, besuchte Erich infolge der Berufstätigkeit beider Eltern einen Hort. Der schulische Leistungsabfall wird in zeitlichem Zusammenhang mit den grundlegenden Brüchen im Zuge der Wende genannt, als er die sechste Klasse besucht. Es ist naheliegend, daß die formalen und inhaltlichen Umstrukturierungsprozesse in der Schule nicht nur zur Entwertung bislang gültiger Norm- und Verhaltensorientierungen führten, sondern die Lehrer der DDR als Repräsentanten und Vermittler des ›neuen Systems der alten Feinde‹ einem nachhaltigen Glaubwürdigkeitsverlust seitens der Schüler ausgesetzt waren. Hier handelt es sich um ein kollektiv geteiltes historisches Ereignis, das alle Befragten als mehr oder weniger krisenhaften Einschnitt benennen. Im vorliegenden Fall führt dies zwar zu Auseinandersetzungen mit den Lehrern, nicht aber zum schulischen Scheitern So gelingt es ihm, nach Erreichen des Realschulabschlusses »durch Beziehungen« eine Lehrstelle als Maurer in seinem Heimatort zu bekommen. Zwar entsprach dies nicht seinem ursprünglichen Berufswunsch – Erich wollte, wie sein leiblicher Vater, den Beruf des Schreiners erlernen –, sondern stellt einen für ihn unausweichlichen Kompromiß angesichts der Lehrstellenverknappung im Zuge der Wende dar, die im wesentlichen als eine »Konsumwende« stilisiert wird. Die häufigen relativierenden Partikel (»bißchen abgesackt« ... bißchen 'ne Scheißlehre erwischt«) lassen die Ambivalenz und Unsicherheit dieser als zwangsläufig angesehenen Kompromißhaltung in der aktuellen Einschätzung erkennen. Seine aktuelle Lebenssituation dient gleichsam als Folie des kontrastiven Vorher-Nachher-Vergleichs. So werden Erfahrungen mit den umfassenden Angeboten und Aktivitäten im Hort verglichen mit der heutigen Situation seines jüngeren Bruders, der am Nachmittag oft »rumhänge«.

E.: da wurden dann Hausaufgaben gemacht und dann wurde gespielt oder was weiß ich . irgendwas anderes gemacht . irgendwie Wandzeitung . oder ach . find ich auch alles Quatsch wenn man so überlegt . aber . weiß' nicht . mir hat's Spaß gemacht.

In diesem Segmentabschnitt wird die Ambivalenz zwischen abwertender Einschätzung der außerschulischen Angebote in der DDR (»alles Quatsch«) und der gleichermaßen erlebnisnahen positiven Erinnerung an die Aktivitäten (»mir hat's Spaß gemacht«) besonders deutlich.

Der Eintritt in die Lehre als Maurer stellt für Erich eine Zäsur dar, die zu einer zeitlichen Umstrukturierung im Verhältnis von Arbeit und Freizeit führt.

E.: .. jetzt Lehre gekommen .. na . hat sich auch alles verändert dann . hab dann nicht mehr so viel Zeit . daß man jetzt um vier Uhr so Bahn fahren kann . jetzt im Sommer . denn immer arbeiten muß vorher so . so war das vorher . das verlagert sich dann alles auf's Wochenende . ja am Wochenende laß' mer dann ma . was weiß ich da trinken wir eben mal einen . jetzt hab 'ich Schule da bin ich auch heute hier . aber ansonsten . das richtige ist es nicht . weil jetzt zumindest bei mir . wenn ich arbeiten gehe oder so un ich hab . und mein Chef der hat sich da affig . bei mir bei der Einstellung hat er gesagt er verlangt zehn Überstunden von jedem Lehrling obwohls eigentlich auch verboten ist . also min . also höchstens zehn Überstunden hat er gesagt . un jetzt . manchmal komme ich im Monat auf vierzig Überstunden oder so . kann man nichts machen .. naja sonnabends dann immer . was ich Scheiße finde das sonnabends arbeiten . weil dann hat man vom Wochenende nichts mehr . dann heim kommt dann ist man auch fertig . hab' dann sonnabends auch keine Lust mehr noch was zu unternehmen .. ja sonntags da lohnt es sich nicht wegzugehen weil ja am nächsten Tag wieder arbeiten mußt .. aber es muß ja halt sein.

Die neben der Arbeit verbleibende Zeit ist gemäß dieser Darstellung deshalb knapp, weil der Chef in unrechtmäßiger Weise und unverhältnismäßig viele Überstunden verlangt. Angesichts des geringen Lehrstellenangebotes wäre ein Protest gegen ausbeuterische Arbeitsforderungen ein Kündigungsrisiko und würde auch eine erhebliche Verschlechterung der Beziehung zum Chef und eventuell den anderen Mitarbeitern des Betriebes nach sich ziehen. Der verhaltene Protest, ja die fast resignative Hinnahme der als ungerecht empfundenen Forderungen sind jedoch gleichermaßen Ausdruck der Unterwerfung unter die väterlichen Prinzipen von Arbeit und Fleiß. So kennzeichnet Erich seinen Vater als »Arbeitstier«, der im Anschluß an seine tägliche Arbeit noch einige Stunden im Keller arbeite. Mit der Hinnahme der gnadenlosen Ausbeutung und Unterwerfung unter eine autoritäre Ordnung erbringt er sowohl den Eltern als auch dem Chef den Beweis seiner Arbeitsfähigkeit und Belastbarkeit und erweist sich dem Vater ebenbürtig. Die verbleibende Zeit am Wochenende nutzt Erich, um das zu tun, was sich im Satzabbruch nur andeutet, nämlich »am Wochenende laß' mer dann ma« – und man kann hier ergänzen – »die Sau raus«. Dies ist die Umschreibung für Treffen in der Gruppe der gleichaltrigen Skins. Hier kommen fast ausschließlich männliche Jugendliche zusammen, um gemeinsam »Party« zu feiern. Der hohe Alkoholkonsum stellt sich für Erich als ein Problem dar.

E.: wenn ich Zeit habe gehe ich eben mit Kumpels Bier trinken oder so . einerseits ist Scheiße weil . manchmal is es doch ganz schön viel . also gut . es is nur 's Wochenende . ich meine wenn ich andere höre wie mein Vater oder so . der hat auch 's ganze Wochenende durch so durchgefeiert oder so . und die sind auch keine Assis geworden jetzt so . aber . ich meine manchmal gehts schneller als man denkt . davor hab' ich Angst daß . weiß nicht . daß dann so der Halt irgendwie dann . daß man den Halt irgendwie verliert . wenn man jetzt zum Beispiel sagt . naja ich sauf heute einen . muß zwar morgen arbeiten . und früh steht man dann auf und sagt nee ich bleib' liegen . geh heut zum Arzt oder so . also das ist Blödsinn also . davor hab' ich also schon 'n bißchen Angst . daß mir dann irgendwann mal alles egal is' oder so . ich sag' mir wer saufen kann der kann dann auch arbeiten gehen am nächsten Tag . ich mein es is' zwar Scheiße . das beste Beispiel war Männertag . das war's erste mal wo ich besoffen war und wo ich am nächsten Tag arbeiten mußte . wenn ich am nächsten Tag arbeiten muß trink ich ja dann meistens nichts ... schätze mal wenn ich meinen Führerschein habe werd' ich sowieso nichts mehr trinken . viele haben schon gesagt der Führerschein wird mein Verhängnis sein oder so.

Der Angst, durch den hohen Alkoholkonsum in der Gruppe alkoholabhängig zu werden und gar sozial abzusteigen, begegnet Erich mit dem Argument, daß der Vater noch ausgiebiger gefeiert habe und trotzdem kein »Assi« geworden sei. Dieser Begriff steht in enger, zugleich grenzziehender Konnotation zu Arbeit und Disziplin und verdichtet sich zu dem selbstdisziplinierenden Muster: »ich sag' mir wer saufen kann der kann auch arbeiten gehen am nächsten Tag«.
Er fürchtet jedoch, daß sich seine Erfahrungen vom »Männertag«[6] wiederholen könnten, daß er sich regelmäßiger vor dem nächsten Arbeitstag betrinken könnte. Die einschränkenden Adjektive (»trink ja dann meistens nichts«) deuten an, daß er doch entgegen den gesetzten Prinzipien auch an Tagen vor der Arbeit Alkohol konsumiert. Auch das Vortäuschen einer Erkrankung lehnt er ab.

6 Hier handelt es sich um eine zweifache Transformation. Der ursprüngliche Himmelfahrtsfeiertag wird in seiner veralltäglichten Form zum »Vatertag« und dort, wo die Vaterschaft nicht gegeben ist, zum »Männertag« deklariert. In der Regel steht auch hier der legitimierte Alkoholkonsum im Zentrum der männlichen Aktivitäten.

Es geht hier um die willentliche Überwindung dieser denkbaren, von ihm bereits erlittenen und sich immer wieder einstellenden Schwächen und Versuchungen, die sich im Vorfeld des meist exzessiven Trinkens nicht in gewünschtem Maße regulieren lassen. Es ist gleichermaßen die Bindung an eher kleinbürgerliche Tugenden wie Ehrlichkeit, Sauberkeit, Fleiß und Rechtschaffenheit, wie sie sich schon in der Abgrenzung zu jenen »Assis« Ausdruck verschaffte. Nicht der Chef und dessen Forderungen, sondern die als »Assi« gekennzeichneten Personen sind es, auf die sich Ablehnung und Haß richten. Angesichts eines befürchteten eigenen Kontrollverlustes gewinnt die bevorstehende Führerscheinprüfung und die eventuelle Verfügung über ein Auto eine besondere Brisanz. Die Prognosen der Freunde, daß der Besitz des Führerscheins sein »Verhängnis sein« werde, speisen sich zunächst aus der Tatsache, daß Erich meist alkoholisiert mit dem Mountain Bike riskante Fahrmanöver durchgeführt hat. Zum zweiten ist der leibliche Vaters Erichs mit dem Auto tödlich verunglückt. Die nicht genauer benannten Umstände des Unfallherganges schließen nicht aus, daß der Vater dabei unter Alkoholeinfluß stand. Eine solche Version läßt sich aus der Tatsache ableiten, daß die Mutter, die ihm die Finanzierung des Führerscheins gewährt, nicht nur jetzt schon berechtigte Hinweise auf die Gefahren des Autofahrens unter Alkoholeinfluß gebe, sondern ihn gleichermaßen darauf hinweist, daß sie so »etwas wie beim Vater«, der sich »totgefahren« habe, nicht überleben werde.

Nach wie vor ist es das erstrebenswerte Ziel Erichs, Militärdienst leisten zu können.

E.: ich wollt' ja eigentlich zur Armee gehen aber da haben sie mir erzählt ich soll erst die Lehre machen . und nach der Lehre bin ich gleich weg . wenn sie mich dann noch nehmen .. also das wollt ich schon seit immer . also ich wollt schon immer zur Armee . früher schon . ja wie mein Onkel bei der Armee war da bin ich immer jeden Tag mit'm Fahrrad hingefahren . hab' geguckt durch'n Zaun . hab' immer geguckt ob ich 'n sehe oder so . manchmal kam er auch raus . aber das war meine Welt damals . ja und dann so jetzt . will das nachholen . hoff' auch daß ich mich dadurch ändere . auch mit der Ordnung und so weiter . ich hoffe daß ich da n'bißchen mich ändere . meine Mutter sagt zwar immer das schaffe ich nicht Armee aber . weiß nicht . vielleicht auch weil ich bockig bin . also . weil ich jetzt mein Kopf durchsetze und deswegen will ich's auch schaffen jetzt zur Armee zu kommen . wenigstens für . wenn's auch nur für vier Jahre ist oder so . so daß meine Mutter sieht daß ich das eben doch schaffe . naja (...).

Der Wunsch, zur Armee zu gehen, speist sich aus Kindheitser-
innerungen, als er seinen bei der Nationalen Volksarmee dienen-
den Onkel immer aufgesucht habe. Worin die Faszination für ihn
bestand, wird nicht weiter expliziert. Zunächst handelt es sich um
eine abgegrenzte, für Außenstehende nicht zugängliche Welt der
Männer, die sich in einem System autoritärer Ordnung, einem
Milieu strenger uniformierter Hierarchie und der standardisierten
Verhaltensnormierung bewegen. Ebenso verfügen sie über Waffen,
sind im Ernstfall in Kämpfe verwickelt und bilden eine solidarische Kampfgemeinschaft. Zudem genossen sie in der DDR Privilegien und ein beträchtliches Ansehen. Die Faszination des Jungen
für ein solches System speist sich nicht nur aus der Hoffnung auf
eine Nacherziehung, sondern verweist auf das autoritär-traditio-
nale Muster einer Mannwerdung durch den initiationsartigen Eintritt und das Aufgehen in der disziplinierenden und Selbstdisziplin
fordernden Männergemeinschaft. Ist dies einerseits für ihn der
einzige legitime Weg, um sich von der Mutter zu lösen und erwachsen zu werden, so zeigt andererseits der Wunsch, die Mutter
von der Fähigkeit der soldatischen Mannwerdung zu überzeugen,
wie sehr er noch an sie und die kindliche Vorstellungswelt gebunden ist. Es ist weiterhin auffällig, daß zwischen den Armeen
der beiden deutschen Staaten keine Differenzierung vollzogen
wird. Obwohl er bereits mit größter Disziplin, unter Verzicht
auf das Einklagen gesetzlicher Vorschriften und Vermeidung wei-
tergehender Kritik, seine Arbeitsbelastung bewältigt, muß er sich
noch immer der Mutter gegenüber beweisen. Die Tatsache, daß er
nicht mehr bereit ist, der Mutter alles zu erzählen, kann zwar als
ein erster Schritt auf dem Weg zur Ablösung betrachtet werden.
Erst die Initiation durch das Militär scheint jedoch die endgültige
Mannwerdung zu ermöglichen. Eine Parallele zeigt sich auch in
seiner Einstellung gegenüber einer zukünftigen Freundin:

E.: ich will nich gerade ne Kirsche haben oder so . die jetzt vielleicht hier
mit dabeisitzt oder so . vielleicht noch mitsäuft oder so . das will ich nicht .
also das kann ich mir beim besten Willen jetzt nicht . ich will auch nicht
wenn ich mit meinen Kumpels zusammenbin daß die jetzt mitkommt oder
so ... mit der Kirsche gut und schön aber die muß nicht bei allem dabeisein
. ich meine die muß auch nicht alles über mich wissen . sag ich mir mal . jetzt
zumindest . weil ich erzähl nicht jedem . also jeder Kirsche oder so vieles .
würd' ich vielleicht auch hier nicht erzählen . aber so vieles über mich .
mach ich nicht weil . man weiß ja nie wie lange man mit der zusammen ist

und die erzählt das dann vielleicht weiter oder so . na gut wenn man ne Weile zusammen ist . 'n Jahr oder so . gut dann erzählt man einiges . nicht alles aber so ja … auf der anderen Seite haben viele gesagt es wird Zeit daß der E. mal wieder ne Kirsche braucht dann wird er wieder normal . sagen se immer.

Zunächst fällt die aus der Szene stammende Bezeichnung »Kirsche« für seine Partnerin auf. Eine solche Kennzeichnung legt den Genuß einer süßen Frucht nahe, die man pflücken und essen kann.[7] In diesem Bild präsentiert sich keine genitale, sondern eine kindliche Sexualphantasie, in der nicht gleichberechtigte Subjekte miteinander verkehren, sondern eine Subjekt-Objekt-Trennung im Verhältnis der Geschlechter erfolgt, die eng verbunden ist mit einer geschlechtlichen ›Zwei-Welten-Theorie‹ der Gruppe der Peers.
Die Einbindung in diese gleichgeschlechtliche Ordnung dient nicht nur der Mannwerdung, sie ermöglicht ihm auch den kollektiv geschützten und dosierten Übergang zur Aufnahme gegengeschlechtlicher Beziehungen, die er derzeit noch nicht aufzunehmen vermag, ja vor denen er sich angesichts der mütterlichen Dominanz gar fürchtet.
Der Zugang zur Szene der Skins mit all den dort stattfindenden exzessiven »Parties« sollte einer potentiellen Freundin nicht gestattet sein, ja man müsse sie gleichsam von der Szene fernhalten, wenn nicht gar davor bewahren. In diesem Entwurf werden auch jene eigenen negativen und ›gefährlichen‹ Anteile, die den Partnerinnen nicht zugänglich sein sollen, eng an die Männerwelt der »Kumpels« aus der Skin-Szene gebunden und finden hier ihren exzessiven Ausdruck. Es geht hier auch um eine unter den Männern legitimierte Form homoerotischer Tendenzen. Zugleich unterliegen die gegengeschlechtlichen Beziehungen nach diesem Entwurf einer zeitlichen Bewährungsprobe. Hier wird nicht nur eine deutliche Parallele zu seiner Beziehung gegenüber der Mutter deutlich, sondern auch zu jenen Bildern, die mit dem Militär nahegelegt werden. Die Abschirmung der männlichen Kampfgemeinschaft gegenüber der Öffentlichkeit und dem anderen Geschlecht sowie die durch kollektives »Saufen« geteilten Entblößungen und Exzesse sowie deren Kontrolle sind wesentlicher

7 Die Bezeichnung einer Freundin als »Kirsche« speist sich sicher auch aus Tradierungen wie dem in Sachsen verbreiteten Spruch: »In Sachsen, wo die schönen Mädchen auf den Bäumen wachsen«.

Bestandteil dieser Weltsicht. Wie beim Militär kann es auch hier gleichsam zum Geheimnisverrat kommen, da Geheimnisse später an dritte weitergetragen werden könnten, wenn sich die intime Beziehung auflöst. Der zitierte Hinweis seiner »Kumpels«, »daß der Erich mal wieder 'ne Kirsche braucht«, um wieder normal zu werden, besagt zunächst, daß er sich in einem Ausnahme- oder Übergangszustand befinde, der sich durch die Aufnahme einer neuen gegengeschlechtlichen Beziehung wieder reguliere. Hier wird den Partnerinnen eine disziplinierende und zähmende Funktion zugeschrieben, so als seien die wilden und exzessiven Aktivitäten der Männer nicht anders zu bremsen bzw. zu normalisieren. Auch hier weist der gegengeschlechtliche Entwurf deutliche Parallelen zu den mütterlichen Regulierungs- und Disziplinierungsversuchen auf.

iv. Abschließende Bemerkungen

Die beiden vorgestellten Fälle lassen sich nicht dem Spektrum eines primär politisch motivierten Rechtsextremismus zuordnen, vielmehr sind sie als Versuche zu verstehen, die Probleme der Adoleszenz souverän und provokativ zu bewältigen. In beiden Fällen versuchen die Jugendlichen die Suche nach der eigenen Männlichkeit durch einen gleichsam initiationsrituellen Rückgriff auf des Vorbild des soldatischen und heldischen Mannes zu lösen. Während bei Michael vor dem Hintergrund einer negativen Vaterbeziehung die Verinnerlichung moralischer Wertorientierungen mißlingt, Haß und Rebellion gegen die Autorität dominierten, unterwirft sich Erich der Autorität. In Anlehnung an Adornos Studien zum autoritären Charakter repräsentiert Erich einen durch Konventionalismus und Unterwürfigkeit unter Autoritäten geleiteten Typus, wohingegen Michael eher jenem »Rebell« entspricht, der sich nicht mit der väterlichen Autorität zu identifizieren vermochte.

»Dies kann zu irrationalem und blindem Haß gegen jede Autorität führen, vermischt mit starken destruktiven Tendenzen.«[8]

Diese Rebellion gegen jede Autorität vollzieht sich vor dem Hin-

8 Adorno 1995, S. 328.

tergrund der narzißtischen Größenphantasie, sich keiner anderen Ordnung als der eigenen unterwerfen zu müssen. Erich hingegen vertritt eine durch Arbeitsethos, Militarismus und männliche Tugenden gespeiste autoritäre Haltung, die durch die Identifikation mit dem Vater gestützt und auch in der Skin-Szene weit verbreitet ist. Der Rückgriff auf Habitus und Outfit der Skins erweist sich auch als Versuch, das adoleszente Problem so zu lösen, daß innere Spannungen in der Gruppe ausgelebt und die widersprüchlichen Anforderungen von Familie, Arbeitswelt und gegengeschlechtlichen Partnerinnen bewältigt werden können. Michael benennt in dem biographischen Kommentar »ich hab' mich so durchgekämpft« das dominante Muster seiner Biographie: den permanenten Kampf um Anerkennung und die Wiedergewinnung des Selbstwertes angesichts eines weit zurückreichenden und langanhaltenden Marginalisierungsprozesses. Sowohl in der Familie als auch in Schule und Heim setzt er sich immer wieder mit kämpferischen Aktionen gegen das vermeintliche Unrecht und die eigene Benachteiligung zur Wehr. Ist hier das Leben eine dauernde kämpferische Auseinandersetzung, so könnte man für Erich das von ihm so benannte Prinzip als biographisches Muster hervorheben: »Man kann eh nichts machen, das ganze Leben ist ein Kompromiß«. Während wir bei Michael einen familialen Ausstoßungsmodus vorfinden, bleibt Erich gebunden an die Mutter und die väterlichen Prinzipien. In beiden Fällen kommt den Beziehungen zu gleichaltrigen und gleichgeschlechtlichen rechtsextremen Gruppierungen eine selbstwertstabilisierende, abgrenzende und die widersprüchlichen Anforderungen synthetisierende Funktion zu.[9]

Dabei gewinnt auch der Rückgriff auf Zugehörigkeitskategorien wie Nation, Volk und Gruppe eine besondere identitätssichernde Funktion. Das Aufgreifen dieser Orientierungsmuster und ihre provokative Zurschaustellung stellt nicht nur einen subjektiv und subkulturell geteilten Bewältigungsversuch der Adoleszenzkrise dar. Ebenso läßt sich in der kollektiven Ausdrucksgestalt ein Synthetisierungsversuch erkennen, der die historischen Unklarheiten und politisch ungelösten Widersprüche in geradezu unpolitisch-dumpfer Weise aufgreift und vorführt. So verkörpert die Mehrheit der jugendlichen Skins in den neuen Bundesländern ein

9 Vgl. hierzu auch König 1996.

Arbeitsethos, das gewissermaßen dem »rechten Proletarier« entspricht. In dieser widersprüchlichen Einheit zeigt sich nicht nur die Entwertung des staatlicherseits verordneten Antifaschismus in der DDR, sondern ebenfalls die Aufrechterhaltung zentraler Tugenden der Arbeitsgesellschaft DDR.

Gleichermaßen ist der Rückgriff auf den Staat der Väter nicht mehr, die Identifikation mit dem System des ehemaligen Klassenfeindes noch nicht möglich. Hier liegt der Bezug auf die ›vorväterliche‹ Generation und deren autoritär geprägte Ideale ebenso nahe wie die Orientierung an vorstaatlichen, natürlichen und ethnischen Kriterien der Sprache, Abstammung und Kultur, durch die eine ›Volksgemeinschaft‹ sich auszuzeichnen habe. Hier wird genau jener diffuse, ethnisch-kulturell bestimmte und nicht willentlich-politisch orientierte Nationenbegriff zum pseudopolitischen Anknüpfungspunkt jugendlicher Orientierung und provokativer Abgrenzung gegenüber Fremden, der für Deutschland und das östliche Mitteleuropa noch immer zentraler Bestandteil nationaler Identitätsvergewisserung ist.

Literatur

Adorno, Th. W.: Studien zum autoritären Charakter, Frankfurt 1995.

Bergmann, W./Erb, R. (Hrsg.): Neonazismus, Berlin 1994.

Blos, P.: Adoleszenz. Eine psychoanalytische Interpretation, Stuttgart 1978.

Borchers, A.: Neue Nazis im Osten, Weinheim 1992.

Ehlert, M./Müller, H./Nölke, E.: Der Absturz des Überfliegers – Biographie- und psychoanalytische Überlegungen zur Geschichte eines Scheiterns. In: Combe, A./Helsper, W. (Hrsg.): Hermeneutische Jugendforschung, Opladen 1991.

Haley, J.: Gemeinsamer Nenner Interaktion, München 1978.

Heitmeyer, W.: Rechtsextremistische Orientierungen bei Jugendlichen, Weinheim/München 1995[5].

Helsper, W./Müller, H./Nölke, E./Combe, A.: Jugendliche Außenseiter, Frankfurt 1991.

König, H.-D.: Arbeitslosigkeit, Adoleszenzkrise und Rechtsextremismus. In: Psychosozial, 19. Jg., H.2, 1996 – Van Gisteren, L. (Hrsg.): Adoleszenz und Rechtsextremismus, S. 77-103.

Madloch, N.: Zur Entwicklung des Rechtsextremismus in der DDR und in Ostdeutschland von den siebziger Jahren bis Ende 1990. In: Harnisch-

macher, R. (Hrsg.): Angriff von Rechts. Rechtsextremismus und Neonazismus unter Jugendlichen Ostberlins, Rostock 1993, S. 53-73.

Neubacher, F.: Jugend und Rechtsextremismus in Ostdeutschland vor und
nach der Wende, Bonn 1994.

Nölke, E.: Lebensgeschichte und Marginalisierung. Hermeneutische Fallrekonstruktionen gescheiterter Sozialisationsverläufe von Jugendlichen,
Wiesbaden 1994.

Oevermann, U./Allert, T./Konau, E./Krambeck, J./Schröder-Caesar, E./
Schütze, Y.: Zur Methodologie einer ›objektiven‹ Hermeneutik und ihre
allgemeine forschungslogische Bedeutung in den Sozialwissenschaften.
In: Soeffner, H. G. (Hrsg.): Interpretative Verfahren in den Sozial- und
Textwissenschaften, Stuttgart 1979.

Oevermann, U.: Zur Sache. Die Bedeutung von Adornos methodologischem Selbstverständnis für die Begründung einer materialen soziologischen Strukturanalyse. In: v. Friedeburg, L./Habermas, J. (Hrsg.):
Adorno-Konferenz, Frankfurt 1983.

Hans-Dieter König
Arbeitslosigkeit, Adoleszenzkrise und Rechtsextremismus
Eine Kritik der Heitmeyerschen Sozialisationstheorie aufgrund einer tiefenhermeneutischen Sekundäranalyse

1. Die Fragestellung, die Methode und das Fallbeispiel Charly

Heitmeyer geht es um ein soziologisches Verständnis des jugendlichen Rechtsextremismus: In Anschluß an Beck (1986) versucht er jugendlichen Rechtsextremismus aus den Folgen von Individualisierungsschüben zu erklären, die sich aus der Modernisierung hochindustrialisierter Gesellschaften ergeben: Da infolge der Freisetzung aus den sozialmoralischen Milieus der Klasse und Schicht und der Entzauberung traditionaler Glaubensgewißheiten der spätere soziale Status von der eigenen Bildung und beruflichen Qualifikation abhängig wird, stellt die Individualisierung von Lebenslagen und die Pluralisierung von Lebensstilen nicht nur eine Chance zur Individuation dar, sondern bringt auch neue Risiken hervor. Wo Jugendlichen der Zugang zur ökonomischen Selbständigkeit versagt wird, weil sie arbeitslos werden oder davon bedroht sind, da stellen sich Heitmeyer u. a. (1992a) zufolge »Identitätsprobleme« ein (S. 29), die häufig durch den Rückgriff auf vormoderne Gewißheiten gemeistert werden. Entweder greifen Jugendliche dann auf rechtsextremistische Ideologien der Ungleichheit zurück, akzeptieren die demokratischen Strukturen und höhlen sie auf eine »machiavellistische« Weise aus (ebd., S. 32), oder sie setzen sich gegen Andere mit Gewalt durch. Von rechtsextremistischen Orientierungsmustern und Handlungsweisen spricht Heitmeyer dann, wenn beide Grundelemente »zusammenfließen«, wenn nämlich »die strukturell gewaltorientierte Ideologie der Ungleichheit verbunden wird mit Varianten der Gewaltakzeptanz als Handlungsform« (ebd., S. 14).

Nachdem Heitmeyer (1987) vermittels einer großflächigen Studie mit 1300 Jugendlichen im Alter von 16-17 Jahren die Verbreitung autoritär-nationalistischer Sichtweisen quantitativ untersucht hat, nimmt er in seiner qualitativen Längsschnittstudie »fallspezifische Tiefenbohrungen« vor (Heitmeyer u. a. 1992 a, S. 50). So hat er die Verlaufsformen der Biographien von 31 Jugendlichen im Alter von 16-21 Jahren mit Hilfe problemzentrierter und fokussierter Interviews erhoben. Interpretiert wurde das Datenmaterial mit Hilfe eines Lebenskontext, Arbeitsorientierungen, politische Orientierungen und Identitätsformationen berücksichtigenden Auswertungsrasters, für das die Beantwortung der Frage zentral war, ob die spezifische Problembelastung der sozialen Ausgrenzung vom Arbeitsmarkt, »sei es als eigene latente Bedrohung oder als manifeste Erfahrung«, anfällig macht für rechtsextremistisch akzentuierte Problemlösungen (S. 60).

Dabei ist Heitmeyer die Einschränkung wichtig, daß nicht allein die Integration in die berufliche Normalbiographie vor Rechtsextremismus schützt. Denn Jugendliche, die aufgrund einer »instrumentalistischen Orientierung« (ebd., S. 54) die Arbeit als »notwendiges Übel der Existenzsicherung« betrachten (ebd., S. 66), leiden darunter, »daß keine dauerhaft tragfähige Sinnhaftigkeit von beruflicher Tätigkeit mehr präsent ist« (ebd., S. 474). Wenn aber Arbeiten »inhaltsleer« werden, dann ist die Gefahr groß, daß die aufgrund des Instrumentalismus entstehenden »Leerräume« durch den Rückgriff auf rechtsextremistische Orientierungen »aufgefüllt« werden (ebd.). Erst ein »sachlich-inhaltliches Interesse« an der eigenen Berufstätigkeit, aufgrund deren Jugendliche die Arbeit als sinnstiftend erleben (ebd., S. 54), garantiert Heitmeyer zufolge »Schutz vor gewaltakzeptierenden Orientierungen und fremdenfeindlichen Anleihen« (ebd., S. 91 f.). Ob Heitmeyer instrumentelle oder sachlich-inhaltliche Arbeitsorientierungen untersucht, er will die »Eigenlogik der Subjekte« analysieren, welche die Realität immer schon auf eine »produktive« Weise »verarbeiten« (ebd., S. 15).

Eben diesen Anspruch vermag Heitmeyer freilich nicht einzulösen: Obwohl er danach fragt, wie Jugendliche Arbeitslosigkeit oder sinnentleerte Arbeit subjektiv verarbeiten, richtet er seinen Blick lediglich auf die Auseinandersetzung der Jugendlichen mit der aktuellen sozialen und ökonomischen Krisensituation. Dabei entgeht es ihm, daß die innere Verarbeitung der äußeren Realität von der im Verlaufe einer Lebensgeschichte entfalteten Identität abhängt, deren basale Strukturen in familialen Sozialisationsprozessen hergestellt werden[1] und in der Adoleszenz reorganisiert werden. Denn mit Erikson (1968) kann man davon sprechen, daß moderne Gesellschaften den Jugendlichen ein »psychosoziales Moratorium« einräumen, eine Übergangsperiode, in der sie sich vom Elternhaus lösen und in einem mehr oder weniger »freien Experimentieren« mit verschiedenen sozialen Rollen die Angebote der Kultur prüfen können, um »einen passenden Platz in irgendeinem Ausschnitt der Gesellschaft« zu gewinnen (S. 151). Es geht damit auch um einen Prozeß der jugendlichen Selbstfindung, dessen Ausgang davon abhängt, daß der Heranwachsende die Kindheitsidentifizierungen teilweise verwirft und sie teilweise in eine neue Gestalt der Identitätsbildung integriert, die in Übereinstimmung mit den »Arbeitsmöglichkeiten« einer Berufsrolle entfaltet werden (ebd., S. 152). Welche Folgen dieser Mangel der Heitmeyer-Studie hat, zwar die individuellen Reaktionen auf die Erfahrung von Arbeitslosigkeit zu analysieren, nicht aber zu rekonstruieren, wie diese Krisensituation auf der Grundlage der Identitätskrise verarbeitet wird, die Heranwachsende in der Adoleszenz durchlaufen, soll exemplarisch am Beispiel von Charly untersucht werden, jenem Jugendlichen, von dem allein ein komplettes Interview aus dem Jahre 1987 vorliegt, das Heitmeyer u. a. (1992 b) im Materialband zur Bielefelder Rechtsextremismusstudie veröffentlicht haben.

Rekonstruiert wird Charlys Lebensgeschichte mit Hilfe der von Lorenzer (1986) entwickelten Tiefenhermeneutik, einer Methode, die aus der Anwendung der in der psychoanalytischen Therapie praktizierten Verfahrensweise des »szenischen Verstehens« auf die Kultur- und Sozialwissenschaften entstanden ist (vgl. König 1993).

1 Über der Tatsache, daß auf den folgenden Seiten Heitmeyers identitätstheoretisches Konzept in Anschluß an Erikson kritisiert wird, darf eine wesentliche Differenz nicht übersehen werden. Denn Erikson (1959) nimmt in Anschluß an Hartmann an, »daß der menschliche Säugling mit einer Anlage geboren wird, sich an eine ›im Mittel zu erwartende Umwelt‹ anzupassen« (S. 193). Damit unterstellt Erikson aber eine »biologische Anpassung des Menschen« (ebd., S. 194), wo es in Wahrheit um eine Anpassungsfähigkeit geht, die, wie Lorenzer (1972) gezeigt hat, erst im Zuge der durch das Zusammenspiel zwischen Mutter und Kind bestimmten Interaktionspraxis gesellschaftlich hergestellt wird. Zur Kritik der idealistischen Voraussetzungen von Eriksons Identitätskonzept vergleiche auch Volmerg (1978).

Dabei richtet sich die Analyse auf die bewußten und unbewußten Lebensentwürfe, die das Individuum im sozialen Handeln im Einklang mit den in dieser sozialen Welt geltenden Regeln und Normen realisiert oder aber unterdrückt. Während der manifeste Sinn sozialen Interagierens durch die Lebensentwürfe bestimmt wird, die sich aufgrund ihrer sozialen Akzeptanz im Handeln und Sprechen der Akteure durchsetzen, wird der latente Sinn durch die Lebensentwürfe bestimmt, die aufgrund ihrer sozialen Anstößigkeit verpönt sind, jedoch auf einer verborgenen Bedeutungsebene zur Geltung kommen. Während die sozial anerkannten Lebensentwürfe ohne Schwierigkeiten entzifferbar sind, werden die verbotenen Lebensentwürfe erst dadurch zugänglich, daß der Sozialforscher sich durch die im Textprotokoll zutage tretenden Ungereimtheiten, Widersprüche und Brüche irritieren läßt, die damit den Zugang zu einer quer zum manifesten Sinn gelegenen zweiten Sinnebene erschließen. Damit ist die Verfahrensweise der tiefenhermeneutischen Sozialforschung so weit umrissen, daß zur Fallrekonstruktion übergegangen werden kann[2]:

Vergegenwärtigen wir uns zunächst die wichtigsten Daten aus Charlys jugendlicher Biographie, die durch seinen verspäteten Eintritt ins Berufsleben bestimmt wird: Im Oktober 1985 wohnt Charly noch bei seiner Mutter und ihrem Freund. Aufgrund seines schlechten Abgangszeugnisses findet er keine Lehrstelle. Charly schließt sich »Blue Army« an, einer gewalttätigen Fan-Clique des ehemaligen Fußball-Bundesligisten Arminia Bielefeld, die vor allem aus arbeitslosen Jugendlichen bestanden hat. In dieser nationalistisch und fremdenfeindlich orientierten Fanclique nimmt Charly an den Saufgelagen seiner Kameraden teil, randaliert gemeinsam mit ihnen oder zieht mit ihnen los, um Ausländer zu verprügeln.

Im August 1986 tritt Charly nach einem Jahr Arbeitslosigkeit eine Lehrstelle in einem Friseurladen an. Er leistet sich nun eine eigene Wohnung. Zwar bleibt seine Fremdenfeindlichkeit ungebrochen, aus Angst um seinen Arbeitsplatz verzichtet er jedoch auf Gewaltausübung, die er allerdings bei anderen billigt. Als er die Lehrstelle im Januar 1987 wegen einer Nickelallergie aufgeben muß und

---

2 Für eine kritische Diskussion der Erstfassung des Textes danke ich den TeilnehmerInnen des Frankfurter Arbeitskreises für Tiefenhermeneutik und Sozialisationstheorie.

erneut arbeitslos wird, schlägt seine Fremdenfeindlichkeit in offenen Ausländerhaß um. Der Hilfe seiner Freundin Sabine verdankt Charly es, daß er nicht wieder in die Fan-Clique von »Blue Army« abrutscht. Nach fünf Monaten Arbeitslosigkeit findet er eine Lehrstelle in einem Sportgeschäft. Aufgrund seines großen Arbeitseinsatzes ist er als Lehrling sehr erfolgreich und findet die Anerkennung seiner Chefin und seiner Arbeitskollegen. Im Zeitraum zwischen 1987 bis 1988 wird die Verkäuferlehre zur Ausbildung zum Einzelhandelskaufmann erweitert. Seine Freizeitaktivitäten nehmen unter dem Einfluß seiner Berufsausbildung eine neue Gestalt an: 1987 tritt er in eine Tennisschule, im darauffolgenden Jahr in drei weitere Sportvereine (Squash, Volleyball, Badminton) ein. Da er den zweiten Versuch, eine berufliche Normalbiographie aufzubauen, nicht gefährden will, bändigt Charly die eigene Gewaltbereitschaft und delegiert sie an die neonazistische FAP, die gleichsam stellvertretend für ihn das »Ausländerproblem« lösen soll.

Ich breche an dieser Stelle die Skizze von Charlys Lebenslaufs ab und fasse zusammen, was der Fall nach Auffassung von Heitmeyer zeigt: Seines Erachtens ist »Charlys Fremdenfeindlichkeit« auf Prozesse »ökonomischer und sozialer Desintegration« zurückzuführen, die aufgrund von Arbeitslosigkeit zustande kommen (Heitmeyer u. a. 1992 a, S. 347). Ob Charly ein Jahr lang keinen Arbeitsplatz findet oder nach der Lehrstelle im Friseurladen wieder arbeitslos wird, beide Male wünscht er der Langeweile und Ohnmacht durch die Flucht in die Fan-Clique zu entgehen, deren Ideologie der Ungleichheit er so übernimmt, wie er sich auch an deren Gewaltaktionen gegen Ausländer beteiligt. Wie in der ersten Lehrzeit verzichtet Charly auch während der Lehre im Sportgeschäft aus Sorge um seinen Arbeitsplatz auf Gewaltausübung. In dem Maße, wie sich seine Berufssituation in den beiden folgenden Jahren stabilisiert, distanziert sich Charly auch von der rechtsextremistischen FAP und gibt schließlich auch seine Fremdenfeindlichkeit auf. Freilich hält er an staatlicher Ungleichbehandlung von Deutschen und Ausländern fest und rechtfertigt eigene Gewalt im Privatleben. Charly ist deshalb für Heitmeyer das Beispiel eines »stillgelegten Rechtsextremismus« (ebd. S. 312). Wie Charly als Arbeitsloser den Rechtsextremismus offen bejaht, so steht er ihm als Lehrling ambivalent gegenüber, weil er aufgrund seiner erfolgreichen Berufsarbeit eine »identitätsstiftende Kompetenzerfahrung« gemacht hat (ebd., S. 469).

11. Versuch einer tiefenhermeneutischen Sekundäranalyse von Charly

Wenn nun Heitmeyers Analyse von Charly einer tiefenhermeneutischen Sekundäranalyse unterzogen wird, dann ist freilich zu beachten, daß diese Fallrekonstruktion nicht nur wegen des diesem Aufsatz gesetzten Rahmens, sondern auch deshalb bruchstückhaft bleiben muß, weil Heitmeyer kein biographisches Interview durchgeführt hat.

11, 1. Arbeitslosigkeit als soziale Zumutung und der Rückgriff auf eine irrationale Weltanschauung

Das erste Interview findet im Oktober 1985 statt. Charly ist ein 17 Jahre alter Jugendlicher, der bereits durch seine Kleidung seine Zugehörigkeit zur Fan-Clique »Blue Army« demonstriert. Er trägt »einen Deutschland-Aufnäher, auf dem das Deutsche Reich in den Grenzen von 1937 abgebildet und der Spruch »Deutschland, mein Vaterland« eingedruckt ist (Heitmeyer u. a. 1992a, S. 314). Aus Milieubeobachtungen ist zudem bekannt, daß er »im Rahmen von ›Blue Army‹ auch ›beim Aufmischen‹ ausländischer Jugendlicher mitmachte« (ebd., S. 316). Im darauffolgenden Jahr beschmiert er in »alkoholisiertem Zustand [...] eine Schule in Bielefeld mit juden- und ausländerfeindlichen Parolen« (ebd., S. 321). Durch seine äußere Erscheinung und durch seine politischen Aktionen drückt Charly seine weltanschaulichen Überzeugungen aus: Da er sich »halt als Deutscher« fühle, lasse er nichts auf »sein Land« kommen und wolle auch dafür »eintreten« (1992b, S. 91). Dazu gehöre »auch, daß die Ausländer nun endgültig 'rauskommen« (ebd., S. 91). Denn sie hätten nicht »das Gefühl für das Land«, das irgendwie »vom Inneren herkommen« müsse (ebd., S. 85). Wenn »es jetzt mal Krieg gäbe«, da würde doch kein Türke »für Deutschland sterben« (ebd., S. 86). Dazu seien eben nur die »reinen Deutschen« bereit (ebd., S. 85), die ihr Land »irgendwie« lieben, weil sie mit dem Land »so verbunden« sind (ebd., S. 85 f.). Auf die Frage, was er denn so an Deutschland liebe, erwidert Charly nach einem Zögern:

»[...] ich liebe halt, was weiß ich, die Landschaft so, nä. So alles das ganze Drum und Dran. Ich meine, Deutschland ist ja an sich ein recht reiches Land so, vom wirtschaftlichen her, kann man sagen, stehen wir ja an sich recht hoch. Wir [haben] gute Versicherungen, wir haben Sozialversicherungen, wir haben gute Gewerkschaften, wir haben eigentlich alles, was ein Land haben möchte. Nur, wir haben halt übermäßig Ausländer. Und diese Liebe zum Land, das kann man irgendwie nicht ausdrücken, das ist halt einfach im Gefühl, nä« (ebd., S. 86).

Es fällt auf, daß die Politik, die durch Charlys Eintreten für Deutschland und durch seinen Kampf gegen Ausländer bestimmt wird, für ihn zur Bühne für das Ausleben persönlicher Wünsche wird. Charly spricht nämlich so merkwürdig über Deutschland, wie ein Mann normalerweise nur über die Liebe zu einer Frau sprechen würde, die er nicht rational begründen, sondern nur bildhaft umschreiben kann. Wie im Zuge einer blind machenden Verliebtheit idealisiert Charly die eigene Nation grenzenlos. Sie wird für ihn zum Sinnbild des »Reichen« und »Guten«. Die Ausländer stellt er hingegen als einen Fremdkörper dar, der aus Deutschland ausgesperrt werden sollte. Der das Selbstgefühl aufwertenden Verbindung mit der Eigengruppe der »reinen Deutschen«, die seines Erachtens auch für ihr Vaterland bereitwillig Opfer bringen, korrespondiert die Verachtung der Ausländer, die für Charly »keine Mitmenschen« sind, mit denen er »irgendwie leben könnte« (ebd., S. 92). Sie sind für ihn »Leute, die hier nicht hingehören«, weil sie eine »andere Kultur haben, eine andere Religion, [...] eine andere Lebensform« (ebd.).

Auf eine manichäische Weise bringt Charly den Gegensatz zwischen Eigengruppe und Fremdgruppe mit moralischen Tugenden der Sauberkeit und Reinlichkeit in Verbindung. Seines Erachtens hängt die kulturelle Differenz nämlich von der Hygiene ab, die bei den Ausländern »total anders« sei. Denn »Ausländer hängen ihre Wäsche nach draußen, wir hängen unsere in den Keller« (ebd., S. 93). Diese Worte befremden, weil ihnen die Realität widerspricht. Denn wo die Wäsche aufgehängt wird, hängt von regionalen und schichtenspezifischen Wohnverhältnissen ab. Welcher latente Sinn sich hinter Charlys irrationaler Zuschreibung verbirgt, wird erst faßbar, wenn man sich deren sinnlich-bildhafte Bedeutung vergegenwärtigt: Wenn Charly für die wohlanständigen Deutschen Partei ergreift, dann begeistert er sich für diejenigen, die verbotene Triebregungen genauso wie anstößige Wäschestücke in den Keller ihres Unbewußten verbannen. Und wenn er sich über die Ausländer empört, dann regt er sich über diejenigen auf, die ihre Triebe so hemmungslos ausleben, wie sie ihre Wäsche auf eine schamlose Weise in aller Öffentlichkeit zur Schau stellen.

Charlys Fremdenfeindlichkeit ist darauf zurückzuführen, daß er die Ausländer in mehrfacher Weise für die sozialen Fragen verantwortlich macht, die ihn beunruhigen:

– Die Gefühle der Ohnmacht und Angst, mit denen er auf seine Arbeitslosigkeit reagiert, vermag Charly nicht rational zu verarbeiten, indem er sich die Regeln des Marktes und ihre Folgen vergegenwärtigt. Vielmehr würden die Ausländer »uns die Arbeitsstellen weg[nehmen]« (ebd., S. 84). Sobald man nicht mehr mit Ausländern um Arbeitsplätze zu konkurrieren brauche, gäbe es nur noch einen »natürlichen Konkurrenzkampf«, der seines Erachtens überhaupt kein Problem ist (ebd., S. 90).

– Für die ihn belastenden sozialen Probleme, die infolge der durch Urbanisierung bedingten Vermassung und Vereinzelung entstehen, zieht Charly ebenfalls die Ausländer zur Rechenschaft:

»[...] ich meine, irgendwie, ich lebe in Deutschland und ich bin ein Deutscher, aber ich komme mir nicht mehr vor, als wenn ich ein Deutscher wäre. Wenn ich abends durch die Stadt gehe, dann sehe ich mehr Ausländer als Deutsche, und das beunruhigt mich irgendwie« (ebd., S. 83 f.).

Die Worte, daß er sich aufgrund der vielen Ausländer in diesem Land nicht mehr als Deutscher fühle, offenbaren, wie sehr die Folgen von Modernisierungsprozessen sein Identitätsgefühl erschüttern. Sein Selbstvertrauen und sein Vertrauen in die Welt und in die Mitmenschen droht daher in ein Mißtrauen gegen jedermann umzuschlagen. Die in ihm aufsteigenden sozialen Ängste vermag Charly nur dadurch unter Kontrolle zu bringen, daß er nach Schuldigen sucht und zur Wurzel des Übels die zunehmende Gewalt in den Städten erklärt, die auf die immer wieder »kriminell auffallen[den]« Ausländer (ebd., S. 89) zurückzuführen sei, aufgrund deren man »heutzutage [...] nach Einbruch der Dunkelheit überhaupt nicht mehr auf die Straße gehen« könne (ebd., S. 87):

»Ich glaube, wir sollten, auch gerade in solchen Gebieten, wo sehr viele Ausländer, äh Ausländertum herrscht, [...] da sollte man schon [...] so Streifenwagen einsetzen. Ich sehe das zum Beispiel in Irland, da fahren ja so stündlich diese Panzerwagen durch die Gegend, die dann auch wirklich durchgreifen. Also so was sollte es schon geben« (ebd., S. 87).

Nachdem Charly die Ausländer als die Verkörperung des Bösen identifiziert hat, fühlt er sich von den zu finsteren Mächten erklärten Fremden verfolgt: Die Städte würden sich nachts in einen »Asphaltdschungel« verwandeln, der durch die Ausländer unsicher gemacht werde. Sie könnten in der Dunkelheit nur noch durch Streifenwagen und Panzer unter Kontrolle gehalten werden.
– Auch dafür, daß im Zuge des die Moderne beherrschenden Rationalisierungsprozesses die tradierten Glaubensgewißheiten entzaubert und die Individuen aus den sozialmoralischen Milieus der Klasse und Schicht freigesetzt werden, macht Charly die Ausländer verantwortlich, deren Mentalität, deren Glaubensvorstellungen, deren Sitten und Gebräuche er nicht leiden kann (vgl. ebd., S. 88). Denn die Ausländer sind für Charly auch deshalb gefährlich, weil sie durch das Mitbringen »anderer Kulturformen« die als schwach imaginierte deutsche Kultur immer mehr »zurückdrängen«. Die Worte, Deutschland drohe ein »Mischland« zu werden, das »halt nicht mehr Deutschland« sei (ebd., S. 90), bringen die Angst zum Ausdruck, die geliebte eigene Nation könne durch eine Verbindung mit dem Fremden verunreinigt und vergiftet werden. Die Analyse zeigt, daß Charly keine Ideologie vertritt, die sich als Ausdruck eines gesellschaftlich notwendigen falschen Bewußtseins erweist. Vielmehr verficht er eine aus ideologischen Fragmenten, Alltagsstereotypien und psychopathologischen Versatzstücken zusammengesetzte Weltanschauung[3], die Ausdruck eines

3 Wenn in bezug auf den Rechtsextremismus von einer Weltanschauung gesprochen wird, dann wird damit auf den Begriff zurückgegriffen, der für die totalitäre Ideologie des Nationalsozialismus reserviert wurde, um sie von den klassischen Ideologien vergangener Jahrhunderte zu unterscheiden. Während diese Manifestationen eines »gesellschaftlich notwendigen falschen Bewußtseins« waren, das in seiner »Unwahrheit, als Ausdruck solcher Notwendigkeit [...] auch ein Stück Wahrheit« war (Adorno 1961, S. 161), an dem die Kritik sich abarbeiten konnte, zeichnen sich »totalitäre Ideologien« dadurch aus, daß »in solchem sogenannten ›Gedankengut‹ [...] kein objektiver Geist sich« widerspiegelt, »sondern es ist manipulativ ausgedacht, bloßes Herrschaftsmittel« (Adorno 1956, S. 169). Schnädelbach (1969) präzisiert diesen qualitativen Unterschied zwischen Ideologien und Weltanschauungen, die nach einer sozialpsychologischen Untersuchung verlangen, folgendermaßen: »Ohne Zweifel haben auch die klassischen Ideologien psychische Bedürfnisse befriedigt«, jedoch in einer »sublimeren« und »indirekteren« Weise, weil sie »Resultate rationaler Anstrengung« »psychisch gesunder Menschen«

von einer sozialen Gruppe geteilten kollektiven Wahnsystems ist, mit dem auf eine paranoide Weise die zu finsteren Mächten stilisierten Ausländer für das Leiden unter den negativen Folgen der Modernisierung zur Verantwortung gezogen werden.

II, 2. Arbeitslosigkeit und Weltanschauung im Zusammenhang mit einer adoleszenten Identitätskrise

Die Frage, warum Charly eine Weltanschauung übernimmt, die soziale und politische Fragen auf eine derart irrationale Weise zu lösen verspricht, wird erst verständlich, wenn man sich vergegenwärtigt, wie dieser Jugendliche die Arbeitslosigkeit erlebt:

»Die Langeweile, daß man den ganzen faulen Tag nichts zu tun hat. Ich schlafe immer ziemlich lange, meist so bis 11 Uhr. Die meisten von meinen Kumpels [...] sind ja auch alle arbeitslos, treffen wir uns jeden Nachmittag oder auch mittags in der Stadt. laufen da rum, gehen irgendwo in eine Kneipe, trinken was, und dann läuft noch was, bis es Abend wird ... Man weiß nicht richtig, was man tun soll« (Heitmeyer u. a. 1992 a, S. 313).

Die Tatsache, daß es für ihn schwierig ist aufzustehen, der Sachverhalt, daß er sich langweilt und den »faulen Tag« lang »nichts zu tun« hat, das »Herumlaufen« und das Trinken »irgendwo«, der Umstand schließlich, daß man nicht weiß, »was man tun soll«, offenbaren, daß die Arbeitslosigkeit Charly in einen »Lähmungszustand« versetzt (Erikson 1968, S. 162), in dem sich die räumliche und die zeitliche Orientierung auflösen. Wenn es sich hierbei aber um einen Zustand der »allgemeinen Verlangsamung« (ebd., S. 164) handelt, der vielleicht nicht nur eine »leichte Depression«, sondern auch den Wunsch eines verzweifelten Ichs anzeigt, »sich selbst sterben zu lassen« (ebd., S. 165), dann ist zu fragen, ob es bei Charly nicht auch um das Leiden unter einer von Erikson so bezeichneten »Identitätsverwirrung« geht, in der sich eine jugendliche Identitätskrise häufig ausdrückt (ebd., S. 161).

waren (S. 89 f.). Politische Wahnsysteme wie der Nationalsozialismus befriedigen hingegen die »elementaren psychischen Bedürfnisse« jener Individuen, die sich aufgrund der schwindenden Fähigkeit, »die gesellschaftliche Totalität zu durchschauen«, als ohnmächtig und orientierunglos erleben und in historischen Krisensituationen zu »irrationalen Reaktionen« neigen (ebd., S. 90).

Tatsächlich wiegt der Umstand, daß es Charly quält, wegen des schlechten Abgangszeugnisses keine Lehrstelle gefunden zu haben, um so schwerer, als er kein Verständnis bei seinen Eltern findet, sie ihm vielmehr sein Nichtstun verübeln. So gipfelt »der beständige Streit mit der Mutter [...] in Charlys zeitweiligem Auszug in ein Jugendwohnheim« (Heitmeyer u. a. 1992 a, S. 313). Während die Mutter darüber empört ist, daß der nun 18 Jahre alte Sohn ihr »nicht immer auf der Tasche liegen« könne, wirft der Vater ihm vor, ein »fauler Sack« zu sein, der den »ganzen Tag im Bett« liege und nichts mache (ebd., S. 319). Charlys Kommentar, daß er bei solchen Sprüchen »schon wieder das Kotzen« kriegt (ebd.), verraten, daß die elterlichen Vorhaltungen ihm so nahe gehen, daß sie ihm auf den Magen zu schlagen drohen. Die Tatsache, daß ihm das, was er stillschweigend schluckt, unangenehm aufstößt, verrät, daß Charly sich von Vater und Mutter nicht abgrenzen kann, weil er emotional immer noch an die Eltern gebunden ist.

Damit wird deutlich, daß Charly nicht nur unter der vergeblichen Suche nach einer Lehrstelle leidet, sondern auch darunter, daß die Arbeitslosigkeit die Lösung der von Erikson beschriebenen Entwicklungskrise der Adoleszenz erschwert. Da Charly sich aufgrund seiner Arbeitslosigkeit nicht mit einer Berufsrolle identifizieren kann, die ihm zur Entwicklung von »Kompetenz und Erfindungsgabe« verhelfen würde (Erikson 1968, S. 125), wird er von einem »Gefühl des Identitätsverlustes« erfaßt (ebd., S. 127), gegen das er sich, »um selbst nicht auseinanderzufallen«, durch die Übernahme einer Weltanschauung verteidigt (ebd.). Wie eine Weltanschauung zur Überwindung einer jugendlichen Identitätsverwirrung beitragen kann, hat Erikson eingehend beschrieben: Unter anderem wirkt die Weltanschauung der auch bei Charly beobachtbaren »Zeitverwirrung« durch den Entwurf einer »vereinfachten Zukunftsperspektive« entgegen; zudem setzt die Weltanschauung an die Stelle des durch Arbeitslosigkeit gestörten freien Experimentierens mit verschiedenen sozialen Rollenangeboten ein in der Fanclique praktiziertes »kollektives Experimentieren mit Rollen und Techniken«; und schließlich vermittelt die Weltanschauung auch »ein geographisch-historisches Weltbild als Rahmen für die keimende Identität des Einzelnen« (ebd., S. 183). Wie es dazu kommt, daß die Ideologie auch noch eine »stark empfundene Übereinstimmung zwischen der inneren Welt der Ideale und Sünden und der sozialen Welt mit ihren Zielen und Gefahren« vermittelt (ebd.), wird faßbar, sobald man sich die Mechanismen vergegenwärtigt, vermittels deren die Weltanschauung die Individuen sozialisiert: Eine Weltanschauung verspricht nämlich nicht nur eine einfache Lösung der Charly beunruhigenden sozialen und politischen Probleme, sondern auch die Beantwortung seiner persönlichen Konflikte:

1. Indem er als Arbeitsloser erklärt, die Ausländer seien für das Konkurrieren um Arbeitsplätze verantwortlich, entlastet Charly sich durch Schuldzuweisung von der eigenen Mitverantwortung für seine Arbeitslosigkeit. Denn er findet ja vor allem wegen seines schlechten Abgangszeugnisses keine Lehrstelle. Wenn er als Lehrling ein Jahr später einräumt, daß dem an seinem Arbeitsplatz herrschenden »Teamgeist« so »ein bißchen« sein »Konkurrenzkampf« widerspricht (Heitmeyer u. a. 1992 b, S. 79), dann gesteht er zudem eigene aggressive Impulse ein und projiziert sie zugleich auf die Ausländer, die Bösewichte, die mit den Deutschen konkurrieren und ihnen die Arbeitsplätze wegnehmen.

2. Wie gewalttätig Ausländer seien, erlebe Charly, wenn er abends in der Disko »mal einen Ausländer anrempelt« (ebd., S. 88). Seine Worte, daß dann »die Hölle los« sei, ja, daß »eventuell [...] so ein Bär vor dir« steht, der »dir sofort einen auf den Kopf hauen« will (ebd.), verraten, daß Charly mit den Ausländern auch Teuflisches verbindet und er sie gefühlsmäßig wilden Tieren gleichsetzt, vor denen man auf der Hut sein muß. Mit der Bemerkung, er habe Ausländer nur dann als gewalttätig erlebt, wenn er sie »provoziert« habe (ebd.), räumt Charly zwar ein, daß er selbst es ist, der Ausländern gegenüber gewalttätig ist. Zugleich verleugnet er jedoch seine aggressiven Triebimpulse und projiziert sie auf die Fremden, die aufgrund ihrer »kriminellen Energien« angeblich die deutschen Städte unsicher machen.

3. Die Gefährlichkeit dieser Ausländer zeigt sich auch darin, daß Charly »sehr viele deutsche Frauen« kennt, die »halt sehr oft von Ausländern belästigt werden« (ebd.). Daß Ausländer einfach denken, »sie können sich hier ausleben und deutsche Frauen wären für jeden zu haben« (ebd.), gipfelt in der Vorstellung, daß Ausländer immer wieder deutsche Frauen vergewaltigen (vgl. ebd., S. 89). Wie sehr diese Phantasie Ausdruck einer projektiven Abwehr ist, wird faßbar, sobald Charly über seine Freundin Sabine und die Trennung von ihr spricht. Denn seine Bemerkung, daß es keine »Trennung auf Leben und Tod« gewesen sei (ebd., S. 77), verrät unter-

schwellige Haßgefühle. Die Verneinung, daß es ja nicht darum ging, einander »totzuschlagen«, offenbart, daß Charly seine aggressiven Impulse gegen seine Freundin verleugnet und sie auf die als Sexualverbrecher perhorreszierten Ausländer projiziert, die angeblich deutsche Frauen vergewaltigen.

4. Fassen wir zusammen, wie Charly durch die Übernahme einer Weltanschauung die jugendliche Identitätskrise meistert, die sich aufgrund von Arbeitslosigkeit zu einer bedrohlichen Identitätsverwirrung verschärft: Über die weltanschauliche Orientierung, daß man für ein »reines Deutschland« und gegen die Ausländer kämpfen müsse, die für alle Übel verantwortlich seien, werden sowohl die ungelösten persönlichen Konflikte als auch die beunruhigenden sozialen Fragen falsch beantwortet, die einen arbeitslosen Jugendlichen wie Charly aufgrund seiner Identitätsverwirrung ängstigen.

II, 3. Unbewußte Lebensentwürfe und Gewaltbereitschaft, Kindheit und Adoleszenz

Über der Tatsache, wie Arbeitslosigkeit durch die Verschärfung einer jugendlichen Identitätskrise für Rechtsextremismus anfällig macht, darf freilich nicht übersehen werden, daß nicht alle Jugendlichen, sondern nur einige arbeitslose Jugendliche mit Neonazis sympathisieren. Hinzu kommt, daß es auch eine ganze Reihe von berufstätigen Jugendlichen gibt, die für Rechtsextremismus anfällig sind. Die Frage stellt sich damit, aufgrund welcher biographischen Konstellationen ein Jugendlicher wie Charly dazu gelangt, das Leiden unter Arbeitslosigkeit im Rückgriff auf eine rechtsextremistische Orientierung lösen zu wollen. Die Beantwortung dieser Fragestellung soll mit der Untersuchung von Charlys Gewaltbereitschaft verknüpft werden, die das Gegenstück zu seiner nationalistischen und fremdenfeindlichen Weltanschauung darstellt.

Solange Charly Mitglied der Fanclique »Blue Army« ist, erlebt er Gewalt im Zusammenhang mit Fußball als »ganz normal« (Heitmeyer u. a. 1992 a, S. 316).

»Das ist eben so. Der Stärkere hat eben den Vorteil, der Schwächere ist eben der Unterdrückte. [...] ich unterdrücke auch Schwächere, kann ich sagen, ne. Wenn Leute schwächer sind als ich, über die läster ich auch schon manchmal. Und sage, was willst denn Du Miesling« (ebd.).

Sobald er eine Lehrstelle gefunden hat, verläßt Charly aus Angst um seinen Arbeitsplatz die Fanclique. Als er im Januar 1987 erneut arbeitslos wird, drängt es ihn erneut zu seiner Fanclique: Zwar ist er sich der Tatsache bewußt, daß es »irgendwie […] nichts gebracht« hat, mit »den alten Leuten« wieder loszuziehen (Heitmeyer u. a. 1992 b, S. 72). Allerdings räumt er ein, daß es ihn »juckt«, wenn er »so Bilder im Fernsehen« sieht, wo »auch wieder Ausschreitungen […] gezeigt« werden (ebd.). Oder wenn er einmal ein Fußballspiel besucht und danach »die Fans alle auf den Platz gelassen« werden, dann »juckt es einen schon wieder« (ebd.):

»Ich wollte dann auch sofort da runter, weil irgendwie kommt das dann so über mich, nä, dann dachte ich so, jetzt voll drauf, und dann bin ich dann halt, meine Freundin hat mich so zurückgehalten so, und dann sagte sie, sag mal, spinnst du, jetzt bist du raus aus dem Mist, jetzt willst du wieder anfangen, so nä. Irgendwie juckt einen das schon ein bißchen, also das kann man nicht anders sagen« (ebd.).

Zwar ist Charly so vernünftig, daß er sich unter dem Einfluß seiner Freundin davon abhalten läßt, sich an Fußballrandale zu beteiligen. Allerdings geht es dabei um so heftige Wünsche, daß er sie nicht allein unter Kontrolle bekäme. Denn seiner Meinung nach »kommt das dann so über mich« (ebd.).
In der Lust an Fußballrandale verschaffen sich aggressive Impulse einen Ausdruck, die auf zweierlei Weise entstehen:
– Wo ein Jugendlicher seine Fähigkeiten nicht durch Arbeit entwickeln kann, wird das »Minderwertigkeitsgefühl« wiederbelebt, das sich Erikson (1968) zufolge bei Grundschülern einstellt, wenn es ihnen in der Latenzzeit nicht gelingt, etwas in der Schule zu leisten. Dann setzt sich nämlich die Empfindung fest, »daß man nie ›etwas taugen‹ wird« (S. 120). Die Folge einer solchen Frustrierung des sich in der Latenzzeit entfaltenden Tätigkeitsdranges – eine Erfahrung, die Charly aufgrund seiner Schulschwierigkeiten in hohem Maße gemacht hat – sind »unterdrückte Wutgefühle« (ebd., S. 121), die durch Charlys Ärger darüber reaktiviert werden, lange vergeblich nach einer Lehrstelle suchen zu müssen.
– Außerdem reagiert Charly auch mit Wut auf das Leiden unter der sozialen Deklassierung, die mit der zweiten Arbeitslosigkeit verbunden ist. Es habe sich um »eine recht beschissene Zeit«

gehandelt (Heitmeyer u. a. 1992 b, S. 71), in der »die Rennerei mit den Ämtern« losgegangen sei, weil Charly seine Wohnung halten wollte (ebd.). Es habe Monate gedauert, bis er endlich Geld bekam. Vor allem habe er »unheimlich viel Freizeit gehabt«, mit der er »nicht so recht was mit anzufangen« wußte (ebd.). Freilich habe er bei seiner Freundin und ihren Eltern, die ihn auch finanziell unterstützten, »einen recht guten Rückhalt gehabt« (ebd.). Sonst wäre er sicherlich »wieder in die Zeit zurückgerutscht«, in der er mit seiner Fanclique unterwegs war (ebd.).

Wie heftig die auf diese Weise aufkommenden aggressiven Impulse sind, verdeutlichen Charlys Schilderungen der Prügeleien, die er sich vor zwei Jahren im Rahmen seiner Fanclique mit gegnerischen Fußballfans geliefert hat:

»Man kann richtig losbrüllen endlich mal, man kann alles aus sich raus lassen, was sich im Laufe der Woche gestaut hat, und dann hinterher sitzt man eben zusammen, erzählt so, den habe ich umgehauen und den, und der andere hat den. Dann trinken wir gemütlich ein Bier zusammen. Ja, manchmal kommt es auch vor, daß, wenn zwei Mannschaften sich schlagen, setzen sich danach zusammen in 'ner Kneipe und trinken sich einen« (zit. nach Heitmeyer u. a. 1992 a, S. 316).

Wie diese Worte illustrieren, haben das Minderwertigkeitsgefühle erzeugende Nichtstun und die durch Arbeitslosigkeit bedingten sozialen Zumutungen ein Erleben von Ohnmacht und heftiger Wut zur Folge, Affekte, für die Charly sich durch ein machtvolles Brüllen in der Fan-Clique und durch Gewaltaktionen entschädigt:

»[...] wenn man so und so viel Menschen im Krieg umgebracht hat, dann kriegt man einen Orden und da, wenn man so und so viele umgehauen hat, da wird man dann praktisch als Held gefeiert. Zwar nur einen Abend lang, ne, dann wird einem Bier ausgetan und dann besäuft man sich hinterher. Das ist schon irgendwie ein bißchen reizvoll« (ebd., S. 321).

Zweifellos befremdet es, daß das Fußballstadion zu einem Schlachtfeld stilisiert wird, auf dem sich Charly und seine Kameraden wie in den Weltkriegen »Orden« verdienen. Freilich darf nicht übersehen werden, wie Charly dadurch, daß er durch Fußballrandale zum Helden wird, das durch die Arbeitslosigkeit angeschlagene Selbstwertgefühl reparieren und seine unterdrückte Wut ausleben kann. »Faszinierend« sei die Fußballrandale gewesen, weil es nach Auffassung von Charly »irgendwie schon« darum ging, »was Besonderes geleistet« zu haben (ebd.). Eben weil Charly sich aufgrund seiner Arbeitslosigkeit entwertet und depotenziert fühlt, »juckt« es ihn, sich durch Fußballrandale seiner Männlichkeit und Stärke zu vergewissern. Wie sie durch den Kampf miteinander ihre gewandten und kraftvollen Männerkörper spüren, so wird das identitätsstiftende Gefühl, ein Mann unter Männern zu sein, anschließend durch Trinkgelage befestigt, bei denen die Stärke der Männer an der Höhe ihres Alkoholkonsums gemessen wird und die Gewaltaktionen nachträglich als Heldentaten gefeiert werden.

Wie zu Beginn des Abschnitts ausgeführt wurde, läßt sich die Frage, wie Charly dazu kommt, die durch Arbeitslosigkeit aufkommenden Gefühle von Ohnmacht und Wut durch Gewaltaktionen im Rahmen einer rabiaten Fanclique zu lösen, zureichend nur durch die Einbeziehung von Charlys Biographie beantworten. Denn nur im Rückgriff auf die verfügbaren Spuren seiner insgesamt von ihm selbst und den beteiligten Forschern ausgeblendeten Kindheit lassen sich die unbewältigten Identitätskonflikte rekonstruieren, die im Zuge familialer Sozialisationsprozesse entstanden sind und im Rahmen der adoleszenten Identitätskrise wiederbelebt werden. Wie Charly seine Kindheit erlebt hat, läßt sich vor allem durch die Art und Weise erschließen, wie er auf frühere Jahre zurückblickt:

»[...] es [gab] halt irgendwo nie jemanden, der sich da so für interessierte [...]. Die meisten haben mich halt irgendwo immer wursteln lassen, ob's jetzt Mutter war oder irgendwie mein Vater. Da kam von der Seite irgendwo nichts. Das konnt ich auch nicht verlangen« (ebd., S. 346).

Es fällt auf, wie schonend Charly mit seinen Eltern umgeht: Zwar wirft er seinen Eltern vor, sich nicht für ihn und sein Tun »interessiert« und ihn sich selbst überlassen zu haben. Aber das drückt er nur zögernd und indirekt aus. Denn er redet davon, daß es »halt irgendwo nie jemanden« gab, der sich »da so für interessierte«, und »die meisten« ihn »halt irgendwo immer wursteln« ließen. Wie Charly mit den Worten »da so für« ausspart, daß es um ihn ging, so spricht er ausweichend von »halt irgendwo nie jemand« und von »die meisten«, obwohl er seine Eltern meint. Das nicht weniger deplaciert wirkende und dreimal verwendete »irgendwo«, das er sowohl in bezug auf sich selbst als auch in bezug auf die Eltern benutzt, verrät, daß das familiäre Rollengefüge so diffus und unstrukturiert war, daß das Elternhaus für Charly kein sozialer Ort war, wo er Halt und Orientierung hätte finden können. Eine Antwort auf die Frage, warum Charly keine Ansprüche an die Eltern stellt, sondern Verständnis für deren Gleichgültigkeit hat (»das konnt ich auch nicht verlangen«), läßt sich aufgrund des verfügbaren biographischen Materials zumindest plausibel konstruieren:

Da die Mutter seit Jahren »unter schubartig auftretenden depressiven Erkrankungen« leidet (ebd., S. 312), konnte sie ihm als Kind aller Wahrscheinlichkeit nach nicht genügend Zuwendung entgegenbringen. Zu dem die Entwicklung des kindlichen Selbstgefühls empfindlich störenden Versagen der Mutter kommt die Abwendung des Vaters hinzu, der vor neun Jahren nach der Scheidung aus der gemeinsamen Wohnung auszog. Wenn Charly in der 7. Klasse der Realschule solche Schwierigkeiten machte, daß er der Schule verwiesen wurde, dann hat er auf diese Weise zweifellos auch versucht, die Eltern, die sich um ihn nicht genügend kümmerten, auf sich aufmerksam zu machen. Da er jedoch auch in dieser Situation erfahren mußte, von den Eltern Zuwendung »nicht verlangen« zu können, blieb er weiterhin sich selbst überlassen und konnte in der 10. Klasse der Hauptschule wegen Disziplinschwierigkeiten leistungsmäßig nicht mehr mithalten.

Wie notwendig es auch wäre, diese Analyse durch ein narratives Interview mit Charly zu überprüfen, das fragmentarische biographische Datenmaterial erlaubt dennoch eine erste Rekonstruktion der unbewußten Lebensentwürfe, die Charlys rechtsextremistischer Orientierung aller Voraussicht nach zugrunde liegen: Die Tatsache, daß Charly als arbeitsloser Jugendlicher »so den ganzen Tag praktisch nur rumgehangen« hat (Heitmeyer u. a. 1992 b, S. 71), bedeutet ja auch, daß er aufgrund der vergeblichen Suche nach einer Lehrstelle zumindest in eine leichte Depression geraten ist, aufgrund deren er antriebslos und passiv wurde. Im Zuge dieser jugendlichen Identitätsverwirrung drohte Charly das Schicksal der unter Depressionen leidenden Mutter einzuholen, die aufgrund ihrer Arbeitslosigkeit seit vielen Jahren Sozialhilfeempfängerin ist (vgl. Heitmeyer u. a. 1992 a, S. 312).

Wenn Charly sich der Fanclique »Blue Army« anschließt, dann wird zunächst einmal deutlich, welche infantilen Affekte unter dem Einfluß der durch Arbeitslosigkeit verschärften jugendlichen Identitätskrise wiederbelebt werden:

1. Da der aufgrund der Arbeitslosigkeit drohende Verlust des Identitätsgefühls, der mit der Angst einhergeht, ins Bodenlose abzustürzen, die frühe Störung des Selbstgefühls wiederbelebt, die in früher Kindheit aufgrund des Interagierens mit einer depressiven Mutter entstanden ist, sucht Charly einen neuen Halt durch die Verbindung mit der Fanclique, die für ihn zu einer Sicherheit spendenden Ersatzmutter wird. Im Schoße dieser Gruppe teilt er mit den Kameraden den Glauben an eine Weltanschauung, die unter anderem die Größenphantasie befriedigt, einer auserwählten Nation anzugehören, die den Kampf gegen die zum Teufel stilisierten Ausländer entschlossen aufnehmen wird.

2. Da Charly aufgrund der Arbeitslosigkeit keine »Werkidentität« entwickeln kann (Erikson 1968, S. 167), die auf dem in der Latenzzeit entwickelten Erleben beruht, durch »konstruktive Tätigkeit« die »Neigung des Ichs« zu entwickeln, »Passivität in Aktivität zu verwandeln« (ebd., S. 166), regrediert er »zum ödipalen Wettkampf und zur Geschwisterrivalität« (ebd., S. 167). Wenn Charly sich mit gegnerischen Fußballfans prügelt und sich über die Ausländer empört, die deutsche Frauen vergewaltigen und schamlos ihre Wäsche in der Öffentlichkeit zur Schau stellen, dann lebt er ödipale Haßgefühle aus, die dem Vater gelten, der ihn im Stich gelassen hat, und auch dem Freund, der ihn bei der Mutter entthront hat, nachdem der Vater aus der gemeinsamen Wohnung ausgezogen war.

Aber wie regressiv es auch erscheint, daß Charly sich einer brutalen Fanclique anschließt, um rechtsextremistische Orientierungen zu übernehmen und gemeinsam mit seinen Kameraden Fußballrandale zu veranstalten, es geht dabei doch auch um den Versuch, eine jugendliche Identitätskrise zu lösen. Wenn er sich nämlich im Stadion mit anderen Fußballfans prügelt, dann entzieht er sich auch dem lähmenden Umkreis der Mutter durch Aktionen, bei denen er gemeinsam mit den Gleichaltrigen die eigene Männlichkeit und Stärke erprobt. Das bedeutet aber, daß die in der Fanclique zelebrierten Rituale der Mannbarwerdung Charly dazu verhelfen, sich von der depressiven Mutter zu befreien und ein Stück weit erwachsen zu werden. Hinzu kommt, daß die Fanclique ihm auch das ersetzt, was er aufgrund seiner Vaterlosigkeit entbehrt hat. Denn aufgrund der jahrelangen Abwesenheit des Vaters ist zu vermuten, daß Charly ein Vorbild dafür gefehlt hat, wie man sich über die Identifikation mit einem erwachsenen Mann von der Mutter lösen kann. Aus diesem Grunde wird nun das Stadion zum »Schlachtfeld«, auf dem Charly zusammen mit seinen Kameraden »Heldenkämpfe« bestehen kann. Daß er sich auf diesem »Schlachtfeld« Orden verdienen will, verrät, daß an die Stelle des als zu schwach verachteten Vaters, der vor der depressiven Mutter offensichtlich die Flucht ergriffen hat, die kriegerischen Großväter getreten sind, die sich im zweiten Weltkrieg noch als soldatische Männer bewährt haben.

Infolgedessen kann man mit Erikson (1968) davon sprechen, daß Charly als Arbeitsloser den Verlust des Identitätsgefühls durch die »Wahl einer negativen Identität« kompensiert (S. 168), im Zuge deren er die Rolle eines »bösen Jungen« übernimmt, um sich von den Eltern abzugrenzen und ihnen gegenüber eine eigene Position zu gewinnen. Wie destruktiv sich auch die Gewaltaktionen der Fanclique darstellen, an denen Charly sich beteiligt, sie sind nicht Ausdruck einer neurotischen Krise, die sich zu chronifizieren droht. Wie Erikson gezeigt hat, geht es vielmehr um das blinde Agieren von Jugendlichen, eine Symptombildung, die sich in dem Maße wieder verflüchtigt, wie das psychosoziale Moratorium der Adoleszenz erfolgreich durchlaufen wird und die »Überfülle an zur Verfügung stehender Energie« in den Dienst erweiterter Ich-funktionen gestellt werden kann (ebd., S. 158).

Damit wird faßbar, wie sich Charlys Fußballrandale in der Spannung zwischen einem manifesten und einem latenten Sinn entfaltet: Auf der manifesten Bedeutungsebene führt Charlys Verhalten, das durch die Teilnahme an den Gewaltaktionen der Fanclique bestimmt wird, zweifellos in eine Sackgasse. Ob er eine narzißtische Sehnsucht durch die Verbindung mit der Fanclique oder durch den Glauben an die idealisierte Nation befriedigt, oder ob er ödipale Impulse durch den Kampf gegen feindliche Fußballfans oder Ausländer auslebt, er wird auf diese Weise zum blinden Anhänger einer irrationalen Weltanschauung. Auf der latenten Bedeutungsebene geht es hingegen um ein jugendliches Experimentieren mit Identitäts-Vorbildern, im Zuge deren er sich aus seiner infantilen Abhängigkeit von der Mutter befreit und durch das Erproben eines aggressiven Modells von Männlichkeit und Stärke ein Stück weit erwachsener wird und sich einen Ersatz dafür verschafft, was der schwache Vater ihm nicht zu geben vermochte.

II, 4. Autonomie und Selbstdisziplinierung
am Arbeitsplatz

Mit dem Antritt einer Lehrstelle als Verkäufer in der Ski- und Tennisabteilung eines Sportgeschäfts wandelt sich Charlys Lebenssituation von Grund auf. Wie er ausführt, habe er »ja wirklich dafür gepaukt« (Heitmeyer u. a. 1992 b, S. 79). »Ich mußte auf Seminare, ich mußte auf Messen, um mir überhaupt die Kenntnisse zu vermitteln« (ebd.). Weder der lange Arbeitstag noch ein langer Samstag stören Charly, weil er »einen Riesenspaß an der Sache« hat (ebd., S. 81). In seiner Freizeit liest er Fachzeitschriften. Einmal in der Woche geht er Tennis spielen. Das macht er »auch von Geschäfts wegen«, weil er sich Schläger »zum Testen« mitnehmen kann (ebd., S. 74).

Daß er sich dank seiner Arbeit auf einmal ganz anders fühlt, erklärt Charly folgendermaßen: Hatte er sich als Arbeitsloser so wertlos gefühlt, daß er nur durch Fußballrandale das Gefühl erlangen konnte, etwas »Besonderes zu leisten«, so eröffnet ihm die Lehrstelle nun die Chance, »wieder praktisch was aus mir zu machen« (ebd., S. 72). Vor allem genießt er es, nach nur drei Monaten Lehre, »selbständig den Tennis- und Skibereich« zu betreuen (ebd., S. 73). Die neue Lehrstelle erfüllt Charly, weil er durch seine Arbeit etwas leisten kann. Daß er es genießt, »etwas Kreatives zu tun« (ebd., S. 80), heißt auch, daß er die Triebe, die er zuvor direkt ausgelebt hat, im Dienste einer konstruktiven Tätigkeit zu sublimieren und auf diese Weise seine Fähigkeiten zu entfalten anfängt.

Hinzu kommt, daß Charly durch seine Arbeit auch sein Bedürfnis nach Selbstbestätigung befriedigt. So hat es ihm schon großen Auftrieb gegeben, daß die Chefin ihn als Lehrling annahm. Sein Stolz darauf, »von 19 Bewerbern [...] praktisch der sympathischste« gewesen zu sein (ebd., S. 72), offenbart, wie sehr diese Form sozialer Anerkennung seiner narzißtischen Bedürftigkeit entsprach. Diesem Verlangen entsprechend freut Charly sich auch darüber, daß die Chefin mit seiner Leistung »mehr als zufrieden« ist (ebd.).

Betrachtet man Charlys Freude an der Arbeit im Zusammenhang einer jugendlichen Identitätskrise, dann fällt auf, daß er die unter Depressionen leidende Mutter nun dadurch hinter sich läßt, daß er sich in einen aktiven und dynamischen Lehrling verwandelt. Zudem erweist sich die Chefin im Unterschied zur Mutter als eine an seiner Arbeit interessierte Frau, die besorgt ist, daß er in seinem Arbeitseifer nicht zu viel tut (vgl. ebd., S. 74). Damit verrät seine Freude darüber, daß es sich um einen »Familienbetrieb« handelt, auch, daß die aufgrund der guten Zusammenarbeit im Sportgeschäft entstehenden persönlichen Beziehungen eine korrigierende Lebenserfahrung darstellen, die ihn ein Stück weit dafür entschädigt, was er im Elternhaus entbehrt hat.

Betrachtet man Charlys Verhältnis zu seiner Arbeit allerdings eingehender, so irritiert mehrerlei: Da ihm »das alles unheimlich Spaß gemacht hat«, habe er selbst »gar nicht gemerkt«, daß er »halt schon wenig Freizeit« hat (ebd., S. 79). Wie ist es aber möglich, daß Charly jedes Maß für seine Arbeit verliert und daher »nur die anderen« merken, daß er »überhaupt keine Freizeit mehr« hat (ebd.)? Ähnlich befremdend ist es, daß Charly über seine Arbeit nur in Superlativen spricht. Er hat einen »Riesenspaß an der Sache« (ebd., S. 81) und sieht sich mit Anforderungen konfrontiert, die »unwahrscheinlich reizvoll« seien (S. 74). Irritierend ist zudem, daß die grenzenlose Aufwertung der Arbeit mit einer Entwertung der Beziehung zu seiner Freundin Sabine einhergeht, die er seinen eigenen Worten zufolge »vernachlässigt« und von der er sich schließlich trennt:

»Es war jetzt nicht eine Trennung auf Leben und Tod und was weiß ich, schlagen uns tot, so was weiß ich, schlagen uns tot und verschwinde, schmeißen uns 'raus, sondern es war halt eine ganz sachliche und vernünftige Trennung [...]« (ebd., S. 76 f.).

Während Charly sich für seine Arbeit begeistert und allein in bezug auf die Lehre von »Enttäuschungen« spricht, wenn einmal etwas schiefgeht (vgl. ebd., S. 75), ist die Beziehung zu seiner Freundin mit aggressiven Affekten verbunden und wird wie ein Geschäft »ganz sachlich und vernünftig« abgewickelt.

Die Irritationen erschließen einen Zugang zum latenten Sinn, der sich hinter dem manifesten Sinn verbirgt, daß Charly Ehrgeiz entwickelt, weil er seine Fähigkeiten endlich durch eine Arbeit produktiv entfalten kann. Latent ist nämlich, daß er die durch die jugendliche Identitätskrise virulent gewordene Störung seines Selbstgefühls nun dadurch zu reparieren versucht, daß er wie besessen arbeitet. Nur so glaubt er die für ihn so wichtige soziale Anerkennung seiner Chefin und seiner Kollegen bekommen zu können. Die Tatsache, daß er seine Arbeit maßlos idealisiert, verrät, daß er sein Können nicht realistisch einschätzen kann. Da Charly sich seiner Leistungsfähigkeit, ja, seiner Potenz unsicher ist, steht und fällt sein Selbstgefühl mit seinem beruflichen Erfolg. Der Sachverhalt, daß Charly seine Potenz nicht angemessen narzißtisch zu besetzen vermag, ist zweifellos darauf zurückzuführen, daß er sich nicht genügend mit dem schwachen Vater identifizieren konnte, der ihn vor vielen Jahren mit der Mutter allein gelassen hat.

Damit wird deutlich, wie sich Charlys Arbeitseifer im Spannungsfeld zwischen einem manifesten und einem latenten Sinn entfaltet: Während der manifeste Sinn von Charlys Arbeitseifer darin besteht, daß er es genießt, endlich eine Tätigkeit gefunden zu haben, vermittels derer er seine Kompetenzen entwickeln kann, geht es auf der latenten Bedeutungsebene darum, daß er wie besessen arbeitet, weil er durch seine Arbeit einen unersättlichen Hunger nach Bestätigung zu stillen sucht. Denn er ist sich seiner Männlichkeit nach wie vor unsicher.

Vergleicht man Charlys Arbeitswut freilich mit der Zeit der Fußballrandale, so ist das Voranschreiten der adoleszenten Identitätsbildung unübersehbar. Bemerkenswert ist in diesem Zusammenhang, daß Charly davon träumt, nach der Lehre eine Arbeitsstelle in Süddeutschland zu suchen. Er will nämlich »nicht irgendwie der kleine Verkäufer bleiben« (ebd., S. 78), sondern direkt in den Urlaubsgebieten arbeiten, wo er als Verkäufer auch »fast täglich« Ski fahren würde (ebd.). Vielleicht könne er dann ja auch Serviceman werden, der bei Skirennen die Bretter präpariert. Charly ist ganz optimistisch, es so weit bringen zu können, weil er sich »so gut präsentieren« kann und »halt versuchen wird, halt immer besser zu sein als mein Nachbar«. »Ich glaube, wenn die Leute erst merken, daß ich besser bin, dann kommen die Leute praktisch auch zu mir« (ebd.). Die Größenphantasien, die Charly zuvor dadurch ausgelebt hat, daß er das Stadion zum Schlachtfeld für den Kampf heldenhafter Männer gemacht hat, integriert er nun in die Arbeit. Sich seiner Potenz nach wie vor unsicher fühlend, idealisiert Charly die Arbeit grenzenlos und entwickelt hochfliegende Zukunftsträume.

II, 5. Die Entwicklung der Interaktionsfähigkeit und die Bewältigung einer jugendlichen Identitätskrise

Vervollständigen wir nun die zu Beginn umrissene Kurzdarstellung von Charlys biographischer Entwicklung als Jugendlicher, indem wir auch den Zeitraum zwischen November 1988 und Oktober 1989 einbeziehen: Da ihm seine alte Wohnung im April 1989 gekündigt wurde, zog Charly notgedrungen zu seiner Mutter. Die Tatsache, daß er mit ihr heftige Auseinandersetzungen hatte und es »zu Hause [...] 'n bißchen katastrophal« war (Heitmeyer u. a. 1992 a, S. 339), führt Charly auf die beengten Wohnverhältnisse und auf die depressive Erkrankung der Mutter zurück. Wenige Monate darauf lernt Charly Tina kennen und zieht mit ihr nach relativ kurzer Zeit in eine gemeinsame Wohnung. Eben dadurch, daß die neue Freundin Charlys wichtigste Bezugsperson wird, verändert sich seine Lebenssituation einschneidend: Um mehr Zeit mit Tina zu verbringen, schränkt er seine Aktivitäten in Sportvereinen ein. Hinzu kommt, daß sich durch diese Beziehung auch sein Verhältnis zu seiner Arbeit wandelt: Zwar bereitet ihm seine Lehre als Einzelhandelskaufmann nach wie vor viel »Spaß«, weil er es weiterhin genießt, selbständig zu arbeiten, »Ideen mit ein[zu]bringen« und »von den Leuten« wegen seiner Leistungen »anerkannt« zu werden (ebd., S. 338). Freilich arbeitet er nicht mehr wie besessen, sondern lehnt nunmehr eine beliebige Verlängerung seines Arbeitstages ab:

»Ich hab eigentlich halt dadurch, daß ich jetzt mit Tina zusammen bin, hab ich halt eigentlich erst gemerkt, wie ich also wirklich bin, so jetzt im privaten Bereich, das früher immer so viel Maskerade, immer so ein auf cool und hart, dann, wenn man in die Disco ging gleich. Das war irgendwie total blind, ne. Das hat sich schon geändert zum Positiven, find ich« (ebd., S. 340).

Die Tatsache, daß Charly zwischen den Rollen, die er früher gespielt hat, und dem unterscheidet, »wie ich also wirklich bin«, verweist auf eine Identitätsbildung, die sich auch in einer neuen Beziehungsfähigkeit spiegelt. Denn früher ging er ganz anders mit seinen Freundinnen um. Wie er nämlich aufgrund seines Arbeitseifers seine alte Freundin Sabine »ein bißchen vernachlässigt« und sich von ihr dann »sachlich und vernünftig« getrennt habe (Heitmeyer 1992 b, S. 76 f.), so hat er auch die letzte Freundin als eine Art »Nebensache« betrachtet (Heitmeyer u. a. 1992 a, S. 333):

»Ja, [...] man merkt halt doch, daß man was hat, an dem man sich festhalten kann oder so. Halt irgendwie so die Wärme. Weil, wenn man so allein ist, das ist halt auch nicht das Wahre, weil es fehlt halt irgendwie was. Da ich noch alleine wohne, z. B. wenn ich zu Hause bin vielleicht, wenn ich noch so 'ne Mutter hätte, die mich so umsorgen würde. Ist eigentlich 'ne Freundin so in den Bereichen schon ganz gut. Das soll jetzt nicht heißen, daß das ein Mutterersatz ist« (ebd.).

Die Tatsache, daß die frühere Freundin ihm »Halt« und »Wärme« geben, ihm einen Mangel ersetzen und ihn wie eine Mutter »umsorgen« sollte, offenbart, daß er seine Liebesbeziehungen im Dienste einer narzißtischen Bedürftigkeit funktionalisierte. Wie Erikson (1968) ausgeführt hat, sind solche Interaktionsfiguren typisch für Jugendliche, die ihrer »Identität nicht sicher« sind und daher »vor der zwischenmenschlichen Intimität« zurückscheuen oder sich in promiskuöser Weise in intime Akte stürzen (S. 130). Denn sie haben Angst vor »echte[r] Verschmelzung oder wirkliche[r] Selbstaufgabe« (ebd.). Von früheren Beziehungen unterscheidet sich Charlys Verhältnis zu Tina nun dadurch, daß er sich aufgrund seiner fortgeschrittenen Identitätsbildung auf eine »echte Intimität« einlassen kann (ebd.):

»Ja, wie gesagt, 'ne gewisse Unterstützung hat man schon immer gehabt von irgendeiner Seite, aber es war halt eine sehr oberflächliche Unterstützung. Ich mein, das hat man selbst überhaupt nicht gemerkt, weil man die andere Seite vielleicht nicht kannte. Weil, man kannte nicht, wie's vielleicht noch besser sein kann. Und das war halt immer so, das war alles sehr oberflächlich. Wenn man mit Leuten zusammen war, war auch Spaß immer, aber mit deinen Problemen standest du doch meistens irgendwo immer alleine da. Das, was einen wirklich bewegt, das hat man dann irgendwo unterdrückt. Naja, und das Gefühl, daß es also so was noch tiefer, noch besser, noch schöner geben kann, das ist eigentlich erst seit Neuem (= seit Tina) da« (Heitmeyer u. a. 1992 a, S. 341).

Wenn Charly davon spricht, daß frühere Beziehungen doch »sehr oberflächlich« gewesen seien und er »tiefer« erst in der Beziehung mit Tina empfinde, unter deren Einfluß er das, was ihn »wirklich bewegt« und was er sonst »irgendwo unterdrückt« hat, erleben kann, dann bringt er zum Ausdruck, daß er »ein optimales Identitätsgefühl« erreicht hat, aufgrund dessen er sich nun »im eigenen Körper zuhause« fühlt und fortan mehrerlei genießt:

1. Da er zu einem »tiefen Gefühl« der selbstlosen Verbindung mit einer Frau imstande ist, kann er sich fortan »wirklich als sich selbst empfinden« (Erikson 1968, S. 131).

2. Der Fähigkeit zu einer intimen Beziehung entspricht Autonomie, aufgrund deren er sich nicht mehr hinter einer »Maskerade« zu verstecken braucht und er auch nicht mehr »total blind« in einer Rolle aufgeht. Vielmehr verfügt er nun auch über die Fähigkeit zur »Distanzierung« (ebd., S. 131), aufgrund deren er sich von Anderen abgrenzen kann, wenn sie seine Identität gefährden. Eben diese Fähigkeit zur Distanzierung drückt sich auch darin aus, daß Charly sich nicht mehr durch seine Arbeit versklaven läßt.

3. Schließlich spiegelt sich die vorangeschrittene Identitätsbildung in Charlys Fähigkeit zur Selbstreflexion: Wie Charly rückblickend seine Auftritte als »cooler und harter« Typ selbstkritisch betrachtet, so schätzt er rückblickend die Zeit der Fußballrandale mit Abstand ein:

»Ja, wie gesagt, das war halt in 'nem Alter, sechzehn, siebzehn. Ich muß sagen, ich hab mich halt unheimlich von vielen Leuten beeinflussen lassen. Und für mich hat damals halt 'ne ziemlich große Rolle gespielt, irgendwo dabei zu sein, irgendwo mitmachen zu können und da war's mir egal, ob das nun was mit Gewalt zu tun hatte oder nicht« (Heitmeyer u. a. 1992 a, S. 345).

Im Alter von 17 Jahren war Charly sich seiner Identität noch so unsicher, daß ihm die Ablösung von der Mutter nur durch die bedingungslose Unterwerfung unter die Anführer einer gewalttätigen Fanclique gelang, deren Weltanschauung er so kritiklos übernahm und an deren Gewaltaktionen er sich begeistert beteiligte. Die weitere Entwicklung seiner Identität wird dadurch bestimmt, daß Charly, um es mit Freud zu sagen, zu »lieben« und zu »arbeiten« lernt.

Im Zuge einer gelungenen Identitätsbildung hören auch die Fremdenängste auf und weichen einem Interesse an fremden Kulturen:

»Ich mein, was ist daran Schlimmes dabei, wenn die 'ne Wäscheleine aufhängen mit ihren Klamotten. Ich meine, mich stört so was nicht mehr... Ich war in genügend Ländern, also, was weiß ich, Spanien oder Italien, da gehört das einfach dazu« (ebd., S. 343).

Da er durch seine Urlaubserfahrungen ethnozentrische Vorurteile zu korrigieren lernt, fängt Charly nun auch an, die eigene Kultur aus einer kritischen Distanz zu betrachten:

»C: ›Die Mentalität der Deutschen ist vielleicht nicht so ganz meine Sache...‹
I: ›Was stört Dich daran?‹

C: ›Ja, dieses, dieses spießerische Denken ... Dieses Nicht-aus-sich-Raus-kommen, dieses Immer-nur-für-sich-Sein, lieber nix Falsches sagen, dieses, dieses Unterordnen, also nicht mal so'n bißchen Aufmucken oder 'n bißchen Locker-Sein, das stört mich so'n bißchen‹« (ebd., S. 343 f.).

Mit dem kritischen Nachdenken über die eigene Kultur stellt sich für Charly auch die nach wie vor unbewältigte Vergangenheit der Deutschen in einem neuen Licht dar: Hatte er sich noch im Oktober 1986 für »eine nationale Gedenkstätte für die ›deutschen gefallenen Krieger‹ [...] des 2. Weltkrieges unter Ausschluß der jüdischen Opfer« ausgesprochen (Heitmeyer u. a. 1992 a, S. 320), so vertritt Charly nunmehr die entgegengesetzte Überzeugung, daß die Verbrechen der Nazizeit nicht vergessen werden dürften:

»Daß man also wirklich immer dran erinnert wird, ja guck doch mal, guck doch mal, was ist damals wirklich passiert. Daß man das nicht irgendwann mal so als nebensächliche Sache [abtut]« (ebd., S. 342).

Aber auch dann, wenn Charly über die eigene Person und seine Lebensgeschichte oder über Deutschland und die nationalsozialistische Vergangenheit kritisch nachdenkt, hat er noch mit dem Erbe seiner Lebensgeschichte und der kollektiven Geschichte der eigenen Nation zu kämpfen. So hält er nach wie vor daran fest, daß an der Spitze des Staates eine starke, durch Wahlen legitimierte Führerperson stehen sollte, die »sagt, wo's lang geht« (ebd.). Mit dem Schwinden seiner Sympathien für die FAP verliert Charly zudem jedes Interesse an Politik. Schließlich hält er beharrlich an einer Reihe von Vorurteilen gegen Ausländer fest:

»Ich mein, ich bin auch weiterhin noch dafür, daß das zum Beispiel mit den Ausländern [...] nicht überhand nehmen sollte [...]. Nur, ich seh das jetzt nicht mehr so, daß dann Leute daherkommen müssen mit glatt rasierten Köpfen und die Leute verprügeln müssen. Ich meine, es macht mir nichts, solange ich meine Arbeit habe und solange es mir relativ gut geht [...]. Ich meine, [...] das ist auch meine Grundmeinung, daß es einfach zuviel ist hier jetzt in Deutschland, da geh ich auch nicht von weg [...]. Aber ich seh's vielleicht nicht so extrem« (ebd., S. 342 f.).

Charlys Worte sind deutlich: Solange er einen Arbeitsplatz hat, hat er keine Schwierigkeiten, persönliche und soziale Fragen durch Nachdenken, durch Gespräche mit der Freundin oder mit der alten peer group aus der Schulzeit, durch Sport oder durch das Genießen der ihn interessierenden Waren- und Unterhaltungsangebote zu lösen. Mit dem Gedanken, daß er arbeitslos werden könnte, steigen dagegen archaische Ängste wieder auf, und alte Vorurteile wie die Voreingenommenheit, daß es im eigenen Land doch Vorrechte für Deutsche geben sollte, verschaffen sich wieder Geltung. Charly hat also nach wie vor Vorurteile gegen Ausländer und behält sich auch bei aller Distanzierung von Gewalt als Mittel der Politik vor, im Privatleben zu »explodieren« und gewalttätig zu werden, »wenn mich jemand sehr reizt« (ebd., S. 344).

Entscheidender ist freilich, daß das Vorhandensein von Vorurteilen, weltanschaulichen Versatzstücken und einer persönlichen Gewaltbereitschaft ihn selbst irritiert. Das läßt sich anhand von zwei Szenen zeigen:

– Wie Charly sich auf Einwände der Vernunft einlassen kann, illustriert jene Szene aus der Schule, als er gefragt wurde, was es für Haarsorten gebe. Spontan antwortete Charly »arisches Haar« (ebd., S. 323). Mit der Frage, was »überhaupt arisch« sei, brachte der Lehrer Charly sogleich in Verlegenheit: »Und da hab ich erstmal gemerkt, mein Gott, was hast Du bloß für einen Stuß geredet« (ebd.).

– Ebenso empfindsam reagiert Charly auf Irritationen des Unbewußten. Denn wenn er in bezug auf seine Lust an Fußballrandale davon spricht, daß das »irgendwo [...] dann so über mich« kommt (Heitmeyer 1992b, S. 72), oder wenn er darauf hofft, daß seine ausländerfeindlichen Überzeugungen »vielleicht [...] irgendwann mal« zurückgehen (ebd., S. 75), dann beschreibt er ein Unbehagen daran, daß sein Ich in bestimmten Konfliktsituationen nicht Herr im eigenen Hause ist, sondern hilflos von Triebwünschen überflutet wird.

Eben diese Tatsache, daß Charly mit 21 Jahren für Einwände der Vernunft und für Irritationen des eigenen Unbewußten in hohem Maße empfänglich ist, unterscheidet ihn von dem 17 Jahre alten Jugendlichen, der ein Rechtsextremist war, weil er »total blind« den »coolen und harten« Typen spielte (Heitmeyer u. a. 1992a, S. 340): Während ein fanatischer Rechtsextremist blindlings agiert, weil er nicht zwischen innerer und äußerer Welt unterscheiden kann, er seiner Weltanschauung entsprechend vielmehr finstere Mächte für sein Leiden unter undurchschauten persönlichen und sozialen Konflikten verantwortlich macht, vermag der herangewachsene Charly zwischen Schein und Sein, zwischen seinen wirklichen Impulsen und den sozialen Erwartungen der Anderen zu unterscheiden, eine in seiner Arbeits- und Interaktionsfähigkeit zur Geltung kommende Identitätsbildung, die sich auch darin ausdrückt, daß er, um mit Habermas (1968) zu sprechen, eine Fähigkeit zur »Selbstreflexion« entwickelt hat (S. 280), aufgrund deren er den Teufelskreis neurotischen Agierens sprengen kann, den weltanschauliche Angebote durch den Appell an infantile Wünsche immer wieder abzurufen versuchen.

III. Die Entsubjektivierung der Subjekte.
Eine Kritik der Heitmeyerschen Sozialisationstheorie

Nach dem Abschluß der szenischen Fallrekonstruktion ist zu fragen, welche Schlüsse sich aus der tiefenhermeneutischen Sekundäranalyse für Heitmeyers Rechtsextremismusstudie ziehen lassen:

III, 1. Heitmeyers halbierte Sozialisationstheorie

Zweifellos kann man mit Heitmeyer darin übereinstimmen, daß Charlys Fremdenfeindlichkeit »mit seiner eigenen ökonomischen und sozialen Desintegration als Folge seiner Arbeitslosigkeit« zusammenhängt (Heitmeyer 1992a, S. 347). Freilich abstrahiert er davon, daß das Gegenstück zum individuellen Leiden unter Arbeitslosigkeit die Entfaltung einer adoleszenten Identitätskrise ist, im Zuge deren Charly darum kämpft, sich von den Eltern zu lösen und erwachsen zu werden. Heitmeyer halbiert die Sozialisationstheorie, weil er für Rechtsextremismus anfällig machende »Identitätsprobleme« lediglich als subjektive Reaktion auf objektive Verhältnisse wie Arbeitslosigkeit begreift. Dieser ökonomistischen Sichtweise entsprechend ignoriert er, wie die Subjekte aufgrund der bewußten und unbewußten Lebensentwürfe handeln, die in familialen Sozialisationskontexten produziert wurden. Da Heitmeyer die Jugendlichen durch das Abschneiden der in familialen Interaktionen hergestellten Identitätsbildung entsubjektiviert, erfaßt er nur die Oberfläche sozialen Handelns: Wer arbeitslos ist oder mit Arbeit instrumentell umgeht, ist seines Erachtens zwangsläufig anfällig für Rechtsextremismus; wer dagegen in den Arbeitsprozeß integriert bzw. sachlich-inhaltlich interessiert ist, ist Heitmeyer zufolge nicht gefährdet.

Dieser eindimensionalen Betrachtungsweise entgeht die Doppelbödigkeit sozialen Handelns, die darauf beruht, daß die Subjekte
im Einklang mit den geltenden sozialen Regeln nur bestimmte
Lebensentwürfe artikulieren und verpönte Wünsche unterdrük-
ken. Was aber derart abgewehrt wird, setzt sich auf einer verborgenen Bedeutungsebene sozialen Interagierens als dessen subver-
siver Sinn durch. So stellt sich die Doppelbödigkeit sozialen Handelns während Charlys Arbeitslosigkeit folgendermaßen dar:
Während manifest ist, daß Charly aufgrund der vergeblichen Suche nach einer Lehrstelle unter einen großen inneren Druck gerät,
von dem er sich durch den Anschluß an eine gewalttätige Fanclique zu entlasten versucht, ist latent, daß Charly in der Gruppe der
Gleichaltrigen die Männlichkeit und Stärke erprobt, die er im
Rahmen eines psychosozialen Moratoriums entwickelt, um sich
vom Elternhaus zu lösen und einen Platz in einer individualisierten
Lebenslage der sich ausdifferenzierenden Lebenswelt zu finden.
Und auch das soziale Handeln des Lehrlings erweist sich als dop-
pelbödig: Während manifest ist, daß Arbeit für Charly »das Wichtigste in seinem Leben« wird, weil er den zweiten Anlauf ins
Berufsleben unbedingt schaffen will (ebd., S. 556), ist latent, daß
seine Arbeit Ausdruck einer übermäßigen Anpassung ist. Die
Tatsache, daß Charly sich rückhaltlos für seine Arbeit aufopfert,
ist auf eine anhaltende jugendliche Identitätsschwäche zurückzuführen, die damit korrespondiert, daß er die Beziehung zu seiner
Freundin im Dienste einer narzißtischen Bedürftigkeit funktionalisiert.

III, 2. Heitmeyers Verkennen der »Eigenlogik der Subjekte«

Da Heitmeyer aufgrund einer Halbierung der Sozialisationstheorie die Eigenlogik von Charlys adoleszenter Identitätskrise nicht
erfassen kann, wird er seiner Biographie nicht gerecht, deren Verlauf mit dem Aufkommen und Verschwinden einer rechtsextremistischen Orientierung verbunden ist. Das soll anhand von drei
Beispielen illustriert werden, die zugleich die Inkonsistenz und
Mängel der Heitmeyerschen Argumentation verdeutlichen:
(1) Das erste Problem entsteht für Heitmeyer dadurch, daß Charlys Fremdenhaß nicht aufhört, nachdem er die zweite Lehrstelle
angetreten hat. Heitmeyer versucht diese »Ungleichzeitigkeit von

›formaler‹ Integration in den Arbeitsprozeß und das Weiterbeste-
hen des Fremdenhasses auch über die Zeit seiner Arbeitslosigkeit
hinaus« mit Hilfe der These zu erklären, daß Charly »sich seiner
neuen Lehrstelle zunächst noch wenig sicher ist« und die »daraus
resultierenden Orientierungsprobleme sich offenbar weiterhin in
Fremdenhaß« umsetzen (Heitmeyer 1992a, S. 328).

»Erst mit der sukzessiven Entwicklung von sachlich-inhaltlichen Arbeitsorientierungen in diesem neuen beruflichen Bereich geht eine tendenzielle
Entschärfung von Fremdenfeindlichkeit einher« (ebd.).

Wenn Charly noch kein genügend sachlich-inhaltliches Interesse
an der Arbeit hätte, dann wäre seine Fremdenfeindlichkeit verständlich. Denn nach Auffassung von Heitmeyer können Jugendliche mit einer instrumentellen Arbeitsorientierung für Rechtsextremismus anfällig sein, weil sie sich durch ihren Beruf innerlich
nicht »ausgefüllt« fühlen (ebd., S. 66). Aber davon kann bei Charly
keine Rede sein. Denn wie Heitmeyer wenige Seiten vorher ausgeführt hat, findet Charly das »selbständige Arbeiten« in der
Tennis- und Skiabteilung »unwahrscheinlich reizvoll« (ebd.,
S. 325), er verfolgt »ausgeprägte Weiterbildungsinteressen« und
träumt zudem davon, nach der Lehre nach Süddeutschland um-
zuziehen und dort beruflich aufzusteigen. Heitmeyer bescheinigt
Charly daher auch eine »sachlich-inhaltliche Ausprägung der Arbeitsorientierungen« (ebd., S. 325 f.):

»Die subjektive Logik seiner Arbeitsorientierungen kreist um den Versuch,
unter Einsatz seiner gesamten Energie und bei Vernachlässigung anderer
Lebensbereiche (Privatleben, Freundin) beim zweiten Anlauf den Sprung
in eine berufliche Normalbiographie zu schaffen. Kennzeichnend dafür
sind Charlys große Leistungsbereitschaft und seine hohe berufliche Motivation, die mit sachlich-inhaltlichen Arbeitsorientierungen einhergehen«
(ebd., S. 326).

Auf diese Weise verwickelt Heitmeyer sich in einen unauflösbaren
Widerspruch: Einerseits anerkennt er Charlys sachlich-inhaltliche
Arbeitsorientierungen, andererseits bestreitet er sie (sie müßten
erst »sukzessiv« entwickelt werden), weil deren Existenz mit
seiner ökonomistischen These unvereinbar ist, daß für Fremdenfeindlichkeit nur diejenigen Jugendlichen anfällig sind, die arbeitslos sind oder aufgrund einer instrumentellen Orientierung keinen
Sinn in ihrer Arbeit sehen.
Wie sehr die Hilfskonstruktion von der »sukzessiven Entwick-

lung« sachlich-inhaltlicher Arbeitsorientierungen über den Widerspruch der Heitmeyerschen Argumentation hinwegtäuschen soll, belegt auch das im Oktober 1988 durchgeführte Interview. Charlys Worte, daß ihm die Arbeit viel »Spaß« macht, ja daß er in seinem Beruf eigentlich »vollkommen« aufgeht (ebd., S. 331), dokumentieren erneut ein sachlich-inhaltliches Arbeitsinteresse, dem nach wie vor seine Fremdenfeindlichkeit widerspricht. Da er immer noch »stolz darauf« ist, »deutsch zu sein«, und sich mit den Ausländern »nicht so abfinden« kann, sympathisiert er weiterhin mit der FAP, die alle »Ausländer raus« haben will (ebd., S. 336).

Den von Heitmeyer nicht auflösbaren Widerspruch, daß Charlys Fremdenhaß anhält, obwohl er ein großes sachlich-inhaltliches Arbeitsinteresse hat, vermag erst die szenische Fallrekonstruktion aufzuheben: Da Charly den Eintritt in die Berufswelt unbedingt schaffen will, unterwirft er eigene Bedürfnisse auf eine zwanghafte Weise seinem bereitwillig-selbstlosen Funktionieren am Arbeitsplatz. Auf diese Weise gerät er unter einen großen inneren Druck, der ihn aggressiv macht. Seine Aggressionen richtet Charly einerseits gegen die Freundin Sabine, die er vernachlässigt und von der er sich trennt, ohne daß sie sich »totschlagen« (Heitmeyer u. a. 1992 b, S. 77); anderseits wendet er seine aggressiven Impulse gegen die Ausländer: Notfalls müsse man die »Schrotflinte aus dem Schrank nehmen«, um »dem Ganzen mal eine Ende hier« zu machen (ebd., S. 92). Auf die Freundin und auf die Ausländer verschiebt Charly damit die Wut, mit der er auf die am Arbeitsplatz herrschenden Regeln des Leistungsprinzips reagiert, denen er sich so übereifrig unterwirft.

Es geht also nicht nur darum, daß Charly aus Angst um den Arbeitsplatz auf Gewaltausübung verzichtet und die eigene Gewaltbereitschaft an die rechtsextremistische FAP delegiert (vgl. Heitmeyer u. a. 1992 a, S. 336 f.). Vielmehr ist auch beobachtbar, daß die Fremdenfeindlichkeit trotz des Eintritts in die berufliche Normalbiographie nicht aufhört, sich nun freilich aus einer anderen Quelle speist: Während Charly vorher aufgrund der Arbeitslosigkeit aggressiv war, ist seine Aggressivität nun die Folge seiner übermäßigen Anpassung an Arbeitszwänge. Obwohl sich seine Lebenssituation grundlegend verändert hat, ist Charly infolgedessen nach wie vor fremdenfeindlich. Da er innere Konflikte nach wie vor durch das Ausleben aggressiver Impulse löst, hat sich

seiner Meinung nach »die letzten vier Jahre überhaupt nicht[s]
geändert« (ebd., S. 329).

Damit wird zugleich deutlich, daß Heitmeyers Unterscheidung
zwischen einer sachlich-inhaltlichen und einer instrumentellen
Arbeitsorientierung völlig an der Oberfläche bleibt und der Sache
selbst nicht gerecht wird. Denn Charly ist ein Beispiel dafür, daß
beide Arbeitsorientierungen die zwei Seiten einer Medaille sein
können: Was sich auf der manifesten Bedeutungsebene als Ausdruck einer sachlich-inhaltlich begründeten Freude an der Arbeit
darstellt, erweist sich auf der latenten Bedeutungsebene als Ausdruck einer Arbeitswut, in deren Dienst Charly sich selbst und
seine Beziehungen zu seinen Freundinnen instrumentalisiert.

(2) Zwar registriert Heitmeyer die »materielle und soziale Depriva-
tion« von Charlys Herkunftsfamilie (ebd., S. 312). Aber was diese
Tatsache für Charlys jugendliche Identitätsbildung bedeutet, vermag er nicht zu erfassen. Wie sehr Heitmeyer den Einfluß der
Familie auf das Aufwachsen dieses Jugendlichen unterschätzt, illustriert seine Fehleinschätzung von Charlys »Klage« über »mangelnde Milieuunterstützung in seinen früheren Jahren« (ebd.,
S. 346). Wie bereits erörtert wurde, spricht Charly ausdrücklich
davon, daß »es [...] halt irgendwo nie jemanden« gab, der sich für
ihn und sein Tun interessiert hätte. Die Eltern hätten ihn »halt
irgendwo immer wurschteln lassen [...]. Da kam von der Seite
irgendwo nichts« (ebd.). Was Charly entbehrt hat, relativiert Heitmeyer als dessen »subjektive Sicht«, dergegenüber man »aus der
Außenperspektive davon auszugehen« habe, »daß der Jugendliche
während des gesamten Untersuchungszeitraums, auch bevor er
Tina kennenlernte, immer wieder auf eine verläßliche Milieuunterstützung [...] zurückgreifen konnte« (ebd., S. 36). »Es ist offenbar«,
so vermutet Heitmeyer, »auch die für ihn subjektiv vollkommen
neue Qualität der Beziehung zu Tina, die in seiner Rückerinnerung
alle anderen Milieuunterstützungen verblassen läßt« (ebd.).

Obwohl es Heitmeyer in seiner Studie um die Untersuchung der
»Eigenlogik der Subjekte« (ebd., S. 15) und daher nicht um »die
›äußere‹, formale Vollständigkeit oder die formale Einbindung« in
das familiäre Milieu, sondern um dessen »›innere‹ Qualität« geht
(ebd., S. 579), nimmt er Charlys »subjektive Sicht« nicht ernst,
sondern verläßt sich ganz auf seine »Außenperspektive«, die diesen Jugendlichen einer halbierten Sozialisationstheorie entsprechend entsubjektiviert. Indem er darauf beharrt, daß dieser Ju-

gendliche »immer wieder auf eine verläßliche Milieuunterstützung
[...] zurückgreifen konnte« (ebd.), nivelliert Heitmeyer die feinen
Unterschiede, die Charly herausarbeitet:
– Wenn Charly in bezug auf »frühere Jahre« davon spricht, daß
seine Eltern ihn vor sich hin »wursteln« ließen, dann meint er
damit, daß sie ihm in seiner Kindheit nicht die Hilfe gegeben
haben, die er gebraucht hätte.
– Und wenn er hinzufügt, daß »die Unterstützung, die er in den
letzten Jahren erfahren hat, nur »sehr oberflächlich« gewesen sei
(ebd.), dann hebt er darauf ab, daß diese Beziehungen nicht mit
seinem Verhältnis zu seiner neuen Freundin vergleichbar seien,
durch die er »erst gemerkt« habe, »wie ich also wirklich bin« (ebd.,
S. 340).
Nimmt man im Unterschied zu Heitmeyer Charlys »subjektive
Sicht« ernst, dann wird deutlich, wie er sich aus eigener Kraft aus
einem depravierten Familienmilieu herausarbeitet, das durch eine
depressive Mutter und ein vaterloses Aufwachsen geprägt wurde.
(3) Schließlich entgeht Heitmeyer, aufgrund welcher biographischer Konstellationen sich Charlys Fremdenfeindlichkeit tatsächlich auflöst. Mit dieser Fremdenfeindlichkeit ist es nämlich vorbei,
als Charly die neue Freundin Tina kennengelernt hat und er im
Zuge des Zusammenlebens mit ihr seine »starke Fixierung auf die
Arbeit« aufgibt (ebd., S. 331). Da sich Heitmeyers Blick auf das
Verhältnis von Milieuorientierung, Arbeitsorientierung und politischer Orientierung einengt, vermag er nicht zu erfassen, was es
bedeutet, daß Charly unter dem Einfluß einer neuen Liebesbezie-
hung »lockerer und gefühlsbetonter« wird (ebd., S. 340). Die Tatsache, daß er sich im Unterschied zu früher ganz im Sinne von
Erikson auf eine »echte Intimität« mit einer Frau einlassen kann,
ist Ausdruck eines sicheren Voranschreitens der jugendlichen
Identitätsbildung, aufgrund deren Charly nun davon sprechen
kann, daß seine Überzeugungen erst jetzt »eigentlich das« sind,
»was ich wirklich denke« (ebd., S. 345). Da Charly sich nun der
eigenen Identität so sicher ist, daß er sich auf eine erfüllte Liebes-
beziehung zu einer Frau einlassen kann, steht er nicht mehr unter
einem großen Leistungsdruck und kann daher auch sein Verhältnis
zu seiner Arbeit normalisieren. Auch seine politische Meinung
ändert sich nun so »grundlegend« (ebd.), daß an die Stelle seiner
Ausländerfeindlichkeit ein offenes Interesse an fremden Menschen
und fremden Kulturen tritt.

Da Heitmeyer das Datenmaterial gewaltsam unter das abstrakte Bezugssystem eines Begriffsnetzes subsumiert, durch dessen Maschen die Besonderheiten der Fallgeschichte hindurchfallen, vermag er das Problem des Rechtsextremismus nur auf eine sehr oberflächliche Weise zu untersuchen. Heitmeyer geht nämlich von einem Sozialisationskonzept aus, das in Anschluß an Geulen und Hurrelmann schematisch ein die Realität »produktiv« verarbeitendes Subjekt unterstellt (ebd., S. 15). Diese Annahme begründet Heitmeyer mit dem soziologischen Argument, daß es um die Folgeerscheinungen von Modernisierungsprozessen gehe. Aufgrund der Individualisierung von Lebensphasen und der Pluralisierung von Lebensstilen würden nämlich »die Kriterien der Begründung für Entscheidungen und Optionen immer subjektiver« (ebd.). Daher sei auch »das Kriterium von Produktivität direkt an das Subjekt gebunden« (ebd.). Wie zentral heutzutage auch der Sozialisationsmodus der Individualisierung ist, über der Tatsache, daß »Stereotypen und Ideologien« wie der Rechtsextremismus »in der Eigenlogik der Subjekte gleichwohl als ›produktiv‹ erscheinen« können (ebd.), darf nicht übersehen werden, wie Heitmeyer eine soziologische Fragestellung psychologisiert. Denn er postuliert, daß das Subjekt die sich auch in Jugendarbeitslosigkeit niederschlagenden ökonomischen und sozialen Widersprüche der modernen Industriegesellschaft auf eine »produktive« Weise verarbeiten kann. Damit unterstellt er dem Subjekt eine Fähigkeit zur individuellen Ausbalancierung gesellschaftlicher Widersprüche[4], die von der auch von Lorenzer (1981) formulierten sozialisationstheoretischen Einsicht abstrahiert, daß sich die sozialen Antagonismen der Industriegesellschaft in familialen Konfliktstrukturen reproduzieren, die zwangsläufig eine punktuelle Beschädigung der Subjektivität zur Folge haben. Grundsätzlich sind daher zwei Formen der subjektiven Verarbeitung von sozialen Krisensituationen wie Arbeitslosigkeit zu unterscheiden:
– Entweder vermag der Einzelne angesichts der Arbeitslosigkeit eine »Ichstärke« zu bewahren, aufgrund deren er die soziale Kri-

---

4 Zur Kritik des Habermasschen Identitätsmodells, das dem Subjekt die Fähigkeit unterstellt, »strukturelle Defizite der Lebenswelt individuell« auszubalancieren, vergleiche Belgrad, 1992, S. 162 ff.

sensituation und das durch sie ausgelöste Erleben von Ohnmacht, Angst und Wut zu ertragen, bewußt zu verarbeiten und im Gespräch mit Anderen zur Sprache zu bringen vermag. Weil in diesem Fall die innere und äußere Konfliktsituation sprachsymbolisch bewältigt wird, kann in der Tat von einer produktiven Auseinandersetzung mit Arbeitslosigkeit gesprochen werden.

– Oder der Einzelne wird durch die soziale Krisenlage überfordert und dekompensiert. In diesem Fall finden die durch Arbeitslosigkeit ausgelösten Ängste Anschluß an infantile Affekte von Ohnmacht und Wut, deren sich der Einzelne häufig durch ein neurotisches Agieren erwehrt. Wo sich hinter dem Rücken eines geschwächten Ichs unterdrückte Impulse der Wut und des Hasses in die Symptombildung umsetzen, daß für das Leiden unter den sozialen Zumutungen die Ausländer verantwortlich sind, da wird deutlich, daß die rechtsextremistische Orientierung eine destruktive Verarbeitung der Erfahrung von Arbeitslosigkeit darstellt. Denn wie durch den Rückgriff auf die Weltanschauung das Ausleben infantiler Affekte der Angst und des Hasses gerechtfertigt erscheint, weil die Ausländer im Zuge einer projektiven Abwehr der eigenen Aggressivität zur Verkörperung des Bösen werden, so lassen sich auch die sozialen und politischen Ursachen der Arbeitslosigkeit unter Zuhilfenahme nationalistischer und fremdenfeindlicher Vorurteile auf eine falsche, aber simple Weise erklären.

Wenn Heitmeyer in bezug auf Neonazis von einer »produktiven« Konfliktverarbeitung spricht, verharmlost er daher das Problem des Rechtsextremismus. Denn ihm entgeht, welche ungeheuren Kräfte eine gegen alle Vernunfteinwände immune rechtsextremistische Orientierung entfalten kann, die auf der Rebellion lange unterdrückter Affekte beruht. Denn die der eigenen Identität unsicheren Jugendlichen, die aufgrund von Arbeitslosigkeit von heftigen Gefühlen der Angst und Wut überflutet werden, verschaffen sich eine das Selbst stabilisierende Ersatzidentität durch die Weltanschauung, mit deren Hilfe die falsche Antwort auf die beunruhigenden sozialen Fragen mit der falschen Antwort auf die ungelösten Triebkonflikte bzw. die Störungen der Selbstwertregulation zu einem unangreifbaren Bollwerk verbunden werden.

Über der Tatsache, daß die Gewalt von Neonazis und ihre Weltanschauung auf einem irrationalen Amalgam von Psychopathologie und Ideologie beruht, darf freilich nicht übersehen werden,
daß der Rechtsextremismus auf einen bestimmten Modus psycho-
sozialer Konfliktverarbeitung zurückgreift. Der Fall Charly ist
nämlich auch ein eindrucksvolles Beispiel dafür, wie ein Jugendlicher die durch Arbeitslosigkeit verschärfte adoleszente Identitätskrise vermittels einer rechtsextremistischen Orientierung auf
eine autoritäre Weise zu lösen versucht:

1. Indem Charly von dem »Gefühl für das Land« spricht, mit dem
er sich als »reiner Deutscher« verbunden fühlt (Heitmeyer u. a.
1992 b, S. 85), indem er von seiner Sorge um den Bestand der
deutschen Kultur redet, die auch eine Frage der Hygiene sei,
fordert er wie der von Adorno (1950) beschriebene autoritäre
Typus »die Unterwerfung unter konventionelle Werte« (S. 47).

2. Indem er nach einem starken Mann verlangt, »der mal richtig
sagt, das wird jetzt durchgesetzt« (Heitmeyer u. a. 1992 a, S. 314),
indem er erwartet, daß man, »wenn es jetzt mal Krieg gäbe«
(Heitmeyer u. a. 1992 b, S. 86), dazu bereit wäre, »für Deutschland
zu sterben« (ebd.), erscheint Charly dadurch als autoritär, daß er
mit der bedingungslosen »Unterwerfung unter die Autorität« und
mit »Gehorsam« und »Respekt« vor ihr sympathisiert (Adorno
1950, S. 49).

3. Indem er feststellt, daß eine »sehr wichtige politische Sache« das
»Ausländerproblem« sei, das nur gelöst werden könne, wenn die
Deutschland überflutenden Fremden ausgewiesen werden (Heitmeyer u. a. 1992 b, S. 83), tritt er auch dadurch autoritär auf, daß er
»die durch die Autoritäten der Eigengruppe erweckte und gegen
sie gerichtete Feindseligkeit auf die Fremdgruppen« verschiebt
(Adorno 1950, S. 51). Daß er moralisch empört auf die Türken
reagiert, die für Deutschland nicht zu sterben bereit seien, ja, daß er
sich über Ausländer aufregt, die die Wäsche einfach nach draußen
hängen, verrät, wie Charlys Haß sich gegen die Fremden richtet,
die die konventionellen Werte verletzen, denen er sich selbst nur in
einer äußerlichen Weise unterworfen hat.

Über diese Kernbestandteile des autoritären Syndroms hinaus, die
alle das Moralproblem berühren – schließlich geht es um das starre

Einhalten konventioneller Verhaltensnormen, um die rückhaltlose Unterwerfung unter die Mächte, welche die tradierten Werte auferlegen, und um den Haß auf diejenigen, die diese Moralvorstellungen verletzen –, finden sich bei Charly weitere Merkmale einer autoritären Konfliktverarbeitung, unter denen nur die drei auffälligsten hervorgeheben werden sollen:

4. Daß Charly auf die Frage hin, wie er sich das Leben auf einer einsamen Insel mit 50 anderen Menschen vorstellen würde, antwortet, »dann würde ich irgendwie eine Gruppe um mich bilden und versuchen, die Macht an mich zu reißen« (Heitmeyer u. a. 1992 a, S. 320), offenbart ein autoritäres Streben nach Macht, dementsprechend menschliche Beziehungen stets »unter Kategorien wie stark-schwach, überlegen-unterlegen, Führer-Gefolgschaft« betrachtet werden (Adorno 1950, S. 57).

5. Charlys Prahlerei, daß er früher mit »Blue Army« losgezogen sei, um »halt ein paar Ausländern den Schädel« einzuschlagen (Heitmeyer u. a. 1992 b, S. 88), und seine Vorstellung, im Ernstfall die »Schrotflinte aus dem Schrank« zu holen und »dem Ganzen mal ein Ende hier« zu machen (ebd., S. 92), offenbart eine »Destruktivität« und einen »Zynismus«, Merkmale, die ebenfalls dem autoritären Syndrom zuzurechnen sind (Adorno 1950, S. 58). Im Unterschied zum moralisch begründeten Haß auf diejenigen, die konventionelle Werte verletzen, handelt es sich hierbei um eine »starke untergründige Aggression«, die sich »auf andere, nicht-moralisierende Weise äußern« kann (ebd., S. 58 f.). Denn es geht hierbei um eine so weitgehend »generalisierte« Feindseligkeit, daß Charly sich nicht mehr »verantwortlich zu fühlen« braucht (ebd., S. 59).

6. Daß er als vordringliche Aufgabe beschreibt, daß alle kriminellen Ausländer ausgewiesen werden, daß er meint, wegen der Ausländer könne man sich auf deutschen Straßen nicht mehr sicher fühlen, obwohl er einräumt, daß er die Fremden nur dann als gewalttätig erlebt hat, wenn er sie provoziert hat, macht auf eine autoritätsgeleitete Neigung aufmerksam, »seine unterdrückten Impulse auf andere Menschen zu projizieren, um diese dann prompt anzuklagen« (ebd., S. 60).

Aber wenn Charly auch im Zuge seiner rechtsextremistischen Orientierung die durch die Arbeitslosigkeit verschärfte jugendliche Adoleszenzkrise auf eine autoritäre Weise zu lösen versucht, so kann man doch nicht in Adornos Sinne von einem autoritären

Charakter sprechen: Während Charly im Alter von 17 Jahren im Rahmen der Teilnahme an den Aktivitäten einer gewalttätigen Fanclique einübt, innere und äußere Konflikte auf eine autoritäre Weise zu lösen, entwickelt er mit dem Voranschreiten seiner Identitätsbildung eine Arbeits-, Interaktions- und Reflexionsfähigkeit, aufgrund deren er persönliche und soziale Konflikte fortan anders psychisch verarbeiten kann.

Zwar widerspricht diese Einschätzung entschieden der Auffassung von Heitmeyer, der in Anschluß an Wackers (1979) psychologisches Mißverständnis der Autoritarismusforschung glaubt, daß es sich bei Adornos Untersuchung um einen für die Untersuchung des Rechtsextremismus untauglichen »persönlichkeitsspezifischen Ansatz« handelt (Heitmeyer 1987, S. 31). Tatsächlich entzieht sich Heitmeyer die sozialisationstheoretische Bedeutung von Adornos Einsichten in das autoritäre Syndrom auch deshalb, weil er im Zuge seines Forschungsansatzes, der die Arbeitserfahrungen von Jugendlichen und ihre Sozialbeziehungen über fünf Jahre hinweg mit ihren politischen Orientierungen korreliert, lediglich die Oberfläche sozialen Handelns erfassen kann. Die Tatsache, daß die Begeisterung für eine rechtsextremistische Orientierung auch auf der Anfälligkeit für eine autoritäre Konfliktverarbeitung beruht, die in familialen Sozialisationspraktiken eingeübt wird, ist erst im Rahmen eines Forschungsansatzes faßbar, der wie die Tiefenhermeneutik die sich in der Spannung zwischen einem manifesten und einem latenten Sinn entfaltende Tiefenstruktur sozialen Handelns zu erfassen vermag. Ob Arbeitslosigkeit produktiv bewältigt wird oder wie im Rahmen einer rechtsextremistischen Orientierung eine destruktive Reaktion zur Folge hat, hängt nämlich davon ab, ob die durch Arbeitslosigkeit verschärften Probleme einer jugendlichen Identitätskrise aufgrund einer Selbstverfügung des Ichs symbolisch verarbeitet oder aber im Zuge eines neurotischen Fehlverhaltens auf eine symptomatische Weise agiert werden.

Wenn aber Heitmeyer meint, man dürfe von »persönlichkeitspsychologischen Defekten« nicht reden, weil man dann das Problem »klinifiziere« (ebd., S. 41), dann gelangt er, wie ausgeführt, in die Sackgasse der Verharmlosung des Rechtsextremismus, weil er aus dem gut begründeten methodologischen Einwand, daß man soziale Prozesse nicht durch die naive Anwendung der Psychoanalyse auf das Terrain des Sozialen pathologisieren soll, den falschen

Schluß zieht, daß es sich beim Rechtsextremismus um ein soziales und politisches Phänomen handele, bei dem es gar nicht um die Inanspruchnahme von Psychopathologie gehen könne.

Über dieser Verharmlosung des Rechtsextremismus darf freilich nicht übersehen werden, daß Heitmeyer das Problem des Rechtsextremismus in bezug auf Charly zugleich dramatisiert: Da Heitmeyer aufgrund seiner Verfahrensweise nur den manifesten Sinn von Charlys rechtsextremistischer Orientierung erfassen kann, entgeht ihm der latente Sinn, daß Charly eine negative Identität wählt, um sich im Zuge eines Moratoriums gegen die Rollenerwartungen der Eltern zur Wehr zu setzen. Wer wie Heitmeyer Charly unter die Formel eines »stillgelegten Rechtsextremismus« subsumiert, steht daher in der Gefahr, diesen Jugendlichen eben dadurch zu stigmatisieren, daß er ihn auf Rechtsextremismus festlegt. Auf diese Weise entgeht Heitmeyer, daß Charlys Rechtsextremismus auch Ausdruck einer Störung der Identitätsentwicklung ist, die er in späteren Jahren mehr oder weniger überwindet. Mit Habermas (1976) kann man nämlich davon sprechen, daß Charly sich im Alter von 17 Jahren rechtsextremistisch orientiert, weil er sich noch auf der Stufe einer »Rollenidentität« befindet, derentsprechend er sich von elterlichen Rollenerwartungen nur im Rückgriff auf eine »law and order«-Orientierung abgrenzen kann, wie sie mit der Bindung an das konventionelle Normensystem der eigenen Kultur verbunden ist. Wie beträchtlich seine Distanz zum Rechtsextremismus hingegen im Alter von 21 Jahren ist, läßt sich daran ermessen, daß er sich nun auf der Stufe einer »Ichidentität« bewegt, im Zuge deren er die Geltung konventioneller Normen im Rückgriff auf universale Prinzipien in Frage stellen kann. Denn von Prinzipien läßt Charly sich leiten, wenn er sich mit der mangelnden Beziehungsfähigkeit der Eltern und mit seiner blinden Unterwerfung unter eine rechtsextremistisch orientierte Fanclique so kritisch auseinandersetzt, wie er nun den in früheren Jahren zumindest partiell idealisierten Nationalsozialismus strikt ablehnt und die konventionellen Moralvorstellungen der eigenen Kultur als eine mögliche Wirklichkeit unter denkbaren anderen Wirklichkeiten reflektiert.

Auf diese Weise widerlegt die szenische Fallrekonstruktion Heitmeyers ökonomistische These, derzufolge Rechtsextremismus ein rein soziologisches Problem sei, das sich aus Erfahrungen sozialer und ökonomischer Desintegration erklären lasse. Denn wenn

Charly sich nur zeitweilig rechtsextremistisch orientiert, weil er die Erfahrung von Arbeitslosigkeit auf der Basis einer jugendlichen Identitätskrise – im Zuge deren die in der familialen Interaktionspraxis einsozialisierten Wünsche und Phantasien wiederbelebt und reintegriert werden – in einer symptomatischen Weise verarbeitet, dann bestätigt auch sein Datenmaterial die Einsichten der Adornoschen Autoritarismusforschung und daran anschließende neuere Studien, die wie die empirischen Untersuchungen von Hopf (1993, 1994) zeigen, daß innerfamiliale Beziehungserfahrungen entscheidenden Einfluß auf rechtsextremistische Orientierungen haben.

Literatur

Adorno, T. W. (1950): Studien zum autoritären Charakter. Frankfurt a. M. 1973.

Adorno, T. W. (1956): Ideologie. In: Soziologische Exkurse. Herausgegeben vom Institut für Sozialforschung, Frankfurt a. M./Köln, 162-181.

Adorno, T. W. (1961): Meinung, Wahn, Gesellschaft. In: Adorno, Eingriffe. Neun kritische Modelle, Frankfurt a. M. 1971, 147-172.

Beck, U. (1986): Risikogesellschaft. Auf dem Weg in eine andere Moderne. Frankfurt a. M.

Belgrad, J. (1992): Identität als Spiel. Eine Kritik des Identitätskonzepts von Jürgen Habermas. Opladen.

Erikson, E. H. (1959): Identität und Lebenszyklus. Frankfurt a. M. 1973.

Erikson, E. H. (1968): Jugend und Krise. Die Psychodynamik im sozialen Wandel. München 1988.

Habermas, J. (1968): Erkenntnis und Interesse. Frankfurt a. M.

Habermas, J. (1976): Moralentwicklung und Ich-Identität. In: J. Habermas, Zur Rekonstruktion des Historischen Materialismus. Frankfurt a. M., 63-91.

Heitmeyer, W. (1987): Rechtsextremistische Orientierungen bei Jugendlichen. Empirische Ergebnisse und Erklärungsmuster einer Untersuchung zur politischen Sozialisation. Weinheim und München 1992.

Heitmeyer, W. u. a. (1992 a): Die Bielefelder Rechtsextremismus-Studie. Erste Langzeituntersuchung zur politischen Sozialisation männlicher Jugendlicher. Weinheim und München.

Heitmeyer, W. u. a. (1992 b): Die Bielefelder Rechtsextremismus-Studie. Erste Langzeituntersuchung zur politischen Sozialisation männlicher Jugendlicher. Materialband. Bielefeld.

Hopf, C. (1993): Autoritäres Verhalten. Ansätze zur Interpretation rechtsextremer Tendenzen. In: H. U. Otto, R. Merten, Hg., Rechtsradikale Gewalt im vereinigten Deutschland. Jugend im gesellschaftlichen Umbruch. Opladen, 157-165.

Hopf, C. (1994): Rechtsextremismus und Beziehungserfahrungen. In: HSFK, IfS, SFI (Hg.): Rechtsextremismus und Fremdenfeindlichkeit in der demokratischen Gesellschaft. Reader. Frankfurt a. M., 85-99.

König, H. D. (1993): Die Methode der tiefenhermeneutischen Kultursoziologie. In: T. Jung, S. Müller-Doohm (Hg.): ›Wirklichkeit‹ im Deutungsprozeß. Verstehen und Methoden in den Kultur- und Sozialwissenschaften, Frankfurt a. M., 190-222.

König, H. D. (1996): Methodologie und Methode der tiefenhermeneutischen Kulturforschung in der Perspektive von Adornos Verständnis kritischer Theorie. In: H. D. König (Hg.), Neue Versuche, Becketts Endspiel zu verstehen. Sozialwissenschaftliches Interpretieren nach Adorno. Frankfurt a. M., 314-387.

Lorenzer, A. (1972): Zur Begründung einer materialistischen Sozialisationstheorie. Frankfurt a. M.

Lorenzer, A. (1981): Das Konzil der Buchhalter. Die Zerstörung der Sinnlichkeit. Eine Religionskritik. Frankfurt.

– (1986): Tiefenhermeneutische Kulturanalyse. In: König, Lorenzer u. a.: Kultur-Analysen. Frankfurt a. M., 11-98.

Schnädelbach, H. (1969): Was ist Ideologie? in: Argument Nr. 50, 10. Jg., 71-92.

Volmerg, U. (1978): Identität und Arbeitserfahrung. Eine theoretische Konzeption zu einer Sozialpsychologie der Arbeit. Frankfurt a. M.

Wacker, A. (1979): Zur Aktualität und Relevanz klassischer psychologischer Faschismustheorien – Ein Diskussionsbeitrag. In: G. Paul, B. Schoßig (Hg.), Jugend und Neofaschismus. Provokation oder Identifikation? Frankfurt a. M., 105-137.

(Erstveröffentlichung dieses Beitrags in der Zeitschrift *Psychosozial*, Heft 2/1996, S. 77-102.)

Heinz Steinert
Genre Selbstdarstellung
Zur Einordnung des Films von Winfried Bonengel[1]

für Helga Dieter

Der erste und entscheidende Schritt zur Interpretation eines Kultur-Ereignisses ist die Bestimmung des Genres, in das man sich damit begibt. Davon wird grundlegend bestimmt, nach welchen Normen und Erwartungen die verschiedenen Teilnehmer sich in dem Ereignis bewegen.

An eine Oper habe ich andere Erwartungen als an einen ethnographischen Film. Wenn ich daher »Fidelio« mit dem Anspruch

1 In dieser Analyse setze ich an einem weiteren Beispiel fort, was ich in früheren Arbeiten zum Dokumentarfilm begonnen habe. Vergl. dazu Josefine Carls & Heinz Steinert, Militärästhetik. Über einige Probleme der dokumentarischen Methode am Beispiel von Frederick Wisemans *Basic Training*, in: Mo Beyerle & Christine N. Brinckmann (Hg.), Der amerikanische Dokumentarfilm der 6oer Jahre: Direct Cinema und Radical Cinema, Frankfurt (Campus), 1991, S. 211-232; Heinz Steinert, Subkultur, Kunst und die Kulturindustrie. Zwei Dokumentarfilme zur Geschichte der Jazz-Musik: Greta Schiller & Andrea Weiss, *International Sweethearts of Rhythm*, und Christine Dall, *Wild Women Don't Have the Blues*, in: Günter H. Lenz, (Hg.), Afro-Amerika im amerikanischen Dokumentarfilm, Trier (WVT), 1993, S. 171-187. Ich verzichte daher hier auf alle weiteren Literaturverweise. Die umfassendste Arbeit zu Logik und Geschichte des Dokumentarfilms aus neuerer Zeit (die auch alle denkbaren Wünsche nach Literaturauskünften befriedigt) ist die Dissertation von Robert Schändlinger, Dokumentarfilm und Sozialwissenschaften. Der filmdokumentarische Blick als sozialwissenschaftlicher Empirietyp, Frankfurt 1994, die hoffentlich demnächst auch im Druck erscheinen wird. Zum Begriff des »Interaktionsbündnisses« (oder »Arbeitsbündnisses«), den ich hier verwende, vergl. Heinz Steinert, Am unerfreulichsten ist der Kunstskandal, der ausbleibt. Anmerkungen zu »Arbeitsbündnissen« in der Kunst, besonders des 20. Jahrhunderts, in: Christine Resch, Kunst als Skandal. Der steirische Herbst und die öffentliche Erregung, Wien (Verlag für Gesellschaftskritik), 1994, S. 9-34.

ansehe, etwas über das Gefängnis heute zu erfahren, wird mir Beethovens Musik eher störend vorkommen. Die »Wahrheit« von »Fidelio« liegt anderswo.

Film gegenüber dürfte es immer noch die Grundhaltung geben, er »bilde ab« und »dokumentiere«, verweise auf eine außerhalb liegende »wirkliche Wirklichkeit« und sei ein »Medium«, das allenfalls verfälschen und manipulieren könne, sich aber immer auf eine Folie von harter Realität beziehe – und diese naive Haltung findet man möglicherweise besonders unter den Hochkultur-Gebildeten, die von Tom & Jerry über Bud Spencer und Rambo bis zu den Computer-Spielen, die heute als Filmvorlagen dienen, die Action-Unterhaltung und ihre Entwicklung versäumt haben. Action-Unterhaltung nämlich ist das Genre von Film, in dem sich die eigenständig filmischen Möglichkeiten am reinsten erhalten haben – rasende Bewegungen, undurchschaubare Zusammenstöße, Verformungen und Zerstörungen, die im nächsten Moment zurückgenommen sind, Schocks und Schrecknisse, die für den Zuseher, der sich darauf einläßt, an die Magen- und sonstige Nerven gehen. Mit irgendeiner äußeren Wirklichkeit hat das nichts zu tun, auch wenn die zu Schrott gefahrenen Autos vorher denen sehr ähnlich sind, die wir auch real auf den Straßen sehen.

Tatsächlich ist das Verhältnis der Selbstverständlichkeiten umgekehrt: Film bewegt sich zunächst in seiner eigenen Wirklichkeit von Licht und Schatten, Bewegung und Montage. Der Verweis auf eine Wirklichkeit außerhalb ist daher für den Film keine simple Abbild-Aufgabe, vielmehr eine hoch komplizierte Anstrengung, die aller Kunstfertigkeit und Integrität der Filmemacher und einer wachen Aufmerksamkeit der Rezipienten bedarf. Wer mit möglichst langen Einstellungen und wenig Montage die Kamera »unverfälscht« auf die Welt richtet, bringt eine »Wahrheit« nach Hause wie die von Andy Warhols »Schläfer« oder »Uhr« – ebenso bedeutungslos, wie es die identisch reproduzierte Realität eben ist.

»Dokumentationen« hingegen sind Erzählungen einer besonders kunstvollen Art, die den Anspruch erheben, sie könnten überprüft werden; in der Wirklichkeit, von der sie erzählen, könne man sich auch außerhalb der Erzählung bewegen und an ihr könne man sich stoßen. Das muß durch verschiedene Kunstgriffe glaubhaft gemacht werden.

Bonengels Film »Beruf Neonazi« tritt mit einem solchen dokumentarischen Anspruch auf. Wir wissen, daß es um den realen

Neonazi Althans geht, daß er keine Romanfigur ist, die von einem Schauspieler dargestellt wird, wir haben gehört, daß dieser Mensch Althans für Äußerungen in dem Film auf mehrere Jahre eingesperrt wurde und dagegen nicht mit dem Hinweis auf die Kunstfreiheit und den fiktiven Charakter des Films protestiert hat. Viel wirklicher kann eine Wirklichkeit eigentlich nicht sein als die, für die man sich einsperren läßt. Aber das ist die Wirklichkeit des Ewald Althans, so wie er sie sieht und mit allen Konsequenzen akzeptiert. Der außerfilmische Nachweis von Authentizität dadurch, daß der Film für Althans unangenehme außerfilmische Konsequenzen hatte, die dieser akzeptierte, beweist nichts für ein distanziertes Publikum. Nur in Identifikation mit der betreffenden Person ist »Märtyrertum« ein Beweis für Richtigkeit und Wirklichkeit. Für alle anderen dokumentiert es nur das Ausmaß von Fanatismus und Wirklichkeitsverlust.

Es ist eine durchaus nicht alltägliche Selbstdarstellung, die uns hier präsentiert wird: Zündel und Althans sagen offen, was sie vorhaben und wie sie an diesen Zielen arbeiten. Das durchschnittliche Publikum bekommt solche Selbstdarstellungen nicht alle Tage. Insofern sind das schon bemerkenswerte Dokumente, aber daß der Filmer sie bekommen konnte, hatte einen Preis: Er mußte sich in den Dienst dieser Selbstdarstellung begeben. Und er konnte auch nachher keine distanzierte Position dazu finden. Wie immer das in der Produktion zustande kam – man hat den Eindruck einer großen menschlichen Nähe zwischen Althans und Bonengel – hier geht es darum, die filmischen Mittel zu beschreiben, mit denen dieses Interaktionsbündnis in der Betrachtung des Films nahegebracht bis aufgedrängt wird.

Dabei ist natürlich davon auszugehen, daß so riskante Äußerungen nur vor der Kamera gemacht werden, wenn der Filmemacher ziemlich viel Vertrauen genießt. Die Frage ist dabei, wer wen reinlegt: Kann der Filmemacher zu dem mit Vertrauen gewonnenen Material noch einmal Distanz herstellen, oder wird er umgekehrt benützt, Meinungen und Haltungen (und Kontaktadressen und Spendenaufrufe) zu verbreiten? Daß diese letzte Strategie zumindest Zündel nicht fremd ist, sagt er selbst.

Nach dem Titel »Beruf Neonazi« und der Autorangabe »Ein Film von Winfried Bonengel« fängt der Film mit einer Sequenz an, die man aus vielen Krimi-Serien und Spielfilmen kennt: einer nächtlichen Autofahrt entlang eines Wolkenkratzer-Panoramas. Dazu gibt es Pop-Musik und schwer verständliche Gesprächsfetzen, die wir als die Ton-Kulisse einer Autofahrt bei laufendem Radio identifizieren können. Dieser Einstieg ist mehrfach frappierend: Nach dem Filmtitel erwartet man keine nordamerikanische Großstadt und keinen Krimi, sondern eher Treudeutsches mit politisch korrekt erhobenem Zeigefinger. Durch den spielfilmartigen Einstieg wird eine andere Erwartung mobilisiert: Hier gibt es eine spannende Handlung zu sehen, in der ein Geheimnis aufgedeckt, ein heldenmütiger Fahnder und ein Übeltäter einander gegenübergestellt werden.

Das Geheimnis wird uns schon in der nächsten Szene nahegebracht: Eine subjektive Kamera bewegt sich eine enge Treppe hinunter, in einen Saal, in dem ein Sprecher in sehr »Germanic English« eine nicht ganz verständliche Geschichte von Tagebuchnotizen erzählt, die aus dem Gefängnis geschmuggelt und per Fax verbreitet wurden. Der Name »David Irving« fällt. Die Kamera hebt einzelne Figuren und Gesichter aus der Versammlung heraus: eine Frau, ein junger rothaariger Mann mit aufgezwirbeltem Schnurrbart, ein dunkelhäutiger Mann mit Hitler-Bärtchen, ein junger weißer Mann, der ein Uniform-Abzeichen am Oberarm seiner Jacke mit bedeutungsvollem Gesicht der Kamera entgegenhält, eine etwas gelangweilte ältere Frau, die offensichtlich eine Perücke trägt. Die Stimme des Redners, die viel näher ist, als sie nach der Distanz zu ihm, die kurz gezeigt wurde, sein sollte, erzählt die ganze Zeit weiter: Aufmerksam werden wir bei der Nennung einer Schlagzeile »Achtung Zeitungsreporter« – aber was das alles bedeuten soll, erfahren wir zunächst nicht. Statt dessen spricht nun der dunkelhäutige Mann von vorhin, gibt seinen Namen als »Otto von Bismarck« an und erklärt sich als Inder und daher »Arier«, der mit anderen Ariern zusammensein wolle, deshalb sei er hier. Dann erzählt er von den Wanderungen der Arier vom Himalaya bis Island. Noch während er spricht, fahren wir mit der Kamera Tische mit Propagandamaterial ab, dann eine ganze Reihe von jungen Männern entlang, die hintereinander dastehen wie eine Streitmacht, dann gibt es wieder Abzeichen auf Ärmeln, wir erkennen die SS-Rune, dann endet die Rede mit dem zum deutschen Gruß erhobenen Arm und der Parole »White Power«, die vom Publikum aufgenommen und begeistert skandiert wird.

Wir reimen uns zusammen: Wir haben an einer Versammlung von

weißen Rassisten in USA (später stellt sich heraus: in Kanada) teilgenommen. Das gesamte Verfahren des Films wurde uns bereits vorgeführt: Wir bewegen uns mit dem Kamerablick durch eine unkommentiert zusammenmontierte fremdartige Welt, deren Darsteller sich unserem Blick präsentieren, uns diese Welt vorführen und erklären, vorbereitet und routiniert uns genau das zeigen, was ihnen zu zeigen wichtig ist. Wir geraten hier zwar in eine sonst nicht gezeigte, aber doch nicht private Welt, vielmehr in eine Außendarstellung, die nur sonst nicht so große Verbreitung findet. Zündel, der kleingewachsene, rundliche »Führer« dieser merkwürdigen Gemeinde, erläutert in einer Passage auch ausführlich, wie er um Aufmerksamkeit kämpft, wir sehr er sich als Öffentlichkeitsarbeiter versteht, der die Medien seiner Gegner benützen muß und kann, indem er sie herausfordert und damit dazu bringt, ihm die Beachtung zu verschaffen, die er anders nicht bekäme.

Die wichtigsten Formen der Provokation, die Zündel einsetzt, sind die Selbstdarstellung mit den Symbolen der von ihm Bekämpften: Zündel tritt in einer KZ-Häftlings-»Kutte« (wie er sie nennt) auf, die er sich »von Kameraden schneidern ließ«. Er mißbraucht und profanisiert damit das Symbol und bringt zugleich sich selbst in die Rolle des Opfers, des Verfolgten. Das ist die zweite Provokation: Die Massenmörder, mit denen er sich identifiziert, werden zu Opfern einer Verleumdung und Verfolgung erklärt. Die »jüdische Weltverschwörung«, seinerzeit behauptet, um den Völkermord vorzubereiten, wird nun in einer neuen Form verwendet: Sie hat den Völkermord nur erfunden, um die Nazis in Mißkredit zu bringen und von den Deutschen Reparationen in Form von Zahlungen und schuldbewußter Unterwerfung zu erpressen. Gegen diese »Verfolgung« wehren sich die Neo-Nazis, indem sie sich teils in verschworenen Gruppen organisieren, teils sich in die Öffentlichkeit drängen.

Zwischen diesen beiden Polen spielt der Film: Er suggeriert, uns Exklusiv-Information aus den verschworenen Gruppen zu präsentieren, ist aber tatsächlich ein Vehikel, mit dessen Hilfe sich die Neo-Nazis Öffentlichkeit verschaffen. Suggeriert wird, da würde etwas aus dem Innenverhältnis aufgedeckt, während tatsächlich der Selbstdarstellung der Neo-Nazis ein wirksames Gratis-Medium geboten wird.

Das Problem besteht für jeden Dokumentaristen: Wenn die Kamera läuft, benehmen sich die Leute kamerabewußt und kamera-

gerecht, der selbstverständliche, selbstvergessene authentische Alltag ist so nicht zu bekommen. Es gibt zwei grundsätzliche Möglichkeiten, mit dieser »Unschärferelation« umzugehen: Den Einfluß der Kamera minimieren oder ihn selbst zum Gegenstand
machen. Minimieren läßt er sich durch lange Gewöhnung der
Akteure an die Anwesenheit der Kamera, durch Aufbau von so
erregenden und sonst die Aufmerksamkeit der Akteure involvie-
renden Situationen, daß sie darüber die Kamera »vergessen« (von
überraschenden, scharfen, »unhöflichen« Fragen bis zum Aufbau
von »Versuchs-Situationen«, etwa einer Konfrontation zwischen
Eltern und ihrem aus dem Ruder gelaufenen Sohn), durch »Verstecken« der Kamera. Der Einfluß der Kamera wird selbst zum
Gegenstand, indem die Gesamtsituation gezeigt, das Mikrophon
»zufällig« ins Bild gehalten wird, indem sich die Kamera auffällig
bewegt, so daß der Bildausschnitt und seine Bewegung deutlich auf
ihren Entstehungskontext zurückverweisen, indem man die Fragen hört, auf die Befragte antworten, indem man »Regiebespre-
chungen« für die folgende Szene oder Kommentare aus dem
Schneide- oder Vorführungsraum über die bereits fertigen zu
hören bekommt.
In dem Film von Bonengel geschieht eher das Gegenteil solcher
Techniken der Verfremdung und damit Herstellung von Reflexivität: Wie schon die erste Szene zeigt, sind die Akteure auf die
Kamera vorbereitet, reagieren sehr deutlich auf sie, präsentieren
sich so, wie sie gesehen werden möchten. Es werden mit Hilfe der
Kamera »Versuchs«-Situationen aufgebaut – so besonders die der
Konfrontation von Althans mit seinen Gegnern, mit seinen Eltern,
mit der Gaskammer in Auschwitz –, aber sie bleiben unter der
Kontrolle von Althans (darauf wird gleich ausführlicher zurückzukommen sein). Es gibt keine Aufnahmen, bei denen man annehmen könnte, sie wären »unbemerkt« oder gegen Willen und
Wissen der Abgebildeten zustande gekommen. Die Gesamtsituation des Filmes ist nur gegenwärtig durch die Interview-Fragen aus
dem off. Die Montage wird markiert durch die öfter eingesetzten
voice-overs, übrigens häufig die Stimme von Althans, der damit
zum Kommentator wurde. Es werden uns keine Regiebesprechun-
gen oder Kommentierungen von Szenen vorgeführt.
Der Film wird also nicht ins Dokumentarische gebrochen, sondern ins Spielfilmhafte geglättet. Die teilweise auffällig bewegte,
auf der Schulter getragene Kamera fungiert damit zwar als »Reali-

tätssignal«, das Ergebnis bringt uns aber nicht in die Haltung des Reflektierens dieser Herstellung einer Realität, sondern zieht uns hinein, macht uns zu Teilnehmern und Zeugen – einer Selbstdarstellung, der wir gar nicht schnell genug folgen können.

Am auffälligsten wird diese Umkehrung von Techniken der Verfremdung im gelegentlich doch stattfindenden Verweilen der Kamera, nachdem der vorbesprochene Ablauf zu Ende ist – eine klassische Dokumentar-Technik, um an spontane Darstellungen zu kommen. Es gibt zwei sehr auffallende Momente im Film, wo das mit dem Effekt großer Peinlichkeit eingesetzt wird: Die Szene mit der weinenden Serbin und die in der Gaskammer.

Eine Gruppe von serbischen Nazi-Opfern hat gegen den Auftritt von David Irving protestiert. Eine Frau wird vor die Kamera geholt, um über ihre Motive zu berichten. Sie erzählt von umgebrachten Verwanden, zuerst sichtlich in einem vorbereiteten Statement, dann plötzlich fassungslos und in Tränen ausbrechend. Sie entschuldigt sich noch, sie hat die Aufnahme »geschmissen«. Die Szene bleibt aber erstens im Film (weil solche Fassungslosigkeit ein ganz starkes Signal für Realität und Authentizität ist) und zweitens wird sie erbarmungslos weiter gestreckt, nachdem die Frau längst abgewunken hat und mit ihrer Fassungslosigkeit allein sein möchte.

Durch dieses indiskrete, aufdringliche Verweilen der Kamera verdreht sich die Bedeutung: Die Frau erscheint immer mehr als eine Schauspielerin, die ihren Text verloren und deshalb nichts mehr zu sagen hat. Die Fassungslosigkeit bestätigt nicht mehr, was sie gesagt hat, sondern läßt es als eingelernten und aufgesagten Spruch erscheinen: Wenn sie den abgespult hat, weiß sie nicht mehr weiter.

Das wird verstärkt durch die Souveränität von Althans, der in dieser Szene zum ersten Mal aktiv auftritt. (Zum ersten Mal überhaupt, so erinnern wir jetzt, haben wir ihn schweigend und nebenher in Zündels »Hauptquartier« gesehen, schreibend an einem Tisch sitzen, während Zündel seine lange Selbstdarstellungs-Tirade abließ.) Althans wird uns selbst filmend vorgestellt, Seite an Seite mit einem von Bonengels Kameraleuten (so können wir jedenfalls die andere, große Kamera verstehen, die zugleich im Bild ist). Dazu erklärt er, daß er die Serben gern ein wenig »piesakken« würde, mit politischen Parolen, die ihnen Angst machen, sie noch einmal zu Opfern machen – und genau das tut anschließend die Kamera, indem sie die Frau hilflos vorführt.

In dem Schweigen, das über die noch einmal aufgenommene Szene mit der weinenden Serbin hereinfällt, nachdem der selbstbewußt grinsende Althans zum Ende seiner Starksprüche gekommen ist, finden wir uns unversehens als seine Komplizen wieder. Wir blicken mit seiner Kälte (quasi durch sein Objektiv) auf das Opfer, das unglaubwürdig geworden ist. Wir könnten uns nur entziehen, indem wir den Takt bewiesen, den die Kamera vermissen läßt: Wir müßten unsererseits die Augen schließen und den Film verlassen. Statt dessen hat Althans noch einmal das letzte Wort: »Ist meine Zukunft übrigens hier, ne: Kameras vor meiner Nase und Juden im Nacken.« Und den letzten höhnischen Lacher. Er ist der Verfolgte, aber er ist nicht wehleidig, er weiß zu kämpfen, er ist auch der Sieger. »Als bewußter Herrenmensch kann ich mit jeder Situation fertig werden.«

Dieselbe Technik findet sich später in der Auschwitz-Szene wieder: Die unerhörte Provokation durch Althans' Pöbelei macht die Besucher, die auf Stille, Kälte, Schrecken, Trauer eingestellt sind, hilflos. Als Beobachter des Vorfalls müßte man dazwischengehen oder ihm jedenfalls die Öffentlichkeit entziehen. Hier geht es um mehr als nur Takt: Die Szene ist für die Kamera gemacht, ohne die Kamera würde sie gar nicht stattfinden oder zu einer Ordnungsfrage werden: Gibt es hier einen Hausmeister, der für Ruhe an der Mord- und Gedächtnisstätte sorgt? Erst durch die Kamera wird aus dem schlechten Benehmen als Mutprobe eine politische Aktion. Erst durch die Kamera, vor der anschließend noch ein Streitgespräch mit gezinkten Karten – Althans hat das letzte Wort – arrangiert wird, entsteht eine Aktion, über die es etwas Strittiges zu sagen gibt.

Auch hier wird man zum Komplizen gemacht, auch hier könnte man nur den Film verlassen, wenn man sich das nicht gefallen lassen will, auch hier stellt sich Althans erfolgreich und unausweichlich als »bewußter Herrenmensch« dar, der mit jeder Situation fertig werden kann – indem er das letzte, verächtliche Wort hat.

Das *könnte* auch eine Technik des Vorführens sein: Es wäre denkbar, Szenen dadurch reflektierbar zu machen, daß man über ihr Ende hinaus dabeibleibt, daß man sich die Auflösung nach der geplanten Vorführung nicht entgehen läßt und damit sichtbar macht, daß es sich um eine Vorführung gehandelt hat. Dann müßte diese Technik aber auf Althans angewendet werden. Genau das

geschieht nicht: Kein einziges Mal ist es Althans, der beim Atem-
holen, beim Entspannen, in der Leere und Erschöpfung gezeigt
wird, das geschieht nur seinen Kontrahenten – und Althans kann
das noch kommentieren. Er kommentiert es als verächtliche
Schwäche. Aber nicht der Inhalt dieser wegwerfenden Kommentare ist entscheidend – entscheidend ist, daß der Film sie in seiner
Haltung zu den Protagonisten vorbereitet und verifiziert und
plausibel macht. Althans und Bonengel gemeinsam machen die
Opfer verächtlich.

Der Unterschied läßt sich noch einmal gut zeigen im Vergleich zur
Behandlung der Anhänger von Althans. Sie erscheinen tendenziell
grotesk: die alte, verwirrte Dame, die im Büro mitarbeitet, die
monströsen Serbien-Söldner, die von ihren soldatischen Heldentaten gegen die Zivilbevölkerung berichten, die verbrauchten und
dumpfen deutschen Veteranen in Polen, die leicht ungläubigen
Pickel-Jünglinge in der DDR, die sich in seiner Rede nicht ganz
wiedererkennen, weil sie wissen, daß sie das Gewicht der Zukunft
Deutschlands nicht erheben werden, das er ihnen auflasten will –
und überhaupt: So hoch ist ihr Anspruch auf »Herrenmenschentum« auch wieder nicht. Alle diese grotesken und tragikomischen
Figuren lassen erst und um so mehr Althans als wahren Ausbund
von Selbstbewußtsein, Intelligenz und Energie erscheinen, einen
höchst ansehnlichen jungen Mann, der sich selbst und seine Umgebung unter Kontrolle hat. Außerdem werden sie alle nicht in
Situationen der Ratlosigkeit oder Überforderung gezeigt, schon
gar nicht der emotionalen Verwirrung, sondern gepanzert und auf
Taten vorbereitet – allenfalls ist diese Panzerung und Vorbereitung
nicht ganz überzeugend, allenfalls schimmert die Unbedarftheit
durch, die sie auf Althans und Leute wie ihn angewiesen bleiben
läßt. Vielleicht sind sie töricht, aber ungefährlich sind sie nicht –
wenn sie jemanden wie Althans haben.

Auf eine auffallende Szene soll noch etwas näher eingegangen
werden: die mit Althans' Eltern. Eine Szene dieser Art, in der
die Eltern über Kindheit und Jugend des Helden Auskunft geben,
gehört zum Standard-Inventar jeder biographischen Dokumentation. Die Eltern müssen darüber Auskunft geben, daß ihr mißra-
tener Sohn entweder immer schon so schwierig war oder aber im
Gegenteil ein reizendes, völlig unauffälliges Kind, bis er in
schlechte Gesellschaft geriet. Mit ein bißchen Glück sollen die
Eltern sich widersprechen und in Debatten geraten und dabei sich

selbst und das unerträgliche familiäre Klima vorführen – Material für die Hobby-Psychologen unter unseren Zusehern, denen Ödipus-Schnödipus ebenso geläufig ist wie das Drama des begabten Kindes und wie double-bind und andere pathogene systemische Verklammerungen in Familien. Woody Allen hat sich in seinen Dokumentarfilm-Parodien »Take the Money and Run« und »Zelig« eigentlich abschließend über diese längst verknöcherte Konvention lustig gemacht.

In Bonengels Film gibt es eine kleine, aber entscheidende Variation dazu: Die Eltern reden in Gegenwart des mißratenen Sohns, was die Zuseher erst nach einer Weile erfahren. Sie erfahren es aus einer bezeichnenden Perspektive: Althans über die Schulter blickend – aus *seiner* Sicht. Er kann damit die hilflosen und konventionellen Erklärungen, die angedeutet werden, unterlaufen, indem er klarstellt, daß er gar nicht abweicht, vielmehr nur einfach tüchtig und überzeugend sei – was die Eltern ihrerseits pathologisiert. (Die Szene wird von den durchschnittlich gebildeten Zusehern und Zuseherinnen auch häufig im Sinn der Suggestion des Films interpretiert: Sind diese Eltern nicht einfach schrecklich? Haben sie ihren Sohn den Nazis nicht nachgerade in die Arme getrieben? – Tatsächlich sind sie, außerhalb des »Interaktionbündnisses« betrachtet, das der Film hier anbietet, nicht mehr als durchschnittlich töricht und eher überdurchschnittlich bemüht – und tun und sagen ansonsten in der Situation, in die der Film sie bringt, was man weiß, das kompetente Gesellschaftsmitglieder und Mediennutzer in einer solchen Situation eben zu tun und zu sagen haben.) Das Arrangement, das sonst in biographischen Dokumentationen den Protagonisten am stärksten verdinglicht – was die Eltern über das kleine Kind sagen können, das später zum berühmten oder berüchtigten Mann wurde –, wird hier zu seinem Vorteil gekippt: Er kann umgekehrt seine Eltern verdinglichen. Schon wieder wird er als Sieger und als der, der das letzte Wort hat, vorgeführt.

Das Genre des Films läßt sich zusammenfassend benennen: Es ist jedenfalls keine Dokumentation über Neo-Nazis heute, es ist auch keine Dokumentation über die Schwierigkeit, einen kritischen Film über Neo-Nazis zu machen, wenn man sich den Kontakt auf Dauer halten will. Der Film ist tatsächlich in der Hand von Althans und nicht mehr in der des Regisseurs. Althans veranlaßt den Regisseur, ihm (und übrigens auch Zündel) eine extensive Plattform für seine Selbstdarstellung zu bieten.

Es hat nichts mit der Kürze der Einstellungen und dem Ausmaß von Montage zu tun, daß der Film kein Dokumentarfilm ist, sondern mit dem Mangel an Reflexivität. Um überhaupt den Zugang zu bekommen, muß jeder Dokumentarfilmer mit denen kooperieren, die er darstellt. Er muß auf ihre Selbstdarstellung eingehen. Eine Dokumentation wird es erst, wenn diese Selbstdarstellung und die genannte schwierige Situation des Filmens vorgeführt und zum Gegenstand gemacht wird. Das Dokumentarische liegt im »Interaktionsbündnis«, das zwischen Filmer, dargestelltem »Gegenstand« und Betrachter aufgebaut wird. Das »dokumentarische Interaktionsbündnis« ist eines der Nachdenklichkeit und Reflexivität, in dem die Rezipienten veranlaßt werden oder zumindest Gelegenheit erhalten, verschiedene Perspektiven zu erproben und sich im Facettenreichtum der möglichen Betrachtungsweisen zu bewegen. Das Dokumentarische geht verloren, wenn sie in eine bestimmte Perspektive hineingedrängt oder -verführt werden, wenn ihre Selbstverständlichkeiten nicht zur Reflexion vorgeführt sondern für Suggestionen benützt werden.

Bonengel hat zu keinem eigenen Standpunkt mehr gefunden, vielmehr in seinen filmischen Mitteln die Selbstdarstellung von Althans unterstützt, damit auch dessen Haltung zu den Opfern übernommen und den Betrachtern weitervermittelt – und sogar so stark vorgegeben, daß man sich nur mehr dagegen wehren kann, indem man die Vorführung verläßt. Der Regisseur hat sich damit für die Propagandazwecke der Neo-Nazis Zündel und Althans einspannen lassen, er hat tatsächlich im »Interaktionsbündnis« eines PR-Films gearbeitet und präsentiert dieses nun dem Publikum. Der Film stellt auch formal dar, was Zündel an einer Stelle über Althans sagt:

»Er hat die ganze Welt zu Füßen, meiner Ansicht nach. Das richtige Alter, das richtige Aussehen, die richtige Statur, sieht aus wie ein Edelgermane, zwei Meter groß, blaue Augen, blondes Haar, normalerweise. Also, er kann, wenn er sich gesund hält und wenn er vorsichtig taktiert in Deutschland, prophezei ich ihm eine gute, äh große Zukunft. – Das heißt? – Das heißt: Er kann in Deutschland, meiner Ansicht nach, mit seiner Generation zusammen das deutsche Schicksal wenden, in andere Bahnen lenken, und er kann für Deutschland eine, eine neue Ordnung schaffen.«

Wir lernen dabei auch inhaltlich etwas darüber, was an den Neo-Nazis offenbar für viele ansprechend ist: ihre Show von Stärke. Es ist in dieser Gesellschaft von Konkurrenten und Tüchtigen nicht ehrenvoll, Betrogener, Verlierer, Opfer zu sein und dafür Genugtuung haben zu wollen. Sich mit den Opfern der Geschichte zu identifizieren, ohne sich dabei selbst zum Opfer und also hilflos zu machen, setzt eine ziemlich differenzierte Ich-Organisation voraus. Hingegen fällt es den Mördern nicht so schwer, sich als Sieger auszugeben, wo ihnen doch immerhin der Mord, das überzeugendste Verbrechen und der überzeugendste Sieg über das Opfer (Hegel wußte das genau), gelungen ist. Die Neo-Nazis reklamieren genau diese Stärke – und wollen sie zusätzlich noch von dem soldatischen Makel säubern, daß sie gegen Zivilisten eingesetzt wurde. Daher müssen sie Auschwitz leugnen und den Krieg und die mit ihm verbundene Männlichkeit verherrlichen.

Die Juden als Opfer werden nach klassisch antisemitischem Muster zugleich verächtlich gemacht und zu Angreifern umgedichtet: Sie verbreiten mit ihrer Medienübermacht das, was diese Leute als »Auschwitz-Lüge« bezeichnen, und unterdrücken zugleich die Information über die Wahrheit, die die Neo-Nazis gern verbreiten möchten: Die deutschen Herrenmenschen wurden um ihren Sieg im zweiten Weltkrieg betrogen und seither mit tückischen Lügen kleingehalten, aber sie werden zuletzt doch noch siegen.

Bonengels Film stellt diese reklamierte Stärke und die Schwächen der Opfer dar. Er bestätigt sie in dem von ihm hergestellten »Interaktionsbündnis«, statt sie der Reflexion verfügbar zu machen. Und das mag auf politischer Sorglosigkeit oder (wie es sich im Film andeutet) einer engen menschlichen Beziehung beruhen, die zwischen Bonengel und Althans entstanden sein mag – es ist zuletzt und im Produkt ein Versagen des Filmemachers in seinem Job als Dokumentarist. Der Film ist ihm technisch zur Selbstdarstellung eines Neo-Nazi und zur Werbung für ihn und sein »bewußtes Herrenmenschentum« geraten.

Er ist deshalb – und nicht wegen der Inhalte, die er vorstellt und die in einer Reflexion ermöglichenden Verarbeitung hochinteressante Informationen wären – politisch ein Problem.

Der Untertitel des Films stimmt nicht. Er müßte korrekt heißen: »Ein Film von Ewald Althans«.

Ursula Apitzsch
»Das ist meine Zukunft übrigens hier: Kamera vor meiner Nase und die Juden im Nacken«
Ewald Althans' biographische Selbstpräsentation als Neonazi: Ein Anlaß zur Weiterführung der Debatte um den Typus des »Neuen Autoritarismus«

Bonengels Film »Beruf Neonazi« aus dem Jahre 1993 hätte zweifellos nicht soviel Aufmerksamkeit auf sich gezogen, wenn er nur das Problem aufgeworfen hätte, ob die filmische (Selbst-)Präsentation eines überzeugten Neonazi ohne distanzierenden Kommentar gezeigt werden darf. Hinter dieser eher medienkritischen (handelt es sich bei dem Film um Kunst und damit um formale Distanzierung vom Objekt?) und didaktischen Fragestellung hat sich jedoch inzwischen eine viel weitergehende Diskussion eröffnet, die die kontinuierliche Beschäftigung mit einem doch recht partikularen Gegenstand rechtfertigt. Das theoretische Interesse hat sich nämlich inzwischen auf die Frage nach der Möglichkeit eines »Neuen Autoritarismus« in der BRD im speziellen und der westlichen postindustriellen Gesellschaft im allgemeinen ausgedehnt, wobei der Film »Beruf Neonazi« als Beleg für eine neue spezifische Beziehung zwischen rechtsextremen Protagonisten und »neuen Autoritären« herangezogen wird.[1]
Ich möchte vorweg einräumen, daß es eine Reihe von Belegen für eine Art von »Komplizenschaft« zwischen Ewald Althans und dem Regisseur Bonengel zu geben scheint, die im folgenden detailliert erörtert werden sollen; jedoch bin ich der Auffassung, daß der Begriff des »Neuen Autoritären« nicht so weit gefaßt werden darf,

---

1 So geht Karola Brede ausdrücklich von einer »Komplizenschaft« zwischen Neuem Autoritarismus und Extremismus aus und versucht dies explizit am Beispiel des Films »Beruf Neonazi« zu belegen. Sie geht davon aus, daß Rechtsextremisten »die psychische Funktionsweise des neuen Autoritären intuitiv kennen«, und überträgt diese Erkenntnis auf ihre Deutung des Verhältnisses zwischen dem Neonazi Althans und dem Regisseur Bonengel (vgl. Carola Brede: »Neuer« Autoritarismus und Rechtsextremismus. In: Psyche 11/1995, S. 1031 ff.).

daß dadurch im Grunde unterschiedslos jedes kompetitive Mitglied moderner nachindustrieller Gesellschaften gemeint und zugleich nicht betroffen sein kann.[2]

Im folgenden möchte ich daher die Vielfalt problematischer biographischer Verarbeitungsformen in der Moderne – so z. B. das Ausblenden schwer erträglicher Konkurrenz- oder Subordinationsverhältnisse – unterscheiden von jenen biographischen Konstrukten, in denen Rechtsextreme sich »Zugang und Eingang in die Geschichte überhaupt« verschaffen wollen.[3] Während nämlich das biographische Ausblenden schwer erträglicher Einsichten zur Schädigung des Biographieträgers selbst führt, nämlich zum Verkennen von Situationen und möglicherweise schließlich zu einer »Verlaufskurve« scheinbar konditioneller Gesteuertheit[4], dem Verlust der Kontrolle über die eigene Biographie, ist das Handeln des rechtsradikalen Mob definierbar als um jeden Preis verfolgter Wille zur Steigerung des eigenen Größenselbst im Sinne historischer Bedeutsamkeit, der nur erreicht werden kann durch monströsen Tabu-Bruch und Beschädigung Dritter.[5]

Ich möchte im folgenden darstellen, daß es Althans ebenso wie seinem Lehrmeister Zündel gelingt, diesen Tabu-Bruch mit Hilfe des filmischen Mediums in Form einer Travestie des historischen

2 »Der Typus des Neuen Autoritären ... spricht in jedem von uns etwas an, was wir an uns ablehnen. Und zugleich verkörpert niemand von uns diesen Typus« (Brede, ebd., 1039). Brede entwickelt diese These anhand zweier biographischer Fallstudien von männlichen Angestellten in der Computer-Industrie, die auf je spezifische Weise hierarchische Beziehungen im Beruf ausblenden.

3 Vgl. Hannah Arendt: Elemente und Ursprünge totaler Herrschaft, München 1986 (Erstauflage 1951), S. 535.

4 Zum Begriff der »Verlaufskurve«, der dem amerikanischen Begriff der »trajectory« entspricht, vgl. Gerhard Riemann/Fritz Schütze: »Trajectory as a Basic Theoretical Concept of Analyzing Suffering and Disorderly Social Process«. In: David R. Maines (ed.): Social Organization and Social Process, Essays in Honor of Anselm Strauss, New York (De Gruyter) 1991, S. 333-357, sowie ebd., Hans-Georg Soeffner: Trajectory as Intended Fragment. The Critique of Empirical Reason According to Anselm Strauss, S. 359-371.

5 Von Carola Brede wird dagegen bereits biographisches Ausblenden i.S.d. Vermeidung der Bearbeitung eines Strukturkonflikts, welches soziale Vereinsamung zur Folge hat, als Neuer Autoritarismus gewertet (vgl. Brede, ebd., S. 1025 f.).

Antifaschismus zu inszenieren. Zweifellos benutzen sie dabei den Regisseur als Ansprechpartner ebenso wie das von ihm bereitgestellte öffentliche Terrain. Was aber das Motiv des Regisseurs sein kann, diese Instrumentalisierung zuzulassen, ist für mich einstweilen noch ungeklärt. Das bloße Motiv der Kompetitivität (»um der Produktion eines eindrucksvollen Films wegen«[6]) scheint mir dabei keine ausreichende Erklärung zu bieten. Ich möchte daher dieses Problem in einem letzten Abschnitt noch einmal aufgreifen, indem ich auf die Frage der genannten Typen biographischer Verarbeitung zurückkomme.

1. Ewald Althans' Selbstpräsentation im Film »Beruf Neonazi«

Ewald Althans stellt sich in einem Statement bereits in der ersten Szenenfolge direkt in erster Person vor, und es ist offensichtlich, daß seine Vorstellung sich an einen Dialogpartner hinter der Kamera richtet. Althans befindet sich in Toronto und kommentiert eine Demonstration gegen den Rechtsradikalen David Irving. Es handelt sich um eine Demonstration anläßlich der Ausweisung des Propagandisten der Leugnung von Auschwitz. Althans spricht in der Art eines Fernseh-Auslandsreporters sein kommentierendes Statement in die Kamera, daß die Ausweisung von David Irving für diesen selbst natürlich »ne beschissene Situation« sei, für den Fortgang »der Sache« aber sei dies »nicht das Schlechteste«. Die folgende direkte Frage des Regisseurs Bonengel, ob Althans selbst also diese Abschiebung persönlich nicht als schmerzlich empfinde, ergreift Althans als Möglichkeit der beruflichen Selbstpräsentation:

Ach ich bin da
so bekannt für das –
Irving hat ja nu anderswo
in Deutschland seit langem
und ich manage seit langem Irvings Redetourneen
und wenn Irving wirklich mal nach Deutschland reinkommen kann
dann werden wir weiterma
Irving Redetourneen organisieren.
Also wenn er draußen bleiben muß
über Videotechnik, Liveschaltung und sowas
da kann man viel machen.

6 So Brede, ebd., S. 1033

Ewald Althans präsentiert sich dem Regisseur und zugleich dem Publikum – mit Videokamera in der Hand – als technisch versierter, cooler, auf Medienwirkung bedachter Manager eines Medienstars, der sich selbst die Rolle des Intellektuellen anmaßt. Dies ist sein Beruf. Er ist es gewöhnt, zu argumentieren, insofern versteht er seine Antwort an Bonengel durchaus nicht nur als persönliche Stellungnahme, sondern zugleich als Demonstration der eigenen Professionalität.

Diese scheinbar desinteressierte professionelle Haltung wird jedoch in der nächsten Szene von Althans selbst dementiert. Die Kamera schwenkt zunächst zu einer weinenden serbischen Demonstrantin, die berichtet, daß sie als Flüchtlingskind nach Kanada gekommen sei, nachdem im Krieg alle Mitglieder ihrer Familie von Nazis und Kroaten umgebracht worden seien. Althans gibt für Bonengel einen Kommentar zu der eben gefilmten Szene. Er gesteht, daß er den serbischen Demonstranten gern die kroatische Parole des Kampfes für Volk und Vaterland ins Gesicht sagen würde, weil »so bißchen piesacken« ihm gefallen würde.

Diese Szene ist besonders aufschlußreich, weil sie eine Parallelszene zur späteren Auschwitzszene darstellt und diese gewissermaßen vorbereitet und ihre Interpretation erleichtert. Althans gesteht hier ein, daß er keineswegs nur als professioneller Manager handelt, sondern daß er Lust daran hat, Menschen mit der Desavouierung ihrer Vergangenheit zu quälen. Indem er unterstellt, daß er in der Lage ist, diese Menschen zu »piesacken«, gibt er indirekt zu, daß er ihre leidvolle Geschichte nicht nur für bloße Propaganda, sondern für wahr hält. Sein eigener Job der Verbreitung von Irving-Reden inklusive der Verleugnung von Auschwitz erhält seine eigentliche Dynamik und aufreizende Impertinenz dadurch, daß die Wahrheit der von den Nazis verursachten Leiden stets präsent ist. Diese Wahrheit wird durch die Kommunikation mit dem Regisseur ratifiziert. Althans darf unterstellen, daß Bonengel als zeitgenössischer bundesrepublikanischer Intellektueller die wahre Geschichte des Naziterrors kennt und erst auf dieser historischen Folie die Selbstpräsentation von Ewald Althans für interessant hält. Dies wird besonders deutlich in der letzten Einstellung der Eingangsszene, in der Althans in Nahaufnahme präsentiert wird, während er die Coda des bislang Erzählten entwickelt:

Althans: Das ist meine Zukunft übrigens hier ne
Bonengel: Hä?
Althans (nickt zur Kamera)
Die Kamera vor meiner Nase und die Juden im Nacken.

Althans weiß sehr gut, daß seine berufliche Zukunft als Medienstar nur möglich ist auf dem Boden latent eingestandener und vom Publikum wahrgenommener moralischer Aggression. Er, Althans, kann sich »in die Geschichte hineinreden«[7], indem er durch seine Aggressivität und durch die Bereitschaft, neues Leid zuzufügen, teilhat an der weltweiten Aufmerksamkeit für die Naziverbrechen.

Aus dieser Selbstpräsentation leite ich die beiden folgenden Hypothesen ab:

a) Die berufliche Selbstpräsentation von Ewald Althans setzt die Überzeugung von der Wahrheit der Naziverbrechen notwendig voraus;

b) Diese Voraussetzung wird vom Regisseur ohne moralische Distanzierung von der Haltung Althans' ratifiziert.

Es stellt sich nun weiter die Frage, ob möglicherweise die Erzählperspektive des Films von der Erzählperspektive des Protagonisten Althans unterscheidbar ist und dadurch indirekt eine perspektivische Darstellung und Interpretation gegeben wird.

2. Die Perspektive des Films: Biographie als Travestie

Die Regieführung ist nicht allein Sache des Regisseurs, sondern wird im Dialog zwischen Althans und Bonengel thematisiert. Die Regieabsprache ist Teil der Selbstdarstellung des Protagonisten. Dies wird bereits daran deutlich, daß viele Bilder nicht mit Originalton unterlegt sind, sondern Althans nachträglich aus dem Off die Bildfolgen kommentiert.

Besonders deutlich wird dies in der »Händewasch«-Szene kurz vor dem Ende des Films. Diese Szene könnte als moralisierende Distanzierung des Regisseurs vom Biographie-Protagonisten Althans benutzt werden: Althans wäscht seine Hände in Unschuld.

7 Vgl. Lena Inowlocki: Zum Mitgliedschaftsprozeß Jugendlicher in rechtsextremistischen Gruppen: Ergebnisse einer interpretativ-qualitativen Untersuchung. In: Psychosozial Nr. 52 (1992).

Tatsächlich aber kommentiert Althans bereits zuvor diese Möglichkeit der Szenen-Montage. Er sagt dem Regisseur ins Gesicht:

Das hättest Du gern
eine Szene, in der Althans sich die Hände wäscht
in weißen Jeans
während draußen gerade
ein armes ermordetes Ausländerkind
aus dem Haus getragen wird.

Die Händewasch-Szene wird damit zum Bestandteil einer Ironisierung jener antifaschistischen Linken, der der Regisseur sich möglicherweise zurechnet und an die Althans sich jedenfalls in überlegener Manier als hilflose Adressaten wendet.

Der Film insgesamt geht jedoch über eine Ironisierung des hilflosen Antifaschismus weit hinaus. Die rechtsradikale Inszenierung von Biographie erweist sich sowohl bei Althans als auch bei seinem in Kanada lebenden Ziehvater Zündel – ebenfalls einem Berufspropagandisten des antisemitischen Rechtsradikalismus – insgesamt als Travestie eines antifaschistischen Habitus und antifaschistischer Symbole. Althans reproduziert damit im Bonengel-Film jene Wirkung, die Zündel in verschiedenen Aktionen zuvor praktisch erprobt hat.

Daß der in Kanada lebende Zündel, der von hier aus seine Agitation auch in der Bundesrepublik steuert, sich sehr bewußt dieses Mittels der Travestie bedient, macht er in einer der Eingangsszenen des Bonengel-Films deutlich, die in Zündels Hauptquartier in Toronto spielt. Zündel ist in Kanada und USA bereits mehrfach in Pseudo-KZ-Kleidung mit aufgedruckter Telefonnummer, die auf die KZ-Nummer der Nazi-Häftlinge anspielt, sowie mit Bauarbeiter-Helm (dem von ihm sogenannten »Zündel-Helm«) und Kreuz aufgetreten. Er verspottet damit die Opfer der Konzentrationslager und erreicht zugleich eine mächtige Medienaufmerksamkeit durch ein eigentümlich postmodernes Outfit. Die Kompilation von Travestie der KZ-Kleidung, christlicher Symbolik und proletarischem Helm lassen ihn als jemanden erscheinen, der Bricolage im Posthistoire betreibt. Seine Botschaft ist das Lächerlichmachen gerade jener drei Elemente, die im Antifaschismus nach dem Zweiten Weltkrieg zusammengekommen waren: Empathie, christliches Schuldbewußtsein und aufklärerisches Sendungsbewußtsein der Arbeiterbewegung.

Diese Elemente der Travestie werden nun von Althans weiter-geführt und verfeinert. Bereits die Darstellung seines Hauptquartiers in München als »Jugendbildungswerk« macht dies deutlich. Auch die scheinbare Bildungsaktivität ist eine Travestie einer ursprünglich in der Linken beheimateten Tradition. Althans selbst stilisiert sich in seinen Auftritten vor Jugendlichen als empathischer Jugendbildner, als eine Art jugendbewegter Professor, voller Verständnis für, aber auch voller Distanz von seinem Publikum. Die nächste Station der Travestie ist der gefilmte Besuch im Elternhaus, der Höhepunkt schließlich ist die Auschwitz-Szene.

Der Besuch im Elternhaus könnte überschrieben werden mit dem Titel »Zwei hilflose Antifaschisten«. Wie erreicht Althans diese Inszenierung der Eltern im Gespräch mit ihnen? Bei Aufführungen des Films vor studentischem Publikum unterblieb nie ein Zuschauerkommentar des Typus: »Bei den Eltern muß man ja so werden«. Diese Wirkung liegt ganz im Sinne der Althans'schen Travestie. Nicht er – der in seinem Bildungsweg und der Chance zu einem bürgerlichen Beruf Gescheiterte – erscheint als der hilflose, der gesellschaftliche Außenseiter, sondern die bildungsbürgerlich geprägten Eltern, die mit einer antiquierten aufklärerischen Pädagogik und einem unzulänglichen Versuch, den Sohn zu verstehen, kläglich gescheitert sind. Althans' Vater benutzt den verbreiteten krisentheoretischen Ansatz, um den Rechtsradikalismus der Unterschicht-Jugendlichen zu erklären, aber dieser Ansatz will auf den eigenen Sohn aus gutbürgerlichem Hause schlecht passen. Die Mutter bemüht einen psychologisierenden Ansatz (»der Junge war immer irgendwie unglücklich, er suchte einen Halt«) der die eigene, offenbar als zu weich empfundene Erziehungshaltung als kausale Ursache für das ungewollte Erziehungsresultat denunziert. Der Film zeigt das warm gestaltete, behagliche Wohnzimmer der Eltern und deren intellektuellen, moralisierenden Gestus und verweist auf die Nähe der Waldorf-Pädagogik (der Sohn besuchte eine Waldorfschule). Prächtig jedenfalls passen beide in das Schema der aktuell verbreiteten neo-konservativen Argumentation: der neue Rechtsradikalismus sei ein Produkt der 68er-Generation, die in ihrer Eltern-Autorität versagt habe. Dabei hat die Inszenierung bildungsbürgerlicher Hilflosigkeit bei Althans' Eltern noch einen ganz besonderen ironischen Akzent, insofern die Eltern sich dem »beruflichen« Erfolg des Sohnes, seiner Wirkung als Medienstar und einer Art rechten Intellektuellen, nicht ganz verschließen können. In letzter Zeit, so argumentieren sie, sei das Verhältnis zum Sohn besser geworden. Der Vater führt als positiv an, daß die Ideologie des Sohnes offenbar nicht in die Richtung direkter Gewaltanwendung führe. Beide jedenfalls scheinen den Habitus der Differenz zu schätzen, durch den Althans sich als gebildeten, wohlhabenden, luxusgewohnten und eleganten Menschen von seinem jugendlichen Unterschichtpublikum abhebt.

Wie aber ist es Althans gelungen, diesen überlegenen Habitus durchzuhalten, nachdem er vom Vater aus der elterlichen Wohnung geworfen wurde, die Schule nicht beendete, keine Berufsausbildung absolvierte? Hier nun macht der Film – vielleicht unfreiwillig – etwas deutlich, was man als den blinden Fleck in der familiären Kommunikation ansehen könnte. Aus der Perspektive des Sohnes Ewald Althans wird ersichtlich, daß es für ihn eine durchaus sozial reputierliche Alternative zur linksliberalen Elterngeneration gegeben hat: nämlich eine ungebrochen nationalsozialistische Tradition im familiären Umfeld, der unter anderem ein ehemaliger General angehört. An diese Adresse konnte der junge Althans sich seit seiner Pubertät als immer präsente Alternative zu seinen Eltern wenden. Er selbst berichtet im Film, daß er zu »General Remer« nach München gezogen sei, als der Vater ihn aus dem Hause geworfen habe. Der Film gibt keine weiteren Auskünfte über dieses familiäre Umfeld, mit dem offenbar die Eltern sich bereits früher auseinandersetzen mußten. Einer Spiegel-Recherche von 1992 zufolge wurde Althans ab dem 13. Lebensjahr von aktiven Nationalsozialisten beeinflußt. In dem Augenblick, in dem das Althans-Interview im Elternhaus stattfindet, hat sich nun zwischen Eltern und Sohn eine wichtige gesellschaftliche Machtverschiebung ergeben. Der Sohn ist interessant geworden nicht mehr nur für jene »alten« gesellschaftlichen Kräfte, mit denen die Eltern sich lange auseinandersetzten, die aber seit Ende der sechziger Jahre eher an den Rand gedrängt schienen, sondern er wird interessant für eine moderne Medien-Öffentlichkeit, repräsentiert durch den Regisseur Bonengel. In diesem Medieninteresse kommen nun die folgenden Elemente zusammen:
– Die ungebrochene Nazi-Tradition wird von Althans als selbstverständlich unterstellt, aber nicht als verstaubter Konservativismus praktiziert, sondern als gekonnte Form eines luxuriösen Lebens einer selbsternannten internationalen Elite inszeniert.

– Zugleich wird mit der Travestie linker antifaschistischer Formen die 68er Generation lächerlich gemacht. Man denke nur an die »nationalsozialistische Stadtrundfahrt«, die Althans mit schick gekleideten Faschisten aus ganz Europa in München unternimmt. Vollends gelingt es Althans aber erst durch den monströsen Tabu-Bruch, der Leugnung von Auschwitz in Auschwitz, tatsächlich »Geschichte zu machen«. Zweifellos hätte die Szene der provo-kativen Anrufung und Beschimpfung der Besucher des ehemaligen Krematoriums, in der jenen die Rolle der Geschichtsklitterer zuge-wiesen wird, ohne die Gegenwart der Filmemacher nicht stattfin-den können. Der junge amerikanische Besucher, mit dem Althans diskutiert, ist deshalb zunächst so fassungslos und erscheint dem Zuschauer düpiert, weil er zweifellos angesichts des Kamera-Auf-baus in Auschwitz mit einer Argumentation gerechnet hat, die in der demokratischen Tradition der Nachkriegszeit steht und einen zivilgesellschaftlichen Grundkonsens voraussetzt. Was ihn – den Amerikaner – offensichtlich sehr irritiert, ist die Tatsache, daß hier nicht ein irgendwie fehlgeleiteter oder gestörter Einzelner argu-mentiert, sondern daß dahinter ein ganzer medialer Apparat steht. Man könnte, wenn man die Terminologie von Hannah Arendt übernehmen wollte, davon sprechen, daß nur mit Hilfe des Me-dieninteresses heute für Rechtsradikale eine Chance besteht, sich – wie einst der nationalsozialistische Mob – in »Geschichte« hin-einzukatapultieren.

3. Wer ist der »Neue Autoritäre«?

Trotz dieses Befundes erscheint mir – wie bereits oben gesagt – eine Argumentation als nicht vertretbar, in der der Regisseur Bonengel und nicht Althans als der »Neue Autoritäre« erscheint. Tatsächlich ist Althans ja nicht der jugendliche Gewalttäter, dem komplemen-tär ein heimlich bewundernder Journalist zur Seite steht (daß es solche Fälle auch gegeben hat, ist sicher nicht zu bestreiten), sondern Althans selbst ist der Neue Autoritäre, der den jugend-lichen Neo-Nazis, die er besucht und schult, als Pseudo-Intellek-tueller mit dem Habitus der Differenz gegenübertritt. Wenn je-doch der Regisseur Bonengel als der Neue Autoritäre identifiziert wird, der in heimlicher Komplizenschaft mit dem Rechtsextremi-sten agiere, weil er sich in der Konkurrenz der Filmemacher hervortun wolle, so scheint mir die Diskussion um Rechtsradikalismus und Autoritarismus auf eine falsche Fährte zu geraten.

Das Problem dieser Argumentation scheint mir darin zu liegen, daß mit der Behauptung einer »intuitiven« Komplementarität in der psychischen Funktionsweise des offen Rechtsextremen und des unbewußt Sympathisierenden eben jener rationale Kern des Neuen Autoritarismus behauptet wird, der in der Debatte um Heitmeyers Rechtsextremismus-Studien mit guten Gründen zurückgewiesen worden war. Es erscheint mir nicht plausibel, die krisenanalytische Deutung des jugendlichen Rechtsextremismus – wonach Rechtsextremismus als Kompensation von Depravation zu erklären wäre – zurückzuweisen und zugleich eine krisenanalytische Deutung des »Neuen Autoritarismus« zu etablieren. Nichts anderes kann aber gemeint sein, wenn davon ausgegangen wird, daß das von Christopher Lasch beschworene »moralische Klima der zeitgenössischen Gesellschaft«, der mörderische »Wettstreit um Güter und Positionen« den »Neuen Autoritären« gleichsam notwendig hervorbringe.[8] Eine solche Definition des Neuen Autoritarismus scheint mir gerade jene Abgrenzung gegenüber ubiquitären Phänomenen der Moderne nicht leisten zu können, die mit Recht beim Rückgriff auf die »Studien zum autoritären Charakter« (Adorno u. a. 1950) vermißt werden. Der Angestellte, der die Kränkung der Subordination aus seinem Selbstbild ausblendet, um sich vor Beschädigung zu bewahren und seine alltägliche Situation lebbar zu machen, verliert möglicherweise eine realistische Einschätzung des eigenen Selbst, seine biographische Kontrolle gerät möglicherweise ins Trudeln, aber er akzeptiert nicht notwendig die Gewalttätigkeit gegenüber Dritten.

Auf Ewald Althans hingegen scheint mir die von Brede vorgeschlagene Definition des Neuen Autoritären vollständig zuzutreffen. »Der Neue Autoritäre ist derjenige, der die schwere innere Belastung, die aus der Diskrepanz zwischen der Realität, die ihm sein Größenselbst suggeriert und einer sozialen Realität, die sich darauf nicht einläßt, aufbricht, indem er sich im anderen die Autorität errichtet, mit der er sich eins fühlen kann. Der Lichtkegel, der auf die bewunderte Autorität fällt, erfaßt auch ihn« (vgl. Brede ebd. 1027).

8 Vgl. Christopher Lasch: Das Zeitalter des Narzißmus, München 1982, S. 45/90, zit. n. Brede 1995, S. 1029.

Mir erscheint es als sehr wichtig, den völlig unterschiedlichen Typus des biographischen »Konstruierens« der eigenen Situation bei Althans von biographischen »Verlaufskurven« im allgemeinen zu unterscheiden. Althans gerät trotz einer objektiv prekären biographischen Lage (ohne anerkannte Ausbildung, stets an der Schwelle zur – bewußt in Kauf genommenen – Kriminalisierung) nirgends in eine Situation der Unsicherheit, Ratlosigkeit, des Auszeit-Bewußtseins, der Vereinsamung. Er beherrscht stets die Szene. Nirgends läßt er eine wirkliche Erzählsituation zu, sondern er argumentiert und wählt scheinbar narrative Szenen als Beleg seiner provokativen Behauptungen. Mit der Inszenierung der eigenen Biographie als Travestie, mit dem Hineinschlüpfen in »große« historische Zusammenhänge gelingt es ihm, vom gesellschaftlichen Druck auf die eigene Biographie abzulenken und dem Zuschauer jene eigene große Zukunft glaubhaft zu machen, die zuvor bereits sein Lehrer Zündel suggeriert hatte.

Das Kernproblem der Althans-Biographie – nämlich die reale Beziehung zur nationalsozialistischen Großelterngeneration – wird biographisch nicht aufgearbeitet, sondern im Rahmen der Größen-Suggestion (General Remer) nur assoziativ verwendet. Größe wird als außermoralische Kategorie eingeführt, das Leiden Dritter wird – in der Konfrontation mit serbischen NS-Opfern und mit den Familienangehörigen von Auschwitz-Opfern – bewußt in Kauf genommen. Diese doppelte historische Verstrickung (der latente Bezug zu Nazitätern in der eigenen Sozialisation und der latente Bezug auf die Größe der historischen Schuld, die erst die Größe des eigenen Tabu-Bruchs möglich macht) scheint mir bei der Definition des neuen Autoritären der entscheidende Punkt zu sein. Nur durch diesen doppelten Bezug kann der neue Autoritäre (auch in seiner besonderen Generationen-Konstellation) von Betroffenen moderner Rationalisierungs- und Unterordnungsprozesse schlechthin unterschieden werden.

4. Der Film als gescheiterte »Ethnographie«
des Rechtsradikalismus

Hier nun scheint mir allerdings auch ein *methodisches* Problem des Regisseurs Bonengel zu liegen. Bonengel versucht ganz offensichtlich, mit größtmöglicher Zurückhaltung ein gleichsam ethnographisches Bild des Lebens von Althans und seiner Clique anzufertigen. Er versucht dabei, in dessen Welt »einzutauchen«. Dabei übersieht er, daß diese Welt nicht einfach eine Alltagswelt ist, die sich ethnographisch abbilden und analysieren ließe, sondern daß Althans mit seiner Travestie bereits ein Kunstprodukt vorführt, das den Regisseur von vornherein einbezieht und zunächst einmal mit filmischen Mitteln zu dekonstruieren wäre. Nur so könnte eine wirkliche Auseinandersetzung mit den im Film latent gehaltenen, aber für die Wirkung der Provokation entscheidenden historischen Verstrickungen des Protagonisten stattfinden. Statt dessen dreht Althans den Spieß um. Geschickt spielt er mit der historischen Verstrickung der 68er Generation, die nach 1989 beschämt mit dem Untergang und der historischen Wirklichkeit eines sogenannten »antifaschistischen« und »sozialistischen« Staates konfrontiert wurde. Geschickt appelliert er mit der Erinnerung an das große Pathos der Anklage der 68er gegenüber der Nachkriegsgeneration an die neo-konservativen Bestrebungen jener heute etablierten 68er, die sich ihrer »political correctness« von gestern schämen.

Bonengel steht mit seinem ethnographischen Versuch generell vor einem ähnlichen Problem, das sich der frühen Chicago School gestellt hatte, wenn dort der die Information steuernde und redigierende Feldforscher versuchte, »aus dem ›unvollkommenen‹ autobiographischen Anfangstext ein Quasi-Kunstwerk zu machen.«[9] Bekanntlich hatten diese Feldforscher (wie W. I. Thomas und Znaniecki sowie in den Nachfolgegenerationen Thrasher, Shaw und Howard Becker) versucht, Lebensgeschichten von Repräsentanten auffälliger sozialer Problemgruppen zu generieren und zu edieren. Dabei tauchte sehr früh der Vorwurf auf (z. B. bei Blumer), daß es unkontrollierte Einflüsse des Interviewerverhaltens während der Erstellung des autobiographischen Ausgangsdokuments, Selbstselektion ausdrucksstarker und gebildeter Informanten sowie die Bearbeitung der Lebensgeschichte nach Span-

9 Vgl. Fritz Schütze: »Die Textvalidität autobiographischer Dokumente der Chicago-Tradition der Feldforschung«, Manuskript, S. 1. Ich danke Fritz Schütze für den Einblick in die Manuskriptvorlage des in Kürze im Westdeutschen Verlag erscheinenden Buches »Sensibilität und Realitätssinn: Eine Rekonstruktion des Forschungsstils der Lebenslaufuntersuchungen der Chicago-Soziologie«, herausgegeben von Ralf Bohnsack, Gerhard Riemann, Fritz Schütze, Ansgar Weymann.

nungskriterien und vorliegenden literarischen Mustern gegeben habe.[10]

Ein ähnliches Problem stellt sich bei der Zusammenarbeit von Althans und Bonengel. Wie die strukturellen Rekonstruktionen des Films zeigten (vgl. dazu auch die Analysen von Inowlocki, König und Oevermann im vorliegenden Band), ist die Perspektive des Regisseurs häufig nicht von der Perspektive des Biographieträgers Althans zu unterscheiden. Bonengel überläßt offensichtlich bewußt Althans die nachträgliche Bearbeitung des Films, um dessen Sicht möglichst »authentisch« einzufangen. Tatsächlich aber ergibt sich dadurch nicht größere Authenzität, sondern das Problem, daß weder eine autonome ästhetische Formung (und damit Bewertung) des dokumentarischen Materials möglich ist, noch eine wirkliche biographische Analyse, die nur auf der Grundlage der Rekonstruktion der sequenziellen Ordnung der erzählten Lebensgeschichte und deren Brüchen möglich wäre. Gerade die Unstimmigkeiten des Dargestellten: Abbrüche, Selbstkorrekturen, Widersprüchlichkeiten und Stilbrüche würden als Forschungsindikatoren für die empirische Validität der Textquelle zu gelten haben.[11] Erst dadurch wäre es möglich, Althans nicht nur als eloquenten, souveränen Yuppi und Manager des Rechtsradikalismus darzustellen, sondern auch als einen »getriebenen« Menschen,[12] der offensichtlich im Sinne beruflicher Autonomie gescheitert und inzwischen in erheblichem Maße – von rechtsradikalen Agenturen außengesteuert – im Hinblick auf ökonomischen Erfolg auf eine kriminelle Karriere angewiesen ist.

Hier wird nun – bei aller Parallelität zu methodischen Schwächen der Autoren der Chicago School – doch auch eine grundsätzliche Differenz zwischen Wissenschaftlern wie Shaw und einem Filmautor wie Bonengel sichtbar. Diese Differenz liegt in der moralischen Perspektive der Erstellung von Autobiographien in der Tradition der Chicago School. Hier geht es zum einen darum, individuell die Stornierung von Verlaufskurven zu ermöglichen

10 Vgl. Fritz Schütze, ebd.

11 Vgl. Schütze, ebd., S. 20.

12 Fritz Schütze formuliert eine entsprechende Kritik gegenüber Shaw's biographischer Studie »The Jack-Roller«, in der der Protagonist Stanley lediglich als »lernschneller, cleverer und aktiver Beherrscher von Interaktionsszenen im kriminellen Milieu« erscheine (vgl. Schütze, ebd., S. 22).

(Shaw ist der Erretter des ehemaligen »Jack Rollers« Stanley), zum anderen darum, der Sequenzierungslogik der offiziellen Instanzen sozialer Kontrolle die subjektiv häufig gegenläufige Logik des Biographieträgers entgegenzustellen. In der Kooperation Althans – Bonengel geschieht nun genau das Gegenteil. Bonengel ist nicht Althans' Erretter – indem er ihn z. B. mit der Auswirkung seiner Aktivitäten auf Dritte konfrontierte und zur Umkehr bewegte –, sondern sein Filmdokument ist gerade als rechtsradikaler Tabubruch das Beweisstück, aufgrund dessen Althans später in Berlin verurteilt werden kann. Dieses Faktum wäre vielleicht zu billigen, solange der Film nur als kriminalistische Leistung bewertet würde. Das Problem einer solchen kriminalistischen Bewertung liegt jedoch darin, daß die Tat, um derentwillen Althans verurteilt wird, im Film selbst produziert wird. Zweifellos hätten weder Bonengels Konfrontation mit serbischen Juden in Kanada, noch die Auschwitz-Szene ohne den medialen Apparat des Regisseurs in gleicher Weise stattgefunden. Althans selbst hat dies sehr deutlich zum Ausdruck gebracht. »Das ist meine Zukunft übrigens hier: Kamera vor meiner Nase und die Juden im Nacken«. Der Regisseur wird daher zum Komplizen jener kriminellen »Berufs«-Biographie, die Althans nur in seinem Konstrukt der Travestie moralischer Positionen realisieren kann; der Regisseur wird nicht zum Bündnispartner bei der Freilegung jenes entscheidenden Punktes, an dem die Biographie des Jugendlichen Althans in eine Selbstkonfrontation hätte münden müssen. Dies ist der Vorwurf, der Bonengel zu machen ist, und der meines Erachtens nicht ein Problem kapitalistischen Konkurrenzkampfes der Gegenwart schlechthin, sondern ein spezifisches Problem von Intellektuellen im Verhältnis zu ihrem Forschungsgegenstand ist.

Dies aber wäre eine Thematik, die in einem anderen Zusammenhang gesondert zu betrachten wäre.

Literatur

Theodor W. Adorno/Else Frenkel-Brunswik/Daniel J. Levinson/R. Nevitt Stanford: The Authoritarian Personality, vol. 1 of Studies in the Prejudice, ed. by Max Horkheimer and Samuel H. Flowerman, New York (Harper & Brothers) 1950.

Hannah Arendt: Elemente und Ursprünge totaler Herrschaft, München 1986 (Erstauflage 1951).

Carola Brede: »Neuer« Autoritarismus und Rechtsextremismus. In: Psyche 11/1995.

Lena Inowlocki: Zum Mitgliedschaftsprozeß Jugendlicher in rechtsextremistischen Gruppen: Ergebnisse einer interpretativ-qualitativen Untersuchung. In: Psychosozial Nr. 52 (1992).

Christopher Lasch: Das Zeitalter des Narzißmus, München 1982.

Gerhard Riemann/Fritz Schütze: »Trajectory as a Basic Theoretical Concept of Analyzing Suffering and Disorderly Social Process«. In: David R. Maines (Ed.): Social Organization and Social Process, Essays in Honor of Anselm Strauss, New York (De Gruyter) 1991.

Fritz Schütze: Die Textvalidität autobiographischer Dokumente der Chicago-Tradition der Feldforschung. In: Ralf Bohnsack/Gerhard Riemann/Fritz Schütze/Ansgar Weymann (Hg.), »Sensibilität und Realitätssinn: Eine Rekonstruktion des Forschungsstils der Lebenslaufuntersuchungen der Chicago-Soziologie«, Westdeutscher Verlag, im Erscheinen.

Hans-Georg Soeffner: Trajectory as Intended Fragment. The Critique of Empirical Reason According to Anselm Strauss, in: David R. Maines (Ed.): Social Organization and Social Process, Essays in Honor of Anselm Strauss, New York (De Gryuter) 1991.

Lena Inowlocki
Zur Intensivierung rechtsextremer Zugehörigkeit am Beispiel des Films »Beruf Neonazi« von Winfried Bonengel[1]

1. Zur Darstellungsweise des Films

Als Dokumentarfilm ist »Beruf Neonazi« nicht deshalb problematisch, weil kommentarlos gezeigt wird, wie sich der rechtsextreme Aktivist Althans produziert. Auch ohne Kommentar
könnte dokumentiert werden, auf welchen Mechanismen der Rhetorik und der Selbstpräsentation seine Machtanmaßung beruht.
Voraussetzung dafür wäre, daß Kameraführung und Filmschnitt
auf unbeabsichtigte Handlungsmomente gerichtet sind, in denen
die Steuerung der Selbstpräsentation ausfällt, Dominanzgebaren
ins Leere läuft und erst wieder angekurbelt wird. Der Film zeigt
hingegen nur ganz am Rande, was geschieht, wenn Althans gerade
nicht professionell auftritt: wenn also zwischen seinen Auftritten
die von ihm beanspruchte Macht und Wichtigkeit zerfällt. Gerade
dann, wenn Althans sich nicht mehr in der Berufsrolle präsentierte,
hätte die Kamera weiterlaufen sollen. Nur zwei kurze Szenen
zeigen einen relativen Kontrollverlust. In einer Nahaufnahme,
nach einer Dia-Vorführung über seine Auschwitz-Reise, blinzelt
er angetrunken oder schläfrig in die Kamera und fragt, »was ist los,
was Du wollen?«. Die ethnographische Momentaufnahme zeigt,
wie Herrschaftsgebaren in Sentimentalität kippt: Gefühle der
Nähe und Intimität kommen im angenommenen »Ausländer-
deutsch« dessen, der sich sonst nur korrekt artikuliert, als un-

1 Den Transkribenten der Filmszenen danke ich für ihre gute Arbeit. Für
  die Organisation einer ad-hoc-Gruppe zum Film auf der Tagung der
  Deutschen Gesellschaft für Soziologie in Halle im April 1995 sowie für
  die Veranstaltung eines Workshops an der Universität Frankfurt/Main
  im November 1995 möchte ich Hans-Dieter König danken. Bei diesen
  Gelegenheiten konnten frühere Fassungen des Aufsatzes vorgestellt
  werden. Ursula Apitzsch und Marek Czyżewski danke ich für ihre
  Überlegungen zum Film.

eigene, kindische Unterwerfung zum Ausdruck. Eine andere Szene, in der Althans nicht bestimmt, wie er gefilmt wird, ist nach der Konfrontation mit dem amerikanischen Besucher auf dem Lagergelände von Auschwitz zu sehen, als die Kamera auf Althans gerichtet bleibt: zusehends verliert er die Fassung, und in seinem bemühten Zynismus (»die ganzen Läuse müssen vergast werden«) zeigt sich die Doppelbödigkeit der Vergasungs-Leugnung, die mit der Drohung der Wiederholung operiert. Allerdings wird insgesamt in der langen, zentralen Filmsequenz in Auschwitz das Lagergelände als Aktionsradius von Althans, als Objekt seiner Behauptungen und Bemerkungen vorgeführt; sein unkoordinierter Abgang verändert diesen Eindruck nicht.

Die von Althans beanspruchte Machtposition stützt sich auf die Bewunderung seiner Förderer und Adepten, baut sich auf gegen reale Gegner und imaginäre Opponenten. Anstelle einer Demontage des Machtanspruchs beschränkt sich Bonengels Film fast ausschließlich darauf, Althans in seiner Machtbehauptung zu unterstützen. Dafür sind nicht die Nahaufnahmen entscheidend, in denen der Regisseur seinen Protagonisten hautnah filmt, oder die Szenen, in denen er ihn immer wieder als Herrenmenschen daherschreiten läßt. Ausschlaggebend für die Wirkung des Films ist, daß die Rolle des Kommentators in einigen Schlüsselszenen Althans überlassen wird und daß Kameraführung und Schnitt sich nach dessen Perspektive richten, diese mit-produzieren.

Nicht die Intention des Regisseurs wird hier kritisiert, sondern die Unangemessenheit seiner Inszenierung[2]. Bonengels guter Kenntnis rechtsextremer Szenen und Milieus ist es zu verdanken, daß sein Film trotz der problematischen Distanzlosigkeit gegenüber dem Protagonisten interessant ist und eine soziologische Analyse rechtsextremer Zugehörigkeit ermöglicht.

---

2 In einem anderen Fall scheint Bonengel gerade durch seine Ironie dazu beigetragen zu haben, daß sich ein Neonazi-Führer von seiner Gruppe distanzieren konnte. In einem autobiographischen Bericht beschreibt Ingo Hasselbach (mit Winfried Bonengel als Co-Autor; 1993, S. 140-156), wie die Begegnungen mit dem Filmer, sein Filmauftritt und die Konfrontation mit seiner »Rolle«, später dann die Reaktionen signifikanter Anderer auf den Film, für ihn die Stationen seiner Distanzierung vom Rechtsextremismus markierten. Auf diesen Kontrastfall einer aufgekündigten Gruppenzugehörigkeit wird noch zurückgekommen.

2. Der Film als Dokument rechtsextremer Mitgliedschaftsprozesse

Der Film kann als ein Dokument dafür untersucht werden, wie Althans dabei vorgeht, wenn er sich darstellt, andere zu gewinnen sucht, mit Gleichgesinnten interagiert, wenn er zu überzeugen versucht oder auf Kontrahenten reagiert[3].

Der Regisseur hat sich auf die Perspektive eines Rechtsextremen mit Führungsanspruch so eingelassen, daß dessen Handlungsweisen, Interaktionen und Kommunikationsmuster geradezu forciert deutlich werden. »Beruf« im Filmtitel trifft die handlungsintensive Enaktierung, mit der die soziale Rolle »Neonazi« expressiv dargestellt wird, als eine Reihe von Aktivitäten, die besonderen dramatischen Selbstausdruck beinhalten und sich an kollektiven Phantasien orientieren (vgl. Goffman 1959, S. 30/31). In diesem Fall handelt es sich um kollektive historische Phantasien.

Der oft geäußerte Erklärungsversuch zum Rechtsextremismus, Jugendliche würden sich nur in die Posen werfen, die ihnen die Medien vorspielten, vernachlässigt gerade diese Dimension der Enaktierung gesellschaftlich wirkungsvoller historischer Muster. Auch andere Erklärungsversuche, die soziale, ökonomische, sozialpsychologische Gründe für die rechtsextreme Involvierung Jugendlicher benennen, berücksichtigen nicht oder bestreiten explizit, daß soziale Bedingungen erst vor dem Hintergrund historischer Muster des eigenen Herrschaftsanspruchs sowie des Ausschlusses und der Verfolgung Anderer als Anlaß rechtsextremer Mobilisierung gelten können. Die historischen Interpretationsmuster werden in »Krisensituationen« aktiviert, insbesondere durch politische Reaktionen und Mediendarstellungen. Deren Produktion eines »Ausländerproblems« trifft auf alltagsweltlich weithin unangefochtene Überzeugungen der eigenen primären historischen Opferschaft. Während der Anspruch eigener Superiorität durch Ausschluß Anderer auch in den anderen westeuropäischen

---

3 Möglich wird, mit anderen Worten, eine Rekonstruktion der Bezüge auf soziale Welten des Protagonisten – im Sinne von Anselm L. Strauss (1978) – in den Arenen der Auseinandersetzung innerhalb und außerhalb seiner Organisation, den Kernaktivitäten seines politischen Aktivismus und den Standards des Handelns als rechtsextremer Organisator und Propagandist.

Staaten durchgesetzt wird, so bildet doch die Geschichte in Deutschland einen spezifischen Fonds an Wissensbeständen, aus dem geschöpft, auf den Bezug genommen wird. Der Film veranschaulicht, auf welche Weise zum Phänomen »Rechtsextremismus« symbolische Bezüge auf den historischen Nationalsozialismus als Herrschaftsgeschichte gehören. Es wird außerdem deutlich, daß an der fortwährenden Rechtfertigung dieser Herrschaft mehrere Generationen beteiligt sind, durch eine relativierende und idealisierende geschichtliche Tradierung einerseits und deren propagandistische Ausformulierung andererseits.

Am Film können einerseits Vorgehensweisen und Sinnbezüge eines profilierten Rechtsextremen untersucht werden. Andererseits kann ein *Prozeß der Intensivierung* daran aufgezeigt werden, wie Althans sich über dramatische und spektakuläre Aktionen, Konfrontationen und Selbstpräsentationen in seinem »Beruf« herausbildet, sich profiliert. Dazu gehören insbesondere folgende Situationen im Film:

1) die Förderung durch einen Neonazi der älteren Generation
2) die rhetorisch ritualisierte Kommunikation mit den Eltern
3) die spektakuläre Leugnung der Judenvernichtung
4) der Auftritt als Propagandist.

Diese Schlüsselszenen des Films bezeichnen gleichzeitig eine typische Sozialisation in rechtsextreme Zugehörigkeit und deren Intensivierung. In einer Untersuchung[4] offener Interviews mit unterschiedlich stark involvierten Mitgliedern legaler und illegaler rechtsextremer Gruppen und Organisationen wurde auf der Grundlage von Einzelfallanalysen und Fallvergleichen ein theoretisches Ablaufmodell der Gruppenmitgliedschaft entwickelt, das folgende Prozesse aufzeigt:

a) den sozialen und biographischen Prozeß des Mitgliedwerdens mit der Fixierung eines vorgängig unfokussierten nationalen Sinnbezugs zu einer »eigentlich schon immer gegebenen Identität als guter Deutscher und Nationalsozialist«,
b) die eigene Intensivierung der Zugehörigkeit (»Mitgliedschaftsarbeit«) durch biographische Reschematisierung, beispielsweise

---

4 Als Dissertationsforschung wurde diese Untersuchung von Fritz Schütze betreut, dem ich zentrale analytische Kategorien und entscheidende interpretative Wegweiser verdanke. (Vgl. Inowlocki 1988, 1992, i.V.)

die Uminterpretation eines lebensgeschichtlichen Verlaufskur-
venprozesses und des Rekrutiert-Werdens durch ältere Rechtsextreme zum eigenen gezielten intentionalen Handeln als Propagandist oder Kämpfer,

c) die Wiederaufnahme der nationalsozialistischen Geschichtstra-
dition mit der Leugnung der Vernichtung, die provokativ vertreten wird und durch Wirklichkeitsverkennung und infolge
von Außenreaktionen immer stärker an die Gruppenzugehörigkeit bindet,

d) die weitere Intensivierung der Zugehörigkeit durch spektakuläre gewalttätige und/oder rhetorische Auftritte.

Am Beispiel der Filmszenen wird dies noch erläutert. Die Film-
handlung betrifft hauptsächlich Prozesse unter c) und d); eine
genauere Untersuchung und Kontextinformationen weisen jedoch
auch auf die unter a) und b) beschriebenen lebensgeschichtlich
vorgängigen Prozesse hin.

Die theoretische Modellbildung der erwähnten Untersuchung soll
im folgenden mit neuen empirischen Aspekten aus dem Film
konfrontiert werden (Strauss 1994). Insbesondere die Szene mit
den Eltern zeigt Formen der Interaktion, die in der Interview-
Untersuchung von Jugendlichen oft thematisiert wurden, zu denen es jedoch keine direkte Beobachtung gab; entsprechend wurden nur sehr zurückhaltend Annahmen über eine Prädisposition
durch das familiäre Milieu formuliert. Eine andere Frage richtet
sich auf die Ähnlichkeiten und Unterschiede des Intensivierungs-
prozesses von Althans im Vergleich zu den rechtsextremen Jugendlichen, die um 1980 interviewt wurden.

Die vier Filmszenen werden also im folgenden beschrieben und in
ihren abweichenden und übereinstimmenden Aspekten mit dem
aus der Interview-Untersuchung generierten theoretischen Modell
der Intensivierung von Gruppenzugehörigkeit analysiert.

3. Vier Szenen der Intensivierung

3.1: Zündels Selbstpräsentation und das Verhältnis zwischen ihm und Althans (Szenen 7, 8 und 9, Teil 1, Kanada-Besuch)

Diese Szenen schließen den ersten Teil des Films ab, der in Kanada spielt. Althans hat dort seinen Mentor Ernst Zündel besucht, der in Toronto ein Büro betreibt, das neonazistische Broschüren und Videobänder in Nordamerika und Europa verbreitet. In Szene 7 erklärt Zündel zunächst die Funktion der Räume (»Schulungszentrum«, »Pressezimmer«) und schildert anhand verschiedener Gegenstände (Kreuz, Fahnen, Helm, Hitlerbild, einem nachgemachten KZ-Häftlingsanzug, Akten zum »Beweis«, daß Juden keine Rasse seien) seine propagandistischen Aktivitäten. Dazwischen streut er biographische Daten ein. Die Selbstpräsentation Zündels reicht von seiner politischen Versiertheit (wie er Demonstrationen und Pressekonferenzen gestaltet) zu beruflichem Erfolg (»mit 23 Jahren Hausbesitzer in Kanada, zwei Autos gefahren«). Seine künstlerische Begabung (das »preisgekrönte« Bild einer Flucht, mit Beobachtungsturm und blutbeflecktem Stück Jacke am Zaun; augenscheinlich ein Sinnbild der DDR als »eigentlichem« KZ) führt er ebenso vor wie seine Findigkeit beim Verkünden eines Holocaust-»Schwindels«. Äußerst aggressive Propaganda, wie sein Auftritt in der Pseudo-Häftlingsuniform mit seiner Telefonnummer als KZ-Nummer, vertritt Zündel mit scheinbar bürgerlicher Zivilität und süddeutscher Gemütlichkeit, als Ausdruck seines Anspruchs, auf allen Registern spielen zu können. Im Verkörpern gegensätzlicher Eigenschaften ist der Überraschungseffekt einkalkuliert, nicht dem Normalbild des Neonazis zu entsprechen. Am Schluß, wenn man ihn schon für sowohl »menschlich« als auch »bewundernswert« befunden haben soll, kommt dann die Pointe seines Kampfes gegen die »Zionisten«.

Eine solche Selbstpräsentation ist typisch für die Mentoren im Kontext der Interview-Untersuchung (vor allem »Xanthner«, Wehrmachtsoffizier und erfolgreicher Neonazi-Rekrutierer, der russische und deutsche Gedichte rezitierte, »Gastarbeiter«-Fußballspiele organisierte und – lange vor Günther Deckert – vor Gericht freigesprochen wurde, weil er »in ehrenwerter Absicht« den Holocaust leugnete, nämlich, um das deutsche Volk von der

Schuldlast zu befreien). Ein Unterschied besteht im Generationenverhältnis, da Zündel gegenüber Althans die Väter- und nicht die Großvätergeneration repräsentiert. Zündel, wie andere Neonazis seiner Generation, bringt sich immer wieder partizipierend in die »Geschichte« ein, indem er mächtige Gegner phantasiert und dazu reale Personen provoziert, da er nicht wie die Älteren selbst noch die »Blutfahne« von Nationalsozialismus und Krieg herüberträgt.

Die darauffolgende Szene (8) zeigt Zündel in seinem Büro, Althans sitzt neben ihm und sieht sehr jung, fast kindlich aus. Von Bonengel wird Zündel nach seiner Zusammenarbeit mit Althans gefragt. Für die »Medienarbeit« habe Zündel jemanden in Deutschland gebraucht, er habe sich Althans angesehen, der ihm als Verfassungsschutzagent »angepriesen« worden war, und erkannt, daß dies nicht wahr sei. Althans habe dann für ihn als »Kontaktmann« gearbeitet. Zu Zündels Selbstpräsentation als findiger, provokanter Propagandist paßt hier, daß er sich nicht täuschen lasse; zu Althans bestehe vielmehr ein intuitives, unbeirrbares Vertrauensverhältnis.

Es folgt eine längere Sequenz, in der die technische Ausstattung des Büros zu sehen ist und Zündel auf ähnliche Weise wie in der vorangehenden Szene gegensätzliche und unerwartete Mittel der Selbstpräsentation und der Ausdrucksweise einsetzt: an einem Bild malend, spricht er über die große Anzahl Schriften und Videobänder, die er versende, und nennt letztere »eine sehr preisgünstige Trägerwaffe«, die jeweils »vierzig Leute auf einmal informieren kann«. Althans vergleicht deren Wirkung mit Aufnahmen von Khomeinis Reden aus dem Pariser Exil. Zündel beschreibt daraufhin seinen Erfolg, die versplitterten Gruppen in Deutschland zur Zusammenarbeit zu bewegen; da er eine »Éminence grise« darstelle, hörten besonders die jüngeren Kameraden auf ihn. Unvermittelt sagt Althans daraufhin, »wir haben einen absoluten Narren an uns gefressen«, und fügt auf Bonengels Nachfrage hinzu, das sei

»eine ganz persönliche Sache. Ich finde, wenn Zündel irgendwo von einer Brücke springen würde, wäre das der, wo ich hinterherspringe«.

Das Beschwören einer Treue bis in den Tod mythisiert die Beziehung als eine zwischen Führer und Gefolgsmann. Abhängigkeit und blinde Gefolgschaft werden durch die »Mitgliedschaftsarbeit«

dieser pathetischen Beteuerung uminterpretiert zum eigenen gezielten intentionalen Handeln.

Zündel, vom Regisseur nach Althans' Zukunft gefragt, ist ähnlich enthusiastisch: »er hat die ganze Welt zu Füßen«, er sehe aus »wie ein Edelgermane (lacht)«; er prophezeit ihm, »wenn er sich gesund hält und wenn er vorsichtig taktiert in Deutschland«, »eine gute, eine große Zukunft«; er könne »mit seiner Generation zusammen das deutsche Schicksal wenden, in andere Bahnen lenken, und er kann für Deutschland eine neue Ordnung schaffen«. Gilt Althans ihm als Hoffnungsträger, so gibt er gleichzeitig sein Vermächtnis an den Jüngeren. Zündel operiert so erfolgreich, weil er nicht nur missioniert: vor allem bietet er sich dem Jüngeren als biographischer Sachwalter an. Das blinde Vertrauen seines Gefolgsmannes erhält er mit der Prophezeiung von dessen großer, bedeutungsvoller Rolle bei der Wendung des deutschen Schicksals.

In der Interaktionsstruktur zwischen dem Meister und dem Meisterschüler finden sich in dieser Szene typische Momente, wie sie auch die Interviews um 1980 kennzeichneten. Zunächst gehört dazu Zündels Selbstpräsentation als virtuoser Meister, der auf allen Registern spielt und eine verblüffende Vielseitigkeit an den Tag legt: als öffentliches Opfer und als Held der Gleichgesinnten, umgänglich und strategisch kalkulierend, künstlerisch begabt und technisch raffiniert. Zündels forciertes Erzeugen gegensätzlicher, unerwarteter Eindrücke – beispielsweise in der Einstellung, in der er als Künstler an der Staffelei steht und als Stratege von der »Trägerwaffe« Videoband spricht – erscheint als Fähigkeit zur voluntativen Identitätskonstruktion. Er inszeniert sich selbst und beherrscht scheinbar souverän die Bilder, die sich andere von ihm machen sollen. Über die Selbstinszenierung unternimmt er es, Wirklichkeitsfiktionen Geltung zu verschaffen (so, wenn er zum Antritt einer Haftstrafe den Pseudo-Häftlingsanzug trägt, mit seiner – weithin sichtbaren – Telefonnummer als Häftlingsnummer, dazu über der Schulter ein großes Kreuz schleppend). Die Methoden schier unerschöpflicher Selbstkonstruktion aus eigener Einbildungskraft und eigenem Willen bietet er dem Jüngeren an. Die scheinbar selbstbestimmte Handlungsfähigkeit erwächst aus der Anmaßung, behaupten zu wollen, was geschichtlich geschehen und nicht geschehen sein soll. Wenn über die Geschichte verfügt werden kann, so sicherlich über die eigene biographische Selbstkonstruktion. Aus der Leugnung der Vernichtung der Juden[5] erwachsen grenzenlose Möglichkeiten, auch alles andere behaupten zu können: beispielsweise eine geheimnisvolle, uneingeschränkte persönliche Macht. Der Meisterschüler Althans war nach fünfzehn Jahren Ausbildung bereits ähnlich virtuos darin, aus der Erzeugung spannungsreicher Gegensätze die Macht scheinbarer Autonomie anzusammeln: er präsentierte den Münchner »Yuppie« (SPIEGEL 18/1992, S. 110) und trat als Kühnens Nachfolger auf. Gerade durch seine Gewandtheit in vielen Milieus galt er als besonders erfolgreich darin, Jugendliche zu mobilisieren.

In der anschließenden kurzen Szene (9) spricht Althans über die unterschiedlichen Eigenschaften von Zündel und sich selbst. Zündel charakterisiert er als »absolute(n) Herzensmensch«, als »*absolut* bescheiden und selbstlos«; diese Attribute »eines neuen Führers« würden ihm selbst fehlen. Er wolle auch gar nicht bescheiden und selbstlos sein, sehe sich vielmehr in der Nachfolge der »Himmlers und Heydrichs, seine(r) harten, kalten preußischen Generäle«. Er könne zwar »Leute motivieren, aber Zündel kann sie führen«. Darum ordne er sich ein. Für die Interaktionstruktur ist kennzeichnend, daß sich das Aufbauen auf Gegensätzen und die Erzeugung von Spannung und Dynamik am historischen Vorbild orientieren. Gegensatzkonstruktionen zwischen Hitler und den Himmlers und Heydrichs geben die Skala an, die weiter interpretiert wird. Durch das historische Vorbild, das gerade durch Ältere, möglichst Dabeigewesene repräsentiert wird, kommt die Legitimation der eigenen Darstellung und die neue Interpretation der historischen Rollen zustande. Die geschichtlichen Bezüge gelten als Standard für Professionalität.

---

5 In diesem Zusammenhang ist bemerkenswert, daß Zündel berichtet, er habe ersten beruflichen Erfolg als Fotoretuscheur gehabt. In den 70er Jahren wurde die Leugnung der Vernichtung rhetorisch ausgebaut; zuvor galten retuschierte Fotos als »Beweise«, daß es sich bei den Leichenbergen nicht um ermordete Juden handeln würde, sondern, in einer Täter-Opfer-Umkehr, um deutsche Opfer von Luftangriffen.

3.2: Autofahrt und Gespräch mit den Eltern
(Szene 5c und 5d, 11. Teil, in Deutschland)

Während einer Autofahrt unterhält sich Althans (auf dem Bei-
fahrersitz) mit Bonengel (auf dem Rücksitz, im Off). Althans sagt
(wohl im Zusammenhang einer Frage nach seinem politischen
Aktivismus und dem Verhältnis zu seinen Eltern),

»Neun Jahre, da hat's meinem Vater gereicht, da hat er mir gesagt, das Maß
ist voll«.

Er selbst habe gar nicht gehen wollen (»Womit denn, wohin
denn?«), sein Vater habe ihm einfach seine Möbel auf die Straße
gestellt. Auf Bonengels Frage, wie sein Vater das heute sehe,
antwortet er nach einigem Zögern, »Dinge kommen, wie sie kommen müssen«. Er sei nach Süddeutschland zu »General Remer«
gezogen.

Zu einer Rekonstruktion der Beziehung zwischen Althans und
seinen Eltern findet sich hier der Hinweis, daß ihn sein Vater nach
»neun Jahre(n)« rechtsextremer Aktivitäten aus dem Haus warf.
Eine Kontextinformation (SPIEGEL 18, 1992, S. 110 u. 113) ergibt,
daß Althans »schon mit 13 Jahren (.) in seiner niedersächsischen
Heimat wie ein Wunderknabe in den Zirkeln von Altnazis und
Nationalkonservativen herumgereicht« wurde. Zwei »Ziehväter«
hätten ihn in NS-Ideologie und Rhetorik geprägt, Willi Krämer,
früher Sonderreferent von Joseph Goebbels, und – der in der
Filmszene erwähnte – Otto-Ernst Remer, ehemaliger Komman-
deur des »Wachbataillons Großdeutschland«. Zu Remer habe Althans »familiäre Bindungen« entwickelt (Interview-Zitat von Althans).

In der längeren Gesprächsszene äußern sich zunächst die Eltern
über ihren – im Zimmer anwesenden – Sohn, dann kommt es zu
einer Auseinandersetzung zwischen Vater und Sohn. Diese Filmszene ist sehr materialreich und möglicherweise einzigartig (im
Unterschied zu propagandistischen Auftritten werden Familien-
interaktionen Rechtsextremer eher nicht gefilmt).

Das Wohnzimmer, in dem das Gespräch stattfindet, stellt einen
starken Milieukontrast zu den vorangegangenen Szenen dar. Woh-
liges, gedämpftes Lampenlicht scheint auf helle Holzmöbel und
Blumenstücke, die Eltern sehen nachdenklich aus, und schon nach
wenigen Sätzen wird deutlich, daß sie bemüht sind, zu ihrem Sohn

Stellung zu nehmen. In einer Art Rollenteilung äußert sich die Mutter zu der Beziehung zwischen ihnen und zu den entwicklungspsychologischen Ursachen seines Verhaltens, während der Vater seinen Sohn politisch kritisiert und schließlich angreift. Die Mutter beginnt:

»Es ist unser Sohn, es bleibt unser Sohn und es ist immer unser Sohn gewesen und von daher kann ich das trennen«.

Der dreifache objektivierende Bezug auf den Sohn erklärt sich nur zum Teil durch die situativen Bedingungen, gegenüber Regisseur/Interviewer sowie gegenüber einem öffentlichen Filmpublikum Stellung zu nehmen. Wie im Verlauf der Szene noch deutlich wird, erklärt die Mutter sich selbst das Verhalten ihres Sohnes, indem sie ihn als Fall diagnostiziert. Zunächst jedoch stellt sie ihre Perspektive so dar, daß sie zwischen dem öffentlichen Aktivismus ihres Sohnes und seiner Familienzugehörigkeit trennen könne. Daher könne sie sich »freuen«, wie sie etwas stockend sagt (ihr Mann räuspert sich), wenn er nach Hause käme, auch wenn die Gespräche »sehr anstrengend« seien.
Der Vater äußert daraufhin seine »Angst«, daß es zwischen »Ideologie und Gewalt« keine deutliche Grenze gebe. Althans behauptet heftig und provozierend, er habe sich immer gegen Gewalt gestellt, er sei immer gegen Konspiratives gewesen. Provokativ ist dabei seine Behauptung, sein Aktivismus sichere den Bereich des Legalen, da er faktisch eine mobilisierende Dynamik weitertreibt, die sich auch an die offen gewalttätigen Gruppen richtet. Der Vater reagiert darauf mit der programmatischen Erklärung, er lehne alle Menschen ab, die das »Dritte Reich« verherrlichten – auch seinen Sohn.
Die Mutter unterbricht den wohl nach bekanntem Muster eskalierenden Konflikt. Sie spricht Althans direkt an, anders als der Vater, und erklärt seinen Aktivismus zu einer Verhaltensauffälligkeit:

»Du hast als junges Kind schon immer extrem reagiert und extrem gehandelt. Und zwar immer mit dem Hintergrund: Auffallen um jeden Preis«.

Der Vater ratifiziert den Themawechsel und unterstützt die Mutter zustimmend, als sie ihre Falldiagnose entwickelt. »Extreme Verhaltensweisen« hätten sie als Eltern früher »fast zur Verzweiflung«

gebracht, heute könnten sie darüber lachen. Frühe »Bewegungs-stereotypien« gehörten dazu, er habe »wie wahnsinnig mit den Beinen« und »furchtbar mit dem Kiefer geklappert«. Bei der ausführlichen Beschreibung kommt die Mutter in Fahrt, es wird offensichtlich, wie entnervt die Eltern waren (»also irgendwas war da immer, ne!«). Dies thematisiert die Mutter jedoch nicht weiter, sondern holt Atem und erklärt sein Verhalten

»aus der Situation heraus, daß Du irgendwo auch ein Stück unglücklich warst«.

An dieser Stelle stimmen erst der Vater, dann Althans zu. Sie fährt fort,

»sicher auch durch die eh, familiäre Gegebenheit, Du immer irgendwo auf der Suche gewesen bist, auf der Suche nach irgend etwas Festem, etwas, was Dir Halt gibt, und das war ja immer wieder auch Dein Ausspruch, daß Du gesagt hast, ich werd's Euch schon beweisen, ich werd's Euch zeigen. Es war immer negatives Verhalten, deshalb ist . .«.

Nach einer Unterbrechung, in der der Interviewer nach dem Alter von Althans damals fragt, nimmt sie den Faden wieder auf und erzählt, wie er schon im Vorschulalter, auf dem Weg in den Kindergarten, sich in einer Hecke versteckt und dort Schularbeiten gemacht habe; dabei traf sie ihn an, als sie und ihr Mann auf dem Schulweg (möglicherweise sind beide Lehrer) dort vorbeikamen. Von dieser nicht ungewöhnlichen Begebenheit erzählt die Mutter jedoch in hochdramatischer Form, teilweise als erinnerter Dialog:

»da hat mich irgendwas angeguckt, irgendein Lebewesen, und mein Mann meinte, das ist unmöglich, es war also Winter, es war kalt (holt tief Luft), und ich sag' da, doch, das läßt mir keine Ruhe, da war was! 'n Tier oder irgendwas ist dort gewesen und ich also so berührt war, daß ich 'n paar Schritte zurückgegangen bin und in diese Hecke hineingeschaut habe, (holt tief Luft) und wer guckt mich an mit riesigen ängstlichen Kaninchenaugen? Unser Sohn. Saß im Gebüsch, mit seiner roten Pudelmütze, die Schulmappe auf den Knien und machte seine Schularbeiten. (Holt tief Luft) Also eigentlich auch wieder so'n Extremfall . .«.

Die kondensierte Zeit in dieser Erinnerung (ein Vorschulkind, das Schularbeiten macht) und die spannungsgeladene Darstellung des Aufspürens legen nahe, daß an dieser Stelle mehr bewiesen werden soll, als diese Begebenheit belegen kann. Die Eingangserklärung der Mutter, ihr Sohn sei politischer Extremist, weil er »schon immer extrem reagiert und extrem gehandelt« habe, beanspruchte bereits eine umfassende Aussagefähigkeit, die durch die Detaillierung seiner Verhaltensauffälligkeiten (»furchtbar mit dem Kiefer geklappert«) nicht gedeckt wurde. Sie wiederholt ihre Diagnose (»es war immer negatives Verhalten«) und setzt zu einer Belegerzählung an. Die unklare zeitliche Zuordnung der Begebenheit an der Hecke ist Teil der Behauptung, es sei »immer« so gewesen. Die Erinnerung ist zu einem Sinnbild geronnen, das erkennen läßt, wie die Mutter ihren Sohn wahrnimmt: als erschreckend, skurril, ängstlich. Sie kann, mit anderen Worten, durch sein extremes, provozierendes Verhalten das unsichere, unruhige Kind sehen, das kontakt- und verhaltensgestört ist, sich verstecken und auch um jeden Preis auffallen will. Dabei ist bemerkenswert, daß die Mutter dies schon immer sehen konnte: darauf läuft ihre Darstellung hinaus. Umgekehrt folgt daraus ihre Behauptung, er sei heute genauso wie früher. Die Unveränderlichkeit seines Verhaltens, so das implizite Argument, erkläre die Unveränderbarkeit seines Extremismus.

Die Bereitschaft, mit der der Vater dem Themawechsel durch die Mutter zustimmt, und seine Unterstützung ihrer Darstellung legen nahe, daß sich die Eltern mit dieser Erklärung für das Verhalten ihres Sohnes im Verlauf der Jahre darauf geeinigt haben, wie es geschehen konnte, daß er zu einem exponierten Rechtsextremen wurde. Eine familienbiographische Reflexion der Genese und Bedeutung rechtsextremen Handelns wurde durch eine Erklärung für das Verhalten des Sohnes substituiert, und zwar der Diagnose der Verhaltensgestörtheit. Dies stimmt mit einer Reihe von Erklärungsansätzen überein, auf die die Mutter auch referiert. Für das unveränderliche, unveränderbare Verhalten ihres Sohnes werden Ursachen angegeben, die sowohl in alltagsweltlichen als auch in sozialpsychologischen Thesen anzutreffen sind: die unglückliche Kindheit führt zu der Suche nach irgend etwas Festem, das Halt gibt. Wieso dies ausgerechnet der Rechtsextremismus ist, wird nicht gefragt.

Es wäre nun verfehlt, in der Analyse der Familieninteraktion nach deren pathogenen Zügen zu fragen, um »daraus« den Rechtsextremismus von Althans zu erklären. Die Realitätsverkennung durch Verniedlichung des Furchtbaren, die demütigende, karikaturhafte Darstellung der Kindheit des Sohnes können zu allem möglichen führen, für sich gesehen jedoch nicht schlüssigerweise zum Rechtsextremismus. Das Problem von Ursachenerklärungen

– sowohl wissenschaftlichen als auch alltagsweltlichen – zeigt sich gerade darin, daß das Prozeßhafte der rechtsextremen Zugehörigkeit nicht wahrgenommen wird: wie sind Jugendliche dazu gekommen, wie kam es dazu, daß sie sich weiter engagierten? Wir wissen nicht, wie die Eltern früher auf Althans reagiert haben; ob, wann und wie sie beispielsweise an ihn appelliert haben, daß er die rechtsextremen Kontakte und Aktivitäten abbricht. Wenn er als Dreizehnjähriger bereits als »Wunderknabe« profiliert war, haben die Eltern das möglicherweise nicht ernst genommen oder nicht ganz schlecht gefunden. Sie haben, so scheint es rekonstruktiv aus der gefilmten Interaktion, weder sich selbst noch ihren Sohn gefragt, wie es geschah und was es bedeutet, daß er sich Altnazis als Ziehväter sucht. Damit ist gerade nicht gemeint, die Eltern hätten »Autorität«[6] walten lassen sollen. Die Frage nach der Bedeutung der Handlung, die zur Kontaktaufnahme und weiteren Involvierung führt, wird nicht gestellt; die Geschichte, wie es dazu kam, wird in der Filmszene nicht erzählt. Erklärt wird hingegen, warum nach den Gründen des Handelns nicht gefragt wurde und nicht gefragt wird: der Sohn war »schon immer« extrem im Verhalten, er hat »schon immer« Halt und Orientierung gesucht.

Der Vater unterbricht die Mutter am Ende ihrer Belegerzählung damit, daß dies Dinge seien, die mit dem »Kern der Sache« nichts zu tun hätten. Allerdings thematisiert auch er im folgenden nicht die Frage, wie sein Sohn – Schritt für Schritt – dazu gekommen ist, sich von Rechtsextremen rekrutieren zu lassen. Statt dessen behandelt er ihn als politischen Gegner und greift ihn für die gewalttätige Entwicklung an, die der Rechtsextremismus nehme. Althans kann sofort einsteigen, diese rhetorische Form des Politisierens beherrscht er. Er lockt seinen Vater mit einem scheinbar »linken« Argument (die Leute, »die in Rostock randalieren, die ich genauso wie Du als Schwache sehe, die gegen Schwächere vorgehen«). Althans behält zunächst die Oberhand, indem er sich als derjenige präsentiert, der »diese Gewalt stoppen« könnte. Er ent-

6 Die Ansicht, rechtsextreme Jugendliche rebellierten gegen die Unverbindlichkeit ihrer Eltern der '68er Generation, ist selbst Symptom eines neuen Autoritarismus. Eine Grundlage rechtsextremer Orientierung bildet gerade der Konventionalismus. In einer empirischen Untersuchung (Held/Horn/Marvakis 1996) gaben 80 % der Jugendlichen in West- und Ostdeutschland, die rassistischen Aussagen zustimmten, an, sie hätten ähnliche politische Ansichten wie ihre Eltern.

wirft – auf Nachfragen des Interviewers – dazu das Bild einer »ganz leicht knetbare(n) Masse« orientierungsloser junger Leute, die in ihm ihren Führer suchten und denen er befehlen könne.

Die polemische Widerspiegelung der Argumentation mit der »Haltsuche« provoziert den Vater, er reagiert aufgebracht und schneidet in der Folge Althans das Wort ab. Er setzt an zu einer längeren programmatischen Ausführung über die Ursachen des Rechtsextremismus (»daß wir nicht jedem Arbeit geben können, daß wir Jugendlichen keine Perspektive durchgängig geben«) und wirft seinem Sohn als Repräsentanten der Rechtsextremen vor, die soziale Krise auszunutzen (»daß Ihr die Unfähigkeit dieser Menschen, ich sag's mal negativ, ausnutzt«). Althans versucht immer wieder, zu intervenieren, der Vater läßt ihn aber nicht zum Zuge kommen und entwickelt ein weiteres Argument, daß die Gefahr darin liege, »daß das alles 50 Jahre zurückliegt«, bald keine Zeitzeugen mehr leben würden und eines Tages glaubhaft gemacht werden könnte, »daß das alles gar nicht passiert ist«. Der Vater spricht nicht klar aus, was »das« ist. Auf den beschwörenden Schluß, »daß so etwas, was da passiert ist, nie mehr passieren darf«, reagiert Althans mit pathetischen, paradoxen Ausrufen (»Ich trage heute einen Judenstern in der Form eines Hakenkreuzes. Ich bin heute der, der für die Unfähigkeit anderer büßen muß als Sündenbock!«).

Die ritualisierte Rhetorik des politisierenden Schlagabtauschs verhindert auf vergleichbare Weise wie die Diagnose einer frühkindlichen Störung und der daraus resultierenden Orientierungssuche Fragen nach den Anlässen, die Althans zunächst und immer weiter in rechtsextreme Zirkel gebracht haben. In den Überlegungen des Vaters zu den Ursachen des Rechtsextremismus sind zwar politische und moralische Reflexionen enthalten. Interaktiv benutzt der Vater jedoch die Argumente, um sie gegen seinen Sohn einzusetzen, ihn damit als Gesprächspartner auszuschalten.

An dieser Filmszene läßt sich also beobachten, wie die Eltern die Handlungen ihres Sohnes erklärbar machen. Sie beziehen sich dabei einerseits auf Erklärungen, die den Rechtsextremismus als Resultat von Entwicklungs- und Sozialisationsdefiziten ansehen. Aus der Perspektive einer psychologisch versierten Beobachterin gibt die Mutter Althans zu verstehen, daß sein Verhalten jetzt nur logisch sei, schon als Kind habe sich seine weitere Entwicklung angebahnt. Ähnlich wie in den Erklärungsversuchen zu den sozialen Ursachen des Rechtsextremismus Jugendlicher wird auf ein Phänomen so reagiert, als sei es »wirklich« etwas anderes. Die Konfrontation mit der geschichtlichen Bedeutung, die die Gesellschaft insgesamt ebenso wie einzelne Familien betrifft, wird vermieden. Das »negative Auffallen« umschreibt die manifeste Reproduktion der negativen Geschichte, reformuliert sie als Störung in der Persönlichkeitsentwicklung. Die Mutter reagiert nicht als Beteiligte, sondern »professionell«, das heißt, mit einer Falldiagnose (»Verhaltensstörung«, »Suche nach Halt und Orientierung«).

Der Vater äußert im Unterschied zur Mutter eine Kritik an seinem Sohn, die sich auf dessen politische Handlungen beziehen. Zunächst wirft er ihm vor, die sozialen Ursachen von Gewalt (»daß wir nicht jedem Menschen Arbeit geben können, daß wir Jugendlichen keine Perspektive durchgängig geben«) im rechtsextremen Sinne auszunutzen. Der Vater erklärt hierdurch, wie es auch in soziologischen Erklärungsversuchen zum Rechtsextremismus, beispielsweise durch Wilhelm Heitmeyer, geschieht, daß die Ursachen des Rechtsextremismus in sozialen Defiziten lägen, die insbesondere Jugendliche beträfen. Diese Erklärung ist auch deshalb populär, weil sie Rechtsextremismus zum sozialen Protest erklärt. Die Dimension geschichtlich-symbolischer Reinszenierung wird hierdurch verdeckt.

Zwar äußert sich der Vater zum Rechtsextremismus seines Sohnes und psychologisiert ihn nicht. Er setzt sich jedoch argumentativ gegen seinen Sohn durch und validiert auf diese Weise das Kommunikationsschema des ritualisierten Schlagabtauschs.

Möglicherweise gibt es einen größeren Rahmen der Auseinandersetzung über den Nationalsozialismus, der auch weitere Familienmitglieder, insbesondere die Generation der Großeltern betrifft. In der Interaktion zwischen Althans und seinen Eltern könnte aktualisiert werden, was zwischen ihnen und ihren Eltern bereits thematisch relevant war. Die Vorbildfunktion, die Althans seit seiner frühen Jugend bei Vertretern des historischen Nationalsozialismus sucht, scheint darauf hinzuweisen. Althans' Tabubruch würde dann auf die biographische und familiengeschichtliche Ausklammerung der Involvierung der älteren Familienmitglieder in den Nationalsozialismus reagieren.

Die Kommunikation der Eltern mit Althans ist insofern rhetorisch ritualisiert, als sie ihn nicht direkt ansprechen und an ihn appellieren, mit seiner furchtbaren Provokation aufzuhören. Auch die

Tatsache, daß er schon seit vielen Jahren involviert ist, plausibilisiert nicht die Reaktion seiner Eltern. Durch ihr Umgehen einer Konfrontation wird ihm eine zumindest indirekte Anerkennung seiner Identität als Neonazi zuteil. Die Eltern als signifikante Andere unternehmen es nicht, ihm Bedeutung und Auswirkungen seines Handelns aufzuzeigen[7].

Während die Mutter ihn als verhaltensauffällig diagnostiziert und der Vater ihn zum politischen Gegner erklärt, wird die Neonazi-Identität weiter fixiert und veranlaßt nicht zu Fragen, wie es dazu kam. Das Psychologisieren und Politisieren trägt situativ und auf lange Sicht dazu bei, daß die Rollen weiter festgeschrieben werden.

Für den Prozeß der Intensivierung rechtsextremer Zugehörigkeit bedeutet die Interaktion mit den Eltern, daß die »Mitgliedschaftsarbeit« der biographischen Reschematisierung noch unterstützt wird: die »Diagnose« der Mutter, er sei schon immer verhaltensauffällig gewesen, könnte seine Uminterpretation bestärken, er sei früher unglücklich gewesen, weil er verkannt worden war und jetzt als derjenige erkannt werde, der er »wirklich« sei. Indem die Beziehung als eine der politischen Gegnerschaft durch den Vater plausibilisiert wird, werden alle früheren Konflikte als politische reschematisiert.

7 In diesem Zusammenhang ist auffallend, daß in biographischen Darstellungen aufgekündigter rechtsextremer Mitgliedschaft die Intervention signifikanter Anderer einen der Wendepunkte markierte. Beispielsweise berichtet Hasselbach (1993, S. 147), nach der Sendung von Bonengels Film »Wir sind wieder da«: »Meine Mutter kam noch am gleichen Abend zu mir. So hatte ich sie noch niemals gesehen. Sie war einfach fertig. (..) Nach diesem Film begreife sie erst, was für ein gefährlicher Neonazi ich sei«. Für Wagener (1981, S. 74, 75) war die Intervention eines von ihm respektierten älteren Freundes der Familie entscheidend, der ihn damit konfrontierte, daß er selbst von den Nationalsozialisten verfolgt worden war.

3.3: Auf dem Gelände des ehemaligen KZ Auschwitz
(7. Szenenfolge, III. Teil, in Polen)

Die Filmszenen, die in Auschwitz gedreht wurden, sind besonders problematisch, weil nicht überlegt wurde, was das Filmen hier bewirkt. Die provokative Leugnung der Vernichtung, die »an Ort und Stelle«, in der Gaskammer, dokumentiert werden sollte, wird durch das Filmen nicht nur aufgewertet, sondern geradezu mitproduziert. Ohne zu unterstellen, Bonengel habe hier das Sensationelle gesucht, hätte er aus seiner Kenntnis rechtsextremer Propaganda wissen müssen, daß er mit diesem »Lokaltermin« weder für die dort anwesenden Besucher, noch für die späteren Zuschauer, und schon gar nicht für Althans Bedingungen dafür schafft, sich mit der Leugnung auseinanderzusetzen[8]. Die Verletzung der Besucher steht in keinem Verhältnis zu dem »Informationswert« für die Zuschauer. Für sie wird das Konzentrationslager zur Kulisse, es erscheint ausschließlich im Handlungsradius von Althans. Wie Althans rhetorisch operiert, hätte ohne Erkenntnisverlust auch an anderem Ort gefilmt werden können. Althans beansprucht für seine Propagandaübung jedoch den realen Ort der Folter und der Vernichtung, um sich als Provokateur um so dramatischer in Szene zu setzen. Die Kamera begleitet ihn und dokumentiert nicht seine Anmaßung. Es wird filmisch nicht offensichtlich, wie Althans versucht, sich den Ort anzueignen; das Konzentrationslager existiert im Film nicht unabhängig von dem Auftritt des Protagonisten. Es wird nicht gezeigt, wie sein Auftritt in der Gaskammer darauf basiert, die anwesenden Besucher offensiv anzugreifen und zu verletzen; filmisch sind die Besucher kaum präsent und erscheinen wie aufgescheucht. Die Film-

---

8 Möglicherweise beruht das Filmen in Auschwitz auf der Fehleinschätzung Bonengels, Althans könnte sich durch seinen Auftritt von seiner eigenen Rolle entfremden, ähnlich, wie dies im Jahr zuvor, bei den Dreharbeiten zu »Wir sind wieder da«, mit Ingo Hasselbach geschehen war: »Wir unterhielten uns während der Dreharbeiten auch über den Massenmord an Juden im Dritten Reich. Ich dachte damals noch immer, die obskure These verteidigen zu müssen, eine Menschenvernichtung größeren Ausmaßes habe in Auschwitz nicht stattgefunden, obwohl ich innerlich schon Zweifel hatte. Die wollte ich Bonengel gegenüber keinesfalls deutlich machen. Immerhin hatte er es aber geschafft, mich zunehmend nachdenklicher zu machen« (Hasselbach 1993, S. 143).

aufnahmen geraten zum Mittel der spektakulären Inszenierung. Althans führt hier Regie.

Die als »show down« gefilmte anschließende Szene zwischen einem jungen Amerikaner und Althans produziert ein irreführendes Format, denn die geschichtliche Wahrheit muß nicht ausgefochten werden. Es ist unsinnig, sich über die Leugnung mit deren Vertretern zu streiten, da ihre Thesen nicht zur Debatte stehen und ihr Anspruch auf »freie Meinungsäußerung« oder »wissenschaftliche Beweise« gerade deren prinzipielle Mißachtung vordergründig kaschiert. Der Amerikaner läßt sich auch nicht auf eine Diskussion der »Beweise« ein, sondern stellt Althans für seine offensive Beleidigung zur Rede.

Auf die Wirkungsweise der Leugnung für den Intensivierungsprozeß rechtsextremer Zugehörigkeit soll kurz verwiesen werden. Die Funktion der Leugnung unterscheidet sich für Sozialisation und Professionalisisierung im Mitgliedschaftsprozeß. Für Rekrutierte ist es von großer Bedeutung, wenn sie hören, daß »die Geschichte in Wirklichkeit ganz anders« war; diese Enthüllung eröffnet scheinbar den Zugang zu einer völlig neuen Wahrnehmung geschichtlicher und gesellschaftlicher Wirklichkeit, nämlich, daß diese aus antideutscher Absicht manipuliert werde. Für die bereits Profilierten spielt es hingegen keine Rolle mehr, was wirklich geschehen ist: wichtig ist nun die Verfügung über rhetorische Mittel, alles behaupten zu können. Die Vernichtung wird zwar abgestritten, sie gilt jedoch auch als faszinierendes Zeichen totaler destruktiver Herrschaft und deren möglicher Wiederkehr. Auf dieses Zeichen wird entsprechend angespielt, wie beispielsweise von Althans, wenn er als Reaktion auf die schwache Figur, die er gegenüber dem Amerikaner abgab, mit der Wiederholung des eigentlich Verleugneten droht (»die ganzen Läuse müssen vergast werden«)[9].

Zum Prozeß der Intensivierung trägt als gesteigerte Form praktizierter Realitätsverkennung durch die Leugnung auch deren dra-

9 Charakteristisch für die Profilierten dieser Generation ist außerdem, daß die »Absicht« der Leugnung vor Gericht bestritten wird. So hatte Althans in einem Prozeß wegen Volksverhetzung (der vor dem Verfahren wegen des Filmauftritts stattfand) »behauptet, er leugne den Holocaust nicht« (Frankfurter Rundschau, 16.12.1994). Zur Urteilsbegründung in einem anderen Fall strategischen Bestreitens siehe Inowlocki (1996).

matische Enaktierung bei. Letztere hat sich von Innenstadt-Auftritten, wie sie 1977 Michael Kühnen anführte (wobei Eselsmasken und Schilder mit der Aufschrift getragen wurden, »Ich bin ein Esel und glaube noch, daß in Auschwitz Juden vergast wurden«), mehr und mehr an die Orte der Vernichtung verlagert. Brandanschläge auf Gedenkstätten von Konzentrationslagern gehören zur manipulativen Aneignung der Vernichtungsgeschichte. Wortreich vertritt Althans seinen Anspruch auf das Konzentrationslager Auschwitz an Ort und Stelle. Einige Jahre später, im April 1996, findet dort eine Kundgebung polnischer Neonazis statt[10].

3.4: Rede in Cottbus (11. Szenenfolge, Teil IV, zurück in Deutschland)

In der letzten längeren Szene des Films hält Althans eine Rede vor jugendlichem Publikum. Vorab war zu sehen, wie Althans mit dem Filmteam auf der Autobahn nach Cottbus fährt. Im Off hört man dazu:

E. A.: Und überall wo die Jugend um Hilfe ruft, da geh ich dann hin, sammel sie ein.
W. B.: Und dann?
E. A.: Und dann mache ich anständige Nationalsozialisten aus ihnen ... wie sich das gehört (lacht) ... klar

Was sind »anständige Nationalsozialisten«, und nach welchen Regeln werden sie herausgebildet? Der thematische Aufbau sowie die Darstellungsweise der Rede und Althans' Selbstpräsentation sollen dazu an einigen Beispielen analysiert werden.
Dokumentiert wird im Film, wie Althans seine Rede im Aufbau

10 Eine Berichterstattung dazu (»Rechtsextremisten marschierten in Auschwitz«, Frankfurter Rundschau, 9. 4. 1996, S. 2) ist übrigens ein kontrastives Beispiel zu der Filmsequenz. Zu dem Auftritt von etwa 80 polnischen Neonazis in Auschwitz und Birkenau wird erläutert, durch welche politischen Instanzen diese Kundgebung genehmigt wurde; die Beschreibung des Auftritts und der Spruchbänder wird durch Hinweise auf die Geschichte des Konzentrationslagers und der Gedenkstätte kontrastiert; am Schluß wird beschrieben, wie Besucher der Gedenkstätte auf den Auftritt reagierten. Es wird deutlich, daß es eine politische Vorgeschichte dieser Kundgebung gibt, und die Gedenkstätte wird aus der Perspektive der Besucher wahrnehmbar.

gestaltet, an welche Topoi er referiert und welche Gesten er zur Steigerung der Dynamik einsetzt. Die Kamera zeigt auch das ausschließlich männliche Publikum und blendet in Nahaufnahme einzelne Zuhörer ein. Insbesondere, wenn Althans sein Publikum direkt adressiert (so bei »Ihr seid die Besten in Deutschland«, »Ihr müßt angreifbar sein«), sind deren aufmerksame Reaktionen zu sehen.

Althans scheint Starredner der Veranstaltung zu sein; die Veranstaltung war bereits angelaufen, und einige Aktivisten sitzen hinter Althans auf der Bühne. Zur Begrüßung von Althans steht das Publikum an den langen Tischen auf. Mit tiefem Luftholen und die Rede begleitenden, weit ausholenden Bewegungen der Hände, Arme und Schultern beginnt Althans:

»Nationaler… Sozialismus .. in Deutschland .. ist das denn überhaupt noch möglich? … Ist es denn überhaupt noch möglich … daß hier noch mal etwas wieder gut wird?«

Die thematische Referenz an den Nationalsozialismus als ideale Zeit, die zurückkehren soll, damit es wieder gut wird, erfolgt auf eine Weise, die gleichermaßen durch die Provokation der Benennung dieser Zeit als ideal beeindrucken soll als auch durch die geschickte Formulierung, die der Inkriminierung entgeht. Althans präsentiert sich hiermit als ein Anführer, der sich traut, das Ziel zu benennen, und der weiß, wie er dies tun kann. Die historische Wunschzeit erscheint machbar, wie er die Hände ballt und öffnet und die Schultern in der Jeansjacke dynamisch zurückwirft.

Auch im weiteren Verlauf der relativ kurzen Rede arbeitet er den Raum um sich mit wendigen Bewegungen ein, die eher denen eines Werbeverkäufers als eines militärischen Führers ähneln. Folgende Themen schneidet er an (sie können hier aus Platzgründen nur benannt werden):

– Belege für die Erreichbarkeit des Zieles (»die Studien zeigen uns ein riesengroßes Umfeld«, einen »riesengroßen Zuwachs«),

– eine Auflistung militärisch-nationalsozialistischer Eigenschaften (»Vorbild sein … Kamerad sein … treu sein … opferbereit sein«),

– die Verheißung des Sieges (»und dann seid ihr eine Gruppe die absolut ausstrahlt auf diese Welt von heute«),

– die Abgrenzung gegenüber der Außenwelt und die Ablehnung der gegenwärtigen gesellschaftlichen Möglichkeiten (»es gibt ja nichts in dieser Welt von da draußen, von den andern mehr womit man uns noch locken könnte«). Ab hier gebraucht Althans die »wir«-Form für sich und sein Publikum. Nach mehreren Kurzformeln der Ablehnung (»Drogen? Diskotheken?«) folgt eine sehr langatmige, verachtungsvolle Abrechnung mit »Bonzen« und »Bourgeoispack«, mit der »Schleimerei«, mit der sich Politiker »im Ausland Freunde« erkaufen. Abrupt – im Film durch Schnitt und Einstellungswechsel betont – endet er mit einer Absage an den »Staat« (»Nein! Zu diesem Staat haben wir natürlich kein Vertrauen«). Die Zuhörerschaft klatscht.

– Es kommt nun zu einem direkten Appell an die Zuhörer: »Ihr seid ihr selbst.« Die dynamische Affirmation beinhaltet: Ihr seid einzigartig, großartig, macht weiter so. Sie müßten sich selbst befreien, fährt Althans fort, auch hier in Cottbus, seit 1989 hätten sie das »fantastisch vorexerziert«. Sie hätten ein Volk hier (er adressiert die Zuhörer damit als dessen Anführer), das dem Kommunismus getrotzt habe, dessen Seele nicht vergiftet sei. Althans steigert: »Ihr seid die Besten in Deutschland«. Kaum kaschiert fordert er sie zum militanten Aktivismus auf: »das müßt ihr den Leuten jeden Tag zeigen, ob sie es sehen wollen oder nicht, ihr müßt provozieren, ihr müßt dasein, ihr müßt angreifbar sein«. Die Legitimationsrhetorik der Umkehrung von Tätern zu Opfern wird dazu vorgeführt und mitgeliefert.

– Gegen die heroisch Militanten setzt Althans das verächtliche Bild eines dicken Postenerschleichers aus dem nationalen Lager, der nicht wie »wir Jungen«, wie »diese Gemeinschaft von uns jungen Kämpfern«, »Opfer und Entbehrung und Leistung« »für Volk und Vaterland« auf sich genommen habe. Die Überleitung zum historischen Vorbild der Dolchstoßlegenden wird explizit: »Denn noch einmal werden wir, wenn wir durch Arbeit und Fleiß und Sauberkeit, wie es unsere Vorbilder getan haben, unser eigenes Volk befreien, noch einmal werden wir uns nicht im Kameradenkreis Tretminen legen«.

– Althans deklamiert zum Schluß ein nationalsozialistisches Kampfgedicht (»Und tobt der Feind auch noch so grimmig ..«). Die Sequenz der Themen leiten zu dem Sinnbild des Kampfes, der jetzt endlich ausgefochten und in neuer Einigkeit gewonnen werden kann. Mit dem historischen Modell ergibt sich Sinn und Ziel für die Gegenwart.

4. Abschließende Überlegungen

Folgende Kontextdaten ergänzen die Rekonstruktion des Mitgliedschaftsprozesses: Mit siebzehn Jahren hat Althans mit einer unvorhergesehenen, spontanen Rede bei der »Gesellschaft für freie Publizistik« den Bochumer Politologie-Professor Bernard Willms begeistert, der Geld für ihn sammelte, um »Jugendarbeit« zu machen, und später sein Mentor wurde (SPIEGEL 18, 1992, S. 110 und 113). Zwei weitere entscheidende Begegnungen nennt Althans im SPIEGEL: sein »Schlüsselerlebnis« sei 1984 ein Treffen mit Michael Kühnen gewesen: er war »wie vom Schlag gerührt, es war eine Offenbarung und wurde mein Entschluß fürs Leben« (d. h., die Hinwendung zum »orthodoxen Nationalsozialismus«). Eine weitere »schlagartige« Erleuchtung (zur »Endlösung der Judenfrage«) bedeutete für ihn die Begegnung mit Ernst Zündel; in Zusammenarbeit mit ihm wolle er die Leugnung des Holocaust zum Fundament rechtsextremer Ideologie machen.

Althans ist 1966 geboren, seine frühe Rekrutierung als Dreizehnjähriger fand Ende der 70er Jahre statt, als die Mitgliederzahlen rechtsextremer Gruppen anstiegen und ihre Gewalttätigkeit zunahm. Zu dieser Zeit begannen Altnazis und junge Rechtsextreme, die Leugnung des Holocaust offensiv zu vertreten. Es ergeben sich folgende Parallelen zu den Fallanalysen der Untersuchung, für die Jugendliche zwischen 1979 und 1981 interviewt wurden:

– Schon im frühen Jugendalter hatte Althans intensive Kontakte zu Rechtsextremen der Großvätergeneration. Ähnliche Beziehungen schilderten um 1980 auch beinahe alle Jugendliche der Interviewuntersuchung als bedeutsam für ihre spätere Involvierung.

– Als seinen »Durchbruch« bezeichnet Althans eine gelungene Rede. Die Entdeckung seines rhetorischen Talents markiert für ihn eine Aussicht auf Erfolg und Popularität, die von seinen rechtsextremen Ziehvätern gefördert wird. Auch in der Interview-Untersuchung galt diese Konstellation für einige als Zeichen der eigenen »Berufung«.

– Rekrutiert-Werden und Vereinnahmung durch Rechtsextremisten werden von Althans biographisch reschematisiert als Eingriff »höherer Gewalt«, als »schlagartige« Erleuchtung, als »Offenbarung«, ebenso wie – im gleichen Wortlaut – von Jugendlichen der Interview-Untersuchung.

Für den Prozeß des Mitglied-Werdens und der Intensivierung der

Zugehörigkeit finden sich also auch bei Althans: die rechtsextreme Sozialisation durch Mentoren der Großvätergeneration; die Erwartung, durch rhetorische Überzeugungskraft an die Spitze zu kommen; schließlich die »Mitgliedschaftsarbeit« der Dramatisierung der eigenen Zuwendung.

Ebenfalls gegeben sind die symbolischen Bezüge auf den Nationalsozialismus. Die Mobilisierung rechtsextremer Jugendlicher durch Namen und Mythen des historischen Nationalsozialismus ist nur dann verwunderlich, wenn, wie in vielen Erklärungsansätzen, ausschließlich »Problemlagen der Gegenwart« als Ursachen des Rechtsextremismus gelten sollen. Die ethnographische Beschreibung und die Analyse offener Interviews zeigen hingegen, wie bedeutungsvoll und handlungswirksam Referenzen und Appelle an den historischen Nationalsozialismus sind. Es handelt sich nicht um bloßes Gerede; über rhetorische Wirklichkeitskonstruktionen wird vielmehr der eigene Aktivismus als historisch vorgegebenes »Geschichte-machen« fixiert. Nach und nach wird die eigene Biographie im Prozeß der Intensivierung als eine scheinbar historisch bedeutsame und vorgeprägte »in die Geschichte hineingeredet«. Die illusionäre autobiographische Gesamtsicht (Schütze 1981, S. 122) wird aufrechterhalten, indem beständig gegen die lebensgeschichtliche, soziale und geschichtliche Realität argumentiert wird.

Die zuweilen vertretene These, es handele sich um orientierungslose Jugendliche, die zum Rechtsextremismus verführt würden, übersieht die Verankerung rechtsextremer Mobilisierung in allgemeineren nationalistischen Interpretationsmustern, insbesondere einer primären historischen Opferschaft der Deutschen. Soziale Benachteiligung wird erst dann eine »Ursache« für Rechtsextremismus, wenn sie mit diesen Mustern interpretiert wird. Auf die ideologische Begründung der Durchsetzung eines historisch verbürgten Herrschaftsanspruchs ist rechtsextreme Rhetorik spezialisiert. Am Beispiel von Althans' Rede wird deutlich, wie er operiert, um die historischen Muster als signifikante weiter durchzusetzen. In einer interaktionsanalytischen Perspektive auf den Prozeß der Involvierung wird zudem deutlich, daß die Jugendlichen im Cottbuser Publikum ebenso wie Jugendliche in anderem rechtsextremen Kontext weder passiv verführt werden noch ideologisch gleichgültig sind. Über die Teilhabe an der rhetorischen Darbietung mobilisieren sie sich weiter, ihr vorgängiger nationaler Sinnbezug wird fokussiert.

Abschließend möchte ich daran erinnern, wie in der Szene zwischen Althans und seinen Eltern sozialpsychologische und soziologische Erklärungsansätze des Rechtsextremismus zum Tragen kommen und dahingehend wirken, daß sich Interaktionsstrukturen ritualisieren und biographische Zuschreibungsprozesse zementieren. Anders als das Berufen auf vorgefaßte Erklärungen könnte das Fragen nach dem Geschehensablauf der Involvierung und Intensivierung neue Zusammenhänge deutlich werden lassen, in sozialer wie in sozialwissenschaftlicher Hinsicht.

Literatur

Goffman, Erving 1959: The Presentation of Self in Everyday Life. New York: Doubleday.

Held, Josef/Horn, Hans-Werner/Marvakis, Athanasios 1996: Gespaltene Jugend. Politische Orientierungen jugendlicher ArbeitnehmerInnen und ihre subjektiven Begründungen im Kontext gesellschaftlicher Veränderungen. Opladen: Leske & Budrich.

Hasselbach, Ingo und Bonengel, Winfried 1993: Die Abrechnung. Ein Neonazi steigt aus. Berlin: Aufbau Verlag.

Inowlocki, Lena 1988: Ein schlagendes Argument. Geschichtliche Rechtfertigung und biographische Konstruktionen von Jugendlichen in rechtsextremistischen Gruppen. In: Bios 2.

Inowlocki, Lena 1992: Zum Mitgliedschaftsprozeß Jugendlicher in rechtsextremistischen Gruppen: Ergebnisse einer interpretativ-qualitativen Untersuchung. In: Psychosozial Nr. 51.

Inowlocki, Lena 1996: Leugnung ohne Absicht? Zum Hamburger Freispruch für das Behaupten eines »Auschwitzmythos«. In: Babylon 16/17.

Inowlocki, Lena (i.V.): Sich in die Geschichte hineinreden. Eine prozeß- und biographieanalytische Untersuchung der Gruppenmitgliedschaft rechtsextremer Jugendlicher. Weinheim: Deutscher Studienverlag.

Schütze, Fritz 1981: Prozeßstrukturen des Lebensablaufs. In: Matthes, Joachim, Pfeifenberger, Arno, Stosberg, Manfred (Hg.), Biographie in handlungswissenschaftlicher Perspektive. Nürnberg: Verlag der Nürnberger Forschungsvereinigung.

Strauss, Anselm L. 1978: A social world perspective. In: Denzin, Norman (Hg.): Studies in Symbolic Interaction, Vol. I, S. 119-128.

Strauss, Anselm L. 1994: Grundlagen qualitativer Sozialforschung. München: W. Fink.

Wagener, Gerald 1981: Ein rechtsradikaler Jugendlicher berichtet. Berlin: DVK-Verlag.

Hans-Dieter König
Ein Neonazi in Auschwitz
Tiefenhermeneutische Rekonstruktion einer Filmsequenz aus Bonengels *Beruf Neonazi* und ihre Wirkung im kulturellen Klima der Postmoderne[1]

1. Zur Fragestellung und zur Methode

Adorno (1966) gelangt aufgrund seiner Geschichtsphilosophie, welche die Katastrophenerfahrungen des zwanzigsten Jahrhunderts zu reflektieren sucht, zu dem Schluß, daß Hitler den Menschen »einen neuen kategorischen Imperativ aufgezwungen« habe: »ihr Denken und Handeln so einzurichten, daß Auschwitz nicht sich wiederhole, nichts Ähnliches geschehe« (S. 358). Diese moralische Forderung erscheint Adorno (1967) um so notwendiger, als »das Ungeheuerliche«, daß »Millionen schuldlose Menschen [...] planvoll ermordet« wurden, »nicht in die Menschen eingedrungen« sei (S. 85 f.). Da »die Gefahr, daß es sich wiederhole«, nicht zuletzt darin liege, »daß man es nicht an sich herankommen läßt« (ebd., S. 90), sei Erziehung nach Auschwitz mit einer Forderung nach »allgemeiner Aufklärung« verbunden, »die ein geistiges, kulturelles und gesellschaftliches Klima schafft, das eine Wiederholung nicht zuläßt, ein Klima, in dem die Motive, die zu dem Grauen geführt haben, einigermaßen bewußt werden« (ebd., S. 88).

Wie aktuell Adornos Überlegungen zur Erziehung nach Auschwitz auch nach dreißig Jahren noch sind, haben die fremdenfeindlichen Ausschreitungen jugendlicher Gewalttäter zu Beginn der neunziger Jahre verdeutlicht: Wie rechte Jugendliche Asylbewerber und Ausländer auf der Straße überfallen und ihre Wohnheime in Brand gesetzt haben, so haben sie jüdische Friedhöfe und Gedenkstätten geschändet, die an die industrielle Massenvernichtung erinnern. So erschienen, wie Erb (1994) berichtet, im August

1 Eine erste Fassung des vorliegenden Aufsatzes ist 1995 in der *Zeitschrift für Politische Psychologie*, 3. Jg., Nr. 1 + 2 erschienen.

1990 Nazi-Skinheads in SS-ähnlichen Uniformen auf dem Gelände der Gedenkstätte Sachsenhausen und hielten eine »Gedenkfeier für die Opfer der Befreier« ab (S. 34). Ein Jahr später verteilten Skinheads in der Gedenkstätte Ravensbrück Flugblätter (»Schluß mit dem Holocaust«) der »Nationalistischen Front« und griffen Besucher an, die sie photographieren wollten (ebd.). Im September 1991 setzten zwei neunzehn und zweiundzwanzig Jahre alte Männer die jüdische Baracke in der Gedenkstätte des ehemaligen KZ Sachsenhausen in Brand, bei dem die Baracke zur Hälfte zerstört wurde (vgl. Königseder 1994, S. 305). Und im Oktober 1992 verübten zwei Jugendliche im Alter von siebzehn und neunzehn Jahren einen Brandanschlag auf die KZ-Gedenkstätte Ravensbrück (vgl. ebd., S. 306).

Diese Ausschreitungen entsprachen den politischen Interessen der extremen Rechten, die unter der Führung des Deutschkanadiers Ernst Zündel im März 1991 einen »Internationalen Revisionistenkongreß« in München veranstalten wollte (ebd. S. 291). Durch das Leugnen des Holocaust will die extreme Rechte das »Geschichtsbewußtsein der Deutschen« verändern, das mit dem Nationalsozialismus die »Erinnerung an die Ermordung von Millionen jüdischer Menschen« verbindet (Erb 1994, S. 61). Wenn der Regisseur Bonengel einen Film über den Münchner Rechtsextremisten Althans gedreht hat, der selbst in Auschwitz nicht vor antisemitischer Hetze zurückschreckt, dann versucht er über die politischen Aktivitäten der Neonazis aufzuklären, die durch eine Demontage von Auschwitz den Nationalsozialismus rehabilitieren wollen. Angesichts der Tatsache, daß der Regisseur dem Rechtsextremisten eine Bühne zur Verfügung gestellt hat, um sich in Auschwitz als Neonazi zu inszenieren, ist freilich zu fragen, ob Bonengels aufklärerischer Anspruch nicht ins Gegenteil umgeschlagen ist. Eben diese Einschätzung hat der Zentralrat der Juden in Deutschland vertreten, der wegen der unwidersprochenen Verbreitung der Auschwitzlüge und der Verherrlichung des Nationalsozialismus Strafanzeige stellte. Die hermeneutische Rekonstruktion dieses Films ist daher in dreierlei Hinsicht bedeutsam:

– Einerseits läßt sich anhand dieses Films die sozialpsychologische Frage untersuchen, wie ein Neonaziführer heutzutage die rechte Jugendszene zu politisieren und die Öffentlichkeit als ein »Yuppie-Nazi« zu beeindrucken versucht.

– Andererseits geht es um das mediensoziologische Problem, ob ein Dokumentarfilm produziert wurde oder ob im Zuge der Verfilmung die zu Althans einzuhaltende kritische Distanz verlorengegangen ist. Mediensoziologisch bedeutsam ist zudem die Frage, inwieweit die Öffentlichkeit für solche medialen Inszenierungen anfällig ist.

– Sowohl die Selbstdarstellungen des Neonaziführers als auch die Verfilmung seiner Auftritte durch den Regisseur sind zeitdiagnostisch brisant, weil es auch darum geht, ob hier ein neuer Umgang mit Auschwitz vorgeführt wird: Das durch die deutsche Wiedervereinigung eingeleitete Ende der Nachkriegszeit vollzieht sich ja in einem historischen Augenblick, in dem allmählich die Generationen aussterben, die noch die Wirklichkeit des Nationalsozialismus erinnern. Da nur noch die Generation der mittlerweile um die 50 Jahre alten Kriegskinder erzählen kann, wie es damals war, sind wir heute, wie Bude (1992) feststellt, »Zeugen der Umwandlung von Erinnerung in Geschichte« (S. 10). Wenn aber im Gegensatz zum fortwährend expandierenden Theoriewissen über den Nationalsozialismus die »Erlebnisrealität« des Dritten Reich zusehends schrumpft (ebd.), dann ist die politische Agitation des Münchner Neonaziführers Althans ein zeitdiagnostisches Symptom für neue Versuche der extremen Rechten, die nationalsozialistischen Greueltaten zu entwirklichen. Dabei geht es nicht allein darum, daß Althans den industriellen Massenmord an den Juden bestreitet, sondern auch um sein Bemühen, neue Gefühle gegenüber den vom deutschen Volk zu verantwortenden Verbrechen gegen die Menschlichkeit zu wecken.

Die neue Form, in der dieser Neonazi mit der nationalsozialistischen Vergangenheit umgeht, soll durch eine hermeneutische Fallrekonstruktion untersucht werden, die sich aus mehreren Argumentationssträngen zusammensetzt: Begonnen wird mit einer szenischen Interpretation der konkreten Auftritte von Althans in Auschwitz, die das so heftig umstrittene Zentrum des Films darstellen (Abschnitt II). Die Ergebnisse der szenischen Fallrekonstruktion bilden den Ausgangspunkt für die Klärung der sozialpsychologischen Frage, auf welche typischen Muster sozialen Interagierens dieser »Yuppie-Nazi« zurückgreift, um seine Adressaten zu faszinieren (Abschnitt III). Sodann soll die kultursoziologische These untersucht werden, ob die Auftritte von Althans und die filmische Inszenierung durch den Regisseur auch deshalb eine Wirkung entfalten, weil sie einem bestimmten kulturellen Zeitgeist entsprechen (Abschnitt IV). Schließlich soll eine Problem der politischen Soziologie erörtert werden: Anhand einer Rede von Bundeskanzler Kohl soll nämlich exemplarisch untersucht werden, in welchem Verhältnis die Inszenierungen von Althans zu den neokonservativen Bemühungen stehen, Auschwitz zu historisieren (Abschnitt V).

Die Fallrekonstruktion wird mit Hilfe der Tiefenhermeneutik durchgeführt, einer Methode, die ein Verständnis von Methodologie voraussetzt, wie es Adorno in den sechziger Jahren vor allem im Zuge des Positivismusstreites expliziert hat. Es geht darum, sich die »lebendige Erfahrung« der Sache zu erschließen (Adorno 1972, S. 212), indem man »an Zügen sozialer Gegebenheit der Totalität gewahr« wird (ebd., S. 315). Ganz im Sinne dieses von Adorno entwickelten Projektes einer kritischen Sozialforschung, die über eine »Deutung« des Besonderen auf das Gesellschaftlich-Allgemeine zurückschließt (ebd.), hat Lorenzer (1986) eine hermeneutische Methode der psychoanalytischen Kulturanalyse entwickelt, die sich von der naiven Anwendung der Psychoanalyse in den Sozialwissenschaften grundlegend unterscheidet (vgl. König 1996). Denn wo psychoanalytische Arbeiten wie beispielsweise die Beiträge zum Nationalsozialismus darauf hinauslaufen, daß Hitlers Wille und Wirkung auf der Basis seiner ödipalen Konflikte oder seiner narzißtischen Störungen erklärt wird (vgl. König 1990, S. 146 ff.), da wird der Gegenstand abstrakt unter klinische Begriffe subsumiert. Dies führt zur Psychologisierung und Pathologisierung einer psychohistorischen Fragestellung. Diese Sackgasse läßt sich vermeiden, wenn man nicht Theoriebruchstücke der Psychoanalyse überträgt, sondern sich an die Verfahrensweise des psychoanalytischen Interpretierens hält, die Lorenzer (1970, 1974) als szenisches Verstehen auf den Begriff gebracht hat. Mit der von ihm so bezeichneten Tiefenhermeneutik ist eben diese Methode gemeint, die sich dem sozialwissenschaftlichen Gegenstand anschmiegt und eine der Sache angemessene neue Begrifflichkeit entwickelt (vgl. König 1993, 1997).

Tiefenhermeneutische Fallrekonstruktionen gehen von Gruppeninterpretationen aus (vgl. König 1993, S. 206 ff.), in deren Rahmen die SeminarteilnehmerInnen sich durch das Thematisieren ihrer Reaktionen, Einfälle und Verstehensansätze einen ersten Zugang zu den verborgenen Lebensentwürfen erschließen, die beispielsweise in einem Film aufgegriffen und öffentlich zur Debatte gestellt werden. Denn kulturelle Objektivationen wie ein Film stellen einen Mikrokosmos dar, in dem Lebensentwürfe im Einklang mit den in dieser realen oder fiktiven Welt geltenden Regeln und Normen artikuliert und zugleich unterdrückt werden. Der manifeste Sinn eines Films wird durch die Lebensentwürfe bestimmt, die sich aufgrund ihrer sozialen Akzeptanz im Handeln und Sprechen der Akteure durchsetzen; der latente Sinn wird hingegen durch die Lebensentwürfe bestimmt, die aufgrund ihrer sozialen Anstößigkeit verpönt sind, jedoch auf einer verborgenen Bedeutungsebene zur Geltung kommen. Während sich die sozial anerkannten Lebensentwürfe ohne Schwierigkeiten entziffern lassen, werden die sozial anstößigen Lebensentwürfe dadurch zugänglich, daß man sich durch die im Film zutage tretenden Ungereimtheiten, Widersprüche und Brüche irritieren läßt. Irritationen erschließen also den Zugang zu einer quer zum manifesten Sinn gelegenen zweiten Sinnebene. Damit ist die Perspektive, in der die Methode der Tiefenhermeneutik sich entfaltet, so weit umrissen, daß zur szenischen Interpretation übergegangen werden kann[2].

11. Szenisches Verstehen der von Althans in Auschwitz arrangierten Auftritte

Der 28 Jahre alte Althans tritt in Auschwitz als ein smarter und lässiger junger Mann auf, der Sonnenbrille, T-Shirt und Jeans trägt. Diese persönliche Fassade reichert er durch die Übernahme verschiedener Rollen an, deren Bedeutung sich in der Spannung zwischen einem manifesten und einem latenten Sinn auf die folgende Weise entfaltet:

2 Ich danke an dieser Stelle allen Studentinnen und Studenten, die im Rahmen eines Forschungspraktikums, das ich im WS '94/'95 am Fachbereich Gesellschaftswissenschaften der Universität Frankfurt durchgeführt habe, zum Gelingen der tiefenhermeneutischen Gruppeninterpretationen verschiedener Szenen des Bonengel-Films beigetragen und unter Leitung von Oliver Aust die wichtigsten Filmsequenzen verschriftet haben.

Das erste Schauspiel, das Althans in Auschwitz veranstaltet, wird dadurch bestimmt, daß er gutgelaunt an Baracken, Wachtürmen und hohen Bäumen entlangschlendert. Als er an dem Lagertor ankommt, über dem die berüchtigten Worte »Arbeit macht frei« stehen, erklärt er entspannt: »Das ist das Stammlager Auschwitz« (Aust u. a. 1995, S. 27). Dadurch, daß er das nicht ernst, sondern locker und gleichgültig sagt, signalisiert er, daß Auschwitz für ihn kein Grund zur Trauer ist. Vielmehr versucht er den Eindruck zu erwecken, als ob es keinen Unterschied zwischen dem ehemaligen Vernichtungslager und einem beliebigen Ausflugsort gebe. Durch sein lässiges und munteres Auftreten unterstreicht Althans, daß er einen touristischen Abstecher unternimmt, dementsprechend er sogleich einen Kiosk ansteuert. Er kauft sich ein Buch, freilich nicht, um sich über Auschwitz zu informieren, sondern um sich zu unterhalten. Denn mit dem Buch »gibt es was zu lachen auf der Rückfahrt« (ebd., S. 28). Das ist es also, was Althans in Auschwitz sucht: Ein Unterhaltungsangebot, mit dem er sich so amüsieren kann wie im Schaukampf mit einem Amerikaner, der seinen neonazistischen Parolen heftig widerspricht.

»Ich geh' jetzt einfach«, erklärt Althans gegen Ende seiner Auseinandersetzung mit dem Amerikaner (ebd., S. 32), »ich wart' jetzt hier nicht mehr«. Und lustlos fügt er hinzu: »Ich will weg. Mir wird sonst noch schlecht hier« (ebd., S. 33). Obwohl Althans die Gedenkstätte aufsucht, existieren für ihn die Opfer des Holocaust nicht. Was er dort tut oder läßt, hat nur etwas mit ihm selbst zu tun: Solange es ihm Spaß macht, streitet er sich mit dem Amerikaner; sobald er es leid ist, läßt er ihn einfach stehen. Auch auf diese Weise übermittelt er dem Filmpublikum die Botschaft, daß er sich in Auschwitz »just for fun« aufhält.

Wie der Besuch in Auschwitz als touristischer Ausflug beginnt, so endet er auch. Denn als Althans nach München zurückgekehrt ist, führt er seinen Kameraden gutgelaunt die Diabilder vor, die er auf seiner Fotosafari aufgenommen hat. Wie sehr er das genießt, verrät der Witz, den er sich dabei erlaubt. Stolz erzählt er, daß er vom Weg der offiziellen Tourenführung abgewichen ist und auf eigene Faust recherchiert hat. Dabei habe er ein Schwimmbad entdeckt, das ein handgreiflicher Beweis für die Harmlosigkeit von Auschwitz sei:

»Da mußten die Häftlinge also mit Sicherheit nicht, wie man vermutet, Wasserball gegen Krokodile spielen, sondern, äh, da konnten die Leute eben baden im Sommer, wenn's denen heiß war« (ebd., S. 35).

Die Vorstellung, Auschwitz sei das »grausamste Vernichtungslager aller Zeiten« gewesen (ebd., S. 37), wird Althans zufolge schon dadurch widerlegt, daß ja der Gedanke absurd sei, die Juden hätten dort wie römische Gladiatoren auf Leben und Tod mit wilden Tieren gekämpft. So verhöhnt Althans Auschwitz durch den Vergleich mit einem Witz, der allein im Rahmen der Comicwelt Goscinnys und Uderzos unterhaltsam erscheinen kann. Denn in dieser fiktiven Welt geht es zwar heftig zu, die Gladiatoren kommen jedoch mit dem Leben davon, weil Asterix und Obelix im letzten Augenblick eingreifen und den Römern durch Prügel einen kräftigen Denkzettel verabreichen. So läßt der Witz über das Wasserballspiel gegen Krokodile Auschwitz noch einmal als das erscheinen, wozu Althans das Vernichtungslager durch den Scherz macht, es handele sich um »ein Walt-Disneyland für Osteuropa« (ebd., S. 32).

Der manifeste Sinn dieses Rollenspiels läßt sich folgendermaßen zusammenfassen: Dadurch, daß Althans einen Touristen spielt, der Auschwitz nicht ernst nimmt, sondern darüber dumme und zynische Witze macht, entweiht er die Gedenkstätte. Weil alle Unterschiede zwischen einem Mahnmal und einem Ausflugsort für Touristen, zwischen dem Monströsen des Völkermordes und der Banalität eines Comic nivelliert werden, verflüchtigt sich das Grauen, das sich mit Auschwitz verbindet. Die Aufmerksamkeit der Zuschauer richtet sich statt dessen auf die Selbstinszenierung eines Touristen, der sich in Auschwitz gut amüsiert.

Einen Zugang zum latenten Sinn erschließen folgende Irritationen:

– Befremdend ist zunächst die Unterstellung, von der Althans ausgeht, als er sich angesichts des von ihm entdeckten Schwimmbeckens darüber freut, »daß theoretisch in der Vergangenheit hier auf diesem Sprungbrett Häftlinge ihre Köpper ins Badewasser machten« (ebd., S. 37). Indem er erklärt, die Häftlinge hätten hier »theoretisch« schwimmen können, räumt er ein, daß sie das praktisch nicht getan haben. Auf diese Weise verrät Althans, daß er selbst nicht daran glaubt, was er sagt, sondern nur aus Spaß ein Gedankenexperiment durchspielt.

– Ebenso irritierend ist der Witz, den Althans zum Besten gibt, als
  er dem Kioskbesitzer versichert, er glaube ihm schon, daß er ihm
  das richtige Wechselgeld gebe. Seine Worte, man brauche ihm
  das Geld nicht so umständlich vorzuzählen, begründet Althans
  mit folgendem Scherz: »In Auschwitz betrogen [zu] werden, das
  wäre ja dann der Hit« (ebd., S. 28). Mit den Worten, daß es schon
  ein »Hit«, also etwas ganz Außergewöhnliches wäre, wenn man
  in Auschwitz betrogen würde, unterstellt er, daß eine solche
  Gaunerei an dieser Gedenkstätte eigentlich nicht vorstellbar
  ist.

Die beiden Präsuppositionen dokumentieren, daß Althans sehr
wohl weiß, was Auschwitz bedeutet. Aber er spielt einen Touristen, der nichts Besonderes entdeckt und sich gut unterhält. Denn
er will die Wahrheit nicht wissen und die Gefühle der Trauer auf
Distanz halten, die sich mit dem Gedenken an die Opfer des
Holocaust verbinden. So gelingt es Althans, über das touristische
Rollenspiel »das Ungeheuerliche«, das Auschwitz bedeutet
(Adorno 1967, S. 85), auf die latente Bedeutungsebene der Inszenierung zu verbannen. In den Vorannahmen, die seinen Witzen
zugrunde liegen, verrät sich das Unterdrückte. Auf einer sinnlich-
bildhaften Bedeutungsebene setzt sich das Abgewehrte zudem in
der Vorstellung von den Menschen fressenden Krokodilen durch:
Sie stellen die Nazibestien dar, die ihre Opfer in den Todeslagern so
lange quälten, bis sie von den Krematorien verschlungen wurden.

11, 2. Der den industriellen Massenmord empört bestreitende
Neonazi (1)

Im Krematorium selbst inszeniert Althans ein anderes Rollenspiel.
Die Szenensequenz beginnt damit, daß unser Blick mit dem Auge
der Kamera durch die finster und kalt wirkenden Gemäuer der nur
spärlich erleuchteten Gaskammer gleitet. Totenstille herrscht hier.
Dann führt uns die Kamera in den Raum mit den Verbrennungs-
öfen, wo Althans lautstark auf einen jungen Amerikaner einredet.
In fließendem Englisch erhebt Althans gegen den Amerikaner
Vorwürfe:

»Sie haben nicht das Recht, so zu reden, weil ich hier nicht einer von den
Leuten bin, dessen, dessen Vorväter schuldig sind für das, worum es hier

379

angeblich geht. Das ist richtig, meine Vorväter waren nicht schuldig, richtig« (Aust u. a. 1995, S. 28).

Indem Althans die im Krematorium herrschende Stille bricht, verletzt er die von den Besuchern eingehaltene Zeremonie, schweigend der Toten zu gedenken. Indem er diejenigen anschreit, die sich gedanklich mit dem Ungeheuerlichen des industriellen Massenmordes auseinandersetzen, greift Althans nicht nur die Besucher der Gedenkstätte an, sondern verhöhnt auch die vielen Hunderttausende von Juden, die von den SS-Wachmannschaften in Auschwitz zu Tode gequält, erschlagen und erschossen, vergast und verbrannt wurden. Wie die Judenhasser jüdische Friedhöfe verwüsten, »weil selbst die letzte Ruhe [...] keine sein« soll (Horkheimer, Adorno, 1947, S. 213), so entweiht Althans die Gedenkstätte und schmäht die Opfer des Völkermordes, derer sich niemand erinnern soll. So dienen Althans die von den Nazis an den Juden verübten Greueltaten als Vorbild für eine verbale Gewalt, die sich gegen die Besucher der Gedenkstätte wendet und auf die Opfer und die Überlebenden des Holocaust zielt. Weil Althans die Gedenkstätte damit in eine Bühne für eine antisemitische Agitation verwandelt, sind die in die Rolle von Zuhörern gezwungenen Besucher völlig überrumpelt: Während einige Schüler fassungslos zuhören, bleiben die Erwachsenen schockiert stehen, laufen verwirrt umher oder flüchten nach draußen.
Das Ungeheuerliche dieses barbarischen Auftritts zeigt sich in einer kalt-berechnenden Agitation, hinter der sich Haß auf Juden verbirgt: Geleugnet wird nämlich die moralische Verantwortung, die das deutsche Volk dafür zu übernehmen hat, »daß der industriell betriebene Völkermord eine deutsche Angelegenheit war« (Bude 1992, S. 8). Darüber versucht Althans hinwegzutäuschen, indem er über unzumutbare Zustände klagt. Der Neonazi jammert, durch seine Steuerzahlungen das mitfinanzieren zu müssen, was in der Gedenkstätte über Auschwitz verbreitet werde. Empört erwidert der Amerikaner, daß hier Menschen mit dem Leben bezahlt haben und Althans von Steuern spreche. Althans ignoriert nicht, daß er Unvergleichbares zueinander in Beziehung setzt. Vielmehr geht er unbeeindruckt noch einmal zum Angriff über, indem er dem Amerikaner sarkastisch vorhält, daß Leute wie er zu ihm Neonazi nur deshalb sagen würden, weil er sich »wundere« (Aust u. a. 1995, S. 29):

»Wissen Sie, Sie sind so ein Mensch, der fähig ist, andere Leute zu verbrennen, nur weil sie eine andere Meinung haben. Sie sind doch einer von
den Leuten, die für das hier verantwortlich sind!« (ebd.)

Die Anklage, er sei ein potentieller Mörder, verschlägt dem Amerikaner die Sprache. Einige Besucher versuchen Althans durch
Zurufe zu bremsen. Aber diese Bemühungen schlagen fehl, bewirken das Gegenteil: Der die Szene beherrschende Neonazi gerät
noch mehr in Fahrt und steigert sich in die moralische Empörung
darüber hinein, »daß Millionen von Menschen hier durch Attrappen geführt werden. Ich wehre mich dagegen, daß hier Lügen
verbreitet werden« (ebd., S. 30). Weder der Amerikaner noch die
anderen Besucher des Krematoriums sind Althans gewachsen, der
durch seine wahnhaften Anschuldigungen ein heilloses Durchein-
ander herstellt und die Sachlage ins Gegenteil verkehrt: Mit dem
Vorwurf, in Auschwitz würden Lügen verbreitet, wirft Althans
den Organisatoren der Gedenkstätte vor, was er selbst durch das
Bestreiten der nationalsozialistischen Greueltaten tut. Und mit der
Anklage, Menschen würden hier durch Attrappen geführt, unterstellt er ihnen, was er selbst tut, indem er das Krematorium als
Bühne für seinen Auftritt als Neonazi mißbraucht.
Manifest ist also, daß Althans das stille Gedenken an die Opfer
durch seine lärmende Agitation zerstört. Da er den Herrenmenschen spielt, der sich über die sittliche Ordnung der Welt hinwegsetzt, den Zuhörern barsch das Wort abschneidet und ihnen seine
verlogenen Hetzparolen als Wahrheit auftischt, exekutiert er in
Auschwitz verbal die Gewalt, mit der die Juden hier real vernichtet
wurden. Die Bilder erzählen so von dem skandalösen Auftritt
eines Neonazis, der in Auschwitz durch das Bestreiten des industriellen Massenmordes die Opfer und die Überlebenden des Holocaust verhöhnt.
Auffällig ist, daß Althans auf die von den Besuchern ausgespro-
chenen Zurechtweisungen hin entgegnet: »Ich lasse mich nicht
weiter schuldig machen für Dinge, die ich nicht getan habe«
(ebd., S. 29). Diese Worte befremden, weil es sich von selbst versteht, daß Althans als Angehöriger der 89er Generation keine
individuelle Schuld auf sich geladen hat. Die Vehemenz, mit der
er seine Unschuld beteuert, offenbart freilich, daß Althans auf
einer latenten Bedeutungsebene doch Schuldgefühle belasten,
die er lautstark zu übertönen versucht. Denn durch die Erklärung,

seine »Vorväter« seien »nicht schuldig« dafür, was sich »angeblich« in Auschwitz ereignet habe, wird er zum mitschuldigen Komplicen der Täter, mit denen er sich seinem Selbstverständnis als »orthodoxer Nationalsozialist« entsprechend stolz identifiziert.

Damit wird die Szenerie verständlich, die Althans im Krematorium mit seinen wütenden Ausfällen arrangiert: Weil die Gaskammer und die Verbrennungsöfen ihn mit den Spuren der von den Nazis begangenen Greueltaten konfrontieren, gerät er im Krematorium auf doppelte Weise unter einen inneren Druck: Einerseits stellen die Gaskammer und die Verbrennungsöfen seine Weltanschauung in Frage, die auf eine wahnhafte Weise das deutsche Volk zum unschuldigen Opfer einer jüdischen Weltverschwörung stilisiert. Andererseits appellieren die Totenstille des Krematoriums und der Ernst der Besucher, die sich im Krematorium mit dem industriellen Massenmord und seinen Folgen auseinandersetzen, an das Gewissen von Althans.

Dabei geht es, wie gesagt, um eine individuelle Schuld, weil Althans die Nationalsozialisten von ihren Greueltaten freispricht. Indem er auf der manifesten Bedeutungsebene dieser Szenerie seine Hände in Unschuld wäscht, erreicht er zweierlei:

- Einmal kann er aufgrund der Komplicenschaft mit den Mördern des Dritten Reiches aufkommende individuelle Schuldgefühle auf die latente Bedeutungsebene verbannen.
- Das andere Mal bringt Althans durch die Beteuerung seiner persönlichen Unschuld das Thema einer kollektiven Schuld der Deutschen in Mißkredit. Althans bestreitet nämlich vehement persönliche Schuldgefühle, um dagegen zu rebellieren, daß er als Deutscher für eine kollektive Schuld mitverantwortlich sein soll, die das deutsche Volk angeblich durch einen industriellen Massenmord auf sich geladen habe.

Von dem moralischen Druck, sich sowohl einer individuellen Schuld als auch einer kollektiven Schuld erwehren zu müssen, befreit Althans sich sodann, indem er mit Worten wild um sich schlägt und die Besucher der Gedenkstätte heftig attackiert. Einen Höhepunkt dieses gezielt eingesetzten Zornesausbruchs bildet die Verfolgungsphantasie, der Amerikaner würde ihn am liebsten verbrennen. Diese szenische Konstellation offenbart, wie Althans sich der grauenvollen Vorstellung, daß in den Krematorien von Auschwitz über eine Million Menschen ermordet wurden, erwehrt, indem er die wirklichen Verhältnisse auf den Kopf stellt.

Dadurch, daß er sich mit den unschuldigen Opfern der nationalsozialistischen Greueltaten identifiziert, erklärt er die Juden zu
den Schuldigen, die als Agenten einer heimtückischen Verschwörung zur Verantwortung zu ziehen seien.

Das Ergebnis ist, daß die Trauer um die Opfer durch ein melan-
cholisch gefärbtes Selbstmitleid abgewehrt wird, dementsprechend Althans sich als ein Verfolgter so fühlen kann, wie er es
zu Beginn der Auschwitzsequenz mit den Worten ausdrückt:
»Wissen Sie, ich kenne das hier praktisch wie ein Häftling, ein
ehemaliger« (ebd., S. 27). Weil er sich in die Rolle des von seinen
Feinden verfolgten Neonazis hineinsteigert, wird sein antisemitischer Auftritt im Krematorium – wo er sich darüber entrüstet,
daß die Gedenkstätte nur eine Attrappe, der Holocaust nur eine
Lüge und der Amerikaner ein potentieller Mörder sei – zur Ver-
geltungsmaßnahme dafür, was man ihm an Leid zugefügt hat.

11, 3. Der über alles Bescheid wissende Experte

Als sich andere Besucher des Krematoriums in das Wortgefecht
mit dem Amerikaner einmischen, um Althans mit Ausrufen wie
»Halt mal die Klappe!« zu stoppen (ebd., S. 29), arrangiert dieser
ein drittes Rollenspiel. »Wo geht der Rauch hin?« hält er seinen
Kritikern wiederholt entgegen: »Wo geht der Rauch hin?« (ebd.)
Damit suggeriert Althans, daß die Verbrennung der Juden in den
Öfen technisch gar nicht möglich gewesen sei, weil eine entsprechende Vorrichtung für den Rauchabzug fehle. Auf die wütende
Frage eines anderen Besuchers hin, ob Althans nichts gelernt habe,
erwidert er: »Doch, ich habe gelernt. Ich habe gelernt. Warum hat
die Gaskammer drei Türen?« (ebd.) Die zornige Entgegnung, daß
das eine »Unverschämtheit« sei, wie er hier auftrete, quittiert
Althans mit der Erwiderung: »Sie wissen nicht einmal, wie Zy-
klon-B funktioniert« (ebd.). Denn obwohl »Zyanidwasserstoff
und Ziegelsteine [...] preußischblau« ergebe, würden die Wände
der Gaskammer keine Spuren dieser Farbe aufweisen (ebd., S. 30).
Wie sehr sich die Besucher des Krematoriums auch über Althans
aufregen, er erweist sich auch in dieser Situation als überlegen, weil
er ihnen gegenüber den Experten herauskehrt, der über ein detail-
liertes technisches Wissen verfügt, mit dem er seine Kontrahenten
der Unwissenheit überführt. Indem Althans sich auf die unbe-

streitbare bauliche Anlage des Krematoriums und auf physikalische Gesetze bzw. chemische Formeln bezieht, setzt er auf architektonische Fakten und auf die Autorität naturwissenschaftlich faßbarer Tatsachen, die als unwiderlegbar gelten. Zudem hält er seinen Gegnern so entgegen, daß sie nur ihren »gesunden Menschenverstand« gebrauchen müssen, um diese Tatsachen zu verstehen.

Der manifeste Sinn des auf technische Zusammenhänge und auf Sachverstand setzenden Rollenspiels besteht darin, daß Auschwitz durch eine technisch-instrumentelle Scheinargumentation destruiert wird. Die Frage, was an diesem auf »einfache Fakten« und auf »common sense« setzenden Rollenspiel so irritierend ist, wird faßbar, sobald man sich vergegenwärtigt, über welche Differenzen Althans sich mit dieser Inszenierung hinwegsetzt: Eben dort, wo die Besucher fassungslos reagieren, weil sie in der Gedenkstätte mit den Spuren des Ungeheuerlichen konfrontiert werden, das ihr Vorstellungsvermögen gänzlich übersteigt, spielt Althans den Fachmann, der das Unfaßbare des Holocaust in einfache Fragen zerlegt, die so unkompliziert seien, daß man sie unter Zuhilfenahme des »gesunden Menschenverstandes« beantworten könne. So vermag Althans das angesichts von Auschwitz aufkommende Gefühl des Grauens niederzuhalten, indem er das Monströse, das sich jedem Verstehen entzieht, auf die latente Bedeutungsebene seiner Inszenierung verbannt. Nur so ist es möglich, daß sich der manifeste Sinn dieses Rollenspiels in die Leichtigkeit auflöst, mit der Althans Auschwitz auf technische Fragen reduziert, die ein Experte ganz einfach lösen kann.

II, 4. Der trotzige Jugendliche

Ein viertes Rollenspiel basiert darauf, daß Althans sich wie ein Jugendlicher aufführt. So signalisieren seine Worte, es sei »völlig irre«, daß »ich solche Dinger mal gepflegt habe in Bergen-Belsen« (ebd., S. 28), daß er sich auskennt und Lager wie Auschwitz als leicht handhabbare »Dinger« betrachtet, die ihm nur ein müdes Lächeln entlocken. Und wenn er Auschwitz als »ne völlige riesengroße Verarschung« bezeichnet (ebd.), dann redet er wie ein Jugendlicher, der sich davon, was die Erwachsenen ihm vorführen, nicht beeindrucken läßt. Was der älteren Generation heilig ist, entwertet Althans dadurch, daß er es im Rückgriff auf die subkulturelle Sprache der Jugendlichen in Exkremente verwandelt, die verschwinden sollen.

Als jugendlich imponiert auch die Heftigkeit, mit der er aus der Haut fährt, als ihn ein Besucher des Krematoriums dazu auffordert, doch bitte rauszugehen. »Wollen Sie frech werden?« erwidert Althans streitlustig und fügt provozierend hinzu: »Gehen Sie doch raus, wenn Sie Probleme haben!« (ebd., S. 29). So setzt sich Althans als ein Jugendlicher in Szene, der gegen die älteren Leute rebelliert und es genießt, durch die Verletzung der von ihnen geteilten Moralvorstellungen zu provozieren. »Ich bin ein junger Mensch«, betont er entschieden, »Ich lasse mich nicht weiter schuldig machen für Dinge, die ich nicht getan habe« (ebd.).

Der manifeste Sinn dieses Rollenspiels besteht darin, daß Althans die im Krematorium entfachte Auseinandersetzung zu einem Generationskonflikt stilisiert. Da er in die Rolle eines Jugendlichen schlüpft, der sich über Auschwitz eine eigene Meinung gebildet hat, erscheinen die älteren Leute als die Ewig-Gestrigen, die man nicht mehr ernst nehmen kann, weil sie auch fünfzig Jahre nach Auschwitz noch über den Holocaust erschüttert sind. Wenn Althans auf die Argumente, die der Amerikaner ihm vorhält, erwidert: »Ich wart jetzt hier nicht mehr, ich will weg, mir wird sonst noch schlecht hier« (ebd., S. 33), dann drückt er damit auch das Unbehagen jener jüngeren Generation aus, die es leid ist, immer wieder über nationalsozialistische Greueltaten belehrt zu werden.

Doch die Bemerkung von Althans, er wolle weg, weil ihm sonst noch übel werde, ist insofern merkwürdig, als sie seinem auf lässige Leichtigkeit setzenden Rollenspiel widerspricht und damit einen Zugang zum latenten Sinn dieser Szene erschließt. Seine Bemerkung, ihm könnte Auschwitz auf den Magen schlagen, verweist auf die Anstrengung, die es Althans kostet, alle dort aufkommenden Gefühle niederzuhalten. Somit ist Althans auf den Amerikaner und die Besucher des Krematoriums auch deshalb wütend, weil sie eine emotionale Betroffenheit zum Ausdruck bringen, die er sich aufgrund seiner Selbstinszenierung als ein kaltschnäuziger Jugendlicher, der lässig und emotionslos auftritt, nicht leisten kann.

Der Unmut, den Althans zum Ausdruck bringt, ist darüber hinaus
eine Reaktion auf das zweite Streitgespräch mit dem jungen Amerikaner. Denn dieser Amerikaner, den Althans im Krematorium so
heftig angegriffen hat, stellt den Neonazi anschließend unter
freiem Himmel zur Rede. Als Althans im Zuge dieses Wortge-
fechts erklärt, in Auschwitz seien keine Juden vernichtet worden,
weil »sie [...] alle überlebt« hätten und »nun alle Geld aus
Deutschland« bekämen, um »Propaganda gegen uns« zu machen,
erwidert der Amerikaner bitter, es gehe wohl um »die große
Verschwörung der Juden gegen den Rest der Welt« (ebd., S. 31).
Da Althans diese ironische Bemerkung ernsthaft bestätigt, fragt
der Amerikaner ärgerlich, ob er wisse, was eine »Gehirnwäsche«
sei. Althans bejaht und nennt als Beispiel dafür »das, was die Juden
mit ihrem Medieneinfluß den Deutschen zugefügt haben« (ebd.).
Als der Amerikaner unbeirrt kontert, er glaube eher, daß Althans
unter einer Gehirnwäsche »leide«, entgegnet dieser selbstbewußt:
»Ich bin aus dem Land, wo der Humanismus geboren wurde!«
(ebd.). Auf diese Weise bringt Althans offensiv zum Ausdruck, daß
er angesichts der von den Nazis begangenen Greueltaten und
seiner Hetze gegen die Juden keine Schamgefühle empfindet,
vielmehr ganz im Gegenteil auch in Auschwitz stolz darauf ist,
ein Deutscher zu sein.
Da er mit Argumenten nichts erreicht, fordert der Amerikaner den
Neonazi verärgert dazu auf, die Sonnenbrille abzusetzen. Der
Amerikaner appelliert so daran, daß der Deutsche ihm sein wahres
Gesicht zeigen soll. Damit wirft er dem Neonazi implizit vor, er sei
zu seiner antisemitischen Agitation nur deshalb fähig, weil er sich
hinter der Fassade seines aufgeblasenen Auftretens verstecke. Althans entgegnet, er könne mit seinen Augen nicht so viel Arroganz
vortäuschen wie der Amerikaner, der sich ja dem »auserwählten
Volk« zugehörig fühle. Denn er wisse ja, so fügt Althans grinsend
hinzu, daß sein Gesprächspartner ein Jude sei (vgl. ebd., S. 32).
Erneut stellt Althans die wirklichen Verhältnisse auf den Kopf: Die
eigene Selbstverliebtheit und Arroganz, die in der Bemerkung
anklingt, er sei auch in Auschwitz stolz darauf, aus dem sogenannten »Land der Dichter und Denker« zu kommen, verleugnet Alt-

hans, indem er sie dem Amerikaner unterstellt, der unter das antisemitische Vorurteil subsumiert wird, sich als Jude wohl als etwas Besseres vorzukommen. Wie zu Zeiten des Dritten Reiches soll der Amerikaner als Jude enttarnt und an den Pranger gestellt werden.

Der manifeste Sinn dieser Filmsequenz besteht darin, daß die beiden Kontrahenten sich gegenseitig heftig angreifen. Da der Amerikaner das Selbstgefühl des Neonazis durch die Erwiderung verletzt, seine Auffassungen seien Ausdruck eines Verfolgungswahns und einer Gehirnwäsche, wehrt Althans sich, indem er seinen Nationalstolz anführt und durch judenfeindliche Ausbrüche erneut zum Angriff übergeht: Wenn sich überhaupt jemand zu schämen habe, dann könne es sich nur um den Amerikaner handeln, der ja ein Jude sei. Merkwürdig ist, welche Konsequenzen das Abnehmen der Sonnenbrille in der anschließenden Filmsequenz hat, in welcher der Amerikaner von der Bildfläche verschwunden ist: Weil Althans vor der Kamera beweisen will, daß er sich nicht zu verstecken braucht, nimmt er die Sonnenbrille mit einem triumphierenden Lächeln ab. Aber dann verdüstert sich sein Gesicht: Er zieht die Stirn kraus, seine Augen wandern unruhig hin und her, und er kratzt sich verlegen am linken Ohr. Das Mienenspiel offenbart, daß Althans in dieser Situation die Fassung verliert: Einerseits wird er unsicher, weil er aufgrund des Fortgehens des Amerikaners nicht mehr den zornigen Neonazi spielen kann, der sich über seinen Widersacher aufregt. Andererseits gehört zu seiner modischen Fassade auch, daß er die Augen hinter einer Sonnenbrille versteckt. Zwar gelingt es ihm, nach dem Verschwinden des Amerikaners die Brille schmunzelnd abzunehmen, aber als die Kamera ihm dann lange in die Augen schaut, wird er von einem Gefühl der Scham eingeholt, das er in Auschwitz hinter seinem arroganten Auftreten zu verbergen suchte. Seine Selbstbeherrschung versucht er zurückzugewinnen, indem er vom Englischen ins Deutsche wechselt und ärgerlich erklärt: »Mir fliegen hier zu viele Tiere 'rum. Is ja eklich hier« (ebd.). Althans läßt also seinen Ärger darüber, nach dem Abnehmen der Sonnenbrille die Fassung verloren zu haben, an den umherschwirrenden Insekten aus. Wie wütend er auf den Amerikaner ist, verrät der Neonazi dadurch, daß er mit dem Blick in die Richtung, wo eben noch der Amerikaner gestanden hat, grinsend fortfährt: »Die ganzen Läuse müssen vergast werden«. Und breit in die Kamera lachend, fügt

Althans noch hinzu: »Flugläuse, müssen ausgerottet werden« (ebd.).

Obwohl Althans im Krematorium moralisch entrüstet abgestritten hat, daß die Nazis die Juden in den Krematorien vergast haben, genießt er in dieser Szene die Vernichtungsphantasie, den Amerikaner wie Ungeziefer so auszurotten, wie es die Nazis im Umgang mit den Juden praktiziert haben. Wie sehr Althans auch zuvor den industriellen Massenmord dementiert hat, am Ende läßt er die Maske fallen und steht im Zuge eines antisemitischen Witzes grinsend dazu, an dem mit Insektenvertilgungsmitteln durchgeführten Völkermord Geschmack gefunden zu haben. Wie entsetzt das Filmpublikum auch reagieren mag, Althans gelingt es auf diese Weise, die Fassade des menschenverachtenden Herrenmenschen zu reparieren, die infolge des Absetzens der Brille zerplatzt ist.

II, 6. Zum Verhältnis des manifesten zum latenten Sinn der Selbstinszenierungen von Althans

Worauf die unterschiedlichen Selbstinszenierungen von Althans hinauslaufen, läßt sich folgendermaßen zusammenfassen: Manifest ist die Botschaft, daß Auschwitz für einen Neonazi ein ganz angenehmer Ausflugsort ist, weil man sich dort als Tourist gut unterhalten, sich über Andersdenkende wie den amerikanischen Juden moralisch empören, antisemitisch agieren, über die Anlage dieses Krematoriums fachsimpeln, wie ein Jugendlicher die eigene Wut auf die ältere Generation ausdrücken und im übrigen zum Besten geben kann, daß man stolz darauf ist, Deutscher zu sein. So wird auf der manifesten Bedeutungsebene vorgeführt, wie man einen Schlußstrich unter die Vergangenheitsbewältigung ziehen und es schaffen kann, sich auch in Auschwitz wohl zu fühlen. Die Unterstellungen, die den Witzen von Althans über Auschwitz zugrunde liegen, die Schuldgefühle, mit denen er auf den Besuch des Krematoriums reagiert und die er zu bestreiten versucht, seine Sorge, ihm könnte der Besuch der Gedenkstätte noch auf den Magen schlagen, und das Schamgefühl, von dem er eingeholt wird, als seine selbstbewußte Inszenierung zerplatzt, erschließen den latenten Sinn dieser Auftritte. Denn die Leichtigkeit, mit der Althans sich in Auschwitz amüsiert, und die Festigkeit, mit der er seine wahnhaften Anschuldigungen als moralisch empörter Neonazi vertritt, täuschen über den latenten Sinn hinweg, daß es ihn eine große Anstrengung kostet, den industriellen Massenmord zu leugnen und die Gefühle zu unterdrücken, die von einer Konfrontation mit den von den Nazis begangenen Greueltaten ausgelöst würden.

Wie wurde also in dieser szenischen Fallrekonstruktion verfahren? Die sich in der Spannung zwischen manifestem und latentem Sinn entfaltende Bedeutung der Auschwitzsequenz wurde in der Umgangssprache erschlossen. Damit ist es gelungen, eine lebendige Erfahrung der Sache selbst zu erschließen, ohne subsumtionslogisch zu verfahren. Die Bedeutung der in umgangssprachlicher Kommunikation entwickelten szenischen Interpretation soll nun unter drei Gesichtspunkten theoretisch geklärt werden: Die sozialisationstheoretische Fragestellung zielt darauf, welche Rollen Althans spielt, um Adressaten zu faszinieren, die kulturtheoretische Fragestellung will darauf hinaus, wie der Film und der Neonazi ihre Wirkung in einem bestimmten postmodernen Klima entfalten; und der politsoziologischen Fragestellung geht es darum, wie die filmischen Inszenierungen dieses Rechtsextremisten ihre Wirkung in dem neokonservativen Klima entfalten, das unter Kohls Regie entstanden ist.

III. Sozialisationstheoretisches Begreifen der szenischen Interpretation

Im Zuge einer den Rahmen dieses Beitrags sprengenden Analyse der Persönlichkeitsstörung von Althans gelangt man zu einer Einschätzung, die sich in aller Kürze folgendermaßen zusammenfassen läßt: Indem Althans Auschwitz in eine Hintergrundkulisse für seine Selbstinszenierungen als strahlender Tourist, als wütender Neonazi, als überlegener Fachmann und als trotziger Jugendlicher verwandelt, verleiht er einem Wunsch nach einzigartiger Größe und Macht Ausdruck. Dieses narzißtische Verlangen geht mit dem mörderischen Impuls einher, die Gedenkstätte zu liquidieren und sie mit schmutziger Materie (»eine riesengroße Verarschung«) gleichzusetzen. Mit Chasseguet-Smirgel (1984) kann man davon sprechen, daß Althans die »Rolle des Schöpfers« übernimmt

(S. 14), der aus den Trümmern des derart vernichteten Mahnmals »eine schöne, neue Welt« errichtet, die auf einer perversen Umwertung aller Werte beruht. Denn auf dieser Bühne zählt allein Althans, der sich in Auschwitz gut unterhalten will, der gegen die als bösartig imaginierten Juden hetzt, der wissenschaftliche Beweise für die Unmöglichkeit des Holocaust vorlegt und gegen die ältere Generation rebelliert. Berücksichtigt man zudem, daß dieser Neonazi von einer Rolle zur nächsten nur deshalb so leicht wechseln kann, weil er sein Erleben in unterschiedliche emotionale Zustände spaltet, bezieht man mit ein, daß er die von Nazis begangenen Greueltaten verleugnet und sie auf die Juden projiziert, die er auf wahnhafte Weise einer neuen Weltverschwörung verdächtigt, dann hat man allen Grund zu der Einschätzung, daß es sich bei Althans um eine Persönlichkeitsstörung handelt, die sich mit Kernberg (1975) als Ausdruck eines malignen Narzißmus auf Borderline-Niveau begreifen läßt[3].

Wichtiger als die individualpsychologische Frage nach der Psychopathologie von Althans ist im Rahmen des vorliegenden Beitrags freilich das sozialpsychologische Problem, wie es dazu kommt, daß Althans trotz einer schweren Persönlichkeitsstörung so erfolgreich als Neonaziführer gewesen ist, daß viele Jugendliche von ihm beeindruckt waren, auch wenn sie seine Weltanschauung ablehnten. Eben dieser Sachverhalt ist Richter (1995) in Gesprächen mit GymnasiastInnen aufgefallen, eine Beobachtung, die durch die Gruppendiskussionen mit Berufsschülern und GymnasiastInnen bestätigt worden ist, die StudentInnen im Rahmen eines von König (1995/96) veranstalteten Projektes zur politischen Bildung durchgeführt haben. Die Tatsache, daß Althans als ein Schauspieler glänzt, der sich proteushaft von einem gut gelaunten Touristen in einen die Juden hassenden Neonazi und von einem bestens informierten Fachmann in einen trotzigen Jugendlichen verwandelt, verrät, wie er seinen Besuch der Gedenkstätte meistert, indem er sich mit verschiedenen Rollen identifiziert. Nach Auffassung von Parin (1977) stellt die »Identifikation mit der Rolle« einen »Anpassungsmechanismus« dar, der das Ich »von

---

3 Obwohl das szenische Material dafür spricht, daß es sich um einen solchen Grenzfall zwischen Neurose und Psychose handelt, vermag Althans sich sozial gut anzupassen, weil er die Borderline-Störung auf eine narzißtische Weise zu meistern vermag.

der ständigen Auseinandersetzung mit der Außenwelt« (S. 485) durch eine »automatische und unbewußte« Anpassung entlastet, die »einen relativ konfliktfreien Umgang mit ganz bestimmten gesellschaftlichen Einrichtungen« erlaubt (ebd., S. 488). Der Gefahr, daß angesichts des Besuchs der Gedenkstätte Regungen von Mitleid, von Scham oder Schuld aufkommen könnten, entgeht Althans also auch durch den Rückgriff auf »Rollenidentifikationen«, die, wie es Parin ausgeführt hat, »wie ein manischer Mechanismus« wirken, »mittels dessen sich das Ich sonst gültiger Überich-Forderungen entledigt« (S. 506).

Wenn man vor dem Hintergrund dieser unterschiedlichen Rollenidentifikationen danach fragt, was für einen Typ von Neonaziführer Althans verkörpert, dann muß man die soziale und historische Situation mitberücksichtigen, in der dieser Rechtsextremist auftritt. Ganz allgemein kann man mit Beck (1986) davon sprechen, daß die Entzauberung traditioneller Glaubensgewißheiten und die Freisetzung aus den sozialmoralischen Milieus der Klasse und der Schicht eine Individualisierung von Lebenslagen und eine Pluralisierung von Lebensstilen zur Folge hat. Man kann nicht mehr wie noch Fromm von einem allen Gesellschaftsmitgliedern gemeinsamen »Sozialcharakter« sprechen[4]. Vielmehr hat die Ausdifferenzierung der Gesellschaft in verschiedene Subsysteme eine Zunahme divergierender Rollenangebote zur Folge, die der Einzelne gleichzeitig übernimmt und durch die er auf unterschiedliche Weise sozialisiert wird. Während in der hierarchisch organisierten Arbeitswelt eingeübt wird, Konflikte autoritär durch die Unterwerfung unter Mächtigere und durch die Verschiebung der Aggression gegen Schwächere zu lösen, produziert die Medienkultur die Vorbilder für die Art und Weise, wie man innere und äußere Konflikte durch theatralische Inszenierungen vor einem Publikum stillstellen kann: Ob der Vater das Heranwachsen der Kinder mit der Videokamera begleitet, ob Kunden sich beim Flanieren in Einkaufspassagen und spiegelreichen Geschäften so modisch inszenieren wie die Verkäuferinnen, ob die Besucherinnen von Cafés und Theatern oder die Teilnehmer an Talkshows so empfinden und denken wie die Idole der Kulturindustrie, in allen diesen Fällen wird eingeübt, individuelle und interaktionelle Störungen auf eine

4 Zur Kritik dieses Konzeptes des autoritären Charakters vergleiche König 1992, S. 239 ff.

mediengeleitete Weise zu beschwichtigen. Schließlich wird in der Konsumwelt die Bereitschaft einsozialisiert, das durch unbewältigte subjektive und intersubjektive Konflikte ausgelöste Erleben von Leere und Ohnmacht abzuwehren, indem man sich einem gedankenlos-passiven Genuß von Waren- und Unterhaltungsangeboten hingibt. Die Tatsache, daß Althans sich mit wechselnden Rollen identifiziert, zeigt, daß er die oben geschilderten Modi sozialer Anpassung perfekt beherrscht. Wie abschließend nachgewiesen werden soll, vermag Althans nicht nur Nazis, sondern auch Heranwachsende anzusprechen, die seiner Weltanschauung distanziert gegenüberstehen, weil er gleichzeitig drei Formen der Konfliktbewältigung anbietet, mit denen sich sowohl persönliche als auch soziale Konflikte auf eine automatisch-unbewußte Weise meistern lassen.

III, 1. Der autoritäre Sozialisationsmodus

Wenn Althans sich mit der Rolle eines wütenden Neonazis identifiziert, dann bedient er sich des Sozialisationsmodus einer autoritären Konfliktlösung, der vor allem Rechtsextremisten anspricht: Seine Worte, wenn sein Ziehvater Zündel »irgendwo von einer Brücke springen würde«, dann »wäre das der, wo ich hinterherspringe« (Aust u. a. 1995, S. 12), zeugen von bedingungslosem Gehorsam einer idealisierten Autorität gegenüber. Das gilt auch für seine blinde Ergebenheit Hitler gegenüber, dessen Buch »Mein Kampf« Althans zu einem politischen Manifest stilisiert, von dessen uneingeschränkter Gültigkeit er als »orthodoxer Nationalsozialist« auch heute noch überzeugt ist. Die Begeisterung, mit der er seine Anhänger als eine »leicht knetbare Masse« schildert, die »alles, was man ihnen sagt« tun, gleichgültig, ob sie »stramm stehen«, ihre »Anweisungen wiederholen« oder etwas anderes »machen« sollen (ebd., S. 23), drückt darüber hinaus das autoritäre Verlangen nach Unterwerfung anderer aus. Und der in der Verhöhnung der Opfer und Überlebenden des Holocaust sowie in der Hetze gegen die Juden zum Ausdruck kommende Antisemitismus dokumentiert die autoritätsgebundene Neigung, eigene Aggressionen gegen die Feinde der bewunderten Autorität zu wenden.
Wenn Althans vor den Verbrennungsöfen über die architektoni-

sche Anlage des Krematoriums und über physikalische Formeln fachsimpelt, dann interessieren ihn diese Fragen, weil er wie der von Adorno (1950) so bezeichnete manipulative Typus »alles Technische, alle Dinge, die als ›Werkzeug‹ benutzt werden können«, libidinös besetzt (ebd.). Die Neigung dieses narzißtisch gestörten Autoritären, »in einer Art zwanghaftem Überrealismus« seine Mitmenschen als Objekte zu betrachten, die »gehandhabt [und] manipuliert« werden müssen (ebd.), tritt am deutlichsten im Verhalten gegenüber dem Amerikaner zutage, den er mit Flugläusen vergleicht, die vergast werden sollten. Denn der von Adorno beschriebene manipulative Typus vergleicht seine »›Feinde‹ gern mit ›Ungeziefer‹« (ebd., S. 336), weil er wie die Organisatoren und Technologen des Dritten Reiches die Juden nicht persönlich haßt, sondern sie als störende Objekte betrachtet, die »strikt legal« durch die Konstruktion von Gaskammern »erledigt« werden sollten (ebd., S. 335).

Auf eine autoritäre Weise versucht Althans freilich nicht nur individuelle Konflikte, sondern auch das politische Problem zu lösen, wie mit Auschwitz umzugehen sei: Was Althans in der Filmsequenz als seine persönliche Meinung darstellt, erweist sich real als Ausdruck einer blind-bewußtlosen Unterwerfung unter die Kader rechtsextremistischer Organisationen, die eine bizarre und wahnhafte Weltanschauung teilen: Ob in Frankreich der ehemalige Literaturprofessor Faurisson die »sogenannten Vergasungen der Juden« als einen »gigantischen politischen und finanziellen Schwindel« bezeichnet, »dessen Nutznießer der Staat Israel und der Zionismus insgesamt« seien (Lipstadt 1994, S. 24); ob in Kanada der deutsche Rechtsextremist Zündel in einem gegen ihn angestrengten Prozeß erklärt, Auschwitz sei »mit allen ›Annehmlichkeiten eines Ferienclubs‹ ausgestattet« gewesen, »zu denen ein Schwimmbad, ein Ballsaal und diverse Erholungseinrichtungen zählten« (ebd., S. 42; vgl. ebd., S. 192 ff.); oder ob der fachlich inkompetente US-Amerikaner Leuchter mit abwegigen Methoden zu zeigen versucht, daß es aufgrund der mangelnden Blaufärbung der Gaskammerwände gar keine Menschheitsverbrechen gegeben haben könne (vgl. ebd., S. 197 ff.), Althans lädt ganz im Sinne dieser Leugner des Holocaust zu einem autoritären Umgang mit Auschwitz ein: Er fordert dazu auf, sich mit den Tätern der industriellen Massentötungen zu identifizieren, und will dazu verführen, aufkommende aggressive Impulse ganz im Sinne der antisemitischen Vorurteilsbildung gegen die Juden zu verschieben, deren ungeheuerliche Verfolgung und Vernichtung aus der Geschichte so getilgt werden soll, wie es schon Adorno (1963) beschrieben hat: »Die Ermordeten sollen noch um das einzige betrogen werden, was unsere Ohnmacht ihnen schenken kann, das Gedächtnis« (S. 128).

III, 2. Der konsumgesteuerte Sozialisationsmodus

Eines anderen Modus sozialer Anpassung bedient Althans sich dagegen, wenn er sich mit der Rolle eines sich gut unterhaltenden Touristen oder eines Jugendlichen identifiziert, der sich gern modisch kleidet. Wie Theweleit (1994) berichtet, handelt es sich nach Auffassung seiner Studenten bei Althans um einen »Typ«, der »so oder ähnlich in jeder deutschen Disco ein paarmal« herumrenne und »an jeder zweiten Theke« stehe (ebd.). Eben das ist ein Grund dafür, weshalb Althans auch als »Yuppie-Typ« bezeichnet worden ist (Spiegel, 27. 4.92, S. 110; TAZ, 8. 11.93). Dabei wirken nicht nur die lässige Kleidung, die Sonnenbrille, die modische Kurzhaarfrisur, sondern auch das lockere Auftreten, seine Gelassenheit und sein einnehmendes Lächeln als Ausdruck eines zeitgemäßen Lebensstils, der sich mit König (1992, S. 225 ff.) als Ausdruck eines konsumgesteuerten Umgangs mit inneren und äußeren Konflikten begreifen läßt. Damit ist ein Sozialisationsmodus gemeint, der massenhaft erst mit den Angestellten aufgekommen ist, die, wie es zuerst Kracauer (1929) analysiert hat, den Wert ihrer Arbeitskraft dadurch erhöhen, daß sie ein »angenehmes Aussehen« und »ein freundliches Gesicht« zur Schau tragen (S. 24 f.). Dafür, daß die Angestellten sich am Arbeitsplatz mit Haut und Haar einsetzen und ihre aggressiven Impulse hinter einem freundlichen Lächeln verbergen, werden sie in der Freizeit durch die Vielzahl der auf den Markt geworfenen Warenangebote entschädigt, die die Erfüllung der durch die Kulturindustrie geweckten Wünsche verheißen. Während der von Adorno beschriebene autoritäre Typus im Alltag auftretende Konflikte dadurch löst, daß er sich dem Stärkeren unterwirft und seine Aggression gegen ihn auf Schwächere verschiebt, löst der konsumgesteuerte Typus seine Alltagsprobleme, indem er sie ganz im Sinne der von Marcuse (1964) beschriebenen repressiven Entsublimierung durch Konsum beschwichtigt[5]. Der konsumgesteuerte Sozialisationsmodus bedeutet daher, daß unter den Bedingungen einer liberalisierten Moral Sexualität so selbstverständlich ausgelebt wird, wie Aggressivität hinter der Fassade einer ständig zur Schau getragenen Freundlichkeit verborgen wird.

So bannt Althans die Gefahr, in Auschwitz vom Grauen eingeholt zu werden, durch einen konsumgesteuerten Umgang mit dem Mahnmal des Holocaust: Indem er »die grinsende Glätte« eines lässig durch die Gedenkstätte schlurfenden »New Wave Twens« zur Schau stellt (Theweleit 1994, S. 157), der sich gutgelaunt und schmunzelnd alles anschaut, signalisiert er gestisch und mimisch, daß er dazu entschlossen ist, Auschwitz als eine »sightseeing tour« zu genießen. Explizit wird diese Haltung, als er ein Buch nicht kauft, um sich zu informieren, sondern um sich damit zu amüsieren. Und auch der zynische Witz, die Juden hätten in dem Schwimmbad wohl kaum gegen Krokodile Wasserball gespielt, stellt eine konsumgesteuerte Konfliktlösung dar. Denn in diesem Fall werden die Freude an einem Schwimmbadbesuch, der Spaß an einem Ballspiel, der Abstecher in einen Zoo sowie die Lektüre von Comics zum Maßstab für die Einschätzung der Gedenkstätte. Und auch hier geht es nicht nur um die Lösung innerer Konflikte, die durch den Besuch der Gedenkstätte aktualisiert werden, sondern auch um die politische Frage, wie mit Auschwitz umzugehen sei. Tatsächlich bietet Althans eine Alternative zu jenem anstrengenden Umgang mit Auschwitz an, der in der von Mitscherlich und Mitscherlich (1967) beschriebenen neurotischen Lösung der älteren Generation besteht, die Auseinandersetzung mit der durch Scham- und Schuldgefühle belasteten Vergangenheit zu vermeiden und sie der Verdrängung zu unterziehen. Läßt man sich nämlich mit Althans darauf ein, die unbewältigte Vergangenheit auf der Grundlage einer perversen Umwertung aller Werte umzubauen, dann kann man mit Auschwitz auf eine konsumgesteuerte Weise fertig werden. Während die Kriegsgeneration nur mit Zögern und Grauen von diesem Mahnmal des nationalsozialistischen Völkermordes sprach, reduziert Althans es zur Bühne für eine grandiose

5 Zu dem Problem, daß Marcuse unter dem Namen der repressiven Entsublimierung der Sexualität eine neue Form der konsumgesteuerten Vergesellschaftung beschreibt, die er freilich als eine Neuauflage des autoritären Typus mißversteht, vergleiche König (1992).

Selbstdarstellung. So triumphiert er über die Vergangenheit, die viele seiner Landsleute immer nur belastet hat. Auf diese Weise erzählen die Bilder, auf denen Althans entspannt durch Auschwitz schlendert, von der Aufforderung, sich doch die schmerzliche und kränkende Auseinandersetzung mit dem Holocaust einfach zu ersparen und Auschwitz als eine Sache zu betrachten, die man auf die leichte Schulter nehmen und mit der man sich trotz allem gut unterhalten kann.

III, 3. Der mediengeleitete Sozialisationsmodus

Ein dritter Sozialisationsmodus manifestiert sich in der Art und Weise, wie Althans Konflikte durch seine medienwirksamen Auftritte in Auschwitz löst. Indem er sich mit der Rolle eines Touristen und eines Neonazis, mit der Rolle eines Experten und eines Jugendlichen identifiziert, führt er auf eine kinematographische Weise vor, wie man unter Zuhilfenahme einer ganzen Serie von Abwehrmechanismen (Spaltung, Verleugnung, Projektion, projektive Identifizierung) mit Auschwitz fertig werden kann. Wie es Kleinspehn (1995) ausgedrückt hat, können Neonazis wie Althans auf eine mediengeleitete Weise »ihr Innenleben, ihre Konflikte nach außen« tragen und »in der Szene – in unendlichen Wiederholungen –« ausagieren (S. 40).

Diese mediengeleitete Lösung intrastruktureller Konflikte gewährt eine um so größere narzißtische Befriedigung, als Althans mit Hilfe des Bonengel-Films einen politischen Skandal entfachen kann. Althans beeindruckt nämlich nicht nur die rechte Subkultur, sondern gewinnt auch die Aufmerksamkeit der Öffentlichkeit. Als wie notwendig es sich aus der Perspektive des Zentralrats der Juden in Deutschland auch erweist, auf die provozierenden Auftritte des Neonaziführers im Film mit gerichtlichen Schritten zu reagieren, für Althans ist die wegen der unwidersprochenen Verbreitung der Auschwitzlüge und der Verherrlichung des Nationalsozialismus gestellte Strafanzeige ein Triumph. Denn sie beweist ihm, daß er ein so gefährlicher Rechtsextremist ist, wie er es sein will. In einer Filmszene erklärt er ja lachend, daß das »seine Zukunft« sei, »Kameras vor meiner Nase, und Juden im Nacken« (Aust u. a. 1995, S. 5). Was Althans aufgrund seiner Psychopathologie in der Interaktion mit Anderen nicht möglich ist, gelingt ihm daher ersatzweise im Zuge einer Medienkommunikation. Denn die medialen Inszenierungen gewähren ihm die narzißtische Befriedigung, mit vielen Menschen virtuell in Kontakt zu treten, ohne sich mit ihnen wirklich verständigen zu müssen. Über der Tatsache, daß Althans Größenphantasien, aggressive und präödipale Triebimpulse mit Hilfe der Medien agieren und durch seine schockierenden Auftritte in der Öffentlichkeit Beachtung finden kann, darf freilich nicht übersehen werden, daß er auch das politische Problem, wie Auschwitz zu verstehen sei, auf eine mediengeleitete Weise löst. Wenn nämlich Althans beim Besuch der Gedenkstätte Witze reißt und lässig durch das Stammlager schlendert, das aufgrund des lauen Sommerwetters sowie der saftig-grünen Bäume und Wiesen einladend wirkt, dann ist das Grauen nicht spürbar, das die Todeslager aufgrund der von den Nazis begangenen Greueltaten beherrschte. Wie der autoritäre und der konsumgesteuerte Umgang mit Auschwitz trägt daher auch der mediengeleitete Umgang mit der Gedenkstätte, der von der sightseeing-tour eines gutaussehenden Neonaziführers erzählt, zur Demontage des Mahnmals des Holocaust bei.

IV. Ein Tanz auf dem Vulkan. Die unter Bonengels Regie zustande kommenden Selbstinszenierungen von Althans im kulturellen Klima der Postmoderne

Offengeblieben ist die zeitdiagnostische Frage, wie das kulturelle Klima beschaffen ist, in dem Althans einen öffentlichen Skandal auslösen konnte: Wenn er als »Yuppie-Nazi« faszinierte, dann geschieht das ohne Zweifel auch deshalb, weil seine Selbstdarstellung ein postmodernes Lebensgefühl imitiert, das sich seit Anfang der achtziger Jahre unter dem Einfluß der »fortschreitende[n] ›Informatisierung und Telematisierung‹ der Lebenswelt durch elektronische Kommunikationsmedien und Datenverarbeitungsprozesse« entfaltet hat (Kemper 1988, S. 8). Dabei läßt sich mit Lyotard (1979) das postmoderne Bewußtsein der Gegenwart als ein Reflex darauf begreifen, daß angesichts des ungebremsten technologisch-industriellen Fortschritts und der Hochrüstung der modernen Industrienationen, durch die die Gefahr einer globalen atomaren und ökologischen Katastrophe verewigt wird, die großen, sinnstiftenden Erzählungen der Moderne (die aufklärerische Erzählung von der Emanzipation der Menschheit oder die Erzählung des Historismus von einer Hermeneutik des Sinns) ihre Glaubwürdigkeit verloren haben. So versteht Lyotard die Postmoderne als ein aufgeklärtes Bewußtsein über die Moderne, das dem Weltgeschehen keinen universellen Sinn mehr unterlegt, sondern sich von »der Einsicht in die Pluralität letztlich sinnloser Sprachspiele« leiten läßt, die durch das Erschließen einer Vielfalt neuer, noch unbekannter Lebensformen »Potentiale von ›Freiheit‹ und ›Gerechtigkeit‹« eröffnen könnten (Georg-Lauer 1988, S. 198).

Was unter Postmoderne verstanden wird, ist freilich so heterogen, daß man zumindest zwei Erscheinungsformen unterscheiden muß: Vergegenwärtigt man sich, daß die Postmoderne auf den Anspruch einer neuen Literatur zurückgeht, die den Gegensatz von ernster und leichter Literatur durch eine »Mehrsprachigkeit« aufzuheben versucht, einen »grundsätzlichen Pluralismus von Sprachen, Modellen, Verfahrensweisen«, aufgrund deren Texte sowohl Intellektuelle als auch Massen ansprechen sollen (Welsch 1988, S. 15); bedenkt man zudem, daß postmoderne Architektur an die Stelle eines auf die Bautechnik von Stahl und Beton reduzierten elitären Funktionalismus eine Bauform setzt, die traditionelle und moderne, elitäre und populäre Codes verbindet, um sich wie die neue Literatur nicht nur an Kenner, sondern auch an den »Mann auf der Straße« zu wenden (vgl. ebd., S. 18 f.), dann kann man mit Wellmer (1985) davon sprechen, daß es der Postmoderne nicht um eine »Abkehr von der Moderne, von der Tradition der Aufklärung« geht, sie sich vielmehr »im Sinne einer immanenten Kritik an einer hinter ihren eigenen Begriff zurückgefallenen Moderne« verstehen läßt (S. 127).

Führt der postmoderne Pluralismus dagegen zu einer beliebigen Kombination heterogener Versatzstücke, so daß man bedenkenlos »Libido und Ökonomie, Digitalität und Kynismus« kreuzt und womöglich noch etwas »Wassermann und Apokalypse« hinzufügt (Welsch 1988, S. 31), dann stelle sich »Indifferenz« ein (ebd., S. 30). Die von der Postmoderne propagierte »bunte Vielfalt von Erklärungen, Deutungsmustern, Methoden, Techniken, Theorien und Lebensformen« (Kemper, 1988, S. 7 f.) schlägt in diesem Fall in einen »Eklektizismus« um (Welsch 1988, S. 21), der als eine Verfallsform der Postmoderne zu begreifen ist. Inszeniert Althans in

Auschwitz also, daß »anything goes«, dann arrangiert er auf eine »pseudo-postmoderne« Weise ein »Fassadenwesen«, das hinter kritische Impulse der Postmoderne zurückfällt (ebd.).

Dabei darf nicht übersehen werden, daß der Regisseur Bonengel die Bühne zur Verfügung gestellt hat, auf der Althans durch das spielerische Experimentieren mit unterschiedlichen Rollen als ein »Yuppie-Nazi« glänzt, der nicht nur schockiert, sondern auch fasziniert. Denn seine Auftritte strahlen den Glanz eines post-modernen Lebensgefühls durch die Destruktion »des Ganzen« aus, das in eine »Vielfalt begrenzter und heterogener Sprachspiele« aufgelöst wird, »die nicht mehr durch generalistische Einheits-strategien vereinnahmbar« sind (Welsch 1988, S. 27). So schillern die verschiedenen Inszenierungen, die Althans arrangiert, wie vier Diskurse, die auf postmoderne Weise das Mahnmal des industriel-len Massenmords zu dekonstruieren scheinen:

1. Weil Althans den Besuch von Auschwitz als einen touristischen Ausflug inszeniert, kann der Regisseur den Sinn der Gedenkstätte durch ein Sprachspiel unterlaufen, das auf eine gute Unterhaltung hinausläuft, die mit einem Kioskbesuch beginnt und mit einem Diaabend aufhört, auf dem der Neonazi seinen Anhängern die Schnappschüsse seiner sightseeing-tour vorführt.

2. Weil Althans im Krematorium als Experte auftritt, der die technische Anlage sachlich untersucht, vermag Bonengel das Monströse des industriellen Völkermordes in das Sprachspiel einer emotionslosen Fachsimpelei aufzulösen, die das Unhinterfragbare respektlos in Frage stellt und sich kühl an ein Wissen über phy-sikalische Gesetze und über gemauerte Räumlichkeiten hält.

3. Weil Althans den Jugendlichen spielt, der trotzig gegen die älteren Besucher der Gedenkstätte aufbegehrt, die ihn in die Schranken weisen wollen, kann Bonengel die Gedenkstätte in die Hintergrundkulisse für ein Sprachspiel verwandeln, in dem ein Generationskonflikt ausgetragen wird. So setzt sich dieser Neonazi als ein Vertreter der u. a. von Leggewie (1995) so bezeich-neten 89er Generation in Szene, der es nicht mehr um die »Be-wältigung der Vergangenheit«, sondern um eine Auseinanderset-zung mit der von der älteren Generation geleisteten »Vergangen-heitsbewältigung« geht (S. 47). Althans wird als ein Angehöriger jener »younger generation« vorgeführt, die, wie es in *Die Zeit* hieß, »Null Bock auf ›Holocaust‹« hat (19. 8. 94, S. 30). Denn wie der Verband der Geschichtslehrer feststellte, schalten viele Schüler ab,

sobald die Judenvernichtung im Dritten Reich auf dem Unterrichtsplan steht.

4. Unter diesen Umständen vermag Bonengel auch das Auftreten von Althans als Neonazi als ein neues Sprachspiel zu arrangieren. Wenn Althans nämlich zu Beginn der Auschwitzsequenz erklärt, es sei »völlig irre«, daß er im Rahmen der Aktion Sühnezeichen Gräber in Bergen-Belsen gepflegt habe, dann signalisiert er, daß er früher wie die meisten Jugendlichen von heute glaubte, es sei sinnvoll, nach dem an den Juden verübten Völkermord ein Zeichen der Wiedergutmachung zu setzen. Bonengel stellt damit die politischen Überzeugungen von Althans als das Ergebnis eines Erwachsenwerdens dar, im Zuge dessen der Neonazi die kleinbürgerliche Enge seines moralinsauren Elternhauses hinter sich gelassen und den Anschluß an eine Gruppe von Neonazis gefunden hat, die über ein weltweit operierendes mediales Netzwerk verfügt. Was sich real als provinziell erweist, eben der antimoderne Rückgriff auf Nationalismus und Antisemitismus, wird auf die latente Bedeutungsebene einer manifesten Inszenierung verbannt, die von einem modernen Rechtsextremisten erzählt, der fließend Englisch spricht und seine politischen Aktionen auf internationaler Ebene plant.

Bonengels Verfilmung der Auschwitzsequenz führt vor, wie sich der Sinn der Gedenkstätte in eine Reihe glänzender Sprachspiele auflöst. Auf diese Weise trägt der Regisseur dazu bei, den von Adorno (1967) als »allererste« Forderung an Erziehung aufgestellten moralischen Imperativ zu dekonstruieren, »daß Auschwitz nicht noch einmal sei« (S. 85).

Gegen die Einschätzung, Bonengel lasse sich auf eine fatale Koalition mit Althans ein, wurde eingewandt, der Regisseur dokumentiere nur die Selbstinszenierungen eines Neonazis, der Auschwitz zu demontieren versuche. Dieser Einwand wird jedoch durch folgende Tatsachen entkräftet:

1. Die Filmproduktion erfordert ein Arbeitsbündnis zwischen Bonengel und Althans. Dieses Arbeitsbündnis schlägt allerdings in eine fatale Kumpanei mit dem Neonazi um: Da Bonengel Auschwitz zum »Drehort« macht, sich die Gedenkstätte von Althans zeigen läßt und dessen Vorführung von einem Kameramann filmen läßt, stellt er Althans das Mahnmal als Testgelände zur Verfügung, wo jener unter Beweis stellen kann, daß er wirklich ein skrupelloser Neonazi ist. Und wenn Althans das Krematorium

zur Bühne für seine rechtsextremistische Agitation degradiert, dann sorgen Regisseur und Kameramann nicht nur für das diese Szenerie richtig ins Bild setzende Scheinwerferlicht, sondern durch die Filmproduktion auch noch dafür, daß dieser ungeheuerliche Auftritt in der Öffentlichkeit ein – von Althans provoziertes – Aufsehen erregen kann. Regisseur und Kameramann sind also nicht unbeteiligt, sondern nehmen billigend in Kauf, daß das aufklärerische Interesse, einen Film über die Neonaziszene zu drehen, dem partikularen Interesse zum Opfer fällt, einen Film zu produzieren, der durch das Entfachen eines politischen Skandals erfolgreich wird.

2. Obgleich Regisseur und Kameramann über Neonazis aufklären wollen, sind sie auch deshalb an den schockierenden Auftritten von Althans beteiligt, weil sie ihn einem postmodernen Zeitgeist entsprechend inszenieren. Das Problem liegt in der von Benjamin (1936) so bezeichneten »Ästhetisierung der Politik«, die wiederum zwei Seiten aufweist:

– Da der Film auf Kommentare verzichtet und es Althans erlaubt, in die Rolle eines Moderators zu schlüpfen, der seine politischen Aktionen selbst kommentiert, gewinnt er eine überlegene Position. Wie sehr die anderen Akteure in die unterlegene Rolle von Spielfiguren geraten, die Althans dem eigenem Willen entsprechend handhabt, illustriert seine Auseinandersetzung mit dem Amerikaner: Obgleich es dem Amerikaner gelingt, mit seinen Argumenten den Neonazi aus der Fassung zu bringen, stellt sich Althans am Ende doch als Sieger dar. Denn die Erwiderungen des Amerikaners verflüchtigen sich unter dem Eindruck, daß Althans auch dieses Mal das letzte Wort behält. Ob er das Flugzeug oder das Taxi benutzt, ob er sich in Kanada, Polen oder in den neuen Bundesländern aufhält, es entsteht das Bild eines politisch engagierten und tatkräftigen Rechtsintellektuellen, dessen Kommentare zu den eingeblendeten Filmsequenzen suggerieren, daß er seine politischen Aktionen reflektiert. Ob die Kamera festhält, wie er sich energiegeladen seinen Weg durch eine Menge von Passanten bahnt, die er um Haupteslänge überragt, ob die Kamera sich von seinem sympathischen Lächeln gefangennehmen läßt, ob das Kameraauge aus nächster Nähe sein gutaussehendes Gesicht mit den blauen Augen und der blonden Kurzhaarfrisur abtastet oder zärtlich bei der Betrachtung seiner linken Ohrmuschel verweilt, immer wieder entstehen schöne Bilder von Althans. Diese sich auch in der Rede vom »Yuppie-Nazi« spiegelnde Ästhetisierung des Neonazis ist deshalb problematisch, weil sie über seine Arroganz und seinen Egozentrismus, seinen Zynismus und die Bösartigkeit seiner Witze hinwegtäuscht, in denen sich die narzißtischen und destruktiven Impulse seiner Persönlichkeitsstörung offenbaren.

– Durch die Art und Weise, wie der Regisseur Auschwitz inszeniert, trägt er darüber hinaus zur Dekonstruktion des Mahnmals bei: Wo sich nämlich Touristen bei warmem Sommerwetter wohl fühlen und mit den Reiseleitern über die Wege des Stammlagers schlendern, wo das Grün der Bäume, Sträucher und Wiesen durch die Sonnenstrahlen lichtdurchflutet erscheint, da kann das Filmpublikum die düstere Hoffnungslosigkeit und mitleidlose Kälte nicht nachempfinden, unter denen die Häftlinge litten, die in Auschwitz auf unmenschliche Weise eingesperrt, gequält und umgebracht wurden. Und wo wie zu Beginn dieser Filmsequenz Kinder fröhlich Verstecken spielen, da ist nicht vorstellbar, daß in Auschwitz alles Leben erstarb, Hunderttausende, ja eine Million unschuldiger Menschen in Gaskammern umgebracht wurden.

Damit wird deutlich, wie das persönliche und politische Interesse von Althans, mit Hilfe medialer Inszenierungen den industriellen Massenmord an den Juden zu leugnen, mit dem postmodernen Interesse von Bonengel konvergiert: Bonengel fasziniert das Kinopublikum durch schockierende Bilder und durchkreuzt so seine Absicht aufzuklären. Denn indem Althans mit Auschwitz in einer Art »spielerischem Zynismus« fertig wird, gelingt ihm ganz im Sinne eines postmodernen Lebensgefühls »ein fröhlicher Tanz auf dem Vulkan« (Kemper 1988, S. 8). Bonengel arrangiert die Gedenkstätte ganz im Sinne von Althans als touristischen Ausflugsort, wo man sich am Kiosk Souvenirs kauft und auch in der Gaskammer arglos photographiert. Die filmische Inszenierung von Auschwitz läuft damit auf eine Ästhetisierung der Todeslager hinaus.

Dabei sollte nicht übersehen werden, daß die Art und Weise, wie das Filmpublikum den »Yuppie-Neonazi« Althans erlebt, von der jeweiligen Adressatengruppe abhängt. Ohne Anspruch auf Vollständigkeit erheben zu wollen, erscheinen folgende Sozialisationswirkungen vorstellbar:

1. Wer wie die Akteure rechter Subkulturen für antisemitische Agitation empfänglich ist, dessen Vorurteile werden bestätigt: Die barbarischen Auftritte, mit denen Althans Auschwitz entweiht und zu demontieren versucht, imponieren vor allem adoleszenten Rechtsextremisten und laden sie zu einer Identifizierung mit dem Neonaziführer ein, der ihnen auch durch sein jugendliches »outfit« entgegenkommt.

2. Wer antisemitische Einstellungen tabuiert und sie hinter einem »alles Jüdische überhöhenden« Philosemitismus verbirgt (Stern, 1992, S. 181), ist ebenfalls anfällig für diese Inszenierungen. Denn Althans geht es darum, mit Hilfe von Auschwitz einen neuen Antisemitismus zu wecken: Die Wut soll sich gegen die Juden wenden, die immer wieder an die Nazi-Verbrechen erinnern, obwohl viele Deutsche nach der Wiedervereinigung das Gefühl verbindet, daß endlich ein Schlußstrich unter die unbewältigte Erfahrung des Dritten Reiches gezogen werden sollte.

3. Die Tatsache, daß der Regisseur über die extreme Rechte aufklären wollte, dabei jedoch ungewollt der von Althans ausgehenden Faszination erlegen ist, offenbart, daß ein liberaleres Publikum den Bonengel-Film zwar kritisch rezipiert, sich jedoch von den glänzenden Inszenierungen dieses »Yuppie-Typs« auch gefangennehmen läßt: Während es auf der manifesten Bedeutungsebene der Filmrezeption darum geht, sich über einen »Neonazi« zu informieren, der auf eine so schockierende Weise in Auschwitz provoziert, wird das sozial Anstößige auf der latenten Bedeutungsebene zugleich genossen und über eine probeweise Identifikation mit Althans vorübergehend ausgelebt. Denn wie Gruppendiskussionen mit StudentInnen über den Film gezeigt haben (vgl. König 1995/1996), löst die Konfrontation mit dem Holocaust nicht nur Gefühle der Trauer und des Mitgefühls aus, sondern weckt auch Angst und Ohnmachtsgefühle, die häufig aggressiv abgewehrt werden.

4. Wer sich dagegen auch emotional mit dem Ungeheuerlichen des industriellen Massenmordes an Millionen unschuldiger Menschen auseinandergesetzt hat, reagiert schockiert und empört. Entweder wird der Film dann aus einer ideologiekritischen Distanz heraus beurteilt. Oder aber er läßt den Film im Dienste eines intuitiv praktizierten szenischen Verstehens auf das eigene Erleben wirken, um am Beispiel der Inszenierungen dieses Neonaziführers herauszufinden, welcher »Stimuli« sich rechtsextremistische Agitation

heutzutage bedient, um die Emotionen der Massen zu wecken (Adorno 1962, S. 114).

Allein die 4. Adressatengruppe ist gegen die Inszenierungen von Althans immun. Während die erste und zweite Adressatengruppe vor allem durch die antisemitischen Ausbrüche angesprochen werden, steht die dritte Gruppe in der Gefahr, dem trügerischen Glanz von Inszenierungen zu erliegen, der sich unter Bonengels pseudo-postmoderner Regie entfaltet. Faszinieren kann diese liberalere Adressatengruppe die schockierende Tatsache, daß Auschwitz dekonstruiert wird. Auch wenn diese Filmzuschauer den Holocaust nicht bestreiten, so führt der Film doch eine verführerische Bilderwelt vor, die sich zwischen das Wissen über Auschwitz und die grauenvolle Realität von damals schieben kann: Der von Althans aufgeführte »Tanz auf dem Vulkan« wendet sich an die Sehnsucht derjenigen, die sich – wie die 2. und 3. Zuschauergruppe – wünschen, daß über den Holocaust das Gras so wachsen möge wie auf dem Gelände des Stammlagers, auf dem heutzutage wieder Kinder Verstecken spielen. Obwohl die Bilder und Szenen des Films eine Realität dokumentieren, sind sie aufgrund einer postmodernen Ästhetisierung des Politischen so trügerisch, daß sie darüber hinwegtäuschen, was Auschwitz tatsächlich bedeutet.

So drohen die postmodern glänzenden Bilder und Szenen des Bonengel-Films einer nach wie vor nicht bewältigten deutschen Vergangenheit zu entfremden. Der Film arbeitet damit auf der Wirkungsebene ästhetischer Inszenierungen denjenigen in die Hände, die wie der Christdemokrat Dregger oder die Historiker Hillgruber und Nolte den Holocaust zu relativieren versuchen (vgl. Diner 1987).

v. Auschwitz im politischen Klima von Kohls »Gnade der späten Geburt«

Auf die Frage, warum Bundeskanzler Kohl nicht zu der Trauerfeier für die Opfer des Anschlags von Mölln gefahren sei, erwiderte Regierungssprecher Vogel auf einer im November 1992 abgehaltenen Pressekonferenz, »die schlimme Sache« werde nicht dadurch besser, »daß wir in einen Beileidstourismus ausbrechen« (Pressekonferenz 1992, S. 4). Welche Gründe Kohl auch für das Fernbleiben gehabt haben mag und wie offensichtlich auch die Intention des Staatssekretärs war, daß er kein Verständnis für die Neugier von Touristen an einer Trauerfeier für die Opfer rechtsextremistischer Gewalt habe, implizit diffamierte er damit den moralischen Anspruch, diesen Toten die letzte Ehre zu erweisen. Was hier durch die Rede vom »Beleidstourismus« auf einer latenten Bedeutungsebene diskreditiert wurde, inszenierte Althans im darauffolgenden Jahr durch seine touristischen Inszenierungen in Auschwitz auf einer manifesten Bedeutungsebene: Wie groß auch die Unterschiede zwischen den Worten Vogels und dem Handeln von Althans sind, das Verbindende besteht in der Diffamierung moralischer Imperative, der Opfer fremdenfeindlicher Gewalt zu gedenken.

Die Worte des Regierungssprechers, der nach den Gewaltwellen von 1991 und 1992 aufgebracht von einem »Beleidstourismus« sprach, sind symptomatisch für das in der Bundesrepublik Deutschland herrschende politische Klima. Welche Einstellung sich Auschwitz gegenüber verbreitet hat, soll exemplarisch anhand einer Rede untersucht werden, die Bundeskanzler Kohl bereits im Januar 1984 auf seiner Israelreise in der Knesset gehalten hat. Kohl eröffnete die Rede, die er vor dem Besuch der Gedenkstätte Yad Vashem hielt, mit folgenden Worten:

»Wer als Deutscher hierherkommt, schon gar als deutscher Bundeskanzler und gleich am ersten Tag – und ich finde, das ist gut so – mit einigen von Ihnen nach Yad Vashem geht, der weiß, daß die Geschichte gerade einem Deutschen hier mit all dem, was an Grausamem geschehen ist, Entsetzlichem geschehen ist, präsent ist« (Kohl 1984, S. 112.).

Betrachtet man diesen verschachtelten Satz eingehend, fällt vor allem auf, wie unsinnig die von Kohl gewählte Konditionalkonstruktion ist. Sinnvoll wäre der Satz nur, wenn Kohl davon sprechen würde, daß die Geschichte gerade einem Deutschen hier präsent ist. Was bedeutet es aber, daß Kohl erklärt, er wisse schon, daß die Geschichte gerade einem Deutschen hier präsent ist? Berücksichtigt man, daß die bevorstehende Besichtigung von Yad Vashem eine moralische Verpflichtung darstellt, auf die sich der Bundeskanzler mit Rücksicht auf seine Gastgeber einläßt, dann erschließt sich eine andere Lesart des Satzes: Kohl wisse schon, daß die Geschichte gerade einem Deutschen hier präsent sein sollte.

Diese Lesart wird durch den Nebensatz bestätigt, den der Kanzler in den Hauptsatz einfügt: »Und ich finde, das ist gut so«. Der dem Kanzler unterlaufene grammatische Fehler verrät somit einen moralischen Konflikt: Einerseits hat Kohl Schwierigkeiten, sich auf den Besuch der Gedenkstätte einzulassen. Deshalb kann er nicht einfach sagen, daß die Geschichte ihm als Deutschen hier präsent sei. Andererseits will er auch nicht offen eingestehen, daß er sich gezwungen sieht, einer normativen Forderung zu entsprechen. Deshalb kann er auch nicht davon sprechen, daß er schon wisse, daß die Geschichte einem Deutschen hier präsent sein sollte.

Welche Schwierigkeiten Kohl mit seiner Rede hat, zeigt sich auch darin, daß er nicht ausführt, worum es eigentlich geht. Wenn er von »der Geschichte« spricht, die einem Deutschen hier präsent sei, dann weiß zwar jeder, was gemeint ist, aber der Kanzler expliziert nicht, um welche Geschichte es dabei geht. Vielmehr redet er euphemistisch von »all dem, was an Grausamem geschehen ist, Entsetzlichem geschehen ist«. Wenn Kohl sich aber in salbungsvollen Andeutungen ergeht, deren schöner Schein den industriellen Massenmord an Millionen unschuldiger Menschen vergessen läßt, dann bedient er sich jenes von Adorno (1964) beschriebenen Jargons der Eigentlichkeit, der ein »tiefes menschliches Angerührtsein« prätendiert, das »abgesperrt« ist »von der Erfahrung, die ihn beseelen soll« (S. 9).

Der Konflikt, einer moralischen Verpflichtung folgen und sich ihr zugleich widersetzen zu wollen, spiegelt sich auch in der folgenden Textpassage wider:

>Zwar ist hier, wie bei uns zu Hause, eine neue Generation herangewachsen – über 60 Prozent der heute in der Bundesrepublik lebenden Deutschen sind nach Hitler geboren und aufgewachsen –, aber es ist wie in der eigenen Familie: ob man mit all dem einverstanden ist, was die, die vor einem waren, getan haben oder nicht, man kann sich nicht lossagen, man trägt das Blut der Familie, die Erbanlage. Alles das fließt auch in eine spätere Generation ein. Und deswegen ist es klar, daß man sich hier der Geschichte stellt« (ebd.).

Die Tatsache, daß Kohl auch hier keine Worte für die von den Nazis verübten Verbrechen gegen die Menschlichkeit findet, offenbart, wie schwer ihm die Auseinandersetzung mit der deutschen Vergangenheit fällt. Darüber täuscht der Kanzler jedoch durch die Beteuerung hinweg, es sei »klar, daß man sich der Geschichte stellt«. Auch hier redet Kohl Jargon: Statt sich mit dem Holocaust ernsthaft auseinanderzusetzen, legt er eine aufrechte Gesinnung an den Tag: Selbstverständlich stellt er sich der Geschichte.

Den Konflikt, den moralischen Erwartungen seiner Gastgeber entsprechen und doch über die Greueltaten der Nazis schweigen zu wollen, versucht Kohl zu lösen, indem er seine Landsleute liebevoll mit einer großen Familie vergleicht. Dem Rückfall einer westlichen Zivilisation in die Barbarei nimmt Kohl das Ungeheuerliche, indem er den industriellen Massenmord in das Delikt älterer Familienangehöriger verwandelt, mit dem er als jüngeres Familienmitglied »nicht einverstanden« ist. Der daran anschließende Gedanke, daß man sich von einem Vater oder Onkel »nicht lossagen« könne, weil man dessen »Blut« trägt, ist auf doppelte Weise abwegig:

1. Einerseits hat die Entzauberung der tradierten Wertvorstellungen und die Freisetzung aus den sozialmoralischen Milieus zur Folge, daß man sich in der Moderne von seiner Herkunftsfamilie durchaus »lossagen« kann. Vor allem hat man dann allen Grund, mit dem Vater oder Großvater zu brechen, wenn er sich eines Verbrechens schuldig gemacht hat.

2. Andererseits fällt auf, daß Kohl weniger das Gespräch mit den israelischen Gastgebern sucht, als vielmehr darauf besteht, sich als Kanzler auch mit jenen Deutschen solidarisch zu fühlen, die als Täter oder Mitläufer an der Vernichtung der europäischen Juden beteiligt waren. Denn für Kohl ist das »Blut« einer familialen Verbundenheit mit den Deutschen, welche als Täter und Mitläufer den Holocaust zu verantworten haben, dicker als die Tränen, die ihm angesichts der Konfrontation mit den Opfern des Holocaust nicht in die Augen traten.

Doch der Kanzler vermag auch ganz anders zu reden. Während sein euphemistischer Jargon verbirgt, daß er die Greueltaten der Nazis nicht an sich herankommen und sich auch nicht von den Leiden der Opfer berühren läßt, ist er gefühlsmäßig beteiligt, sobald die Rede ihm die Gelegenheit bietet, von sich selbst und von einem Deutschen zu erzählen, der es im Dritten Reich sehr schwer gehabt hat:

»Ich bin in der Reihe der Parteivorsitzenden jetzt im elften Jahr Vorsitzender und komme auch aus der späteren Generation. Aber ich will doch daran erinnern – und dann wissen Sie an diesem einen Beispiel alles –, daß der erste Vorsitzende der CDU Deutschlands, Andreas Hermes, am 12. Januar 1945 von Freisler vor dem Volksgerichtshof zum Tode verurteilt wurde wegen seiner Mittäterschaft am Attentat am 20. Juli. Durch glückliche Umstände danach – der erste Vorsitzende der neugegründeten Christlich-Demokratischen Union Deutschlands geworden« (ebd., S. 113).

Kohl geht mit seinen israelischen Gastgebern so um, als ob er mit den Teilnehmern eines CDU-Parteitags schwätzen würde. Seine Worte sind völlig deplaciert, weil er Unvergleichbares zueinander in Beziehung setzt: Dort Helmut Kohl, der stolz auf sein langjähriges Amt als Parteivorsitzender ist und sich als Nachfolger des glücklicherweise den Nazis entkommenen Andreas Hermes fühlt, hier die Israelis, die der Besuch des Kanzlers in einer schmerzlichen Weise daran erinnert, daß die Hitlerdeutschen ihre Verwandten, Bekannten und Landsleute millionenfach ermordet haben. Kohl verletzt die Gefühle seiner Gastgeber, weil er darüber hinweggeht, daß man das Leiden eines einzelnen Deutschen, der auch noch Glück im Unglück hatte, nicht zum industriellen Massenmord an Millionen unschuldiger Menschen in Beziehung setzen kann, ein Genozid, der im Unterschied zu jenem partikularen Drama von universaler Bedeutung ist.

Auch in den folgenden Sätzen reproduziert sich der von Kohl nicht lösbare Konflikt, den er durch große Worte zu überdecken versucht:

»Wenn wir in ein paar Wochen, am 20. Juli, den 40. Jahrestag des Attentats des Grafen Stauffenberg feierlich begehen – ich selbst werde dazu in Berlin sprechen –, dann ist das für uns nicht nur eine Erinnerung an eine vergangene Zeit, sondern ein Erbe, das uns verpflichtet« (ebd.).

Indem Kohl auf die Trauerfeier zum Gedenken an das Attentat des 20. Juli zu sprechen kommt, setzt er der Trauer der Juden um die Opfer des Holocaust die Trauer des Kanzlers um die Opfer des deutschen Widerstandes entgegen. Das heißt aber, daß der Kanzler Gefühle innerer Bewegtheit Widerstandskämpfern wie Graf Stauffenberg vorbehält, mit denen er anders als mit den Opfern des Holocaust durchaus mitfühlen kann.

Kohl mißt also mit zweierlei Maß: Einerseits verdinglicht er den Völkermord an den europäischen Juden, indem er nüchtern und distanziert von den »bitteren Erfahrungen der Geschichte« spricht (ebd., S. 112). Andererseits überläßt er sich sentimentalen Gefühlen, sobald es um deutsche Nazigegner geht. Auf der einen Seite wird auf keinen einzigen Juden namentlich Bezug genommen, auf der anderen Seite ist von einer ganzen Reihe von Deutschen die Rede – der CDU-Vorsitzende Hermes, Graf Stauffenberg, Konrad Adenauer und Theodor Heuß; auch auf Reuchlin wird rekurriert, der »ein Stück der großen humanistischen Tradition unseres Volkes und unserer Republik« verkörpere (ebd., S. 113).

Und schließlich findet Kohl auch Worte für diejenigen Deutschen, die als Mitläufer an Hitler geglaubt haben:

»Aber – und das füge ich hinzu als einer, der in der Nazizeit nicht in Schuld geraten konnte, weil er die Gnade der späten Geburt und das Glück eines besonderen Elternhauses gehabt hat – auch die vielen, die einmal anders gedacht hatten, die den Krieg überlebt haben, haben innere Einkehr gehalten« (ebd., S. 113).

Zwar hat es auch nach Auffassung von Kohl Mitläufer gegeben, aber sie trifft keine Schuld, weil ihnen lediglich der Irrtum unterlaufen ist, »anders gedacht« zu haben. Aber diesen Fehler haben sie korrigiert, weil sie längst »innere Einkehr« gehalten haben. Auch diese Worte befremden. Die Rede von der »inneren Einkehr« läßt an den Gast denken, der ins Wirtshaus einkehrt. Ein müder Wanderer erholt sich von seiner Reise, indem er in eine Herberge einkehrt und dort vielleicht bei einem Schoppen Wein »in sich geht«. Auch dieser Sprachgebrauch ist deplaciert: Daß Mitläufer nach 1945 »innere Einkehr« gehalten haben, heißt nämlich, daß sie so mit sich beschäftigt waren, daß sie gar nicht um die Opfer des Holocaust trauern konnten. Wie es die Mitscherlichs (1967) beschrieben haben, quälte die Mitläufer nach der Kriegsniederlage die Desillusionierung, daß sich die Träume des Dritten Reiches nicht erfüllt hatten. Eben diese von den Mitscherlichs problematisierte Haltung, daß die Deutschen nach 1945 an einer Melancholie zu erkranken drohten und aufgrund ihres Selbstmitleids zu einer Trauer um die Opfer der nationalsozialistischen Greueltaten gar nicht fähig waren, schätzt Kohl als einen vorbildlichen Umgang mit der Vergangenheit, der durch »innere Einkehr« bestimmt war. Zweifellos will Kohl sich mit den Israelis verständigen. Daher entspricht er ihren Erwartungen, indem er mit ihnen Yad Vashem aufsucht. Zugleich widersetzt er sich jedoch den Erwartungen der Israelis, die von ihm verlangen, sich innerlich mit der Vergangenheit auseinanderzusetzen und an ihrer Seite um die Opfer des Holocaust zu trauern. Diesen inneren Konflikt verrät die Metapher, deren sich der Kanzler bedient: Während der manifeste Sinn dieser Metapher dadurch bestimmt wird, daß Kohl sich mit den Israelis auf eine versöhnliche Weise verständigen will, geht es auf der latenten Bedeutungsebene der Metapher darum, daß sich selbst die Mitläufer nicht mehr mit der Vergangenheit auseinanderzusetzen brauchen, weil sie ja schon zu Hause »innere Einkehr« gehalten haben. Wo es um eine schmerzliche Trauer um die Opfer des Holocaust gehen müßte, da reproduziert Kohl einen »edel und anheimelnd« wirkenden Jargon, im Zuge dessen er sich für die längst vollzogene »inneren Einkehr« der Mitläufer erwärmt.

Indem Kohl in einem Nebensatz anfügt, nach Hitler geboren und in einem Elternhaus aufgewachsen zu sein, »das gegen die Nazis stand« (ebd., S. 112), bekräftigt er, als ein Spätgeborener ein unparteiisches und objektives Urteil über die Deutschen im Dritten Reich fällen zu können. Außerdem bewältigt er die Vergangenheit so durch die Einführung einer neuen Geburtenregelung: Wer zu früh geboren wurde, sei zwangsläufig in das »Grausame« verstrickt worden, das über die Deutschen unter der Herrschaft des Nationalsozialismus hereingebrochen und »geschehen« sei; wer hingegen später geboren wurde, dem sei das Schicksal »gnädig« gewesen, weil es ihm die schuldhafte Verwicklung in die Geschichte des industriellen Massenmordes erspart habe.

Die frohe Botschaft, welche Kohl seinen Gastgebern übermittelt, lautet daher folgendermaßen: Zwischen Juden und Deutschen braucht es gar keine Befangenheiten mehr zu geben, weil ja nicht nur die Juden, sondern auch die Deutschen Opfer waren. Die vom Kanzler konstruierte Gemeinschaft der Opfer setzt sich aus folgenden Gruppen zusammen:

1. Diejenigen Deutschen, die wie Hermes und Stauffenberg als Widerstandskämpfer zu betrachten sind, gelten in erster Linie als Opfer des Naziregimes. Da der Bundeskanzler in einem Elternhaus aufgewachsen ist, das »gegen die Nazis stand«, sieht er sich selbst in der Tradition dieser Widerstandskämpfer.

2. Nach Auffassung von Kohl sind auch diejenigen Deutschen Opfer, die als Mitläufer an Hitler geglaubt haben. Den Irrtum, »anders gedacht« zu haben, haben sie durch »innere Einkehr« wettgemacht.

3. Kohl zufolge sind auch diejenigen Deutschen Opfer, die den Tätern zuzurechnen sind. Denn in seiner Rede wird der Holocaust nicht auf das Handeln von Personen und Gruppen, sondern auf das

Wirken einer dämonischen Macht zurückgeführt, des über die Deutschen hereingebrochenen »Geschehens« eines »Grausamen« und »Entsetzlichen«.

Diese Konstruktion einer allumfassenden Opfergemeinschaft hat freilich eine Grenze: Kohl setzt sich nicht damit auseinander, daß eigentlich die Juden die Opfer des Dritten Reiches waren. Würde er die Juden einbeziehen, dann würde die Künstlichkeit dieser Konstruktion einer Opfergemeinschaft offensichtlich, welche die Täter den Opfern gleichsetzt.

Mit der Botschaft, daß die Deutschen genauso wie die Juden Opfer der nationalsozialistischen Gewaltherrschaft waren, zieht Kohl einen Schlußstrich unter die Geschichte des industriellen Massenmordes, den er auch noch durch die Erklärung bekräftigt, daß es »in dieser Bundesrepublik [...] die Gefahr eines neuen Rechtsradikalismus nicht« mehr gebe (ebd., S. 112) Zwar ist es wahr, daß im Unterschied zum Nationalsozialismus, der die ungeliebte Weimarer Republik zu Fall brachte, der aktuelle Rechtsextremismus die Bonner Republik nicht gefährdet. Doch es geht nicht um die Frage, ob die Bundesrepublik einen neuen Rechtsextremismus »verkraften« kann, sondern darum, daß die von antidemokratischer und antisemitischer Weltanschauung erfüllte extreme Rechte die fremdenfeindliche Gewalt schürt, der zu Beginn der neunziger Jahre zahlreiche Asylbewerber und Ausländer zum Opfer gefallen sind.

Während Kohl den Holocaust als »bittere Erfahrung der Geschichte« archivieren will, mit der man »nicht einverstanden« sein kann, geht es Althans darum, mit Hilfe von Auschwitz den Nationalsozialismus zu neuem Leben zu erwecken. Wenn er seinen Kameraden bei einem Diavortrag Bilder vorführt, auf denen er gemeinsam mit anderen Neonazis vor dem Hintergrund von Auschwitz die Arme zum Hitlergruß streckt, dann signalisiert er, wie er mit Hilfe von Auschwitz eine neue antisemitische Agitation betreiben will. Ohne es zu wollen, hat Bundeskanzler Kohl durch seine Art des Umgangs mit Auschwitz der extremen Rechten in die Hände gearbeitet. Denn wenn er Auschwitz nur noch als düsteres Kapitel der Geschichte betrachtet, mit dem man sachlich und emotionslos umgehen sollte, dann führt er der Weltöffentlichkeit vor, daß Deutsche auch anläßlich eines Besuchs in Yad Vashem ihren israelischen Gastgebern gegenüber selbstbewußt entgegentreten. Wenn Kohl auf diese Weise dafür gesorgt hat, daß die

Gefühle der Scham und Schuld eingefroren werden, mit denen man als Deutscher auf die angesichts des von Deutschen verübten Völkermordes auf Auschwitz reagiert, dann nutzen Neonazis wie Althans die neokonservative Historisierung des Nationalsozialismus, um Auschwitz gegenüber ganz andere Gefühle zu wecken. Eben darauf will Althans hinaus, wenn er als modisch gekleideter Neonazi durch Auschwitz schlendert und seinen Zuhörern mit großer Lässigkeit erklärt, es handele sich bei der Gedenkstätte um eine jüdische Propagandaaktion.

Wenn aber Neonazis Auschwitz dazu benutzen, um eine neue antisemitische Agitation zu entfachen, dann wird deutlich, wie gefährlich Kohls Haltung ist, mit der Verabschiedung des industriellen Massenmordes als einem düsteren Kapitel der Geschichte die angesichts des Holocaust bei Deutschen aufkommenden Scham- und Schuldgefühle ein für allemal zu verdrängen. Der aktuelle Rechtsextremismus läßt sich nämlich nur dann erfolgreich bekämpfen, wenn man ihn nicht, wie Kohl, verleugnet, sondern sich damit eingehend auseinandersetzt. Wie engagiert das geschieht, hängt davon ab, inwieweit man sich von Adornos moralischem Imperativ leiten läßt, daß Auschwitz sich nicht wiederholen darf. Denn der Gefahr, daß unschuldige Menschen erneut rassistischen Vorurteilen und fremdenfeindlicher Gewalt zum Opfer fallen, läßt sich nur entgegenwirken, indem man aus den Greueltaten der Vergangenheit zu lernen versucht und sie im Unterschied zum Bundeskanzler, der in der Knesset so sachlich und affektdistanziert über den Holocaust redete, »an sich herankommen läßt«.

Literatur

Adorno, Theodor W. (1950): *Studien zum autoritären Charakter.* Frankfurt a. M. 1973.
- (1962): Zur Bekämpfung des Antisemitismus heute. In: Adorno, *Kritik. Kleine Schriften zur Gesellschaft.* Frankfurt a. M., S. 105-133.
- (1963): Was bedeutet: Aufarbeitung der Vergangenheit. In: Adorno, *Eingriffe,* Frankfurt a. M. 1971, 125-146.
- (1964): *Jargon der Eigentlichkeit. Zur deutschen Ideologie,* Frankfurt a. M. 1977.
- (1966): *Negative Dialektik,* Frankfurt a. M., GS Bd. 6. Frankfurt a. M. 1979.
- (1967): Erziehung nach Auschwitz. In: Adorno, *Stichworte.* Frankfurt am Main 1970, 85-101.
- (1972): *Soziologische Schriften Bd. 1,* GS Bd. 8, Frankfurt a. M., 1979.
Aust, Oliver u. a. (1995): Protokoll der wichtigsten Sequenzen des Bonengel-Films »Beruf Neonazi«. Typoskript.
Beck, Ulrich (1986): *Risikogesellschaft. Auf dem Weg in eine andere Moderne.* Frankfurt a. M.
Benjamin, Walter (1936): Das Kunstwerk im Zeitalter seiner technischen Reproduzierbarkeit. In: W. Benjamin: *Illuminationen,* 136-169, Frankfurt a. M. 1977.
Bude, Heinz (1992): *Bilanz der Nachfolge. Die Bundesrepublik und der Nationalsozialismus.* Frankfurt a. M.
Chasseguet-Smirgel, Janine (1984): *Kreativität und Perversion.* Frankfurt a. M. 1986.
Diner, Dan (1987): Zwischen Aporie und Apologie. Über Grenzen der Historisierbarkeit des Nationalsozialismus. In: Diner (Hg.), *Ist der Nationalsozialismus Geschichte? Zu Historisierung und Historikerstreit.* Frankfurt a. M., 62-73.
Erb, R. (1994): Antisemitismus in der rechten Jugendszene. In: Bergmann, Erb, (Hg.), *Neonazismus und rechte Subkultur.* Berlin, 31-76.
Georg-Lauer, Jutta (1988): Das ›postmoderne Wissen‹ und die Dissens-Theorie von Jean-Francois Lyotard. In: Kemper, Hg., 189-206.
Habermas, Jürgen (1981): *Theorie des koummunikativen Handelns.* 2 Bde. Frankfurt a. M. 1988.
Herz, Thomas (1996): Die ›Basiserzählung‹ und die NS-Vergangenheit. Zur Veränderung der politischen Kultur in Deutschland. In: L. Clausen, (Hg.), *Gesellschaften im Umbruch. Verhandlungen des 27. Kongresses der Deutschen Gesellschaft für Soziologie in Halle an der Saale 1995.* Frankfurt a. M., New York, 91-109.
Horkheimer, Max, Theodor W. Adorno (1947): *Dialektik der Aufklärung.*

Philosophische Fragmente. Gesammelte Schriften Bd. 5. Frankfurt a. M. 1987.

Kemper, Peter (Hg.) (1988): ›*Postmoderne*‹ *oder Der Kampf um die Zukunft.* Frankfurt a. M.

Kernberg, Otto F. (1975): *Borderline-Störungen und pathologischer Narzißmus.* Frankfurt a. M. 1983.

Kleinspehn, Thomas (1995): Doch im Innern des Landes ... Inszenierung rechtsradikaler Politik und die (un)heimlichen Bilder. In: H. D. König (Hg.), *Mediale Inszenierungen rechter Gewalt.* Psychosozial, 18. Jg., Nr. 61, 27-41.

König, Hans Dieter (1990): Hitlers charismatische Masseninszenierungen. Eine Interpretation im Anschluß an Max Weber und Sigmund Freud. In: *KulturAnalysen. Zeitschrift für materialistische Sozialisationstheorie und Tiefenhermeneutik,* Heft 2, 142-179.

– (1992): Autoritarismus und Konsumsteuerung. Zum Wandel der Konformismusproblematik in der fortgeschrittenen Industriegesellschaft. In: Institut für Sozialforschung (Hg.): *Kritik und Utopie im Werk von Herbert Marcuse.* Frankfurt a. M., 217-246.

– (1993): Die Methode der tiefenhermeneutischen Kultursoziologie. In: T. Jung, S. Müller-Doohm (Hg.): »*Wirklichkeit*« *im Deutungsprozeß. Verstehen und Methoden in den Kultur- und Sozialwissenschaften.* Frankfurt a. M., 190-222.

– (1995): Die Holocaust-Überlebende und der grinsende Neonazi. Tiefenhermeneutische Rekonstruktion einer Szenensequenz aus dem Bonengel-Film Beruf Neonazi. In: H. D. König, (Hg.), *Mediale Inszenierungen rechter Gewalt.* Psychosozial, 18. Jg., Nr. 61, 13-25.

– (1995/96): Wie Schüler »Beruf Neonazi« sehen. Tiefenhermeneutische Medienwirkungsforschung I-III. In: *medien praktisch,* Heft 4/95, 20-26, Heft 1/96, 36-40, Heft 2/96, 52-56.

– (1996): Methodologie und Methode der tiefenhermeneutischen Kultursoziologie in der Perspektive von Adornos Verständnis kritischer Sozialforschung. In: H. D. König (Hg.), *Neue Versuche, Becketts Endspiel zu verstehen. Sozialwissenschaftliches Interpretieren nach Adorno.* Frankfurt a. M., 314-387.

– (1997): Tiefenhermeneutik als Methode kultursoziologischer Forschung. In: R. Hitzler, A. Honer (Hg.), *Sozialwissenschaftliche Hermeneutik.* Leverkusen, 213-241.

Königseder, A (1994): Zur Chronologie des Rechtsextremismus. Daten und Zahlen 1946-1993. In: W. Benz (Hg.), *Rechtsextremismus in Deutschland. Voraussetzungen, Zusammenhänge, Wirkungen.* Frankfurt a. M., 246-315.

Kohl, H. (1984): Besuch in der Knesset. Ansprache vom 25. 1. 1984. Presse- und Informationsamt der Bundesregierung in Bonn. Bulletin vom 2. 2. 84.

Kracauer, Siegfried (1929): *Die Angestellten*. Frankfurt a. M. 1980.

Leggewie, Claus (1995): *Die 89er. Portrait einer Generation*. Hamburg.

Lorenzer, Alfred (1970): *Sprachzerstörung und Rekonstruktion*. Frankfurt a. M.

– (1974): *Die Wahrheit der psychoanalytischen Erkenntnis. Ein historisch-materialistischer Entwurf*. Frankfurt a. M.

– (1981): *Das Konzil der Buchhalter. Die Zerstörung der Sinnlichkeit. Eine Religionskritik*. Frankfurt a. M.

– (1986): Tiefenhermeneutische Kulturanalyse. In: König, Lorenzer u. a.: *Kultur-Analysen*. Frankfurt a. M., 11-98.

Lyotard, Jean-François (1979): *Das postmoderne Wissen. Ein Bericht*. Bremen 1982.

Marcuse, Herbert (1964): *Der eindimensionale Mensch. Studien zur Ideologie der fortgeschrittenen Industriegesellschaft*. Neuwied, Berlin 1972.

Mitscherlich, Alexander, Margarete Mitscherlich (1967): *Die Unfähigkeit zu trauern. Grundlagen kollektiven Verhaltens*. München.

Moser, Tilmann (1993): *Politik und seelischer Untergrund*. Frankfurt a. M.

Parin, Paul (1975): Das Ich und die Anpassungs-Mechanismen. In: *Psyche*, 31. Jg., 481-515.

Pressekonferenz (1992): Themen: Deutsch-französische Konsultationen, Visa für Ausreisen aus Rumänien, Trauerfeier für die Opfer der Anschläge von Mölln. Freitag, dem 27. 11. 1992 im Pressehaus. Presse- und Informationsamt der Bundesregierung in Bonn.

Richter, Horst Eberhard (1995): Flucht ins Autoritäre? Der Film »Beruf Neonazi« als Lehrstück. In: H. D. König (Hg.), *Mediale Inszenierungen rechter Gewalt*. Psychosozial Nr. 61, 18. Jg., 43-46.

Stern, Frank (1992): Antisemitismus in der Bundesrepublik Deutschland. Zwischen Friedhofsschändungen, ›jüdischer Weltinterpretation‹ und ›Kontingent-Juden‹. In: W. Bohleber, J. S. Kafka (Hg.), *Antisemitismus*. Bielefeld, 174-193.

Theweleit, Klaus (1994): Jetzt geht's loo-ooos? Ein Gespräch mit Klaus Theweleit in der taz. In: F. Meyer-Gosau, W. Emmerich (Hg.), *Gewalt, Faszination und Furcht. Jahrbuch für Literatur und Politik in Deutschland 1*. Leipzig, 150-170.

Wehler, Hans-Ulrich (1971): Zum Verhältnis von Geschichtswissenschaft und Psychoanalyse. In: Wehler (Hg.), *Geschichte und Psychoanalyse*, Frankfurt a. M. 1974, 7-26.

Welsch, Wolfgang (1988): ›Postmoderne‹. Genealogie und Bedeutung eines umstrittenen Begriffs. In: P. Kemper (Hg.): ›*Postmoderne‹ oder Der Kampf um die Zukunft*. Frankfurt a. M., 9-36.

Hinweise zu den Autorinnen und Autoren

Ursula Apitzsch, Dr. phil. habil., geb. 1947, Professorin für Soziologie und Politologie in der WBE Sozialisation/Sozialpsychologie des Fachbereichs Gesellschaftswissenschaften der J. W. Goethe-Universität Frankfurt a. M. Arbeitsschwerpunkte: Migrationsforschung, Biographieforschung, Politologie und politische Philosophie, Kulturtheorie, Bildungssoziologie.

Hans Bosse, Dr. theol. Dr. phil., geb. 1938, Professor für Soziologie und Sozialpsychologie in der WBE Sozialisaton/Sozialpsychologie des Fachbereichs Gesellschaftswissenschaften der J. W. Goethe-Universität Frankfurt a. M. und Psychotherapeut in eigener Praxis.
Arbeitsschwerpunkte: Soziologie und Sozialpsychologie der Kultur (Schwerpunkt: kulturvergleichende Adoleszenz- und Geschlechterforschung), Methoden reflexiver Sozialforschung, insbes. der psychoanalytisch-sozialwissenschaftlichen Hermeneutik und Ethnohermeneutik; Institutions- und gruppenanalytische Forschungs- und Beratungsmethoden; Theorie und Praxis der Beratung von Forschung.

Manfred Clemenz, Dr. phil., geb. 1938, Professor für Soziologie und Sozialpsychologie in der WBE Sozialisation/Sozialpsychologie am Fachbereich Gesellschaftswissenschaften der J. W. Goethe-Universität Frankfurt a. M., Psychotherapeut in eigener Praxis.
Arbeitsschwerpunkte: Psychoanalytische Sozialpsychologie, Methoden und Methodologie hermeneutischer Sozialpsychologie, klinische Sozialpsychologie, Soziologie von Transformationsgesellschaften.

Mario Erdheim, Dr. phil. habil., geb. 1940, Psychoanalytiker in Zürich und Privatdozent in der WBE Sozialisation/Sozialpsychologie des Fachbereichs Gesellschaftswissenschaften der J. W. Goethe-Universität Frankfurt a. M..
Arbeitsschwerpunkt: Ethnopsychoanalyse.

Vera King, Dr. phil., geb. 1960, wissenschaftliche Assistentin in der WBE Sozialisation/Sozialpsychololgie des Fachbereichs Gesellschaftswissenschaften der J. W. Goethe-Universität Frankfurt a. M..
Arbeitsschwerpunkte: Adoleszenzforschung, Soziologie und Sozialpsychologie der Geschlechterbeziehungen, Methoden reflexiver Sozialforschung, insbesondere psychoanalytsch-sozialwissenschaftliche Hermeneutik, Ethnohermeneutik und Institutionsanalyse, Theorie und Praxis der Forschungsberatung und -evaluation.

Hans-Dieter König, Dr. phil. habil., geb. 1950, Professor für Soziologie

und Sozialpsychologie in der WBE Sozialisation/Sozialpsychologie am Fachbereich Gesellschaftswissenschaften der J. W. Goethe-Universität Frankfurt a. M. und psychotherapeutisch tätig als Weiterbildungskandidat des Instituts für Psychoanalyse und Psychotherapie Düsseldorf.
Arbeitsschwerpunkte: Analytische Sozialpsychologie und politische Psychologie, Kultur- und Mediensoziologie, Biographieforschung, Bildungs- und Sozialisationstheorie, Methoden hermeneutischer Sozialforschung.

Lena Inowlocki, Dr. phil., geb. 1950, wissenschaftliche Assistentin in der WBE Sozialisation/Sozialpsychologie des Fachbereichs Gesellschaftswissenschaften der J. W. Goethe-Universität Frankfurt a. M.
Arbeitsschwerpunkte: Biographieforschung, Argumentations- und Interaktionsanalysen, Migrationsforschung, Kultur- und Wissenssoziologie.

Eberhard Nölke, Dr. phil., geb. 1953, nach Forschungs- und Lehrtätigkeit an der J. W. Goethe-Universität Frankfurt a. M. und Gastdozentur an der Martin-Luther-Universität Halle-Wittenberg zur Zeit Vertretungsprofessur für sozialwissenschaftliche Grundlegung von Fallanalysen an der Universität – Gesamthochschule Kassel.
Arbeitsschwerpunkte: rekonstruktive Sozialforschung, Jugend- und Bildungssoziologie.

Ulrich Oevermann, Dr. phil., geb. 1940, Professor für Soziologie und Sozialpsychologie in der WBE Sozialisation/Sozialpsychologie des Fachbereichs Gesellschaftswissenschaften der J. W. Goethe-Universität Frankfurt a. M.
Arbeitsschwerpunkte: Bildungs- und Sozialisationsforschung, Kultur- und Mediensoziologie, klinische Soziologie, Methoden hermeneutischer Sozialforschung.

Heinz Steinert, Dr. phil., Professor für Soziologie und Sozialpolitik in der WBE Produktion/Sozialstruktur des Fachbereichs Gesellschaftswissenschaften der J. W. Goethe-Universität Frankfurt a. M.
Arbeitsschwerpunkte: Devianz und soziale Kontrolle, Kulturindustrie, kritische Theorie.

suhrkamp taschenbücher wissenschaft
Soziologie, Theorie der Gesellschaft

suhrkamp taschenbücher wissenschaft
Soziologie, Theorie der Gesellschaft

suhrkamp taschenbücher wissenschaft
Soziologie, Theorie der Gesellschaft

suhrkamp taschenbücher wissenschaft
Soziologie, Theorie der Gesellschaft

suhrkamp taschenbücher wissenschaft
Soziologie, Theorie der Gesellschaft

Über sämtliche bis Mai 1992 erschienenen suhrkamp taschenbücher wissenschaft (stw) informiert Sie das Verzeichnis der Bände 1 – 1000 (stw 1000) ausführlich. Sie erhalten es in Ihrer Buchhandlung.

205/6/8.92